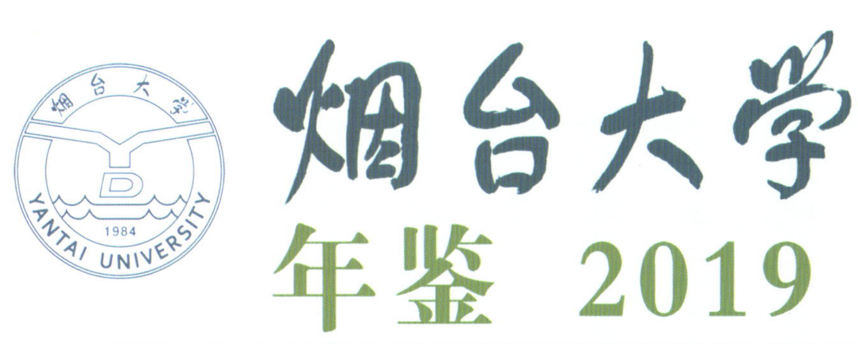

烟台大学年鉴 2019

烟台大学办公室 编

图书在版编目（CIP）数据

烟台大学年鉴．2019 / 烟台大学办公室著．—济南：济南出版社，2024.2
ISBN 978-7-5488-6130-0

Ⅰ．①烟…　Ⅱ．①烟…　Ⅲ．①烟台大学—2019—年鉴
Ⅳ．①G649.285.23

中国版本图书馆 CIP 数据核字（2024）第 041759 号

烟台大学年鉴．2019

YANTAI DAXUE NIANJIAN. 2019

烟台大学办公室　著

出 版 人　谢金岭
责任编辑　张伟卿　于丽霞　梁　浩
封面设计　谭　正

出版发行　济南出版社
地　　址　山东省济南市二环南路 1 号（250002）
总 编 室　0531-86131715
印　　刷　潍坊明佳印刷有限公司
版　　次　2024 年 2 月第 1 版
印　　次　2024 年 2 月第 1 次印刷
开　　本　210 mm × 285 mm　16 开
印　　张　38.75
字　　数　1030 千字
书　　号　ISBN 978-7-5488-6130-0
定　　价　180.00 元

如有印装质量问题　请与出版社出版部联系调换
电话：0531-86131736

■ 2019 年 1 月 11 日，烟台市校地合作第二次联席会议在烟台大学召开

■ 2019 年 1 月 18 日，英国朴茨茅斯大学代表团来访

2019年2月21日，烟台大学2019年工作研讨会召开

2019年2月22日，省委第十三巡视组向烟台大学党委反馈巡视情况

■ 2019 年 3 月 1 日，烟台大学召开 2019 年党风廉政建设工作会议

■ 2019 年 3 月 6 日，烟台大学 2019 年学生工作会召开

■ 2019 年 3 月 19 日，烟台大学召开党建和思想政治工作会议

■ 2019 年 3 月 19 日，烟台大学开发区科教园区共建实施协议签约仪式在烟台开发区管委会举行

2019 年 4 月 13 日，烟台大学举办 2019 届毕业生人才精准对接专场招聘会

2019 年 4 月 19 日，温俊峰院士九十寿辰，校领导前往祝贺

■ 2019 年 4 月 23 日，“山海毓秀 书香润德”——烟台大学第十六届读书节开幕

■ 2019 年 5 月 4 日，紫光集团联席总裁于英涛来烟台大学考察交流

2019 年 5 月 11 日，烟台大学召开纪念五四运动 100 周年暨共青团工作表彰大会

2019 年 6 月 14 日，烟台大学召开“烟大精神”座谈会

■2019 年 6 月 17 日，本科教学审核评估专家组来烟台大学开展专项检查

■2019 年 6 月 18 日，烟台大学召开赴西部就业毕业生专题座谈会

■ 2019 年 6 月 21 日，烟台大学 2019 届本科生毕业典礼暨学位授予仪式

■ 2019 年 6 月 22 日，烟台大学与北京大学联合举办的定量生物学 2019 年会参会人员合影

■ 2019 年 7 月 1 日，烟台大学举行庆祝中国共产党成立 98 周年暨党建工作表彰大会

■ 2019 年 8 月 2 日，山东省教育厅与烟台市人民政府共建烟台大学签约仪式

2019 年 8 月 30 日，烟台大学 2019 级研究生开学典礼

2019 年 8 月 30 日，烟台大学开发区科教园区规划设计方案汇报会

■ 2019 年 9 月 2 日，烟台大学 2019 级学生开学典礼暨军训动员大会

■ 2019 年 9 月 10 日，烟台大学 2019 年教师节庆祝大会，吴昭景教授带领新入职教师宣誓

■ 2019 年 9 月 15 日，烟台大学 2019 年迎新生文艺晚会

■ 2019 年 9 月 28 日，第十一届山东省大学生科技节在烟台大学举办

2019年10月1日，烟台大学庆祝中华人民共和国成立70周年升国旗仪式

2019年10月14日，第四届全国学生“学宪法 讲宪法”活动山东赛区演讲比赛高校组决赛在烟台大学举办

■ 2019 年 10 月 16 日，烟台大学三元湖“烟雨亭”揭牌仪式

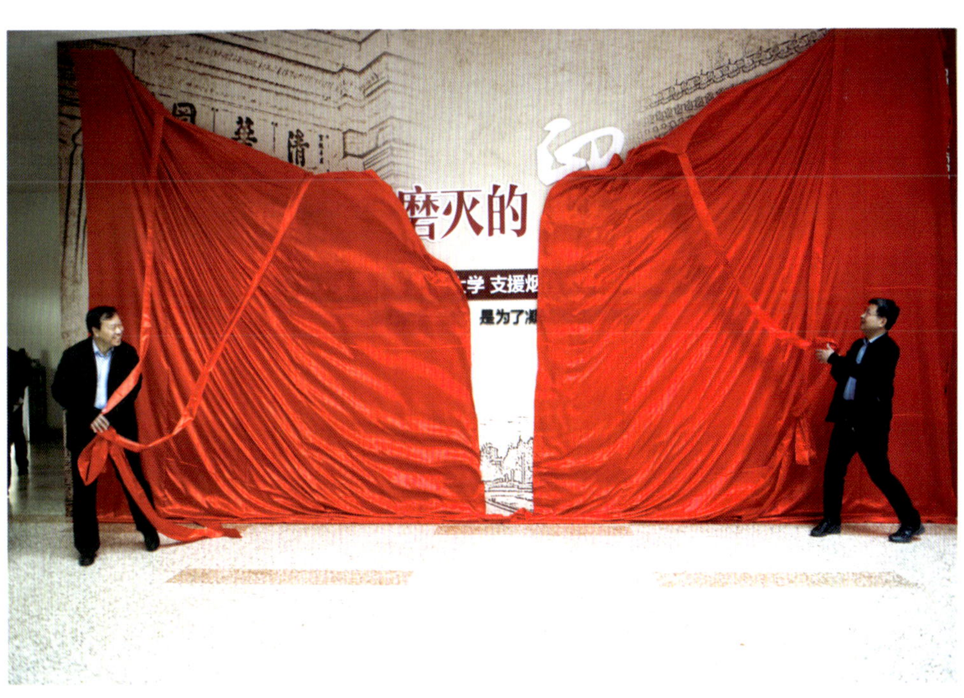

■ 2019 年 10 月 24 日，“永不磨灭的印记”——北京大学、清华大学支援烟台大学建设历程图片展揭幕仪式在承先图书馆举行

■2019年10月31日，中国(烟台)核能安全暨2019核电产业链高峰论坛与会院士来烟台大学参观

■2019年11月1日，烟台大学第十届本科教学工作会议召开

2019 年 11 月 6 日，山东省教育厅对烟台大学进行美育工作现场评价

2019 年 11 月 9 日，中央“不忘初心、牢记使命”主题教育工作检查组来烟台大学座谈，参观药学院

■2019年12月8日，烟台大学—北京燕化集联光电技术有限公司校企合作签约暨“云基奖学金”捐赠仪式

■2019年12月8日，烟台大学第四次学生代表大会召开

2019年12月15日,"热血胶东、红色育人"大学生宣讲团首场宣讲会

2019年12月19日,"烟蕴风华"烟台大学2018—2019学年奖学金颁奖典礼

■ 2019年12月27日，烟台大学2019年学科建设会召开

■ 2019年12月31日，烟台大学举行2020年新年音乐会

《烟台大学年鉴 2019》编审委员会

《烟台大学年鉴 2019》供稿单位负责人名单

马春富	王海丽	赵久满	亓健生	李育华	周　娟	张　岩
何世新	吴庆磊	郭宜明	刘希斌	刘志国	姜付义	杨众晖
欧世峰	梁茂广	陆代刚	毕朝辉	崔志峰	杜　昊	李杰胜
高福芳	尹德欣	高　岗	陆　犁	王　毅	刘振伟	王光明
龚卫东	张广毅	邹淑珍	王虔祖	丁　峰	林立成	王者旭
赵显伟	童向荣	于　涛	曲　峰	赵利江	陈　颖	隋杰礼
李　军	徐　阳	张西俊	刘君涛	宋红松	张尚洲	于纯良
赵守江	张仁旭	刘知德				

《烟台大学年鉴 2019》撰稿人名单

赵海峰　董　燕　陈　伟　庞　磊　周　昊　蔺立杰　张胜利

陈鹏飞　郭宜明　张立雨　张　戈　张　岩　林立杰　杨新霞

姜丽君　孙　茜　王春敏　房大任　崔子雄　郭树同　温韶丹

曲秀勇　王希峰　韩昌卫　丛兆丰　刘修志　陈兆丹　王洪根

赵同生　张宗泽　郭春香　王　艳　郑石军　张　晔　郭金玲

郭冬梅　侯建海　李明月　刘慧丽　王莹洁　石运序　郑　凯

苏　璇　信煜璇　王　骏　钦少君　李金金　袁　珊　宋红松

桑琰云　祝建军　邓觐超　邹本涛　郁王白云

《烟台大学年鉴 2019》编辑部

主　　审　张殿臣

主　　编　朱　兴　姚新喜

执行主编　马春富　赵海峰　李　瑞

审　　校　张　琦　吕　勇　周传慧

图　　片　袁兆军　孔　洁

编辑说明

一、《烟台大学年鉴 2019》是由烟台大学年鉴编审委员会主持编纂的一部综合性工具书。它全面记载了 2019 年学校履行大学使命,推动改革发展和各方面建设的基本情况,收录了学校一年来的各种文献、资料和数据,是了解年度校情的基本参考文献。

二、《烟台大学年鉴 2019》分为专文、烟大概况、机构与干部、学院情况、教育教学与学科建设、科学研究与服务地方、行政管理与服务、教学辅助与支撑、后勤服务与保障、党建与思想政治工作、人物、表彰与奖励、毕业生名单、大事记、文件目录、附录等 16 个栏目。个别类目与条目根据变化了的情况做了增减和微调。

三、本年鉴刊载的内容与书名年份时间一致。《烟台大学年鉴 2019》,收录了 2019 年 1 月 1 日至 12 月 31 日间所发生的事实和产生的数据等材料。

四、《烟台大学年鉴 2019》的编辑出版工作得到了学校领导和各部门、各单位领导的大力支持。各单位撰稿人为提供高质量的稿件付出了辛劳。对此,我们一并表示诚挚的谢意。

《烟台大学年鉴》编辑部

2023 年 9 月 25 日

目录

◎专　文

◎烟大概况

◎机构与干部

◎学院情况

◎教育教学与学科建设

◎科学研究与服务地方

◎行政管理与服务

◎教学辅助与支撑

◎后勤服务与保障

◎党建与思想政治工作

◎人物

◎表彰与奖励

◎毕业生名单

◎大事记

◎文件目录

◎附录

专文

张伟在中共烟台大学四届七次全委(扩大)会上的报告

(2020年1月8日)

同志们:

现在,我代表校党委常委会,向全委会报告2019年以来各项工作进展情况,并对2020年的工作提出意见,请予以审议。

一、2019年主要工作情况

2019年,学校党委坚持以习近平新时代中国特色社会主义思想为指导,深入贯彻党的十九大和十九届二中、三中、四中全会精神,团结带领全体师生员工,坚持立德树人,全面深化综合改革,重点工作扎实推进,内涵建设得到加强,综合实力持续提升,一些工作取得了新突破。

(一)扎实开展主题教育,党建思政工作全面加强

认真贯彻落实中央、省委部署安排,高标准、严要求、高质量推进“不忘初心、牢记使命”主题教育,开展集中学习研讨422次,形成调研报告180篇,汇集意见建议203条,解决热点难点问题173个,得到了中央第四巡回督导组、省委第十二巡回指导组和广大师生的充分肯定。出台《关于持续深入贯彻落实习近平总书记重要指示批示精神的若干举措》,把学习贯彻习近平总书记系列重要讲话和指示精神作为各级党员干部理论学习、教育培训的首要内容。遵守党的政治纪律和政治规矩,严格执行民主集中制,修订完成党委全委会、党委常委会、校长办公会议事规则,制定党委书记与校长经常性沟通制度,决策科学化水平持续提升。全面抓好巡视整改和审计整改并取得重要阶段性成果,办学规范化水平不断提高,全校上下担当作为、狠抓落实的氛围更加浓厚。

深入实施基层党组织“对标争先”建设计划和“双带头人”立项建设,1个党支部获评第二批全国党建工作样板支部,1个党总支、3个党支部分获全省首批党建工作标杆院系、样板支部。发展党员1610人、转正744人。完善党风廉政建设制度体系,深化纪检监察机构改革,实现监督检查和审查调查职能分离、部门分设。妥善处置省委巡视移交问题线索和信访件61件(次),自办信访举报18件(次)。立案13件,谈话函询61人次,采取组织措施23人,党纪处分13人,政纪处分9人。

加强民主党派和统战团体建设,开展“不忘合作初心,继续携手前进”主题教育活动12次,举办统战委员培训3次,统一战线工作科学化、规范化水平进一步提高。积极组织党外专家参加“百名专家教授联百企”活动,签署合作协议11个,支持党外代表人士开展社会调研、参政议政,被立案的议案、提案27件,2件社情民意被全国政协、省政协采纳转办,1人获评省民建优秀会员。完善民族宗教工作领导小组职责,抓好三个保障,坚持三个纳入,采取四项措施,扎实做好民族宗教工作。1人获评省统战工作先进个人。离退休老同志优势和作用充分发挥,有效推动离退休工作转型发展。召开第七届教职工代表大会暨第八届工会会员代表大会第二次会议、第四次学生代表大会,民主治校进程持续推进。1个集体荣获省教育工会女职工建功立业标兵岗,1 人获评女职工建功立业标兵。

加强正面舆论引导,中心组集体学习 12 次、集体研讨 33 人次。健全意识形态工作制度,严格落实"一会一报"制度,审批备案哲学社会科学类报告 106 场次。每季度召开意识形态工作联席会议,定期会商研判意识形态领域情况。妥善处置各类舆情 12 起。获评省教育政务新媒体先进单位、省高校教育新闻宣传先进单位,入选 2019 年度山东最佳社会声誉高校榜。"烟大人"微信公众号稳居全国高校校友会微信公众号综合指数首位。

开展庆祝新中国成立 70 周年、建校 35 周年系列活动,深入挖掘与祖国共奋进的校史文化。开展"北京大学、清华大学支援烟台大学建设历程展"等"六个一"文化建设工程,确定"海纳百川、敢为人先"的烟大精神和"我向海而生,你为梦而来"的学校形象宣传语,烟大人代代传承的精神风貌和核心价值追求更加彰显。"烟雨亭"文化景观落成。"孺子牛"教育服务年限荣誉激励计划正式实施。1 名教师获评省优秀教师。

加强思想政治理论课教师和辅导员队伍建设,新增思想政治理论课专任教师 18 人、辅导员 58 人,师生比显著提高。定期开展"大学生思想政治教育大讲堂"等系列活动,大学生思想政治教育质量显著提升。35 名毕业生投身西部计划志愿服务工作。108 名大学生参军入伍,同比增长 29%。2 人获评全国大学生自强之星。校团委获评全国五四红旗团委、全国暑期社会实践活动优秀单位。

(二)聚焦育人根本任务,教育教学改革成效显著

教育综合改革深化拓展。召开第十届本科教学工作会议。启动修订 2020 版人才培养方案。获批 4 个国家级、15 个省级一流本科专业建设点。出台管理办法推进专业认证,土木工程和建筑学分别通过国际实质等效认证和全国高校建筑学专业评估,车辆工程专业等待专家进校审核,软件工程等 3 个专业认证申请获认证委员会受理。34 名教师入选新一届省本科教育教学指导委员会。获省第六届高校教师教学比赛、信息化教学比赛一等奖各 2 项。

积极开展"课程思政"立项建设和教学研究,将思政教育融入人才培养全过程。20 门课程上线山东省高校课程共享联盟平台,获批国家精品在线开放课程 1 门。师生参与创新创业赛事的积极性日益高涨,获国家级以上竞赛奖励 252 项。其中获第十六届"挑战杯"国家二等奖 1 项、三等奖 2 项,省特等奖 4 项、一等奖 4 项、"优胜杯";获第五届"互联网 +"大学生创新创业大赛国家铜奖 3 项,省金奖 2 项、银奖 7 项;位居全省高校前列。获全国学生"学宪法 · 讲宪法"活动全国比赛个人赛亚军、山东赛区特等奖。全民健身、群众体育运动蓬勃开展。组建全省高校首支冰球队并荣获首届全国大学生冰球锦标赛第四名、"体育道德风尚奖"。

硕士学位授权学科和专业学位授权类别动态调整工作顺利开展。申请增列马克思主义理论硕士一级学科学位授权点。4 个专业学位授权点通过国家专项评估。扎实推进研究生分类培养模式改革和导师聘任制度改革,研究生培养质量过程保障体系不断完善,9 人获评省优秀研究生指导教师。调整设置 11 家函授站点;函授生招生近万人,人数成倍增长。新增国际友好学校 10 所、续签协议 5 份。与新西兰坎特伯雷大学、澳大利亚新英格兰大学举办博士联合培养(联合博导)项目。入选奥地利"欧亚—太平洋大学学术协会"博士后奖学金项目会员单位。

(三)持续深化内涵建设,服务地方水平大幅提高

成为省市共建高校,翻开了新形势下学校改革发展崭新一页。深入研究,制定《烟台大学高质量发展实施意见》,重点打造并着力实施九大工程,加快高水平大学建设步伐。修订完善《烟台大学章程》。新一届校学术委员会换届工作顺利完成。材料科学与工程学科增列省"一流学科"立项建设,立项总数达到 2 个。化学学科 1 月份进入 ESI(基本科学指标数据库)全球前 1% 并持续保持。在软科中国最好学科排名中,法学学科进入前 20%,全省第二、省属高校第一;民族学学科进入前 25%,计算机科学与技术学科首次上榜。数学学科进入软科世界一流学科排名前 400,省属高校第三。药学学科获批实施第二轮服务国家特殊需求博士人才培养项目。召开学科建设会议,完成学科特区计划中期考核及动态调整,学科建设突破工程与体制机制改革持续推进。

深化科研管理改革,加大科研绩效激励,获批国家级科研项目 40 项,连续 4 年获批国家社科基

金重点项目并实现国家社科基金重大项目的突破，省部级重大项目立项数及经费数创历史新高。科研总经费同比增长150%，达18222.089万元。获省部级科研奖励7项，授权职务专利115项。发表SCI(科学引文索引)等高水平论文663篇。2位教授分别入选“高被引科学家”“高被引作者”。《烟台大学学报(自然科学与工程版)》入选中国学术期刊文摘数据库核心版;《烟台大学学报(哲学社会科学版)》入选国家哲学社会科学学术期刊数据库，并获评第六届全国高校社科精品期刊。学校首次整体进入U.S.News世界大学排行榜。

紧密结合省市新兴产业和传统优势产业，推动“政产学研金服用”深度融合发展，校企合作、校地融合发展的办学特色更加彰显。开发区科教园区规划设计方案顺利完成。全年新立项横向科研项目167项、到账经费3137.6万元，完成“四技”合同登记108项、总额2881.15万元，均创历史新高。取得武器装备科研生产单位保密资质。紧跟学术前沿，举(承)办《中国科学:化学》2019年全体编委会、深化产教融合服务新旧动能转换校企合作对接会等大型会议，学校知名度、美誉度进一步提升。与烟台市政府、新华三集团、中国科学院过程工程研究所、山东裕龙石化有限公司等签署各类合作协议43份。2个项目入选中国高等教育学会“校企合作双百计划”典型案例，14个项目获批烟台市校地融合发展项目，经费3880万元，占全市总经费的65%。设立烟台三校科技园创业扶持基金，1家公司成功入库国家中小科技型企业。获批1个省协同创新中心、1个省工程实验室。学校获批设立第十三届省人大常委会地方立法研究服务基地。

(四)激发干事创业热情，人才干部活力有效提升

加快建设高端人才汇聚高地，新增国家“万人计划”专家、省“一事一议”顶尖人才、省“泰山学者”、省“外专双百”专家、省有突出贡献的中青年专家等人才项目28人，柔性引进“长江学者”等国家级专家7人。师资队伍持续壮大，人才生态更加优化，获批重大新药新型释药系统项目博士后招收资格，引进各类人才124名，专任教师中具有博士学位的人员占比达55.3%。年度投入人才专项经费8629万元，获得省、市各类人才项目经费7250万元，其中2019年度烟台市校地融合人才工作类项目经费2300万元，实现“引才”与“聚财”双赢。

加强干部队伍建设规划，注重培养选拔优秀年轻干部。坚持正确选人用人导向，完成10名正处级干部、59名科级干部选拔和59名干部试用期满考核。干部年龄结构更加合理，45岁以下正处级干部占26%，40岁以下副处级干部占30%;新选拔正处级干部平均年龄42岁。选派4人到山亭区挂职“第一书记”，3人参加“万名干部下基层”挂职，1人获省委表彰。选派4人到省教育厅和北京大学、清华大学等“双一流”高校挂职，选拔6名博士校内挂职。出台2019—2022年干部教育培训规划。在四川大学、北京大学开展干部专题培训，组织处级干部学习贯彻党的十九届四中全会精神轮训、举办专题辅导报告4场，开展13次党校学习、4期书记读书班，干部队伍活力和责任意识显著增强。

(五)切实保障改善民生，服务管理效能持续强化

扎实推进“基础管理规范年”活动。完善人事工作体制机制，全面落实社会保险和绩效工资制度改革，奖勤罚懒、奖优罚劣的激励作用进一步彰显。坚持零基预算，预算管理改革向纵深推进。政府会计制度衔接顺利，实现由单一的预算平衡管理目标向更加多样的管理目标扩展。财务管理信息化建设积极推进，资金从预算编制到资金支付等各流程实行智能管理，建立起全过程、全覆盖的动态监控机制。获2018年度省属高校绩效考核优秀等次。

全校资产有偿使用情况清查和校属企业摸底工作全面完成，国有资产经营监管更加规范。完成进口设备退税400余万元。固定资产入账2.2亿余元、5102台(套)，政府采购14602.7155万元，累计节约资金700余万元。完成工程项目审计57项，审减金额844.06万元。落实消防安全责任制，强化治安防范与管理，校园可防性案件数量持续下降，实现师生安全感和满意度“双提升”，1人获省119消防奖先进个人奖，学校获评省平安校园标杆学校。

学府小区涉建手续办理进展顺利，综合实验中心大楼等重点工程建设不断推进，海绵校园等民生改造工程如期完工，旧浴室改造完成并投入使用，受到师生好评。直饮水改造工程、学生公寓洗浴设施建设、原第三餐厅学生综合服务项目建设、校园聚合支付系统建设等项目完成调研论证，进入招标

环节。获评全国教育后勤系统信息宣传工作先进单位、全国校园物业管理社团组织建设工作先进单位、全省高校绿化与景观建设先进单位。智慧校园支撑平台稳步实施,校园信息化建设水平和读者服务质量明显提高。在全国高校中率先建立校友大病救助基金,烟大人情系母校、关爱校友的强大凝聚力充分彰显。

在取得成绩的同时,我们也要清醒地认识到,学校改革发展还存在一些问题与不足,主要表现在:思想政治工作队伍力量不足,思想政治理论课、辅导员师生比距离教育部的要求还有不小差距;部分单位意识形态工作责任制落实不到位,网络管控需要加强;师生国际化水平不高,办学国际化步伐缓慢;国家自然科学基金立项数较低,国家发明专利数量进步不明显;资源整合和共享程度不高,大型仪器等管理机制不顺畅;信息化手段滞后,线上服务水平不高;等等。对这些问题,我们要高度重视并采取有效措施,切实加以解决。

二、2020 年工作要点

2020 年工作的总体要求是:以习近平新时代中国特色社会主义思想为指导,深入贯彻党的十九大和十九届二中、三中、四中全会精神,明确重点任务,实施九大工程,着力推动学校各项事业高质量发展,加快特色鲜明、部分学科具有国际影响力的高水平大学建设步伐。

(一)深化顶层设计,切实提升治校办学能力

贯彻落实党的十九届四中全会精神,全面深化调研工作,深入研究高等教育发展规律,加强治理体系、治理能力建设,稳步提升治校办学水平。持续推进综合改革,全面开展《烟台大学"十三五"发展规划纲要》及各项子规划、各学院"十三五"发展规划实施终期总结工作。广泛开展"十四五"规划前期调查研究,大力推进编制"十四五"规划纲要的基础性工作。在省属本科高校分类考核指标体系的指导下,调整优化单位目标考核指标体系,优化校院两级管理的责权利划分,将单位目标考核奖励与绩效工资紧密结合,强化二级单位班子正向激励,鼓励干部职工担当作为,持续激发各个单位和教职员工的内生动力,推动事业发展进步。

(二)压实工作责任,持续加强党建思政工作

全面加强党的政治建设,牢固树立"四个意识",坚定"四个自信",坚决做到"两个维护"。持续推进"对标争先"建设计划,着力提升基层党组织组织力。实施党员"先锋示范计划",探索建立"不忘初心、牢记使命"长效机制,教育引导党员发挥先锋模范作用。统筹"选育用管"各个环节,不断提高干部培育、选拔、管理和使用工作质量。树牢"党建+"工作理念,推进"一学院一品牌、一支部一特色"建设,全面提升党建工作科学化水平。

培育思想政治教育精品项目,强化"大学生思想政治教育大讲堂"作用,打造品牌。多措并举,加大工作力度,确保思想政治理论课教师、辅导员师生比达到教育部要求。大力弘扬"孺子牛"精神,制定师德师风行为正面、负面清单,完善考核办法,加强师德师风建设。完善宗教工作联动机制,健全统一领导、高效配合的反渗透网络。启动意识形态校内巡察,压实工作责任。持续创建"一院一品""一院一赛",加强学风建设。建立大学生思想状况调研分析常态化机制,有针对性地进行系列主题教育活动。进一步加强学生职业生涯发展教育。通过"名企进校园"等活动,提升就业质量。以"互联网+"大学生创新创业大赛、"挑战杯"大学生课外学术科技作品竞赛、"挑战杯"大学生创业计划竞赛等赛事为导向,提升学生创新创业能力。全面推行学生资助标准化体系建设,强化资助育人成效。落实"全团抓思想政治引领"的要求,促进共青团引领力、组织力、服务力协同提升,推进学生社团全面深化改革。深入挖掘研究学校历史,依托胶东红色资源、以美育人等品牌,加强文化建设。探索融媒体、全媒体工作机制,形成科学、规范、高效的舆论宣传工作格局。坚持内外宣并重,加大外宣工作力度。

召开党风廉政建设工作会议、党内监督工作专题会议,压实全面从严治党责任。重点强化对贯彻落实党的路线方针政策和党中央重大决策部署以及省委、省政府决策部署的监督检查。做实做细日常监督,紧盯关键少数、关键领域,抓住重要节点,持续督查落实中央八项规定精神,从严查处顶风违纪问题。坚决纠正"四风",拓展整治群众身边腐败和作风问题,及时通报曝光反面典型案例。深化运用"四种形态",着力抓早抓小、防微杜渐。动态完善领导干部廉政档案。规范执纪审查,增强质量意识、程序意识,提高办案质量。推进全员培训常态化,建设忠诚干净担当的纪检监察干部队伍。加强党外知识分子思想政治引领,统筹规划党外代表人

士的培养使用,推进民主党派和统战团体建设。筹备召开年度“双代会”,做好提案落实工作。加强学校和二级单位离退休工作,持续开展精准服务。

(三)聚焦根本任务,稳步提高人才培养质量

坚持立德树人根本任务,建设“思政示范课程”,推进优质课程资源以及教学团队、教学名师培育工作,持续开展青年教师培养、竞赛及教师荣誉工程。加强教学研究,科学编制2020版人才培养方案。跟进国家一流专业、一流课程评审和建设工作。深入推进专业结构优化升级。积极做好车辆工程等专业的认证工作。做好高水平应用型专业群以及专业对接产业项目考核验收工作。积极开展“专业+学校”招生模式改革。加大实践(实验)教学资源整合建设力度,规范实践(实验)教学管理。推动研究生论文全盲审,提升学位论文质量。做好研究生教育优质课程项目、研究生教学案例库建设项目及研究生教育联合培养基地建设工作。全面启动研究生导师培训计划,完善研究生教学督查等系列制度,加强过程管理,提高研究生培养质量。

大力拓展教师海外访学进修渠道与平台。通过学生优质交流项目等多种方式,提升人才培养国际化水平。着力推进与美国田纳西大学查塔努加分校、匹兹堡大学和德国特里尔应用技术大学的合作。积极探索,扩大职业技能培训鉴定项目,稳步提高函授规模和效益。

(四)抓住关键环节,着力提升学科科研水平

着力推进高水平、高层次人才队伍建设。打造国际化人才引进平台,依托顶尖人才“一事一议”团队计划和“泰山学者”工程等项目,扩大高层次人才规模,优化青年人才引育计划。持续深化人才分类评价工作。完善职称评价基本条件,明确人才引进标准和聘期目标,规范各类引进人才的中期检查和聘期期满目标考核。深入推进人事人才工作体制机制改革,创新利用省市激励政策,以聘用制度和岗位管理制度为重点,完善人事管理制度体系。进一步加大博士以上高层次人才引进力度。

深入实施学科建设突破工程,扎实推进优势学科强化、应用学科提升、哲学社会科学学科繁荣、ESI全球前1%学科突破、特色应用交叉学科助力等项目。按照“期满重结果”的原则完善考核指标体系,搭建数据采集平台,开展“学科特区”项目期满验收考核工作。统筹推进“一流学科”以及博士授予单位立项建设工作。依托学科简报等平台,开展分析服务与推广宣传,建立学科文化机制。扎实准备全国第五轮学科评估迎评工作。

完善管理制度,着力调动科研人员积极性、主动性和创造性,增加各类项目立项数量,提升科研水平。整合资源,组建科研团队,加大对标志性科研项目、科研成果和高水平科研论文的培育力度。狠抓校级科研机构考评工作,加大支持力度。加强沟通、交流,扎实开展科研创新平台培育、建设工作,争取更多省级重点实验室、工程技术研究中心、人文社科研究基地等科研创新平台立项建设。推进协同创新中心建设,稳固在全省高校的优势地位。加大约稿力度,加强对学校重点发展学科支持,持续提升学报学术质量。

(五)加强合作交流,全面服务经济社会发展

健全外事工作体制,成立国际交流合作工作委员会,理顺各学院国际合作交流工作机制,建立畅通高效的工作体系。通过加大资助力度等多项措施,加快办学国际化步伐。挖掘学院涉外资源,依托特色优势学科,对接国(境)外优质合作伙伴,逐步实现至少“一院一项”的国际交流与合作格局。

充分发挥北京大学、清华大学共同援建的独特优势,持续深化立足烟台、融入烟台、服务烟台的发展理念,主动对接山东省、烟台市主导产业,自觉服从大局、主动服务大局、有机融入大局,在推进新旧动能转换、乡村振兴、海洋强省等省市重大战略中攻坚克难、干事创业,为区域经济社会发展提供强有力的支持,实现互惠共赢。充分利用校地联席会议制度,积极探索学校与政府、知名企业、行业协会的合作新模式,试点校企科技合作特派员机制,广泛搭建校地、校企、校校(院所)合作平台。加大科技成果转移培育和转化力度。推进产学研用一体化进程,提升横向科研项目立项率和到位经费数。做好烟台市校地融合项目申报实施等工作。

加强与烟台开发区等方面的沟通协调,大力推进开发区科教园区规划建设等各项工作。与烟台开发区和中国(山东)自贸区烟台片区共建“山东知识产权研究院”。巩固校院两级联动机制,积极推动建立地方校友组织,持续开展“三元之光”校友大讲堂、“星空”校友学术论坛等品牌活动。注重利用京、沪、粤等地的校友组织,推动招生就业、科技

成果转化等工作。

（六）夯实支撑保障，不断增强管理服务效益

进一步深化“放管服”，优化工作流程，完善工作程序，改进工作作风，全面提升管理服务与质量。贯彻落实收入分配激励政策，全面实施绩效工资改革，完善绩效分配办法，有效激发以增加知识价值为导向的人才创新创造活力。梳理并确定各学院、部处室和直属单位的编制数、岗位数、人员数以及岗位职责。着力加强编制外用工管理，积极探索并稳步推进后勤社会化改革。以建设“幸福烟大”为目标，持续做好原第三餐厅、文化长廊、图书馆改造、道路绿化等工作，较好解决与师生生活息息相关的洗浴、饮用水等民生大事。进一步提升后勤服务质量与管理效益。着力提高大型仪器等设施设备的使用效益。

进一步加强和规范政府采购管理。完善实验室运行等管理体系，扎实推进实验教学示范中心及虚拟仿真实验教学项目建设。严格落实国有资源资产监督管理规定。稳妥推进校办企业改革。完成综合实验中心大楼建设并投入使用。加快学府小区消防验收等手续办理。积极推进南校区教学实验楼立项及合作建设工作。

拓宽资金来源和融资渠道，严格控制和压缩一般性支出，推动内部管理节支增效，优化资金配置使用，切实做好资金保障。持续深化预算管理改革，全面实施零基预算管理。启动预算绩效评价，全面提高资金使用效益。进一步完善学分制收费改革。切实加强内部控制，进一步提高审计效益和水平。

深化“平安校园”建设，完善安全责任体系和治安防范体系，加强消防、交通等安全管理，建设消防、安防一体化监控平台，加大校园周边治安环境整治力度，营造良好环境。着力推进校园无线网络、智慧校园建设，提升校务服务线上办理效率和服务质量。

2020 年是全面建成小康社会和“十三五”规划收官之年，是学校持续推进高质量发展的重要一年，我们要以习近平新时代中国特色社会主义思想为指导，全面贯彻落实党的十九大和十九届二中、三中、四中全会精神，准确把握高等教育发展变革的机遇，改革创新，锐意进取，推动学校各项事业又好又快、更好更快地发展。

近年来，学校党委团结带领广大师生员工改革创新、奋发进取，内涵建设和综合实力持续增强，强化了两校援建、校企合作、校城融合等重要办学特色，为山东省、烟台市经济社会发展做出了显著贡献。学校积累了重要经验。一是更加注重高质量发展的顶层设计。坚定特色鲜明、部分学科具有国际影响力的高水平大学奋斗目标，不断深化“一二三”战略部署，研究制定高质量发展实施意见。治校办学能力稳步提升。二是不断探索高质量发展的实施路径。确定并着力实施高质量发展的九大工程，坚持不断发现问题并着力解决问题的工作方法；不断强化事业发展进步、师生员工幸福满意的结果导向。工作方式方法持续改进。三是大力营造高质量发展的环境氛围。不断创新利用北京大学、清华大学资源；积极沟通，成为省市共建高校，争得宝贵办学资源；凝练形成烟大精神。干事创业热情明显增强。

立于新时代，学校依然面临不少艰巨任务：开发区科教园区要推进，博士授权单位要突破，内涵发展水平要提升，幸福烟大要建设，等等。这些任务，是挑战，更是义不容辞的使命。

全体师生员工要一如既往地勇做“泰山挑山工”，只争朝夕，不负韶华，保持定力、激发活力、创造新业绩。在建设高水平大学的征程中、在坚持高质量发展的道路上，把握机遇，奋发进取，再接再厉，勇攀高峰！

郭善利在中共烟台大学四届七次全委(扩大)会上关于寒假工作部署的讲话(提纲)

(2020年1月8日)

同志们:

今年的寒假时间已在学校校历和办公系统发布。根据学校安排,2020年寒假放假时间为:1月13日(腊月十九)—2月23日(二月初一),2月22日、23日在校学生报到注册,各单位要做好开学前各项准备工作,2月24日(星期一)正式上课。这期间,教师带薪休假,干部和职工合理安排值班和轮休。根据工作需要,各机关部门、教学单位及直属单位的行政人员1月13日、14日,2月20日、21日正常上班。

各单位党政负责人要切实履行本单位假期工作职责,全面认真地安排好本单位假期工作,外出开会、学术交流,探亲、访友、旅游等要履行请假、告知、报备手续。领导干部外出,必须提前三天请假,并明确假期期间主持工作副职。各机关部处室要积极对接上级主管部门,尤其是地方春节七天假期过后,注意及时传达有关部署要求,确保高质量地完成各项工作任务,保证学校各项工作正常运转。

前期,中共中央办公厅、国务院办公厅和山东省委办公厅、山东省人民政府办公厅先后下发了《关于做好2020年元旦春节期间有关工作的通知》(中办发电〔2019〕43号)《关于做好2020年元旦春节期间有关工作的通知》(鲁办发电〔2019〕158号),对做好春节期间工作提出明确要求。各单位要按照省委十一届十次全会部署,增强"四个意识",坚定"四个自信",做到"两个维护",统筹做好寒假期间各项工作,确保全体师生员工度过快乐、祥和、安宁的节日。

近日,学校办公室、党委学生工作部(处)、保卫处、后勤管理处等部门相继在办公系统发布了关于做好寒假有关工作的通知,各单位要认真落实。在这里,再强调几个方面:

一、安全稳定工作

要认真贯彻落实全国、全省安全生产电视电话会议精神和上级有关文件要求,扎实做好寒假期间校园安全稳定工作,有效防范和坚决遏制校园安全事故发生,切实保障广大师生生命财产安全。

(一)严格落实安全责任,深入排查各类安全风险隐患

安全责任重于泰山!2019年11月19日,山东能源肥城矿业集团梁宝寺煤矿井下发生一起火灾事故,造成11人被困。省委、省政府高度重视,刘家义书记第一时间赶赴事故现场组织救援。截至11月21日,被困人员全部升井完毕并被送往医院。目前,事故发生的原因还在调查中。

对此,山东省人民政府安全生产委员会下发《省政府安委会关于切实做好岁末年初安全生产工作的紧急通知》,要求各单位要深入贯彻习近平总书记关于安全生产的重要论述和指示精神,领导干部要带头扛起防范化解重大安全风险、保一方平安的政治责任,始终把习近平总书记关于坚持底线思维、着力防范化解重大安全风险的重要论述作为根本遵循,结合贯彻落实党的十九届四中全会精神,进一步强化责任担当,严格各项安全工作责任和管理制度;坚守红线意识和底线思维,坚持防范化解重大安全风险一以贯之,举一反三,深入排查各类安全风险隐患,全力保障岁末年初安全生产形势稳定。通知要求,要在危险化学品、消防、建筑施工、燃气等重点领域和环节,深入开展安全生产集中整治,坚决消除各类事故隐患。

希望各单位能够持续保持高度警觉,切实加强安全管理工作,真抓实干,确保学校和师生员工安全稳定。要进一步增强安全稳定工作的责任感、紧

迫感,落实“谁主管、谁使用、谁负责”和“党政同责、一岗双责、齐抓共管、失职追责”安全管理责任制,扎实做好安全防范和安全管理。对工作不到位,措施不得力,责任不落实而发生重大问题的,学校将坚决追究有关单位领导和工作人员的责任。

12 月 2 日,山东省教育厅下发《关于做好冬季学校安全工作的通知》。要求在消防安全方面,扎实开展消防设施维护保养、电气线路检测、消防安全隐患排查等整治行动。要对学校在建工程、学生宿舍、供电设施、食堂、实验室、会议室、报告厅以及电动自行车充电存放等部位和人员集中场所的疏散通道、楼梯、安全出口的管理情况,用火用电用油用气等危险源管理措施的落实情况,大型学生活动的审批和管理,消防器材的维护情况,消防安全教育和应急演练情况等进行一次全方位、全覆盖的检查。

在实验室、食堂等重点场所安全方面,要强化实验室安全意识,完善各项安全措施和管理体制机制;要加强学校食堂安全管理,尤其是天然气、瓶装液化石油气的日常监管,确保各个环节安全管理制度规定落实到位。

在校园治安防控方面,要提高警惕,密切注意校园及周边安全动态,及时发现和制止校内外伤害、校园欺凌等各类伤害事件。持续加强学校重点部位电子监控、防盗报警设施安装与维护工作,进一步充实学校安保力量,坚持领导带班、24 小时值班备勤和巡逻制度。主动协调并积极配合公安机关加强校园及周边地区巡逻防控和治安排查工作,严防涉校涉生恶性案件的发生。

在这里再强调一点,就是对于寒假期间需连续运行的仪器设备要尽量集中存放,明确专人负责,定期检查,确保安全;因教学科研需要,需在假期继续开放使用的实验室,要安排专人负责,落实安全责任,加强规范管理,并做好值班记录。各单位要在放假前认真组织一次安全检查,特别是实验室、学生公寓、图书馆、配电室、食堂、计算机房、校内宾馆招待所等重点部位,扎实做好安全隐患排查,建立台账并切实做好整改工作。

(二)持续加大安全宣传教育,切实做好安全防范

要充分运用广播、宣传栏等传统方式和“两微一端”等新型方式,广泛开展安全宣传教育,营造人人想安全、抓安全、保安全的浓厚氛围。放假前,各单位要开展一次安全教育,深入宣讲用火用电用气、取暖、消防、交通、滑冰溺水、燃放烟花爆竹、远离非法集资等各类安全知识和逃生自救常识,不断提高师生安全防范意识及逃生避险、自救互救技能。各单位节假日期间原则上不组织集体外出旅游、参观等活动。师生在校外参加大型活动,要远离拥挤人群,注意防范踩踏等意外事故。

各单位加强重点部位的安全防范,对存放计算机、多媒体教学设备或其他贵重物品的部位,要有相应的防范措施,并落实假期安全责任人。公寓及楼宇管理人员要严格履行岗位职责,加强对各楼宇、公寓楼道的巡查,认真落实会客登记制度,宿舍内禁止留宿他人,防止外来人员的不法侵害。

学校办公室要统筹做好全校假期值班工作,学校总值班地点设在学校办公室。省教育厅近期下发了《关于加强和改进教育系统值班工作的通知》,各单位要认真加以贯彻落实,周密安排好寒假期间值班工作,主要负责人和值班人员要保持值班期间 24 小时通信和信息畅通,带班领导要全天在办公室值班。要严格落实岗位责任制,严格执行专人值班和领导在岗带班制度,坚决杜绝空岗、漏岗。各单位要针对本单位的工作性质,研究制定、完善细化应急处置预案,科学应对、妥善处置各类突发事件。同时,严格履行报告制度,遇到紧急、重要情况必须立即报告。

(三)做好意识形态、网络安全和维稳工作

要毫不放松地做好节日期间的意识形态和网络安全工作,加强情报信息搜集报送。党委宣传部等有关部门要定期分析研判网络意识形态领域舆情工作,坚决杜绝个别师生公开发表不当政治言论、造成恶劣影响、损害学校声誉。2019 年 12 月 15 日,山东省教育厅对近期教育舆情情况进行了通报,其中就包括山东工商学院收费舆情、青岛求实职业技术学院强制学生订购校服舆情、数起校园食品安全舆情,社会关注度极高,造成了严重负面影响。其中将山东工商学院收费舆情定性为“典型的管理粗放、工作不细致、政策解读不到位的舆情事件”,暴露出学校管理上的漏洞和舆情意识的缺失。我们要引以为戒,举一反三。

12 月 5 日,中共烟台市委网络安全和信息化委员会办公室《网络舆情(快报)》通报了我校辟谣

"食堂情杀视频"、准备起诉造谣者的内容。当日网传一段视频显示,一家食堂内有人倒在地上,座椅旁有一摊血,有网友称发生在烟台大学食堂、系情杀。我校网络监控部门及时注意到此事并第一时间进行了回应,予以辟谣,处理妥当。各单位要深入了解全媒体时代的舆论生态,充分认识教育舆情高发频发的态势,做精做实做细各个工作环节,建立完善工作机制,切实落实主体责任,提高舆情应对能力。

校团委、党委学生工作部(处)和各学院要引导学生正确认识和使用网络,及时删除不良信息,防止产生不良影响,形成不稳定因素。要高度重视宗教邪教渗透、新型毒品问题,烟台、威海又是境外宗教渗透的重要区域,一定要及时掌握学生有关信息并上报。

国际合作交流处、国际教育交流学院要做好外籍教师、留学生假期中的工作安排和管理,确保外籍人员人身及财产的安全,防止涉外事件发生。

二、学科科研和服务地方工作

发展规划与学科建设处要围绕学校现有的学科基础,继续推进全国第五轮学科评估迎评工作,充分利用假期时间,通过参加学术论坛、高校调研、专家报告等各种渠道和方式收集相关评估动态,组织相关学科有针对性开展迎评准备工作。

2020年是学校"十三五"规划的收官之年,要在继续做好《烟台大学"十三五"发展规划纲要》及各项子规划、《烟台大学综合改革方案》贯彻落实、统筹协调工作基础上,重点组织好学校"十三五"规划及各项子规划、各学院"十三五"规划实施情况终期总结。并针对学校"十四五"规划进行有计划的省内外学习调研,参加相关讲座和培训,为学校"十四五"规划的制定做好前期准备工作。

社科(科技)处要做好国家级以及省部级等各类基金项目的结题、申报等事宜,各有关单位要充分利用假期做好各项准备工作,进一步提高教师从事科研项目申报等工作的积极性、主动性,从选题论证、项目申请书论证、申报工作具体指导等多个环节提出具体要求并给予支持,确保2020年国家自然科学基金和国家社科基金等重点科研项目不论申报数量还是获批数量再创历史新高。

服务地方办公室要积极会同有关学院,深入走访行业企业,主动开展学科(专业)对接产业(企业)工作,进一步彰显我校校企合作、校地融合发展的办学特色。要认真筹备好烟台市第四次校地合作联席会议有关工作,深入研究新形势下的"政产学研金服用"协同发展问题,充分发挥校地联席会议机制的作用,更好地服务学校中心工作,为烟台市建设发展做出新的更大的贡献。

三、教学和研究生工作

一是要组织好寒假阅卷等工作。学生考试已全部结束了,建议各学院进行必要的组织。以前曾发生过老师将试卷带回家批阅而丢失的情况。

二是妥善做好新学期开学第一周上课等安排,注意提醒部分老师是前8周还是后8周上课,防止个别老师忘记上课而发生教学事故。

三是严格做好继续教育学院函授面试工作和2020年函授学生注册工作。要严格函授站招生、收费、教学过程管理,持续提升成人教育办学质量。对教师资格证培训考试项目等教育培训项目,要加强监督管理,对未经申请和备案以我校名义举办的培训项目,要及时进行说明,提醒学生甄别虚实、自主并理性选择,维护好学校培训管理的正常秩序和学生的切身利益。严禁各单位未经允许违规开办、承办各类培训项目。

四是研究生处要认真做好自命题试卷整理,组织好自命题试卷评阅工作,及时汇总发布成绩。各学院要做好研究生招生的宣传咨询工作,积极拓展优质生源,为下学期的研究生复试、调剂、录取工作做好准备,确保2020年研究生招生录取工作安全、平稳、顺利进行。

四、学生工作

除做好学生安全教育等有关工作外,还要注意以下几个方面:

一是做好2020届毕业生就业工作。近日,国务院发布《关于进一步做好稳就业工作的意见》。指出要稳定高校毕业生等青年就业、扶持创业带动就业,强调要坚持把稳就业摆在更加突出位置,强化底线思维,突出重点、统筹推进、精准施策,全力确保就业形势总体稳定。各单位要高度重视,积极开拓就业渠道、保持信息畅通、提供各种便利和帮助。鼓励学生通过参加各省(市)地组织的网络招聘会和现场招聘会,积极寻求就业岗位,实现早日签约,同时提醒学生求职中防止就业陷阱,保护好自己的合法权益。

二是引导学生开展社会实践活动。要教育引导学生有效利用假期开展各种社会实践活动，展现新时代大学生精神风貌，树立烟大学子良好形象。学生外出找工作、打工或参加社会实践活动，要通过正规渠道，注意甄别各类信息，防止受骗上当。

三是开好寒假返校后的第一次班会。要严格学生请销假制度，教育学生遵守教学秩序，假期结束后，要按时返校。学生如遇特殊情况不能按时返校，应及时请假说明，学院要及时落实相关情况，经批准后学生方可推迟返校，并于返校后补办请销假手续。假期结束后，各学院要召开班会，及时掌握学生的动态去向，准确统计因病、因事请假学生和无故未按时返校学生的情况，做好记录。

四是做好开学初学生教育管理工作。认真抓好开学教育，迅速恢复常规秩序。要在开学第一周内，组织学生迅速进入新学期学习生活，恢复各项常规活动，遵守各项纪律要求，狠抓学风建设，营造优良学风。开学初学生工作头绪多、任务重，各学院要统筹兼顾、认真细致地做好各项开学工作，确保学生日常管理工作的稳定，为本学期学生工作整体上安全、有序、高效地运行奠定良好基础。

五、人才人事工作

一是做好人才引进工作。人事处和各学院要坚持“引进来，走出去”，结合学校和学院发展目标定位，充分利用放假时间和学院教师的导师、同门、校友等资源，积极走访、发现、着手引进高层次人才，包括有海外背景的人才。注意做好师德、德育为先的甄别、筛选工作。要重点解决师资短缺专业的教师引进问题，重点引进学科带头人以上高层次人才和专业发展需要的紧缺急需人才。

二是做好2019年度职称评价工作。学校积极回应广大教师诉求，努力克服困难，开展职称评价工作。目前，已进入网上公示和实物公示阶段。人事处和各学院要扎实做好有关工作，尽最大努力做到公平公正、公开透明。

六、管理服务和后勤保障工作

随着学校各项事业的快速发展，日常运行和各部门资金需求量与学校资金供给之间的矛盾日益尖锐。预计2020年学校资金缺口将进一步加大。学校将坚持统筹兼顾的原则，对涉及全校性或跨部门的专项建设工作由学校统一实施，涉及的专项经费由学校按不低于50%统筹使用，发挥资金使用效益，保证学校相关重点工作的落实。财务处寒假期间要认真做好资金保障工作，合理统筹安排各项资金，及时做好资金筹备和调度。做好2020年预算和项目库建设，强化收支、开源节流，提高财务工作规范化、科学化、标准化、信息化水平。

基建处要重点抓好实验中心工程项目的收尾工作，在保证施工安全和质量的前提下确保实现工程预期目标。争取工程在3月底完工、4月份办理消防验收等验收手续，确保下半年投入使用。要会同滨州医学院、山东工商学院，积极与地方政府有关部门协调沟通，采取有效措施，继续督促配合学府小区烟建集团项目部办理消防验收、入户测量、不动产登记等手续。

资产与实验室管理处要做好寒假期间招标采购工作，严格执行上级招标采购的各项政策规定，落实“应招尽招、应控尽控”要求，进一步规范政府采购管理，做到应报尽报、应编尽编、应采尽采。

后勤管理处要加强水电暖的维修和管理，落实防冻防漏措施，做好零修、维护。要加强配电室等重点部位的管理工作，做到领导靠上，职工到位，各司其职。校医院要做好假期卫生保健和疾病、流感的防控工作。

山东省教育厅近期印发《推进教育政务服务事项“教育服务、叫您满意”工作方案》，深入推进“教办就办、一办就好”改革、优化教育政务服务，要求以“制度创新，流程再造”“协作攻关，破解难题”“转变作风，优化服务”为理念，推进一网通办，高校校务服务一体化、教师管理服务数据化。网络与教育技术中心等有关单位要结合2020年重点工作，融合教学、科研、管理、服务和校园生活，建设智慧化校园和信息化教育学习环境，推进校务服务线上、线下“一体化”，服务事项一次办好，全流程网上办、掌上办。

七、党风廉政建设工作

近日，中共中央纪委印发《关于持之以恒正风肃纪确保2020年元旦春节风清气正的通知》，中共山东省纪委印发《关于进一步强化监督执纪问责确保2020年元旦春节风清气正的通知》，要求持之以恒正风肃纪，确保2020年元旦春节风清气正。校纪委（监察专员办公室）已就贯彻落实有关文件精神在办公系统发布了通知。广大干部要切实提高政治站位和政治觉悟，充分认识假期期间持续正风

肃纪的极端重要性，把节日期间落实中央八项规定及其实施细则精神、纠正“四风”工作作为重要政治任务，及时做出部署，严明纪律要求，确保压力传导到底、责任落实到位。

各级党员干部特别是单位主要负责人要带头严格自律，以身作则，率先垂范，守住纪律底线，充分发挥“头雁效应”，对本单位本部门党员干部严格教育、严格管理、严格监督，对出现的问题敢抓敢管、及时提醒、坚决纠正，确保把全面从严治党主体责任落到实处。

各级党组织、机关各部处室要结合“不忘初心、牢记使命”主题教育，引导广大党员干部知敬畏、存戒惧、守底线，坚持把纪律和规矩挺在前面，严禁违规公款吃喝、旅游和参与高消费娱乐健身活动，严禁违规发放津贴补贴或福利，严禁违规使用公车，严禁违规收送礼品、礼金、消费卡等，严禁接受管理服务对象的宴请或者旅游、健身、娱乐等活动安排，严禁违规出入私人会所，严禁违规操办婚丧喜庆事宜，严禁违规参加老乡会、校友会、战友会，严禁奢侈浪费和其他各种违规违纪行为，坚决杜绝“节日腐败”。

学校纪委(监察专员办公室)要认真履行监督责任，强化监督执纪问责，主动出击、明察暗访，对节日期间“四风”问题线索，一律严查快办，对典型案例、问题公开点名道姓通报曝光，以“零容忍”态度巩固作风建设成果。对履行责任不到位、发生严重违规违纪问题、造成严重后果或恶劣影响的，严肃问责追究，坚决维护中央八项规定精神和党规党纪的权威性、严肃性，推动中央八项规定精神在学校落地生根。

八、走访慰问和保障福利待遇工作

近日，中共中央组织部对节日期间开展走访慰问生活困难党员、老党员和老干部活动做出安排部署，省委高度重视，提出明确要求。党委组织部、校工会、离退休工作处、党委学生工作部(处)、校友工作办公室及各二级单位党组织要高度重视，提高站位，把开展走访慰问活动作为坚持党的群众路线、巩固“不忘初心、牢记使命”主题教育成效的重要举措，周密安排，狠抓落实，让党员、干部和广大师生员工深切感受到以习近平同志为核心的党中央的关怀和温暖，进一步激励党员、干部提振干事创业精气神。

要加大走访慰问力度，加强对党员、干部和师生的思想引导和感情交流，有针对性地帮助解决实际困难；要加大对“第一书记”、到村任职高校毕业生、家庭经济困难学生等关心关爱力度。适当扩大走访慰问范围，确有困难的基层党务工作者也可走访慰问；对曾受表彰的优秀共产党员、优秀党务工作者和校友代表，可结合实际进行走访慰问。

校工会要组织好假期文体活动，丰富在校教职工寒假生活；积极落实国家有关干部职工福利政策，认真落实在生产一线和节日值班值守干部职工相关政策待遇，保障干部职工按规定享有正常福利待遇。

衷心祝愿大家度过一个快乐祥和的假期！

坚定目标　狠抓落实　加快高水平大学建设步伐

——张伟在烟台大学2019年工作研讨会上的讲话

(2019年2月21日)

同志们：

本次会议的主要任务是：以习近平新时代中国特色社会主义思想为指导，坚定高水平大学建设目标，通过集中研讨，全面梳理、认真盘点学校发展的成绩与不足，找准新形势下的努力方向和措施举措，切实汇聚起广大干部职工的智慧与力量，共同把学校建设好、发展好。

结合本次会议的主题和任务，我谈几点意见，与大家交流。

一、坚定目标定位，树牢建设高水平大学的信心

近期以来，我听到比较多、感受比较深刻的一个词语就是：振奋。年前参加烟台“两会”，年后参加了山东省“两会”。山东省认识到差距，开启了深入推进新旧动能转换、建设现代化强省的新征程，催人振奋；烟台市拉开了加快建设制造业强市、海洋经济大市、宜业宜居宜游城市和现代化国际滨海城市的大幕，也令人振奋。2018 年是学校实施“十三五”规划承上启下的关键一年，也是学校发展极不平凡的一年。不仅大事、要事多，而且有不少亮点和成绩，多项工作实现了历史性突破，也让很多同志感到振奋。在党建思想政治工作方面，我们深入贯彻落实习近平新时代中国特色社会主义思想和党的十九大精神，全面配合省委第十三巡视组开展巡视工作，办学规范化水平稳步提高。在学校顶层设计方面，胜利召开第四次党代会，确立了高水平大学建设目标，明确了“一二三”战略部署，顺利完成了处级干部和中层领导班子换届。在教学工作方面，获得 1 项国家级教学成果奖二等奖，获批 3 项省教育服务新旧动能转换专业对接产业项目。在核心竞争力方面，药学学科获“省一流学科”立项建设；作为全省唯一高校，独立获得中国专利金奖；新增省级协同创新中心 1 个，总数达到 4 个；新增“长江学者”奖励计划特聘教授、省“一事一议”顶尖人才等高层次人才。在打造学校办学特色方面，胜利召开了北京大学、清华大学支援烟台大学建设委员会第十三次会议，深化了新形势下与北京大学、清华大学以及省、市等方面的关系；与烟台经济技术开发区管理委员会签署战略合作框架协议，服务地方新旧动能转换重大工程建设取得阶段性成效。前不久，化学学科成功进入 ESI 前 1%。一年来，全校上下坚定高水平大学建设目标不动摇，紧紧围绕学校年度重点工作任务，心往一处想，劲往一处使，积极进取，攻坚克难，形成了干事创业的浓厚氛围，实现了学校发展的预期目标。

寒假当中，学校党委常委会召开了工作务虚会。大家一致认为，我们需要认真总结、梳理工作中的经验与教训，要坚持好两个导向——目标导向和问题导向，进一步发挥烟大的优势与特色，扬长避短，在竞争激烈的高等教育现实中努力实现快速发展、高质量发展。坚持目标导向，就是要坚持第四次党代会确立的目标定位，把学校建设成为“特色鲜明、部分学科具有国际影响力的高水平大学”，这是我们全体烟大人的不懈追求；坚持问题导向，就是要认真落实第四次党代会提出的“一二三”战略部署，补短板、强弱项。坚持目标导向和问题导向相结合，不只是学校层面的事情，各方面工作、各单位工作，都要坚持目标导向、问题导向，实现学校的快速发展和高质量发展。我们还要树立信心——树立发展的信心，树立建设高水平大学的信心。

信心从哪里来？

首先，信心来自学校 30 多年来积累的成绩与基础。学校历届领导班子团结带领师生员工改革创新，攻坚克难，持续推动各项事业发展进步。烟台大学是一所年轻的大学，但经过一代代烟大人的不懈努力，学校的办学质量不断提高，综合实力明显增强，是省属重点综合性大学、省名校工程首批立项建设单位，具有博士生、硕士生、本科生招生资格和相应学位授予权，在全国、全省都有一定的影响。多年来，学校抓住了不少难得的机遇，取得了显著的成绩，学校发生了深刻的变化。经常听到校友说，每次回母校都能感受到校园的新变化，大家都会高兴地谈起学校的新发展、取得的新进步。这些发展和进步为学校进一步提升办学实力、提高办学水平奠定了坚实基础。我们必须增强责任意识，牢记职责使命，抓住机遇，振奋精神，接好我们手中的这一棒，跑好学校发展这场接力赛。

第二，信心来自学校 30 多年来凝练的优势与特色。办学特色是一所高校独有的特质。在 30 多年的办学实践中，烟台大学彰显出起点高、发展快、势头好等特质，形成了一些优势与特色：比如我们的人才培养特色；我们这些年发展形成的理工结合、文理渗透的学科特色；我们与北京大学、清华大学的独特而紧密关系；我们与烟台市经济社会发展的独特联系。烟大还是国内距海最近、拥有海岸线最长的滨海大学，校园景观非常漂亮，等等。这些优势与特色都是继续推动事业发展的宝贵资源，也是我们的信心所在。

第三，信心来自学校 30 多年来积淀的精神与气质。大学是传承、创造知识的殿堂，是人类思想、精神和文明的制高点。这些年来，学校形成了积极

进取、勇于拼搏的良好氛围,孕育出团结和谐、干事创业的烟大精神。对于这点我深有体会。在烟大工作的30多年间,我充分感受到广大师生员工自我加压、昂扬向上的精神状态,全校上下期盼学校加速发展进步的愿望越来越强烈,这种精神无时无刻不在感染着我们,激励着我们。

2018年的工作成绩给了我们极大的信心与勇气,这是我们继续前行的基础和动力。对照高水平大学建设目标,我们面前还有很多艰巨的任务,也会有不少困难和障碍。只要我们坚定信心,保持定力,戒骄戒躁,脚踏实地,我们就一定能把学校发展的蓝图变成美好的现实。

二、坚持立德树人,稳步提升人才培养质量

习近平总书记在全国教育大会上强调,要坚持中国特色社会主义教育发展道路,培养德智体美劳全面发展的社会主义建设者和接班人。全省教育大会对加快推进教育现代化、建设教育强省做出了部署,指明了方向。培养什么人,是教育的首要问题。我国是中国共产党领导的社会主义国家,这就决定了我们的教育必须把培养社会主义建设者和接班人作为根本任务,培养一代又一代拥护中国共产党领导和社会主义制度、立志为中国特色社会主义奋斗终身的有用人才。这是教育工作的根本任务。

关于人才培养和教育教学工作,我们要主动适应形势变化,全力深化综合改革,进一步完善高质量人才培养体系,构建以人才培养质量为中心,各项工作相互促进、教育教学水平全面提升的工作格局。我们要积极完善专业动态调整机制,改革人才培养模式,做好各项服务保障工作,不断满足学生全面发展的需求,以高水平的教育培养高质量的人才,实现学校的高质量发展。

我们常说教师是人类灵魂的工程师,是人类文明的传承者,承载着传播知识、传播思想、传播真理,塑造灵魂、塑造生命、塑造新人的时代重任。培养、教育学生是教师的责任,是教师的天职,这里的教师指的是全体教职员工。学校的各项工作,无论是奋斗在教书育人第一线的老师,还是从事管理服务工作的同志,在学生眼里都是老师。我们要把思想政治工作贯穿教育教学全过程,实现全程育人、全方位育人。

培养优秀的人才,是每一名教职工的责任和使命,每一个环节都很重要。香港大学有一位厨师叫袁苏妹,她没有上过大学,也不知道什么是"院士",却被香港大学授予"荣誉院士"称号。她没做什么惊天动地的大事,只是44年如一日地为学生做饭、扫地。时常有学生专门跑到饭堂找她聊天,她开导学生、教育学生、引导学生。她"以自己的生命影响大学堂仔的生命",是"香港大学之宝"。她的事迹令我们肃然起敬。

央视有一档节目叫《经典永流传》,带火了一句诗:"苔花如米小,也学牡丹开。"是说每一个生命都是平凡又卓越的。对于我们而言,每一名学生都是一个独特的个体,他们是家庭的希望、民族的未来。哈佛大学前校长德鲁·福斯特在北京大学发表演讲时称,教育的功能和理想是致力于照亮人性之美,这是"高等教育的灵魂"。作为教育工作者,我们要时刻牢记育人的使命,用爱的情怀,把每一名学生都引导好、培养好、教育好。

全过程育人、全方位育人,要体现在行动上。我们要把思想政治教育资源有效地整合起来,深入开展师德师风建设,坚决与"淡化理想""拒绝崇高"等不良思想做斗争。要整合力量,学生工作部门、团委和教务部门要协调联动,教师、辅导员、管理和服务岗位的工作人员要互相配合,青年教师要发挥好生力军作用,机关和学院要上下一致。如何才能有效地协调、联动、配合?这些问题都需要我们坚持目标导向和问题导向相结合,按照上级有关文件精神,认真研究,拿出解决方案。

三、盯准核心指标,切实增强学校的综合竞争力

建设高水平大学,核心是建设若干个"一流学科"。近年来,全校上下对学科建设、科研实力提升等问题高度重视,达成了共识,药学学科已经作为"省一流学科"立项建设,应该说,学科建设取得了明显的成效。

在学科建设取得的成绩面前,我们要保持清醒的头脑。一流学科建设的瓶颈依然存在,任务远没有完成,任重而道远。每个学院、每个部门、每位同志都要认真思考,学科突破的短板是什么,问题的关键在哪里?各个学院在学科建设、学科突破的过程中,有没有思想上的迷茫?有没有不知从何下手?有没有等待观望?是否存在进取心不强、畏难情绪,包括以条件不具备等因素为借口,多年止步不前。

面对学科建设的短板,我们怎么办?首先还是要提高思想认识,充分认识内涵建设对学校、对学院办学水平提升以及对教师发展的重要意义,进一步在全校上下形成共识。其次要明确学科发展目标和突破方向,在目标导向下调动各方面的力量和资源,聚焦聚力,寻求精准突破。

这方面,化学化工学院和药学院的做法值得总结,值得大家学习。他们近几年一直在努力寻求"一流学科"、ESI前1%突破,思想上高度重视,推进过程中千方百计,锲而不舍,最终都实现了突破。

化学学科曾一度在ESI接近1%处徘徊。围绕ESI前1%突破,化学化工学院领导班子想了很多办法,认真分析外部有哪些资源可以引进,内部有哪些力量可以调动。段治国同志在这方面做了大量卓有成效的工作。他和班子成员一起分析、研判学科现状,定目标、出思路、找对策;他们不断对接中科院海岸带研究所等单位,引进了有效资源,实现了精准合作、借力发展;他们把学院里的各种力量都动员起来、整合起来,段治国同志定期与相关老师和科研人员进行谈心谈话,明确任务,鼓励大家再接再厉。正是因为他们目标明确,坚持不懈,终于实现了化学学科ESI前1%的突破。这方面,各个单位要向化学化工学院学习,向段治国同志学习。

在学科科研方面,我们同样要坚持目标导向和问题导向相结合,高水平学科、一流学科就是我们的建设目标,当然目标还要进一步具体化。这方面存在的问题和短板也是明显的。我们获批国家社科基金项目数量还偏少,国家自然科学基金数量近几年一直徘徊在30项左右;以学科建设为导引,精准引进人才、加强团队建设的意识不强,能力与成效都还不足;国家级、省级平台和成果也还比较少。我们更要突出问题导向,在总结反思近几年学校学科建设与科研等工作的基础上,进一步统一思想,紧紧抓住国家和山东省统筹推进"双一流"建设的历史机遇,遵循高等教育发展规律,遵循学科建设和科研工作规律,加压奋进,尽快提升学校的核心竞争力。

四、向管理要效益,大力提升各项服务管理水平

春节后上班第一天,2月11日上午,山东省"担当作为、狠抓落实"工作动员大会在济南召开,省委书记刘家义出席会议并讲话。他深刻地指出,山东省正处在爬坡过坎、滚石上山的关键时期,更需要一往无前的奋斗精神和充沛顽强的斗争意志。2月12日,省委办公厅专门发文(特急电报),要求深入学习贯彻习近平总书记视察山东重要讲话、重要指示批示精神和党中央重大决策部署,认真落实全省"担当作为、狠抓落实"工作动员大会的部署要求。今年是省委确定的"工作落实年"。全校上下要认真组织学习,全力以赴抓贯彻、抓执行、抓推进、抓见效,用狠抓落实的成果做到"两个维护"。要查找问题和不足,各级领导干部要把自己摆进去、把工作摆进去,查找自身在担当作为、狠抓落实方面存在的问题和不足。要严格落实责任,切实担负起、完成好省委和学校党委确定的各项工作任务。要强化组织保障,要把学习贯彻活动作为开展"工作落实年"的重要内容,与改进作风、严肃纪律结合起来,与"不忘初心、牢记使命"主题教育结合起来,统筹开展,互相促进。我们要认真按照省委的部署安排,扎实做好有关工作。

学校党委把"提高管理质量和水平,加强执行力建设"作为2019年的一项重点工作任务。我们这次会议的主题也包括"提高管理服务效能,切实加强执行力建设"的内容。这是学校党委经过深思熟虑做出的安排。

上学期省委巡视组对我校进行巡视。巡视工作刚开始时,我们不少同志不以为意,认为学校2016年刚刚接受了省委的专项巡视,2017年以来一直在狠抓执行力建设,这次巡视不会有太多问题。随着巡视工作的持续推进,大家改变了认识。同时,省审计厅专项审计工作组向学校反馈了一些事项。省委巡视组、省专项审计工作组都结合巡视和审计发现的问题,不止一次地严肃指出,我们学校管理粗放。这个问题,是一个带有共性的、长期存在的问题,必须深刻反思、认真对待。学校党委的态度非常明确,绝不遮遮掩掩,对省委巡视组和省专项审计工作组反馈的有关问题和事项,坚决以即知即改、立说立行的态度抓好整改落实工作。学校党委常委召开工作务虚会时,大家也一致表态,必须以刮骨疗毒的魄力,正视问题与不足,坚决加以改正。

同志们,没有意识到风险是最大的风险,没有看到存在的问题才是最大的问题。我们不害怕问

题、不回避问题,问题导向是我们重要的工作方法。这次研讨会,我们要全面、认真、系统地梳理、查找学校管理工作和执行力建设方面的主要问题与不足,要集思广益、认真反思,查一查,看一看,学校层面、职能部门、直属单位和各个学院层面,管理粗放都有哪些典型表现,在管理上存在哪些漏洞,党员干部、教职员工在执行力方面还有哪些薄弱环节?我们要认真查、彻底找,不怕揭短亮丑。我们事业的发展和进步就是在不断发现问题、努力解决问题的过程中实现的。查找和发现问题只是第一步,对这些问题、漏洞、薄弱环节,我们还要努力思考和谋划,采取有针对性的措施与手段加以解决。当然,查找问题不是发牢骚,不能只盯着别人,是要以学校事业发展大局为统领,客观、真实、准确地查找;是要以建设高水平大学为着眼点,出谋划策,查漏补缺,在新起点上推动事业进步。我们强调"不忘初心",在查找问题时同样得有清醒的"初心",这就是要怀有公心、事业心,戒除私心和小算盘!

在学校层面,我们要反思在决策过程中存在哪些漏洞,我们的议事规则是不是完善,制度是不是完备,一项决议或决定,在酝酿、讨论、出台、实施各环节和程序是不是科学合理、规范高效。比如,大家都知道学校的财务压力很大,在研究财务支出时,有没有进行资金使用绩效评估?项目完成以后,有没有资金使用的绩效检查,钱花出去了,有没有取得预期效果?

在职能部门层面,上学期,我们认真梳理了官僚主义、形式主义问题和表现。除此之外,部门之间沟通协调得怎么样?部门之间及部门内部,工作职责的边界在哪里?如何做到既职能明确又互为补充?什么原因导致部门之间和部门内部还不同程度地存在推诿、扯皮的现象?是没看到,还是看到了怕麻烦,多一事不如少一事,装作看不见?是否存在需要多个部门协调配合、通力解决的工作或项目,因流转不畅、协调不够,窝在一个部门手里,最终使成效大打折扣的现象?

在直属单位和学院层面,贯彻落实学校的部署安排,激发、调动广大教职员工的积极性、主动性、创造性,有没有"中梗阻"?学校安排布置工作的"1",到了二级单位,有没有变成"0.8""0.6",打了折扣?在推进工作落实的过程中,联系本单位的实际是不是紧密?有没有生搬硬套,有没有简单粗暴的现象?

在干部和教职员工层面,我们的思想境界、精神状态怎么样?担当作为、干事创业的激情与活力如果按百分制打分的话,能够打多少分?我们的能力水平距离建设高水平大学的要求还有多大的差距?个人价值与个人奋斗是否融入学校发展的大局中去了,等等。

管理是一门科学,实施有效率的管理,绝不是一件轻而易举的事。管理,就是通过实施计划、组织、领导、协调等活动,使大家一起实现组织的发展目标。我在网上搜索了一下"管理"两个字,发现管理的管,也是管子的管,管子细长而中空,其四周被堵塞,中央可通达。它表示有堵有疏、疏堵结合。我们的管理粗放,执行力不高,就是该堵的没堵住,该通的不通畅,该管的没管好,不该管的可能管了不少。学校职能部门、二级单位、教职员工是一个有机整体。每个部门要有明确的职能,每个人要有明确的职责,每一项工作要有明确的流程,每一项任务要有明确的完成标准。当然,每位同志还要有认真负责的态度。

总之,请大家在研讨中解放思想,求真务实,集思广益,把主要的问题与不足查找出来,把有效的意见和建议汇聚起来,把有针对性的措施和办法拿出来。

前几天参加省政协会议,刘家义书记参加科技教育联组讨论时,我提出希望省委注意新旧动能转换重大工程三核之一的烟台在高等教育发展方面落后的问题,支持烟台加快高等教育的发展。我希望学校发展有一个良好的外部环境。但是,我们要清醒地认识到,高水平大学等不来、要不来,一流学科也等不来、要不来。最终,还是要靠我们自己,用我们的努力、智慧干出来。

在这里,我再强调几点。第一,要全面提高政治站位。要在切实学懂弄通做实习近平新时代中国特色社会主义思想和党的十九大精神方面下功夫,在政治立场、政治方向、政治原则、政治道路上始终同以习近平同志为核心的党中央保持高度一致。要做到党中央提出的坚决响应、党中央决定的坚决执行、党中央禁止的坚决不做,执行党中央决策部署不讲条件、不打折扣、不搞变通,切实把思想和行动统一到中央和省委的决策部署上来。第二,要进一步健全决策机制。学校层面,要坚持党委领导下的校长负责制，坚持社会主义办学方向，进一步做好顶层设计。二级单位，要进一步完善民主集中制，开好党政联席会议，健全议事规则与程序。各级各部门在对重要事项进行决策时，要进行绩效评估。第三，要采取有效措施，进一步提高领导干部干事创业的积极性、主动性。要完善党员领导干部考核机制，科学设计各项指标，切实调动广大干部担当作为、真抓实干。要全面开展处级干部年度考核并强化考核结果运用，将考核结果作为干部选拔任用、评先惩后的重要依据。第四，严肃工作纪律，持续推进作风建设。要坚决整治"庸懒散拖"等不良作风，规范工作秩序。进一步严肃请假、会议纪律。第五，层层压实责任，确保执行有力。将定期督查与重点督察相结合。坚持问题导向，工作重心下移，进行"点穴式"检查，对工作中不负责、不担当、不作为、乱作为等行为严肃问责，强化责任担当。

邓小平同志说过："世界上的事情都是干出来的，不干，半点马克思主义都没有。"习近平总书记说："如果不沉下心来抓落实，再好的目标，再好的蓝图，也只是镜中花、水中月。"执行力可以说是党的事业的生命线。省委将今年定为"工作落实年"，就是要提高执行力，狠抓工作落实。我们每一位领导干部手中都握有一定的权力、担负相应的责任，必须要在提高执行力上下功夫。对学校党委、行政研究确定的各项部署要求，我们要坚持事业第一，要对工作尽心竭力、不折不扣、想方设法完成。中层领导干部肩负着上传下达的重要使命，要深入调查研究，学会发现问题、分析问题、解决问题，要发挥聪明才智，善于创造性地开展工作，把学校的发展目标变成实实在在的发展成绩。

同志们，烟大的接力棒已经传到我们手上，对烟大的历史、现在和未来，我们在座的各位，包括我在内，负有不可推卸的责任，在学校的发展和建设过程中没有旁观者。如果对学校的发展只会品头论足，不愿承担责任，要么是局外人，要么就是没把自己当烟大人。当然，哪里都有旁观者、嘲笑者，甚至恶意攻击者。但是，这个世界从来都不掌握在那些旁观者、嘲笑者的手中，烟大的舞台是为奋斗者准备的，烟大的未来也一定是掌握在努力奋斗、负重前行的人手中。所以，全校上下要更加自觉地在思想上政治上行动上同以习近平同志为核心的党中央保持高度一致。面对竞争激烈的高等教育发展态势，我们要坚持社会主义办学方向，牢牢把握党对各项工作的领导权，坚定建设高水平大学的目标定位，最大限度地激发广大干部职工干事创业的激情与活力，强化担当作为的意识，狠抓工作落实。"山再高，往上攀，总能登顶；路再长，走下去，定能到达"。让我们团结一致，勇做新时代泰山"挑山工"，共同把学校建设好、发展好，以优异成绩迎接中华人民共和国成立70周年。

谢谢大家！

担当作为　抢抓落实　全力推动学校又好又快发展

——郭善利在烟台大学2019年工作研讨会上的总结讲话

（2019年2月22日）

同志们：

祝大家新春愉快！

在大家的共同努力下，本次研讨会开得紧凑而务实，完成了既定议程和目标，即将胜利闭幕。昨天上午，张伟同志做了动员讲话，从四个方面总结了学校2018年取得的成绩，分析了当前面临的严峻形势；坚持目标导向和问题导向，对全面做好2019年各项工作提出了明确要求。宋中民、郝曙光同志分别围绕本科教育教学、努力实现学科建设新突破做了主旨发言。教务处、社科（科技）处、研究生处、人事处、财务处、服务地方办公室6个部门的主要负责人做了精彩的交流发言，就扎实做好有关

工作提出了意见、建议、措施与办法。昨天下午,大家分成9个小组,重点聚焦学校研究确定的7个问题,进行了热烈、深入的讨论,对学校教学工作、科研提升、学科建设、研究生培养以及切实加强管理工作、进一步提升执行力、抓好工作落实等方面建言献策。9位同志分别代表所在小组做了简要汇报,向大家展现了研讨成果。不少同志表示,本次研讨会主题鲜明,重点突出,焕然一新,研讨、交流的收获很大,思考得深入、系统,发起了一次"头脑风暴",让大家解放了思想、提高了认识、凝聚了共识,真正收到了集思广益、共谋发展的成效。

下面我对研讨会进行一个简要总结,并就做好2019年有关工作谈一谈想法与体会。

我认为,今年的研讨会主要有以下4个特点:

一是学校党委高度重视。1月18日下午,学校党委召开党委常委会,对本次研讨会有关事宜进行了初步酝酿;1月20日,学校党委召开了工作务虚会,将2019年工作研讨会作为重要议题进行研究和安排;会后,学校办公室按照要求,进行了总结;春节前,在办公系统发布了通知。

二是会议主题十分明确。本次研讨会的主题确定为"全面贯彻落实全国、全省教育大会精神,坚持立德树人,提升学科内涵建设水平,提高人才培养质量和管理服务效能,切实加强执行力建设,加快高水平大学建设步伐。"省委把今年确定为"工作落实年";教育部党组书记、部长陈宝生同志在2019年1月18日全国教育工作会议上的讲话中就明确指出,全国教育工作会议的关键词就是两个字:"落实";我们这次研讨会的主题首先就是"抓落实",要全面贯彻落实全国、全省教育大会精神;主要聚焦教学工作、学科建设、管理与执行力建设等问题。推进执行力建设,就是抓落实的具体表现。

三是会议组织形式新颖。这次研讨会比较大的变化,就是学校在研讨环节设定了一些小题目,供大家在分组研讨时重点聚焦,这也是根据往年研讨会的情况做出的提前安排。学校事业发展的头绪很多,面很广,研讨如果没有题目,很容易漫无边际,从这个问题跳到那个问题,从这个方面跳到另一个方面。最后可能什么都谈,却什么都没有谈透、谈清楚。设定题目,就是要进一步聚焦。每年拿出几个小题目,进行深入、系统的研讨,把事情说透、说明白,进而把有关工作做实、做好。

四是会议务实管用。不少同志反映,今年的研讨会收获很大,大家思考得很深入,思想碰撞得多一点,与会人员都能够敞开心扉,找问题、剖原因、出思路、定措施,大家的智慧与力量都调动起来了、汇集起来了。有的同志反映,在这次研讨会上很兴奋,研讨环节当中找问题时不是发牢骚、生怨气,而是像对待一项重要课题一样,严肃、认真、严谨、求实,我听了以后很受触动。这充分说明,大家对烟台大学这片干事创业的沃土有着十分深厚的感情,我们对学校事业发展进步满怀信心,有更高、更多的期待。我们有信心、有能力、有希望把学校建设好、发展好。

总之,这次会议开得紧凑而富有成效,收到了很好的预期效果。

省委书记刘家义同志正月初七的讲话,会前已印发给了大家。大家要认真学习领会,全面贯彻落实。张伟书记的讲话精神,各个单位要以有效方式,及时认真学习、深刻领会。按照讲话要求,各个单位要重点做好以下4个方面。

一要坚定信心。我们要正确看待、对待学校不同发展阶段出现的一些新矛盾、新问题。面对高等教育激烈竞争、学校各项事业爬坡过坎的现实环境,我们要脚踏实地、加油鼓劲,绝对不能置身事外、品头论足,更不能妄自菲薄。因为有信心,2018年我们取得了可圈可点的一系列成绩。2019年,我们更需要打起精神,开足马力,加压奋进。

二要探索创新。烟台是全国首批14个沿海开放城市之一,烟台大学是伴随国家改革开放诞生的。当前,在持续推进综合改革的过程中,我们要以更加开放的姿态,自我革新、变中求新,通过思想观念的迅速转变,加速推动各项工作向高质量、高水平发展。

三要坚持不懈。"行百里者半于九十"。我们要一鼓作气,不能半途而废,不进则退,慢进也是退。对上级部门定下的事情,对学校党委确定的事情,对我们看清、认准的事情,都要以钉钉子的精神,抓牢抓实,一步一步地向前走!我们决不能"晚上想想千条路,早上醒来走原路"。越是在赶超进位的关键时刻,越需要愚公移山的精神与毅力。

四要真抓实干。说一千,道一万,不付诸行动,原地踏步等于零。学校事业是一个系统的整体,包括方方面面、各个层面。无论是从事教学科研工作的,还是负责管理服务的,都要在各自的岗位上,好好扛起肩上的担子,压实责任,认认真真地干,真刀真枪地干,甩开膀子、撸起袖子加油干。只有这样,我们才能共同书写好烟台大学灿烂辉煌的新篇章。

下面我就扎实做好 2019 年各项工作,简要谈几点想法与打算。

一、认真做好人才培养工作

近年来,教育系统尤其是高等教育系统迎来了深刻变革。全国教育大会胜利召开,习近平总书记对教育的地位作用作出了全新判断,首次提出教育是国之大计、党之大计,把教育提到前所未有的高度。讲话站在新时代坚持和发展中国特色社会主义的战略高度,集中阐述了"九个坚持",科学回答了培养社会主义建设者和接班人这一教育根本性问题,为加快推进教育现代化、建设教育强国、办好人民满意的教育,指明了前进方向、提供了根本遵循。陈宝生部长指出,落实大会精神,最首要、最重要、最核心的一条就是把优先发展落下去、落到位、落到实处。这是发展教育的宝贵机遇和大好形势。山东省教育大会胜利召开,刘家义书记强调,山东要实现由大到强的战略性转变,建设新时代现代化强省,就必须加快从教育大省向教育强省的转变。他着重指出,建设现代化教育强省,要加快推进教育高质量发展,全面提升全省教育综合实力。在高等教育方面,要加快推进一流大学和一流学科建设,加快调整优化高校布局和学科专业结构,加快推进科技创新。教育部高度重视教学工作,致力于回归教育规律,召开了全国本科教育工作会议,鲜明提出"四个回归"的基本遵循和"以本为本"的时代命题。印发了"新时代高教 40 条"。对各级领导的讲话,我们要持续、深入地抓好贯彻落实。

同志们,面对国家和省、部的部署要求,我们必须提高政治站位,提高思想认识,这是我们做好各项工作的基本前提。宋中民同志在交流发言时指出了学校本科教学工作中存在的一些问题与不足,很有启发意义。教务处、研究生处就做好今年的教学工作提出了很好的意见与想法。

在教学工作、人才培养方面,我们有很多任务要完成,总目标是什么?简单地说,就是要进入山东 10 所左右一流建设高校行列。学校如何在目前的条件下成功"突围"?从战略战术上来说,没有别的办法,只能突出重点,着力打造我们的特色与亮点。我们的根本任务是培养德智体美劳全面发展的社会主义建设者和接班人。在立德树人上,要转换工作思路和方法,努力营造良好的环境与氛围。张伟同志强调"全员、全过程、全方位育人",在育人方面,我们谁也不是旁观者,也不能把自己当作旁观者。社会主义核心价值观教育要常抓不懈。学生创新创业教育,要从体制、机制上入手,把资源抓紧统筹起来,奋力追赶,争取有新作为。我们曾经获得全国的银奖,具有良好的基础。这种特色与亮点,我们还要持续打造下去。

山东省《加快推进山东教育现代化实施方案(2018—2022)(讨论稿)》中指出,省里将启动省级优质课程建设计划,支持学校统筹学科专业建设资金,在全国"双万"中,力争 10% 的份额,建设 2000 门左右省级优质课程、600 门左右国家线上线下精品课程。对于我们来说,专业建设发展要统筹好,着眼于适应接下来的"专业 + 学校"招生变化。我们必须狠下心来,有些专业该调的调、该撤的撤。相关学院要早做准备,提前谋划。一些兄弟高校已经在专业调整方面大力改革,这是必然选择。关于师德师风问题,今年教育部要出台加强师德师风建设的意见,以落实好教师职业行为"十项准则",突出全方位、全过程的师德养成。我们要积极行动起来,大力树立、宣传优秀教师典型,完善相关措施与手段,激发教师教学的积极性,让广大教师热心从教。讨论中大家也谈到如何进一步完善教师评价和考核体系,如何更客观、公正、准确地评价教师的教学工作,这非常重要。我们要加强师资队伍建设,通过引进、教育和培养,持续提升教师的能力与素质。要充分利用现代化新技术、新手段,积极发展"互联网 +"教育,促进教育资源共享。我们还要按照"6 卓越 1 拔尖"2.0 版本,加强专业、课程建设,打造"2 性 1 高"的"金课",淘汰"水课",加快新文科、新工科建设。还要狠抓教学秩序整顿和教育教学改革。

二、加速提升学校内涵建设水平

龚正省长在全省教育大会上强调,要加快从规模增长转向质量提升,推动教育实现高质量、内涵式发展。客观地说,目前省内外不少高校已经完成了软硬件条件建设,重点已放在内涵建设上。而我们的确还面临着条件建设与内涵建设同步推进的

现实局面。面对博士单位突破问题,也有人存在疑惑,我们的差距比较大,还突破不突破了?我想,任何一所学校在发展过程中都会面临各种压力,包括财务压力,无非是压力大小而已。如果我们现在自己就放弃,那么将来怎么办?是不是差距越拉越大呢?所以我们还要紧盯有中国特色的高水平大学的建设目标,咬紧牙关,把校内资源调配好,把校外资源有效协调好,把内涵水平提上去。

我们要加强人才队伍建设,通过引进和培养,把高水平的人才团队建立起来、巩固起来。我们要切实提高对人才工作重要性和学校人才队伍建设存在突出问题的清醒认识,保障人才工作的投入,贯彻落实好学校"十三五"人才队伍建设发展规划,科学设置各单位人才工作考核指标,建立完善考核办法,合理运用考核结果,抓好人才工作任务落实,将各类优秀人才团结凝聚在学校发展大业上,有效推进学校内涵建设。要借助各类平台和资源,强化人才政策宣传,积极开展海内外高层次人才的招才引智工作;要加强校地融合共享,利用好省、市各项政策,设计和构建有利于吸引人才团队的大项目、大平台,全职或柔性引进各类优秀人才和更多高水平人才团队;要不断挖掘现有人才队伍潜力,出台政策给予重点扶持,组建高水平科研团队,激发现有人才干事创业的激情和活力。

在科研水平提升和学科建设方面,我们还要进一步完善工作机制,下大力气,狠抓工作成效。要进一步强化学科团队带头人的培养和考核,进一步优化学科建设考核体系。要明确科研人员的学科归属,改变散兵游勇、各自为战的现状,形成合力,建设多支强有力的学科队伍。要按照国家和山东省的有关要求,进一步完善有关制度,在经费管理使用等多个方面,强化政策的激励和导向作用,最大限度地调动广大科研工作人员的积极性、主动性与创造性。要加大标志性科研项目、科研成果和高水平科研论文的培育力度,这是学校核心竞争力的重要指标。化学学科要想方设法巩固好 ESI 全球前 1% 的位置,其他相关学科还要奋力拼搏。年前,我们与省科技厅沟通、协调,努力争取省级新材料与高端装备、先进技术制造大科学研究中心落户烟大、落户烟台;我们也向烟台市委、市政府打了报告,借助北京大学、清华大学两校相关学科资源,与市里一起共同争取这个大科学中心,打造以烟台为总部、辐射全省乃至全国的高端装备科技创新平台、人才高地和新兴产业培育基地,实现国内先进科技创新设施、优势科技创新团队、重大科技创新成果向烟台集聚。这将支撑起烟台市新材料、高端装备、先进制造等多个千亿元产业集群,对于壮大新兴产业,增强新生产要素,加快产业体系发展,促进山东省新旧动能转换具有重大意义。大家要关注今年山东科技创新方面要做的事情,即重点组织实施好"四三二一"工程,实施大科学计划、大科学平台、大科学中心、大科学装置建设,构筑科技领域制度创新、对外开放创新、人才创新创业 3 个高地,健全科技创新治理、创新政策落实 2 个体系,打造创新示范科技园区。

三、切实增强服务保障能力

刚才提到了学校的条件保障问题,这也是学校事业发展的重要方面。对标高水平大学建设目标,我们的财务、基建、后勤、资产管理等各项工作的水平与能力怎么样,是不是相匹配?说得更为宏观一点,面对国家和省、市确定的一系列重大发展战略,我们的思想认识有没有到位?举个例子,在服务新旧动能转换重大工程建设的过程中我们就遇到了一些困难:服务新旧动能转换落实推进的配套激励政策不够完善。当然,这里面有政府的原因、社会的原因。从深层次上讲,既包括目前宏观政策环境上有效解决校地(企)深度融合发展中合作主体目标差异化配套政策不足、部分政策的区域执行差异较大等客观原因,也有学校目前高水平平台发展高度不足不够、学科建设发展不均衡、与产业(行业)对接实行融合发展力度不够等现实原因。我们不能怨天尤人,要在政策允许的范围内,最大限度地发挥我们的主观能动性,把工作做好。我们要下大力气,深入研究并准确理解上级有关政策,牢牢把握新旧动能转换、乡村振兴、海洋强省建设、产教融合、军民融合、区域协调发展等发展战略与机遇,提升办学水平,提高学校在全省教育系统的知名度与美誉度,为学校发展营造良好的内外部环境。

就校内而言,我们要稳步推进各类资源的科学调配。我们要以大型仪器共享使用为切入点,打破部门、学院壁垒,有效提高实验教学、科研平台和公用房屋等各类资源的管理使用效益。有人说,某某仪器是某某学院的,其实都是学校的,都是国有资产。我们要着力提高资金的使用效益。在开源节流的同时,狠抓预算执行管理,下大力气推行“零基预算”,提前做好科学论证,花钱必问效。各有关单位,要尽快转变思想,尽快适应新的预算管理形势。这跟老百姓过日子一样,要把钱花在正经地方,不该花的钱,一分都不能乱花。我们还要健全财务规章制度,加强财务监督管理。要克服一切困难,推进遗留问题的解决,找市里有关领导与部门沟通协调,尽快推动综合实验中心大楼建设各项手续的办理,力争今年完成建设。

服务地方工作方面,我们要统筹规划好开发区科教园区建设、南校区与台海集团的合作建设工作。我们在服务地方工作方面取得了卓有成效的阶段性成果。立足烟台、融入烟台、服务烟台,既是我们学校的一种社会责任,也是目前学校发展的现实需要。我们倡导的理念和实际行动得到了烟台市委、市政府的积极响应。1 月中旬,烟台市校地合作第二次联席会议在我校召开。去年 7 月份第一次会议是在高新区召开的。市委书记张术平主持会议并讲话,市委副书记、代市长陈飞等人参加了会议。这体现了市委、市政府对我校的认可与重视。烟台市 2019 年设立了支持高校发展的专项资金,我们要借助顶尖人才“一事一议”和高水平人才团队建设,尽可能多地争取相关资金的支持。我们一定要更为精准地对接地方经济社会发展的实际需求,结合学校的实际,把我们的品牌打响、擦亮,在更高层次上实现学校与地方发展的深度融合。

在提高管理水平和转变工作作风方面,我们要狠抓落实。要下决心砍掉不必要的会议,尽量压缩会议时间。能现场办公解决的事情一律不开会。严格控制会议规模和时间,开短会、开有用的会,能合并召开的会议要合并召开。要少发文件和简报,不发没有实质性内容的文件;要切实增强文件的针对性、可操作性;要发短文件,除事关长远和全局发展规划外,原则上文件不得超过 3000 字。领导干部是抓落实的关键,处级干部要亲力亲为,抓好落实。刘家义书记在全省“担当作为、狠抓落实”工作动员大会上的讲话中提到了四句话,一问自己有没有追求卓越的境界?二问自己有没有迎难而上的担当?三问自己有没有一抓到底的激情?四问自己有没有常抓不懈的执着?他深刻地指出,境界决定干事的层次,担当彰显干事的胆识,激情折射干事的气魄,执着反映干事的定力,这些都源自坚定的信仰、信念、信心。我们也要按照刘家义书记的要求,经常问一问自己。

四、全面提高规范化办学水平,做好审计巡视整改后半篇文章

去年下半年以来,有的单位、同志感觉手忙脚乱,忙于报送各类材料,写报告、整理数据,等等。我们经历了省委巡视组巡视和省审计厅专项审计的叠加压力。学校和各个单位认真按照省委巡视工作要求,扎实推进边巡边改有关事项和群众反映强烈问题的整改落实工作。学校先后召开党委常委会以及边巡边改整改落实工作部署会、协调会、推进会等会议 20 余次,全力以赴抓好整改落实工作。根据巡视组反馈的 14 项边巡边改有关事项和群众反映强烈的有关问题,确定了共享设备清单,对适合共享的 40 万元以上大型科研仪器设备进行了确认。制定了《烟台大学“大学生思想政治教育大讲堂”实施方案》并顺利启动实施,实现思想政治教育宣讲全面覆盖,主题突出、成效明显,形成理论宣讲长效机制。认真落实领导干部讲授思想政治理论课(形势与政策课)相关要求。学校对 2013 年以来津补贴发放事宜进行了全面梳理。对群众反映强烈的有关问题,及时组织召开相关会议进行了说明和解释,并扎实推进包括学府小区房屋产权办理、南校区学生生活学习条件改善、校内腾空住房分配在内的各项有关工作。

省审计厅工作组进校以后,学校坚持即知即改,对审计过程中发现的有关问题,立即进行整改。国际教育交流学院将坐收坐支资金、因私改合作协议而造成的学校损失全额退缴。学校党委、纪委对国际教育交流学院坐收坐支问题负有相应责任的有关人员进行了党纪和政纪处分。1 月 11 日,学校收到省审计厅审计报告,立即召开领导班子专题会议进行了通报;1 月 18 日下午,学校党委召开党委常委会,对工作任务进行了分解和细化,明确了责任单位和完成时限。1 月 21 日下午,学校召开专题会议进行了部署安排。

学校党委对审计整改和巡视整改是高度重视的。抓好各项整改落实工作,是摆在我们面前、必须高质量完成的政治任务。接下来,各有关单位还要继续按照有关要求,扎实有效地抓好各项整改落实工作。这也是依法治校、提高学校各项工作规范化水平的必然要求。说实话,对于巡视和审计过程

中发现的一些问题,学校既感到痛心又感到气愤,“小金库”问题、办公用房超标准问题,都是学校明令禁止的。结果呢,还是有人触碰了。对于整改工作,学校多次召开相关会议,提了很多明确要求。在这里,我再强调三点。一是高度重视,即知即改。这是全面从严治党大背景下的必然选择,不再展开了。二是坚决避免新人不理旧账的现象。去年,学校进行了中层领导班子换届和处级干部调整工作。无论在哪个岗位,无论是处级干部、科级干部还是普通工作人员,都不能以“这是某某某做的事,与我无关”为由,敷衍、应付。一经发现,学校将严肃处理。三是严格按照有关时间要求,严格标准,严肃纪律,扎实有效地完成各项工作。无论是省委巡视组巡视还是省专项审计,整改落实工作都有十分明确的时间要求,这容不得任何人讨价还价!

本次研讨会马上就要结束了,但是我们通过研讨、交流,碰撞出的好机制、好办法要保留下来。希望各个单位互相学习,共同发展,共同进步,把本次研讨会的成果好好地吸收、运用到具体工作当中去。

同志们,对照中国特色高水平大学建设目标,我们务必认真按照张伟同志在本次研讨会上的讲话要求,坚定理想信念,坚持担当作为,深入抓、抓深入,把这次研讨会的成果与成效,充分运用到新形势下学校事业发展的过程当中。我们要努力适应当前形势发展的需要,认真研究、妥善解决学校工作中出现的新情况、新问题,真抓实干,抓出成绩、干出成效,切实加快高水平大学建设步伐。

在烟台大学第七届教职工代表大会第二次会议暨第八届工会会员代表大会第二次会议上的报告

郭善利

(2019 年 4 月 4 日)

各位代表、同志们:

现在,我代表学校向大会做工作报告,请予以审议。

一、2018 年主要工作情况

2018 年,学校党委坚定自觉地用习近平新时代中国特色社会主义思想统一全校师生的思想和行动,遵循教育发展规律、人才培养规律,深入贯彻落实“一二三”战略部署,奋力开创高水平大学建设的新局面,学校内涵建设持续加强,核心竞争实力不断提升,一些工作取得了新突破。

(一)全面从严治党稳步推进,党建思政工作持续加强

强化思想引领,深入学习贯彻习近平新时代中国特色社会主义思想,全面贯彻落实习近平总书记视察山东重要讲话、重要指示批示精神,自觉在政治立场、政治方向、政治原则、政治道路上同以习近平同志为核心的党中央保持高度一致。学校第四次党代会胜利召开,确立了建设特色鲜明、部分学科具有国际影响力的高水平大学的奋斗目标与“一二三”战略部署,为推动学校各项事业又好又快发展指明了方向。

进一步完善党委领导下的校长负责制,党委全委会、常委会和校长办公会议事制度与规则更加健全。扎实开展“大学习、大调研、大改进”,查找问题 264 项,基本完成整改。积极配合省委第十三巡视组巡视烟台大学党委,巡视组反馈的边巡边改有关事项和群众反映强烈的有关问题整改落实工作扎实推进,坚定不移推动全面从严治党向纵深发展。有序开展廉政风险防控工作专项检查、违规配备使用公车、滥发津补贴、违规公款吃喝、违规收送礼品礼金专项治理和形式主义、官僚主义集中整治。建立全校处级干部廉政档案,筑牢领导干部思想防线,打好作风建设持久战。处理信访举报件和巡视组移交的问题线索 57 件次,谈话函询 83 件次,立

案11件,给予1人严重警告、1人警告、14人通报批评、4人诫勉处理。

持续抓好基层党组织规范化、标准化建设,基层党组织换届选举和二级单位党组织书记抓党建述职评议考核工作顺利完成。获批省高校基层党建重点建设项目1个。药学院获评全省干事创业好团队。各民主党派换届与政治交接同步完成,统一战线共同思想政治基础更加巩固。启用离退休党群服务中心,扎实开展新形势下离退休干部“两项建设”工作。召开第七届教职工代表大会暨第八届工会会员代表大会,顺利完成换届工作,民主治校进程持续推进。

建立意识形态工作联席会议制度,严守意识形态阵地。组织校党委理论中心组学习16次。2名专家入选全省高校习近平总书记重要讲话精神宣讲团,4名专家入选省理论人才“百人工程”。学校入选全省高校最佳社会声誉榜,获评省理论宣教基地、省社会科学普及教育基地、省教育政务新媒体先进单位。获全国高校校报好新闻奖6项,位居全省高校首位。“烟大人”微信公众号WCI指数稳居高校校友会微信公众号周排行榜前十名。

工作机制实现创新,学生工作重心持续下移,学院在学生教育管理中的主体地位得以强化,教育、管理、服务和队伍建设四位一体的学生工作体系不断完善。荣获全国“三下乡”大学生社会实践活动先进单位、省大学生心理健康节优秀组织单位。学校召开第三次团代会,共青团改革取得阶段性成果。校团委获评省红旗团委、省五四红旗团委。举办纪念改革开放四十周年系列活动,获批全省高校思想政治工作十大建设计划重点项目2项。学校获评山东省“粮安之星”单位、2017年度烟台市文明单位、烟台市创建第五届全国文明城市先进集体。

(二)教育教学改革成效明显,人才培养质量不断提高

深入学习贯彻全国、全省教育大会和新时代全国高等学校本科教育工作会议精神,全面贯彻落实党的教育方针,培养德智体美劳全面发展的社会主义建设者和接班人。实施教师教学荣誉工程,发起成立全省高校首个教师教学发展联盟。获高等教育国家级教学成果奖二等奖1项、省第五届青年教师教学比赛一等奖1项、二等奖4项,实现历史性突破。新上投资学、休闲体育2个专业。高水平应用型专业群建设和工科专业认证稳步推进。3个专业群获批省教育服务新旧动能转换专业对接产业项目,位居省属高校前列。

实施混合式教学模式改革,上线东西部高校课程共享联盟课程增至3门,选课学校800余所、学生达15万人次。1门在线课程获批国家精品在线开放课程。4个自制实验教学仪器获全国高校教师教学创新大赛三等奖,“焊接工业机器人”入选首批国家级示范性虚拟仿真实验教学项目。学生积极参与科技竞赛,获国际奖16项、国家奖54项。发起成立驻烟高校大学生就业创业联盟,大学生创业孵化基地新增创业团队24支,完成工商登记注册12家,获批国家大学生创新训练计划项目14项,学校获“创青春”山东省大学生创业大赛优秀组织奖。

选聘校内外专兼职硕士研究生指导教师527名,研究生教育质量保证和监督体系更趋完备。获省优秀硕士学位论文2篇、研究生优秀科技创新成果奖1项、专业学位研究生实践成果奖3项。新增函授站(点)7个,函授招生人数持续增加。新增友好学校7所,新签学生国际交流协议7项。教师赴国(境)外交流、学习的积极性明显提高,师资队伍国际化水平稳步提升。

(三)学科科研水平大幅提升,服务地方工作持续深化

药学学科入列省“一流学科”立项建设,实现重大突破。法学学科在教育部第四轮学科评估中获评等级B。服务国家特殊需求博士人才培养项目建设验收、硕士学位授权点动态调整与工程硕士学位授权点对应调整工作顺利完成。获批硕士学位授权一级学科4个,学科布局更加科学合理。

获批国家级科研项目40项,自然科学基金立项数、经费数再创新高。首次获批省重点研究计划(重大科技创新工程)项目和省自然科学基金重大基础研究项目,全年科研总经费8145.07万元,同比增长35%。发表SCI等高水平论文507篇,组织两校名师讲堂等学术报告193场次。获省部级科研奖励7项,授权职务专利86项;作为全省唯一高校,独立获得全国专利金奖1项。获批省工程技术研究中心1个。《烟台大学学报(自然科学与工程版)》入选首批国家科技学术期刊开放平台全文收

录期刊,《烟台大学学报(哲学社会科学版)》实现北京大学图书馆中文核心期刊、中国社会科学院文献信息中心、中国人文社会科学核心期刊三大权威目录全覆盖。

立足烟台、融入烟台、服务烟台氛围更加浓厚,校地融合发展全面推进。大力拓展办学资源与空间,与烟台经济技术开发区管理委员会签署战略合作框架协议,深入论证开发区科教园区办学规划。助力新旧动能转换重大工程建设,紧密对接烟台市7+N主导产业,与杰瑞集团、上海交通大学等签署校地院所合作协议55份。2个项目入驻烟台市校地合作示范基地,2个实验室获批烟台市首批立项建设重点实验室。获批省制造业创新中心立项试点建设单位2个、校企共建合作平台11个。学校与荣昌制药共建生物制药专业。核装备与核工程学院正式揭牌成立,省智慧海洋研究院(筹)获省发展和改革委员会批复。科技园获批省科技企业孵化器。北京大学、清华大学支援烟台大学建设委员会第十三次会议胜利召开,7个学院分别与两校对应院系签署合作协议,新形势下两校援建模式深化拓展,提升了学校在全省教育系统的知名度和美誉度。

(四)引进激励体系更加健全,人才干部活力显著提升

实行师资队伍建设委员会例会制度,开通职称聘任绿色通道,更加开放灵活的引才机制初步建立。柔性引进国家杰出青年基金获得者等国家级专家12人,聘任产业教授58名,外聘兼职教授12人。引进博士研究生或副高级以上专业技术人才90人,专任教师中具有博士学位的人员占比50.8%。人才队伍建设成效显著,房绍坤教授入选长江学者奖励计划特聘教授;获批省“一事一议”顶尖人才1人、省“泰山学者”2人、省“外专双百”专家团队1个、省属高校优秀青年人才联合基金计划1人、烟台市“双百计划”专家3人。完成第二轮岗位聘用和2014、2015年新进人才中期考核工作,聘用考核工作体制机制日益完善。

学校中层领导班子和处级干部换届工作圆满完成,平级调整75名、选拔配备59名处级干部,实现处级干部任前廉政谈话全覆盖,干部队伍活力和责任意识显著增强。创新干部教育监督管理举措,培训力度不断加强,组织专题干部培训班3期、书记读书班7期,领导干部政治站位和履职尽责能力明显提高。第三轮3位“第一书记”届中考核均获优秀。

(五)更加注重保障和改善民生,管理服务效益明显增强

修订《烟台大学单位目标考核办法》,担当作为激励导向作用更加凸显。社会保险、职称评审、绩效工资等制度改革和教职工社保参保工作同步推进。开展非税收入收缴情况专项检查,收费项目实现集中统一管理,内部制度建设进一步完善。财务综合服务大厅正式启用,网上查询、缴费平台开通运行,线上线下一体化的“一站式”服务平台初步构建。

大型仪器共享等资源资产整合调整工作加快推进,完成固定资产入账14272台(件)、4280万元,政府采购9426万元。工程项目审计42项、审减金额703.50万元。完善消防安全管理责任制,建立治安防范联动长效机制,集中开展安全生产月活动和全省教育系统安全生产百日攻坚行动。学校获评全省教育系统上合组织青岛峰会安保维稳工作先进高校。

15号、16号学生公寓投入使用。13号学生公寓整体改造、校内家属区道路修复等民生工程按时完工,电力增容和海绵校园建设扎实推进。校医院确定为烟台市医保定点单位。续订、增订中外文数据库25个,图书期刊与数据库利用率不断提高。建成覆盖全校的光纤管道及无线网络,信息化水平稳步提升。成立西藏校友会,教育发展基金会获得省社会组织公益性捐赠税前扣除资格,校友感恩母校、回馈母校的氛围更加浓厚。

各位代表、同志们,过去的一年是学校确立“建成特色鲜明,部分学科具有国际影响力的高水平大学”办学目标的关键一年,是加快实施“十三五”发展规划、全面深化综合改革的重要一年。回顾过去,我们深切地感受到,学校各项事业的蓬勃发展,凝聚着各级政府、广大校友和社会各界的热忱关心和大力支持,凝聚着全体师生员工和广大离退休老同志的辛勤努力和无私奉献。在此,我谨代表学校向包括离退休老同志在内的全体师生员工,向持续关心学校发展的广大校友以及社会各界致以崇高的敬意和衷心的感谢!

在取得成绩的同时,我们也要清醒地认识到,

学校发展还存在一些问题与不足，主要表现在：党建工作与教学科研等中心工作结合不紧密；意识形态阵地管理存在薄弱环节；对违规违纪典型问题通报曝光力度不够，用身边事教育警示身边人的效果不明显；创新创业教育体制机制不健全，没有形成合力；获批国家社科基金项目数量偏少；以学科建设为导引，精准引进人才、加强团队建设的意识与能力不足；办学保障能力不强，财务压力依然沉重；办学国际化水平不高；服务新旧动能转换等重大战略的意识不强、成效不明显；内部管理粗放，内控机制制度化、规范化程度不高，等等。对这些问题，我们要高度重视，并采取有效措施切实加以解决。

二、2019 年工作要点

2019 年工作的总体要求是：以习近平新时代中国特色社会主义思想为指导，深入学习贯彻党的十九大精神和习近平总书记视察山东、视察烟台重要讲话精神，按照全国、全省教育大会的部署安排，坚持立德树人，全面深化综合改革，理顺体制机制，改善治理体系，提高治校办学能力，稳步提升学校综合实力，加快特色鲜明、部分学科具有国际影响力的高水平大学建设步伐。

（一）坚持从严治党，扎实开展党建思想政治工作

以党的政治建设为统领，牢固树立“四个意识”，坚决做到“四个服从”，认真践行“两个维护”，推进全面从严治党各项任务落细落实。以处级以上领导干部为重点，认真组织开展“不忘初心、牢记使命”主题教育。实施“对标争先”建设计划，推进基层党组织标准化、规范化建设。压实基层党建工作责任，提高基层党建科学化水平。加强党员教育管理监督，发挥党员先锋模范作用，提高党员发展质量。建立健全干部选拔、培养、管理、监督、考核、激励等工作体系，激励干部担当作为、干事创业，健全发现、培养、使用年轻干部的工作机制。坚持党管人才，做好团结引领和服务工作。

开展二级单位党组织书记向纪委全委会述责述廉和民主评议。强化把监督挺在前面的意识，加大对校内重点工作领域和工作环节的专项检查工作力度。深化运用“四种形态”，规范问题线索处置，加大纪律审查和问责力度以及典型问题通报曝光力度，提高监督执纪问责质量。加强意识形态工作，发挥意识形态联席会议会商研判作用，加强阵地管理，形成条块结合、纵横交叉、无缝覆盖的意识形态工作格局。扎实开展德育大讲堂，稳步提高理论宣讲水平。探索推进融媒体建设，强化内外宣工作成效。推动校园文化精品项目建设。完善审美教育工作体系，强化美育特色。

实施庆祝中华人民共和国成立 70 周年、建校 35 周年文化建设成果“六个一”工程。推进大学生思想政治教育精品项目建设和成果转化推广工作。完善学生心理健康教育、资助育人等工作体系。优化学风建设，构建以教风带学风、以学风促教风的双向机制。加强辅导员等学生工作队伍建设。持续深化共青团改革。筹备召开学生代表大会，推动学生自我管理规范化、制度化、科学化。完善宗教工作联动机制，健全反渗透网络。持续加强民主党派和统战团体建设，提高参政议政能力。坚持民主治校，召开年度双代会。建立完善、准确、全面的离退休教职工数据库，深入开展精准服务。

（二）提高政治站位，切实抓好各项整改落实工作

充分认识整改落实工作的重要意义，把抓好省委巡视和省审计厅反馈意见整改落实工作作为重要任务。聚焦问题，认真研究，深刻对照反思，深入查找问题产生的原因，明确完成时限，以坚决的态度、严格的标准、有效的举措，在条条要整改、件件有落实上集中发力。把解决具体问题与共性问题、解决当前问题与长远问题有机结合，重点健全完善长效工作机制。强化督导检查，对整改工作推进不力、进展缓慢、弄虚作假的严肃问责，全面推进各项整改落实工作，确保改出成效，扎扎实实做好“后半篇文章”。通过整改，补齐短板弱项，确保管党治党主体责任和监督责任落到实处，提高管理能力。

（三）坚持立德树人，大力提高教育教学工作质量

认真贯彻落实全国、全省教育大会以及新时代全国高等学校本科教育工作会议精神，召开第十届教学工作会议，强化人才培养中心地位，制订实施本科教育质量提升计划。完善动态调整机制，持续优化专业结构，升级改造工科专业。淘汰“水课”，打造“金课”，建设优质课程。深入实施教师教学荣誉工程，完善教师评价体系。制定师德考核实施细则，落实师德师风是评价教师队伍的第一标准。完善协同实践育人机制，提高学生实践动手能力。实

现信息技术与教育教学深度融合,推进混合式教学改革向纵深发展。扩大第三方评价范围,定期发布《人才培养质量报告》,接受社会监督。整合资源,理顺机制,激发学生的积极性,提升大学生创新创业水平。

扎实做好学位授权点抽评工作。开展新增一级学科学位点招生、导师遴选、培养等准备工作。修订工程类专业学位研究生培养方案。强化导师作为研究生培养第一责任人的责任,加强培训、考核。全面开展研究生教育优质课程、研究生教学案例库等项目建设,提升研究生教育质量。

规范外籍教师入职教育内容及流程,出台外籍教师意识形态工作实施方案。迎接教育部对中美法学项目、中韩材料科学与工程项目评估工作。推进生物学、药学、材料学等与国外大学联合培养博士生及联合博导计划。多措并举,扩大函授教育规模。扩大职业技能培训鉴定项目,提高工作水平。

(四)推进资源整合,着力夯实事业发展保障条件

出台年度调研计划,强化调研成果运用。深入研究并准确理解上级有关政策,牢牢把握新旧动能转换、乡村振兴、海洋强省建设等发展机遇,提升办学水平,加大宣传力度,注重宣传效果,提高学校在全省教育系统的知名度与美誉度,为学校发展营造良好环境。扎实有效地落实北京大学、清华大学支援烟台大学建设委员会第十三次会议上签订的合作协议,拓展并深化两校援建的成果,着力争取省、市等方面的支持帮助。巩固校院两级校友工作联动机制,提高校友工作成效,营造母校关心校友、校友支持母校的良好氛围。

以大型仪器共享使用为切入点,全面梳理资源统筹不到位的突出问题,打破部门、学院壁垒,制定具体措施,有效提高实验教学、科研平台和公用房屋等各类资源的管理效益。规范政府采购预算,提高资金使用效益。优化实验室运行等工作体系,积极论证、筹备建设虚拟仿真教学中心。完善经营性资产监管体制机制,防控国有资产管理风险,规范国有资产有偿使用。深化校办企业改革,促进校办企业健康稳定发展。推进预算管理改革,坚持零基预算,细化年度预算。推进2020—2022年度项目库建设。强化"花钱必问效,无效必问责"的理念,探索预算绩效考核机制。坚持合理适度举债原则,提供坚实财务保障。健全财务规章制度,加强财务监督管理。加快财政专项资金执行进度,压减财政专项资金结余结转规模。

(五)健全完善机制,切实提高学校核心竞争实力

召开学科建设工作会议。突出学科带动作用,引领学校内涵发展。制定学科团队带头人聘任等一系列制度,建立学科建设考核体系,明确人员学科归属等要求,强化学科发展动态管理,推进各学科规划实施和任务落实。完善机制,强化激励,充分调动科研人员积极性、主动性和创造性。整合资源,加大标志性科研项目、科研成果和高水平科研论文培育力度。做好2020年博士学位授予单位申报立项与培育建设工作。加快推动和巩固相关学科进入ESI全球前1%。积极参与省级新材料与高端装备大科学研究中心建设,争取落户我校、落户烟台。扎实推进山东省智慧海洋研究院建设工作。加大创新平台建设、培育力度,稳固在全省高校的优势地位。健全完善科研管理相关政策,充分激发教师科研工作积极性。开展校级科研机构考评工作。着力争取高端稿源,持续提高学报学术质量。

积极开展省"一事一议"引进顶尖人才等项目的申报、考察、考核等工作,加强高层次人才队伍建设。开展"152"人才工程遴选与中期考核工作,启动岗位设置管理第二聘期中期考核,健全岗位管理和聘期考核机制。坚持分类设置,严格职称评价条件。明确人才引进条件和聘期目标,出台引进人才奖励办法,加大青年优秀博士和紧缺高层次人才引进力度。稳步提高引进人才中期检查和聘期期满目标考核工作的规范化、科学化水平。

(六)拓宽工作渠道,不断深化对外合作交流

扩大对外合作,推进与英国提赛德大学等单位友好协议的签署,推动与美国田纳西大学等高校的相关专业合作办学。修订师生因公出国(境)管理规定,推动外事信息化管理服务平台建设,拓宽教师访学渠道。充分挖掘学院涉外资源,依托特色优势学科,对接境外优质合作伙伴,推动实质交流与合作。拓展优质学生交流项目,营造学生积极参与的良好氛围。

持续深化立足烟台、融入烟台、服务烟台的理念,充分利用校地联席会议机制,彰显学校优势与特色,打造服务地方工作品牌。加快开发区科教园

区建设步伐。采取有效措施，推进“产学研用”一体化，促进横向科研项目数量和到位经费数持续提升。积极探索与政府、知名企业、行业协会合作的新模式，推动落实科技合作特派员制度，广泛搭建校地、校企、校校（院所）合作平台。依托科技园入驻企业，提高知识产权（专利）的管理服务与价值产出。

（七）转变工作作风，稳步提高各项管理服务水平

集中整治形式主义、官僚主义突出问题，对照查摆出的问题逐项整改，突出重点，狠抓成效。倡导“首接负责制”，财务管理、教学运行、出国（境）审批等工作积极践行“一站式”服务理念，提高工作效率，切实为师生员工提供优质、便捷、贴心的服务，提高师生员工的满意度。坚持定期督查与重点督察相结合，压实责任，传导压力，提高执行力，持续提升管理服务水平。持续开展“庸懒散”专项治理，严肃请假、会议纪律。

全面实施绩效工资改革，激发以增加知识价值为导向的人才创新创造活力，提高收入分配政策对各类岗位人员的激励效能。推进社会保险全面实施工作。完善编外用工管理制度。加强后勤标准化、信息化建设，提高精细化服务能力与水平。努力完成综合实验中心工程建设，确保质量。推进南校区综合教学实验楼立项工作。加快办理学府小区涉建手续。深化“平安校园”建设，完善安全责任体系和治安防范体系。整合改造消控、监控系统可视化平台。开展校园交通安全专项治理，加大校园及周边治安环境整治力度。完善无线网络建设，扩大覆盖面，持续推进信息化校园建设，增进信息融合，完善信息多维度、可视化展示方式。以工程训练综合能力大赛为抓手，推进创新训练平台建设。优化文献、信息资源结构，推进图书馆向知识服务与学习中心转变。

各位代表、同志们，习近平总书记指出，伟大梦想不是等得来、喊得来的，而是拼出来、干出来的。2019 年，是中华人民共和国成立 70 周年，是学校建校 35 周年，也是深入实施“十三五”发展规划、持续推进综合改革和高水平大学建设的重要一年。我们要以习近平新时代中国特色社会主义思想为指导，开拓创新，扎实工作，加快内涵发展，凝练学科方向，彰显办学特色，稳步提升人才培养质量和科研创新能力，切实增强学校综合实力，努力开创学校各项事业又好又快发展的新局面。

烟大概况

烟台大学概况

烟台大学坐落于国家历史文化名城、最佳中国魅力城市、山东新旧动能转换综合试验区核心区之一——烟台，是国内距海最近、拥有海岸线最长的滨海大学，是山东省属重点综合性大学。

烟台大学创建于1984年7月，是由北京大学、清华大学直接援建，烟台、威海人民共同集资创办的大学。1990年成立了“北大、清华支援烟台大学建设委员会”，定期研究指导烟台大学的教学、科研、学科建设及改革发展，形成了长期援建机制。1995年，学校顺利通过原国家教委本科教学水平合格评价。1998年成为硕士学位授予权单位。2004年在教育部本科教学工作水平评估中获得优秀等次。2012年获批山东省名校工程首批立项建设单位和服务国家特殊需求博士人才培养项目。2018年药学学科入选山东省一流学科建设立项。

烟台大学现具有博士生、硕士生、本科生招生资格及相应学位授予权。学校现设22个学院(部)，65个研究院所，66个本科专业，涵盖文、理、工、法、农、医、经济、管理、教育、艺术10个学科门类。全日制在校本科生、研究生、留学生共2.9万余人，本科招生覆盖全国30个省(自治区、直辖市)。有成人高等教育学生和全日制自考助学班学生8000余人，形成了本科教育、研究生教育、留学生教育和继续教育等多类型、多层次的办学格局。学校占地面积近140万平方米，建筑面积近90万平方米，教学仪器设备总值4.65亿元。图书馆总面积4.23万平方米，馆藏印刷型图书243.64万余册，报纸合订本27.1万余册，每年订阅印刷型中外文报刊2100余种。引进电子图书196万余种，电子期刊1.9万种，中外文数据库近百个。

师资队伍

烟台大学拥有一支结构合理、素质精良的师资队伍。现有专任教师1562人，其中具有副高级以上专业技术职务人员758人，具有博士学位者748人，占专任教师的48%。学校现有中国工程院院士1人，“首届全国百名教学名师”1人，“新世纪百千万人才工程”国家级人选1人，国家“万人计划”哲学社会科学领军人才1人，国家“万人计划”科技创业领军人才1人，国家杰出青年基金获得者2人，长江学者特聘专家1人，国家有突出贡献的中青年专家1人，全国优秀教师2人，国家社科基金评审专家2人，全国文化名家暨“四个一批”人才工程1人，享受国务院政府特殊津贴专家13人，教育部“新世纪优秀人才”支持计划人选4人，省“一事一议”顶尖人才2人，泰山学者工程入选者12人，泰山产业领军人才2人，山东省有突出贡献的中青年专家13人，山东省教学名师11人，省杰出青年基金获得者3人，省属高校优秀青年人才联合基金计划获得者4人，山东省智库高端人才首席专家1人，齐鲁文化英才1人，烟台市“双百计划”专家11人。近300名国内外知名学者担任客座教授和兼职教授，聘请兼职院士13人。

人才培养

烟台大学现有1个“服务国家特殊需求博士人才培养项目”,1个山东省“一流学科”,21个硕士学位授权一级学科,7个硕士专业学位授权类别。进入教育部第四轮学科评估前25%学科1个,软科世界最好学科前500名和中国最好学科排行前20%的学科各1个。近年来,烟台大学获国家级高等教育教学成果奖二等奖1项,获批4个国家级特色专业、14个省级品牌特色专业、涵盖29个专业的8个省级高水平应用型专业群、涵盖14个专业的3个服务新旧动能转换专业对接产业建设项目,6个专业成功进入教育部“卓越工程师教育培养计划”和“卓越法律人才教育培养计划”。获批国家级精品课、国家级双语教学示范课程和国家级精品资源共享课等3门国家级课程建设项目,35门课程获批省级精品课,1门课程获批国家级精品在线开放课程,3门课程上线东西部高校课程共享联盟平台,14门课程上线山东省高校课程共享联盟平台。拥有1个国家级教学团队、5个省级教学团队、1个山东省“黄大年式”教学团队。学校首批获得山东省高等学校优势学科人才团队培育计划项目,2个“山东省高等学校人才培养模式创新实验区”。药学实验中心为国家级实验教学示范中心,工程力学实验中心为国家级首批虚拟仿真实验教学中心,获批国家虚拟仿真实验教学项目1项,另有4个省级实验教学示范中心。发起成立了全省高校首个教师教学发展联盟——胶东高校教师教学发展联盟,实现了“烟威青”三地高校教学资源共建共享。

科学研究

烟台大学现拥有2个国家技术转移中心,1个教育部重点实验室,1个国家民委民族理论政策研究基地,1个国家知识产权培训基地。7个省级重点学科,4个省高等学校协同创新中心,1个省工程实验室,7个省级重点实验室,1个省人大常委会地方立法研究服务基地,1个省理论建设工程重点研究基地,2个省高校人文社科研究基地,1个省民族问题研究中心,8个省级工程技术研究中心,1个省泰山学者种业人才团队支撑计划,1个省高校优秀科研创新团队,1个省国际科技合作平台,1个省级研究院,1个省软科学研究基地,1个省级大学科技园。

烟台大学近年来获国家科技进步二等奖1项,中国专利金奖1项,入选国家社科成果文库2部。省部级以上学术成果奖200余项,其中包括山东省科技进步一等奖1项,高等学校科学研究优秀成果奖(人文社会科学)一等奖1项,二等奖4项。主持国家自然科学基金、国家社会科学基金、973项目、863项目等国家级科研项目340余项;主持省部级科研项目近800项,其中山东省杰出青年基金3项。主持横向科研项目1700余项。学校先后获得全国科技管理先进团队、全国普通高校科研管理先进集体、山东省社科先进管理单位、山东省高等学校科研管理先进集体等荣誉称号。《烟台大学学报(哲学社会科学版)》为全国中文核心期刊、中国人文社会科学核心期刊。《烟台大学学报(自然科学与工程版)》入选《中国学术期刊文摘数据库》。

服务地方

烟台大学积极对接地方需求,秉持立足烟台、融入烟台、服务烟台的办学理念,着力提升服务地方能力和水平,全面加强校地“政产学研用”合作,推进校地融合发展。学校聚焦山东省新旧动能转换重大工程,主动对接烟台市八大主导产业,与绿叶制药集团合作创办药学院,成为“产学研用”合作的成功典范;与台海集团共同组建核装备与核工程学院,为烟台核电装备产业集群提供人才和科技支撑;与烟台经济技术开发区共建烟台大学开发区科教园区,推进学科(专业)对接产业(企业),不断提高人才培养质量,加快科技成果转移转化。利用山东半岛蓝色经济区、中韩(烟台)产业园发展规划上升为国家战略的契机,成立山东省智慧海洋研究院、山东半岛蓝色经济研究院、中韩(烟台)产业园发展研究中心、烟台大学人工智能研究院等学术机构,进一步搭建好地方发展需求侧与高校人才供给侧紧密对接的桥梁,为区域经济社会发展提供全方位智力和人才支持。

国际交流

学校注重发展国际和地区间的学术交流和友好往来,先后与26个国家和地区的一百余所院校、学术机构建立了友好合作关系。现设有与美国和韩国高校合作举办的中外合作办学本科项目2个,与美国、英国、德国、瑞士、新西兰、日本、韩国和中国台湾地区的37所友好院校开展校际学生交流，设有英国朴茨茅斯大学预科项目和韩国留学项目。学校是全国首批获准接收外国留学生及可以邀请外国文教专家的院校之一，是山东省华文教育基地，设有国家政府留学生奖学金、山东省政府留学生奖学金和烟台大学留学生奖学金。校内设有汉语水平考试(HSK)、韩国语能力考试(TOPIK)和剑桥商务英语等级考试(BEC)考点。

近年来，学校建立山东省第一个高校审美教育研究基地、山东省第一个高校党建研究基地。荣获“全国节俭养德全民节约行动先进单位”、全国高校校园文化建设优秀成果一等奖、山东省大学生课外学术科技作品竞赛“优胜杯”、山东省高校“文明校园”荣誉称号。被评为“全国五四红旗团委”“全国大中专学生志愿者暑期‘三下乡’社会实践活动先进单位”“山东省德育示范高校”“山东省党风廉政建设先进单位”“山东省学校民主管理先进单位”“山东省企校共建先进单位”“山东省就业工作先进集体”“全省平安校园标杆学校”，在2018年度全省事业单位绩效考核中荣获省属高校优秀等次。

(相关信息统计截至2019年12月)

2019年学校基本数据

一、基本数据

校园面积	
产权占地：	1353805平方米
非产权占地：	4000平方米
校舍建筑面积	
产权：	892807.8平方米
非产权：	6000平方米
图书馆藏书(纸质、电子)	
纸质图书	243.64万册
电子图书	608万册
固定资产总额	164062.83万元
其中　教学科研仪器设备总值	46535.51万元

二、教职工人数

(一)在职人员

中国工程院院士	1
博士生导师	17
职称分布：	
正高级	217
副高级	598
中级	965
初级	116
无职称	158

专任教师	1562
其中：	
正高级	217
副高级	541
中级	738
初级	66
无职称	0
其中：	
博士学历	748
硕士学历	421
本科学历	382
专科及以下	11
教辅人员	128
行政人员	230
工勤人员	102
校办企业职工	6
其他附设机构人员	26
（二）其他人员	
离退休人员	923
聘请校外教师	390
附属中小学幼儿园教职工	12

三、在校学生人数

（一）全日制学生	31088
本专科学生	28872 （本科 28872，专科 0）
组成如下：	
一年级	7343
二年级	7357 （本科 7357，专科 0）
三年级	7103 （本科 7103，专科 0）
四年级	6954
五年级及以上	115
其中：	
女生	13849 （本科 13849，专科 0）
共产党员	1153 （本科 1153，专科 0）
研究生	2216 （博研 26，硕研 2190）

组成如下：	
一年级	817 （博研 7，硕研 810）
二年级	796 （博研 7，硕研 789）
三年级及以上	603 （博研 12，硕研 591）
其中：	
女生	1292 （博研 16，硕研 1276）
共产党员	339 （博研 13，硕研 326）
（二）成人教育学生	6618
组成如下：	
函授	6618 （本科 3994，专科 2624）
（三）外国留学生	301
其中：	
硕士生	13
本科生	89
进修生	199

四、专业情况

本科专业	63 个
专科专业	1 个
硕士学位授权点	
硕士学位授权一级学科点	21 个
硕士学位授权二级学科点	1 个
博士学位授权点	1 个

五、教学科研机构

直属院系	20 个
重点实验室	11 个
研究所/中心	21 个

2019 年工作总结和 2020 年工作要点

一、2019 年主要工作情况

2019 年,学校党委坚持以习近平新时代中国特色社会主义思想为指导,深入贯彻党的十九大和十九届二中、三中、四中全会精神,团结带领全体师生员工,坚持立德树人,全面深化综合改革,重点工作扎实推进,内涵建设得到加强,综合实力持续提升,一些工作取得了新突破。

(一)扎实开展主题教育,党建思政工作全面加强

认真贯彻落实中央、省委部署安排,高标准、严要求、高质量推进“不忘初心、牢记使命”主题教育,开展集中学习研讨 422 次,形成调研报告 180 篇,汇集意见建议 203 条,解决热点难点问题 173 个,得到了中央第四巡回督导组、省委第十二巡回指导组和广大师生的充分肯定。出台《关于持续深入贯彻落实习近平总书记重要指示批示精神的若干举措》,把学习贯彻习近平总书记系列重要讲话和指示精神作为各级党员干部理论学习、教育培训的首要内容。遵守党的政治纪律和政治规矩,严格执行民主集中制,修订完成党委全委会、党委常委会、校长办公会议事规则,制定党委书记与校长经常性沟通制度,决策科学化水平持续提升。全面抓好巡视整改和审计整改并取得重要阶段性成果,办学规范化水平不断提高,全校上下担当作为、狠抓落实的氛围更加浓厚。

深入实施基层党组织“对标争先”建设计划和“双带头人”立项建设,1 个党支部获评第二批全国党建工作样板支部,1 个党总支、3 个党支部分获全省首批党建工作标杆院系、样板支部。发展党员 1610 人、转正 744 人。完善党风廉政建设制度体系,深化纪检监察机构改革,实现监督检查和审查调查职能分离、部门分设。妥善处置省委巡视移交问题线索和信访件 61 件(次),自办信访举报 18 件(次)。立案 13 件,谈话函询 61 人次,采取组织措施 23 人,党纪处分 13 人,政纪处分 9 人。

加强民主党派和统战团体建设,开展“不忘合作初心,继续携手前进”主题教育,统一战线工作科学化、规范化水平进一步提高。支持党外代表人士开展社会调研、参政议政,2 件社情民意被全国政协、省政协采纳转办。完善民族宗教工作领导小组职责,扎实做好民族宗教工作。1 人获评省统战工作先进个人。离退休老同志优势和作用充分发挥,有效推动离退休工作转型发展。召开第七届教职工代表大会暨第八届工会会员代表大会第二次会议、第四次学生代表大会,民主治校进程持续推进。1 个集体荣获省教育工会女职工建功立业标兵岗,1 人获评女职工建功立业标兵。

加强正面舆论引导,中心组集体学习 12 次、集体研讨 33 人次。健全意识形态工作制度,严格落实“一会一报”制度,审批备案哲学社会科学类报告 106 场次。每季度召开意识形态工作联席会议,定期会商研判意识形态领域情况。妥善处置各类舆情 12 起。获评省教育政务新媒体先进单位、省高校教育新闻宣传先进单位,入选 2019 年度山东最佳社会声誉高校榜。“烟大人”微信公众号稳居全国高校校友会微信公众号综合指数首位。

开展庆祝中华人民共和国成立 70 周年、建校 35 周年系列活动,深入挖掘与祖国共奋进的校史文化。开展“北京大学、清华大学支援烟台大学建设历程展”等“六个一”文化建设工程,确定“海纳百川、敢为人先”的烟大精神和“我向海而生,你为梦而来”的学校形象宣传语,烟大人代代传承的精神风貌和核心价值追求更加彰显。“烟雨亭”文化景观落成。“孺子牛”教育服务年限荣誉激励计划正式实施。1 名教师获评省优秀教师。

加强思想政治理论课教师和辅导员队伍建设,新增思想政治理论课专任教师 18 人、辅导员 58 人,师生比显著提高。定期开展“大学生思想政治

教育大讲堂”等系列活动,大学生思想政治教育质量显著提升。35 名毕业生投身志愿服务西部计划工作。108 名大学生参军入伍,同比增长 29%。2 人获评“全国大学生自强之星”。校团委获评全国五四红旗团委、全国暑期社会实践活动优秀单位。

(二)聚焦育人根本任务,教育教学改革成效显著

教育综合改革深化拓展。召开第十届本科教学工作会议。启动修订 2020 版人才培养方案。获批 4 个国家级、15 个省级一流本科专业建设点。出台管理办法推进专业认证,土木工程和建筑学分别通过国际实质等效认证和全国高校建筑学专业评估,车辆工程专业等待专家进校审核,软件工程等 3 个专业认证申请获认证委员会受理。34 名教师入选新一届省本科教育教学指导委员会。获省第六届高校教师教学比赛、信息化教学比赛一等奖各 2 项。

积极开展“课程思政”立项建设和教学研究,将思政教育融入人才培养全过程。20 门课程上线山东省高校课程共享联盟平台,获批国家精品在线开放课程 1 门。师生参与创新创业赛事的积极性日益高涨,获国家级以上竞赛奖励 252 项。其中获第十六届“挑战杯”国家二等奖 1 项、三等奖 2 项,省特等奖 4 项、一等奖 4 项、“优胜杯”;获第五届“互联网 +”大学生创新创业大赛国家铜奖 3 项,省金奖 2 项、银奖 7 项;获奖数量位居全省高校前列。获全国学生“学宪法 · 讲宪法”活动全国比赛个人赛亚军、山东赛区特等奖。全民健身、群众体育运动蓬勃开展。组建全省高校首支冰球队并荣获首届全国大学生冰球锦标赛第四名和“体育道德风尚奖”。

硕士学位授权学科和专业学位授权类别动态调整工作顺利开展。申请增列马克思主义理论硕士一级学科学位授权点。4 个专业学位授权点通过国家专项评估。扎实推进研究生分类培养模式改革和导师聘任制度改革,研究生培养质量过程保障体系不断完善,9 人获评省优秀研究生指导教师。调整设置 11 家函授站点;函授生招生近万人,人数成倍增长。新增国际友好学校 10 所、续签协议 5 份。学校与新西兰坎特伯雷大学、澳大利亚新英格兰大学举办博士联合培养(联合博导)项目。入选奥地利“欧亚—太平洋大学学术协会”博士后奖学金项目会员单位。

(三)持续深化内涵建设,服务地方水平大幅提高

成为省市共建高校,翻开了新形势下学校改革发展的崭新一页。深入研究,制定《烟台大学高质量发展实施意见》,重点打造并着力实施九大工程,加快高水平大学建设步伐。修订完善《烟台大学章程》。新一届校学术委员会换届工作顺利完成。材料科学与工程学科增列省一流学科立项建设,立项总数达到 2 个。化学学科 1 月份进入 ESI 全球前 1% 并持续保持。在软科中国最好学科排名中,法学学科进入前 20%,位居全省第二、省属高校第一;民族学学科进入前 25%,计算机科学与技术学科首次上榜。数学学科进入软科世界一流学科排名前 400,省属高校第三。药学学科获批实施第二轮服务国家特殊需求博士人才培养项目。召开学科建设会议,完成学科特区计划中期考核及动态调整,学科建设突破工程与体制机制改革持续推进。

深化科研管理改革,加大科研绩效激励,获批国家级科研项目 40 项,连续 4 年获批国家社科基金重点项目并实现国家社科基金重大项目的突破,省部级重大项目立项数及经费数创历史新高。科研总经费同比增长 150%,达 18222.089 万元。获省部级科研奖励 7 项,授权职务专利 115 项。发表 SCI 等高水平论文 663 篇。2 位教授分别入选“高被引科学家”“高被引作者”。《烟台大学学报(自然科学与工程版)》入选中国学术期刊文摘数据库核心版;《烟台大学学报(哲学社会科学版)》入选国家哲学社会科学学术期刊数据库,并获评第六届全国高校社科精品期刊。学校首次整体进入 U. S. News 世界大学排行榜。

紧密结合省市新兴产业和传统优势产业,推动“政产学研金服用”深度融合发展,校企合作、校地融合发展的办学特色更加彰显。开发区科教园区规划设计方案顺利完成。全年新立项横向科研项目 167 项、到账经费 3137.6 万元,完成“四技”合同登记 108 项、总额 2881.15 万元,均创历史新高。取得武器装备科研生产单位保密资质。紧跟学术前沿,举(承)办《中国科学:化学》2019 年全体编委会、深化产教融合服务新旧动能转换校企合作对接会等大型会议,学校知名度、美誉度进一步提升。与烟台市政府、新华三集团、中国科学院过程工程

研究所、山东裕龙石化有限公司等签署各类合作协议43份。2个项目入选中国高等教育学会“校企合作双百计划”典型案例,14个项目获批烟台市校地融合发展项目,经费3880万元,占全市总经费的65%。设立烟台三校科技园创业扶持基金,1家公司成功入库国家科技型中小企业。获批1个省协同创新中心、1个省工程实验室。学校获批设立第十三届省人大常委会地方立法研究服务基地。

(四)激发干事创业热情,人才干部活力有效提升

加快建设高端人才汇聚高地,新增国家“万人计划”专家、省“一事一议”顶尖人才、省泰山学者、省“外专双百”专家、省有突出贡献的中青年专家等人才项目28人,柔性引进长江学者等国家级专家7人。师资队伍持续壮大,人才生态更加优化,获批重大新药新型释药系统项目博士后招收资格,引进各类人才124名,专任教师中具有博士学位的人员占比达55.3%。年度投入人才专项经费8629万元,获得省市各类人才项目经费7250万元,其中2019年度烟台市校地融合人才工作类项目经费2300万元,实现“引才”与“聚财”双赢。

加强干部队伍建设规划,注重培养选拔优秀年轻干部。坚持正确选人用人导向,完成10名正处级干部、59名科级干部选拔和59名干部试用期满考核。干部年龄结构更加合理,45岁以下正处级干部占26%,40岁以下副处级干部占30%;新选拔的正处级干部平均年龄42岁。选派4人到山亭区挂职“第一书记”,3人参加“万名干部下基层”挂职,1人获省委表彰。选派4人到省教育厅和北京大学、清华大学等“双一流”高校挂职,选拔6名博士校内挂职。出台2019—2022年干部教育培训规划。在四川大学、北京大学开展干部专题培训,组织处级干部学习贯彻党的十九届四中全会精神轮训、举办专题辅导报告4场,开展13次党校学习、4期书记读书班,干部队伍活力和责任意识显著增强。

(五)切实保障和改善民生,服务管理效能持续强化

扎实推进“基础管理规范年”活动。完善人事工作体制机制,全面落实社会保险和绩效工资制度改革,奖勤罚懒、奖优罚劣的激励作用进一步彰显。坚持零基预算,预算管理改革向纵深推进。政府会计制度衔接顺利,实现由单一的预算平衡管理目标向更加多样的管理目标扩展。财务管理信息化建设积极推进,资金从预算编制到资金支付等各流程实行智能管理,建立起全过程、全覆盖的动态监控机制。获2018年度省属高校绩效考核优秀等次。

全校资产有偿使用情况清查和校属企业摸底工作全面完成,国有资产经营监管更加规范。完成进口设备退税400余万元。固定资产入账2.2亿余元、5102台(套),政府采购14602.7155万元,累计节约资金700余万元。完成工程项目审计57项,审减金额844.06万元。落实消防安全责任制,强化治安防范与管理,校园可防性案件数量持续下降,实现师生安全感和满意度“双提升”,1人获“省119消防奖先进个人”,学校获评“省平安校园标杆学校”。

学府小区涉建手续办理进展顺利,综合实验中心大楼等重点工程建设不断推进,“海绵校园”等民生改造工程如期完工,旧浴室改造完成并投入使用,受到师生好评。直饮水改造工程、学生公寓洗浴设施建设、原第三餐厅学生综合服务项目建设、校园聚合支付系统建设等项目完成调研论证、进入招标环节。获评全国教育后勤系统信息宣传工作先进单位、全国校园物业管理社团组织建设工作先进单位、全省高校绿化与景观建设先进单位。智慧校园支撑平台稳步实施,校园信息化建设水平和读者服务质量明显提高。在全国高校中率先建立校友大病救助基金,烟大人情系母校、关爱校友的强大凝聚力充分彰显。

在取得成绩的同时,我们也要清醒地认识到,学校改革发展还存在一些问题与不足,主要表现在:思想政治工作队伍力量不足,思想政治理论课、辅导员师生比距离教育部的要求还有不小差距;部分单位意识形态工作责任制落实不到位,网络管控需要加强;师生国际化水平不高,办学国际化步伐缓慢;国家自然科学基金立项数较少,国家发明专利数量进步不明显;资源整合和共享程度不高,大型仪器等管理机制不顺畅;信息化手段滞后,线上服务水平不高,等等。对这些问题,我们要高度重视并采取有效措施,切实加以解决。

二、2020年工作要点

2020年工作的总体要求是:以习近平新时代中国特色社会主义思想为指导,深入贯彻党的十九大

和十九届二中、三中、四中全会精神，明确重点任务，实施九大工程，着力推动学校各项事业高质量发展，加快特色鲜明、部分学科具有国际影响力的高水平大学建设步伐。

(一)深化顶层设计，切实提升治校办学能力

贯彻落实党的十九届四中全会精神，全面深化调研工作，深入研究高等教育发展规律，加强治理体系、治理能力建设，稳步提升治校办学水平。持续推进综合改革，全面开展《烟台大学“十三五”发展规划纲要》及各项子规划、各学院“十三五”发展规划实施终期总结工作。广泛开展“十四五”规划前期调查研究，大力推进编制“十四五”规划纲要的基础性工作。在省属本科高校分类考核指标体系的指导下，调整优化单位目标考核指标体系，优化校院两级管理的责权利划分，将单位目标考核奖励与绩效工资紧密结合，强化二级单位班子正向激励，鼓励干部职工担当作为，持续激发各个单位和教职员工的内生动力，推动事业发展进步。

(二)压实工作责任，持续加强党建思政工作

全面加强党的政治建设，牢固树立“四个意识”，坚定“四个自信”，坚决做到“两个维护”。持续推进“对标争先”建设计划，着力提升基层党组织组织力。实施党员“先锋示范计划”，探索建立“不忘初心、牢记使命”长效机制，教育引导党员发挥先锋模范作用。统筹“选育用管”各个环节，不断提高干部培育、选拔、管理和使用工作质量。树牢“党建+”工作理念，推进“一学院一品牌、一支部一特色”建设，全面提升党建工作科学化水平。

培育思想政治教育精品项目，强化“大学生思想政治教育大讲堂”作用，打造品牌。多措并举，加大工作力度，确保思想政治理论课教师、辅导员师生比达到教育部要求。大力弘扬“孺子牛”精神，制定师德师风行为正面、负面清单，完善考核办法，加强师德师风建设。完善宗教工作联动机制，健全统一领导、高效配合的反渗透网络。启动意识形态校内巡察，压实工作责任。持续创建“一院一品”“一院一赛”，加强学风建设。建立大学生思想状况调研分析常态化机制，有针对性地进行系列主题教育活动。进一步加强学生职业生涯发展教育。通过“名企进校园”等活动，提升就业质量。以“互联网+”大学生创新创业大赛、“挑战杯”大学生课外学术科技作品竞赛、“挑战杯”大学生创业计划竞赛等赛事为导向，提升学生创新创业能力。全面推行学生资助标准化体系建设，强化资助育人成效。落实“全团抓思想政治引领”的要求，促进共青团引领力、组织力、服务力协同提升，推进学生社团全面深化改革。深入挖掘研究学校历史，依托胶东红色资源、以美育人等品牌，加强文化建设。探索融媒体、全媒体工作机制，形成科学、规范、高效的舆论宣传工作格局。坚持内外宣并重，加大外宣工作力度。

召开党风廉政建设工作会议、党内监督工作专题会议，压实全面从严治党责任。重点强化对贯彻落实党的路线方针政策和党中央重大决策部署以及省委、省政府决策部署的监督检查。做实做细日常监督，紧盯关键少数、关键领域，抓住重要节点，持续督查落实中央“八项规定”精神，从严查处顶风违纪问题。坚决纠正“四风”，拓展整治群众身边腐败和作风问题，及时通报曝光反面典型案例。深化运用“四种形态”，着力抓早抓小、防微杜渐。动态完善领导干部廉政档案。规范执纪审查，增强质量意识、程序意识，提高办案质量。推进全员培训常态化，建设忠诚干净担当的纪检监察干部队伍。加强党外知识分子思想政治引领，统筹规划党外代表人士的培养使用，推进民主党派和统战团体建设。筹备召开年度“双代会”，做好提案落实工作。加强学校和二级单位离退休工作，持续开展精准服务。

(三)聚焦根本任务，稳步提高人才培养质量

坚持立德树人根本任务，建设“思政示范课程”，推进优质课程资源以及教学团队、教学名师培育工作，持续开展青年教师培养、竞赛及教师荣誉工程。加强教学研究，科学编制 2020 版人才培养方案。跟进国家一流专业、一流课程评审和建设工作。深入推进专业结构优化升级。积极做好车辆工程等专业的认证工作。做好高水平应用型专业群以及专业对接产业项目考核验收工作。积极开展“专业+学校”招生模式改革。加大实践(实验)教学资源整合建设力度，规范实践(实验)教学管理。推动研究生论文全盲审，提升学位论文质量。做好研究生教育优质课程项目、研究生教学案例库建设项目及研究生教育联合培养基地建设工作。全面启动研究生导师培训计划，完善研究生教学督查等系列制度，加强过程管理，提高研究生培养质量。

大力拓展教师海外访学进修渠道与平台。通

过学生优质交流项目等多种方式，提升人才培养国际化水平。着力推进与美国田纳西大学查塔努加分校、匹兹堡大学和德国特里尔应用技术大学的合作。积极探索，扩大职业技能培训鉴定项目，稳步提高函授规模和效益。

（四）抓住关键环节，着力提升学科科研水平

着力推进高水平、高层次人才队伍建设。打造国际化人才引进平台，依托顶尖人才“一事一议”团队计划和泰山学者工程等项目，扩大高层次人才规模，优化青年人才引育计划。持续深化人才分类评价工作。完善职称评价基本条件，明确人才引进标准和聘期目标，规范各类引进人才的中期检查和聘期期满目标考核。深入推进人事人才工作体制机制改革，创新利用省市激励政策，以聘用制度和岗位管理制度为重点，完善人事管理制度体系。进一步加大博士以上高层次人才引进力度。

深入实施学科建设突破工程，扎实推进优势学科强化、应用学科提升、哲学社会科学学科繁荣、ESI 全球前 1% 学科突破、特色应用交叉学科助力等项目。按照“期满重结果”的原则完善考核指标体系，搭建数据采集平台，开展“学科特区”项目期满验收考核工作。统筹推进“一流学科”以及博士授予单位立项建设工作。依托学科简报等平台，开展分析服务与推广宣传，建立学科文化机制。扎实做好全国第五轮学科评估迎评工作。

完善管理制度，着力调动科研人员的积极性、主动性和创造性，增加各类项目立项数量，提升科研水平。整合资源，组建科研团队，加大对标志性科研项目、科研成果和高水平科研论文的培育力度。狠抓校级科研机构考评工作，加大支持力度。加强沟通、交流，扎实开展科研创新平台培育、建设工作，争取更多省级重点实验室、工程技术研究中心、人文社科研究基地等科研创新平台立项建设。推进协同创新中心建设，巩固在全省高校的优势地位。加大约稿力度，加强对学校重点发展学科支持，持续提升学报学术质量。

（五）加强合作交流，全面服务经济社会发展

健全外事工作体制，成立国际交流合作工作委员会，理顺各学院国际合作交流工作机制，建立畅通高效的工作体系。通过加大资助力度等多项措施，加快办学国际化步伐。挖掘学院涉外资源，依托特色优势学科，对接国（境）外优质合作伙伴，逐步实现至少“一院一项”的国际交流与合作格局。

充分发挥北京大学、清华大学共同援建的独特优势，持续深化立足烟台、融入烟台、服务烟台的发展理念，主动对接山东省、烟台市主导产业，自觉服从大局、主动服务大局、有机融入大局，在推进新旧动能转换、乡村振兴、海洋强省等省市重大战略中攻坚克难、干事创业，为区域经济社会发展提供强有力的支持，实现互惠共赢。充分利用校地联席会议制度，积极探索学校与政府、知名企业、行业协会的合作新模式，试点校企科技合作特派员机制，广泛搭建校地、校企、校校（院所）合作平台。加大科技成果转移培育和转化力度。推进“产学研用”一体化进程，提升横向科研项目立项率和到位经费数。做好烟台市校地融合项目申报实施等工作。

加强与烟台开发区的沟通协调，大力推进开发区科教园区规划建设等各项工作。与烟台开发区和中国（山东）自贸区烟台片区共建“山东知识产权研究院”。巩固校院两级联动机制，积极推动建立地方校友组织，持续开展“三元之光”校友大讲堂、“星空”校友学术论坛等品牌活动。注重利用京、沪、粤等地的校友组织，推动招生就业、科技成果转化等工作。

（六）夯实支撑保障，不断增强管理服务效益

进一步深化“放管服”，优化工作流程，完善工作程序，改进工作作风，全面提升管理服务与质量。贯彻落实收入分配激励政策，全面实施绩效工资改革，完善绩效分配办法，有效激发以增加知识价值为导向的人才创新创造活力。梳理并确定各学院、部处室和直属单位的编制数、岗位数、人员数以及岗位职责。着力加强编制外用工管理，积极探索并稳步推进后勤社会化改革。以建设“幸福烟大”为目标，持续做好原第三餐厅、文化长廊、图书馆改造、道路绿化等工作，解决好与师生生活息息相关的洗浴、饮用水等民生大事。进一步提升后勤服务质量与管理效益。着力增强大型仪器等设施设备的使用效益。进一步加强并规范政府采购管理。完善实验室运行等管理体系，扎实推进实验教学示范中心及虚拟仿真实验教学项目建设。严格落实国有资源资产监督管理规定。稳妥推进校办企业改革。完成综合实验中心大楼建设并投入使用。加快学府小区消防验收等手续办理。积极推进南校区教学实验楼立项及合作建设工作。

拓宽资金来源和融资渠道，严格控制和压缩一般性支出，推动内部管理节支增效，优化资金配置使用，切实做好资金保障。持续深化预算管理改革，全面实施零基预算管理。启动预算绩效评价，全面提高资金使用效益。进一步完善学分制收费改革。切实加强内部控制，进一步提高审计效益和水平。

深化“平安校园”建设，完善安全责任体系和治安防范体系，加强消防、交通等安全管理，建设消防、安防一体化监控平台，加大校园周边治安环境整治力度，营造良好环境。着力推进校园无线网络、智慧校园建设，提升校务服务线上办理效率和服务质量。

2020年是全面建成小康社会和“十三五”规划收官之年，是学校持续推进高质量发展的重要一年，我们要以习近平新时代中国特色社会主义思想为指导，全面贯彻落实党的十九大和十九届二中、三中、四中全会精神，准确把握高等教育发展变革的机遇，改革创新，锐意进取，推动学校各项事业又好又快、更好更快地发展。

近年来，学校党委团结带领广大师生员工改革创新、奋发进取，内涵建设和综合实力持续增强，强化了两校援建、校企合作、校城融合等重要的办学特色，为山东省、烟台市经济社会发展做出了显著贡献。学校积累了重要经验。一是更加注重高质量发展的顶层设计。坚定特色鲜明、部分学科具有国际影响力的高水平大学奋斗目标，不断深化“一二三”战略部署，研究制定高质量发展实施意见。治校办学能力稳步提升。二是不断探索高质量发展的实施路径。确定并着力实施高质量发展的九大工程，坚持不断发现问题并着力创新解决问题的工作方法；不断强化事业发展进步、师生员工幸福满意的结果导向。工作方式方法持续改进。三是大力营造高质量发展的环境氛围。不断创新利用北京大学、清华大学资源；积极沟通，成为省市共建高校，争得宝贵办学资源；凝练形成烟大精神。干事创业热情明显增强。

立足新时代，学校依然面临不少艰巨任务：开发区科教园区要推进，博士授权单位要突破，内涵发展水平要提升，幸福烟大要建设，等等。既是挑战，更是义不容辞的使命。

全体师生员工要一如既往地勇做“泰山挑山工”，只争朝夕，不负韶华，保持定力，激发活力，创造新业绩。在建设高水平大学、坚持高质量发展的道路上，把握机遇，奋发进取，再接再厉，勇攀高峰！

附：

烟台大学2020年重点工作任务表

序号	项目名称	工作内容	责任单位	牵头校领导
1	党建思政引领工程	贯彻落实党的十九届四中全会精神，建立“不忘初心、牢记使命”长效机制，实施“党员先锋示范计划”和“师德提升计划”。	党委组织部、党委宣传部、党委教师工作部、党委统战部、党委学生工作部（处）、教务处、校工会	张　伟 郭善利 张殿臣 周胜良
2	本科质量提升工程	推进国家和山东省一流专业、一流课程建设，加强专业认证工作。加快智慧型教室、综合实验中心大楼建设，推进图书馆改造等工作。	教务处、资产与实验室管理处、基建处、图书馆、网络与教育技术中心、各学院	宋中民
3	育人体系深化工程	坚持立德树人，牢记使命担当，做好新时代学生和共青团工作。配齐配强辅导员队伍，提升能力素质水平。加强学生社团建设，建立健全管理运行体制机制。	党委学生工作部（处）、人事处、校团委、各学院	邓昌亮
4	学科建设突破工程	加强学科团队整合和学科方向凝练，做好第五轮学科评估及博士学位授权单位立项建设。	发展规划与学科建设处、社科（科技）处、研究生处、人事处、各学院	郭善利 郝曙光

续表

序号	项目名称	工作内容	责任单位	牵头校领导
5	师资队伍优先工程	全面加强人才队伍建设，推进教师分类评价和绩效激励，提升师资队伍建设水平。	人事处、教务处、社科（科技）处、研究生处、发展规划与学科建设处、各学院	孙祥斌
6	科学研究创新工程	实施青年科研骨干扶持计划，提升省部级以上项目数量。鼓励主办（承办、协办）高层次学术会议，支持教师担任省级以上学术研究团体主要职务。积极申报各类重点科研创新平台，力争实现省部共建协同创新中心或国家级科研平台的突破。	社科（科技）处、人事处、财务处、发展规划与学科建设处、服务地方办公室、各学院	李合亮
7	校地校企融合工程	持续推进校地校企共建研究院、学院、专业和创新平台。实施企业科技特派员制度，深化产教融合、校企合作。加速推进烟台大学开发区科教园区建设。加强三校科技园建设。	服务地方办公室、学校办公室、党委组织部、教务处、社科（科技）处、人事处、资产与实验室管理处、基建处、各学院	李合亮
8	民生改善幸福工程	积极推进后勤管理社会化改革。推进学府小区房产证办理。改造改建校园直饮水系统、学生公寓洗浴系统、原第三餐厅、室外运动场地，整修部分校园道路、教学楼卫生间等。	后勤管理处、财务处、资产与实验室管理处、基建处、网络与教育技术中心、房产管理办公室	王　强
9	管理服务强化工程	加强治理体系、治理能力建设。梳理并确定各学院、部处室和直属单位的编制数、岗位数、人员数以及岗位职责。大力推进智慧校园建设。	学校办公室、党委组织部、教务处、人事处、发展规划与学科建设处、网络与教育技术中心	张　伟 郭善利 张殿臣 孙祥斌 宋中民 周胜良

机构与干部

学校党群与行政组织机构图

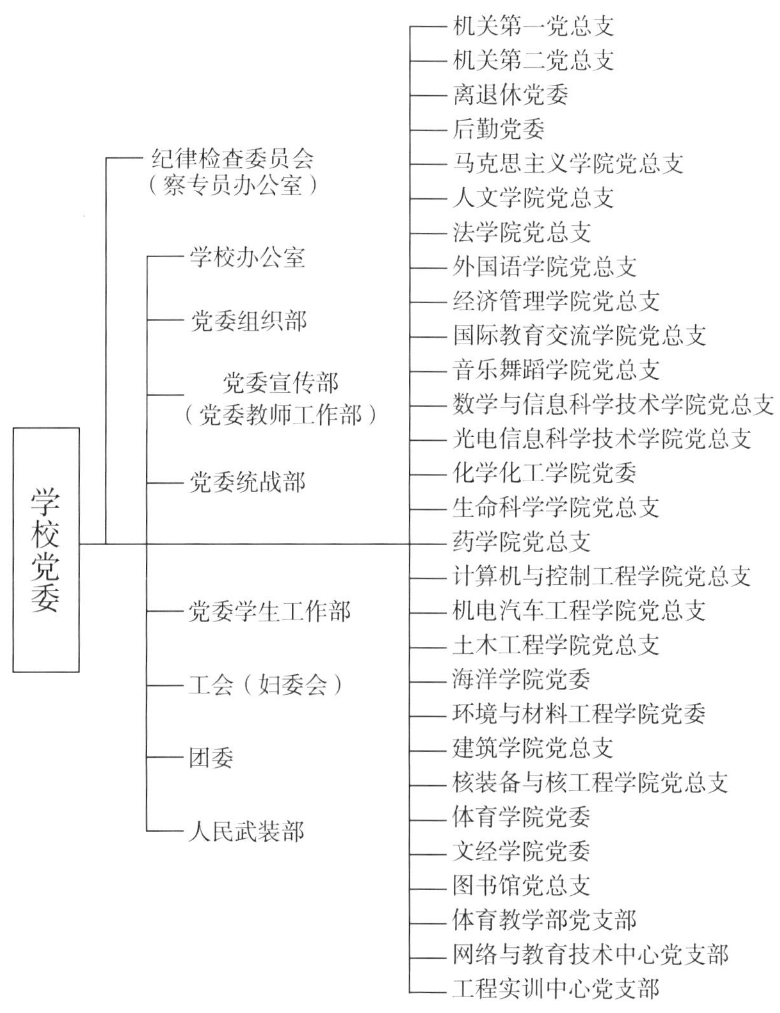

注：2019年9月撤销校办产业管理办公室直属党支部。2019年10月成立省监委驻烟台大学监察专员办公室，与烟台大学纪委合署办公。纪委（监察专员办公室）下设综合处(正处级)、案件管理室(副处级)、纪检监察室(副处级)。

注：2019年10月撤销监察处。

学校领导

职　务	姓　名	职　称	任现职时间
党委书记	张　伟	教　授	2017 年 7 月
党委副书记、校长	郭善利	教　授	2017 年 8 月
党委副书记	张殿臣	研究员	2018 年 1 月
党委常委、副校长	孙祥斌	教　授	2009 年 10 月
党委常委、副校长	邓昌亮	副教授	2009 年 10 月
党委常委、副校长	宋中民	教　授	2014 年 12 月
党委常委、纪委书记、省监委监察专员	周胜良	副教授	2019 年 8 月
党委常委、副校长	郝曙光	教　授	2018 年 3 月
党委常委、副校长	王　强	助理研究员	2018 年 3 月
党委常委、副校长	李合亮	教　授	2019 年 1 月
正校级领导	崔明德	研究员	2017 年 7 月

中共烟台大学第四届委员会常务委员

职　务	姓　名	职　称	任现职时间
书　记	张　伟	教　授	2018 年 3 月
副书记	郭善利	教　授	2018 年 3 月
副书记	张殿臣	研究员	2018 年 3 月
常　委	孙祥斌	教　授	2018 年 3 月
常　委	邓昌亮	副教授	2018 年 3 月
常　委	宋中民	教　授	2018 年 3 月
常　委	周胜良	副教授	2018 年 3 月
常　委	郝曙光	教　授	2018 年 3 月
常　委	王　强	助理研究员	2018 年 3 月
常　委	李合亮	教　授	2019 年 1 月

中共烟台大学第四届委员会委员

（以姓氏笔画为序）

职　务	姓　名	职　称	任现职时间
委　员	于光辉	教　授	2018 年 3 月
委　员	于秀国	助理研究员	2018 年 3 月
委　员	王泽光	讲　师	2018 年 3 月
委　员	兰绍玉	讲　师	2018 年 3 月
委　员	成　强	助理研究员	2018 年 3 月
委　员	毕可志	教　授	2018 年 3 月
委　员	朱　兴	研究实习员	2018 年 3 月
委　员	任汇江	讲　师	2018 年 3 月
委　员	邬旭然	教　授	2018 年 3 月
委　员	孙云茂	助理研究员	2018 年 3 月
委　员	杨众晖	助理研究员	2018 年 3 月
委　员	何世新	副研究员	2018 年 3 月
委　员	张仕祯	讲　师	2018 年 3 月
委　员	陈义保	教　授	2018 年 3 月
委　员	赵利江	助理研究员	2018 年 3 月

中共烟台大学纪律检查委员会

（委员以姓氏笔画为序）

职　务	姓　名	职　称	任现职时间
书　记	周胜良	副教授	2018 年 3 月
副书记	曹振斌	副教授	2018 年 3 月
副书记	王海丽	讲　师	2018 年 3 月
委　员	王志强	高级经济师	2018 年 3 月
委　员	杜　昊	讲　师	2018 年 3 月
委　员	李杰盛	助理研究员	2018 年 3 月
委　员	李国栋	编　审	2018 年 3 月
委　员	李育华	副教授	2018 年 3 月
委　员	杨乃军	助理研究员	2018 年 3 月

续表

职　务	姓　名	职　称	任现职时间
委　员	杨开春	助理研究员	2018 年 3 月
委　员	张西俊	教　授	2018 年 3 月
委　员	张廷广	研究馆员	2018 年 3 月
委　员	段志国	助理研究员	2018 年 3 月
委　员	姜付义	教　授	2018 年 3 月
委　员	童向荣	教　授	2018 年 3 月

烟台大学学术委员会及各专门委员会

（2019－2023）

学术委员会

主任委员：郭善利

副主任委员：郝曙光　王海英　张全胜　周新刚

委员：（以姓氏笔画为序）

于　涛　于翠红　王中训　王洪波　王绪敏　田京伟　毕可志　毕春加　任现品　刘振伟
刘惊雷　孙志毅　孙利芹　孙祥斌　苏跃华　李向明　李合亮　杨志娟　邹淑珍　冷惠玲
宋中民　张廷广　张志军　张尚洲　张洪波　张瑞萍　陈义保　罗新正　周　术　周　丽
姜付义　袁健惠　徐　阳　徐秀峰　崔洪涛　逯静洲　彭武良　童向荣　谢春玲

秘书长：郝曙光（兼）

学科建设委员会

主任委员：郭善利

副主任委员：郝曙光

委员：（以姓氏笔画为序）

王新娜　成　强　毕可志　毕　毅　任现品　刘焕卫　李　祎　李　营　杨志娟　杨　滨
吴昭景　邹淑珍　张　伟　张尚洲　张洪波　陈义保　罗新正　周　丽　姜付义　姜爱莉
龚卫东　崔洪涛　逯静洲　隋杰礼　童向荣

师资队伍建设委员会

主任委员：孙祥斌

副主任委员：成　强

委员：（以姓氏笔画为序）

于　涛　王中训　王洪波　邬旭然　刘　超　杜　伟　李庆忠　李国栋　李　祎　杨玉军

杨　滨　邹淑珍　张　伟　张守海　张尚洲　张洪波　陈义保　赵海波　姜付义　徐　阳
徐晓艳　逯静洲　隋杰礼　彭武良　焦艳辉　童向荣

本科教学委员会

主任委员：宋中民
副主任委员：毕可志
委员：（以姓氏笔画为序）

于　涛　马　涛　王中训　王立宏　王　毅　田京伟　吕　文　朱玉宾　刘宏骞　孙志毅
孙利芹　孙　晶　吴现成　冷惠玲　辛志荣　宋振武　张全胜　罗新正　周甜甜　徐　阳
董　浩　焦艳辉　樊海涛

研究生教学委员会

主任委员：周新刚
副主任委员：姜付义
委员：（以姓氏笔画为序）

王洪波　王绪敏　曲淑英　刘惊雷　李中强　李新军　杨志娟　宋远明　初炳东　陈传军
欧世峰　季道德　周　术　周　丽　郑青华　赵相金　郝曙光　袁健惠　徐秀峰

科学研究委员会

主任委员：李合亮
副主任委员：陈义保
委员：（以姓氏笔画为序）

于　英　于翠红　马晓丽　王开文　王海英　王燕涛　田京伟　曲　涛　刘志国　刘殿通
孙利芹　苏跃华　李向明　初瑞清　张文龙　张志军　张瑞萍　周新刚　赵玉潮　赵守江
袁健惠　彭武良　董　晔

学术道德委员会

主任委员：张全胜
副主任委员：陈义保
委员：（以姓氏笔画为序）

王永娜　王　刚　王莹洁　石运序　卢凤菊　刘志国　刘志勇　刘振伟　刘悦林　齐世学
孙志毅　李合亮　杨刚强　邱剑勋　冷惠玲　张廷广　张志军　张瑞萍　陆诗忠　陈　敏
岳宝铎　周甜甜　赵兴源　贺　君　董　晔　戴振宏

实验室建设委员会

主任委员:王　强
副主任委员:孙旭涛
委员:(以姓氏笔画为序)

于翠红　马　涛　王绪敏　石运序　田京伟　毕春加　曲世金　刘惊雷　苏跃华　李　杨
李玲蔚　李振杰　李晓强　杨曙光　张文龙　张明熙　张　岩　张胜利　周积壮　贺　君
夏建红　徐秀峰　董　浩　谢春玲

图书情报工作委员会

主任委员:王海英
副主任委员:任汇江
委员:(以姓氏笔画为序)

丁大尉　马　群　王东兴　王志洪　王洪强　王爱萍　田英华　毕春加　任现品　孙承锋
杜贞斌　李向明　李国清　杨坤杰　宋中民　张廷广　张明熙　周　术　贺鹏飞　崔占峰
崔洪涛　崔淑梅　舒星虹　谢春玲

烟台大学第八届学位评定委员会

主　席:郭善利　校长
副主席:邓昌亮　副校长
宋中民　副校长
郝曙光　副校长
委　员:(以姓氏笔画为序)
马国清　机电汽车工程学院院长
王中训　光电信息科学技术学院院长
王洪波　药学院院长
毕可志　教务处处长
邬旭然　生命科学学院院长
刘仲礼　核装备与核工程学院院长
刘君涛　继续教育学院院长
刘经靖　法学院副院长
杜　伟　环境与材料工程学院院长
李文佐　化学化工学院副院长
李国栋　马克思主义学院院长
李秉钧　海洋学院院长

杨　滨　国际教育交流学院院长
邹淑珍　音乐舞蹈学院院长
宋　岩　经济管理学院院长
张　伟　体育学院副院长
张小霞　数学与信息科学学院院长
张西俊　国际合作交流处处长
陈义保　科技处处长
赵利江　学生工作处处长
姜付义　研究生处处长
龚卫东　外国语学院院长
逯静洲　土木工程学院副院长
隋杰礼　建筑学院院长
董　晔　人文学院院长
童向荣　计算机与控制工程学院院长

党群系统负责人

单　位	姓　名	职　务	职　称	任现职时间
纪　委 （纪检监察专员办公室）	周胜良	书记、监察专员	副教授	2019 年 8 月
	曹振斌	副书记	副教授	2011 年 7 月
	王海丽	副书记、综合处处长	讲　师	2019 年 10 月
	杜永吉	正处级纪检员	副教授	2018 年 1 月
	张国平	正处级纪检员、 纪检监察室主任	助理研究员	2019 年 10 月
	方骁炜	案件管理室主任	无	2019 年 10 月
学校办公室	孙云茂	主　任	助理研究员	2013 年 7 月
	姜丽岳	副主任	讲　师	2018 年 5 月
	冯　建	副主任	讲　师	2018 年 6 月
党委组织部	王泽光	部　长	讲　师	2015 年 10 月
	柳瑞雪	正处级组织员	编　审	2019 年 7 月
	赵久满	副部长	讲　师	2018 年 5 月
党委宣传部 （新闻中心）	于秀国	部长、新闻中心主任	助理研究员	2018 年 1 月
	亓健生	副部长	讲　师	2018 年 5 月
党委教师 工作部	于秀国	部　长	助理研究员	2018 年 9 月

续表

单　位	姓　名	职　务	职　称	任现职时间
党委统战部（校友工作办公室）	李育华	部长、校友工作办公室主任	副教授	2016 年 10 月
	段　昕	副部长、校友工作办公室副主任	讲　师	2018 年 6 月
党委学工部	杜　昊	部　长	讲　师	2019 年 7 月
	孙本晓	副部长	助理研究员	2018 年 5 月
	周　娟	副部长	讲　师	2018 年 5 月
	徐道立	副部长	副教授	2018 年 8 月
工　会	何世新	主　席	副研究员	2018 年 1 月
	孙占奎	副主席	副研究员	2018 年 5 月
团　委	朱　兴	书　记	研究实习员	2016 年 7 月
	张　茜	副书记	研究实习员	2018 年 6 月
妇女工作委员会	何世新	主　任	副研究员	2018 年 1 月
人民武装部	杜　昊	部　长	讲　师	2019 年 7 月

注：2019 年 3 月前，戴东风同志任正处级组织员，刘德敏同志任副处级组织员；2019 年 5 月前，于仁松同志任正处级组织员；2019 年 7 月前，赵利江同志任党委学生工作部部长、人民武装部部长，张仁旭同志任学校办公室副主任，王晓刚同志任党委宣传部副部长、新闻中心副主任。

直属党组织负责人

单　位	姓　名	职　务	职　称	任现职时间
机关第一党总支	赵久满	书　记	讲　师	2019 年 7 月
机关第二党总支	滕雪玉	书　记	讲　师	2019 年 7 月
后勤党委	曲增欣	书　记	助理工程师	2018 年 6 月
	徐海宁	副处级组织员	工程师	2018 年 5 月
离退休党委	王志强	书　记	高级经济师	2019 年 7 月
	高福芳	副书记	副教授	2019 年 12 月
	郭晓平	副处级组织员	副研究员	2018 年 5 月
马克思主义学院党总支	王京强	书　记	助理研究员	2018 年 1 月
	杜德省	副书记	副教授	2019 年 12 月

续表

单　位	姓　名	职　务	职　称	任现职时间
人文学院党总支	刘知德	书　记	讲　师	2016年7月
	徐海滨	副书记	讲　师	2018年5月
法学院党总支	张仕祯	书　记	讲　师	2018年1月
	罗秀秀	副书记	研究实习员	2018年6月
外国语学院党总支	张广毅	副处长	讲　师	2018年4月
	谭晶白	副书记	讲　师	2018年5月
经济管理学院党总支	王者旭	书　记	助理研究员	2018年4月
	赵卉妍	副书记	讲　师	2014年11月
国际教育交流学院党总支	杨开春	书　记	助理研究员	2019年7月
	赵兴源	副处级组织员	无	2019年12月
音乐舞蹈学院党总支	王晓刚	书　记	讲　师	2019年7月
	刘善平	副书记	助理研究员	2018年5月
数学与信息科学学院党总支	张寅晗	书　记	讲　师	2019年7月
	邱文伟	副书记	讲　师	2018年6月
光电信息科学技术学院党总支	丁　峰	书　记	讲　师	2018年1月
	郭金玲	副书记	讲　师	2018年6月
化学化工学院党委	段志国	书　记	助理研究员	2016年10月
	胡大鹏	副书记	讲　师	2018年5月
生命科学学院党总支	张仁旭	书　记	助理研究员	2019年7月
	李明月	副书记	讲　师	2018年6月
药学院党总支	赵显伟	副书记	讲　师	2019年7月
	张立明	副书记	讲　师	2018年6月
计算机与控制工程学院党总支	秦月红	书　记	讲　师	2016年12月
机电汽车工程学院党总支	唐　斌	书　记	副教授	2018年1月
	刘　举	副书记	讲　师	2018年6月
土木工程学院党总支	李　军	书　记	讲　师	2019年7月
	郭冬梅	副书记	副教授	2014年11月
海洋学院党委	林立成	书　记	讲　师	2018年4月
环境与材料工程学院党委	王少波	书　记	讲　师	2019年7月
	曲　峰	副书记	讲　师	2018年5月
建筑学院党总支	张绍河	书　记	高级工程师	2013年7月
核装备与核工程学院党总支	张　波	书　记	讲　师	2018年4月
	吕永高	副处级组织员	高级实验师	2019年12月

续表

单 位	姓 名	职 务	职 称	任现职时间
体育学院党委	郑俊杰	书 记	无	2018 年 1 月
	尹连彬	副书记	无	2008 年 6 月
	王 岩	副书记	讲 师	2018 年 5 月
文经学院党委	唐家弘	书 记	副研究员	2018 年 4 月
	李 江	副书记	副教授	2019 年 12 月
体育教学部党支部	王向荣	书 记	助理研究员	2018 年 5 月
图书馆党总支	张廷广	书 记	研究馆员	2016 年 12 月
网络与教育技术中心党支部	曲维义	书 记	讲 师	2018 年 5 月
工程实训中心党支部	崔志峰	书 记	讲 师	2018 年 5 月

注:2019 年 1 月前,李进莉同志任药学院党总支书记;2019 年 3 月前,王海丽同志任机关第一党总支书记;2019 年 7 月前,李杰盛同志任机关第二党总支书记,张寅晗同志任离退休党委书记,柳瑞雪同志任环境与材料工程学院党委书记,杜昊同志任土木工程学院党总支书记,滕雪玉同志任数学与信息科学学院党总支书记,王少波同志任音乐舞蹈学院党总支书记,毕朝辉同志任生命科学学院党总支书记,孙占奎同志任机关第一党总支副书记,孙旭涛同志任机关第二党总支副书记,赵显伟同志任后勤党委副书记,刘超同志任国际教育交流学院党总支副书记,方骁炜同志任建筑学院党总支副书记。2019 年 12 月前,李江同志任马克思主义学院党总支副书记,贺毅同志任计算机与控制工程学院党总支副书记,杜德省同志任海洋学院党委副书记,李荣梅同志任文经学院党委副书记。

行政机构负责人

单 位	姓 名	职 务	职 称	任现职时间
学校办公室	孙云茂	主 任	助理研究员	2013 年 7 月
	姜丽岳	副主任	讲 师	2018 年 5 月
	冯 建	副主任	讲 师	2018 年 6 月
教务处(教学督导与评价中心、教师教学发展中心)	毕可志	处 长	教 授	2014 年 12 月
	任满杰	副处长、教学督导与评价中心主任	教 授	2013 年 7 月
	贺 君	副处长	副教授	2018 年 1 月
	焦艳辉	副处长、教师教学发展中心	研究实习员	2018 年 6 月
科技处	陈义保	处 长	教 授	2014 年 12 月
	曲世金	副处长	研究实习员	2015 年 7 月
社会科学处	刘志国	副处长	助理研究员	2018 年 6 月

单位	姓名	职务	职称	任现职时间
研究生处	姜付义	处长	教授	2018年1月
	曲淑英	副处长	教授	2018年1月
	刘振伟	副处长	教授	2019年7月
人事处（人才工作办公室）	成强	处长、人才工作办公室主任	助理研究员	2018年1月
	刘超	副处长、人才工作办公室副主任	讲师	2019年7月
	吴庆磊	副处长	讲师	2019年12月
财务处	杨众晖	处长	助理研究员	2018年1月
	张忠慈	副处长	会计师	2018年5月
	景洪昌	副处长	助理研究员	2018年5月
学生工作处（毕业生就业工作指导中心）	杜昊	部长	讲师	2019年7月
	孙本晓	副处长、毕业生就业工作指导中心主任	助理馆员	2018年5月
	周娟	副处长	讲师	2018年5月
	徐道立	副部长	副教授	2018年8月
发展规划与学科建设处	郝曙光	处长	教授	2018年1月
	张福学	副处长	研究馆员	2018年5月
	李祎	副处长	讲师	2018年5月
国际合作交流处	张西俊	处长	讲师	2013年7月
	吴宏军	副处长	讲师	2018年6月
	梁茂广	副处长	助理研究员	2018年6月
服务地方办公室（科技园管理服务中心）	毕朝辉	主任兼科技园管理服务中心主任	助理研究员	2019年7月
	李文佐	副主任	教授	2019年7月
	曲世金	副主任	研究实习员	2018年5月
资产与实验室管理处（校办产业管理办公室）	孙旭涛	处长	讲师	2019年7月
	卫兆明	副处长、校办产业管理办公室主任	助理研究员	2015年11月
	马群	副处长	助理馆员	2015年11月
审计处	李杰盛	处长	助理研究员	2018年1月
	张天祥	副处长	会计师	2018年5月
	贺毅	副处长	馆员	2019年12月
离退休工作处	王志强	处长	高级经济师	2018年1月
	高福芳	副处长	副教授	2018年5月
	李荣梅	副处长	助理研究员	2019年12月

单　位	姓　名	职　务	职　称	任现职时间
保卫处	杨乃军	处　长	助理研究员	2018 年 1 月
	尹德欣	副处长	讲　师	2018 年 5 月
	高　岗	副处长	无	2018 年 6 月
后勤管理处（房产管理办公室、校医院）	赵利江	处　长	助理研究员	2019 年 7 月
	曲增欣	校医院院长	助理工程师	2016 年 7 月
	全为民	副处长、房产管理办公室主任	工程师	2018 年 6 月
	韩昌卫	副处长	无	2018 年 6 月
	郭　亮	副处长	工程师	2019 年 12 月
基建处	兰绍玉	处　长	讲　师	2018 年 1 月
	陆　犁	副处长	助理研究员	2018 年 5 月

注：2019 年 7 月前，孙云茂同志任服务地方办公室主任，任汇江同志任资产与实验室管理处处长，赵利江同志任学生工作处处长，杨开春同志任后勤管理处处长，张仁旭同志任学校办公室副主任，李军同志任人事处副处长、人才工作办公室副主任，张寅晗同志任离退休工作处副处长，孙旭涛同志任科技园管理服务中心主任；2019 年 10 月前，曹振斌同志任监察处处长；2019 年 12 月前，赵兴源同志任人事处副处长，吕永高同志任审计处副处长，吴庆磊同志任后勤管理处副处长，郭亮同志任基建处副处长。

学院及教学单位负责人

单　位	姓　名	职　务	职　称	任现职时间
马克思主义学院	李国栋	院　长	编　审	2018 年 1 月
	王　毅	副院长	副教授	2018 年 6 月
人文学院	董　晔	院　长	副教授	2018 年 4 月
	张胜利	副院长	副教授	2018 年 6 月
法学院	张洪波	副院长	教　授	2018 年 6 月
	王光明	副院长	副教授	2018 年 6 月
外国语学院	龚卫东	院　长	教　授	2017 年 11 月
	徐晓艳	副院长	副教授	2016 年 7 月
	李中强	副院长	副教授	2018 年 6 月
经济管理学院	宋　岩	院　长	教　授	2016 年 12 月
	林立杰	副院长	副教授	2013 年 11 月
	李振杰	副院长	副教授	2018 年 8 月
国际教育交流学院	杨　滨	院　长	副教授	2016 年 7 月
	田英华	副院长	副教授	2015 年 7 月
	袁健惠	副院长	教　授	2018 年 6 月

单　位	姓　名	职　务	职　称	任现职时间
音乐舞蹈学院	邹淑珍	院　长	教　授	2017 年 11 月
	张文龙	副院长	副教授	2018 年 6 月
	周甜甜	副院长	副教授	2018 年 6 月
数学与信息科学学院	杨玉军	院　长	副教授	2019 年 7 月
	吕　文	副院长	副教授	2013 年 11 月
	陈传军	副院长	教　授	2018 年 6 月
光电信息科学技术学院	王中训	院　长	教　授	2018 年 4 月
	李　营	副院长	教　授	2018 年 6 月
	欧世峰	副院长	副教授	2018 年 6 月
化学化工学院	李庆忠	副院长	教　授	2018 年 6 月
	赵玉潮	副院长	教　授	2018 年 6 月
生命科学学院	邹旭然	院　长	教　授	2018 年 1 月
	林　剑	副院长	副教授	2011 年 3 月
	孙利芹	副院长	教　授	2018 年 6 月
计算机与控制工程学院	童向荣	院　长	教　授	2017 年 11 月
	潘庆先	副院长	副教授	2018 年 6 月
	张　楠	副院长	讲　师	2018 年 6 月
机电汽车工程学院	马国清	院　长	副教授	2016 年 7 月
	于　涛	副院长	副教授	2015 年 7 月
	石运序	副院长	副教授	2018 年 6 月
土木工程学院	逯静洲	院　长	教　授	2019 年 7 月
	张　岩	副院长	副教授	2018 年 6 月
	樊海涛	副院长	副教授	2018 年 8 月
药学院	王洪波	院　长	副教授	2018 年 4 月
	毕　毅	副院长	副教授	2018 年 6 月
	杨刚强	副院长	副教授	2018 年 6 月
海洋学院	李秉钧	院　长	教　授	2012 年 5 月
	曲　涛	副院长	副教授	2012 年 5 月
	刘焕卫	副院长	副教授	2018 年 6 月
环境与材料工程学院	杜　伟	院　长	副教授	2018 年 4 月
	邱剑勋	副院长	副教授	2018 年 6 月
	李晓强	副院长	副教授	2018 年 6 月
建筑学院	隋杰礼	院　长	教　授	2014 年 11 月
	于　英	副院长	副教授	2018 年 6 月
	马　涛	副院长	讲　师	2018 年 6 月

单 位	姓 名	职 务	职 称	任现职时间
核装备与核工程学院	刘仲礼	院 长	高级工程师	2019 年 7 月
	吴现成	副院长	教 授	2018 年 5 月
	张尚洲	副院长	教 授	2018 年 5 月
体育学院	郑俊杰	院 长	无	2018 年 1 月
	尹连斌	常务副院长	无	2008 年 6 月
	张 伟	副院长	教 授	2018 年 1 月
	姜 丽	副院长	副教授	2016 年 7 月
继续教育学院	刘君涛	院 长	副教授	2012 年 12 月
	隋 东	副院长	副教授	2018 年 5 月
	张华平	副院长	高级工程师	2018 年 5 月
体育教学部	徐 阳	主 任	副教授	2018 年 4 月
	于鹏飞	副主任	副教授	2013 年 11 月
文经学院	于光辉	院 长	副教授	2011 年 1 月
	王来武	副院长	教 授	2013 年 8 月

注:2019 年 5 月前,刘经靖同志任法学院副院长;2019 年 7 月前,刘振伟同志任人文学院副院长,杨玉军同志任数学与信息科学学院副院长,逯静洲同志任土木工程学院副院长,李文佐同志任化学化工学院副院长。

科研、教辅单位负责人

单 位	姓 名	职 务	职 称	任现职时间
知识产权研究中心（法律事务部）	史卫进	主任、法律事务部主任	副教授	2018 年 4 月
	赵文经	副主任	副教授	2013 年 8 月
图书馆	任汇江	馆 长	讲 师	2019 年 7 月
	李进莉	副馆长	助理研究员	2019 年 1 月
	袁红玉	副馆长	馆 员	2018 年 5 月
	于纯良	副馆长	副研究馆员	2018 年 6 月
学报编辑部	李国栋	主 任	编 审	2013 年 7 月
	赵守江	副主任	副编审	2018 年 6 月
	苏晓东	副主任	编 审	2004 年 4 月
网络与教育技术中心	张明熙	主 任	副研究员	2018 年 1 月
	赵兴艺	副主任	工程师	2010 年 5 月
工程实训中心	董 浩	主 任	教 授	2018 年 1 月
	裴晓光	副主任	研究实习员	2018 年 1 月
	崔志峰	副主任	讲 师	2016 年 7 月

学院情况

马克思主义学院

【学院概况】学院设有马克思主义基本原理、中国化马克思主义、中国近现代史纲要、思想道德修养与法律基础、形势与政策5个教研室。有马克思主义理论一级学科硕士点和中国少数民族史二级硕士点,有国家民委民族理论政策研究基地、山东省民族问题研究中心、东部沿海地区民族问题研究中心、烟台大学民族研究所、烟台大学东北亚研究所5个学术研究机构。

2019年,全校专兼职思想政治理论课教师53人(其中学院教师43人),学院教职工总数46人。

【党建与思想政治工作】学院严格执行《烟台大学学院党政联席会议制度实施办法》、"三重一大"决策、党务公开等各项管理制度,推进党风廉政建设。全年召开党政联席会议10次,党总支会议14次。

加强基层组织建设,在教工第一、二党支部设立副书记。加强政治理论学习,为全体教师购买《习近平新时代中国特色社会主义思想学习纲要》等理论书籍。利用"学习强国"网络学习平台开展多层次学习。本年度,思政理论课教师开展校内外宣讲50余场(次),积极参加烟台大学党校、山东省与全国的各种学习培训。

严格执行学校《意识形态工作责任制》和党的建设等有关制度和规定。落实烟台大学《关于举办哲学社会科学报告会、研讨会、讲座、论坛管理办法》,"一会一报""一事一报"。对选送赴台交换生、赴美访问学者进行行前法规和政策教育。《党员不信仰宗教承诺书》签订动态化,实现1名信教硕士生成功转化。

【教育教学】学院主要承担全校本、硕、博阶段学生的思想政治理论课共9门课程的教育教学任务。为本科生开设中国近现代史纲要、思想道德修养与法律基础、马克思主义基本原理概论、毛泽东思想和中国特色社会主义理论体系概论、形势与政策;为硕士研究生开设中国特色社会主义理论与实践研究、马克思主义与社会科学方法论、自然辩证法概论;为博士研究生开设中国马克思主义与当代。部分教师从事本院中国少数民族史硕士研究生课程的教学。本学年中国少数民族史研究生毕业11人,在读27人。

学院1人获得"烟台大学师德标兵"称号,2人入选山东省理论人才百人工程,1人获第三届山东高校思想政治理论课教学比赛三等奖,1名新进教师被评为校青年教师优秀助教。

本年度获批学校教研立项2项,在线课程立项2项;发表本科教学研究论文2篇,研究生教学研究论文2篇。

民族学学科在中国软科排名中由2018年的第15位上升到第9位,进入前25%。

【师资队伍】学院现有思想政治理论课专任教师43人,教授11人,副教授17人,拥有博士学位教师18人。本年度引进学科带头人1人,引进青年博士3人,校内其他岗位转任思想政治理论课教师5人。

【科学研究】获批国家社科基金2项,省教育厅青年科技创新团队项目1项,国家民委项目1项。

获山东省社会科学优秀成果三等奖1项,山东省高等学校人文社会科学优秀科研成果奖二等奖2项。发表CSSCI论文5篇,其中B刊论文2篇。在《光明日报》《中国边疆史地研究》等报刊发文近20篇。

【服务社会】为党政机关、企事业单位、高校及校内宣讲30余次。

【学生工作】荣获国家奖学金1人;荣获烟台大学优秀学业奖学金一等奖3人,二等奖5人,三等奖11人;获烟台大学新生学业奖学金二等奖5人,三等奖10人。获评烟台大学优秀研究生干部2人,烟台大学优秀研究生2人,烟台大学优秀共青团干部1人,优秀团员3人。获省级优秀毕业生荣誉称号1人,校级优秀毕业生荣誉称号1人 。

本年度,举办首届研究生学术论坛,开展赴民族地区田野调查活动,创建"西北望:田野风、民族情——马克思主义学院民族学研究生成长助力计划"学生工作品牌,实现学生工作品牌化。

【交流与合作】8月中旬,邀请6名专家到校论证马克思主义学科建设;9月22日,与教育部社科中心共同举办红色文化资源育人研讨会。

加强与省内马克思主义学院的合作与交流,与山东大学、山东师范大学、曲阜师范大学、鲁东大学等高校共商共建马克思主义学科,探讨联合培养研究生。

(刘修志　王　娜)

人文学院

【概况】2019年,汉语言文学专业成为山东省一流本科专业建设点,新闻与传播专业学位硕士点通过教育部专项评估。学院现有教职工76人,专职硕士生导师23人,兼职硕士生导师25人。在校全日制本科生1578人。在校研究生151人,其中全日制研究生131人,非全日制研究生20人。

【党建与思想政治工作】学院党总支积极开展"不忘初心、牢记使命"主题教育活动,落实学习计划,注重主题实践教育。二级中心组学习12次,教职工理论学习9次,赴烟台山等党性实践教育基地开展党日活动20余次。开展庆祝中华人民共和国成立70周年等主题教育活动10余场次。

落实党政联席会议制度,召开党政联席会16次,党总支议事12次。落实总支成员联系教工、学生党支部制度,完善学院各项规章制度。

党建带动业务,业务和党建融合。建设孟二冬图书馆;积极建设样板党支部。教工中文党支部获"2019年烟台大学先进基层党组织"称号;张胜利、高珊获"优秀共产党员"称号。

【教育教学】本科教学　狠抓过程管理。修订了教师教学综合评价、实习教学、实验室管理办法等10多项教学制度文件。重视教风学风建设,学院党政领导班子和本科教学督导小组成员集体听课评课,发挥人文学科价值引领作用,全面推进课程思政建设。

7名教师荣获第二届"烟台大学教学质量奖",1名教师被评为烟台大学优秀教学管理人员。2名教师通过青年教师助教培养考核,8名教师参加青年教师助教培养。

课程建设　制定符合培养目标要求的课程建设规划,并严格执行。课程教学大纲和教学日历齐全、规范,更新及时,执行严格。课程资源丰富,必修课均有教学团队。1门课程获批省级在线课程立项,3门课程获批校级在线课程立项,2门课程通过在线课程立项建设验收。

人才培养　结合新文科建设,启动2020版人才培养方案修订工作。加强人才培养,本年度赴中国台湾地区高校交换生8人,赴日本交换生2人,参加加拿大"3+1"项目学习1人。

研究生教育　遴选硕士生导师19位,兼职硕士研究生导师7位；获省研究生教育质量提升计划项目2项，校级研究生教育优质课程建设项目1项、专业学位研究生教学案例库建设项目1项、研究生教育教学改革研究项目1项；在读研究生发表核心期刊论文3篇，校级优秀硕士学位论文2篇；获校级研究生优秀成果一等奖1项、二等奖1项。

教学改革　获批校级教改项目2项，校级“课程思政”教改研究专项1项，校级“课程思政”示范课程立项1门。

质量保障　教授、副教授给本科生授课人数比例达100%。院级党政领导听课平均课时≥6学时。重视提高本科毕业论文质量，2019届本科毕业生中共有357名学生顺利完成毕业论文答辩，占该届学生总数（360人）的99.17%。本科毕业论文全部参加学校重合率检查，合格率100%，其中8篇论文被评为校级优秀本科毕业论文。

【实验室建设】学院现有校级实验示范中心1个。本年度共开设实验实践课程18门、40门次。院内带有实验的理论课程教师均承担一定实验教学任务。聘用企业、行业专家兼职实验教师14人。

做好烟台大学实验室开放基金项目的申报和结题工作，2019年获烟大实验室开放基金课题4项，2018年开放基金项目已结题6项。

建设“孟二冬图书馆”。合理调配办公用房，改善教研室条件，补充实验教学设备。完成2019年财政预算政府采购项目，采购仪器设备及耗材合计64160元，设备维修花费6435元。加强实验室安全管理，对摄影实验室的顶棚摄影灯光固定支架进行维修更换。

【师资队伍】本年度引进青年博士9人。学院现有专职教师66人，其中博士45人，占68.2%；高级专业技术职务38人，占57.6%。1人被评为山东省有突出贡献的中青年专家，1人入选全国艺术科学规划项目专家库，3人入选山东省美育专家资源库。郑青华入选山东省委宣传部高等院校与新闻单位从业人员互聘交流“千人专家”。

组织教师参加“马工程”教材、创新创业翻转课程、一流专业和一流课程建设等培训。开展教学名师、教学团队的培育工作，有相应的措施和方案。

整合学科团队，凝练研究方向，制定《人文振兴五年发展规划》，组建了中国古代文化与文献、中国现当代文学与文化、语言学、新媒体传播与运营、美学与美育等学科团队。美学与美育团队入选山东省高等学校优秀青年创新团队支持计划。

【科学研究】2019年，学院获批国家社科基金4项、省社科规划课题2项，横向课题2项；获省社科优秀成果奖2项，其中一等奖1项，省高校人文社科优秀成果奖1项；出版著作4部，发表A刊论文1篇、B刊论文2篇、C刊论文12篇；举办高水平学术讲座10场。

【服务社会】积极引进社会资源，提升服务地方水平。与烟台日报社、烟台大众网、腾讯（山东）企鹅新媒体学院、烟台璜山书院、烟台美术博物馆等签署合作协议或建立学生实习基地。学院师生立足专业优势，为合作单位提供文案策划、品牌宣传、传统文化进课堂等服务，其中1人被聘为烟台市重点文化产业项目评审委员会专家。

【学生工作】1.举办第二届中华优秀传统文化节、烟台大学第十六届记者节，以及“中华美文朗诵大赛”等经典活动品牌8项。

43个社会实践团队、383名同学赴全国59个地、市开展各类社会实践活动。“微亦足道”赴井冈山红色微电影创作团队为国家级和山东省重点服务团队。“追寻红色足迹，情系圣地发展”为国家级延安专项团队，获得团中央“三下乡——千校千项”优秀团队案例，作品《如梦延安》被选为精彩作品。“烟翼西E”青海支教队入围全国百强实践队，“叮咚”社会实践队和“烟翼西E”青海支教队为“丝路新世界，青春中国梦”国家级专项团队；“语同声”暑期社会实践队为“推普脱贫攻坚”国家级专项团队；

原创作品《烟大版〈生僻字〉，人文学子唱给你听》在2019高校新媒体案例征集大赛中荣获“2019年度创新案例奖”；共获得省级以上奖励17项。学院立足专业优势，尊重学生个性，不断为青年学子提供创新实践平台。

2.以中华人民共和国成立70周年、建校35周年为契机，开展团干部启航班、“不忘初心、牢记使命”等主题教育活动；有99名学生在学校各部门担任学生助理，评选并表彰奖励各方面表现突出的优秀学子82人。建立党员微信交流群、微信公众号平台，开展线上学习研讨、学生党员联系宿舍、学生党员“先锋示范岗”等活动。

3.2019年，新增烟台大学生网、烟大文创两项

奖学金，对48名学生实施精准资助，资助金额达11万余元；设立岗位助理等4类勤工助学岗位，培养学生自强、奉献精神。

4. 本年度，1310名本科生、研究生参加各类奖学金评定，共有339人获得各类奖学金，占参评总人数的25.9%。其中本科生国家奖学金2人、省政府奖学金1人、国家励志奖学金40人、省政府励志奖学金8人、少数民族省政府励志奖学金1人；研究生学业奖学金69人、研究生国家奖学金1人；各类企业和校友奖学金69人。

5. 本年度，有18支优秀团队参加“创青春”全国大学生创业大赛；138支队伍报名参加“互联网+”大学生创新创业大赛，突破学院历年参加队伍数纪录。在“互联网+”大学生创新创业大赛中，4支队伍进入校级比赛，其中2支队伍被推荐参加省赛。

【交流与合作】聘请著名作家王秀梅女士担任产业教授，讲授《实训写作》《专业导论》等课程。邀请迟志邦等校外专家进校园，为学生开设书法讲座。组织师生参加第四十八期“智慧烟台大讲堂”，听取故宫博物院院长单霁翔“坚定文化自信，做中华优秀传统文化忠实守望者”的报告。邀请北京大学杨荣祥教授，山东师范大学常庆教授、魏建教授，中国艺术研究院李松睿副研究员，中国传媒大学刘春勇教授来院举办多场精彩学术讲座。听取了烟台市博物馆举办的“拓片的魅力”公益讲座；学院志愿者协会参加烟台美术博物馆馆长张硕的“与美同行”主题讲座。

（张胜利　陈兆丹）

法学院

【概况】学院现设有法学、知识产权和中美合作办学(区域犯罪信息分析方向)3个本科专业，法学一级学科硕士学位授权点和法律专业硕士学位授权点。本年度，法学专业获批教育部首批国家级一流本科专业建设点和山东省省级一流专业立项建设专业。法学(区域犯罪信息方向)中美合作办学本科教育项目顺利通过教育部合格评估。牵头制定《山东省卓越法治人才教育培养计划2.0的实施意见》。获批山东省教育立法咨询服务研究基地、齐鲁法治文化建设研究基地两个省级教学科研基地。学院现有法学专业教师61人，其中教授20人，副教授22人，双师型教师13人。

【党建与思想政治工作】4月，学院党总支组织师生党员前往威海刘公岛中国甲午战争博物馆、荣成市郭永怀事迹陈列馆，举办主题党日活动。6月，学院举办“光辉的历程，伟大的成就——庆祝中国共产党建党98周年”党日活动。

本年度，学院1名辅导员获“烟台大学优秀青年工作者”荣誉称号，1名教师荣获“山东省教育工会女职工建功立业标兵”荣誉称号。

学院本科生党支部获批教育部第二批“全国党建工作样板支部”，并获批“对标争先”样板党支部建设计划培育创建单位。研究生第一党支部荣获学校2019年先进基层党组织。院团委获学校2018年度“五四红旗团委”“共青团2018年度宣传先进单位”荣誉称号。在全国“我与宪法”微视频征集活动中录制的《宪法护航程 青春伴我行——烟台大学“谠言直声”宪法宣讲团的故事》，已在“学习强国”平台上推出；《我是宪法宣讲员》在烟台市公交媒体上展播。

【教育教学】本年度，学院获批烟台大学教学改革研究项目1项，获批第三批烟台大学在线课程建设2门，通过第二批立项建设在线课程验收2门。自编本科自选教材1部。

根据软科2019中国最好学科排名，法学专业在全国排第37名，位居全国前18%；校友会2019

中国一流学科排名，法学专业在全国排第39名，位居全国前19%。知识产权专业在金平果中评榜发布的2019中国大学知识产权本科教育专业竞争力排行榜中位列第四。

【师资队伍】本年度，学院引进海外青年博士1人，共有2人晋升副教授，聘任北京德和衡（上海）律师事务所主任汤华东律师为兼职教授。张平华入选2018年度享受国务院政府特殊津贴专家，当选山东省科学技术协会九届委员会常务委员，入选山东省法官检察官遴选委员会委员。安排3名老师外出进修、访学和培训。2名辅导员获"山东省暑期社会实践优秀指导教师"荣誉称号，2名辅导员在山东省第六届"超星杯"高校教师信息化教学比赛中获得优秀奖，1名辅导员获"职业生涯与就业创业指导师"资格证书。

【科学研究】本年度，学院4名教师共出版学术著作4部，17名教师在CSSCI来源刊物（包括集刊）上共发表学术论文17篇。9人次获得国家级、省部级和厅局级等纵向及横向科研立项9项，科研总经费130万元。其中张平华获批国家社科基金重点项目，刘经靖获批国家社科基金重大专项。郭明瑞所著《民法总则通义》入选"2018年度十大法治图书"。获山东省社会科学优秀成果奖三等奖1项，省高校人文社科优秀成果二等奖1项、三等奖3项，烟台市社会科学优秀成果奖一、二、三等奖各1项，烟台大学人文社会科学优秀成果奖一等奖1项、二等奖3项。

【服务社会】3月，杨利军老师受邀为烟台市法律援助工作及业务培训会议做了题为"推进刑事辩护法律援助全覆盖——兼论值班律师制度"的专题讲座。9月，张龙老师受邀为烟台市地理信息中心2019年专业技术人员继续教育"公需科目"培训上法律专题课。

学院成立了山东省大学生宪法演讲团烟台大学分团，并于12月4日在致道厅首讲。12月5日、6日，分别应邀前往烟台黄金职业学院、山东铝业职业学院进行宣讲。关涛、杨曙光分别就《烟台市区垃圾分类管理办法》（草案）中存在的问题提交了系统的建议。

法律志愿服务中心承办了"全国第七届法律援助组织研讨会暨'庆祝中华人民共和国成立七十周年'公益普法成果展"，全国25所高校法援组织共商新时代高校法律援助形式的新思路，中国山东网等多家媒体报道。12月5日，国际志愿者日前后，《莱山新闻》节目对法律志愿服务中心做了专题报道。法律志愿服务中心荣获"烟台市法律志愿服务团""最佳志愿服务组织"荣誉称号。

【学生工作】6月，学院举办了"零壹梦想"创新创业教育基金首批资助项目结项仪式。烟台大学创行团队"果落菌生"助农业转型梦想助力计划等7个项目参加答辩并顺利结项，首批资助金额共计14.63万元。

2017级本科生傅于说在第四届全国学生"学宪法 讲宪法"活动演讲比赛中获得山东省特等奖、全国亚军，1人获得山东赛区法律知识竞赛一等奖。获得第十一届全国大学生版权征文二等奖1项、三等奖2项。3人获得第三届"爱我国防"山东省大学生主题演讲大赛优秀奖。在第十六届"挑战杯"大学生课外学术科技作品竞赛中获得国家级二等奖1项，山东省特等奖1项、一等奖1项。学院代表队在"2019年国际刑事法院中文模拟法庭比赛"和"'日盈杯'第七届模拟法庭竞赛"中获得优秀奖。在第五届烟台大学"互联网+"大赛中获得校级二等奖2项、三等奖4项、优秀奖2项。

60余名师生参加了烟台中院开展的"向人民报告——政法机关开放日"活动。学院"我国民营企业参与'一带一路'的法律风险防控研究"团队获得省级社会实践活动重点服务团队称号，"律行逐光"普法支教队、乡村治理法治化视野下的农厕改造模式调研队和中小企业促进法落实情况调研队获得"全国百强实践团队"称号，"乡村治理法治化视野下的农厕改造模式"项目入围团中央"乡村稼穑情·振兴中国梦"全国农科学子聚力乡村振兴全国大学生暑期社会实践专项行动。

本年度，1名毕业生创办的"烟台巷野娱乐有限公司"获工商登记注册；3人入选学校"西部计划"（考取西藏、新疆公务员各1人，志愿服务新疆生产建设兵团1人）；41人考取北京大学、中国政法大学、中国人民大学等知名院校硕士研究生，5人考取博士研究生。

学院"法学青年"微信公众号获学校"十佳校园新媒体"称号。

【交流与合作】2019年，学院共有45人次参加全国各类学术会议，其中19人次受邀在会议中做报告；

邀请校内外专家学者举办各类讲座29次;举办1次国际学术会议、2次国内学术会议。4月,烟台大学法学院上海校友会成立。华南农业大学法律系、山东建筑大学法学院先后来学院,调研法学人才培养方案修订和法学专业建设。10月,张洪波副院长与澳大利亚新英格兰大学法学院迈克尔·亚当斯院长共同签署了双方联合培养博士项目(joint Ph. D program)协议。学院与青岛海事法院签署了双方合作协议,青岛海事法院烟台法庭成为学院实习培训基地;与烟台经济技术开发区管委办公室签署了《烟台开发区管委会办公室与烟台大学法学院合作框架协议》,建立了烟台大学开发区管委会科研教学实践基地。

(王洪根)

外国语学院

【概况】学院现设有英语系、朝鲜语系、日语系、大学英语教学部、翻译研究中心、外国语言文化研究所、东亚研究所韩国学中心和外语教育技术研究中心8个教学和研究单位,3个本科专业(英语、朝鲜语、日语),1个一级学科硕士点(外国语言文学),3个二级学科硕士点(外国语言学及应用语言学、英语语言文学、亚非语言文学)和1个专业学位硕士点(翻译硕士)。学院共有在校本科生1077人,研究生50人。教职工129人,其中教授6名,副教授36名,具有博士学位教师25人,硕士生导师22人。

【党建与思想政治工作】1.学院现有中共党员124人,其中正式党员92人,预备党员32人;教师党员62人,学生党员62人。设有行政教工、大外教工、专业教工和学生4个党支部。党总支荣获烟台大学党建工作标杆党总支和先进基层党组织,专业教工党支部和学生党支部获评“烟台大学党建工作样板支部”,大外教工党支部荣获“先进基层党支部”荣誉称号。

2.积极推进“双报到”工作,与祥隆社区对接,党员深入基层为群众办实事,解难题,完成清单工作。

3.深入开展“不忘初心、牢记使命”主题教育,结合党员先锋示范岗工作,开展各类主题党日、主题教育活动20余次。

4.学院分别于5月和10月开展两期党课培训班,培训入党积极分子100余人次,发展对象43人。全年发展党员43人。

【教育教学】1.学院2名教师分别获得了山东省第六届“超星杯”高校教师教学比赛一等奖和第十届“外教社杯”全国高校外语教学大赛山东赛区三等奖。

2.积极探索新的教学方法与教学模式,加强教学过程管理,3门在线课程通过第二批验收,1门课程被推荐参评山东省一流本科课程。强化校企课程共建,获批3项教育部协同育人产学合作项目。

3.更新教学软件,改造公共外语语音室地板,更换联排桌椅,下半年投入了使用。

4.启动了2020版本科人才培养方案修订的调研工作。组织专业负责人到其他高校调研、邀请外校专家来校指导,2020版培养方案基本成形。

5.2019年新获批教育部创新创业训练项目国家级项目2项、省级项目3项;荣获第五届中国“互联网+”大学生创新创业大赛国赛铜奖1项、第十二届全国大学生节能减排社会实践与科技竞赛国赛三等奖1项、第六届山东省大学生科技创新大赛省赛三等奖1项;烟台大学第十二届“挑战杯”大学生课外学术科技作品竞赛二等奖1项,“智慧实验室”烟台大学第一届研究生创新实践大赛一等奖和三等奖各1项,其他校级奖项10余项。

6.日语翻译硕士恢复招生。修订了2020年研究生招生简章,组织招生宣讲,报考人数明显增加。修订完善了硕士研究生导师聘任考核办法、研究生奖学金评选实施细则等文件，完成了研究生培养方案的修订。聘任兼职导师16名，产业教授1名。与青岛恒邦、烟台国际经济技术合作集团有限公司、烟台赛思汇译翻译有限公司、上海译国译民有限公司等公司签订了实践基地建设协议书。

【师资队伍】1. 引进与培养相结合，优化人才队伍结构。赴上海、哈尔滨等地招聘人才。柔性引进长江学者1名，引进英语博士1名。1名日语教师获得博士学位。

2. 本年度共派出系部负责人、教学骨干、青年博士等80人次赴境内外参加教学、科研和管理论坛。

【科学研究】本年度，学院获批国家社科基金中华学术外译项目1项，教育部人文社科项目1项；山东省社科规划项目2项，山东省艺术与文旅专项项目2项。积极组织青年博士申报省部级以上科研课题，青年博士申报数量人均达2项。重视学术交流，邀请校外学者、专家进行专场讲座20余次，开阔了师生的学术视野。

【服务社会】1. 发挥专业优势，扎实服务地方。委派英语系、日语系和朝鲜语系年轻教师为烟台市外专局、烟台市中院、莱山区泰士塑料有限公司、第二届东北亚学术合作国际研讨会等提供语言服务。选派外籍教师和学生志愿者协助烟台高新区完成高新区产业宣传片拍摄工作。

2. 学院团委进一步完善了“一体三翼四支点”的志愿服务工作体系，雨燕、臻善、诚译三大志愿服务队继续领航志愿服务，新增了烟台市英才幼儿园、旗袍博物馆、恒爱敬老院等志愿服务基地。2019年，共组织外院公益学生集体和个人志愿服务396次，参与5000余人次，志愿服务时长1.2万余小时。

【学生工作】1. 组织开展社会主义核心价值观宣传月、五四运动100周年、中华人民共和国成立70周年、建校35周年、“不忘初心、牢记使命”等主题教育，加强学生理想信念教育和爱国主义教育，全年共开展各类学生活动110场。学院男足首次获得烟台大学新生足球赛冠军，啦啦操队获得全校亚军。

2. 开展“勤奋、创新、育德、守纪”学风建设月活动，制订“晨读计划”，举办考研考公经验交流会，举办星空论坛、知行讲坛、校友励志讲坛，引导学生树立正确的世界观、人生观和价值观，明确奋斗目标。加大创新创业工作力度，开设创新创业必修课，建立“双创工作导师制”，采取项目孵化制，获国家级奖项2项，省级1项，校级4项。

3. 组织“用心灵追着光”主题心理健康月活动，举办了以“团聚希望，追逐心光”为主题的烟台市第五届高校心理论坛、“母亲，我以爱你之名”为主题的心理三行诗大赛、“2019，坐下来和自己谈谈”心理演讲比赛等系列心理健康疏导主题活动。健全“心理问题学生”档案，完善危机预警系统。

4. 举办“百人诵读经典”、国学达人挑战赛等“礼敬中华优秀传统文化”系列活动30余场次，承办了烟台大学第四届外语文化艺术节，体验外语文化、感受外语魅力，营造良好的校园外语学习与外语文化氛围。

5. 学院为烟台大学共青团改革“第二课堂成绩单”创新试点单位，目前第二课堂“到梦空间”App已调试成功并正常运行中。

6. 51支社会实践团队奔赴各地开展暑期社会实践，调研类队伍44支，支教类队伍7支，让学生在实践中长知识、增才干、做贡献。

7. 举办了两场外语类人才专场招聘会，近百家企业参与招聘。组织“互联网+”创业计划大赛、模拟面试、考研、考公等交流。

8. 学院团委荣获红旗团委、军训工作大满贯，1人获评“优秀青年志愿服务工作者”，1人获评优秀青年工作者，1人获评“烟台大学优秀共产党员”，1人获评“2018年暑期社会实践优秀指导教师”。

【交流与合作】1月，三菱商事（青岛）有限公司总经理藤井伸明等一行4人来学院访问，就继续开展多样化合作展开交流。

4月，外国语学院华兹华斯培训中心成立，学院领导与华兹华斯国际教育主要领导共同出席了签约仪式。

9月，学院与山东工商学院外国语学院签署合作协议。双方将在人才培养、队伍建设、教学与科学研究、学科建设等方面开展合作。

12月，学院与山东恒邦教育信息有限公司签订《共建研究生实习基地协议》。

（赵同生）

经济管理学院

【概况】学院现有教职工81人，在校研究生、本科生3122人。设有工商管理、国际经济与贸易、会计学、市场营销、投资学5个本科专业，涵盖工商管理、应用经济学两个一级学科。有工商管理一级学科硕士点、国民经济二级学科硕士点和农业硕士专业学位点。有海洋研究中心、中韩（烟台）产业园发展研究中心和农业与农村发展研究所等科研机构。

【党建与思想政治工作】2019年，学院共发展党员136人，推荐入党积极分子227名。选配教工、学生党支部书记5人。

学院党总支积极落实学校《2019年党建和思想政治工作要点》《基层党组织"对标争先"建设计划实施方案》。严格党组织建设标准，建设过硬党支部。优化支部结构，凸显支部书记"双带头人"的作用，进一步增强党支部的战斗堡垒作用。学院党总支评为党建工作标杆党总支，学生第三党支部评为样板党支部，教工经济党支部评为优秀党支部、"双带头人"党支部书记工作室。"基于'双带头人'培育视角的教工党支部建设研究"在山东省党建研究会立项并结题。"意识形态视域下高校基层党支部建设和教风学风建设的耦合机制探析"在研。

全年召开党总支委员、支部书记会议20次，专题研究党建工作5次；召开10次党政联席会议，研究议题38项，决议落实率100%。全年中心组学习研讨12次；为教职工党员上党课1次，为入党积极分子、发展对象和学生党员350余人讲党课；院领导为2019级研究生50余人讲思政课。开展座谈会、走访学生宿舍、发放问卷等各种形式的调研10次；撰写调研报告1篇。

组织党员赴海阳许世友将军纪念馆、地雷战纪念馆等党建教育基地参观学习；师生支部以创新教育为结合点开展"双结双联"，到莱山区岱山社区"双报到"；"党员先锋示范岗"定岗定责，党员主动作为。

【教育教学】2019年，学院获批教育部产学合作协同育人项目6项、烟台大学"课程思政"教学改革研究项目专项2项、烟台大学教学改革研究项目4项，第二批立项建设在线课程通过验收。完成教师专业化发展"一院一品"活动。完成"3＋2"对口贯通培养转段考核工作。10位教师获教学质量奖，1位教师获教学优秀奖。在挑战杯、"互联网＋"和各种企业经营或管理类竞争大赛中，参赛学生共获得国家级特等奖2项、国家级二等奖2项、国家级三等奖4项、国家级铜奖1项，省级特等奖2项、省级一等奖2项、铜奖1项。

【师资队伍】学院有专职教师63人。其中教授11人，副教授30人。42位教师具有博士学位。2位老师具有国家注册会计师资格，1位老师具有高级工程师职称，4位老师具有高级国际贸易业务员执业资格。

【实验室建设】学院建立了由5个商科实训、实验室组成的基本完备的新商科实验体系。

【科学研究】本年度，学院老师发表高质量论文21篇，其中A刊1篇，B刊3篇，CSSCI期刊17篇，SSCI论文2篇，EI论文2篇。获教育部社科基金项目立项1项，省社科规划项目立项1项，省软科学一般项目立项2项。获烟台大学优秀成果（人文社科）奖一等奖2项，二等奖2项。

【服务社会】2019年，学院教师承担"机械设备垂直型跨境销售与服务电商模式设计与开发研究""清泉实业财务人员职业胜任力提升研究""中日韩地方经济合作开展前瞻性研究""烟台东北亚物流枢纽建设路径研究""多品种小批量生产管理中的优化算法开发""GH4169合金紧固件生产过程优化研究""欣驰公司垂直自营跨境电商模式搭建及其优化研究""企业人力资本创新模式构建"8项横向课题。

【学生工作】学院搭建"以菁英系列活动为载体，以传统思政教育为基础，以网络思政教育为提升"的思政教育体系，举办了“菁英”大讲堂、“菁英”论坛、“菁英”素质拓展、“菁英力量，璀璨经管”总结表彰大会等活动。

开展“经益求菁”学风建设年活动。抓课堂出勤和纪律、宿舍安全和卫生等基础工作，通过“教风学风大调研”“学习成绩大比拼”，努力扭转学院学风。2019 年上学期学院优良率和及格率均高于 2018 年下学期，不及格人数下降 23.8%。

参加 2019 年度多项国家级、省级赛事，取得优异成绩。获“挑战杯”大学生课外学术科技作品竞赛省级特等奖 1 项，一等奖 1 项，三等奖 1 项；获“互联网 +”大学生创新创业大赛国家级铜奖 1 项，省级金奖 1 项，铜奖 1 项；获第十届全国企业竞争模拟大赛特等奖 1 项，二等奖 2 项；获第十五届全国大学生“新道杯”沙盘模拟经营大赛三等奖 1 项；获第四届工商企业管理技能大赛全国总决赛特等奖 1 项，三等奖 4 项；获第十一届山东省大学生科技节创新创业沙盘模拟经营大赛省级特等奖 1 项，一等奖 1 项；获未来商业探索与创新创业实践竞赛省级二等奖 1 项，三等奖 1 项。

2019 年，72 人获国家奖学金、国家励志奖学金；14 人获山东省政府奖学金、山东省政府励志奖学金；366 人获学校和企业各类奖学金。经 171－1 等 12 个班级获烟台大学“先进班集体”荣誉称号。

完成 445 名家庭经济困难学生的认定和 267 名困难生的助学金发放，统筹各类资助手段，实现特殊困难学生资助全覆盖。面向困难生开展诚信、感恩教育。

学院获“共青团宣传工作先进单位”“优秀学生会”等荣誉称号；获“军训先进学院”“分列式优胜方队”“歌咏比赛优胜队”“会操优胜排”等荣誉称号。

2019 年，学院组建社会实践队 105 支，参与人数达 1600 余人。其中 6 只社会实践团队获批国家级专项，推选 2 名优秀指导老师，25 位社会实践优秀个人。

应届毕业生考取研究生 92 名，考研录取率为 12.11%。学院召开两场大型招聘会，近 150 家优质企业提供 1200 多个岗位。研究生就业率 100%；本科毕业生 760 人，初次就业率达 71.71%，有 7 名毕业生自愿到西部基层工作。

【交流与合作】本年度，学院与韩国仁荷大学、韩国光州全南研究院开展了广泛的师生学术交流活动。

5 月 7 日至 10 日，宋岩院长率团访问了韩国光州全南研究院。在烟台大学—全南研究院中韩学术研讨会上，中韩双方 7 人分别做了主旨发言；代表团与光州全南研究院 13 个研究室负责人分别就新能源、海洋生物、海洋经济、自由贸易园区、港湾物流、新产业合作等领域进行深入探讨，商定了 2020 年中韩学术研讨会的主题。

代表团与仁荷大学申汉龙教授等探讨了韩国企业对中国投资困境等研究课题，以及中韩学生交流的形式、时间、内容。

6 月 23 日至 27 日，烟台大学—仁荷大学进行了夏季交流。仁荷大学 30 名学生来学院开展夏季研修活动，经济管理学院 40 余名同学参加。

（张宗泽）

国际教育交流学院

【概况】2019 年，国际教育交流学院有教职工 38 人，其中专职教师 21 人。学院设 2 个本科专业，分别为汉语国际教育专业和为外国留学生开设的汉语言专业。在校生 738 人，其中汉语国际教育专业本科生 403 人，留学生 301 人；汉语国际教育专业研究生 34 人。

【党建与思想政治工作】积极开展"不忘初心、牢记使命"主题教育。开展了观看红色影片、重温入党誓词、志愿服务等主题党日活动,并结合"双报到"工作,走进社区开展志愿服务,努力将主题教育成果落到实处。强化基层组织建设,推进"两学一做"学习教育常态化、制度化,发挥支部作用,深化"党建+工作"书记抓党建突破项目,"双结双联"师生党支部共建活动,基层党建创新项目顺利结题。加强入党积极分子和党员的培训教育,年内开设2期入党积极分子培训班和2期发展对象培训班。严格党员发展程序,规范发展过程和档案留存,保证发展质量,全年共发展党员31名,入党积极分子44名。学生党支部在"对标争先"建设计划中获评"学生党建工作样板党支部"。

【教育教学】坚持教学中心地位,学院领导坚持听课制度。院督评专家认真履行教学巡查、听课指导等职责,自觉维护学院良好的教学秩序。各系认真组织期中教学检查工作,开展了教师听课、学生座谈、教师自查以及自评、评教等教研活动,不断改善课堂教学,提高教学质量。获批2019年研究生教育优质课程立项1项。2018级硕士研究生中有1人获得国家级奖学金,1人获烟台大学第五届外文朗诵大赛1等奖,1个团队获烟台大学第一届研究生创新实践大赛一等奖;迄今为止,有12人通过国家汉办选拔考试,派往秘鲁、波兰、泰国、韩国、匈牙利、意大利、英国七个国家进行为期10个月的教学实习。

加强对学生创新创业项目的孵化、培育和过程指导。组织学生积极申报全国地方高校大学生创新创业训练计划,获校级立项1项。本年度共有16个团队参加中国"互联网+"大学生创新创业大赛项目申报,其中"乡游——不必去远方"获得校级红色筑梦之旅三等奖,"好汉"项目获得创意组优秀奖。本年度本科生考取国内硕士研究生24人,录取率为27%,比上年增长了8.5%。开展毕业生考研及就业宣传教育,举办考研经验交流会及就业说明会,积极推进毕业生就业工作。2019届毕业生就业率达到74.44%。

【学生工作】年内对学生奖励制度、学生综合测评制度进行全面修订。以国际文化艺术节为载体,打造学院文化品牌;打造"育秀讲堂""育秀观影室"等育秀品牌项目,提升学院整体文化氛围。积极开展安全和防诈骗教育、消防教育等安全教育讲座,强化对宿舍、课堂的监督检查,宿舍卫生成绩大幅提高。利用心理宣传月开展心理健康教育,做好经济困难、出现心理问题等重点学生的教育管理工作。

【留学生管理教育】留学生管理工作规范,管理服务水平不断提升,全方位、全过程管理教育力度不断加强。制定了《烟台大学来华留学学历生招生和教学管理的规定(试行)》《烟台大学来华留学生突发事件应急处置预案(试行)》《烟台大学来华留学生违纪处分办法(试行)》《烟台大学来华留学生奖励实施办法(试行)》。全年共发放奖学金185人次,发放留学生录取通知书191份,带领留学生体检85人次,办理留学生居留证件共231人次,审核校外住宿申请163人次。加强留学生课上、课下管理,清退2名违法乱纪留学生。

【师资队伍】学院现有专任教师21人,副教授8人,具有博士学位的10人,在读博士2人;有1年及以上海外学习和工作经历的9人。年内有1位老师获得"山东省优秀研究生指导教师"称号,2位教师获评校级优秀论文指导教师,1位教师获评省级优秀论文指导教师。

【科学研究】学院在科研方面取得了较好的成绩,科研立项取得新的突破。获国家社科基金立项1项,获得教育部项目1项,国家民委项目1项,山东省社科基金项目2项;获校级优秀社科成果一等奖1项;发表CSSCI论文3篇,中文核心1篇;出版A类学术专著2部。邀请北京大学、法国高等研究院等国内外语言学知名专家来校举办学术讲座4场。

【中韩教育合作项目管理】学院进一步规范中韩合作办学项目的管理,在招生宣传、培养模式、对韩交流、留学服务等方面形成良好的机制。2019年招生规模显著增加,招收一年班356人、半年班50人,共406人。

(郭春香)

音乐舞蹈学院

【概况】学院现有音乐学、音乐表演、舞蹈编导3个本科专业，声乐、舞蹈、民乐、西洋乐、键盘、音乐理论教研室和艺术实践部7个教研室。有教职工56人，其中教授3人，副教授10人，80%以上的教师有硕士及以上学位。在校生550余名。

【党建与思想政治工作】扎实推进以习近平新时代中国特色社会主义思想和党的十九大精神为指导的主题教育活动。组织学习《习近平谈治国理政》，结合“不忘初心、牢记使命”主题教育，进一步树立“四个意识”，坚定“四个自信”，做到“两个维护”。

落实《烟台大学基层党组织“对标争先”建设计划实施方案》，提升学院党组织组织力，推进学院党组织标准化、规范化建设。

组织教师党员及民主党派教师前往临沂市蒙阴县孟良崮战役纪念馆、红嫂纪念馆和红色影视基地、海阳市地雷战党性教育基地等开展党性教育活动，重温入党誓词，集体观看《建党伟业》《攀登者》等主题教育电影。

【教育教学】以教风建设为重点，教学巡视小组不定期检查教师课堂情况，促进全院教师队伍业务水平不断提高。

本年度，学院师生共举办音乐会及各类学术讲座50余场。为纪念中华人民共和国成立70周年，学院举办“第二届艺术月”展演，包括教师专场音乐会、专家讲座、舞蹈公开课等活动，提升了教师专业及教学能力。

2019年，学院积极参加各类比赛，获得国际、国内、省级奖项50余项。获山东省第六届“超星杯”高校教师信息化教学比赛一等奖，“2019年大学生合唱艺术节”专业组一等奖，“全国高校混合式教学设计创新大赛”二等奖，2019中国（烟台·蓬莱）“亚太国际城市合唱、独唱艺术节”合唱决赛青年合唱组金奖，2019中国（威海）国际合唱节“我和我的祖国”合唱比赛青年组“银牌合唱团”等。

【师资队伍】鼓励教师积极参加教学竞赛，张景晖荣获山东省第六届“超星杯”高校教师信息化教学比赛一等奖。张超荣获烟台大学第二届教学质量奖。

【实验室建设】为两个多媒体教室增设了音响系统和教学控制系统。为20台雅马哈钢琴更换新琴键。完成韶乐厅空调系统维修以及电子屏幕、舞台灯光的检修和更换。对3间舞蹈排练厅进行改造，改造后每间排练厅面积增加约40平方米。

【科学研究】本年度，“山东长岛渔家号子艺术形态的创新与推广研究”“民俗仪式视域中海阳秧歌‘乐、舞、戏三位一体’研究”获批省社会科学规划研究项目。获批省艺术科学课题2项，烟台大学教改课题2项。获得烟台市社会科学优秀成果二等奖1项。出版歌曲集、器乐演奏曲集和视唱练耳教材等5部；发表学术论文4篇。

【服务社会】持续推进与祥隆社区文化共建，落实党员“双报到”制度。联合祥隆社区开展“民族团结一家亲暨祥隆社区庆七一”主题晚会，组织师生党员参加莱山区“我和我的祖国”快闪拍摄、祥隆社区和人社局政策宣讲、庆祝中华人民共和国成立70周年文艺汇演、烟台市莱山区社会福利中心送温暖等活动。师生党员服务指导社区老年合唱团，共建社区红色图书馆，形成“群众点单、社区下单、单位接单”的“双报到”社区共建模式。

安排2016级学生到地方企事业单位实习，通过高雅艺术进校园、庆典、公益演出、文化交流等活动，与相关企事业单位建立长久联系，校企合作演出多达10余场。8月，学院与上海妙可信息科技有限公司共建教学实习基地，实现首批学生赴上海实习。

【学生工作】结合重要时间节点开展大学生思想政治教育。如举办“五月的鲜花”纪念五四运动100周年文艺汇演，组织学生观看《我和我的祖国》电影纪念中华人民共和国成立70周年、纪念一二·九运动、学生党员赴海阳地雷战纪念馆参观等主题教育活动。

结合专业特色组建“天使之音”志愿服务队，开

展自闭症儿童音乐疗愈志愿服务活动，组织烟台市辅读学校庆祝“六一”文艺汇演等。

“红色传人”社会实践队赴栖霞、福山、莱州、莱阳、龙口等地进行调研活动，采访了15位年龄在90岁以上的，经历过抗日战争、解放战争的老党员、老战士以及支援前线的青妇队长等，收获了丰厚的胶东红色歌曲调查资料，整理记谱30余篇。10月，在专业老师的指导下，成功举办红色歌曲调研音乐会，展现社会实践成果。

【交流与合作】举办国内知名专家专题讲座。邀请旅法女中音李颖、旅德钢琴家岳鹏来我院举办法国艺术歌曲专场音乐会及讲座；邀请天津音乐学院教授、硕士生导师刘美丽老师举办“谈琵琶的音色美”专题讲座；举办扬琴演奏家刘音璇专场音乐会、魏凡俭师生音乐会、魏凡俭教授声乐公开课等。

2019年，学院对韩国檀国大学及相关文化部门进行了友好访问及学术交流。双方就研究生人才联合培养(3+1+2项目)等事项进行商谈，初步达成合作意向。与白俄罗斯国立艺术大学开展研究生联合培养，3名学生前往白俄罗斯深造。

(王　艳)

数学与信息科学学院

【概况】数学与信息科学学院现有数学与应用数学、信息与计算数学和统计学3个本科专业。本学年在读本科生1117人，毕业230人；数学一级学科硕士点在读研究生37人，毕业11人，其中1人考上博士。现有专职教师76人，具有博士学位教师56人，占教师总数的72%；教授16人，副教授28人；博士生导师2人，山东省教学名师1人，享受国务院政府特殊津贴2人。有1个研究机构——应用数学与软科学研究所，4个教学实验室——数据分析实验室、数学建模实验室、信息计算实验室、非线性控制实验室。

【党建与思想政治工作】2019年学院两个基层支部获批“创先争优”样板支部，教工支部书记获批“双带头人”培育工作室。李清华获评山东省教育系统优秀共产党员。扎实推进“不忘初心、牢记使命”主题教育活动。发展教工党员1名，学生党员58名。

工会强化服务意识，组织好校运会，规范福利发放，用心用情做好离退休教职工服务和教职工婚育、直系亲属丧葬福利等方面工作。

加强统战工作。组织党员教工赴蓬莱学习，与统战对象一同开展“不忘合作初心，携手继续前行”活动。

【教育教学】较好完成本学年教学工作。扎实做好备课、上课、答疑与作业批改等各个教学环节工作。

应届生毕业论文做到一人一题，选题力求接近应用实际。严把论文质量关，5篇论文获得校级优秀本科毕业论文。

成立了学院新一届教学督导组，出台了《教学督导小组工作条例》。

认真组织省一流本科专业申报，数学与应用数学、信息与计算科学2个专业入选山东省一流本科专业建设名单。吴昭景获得山东省优秀教师称号，李斐获得山东省第六届青年教师教学比赛优秀奖，于立新获2019烟台大学第一届教学优秀奖。

2019年，65名本科毕业生考取研究生，考研率达29.3%，初次就业率达68.3%。获全国大学生数学建模竞赛国家一等奖1项、二等奖1项，获山东省一等奖6项、二等奖16项、三等奖8项。

【师资队伍】2019年，学院引进上海交通大学、南京大学、南开大学等名校毕业的博士研究生7人。新增省级人才称号专家3人，其中吴昭景获批“泰山学者”特聘教授，张新光入选山东省有突出贡献的中青年专家和2019年科睿唯安高被引科学家榜单，杨玉军获得山东省属高校优秀青年人才联合基金资助。扎实做好青年助教培养工作。召开青年教师座谈会、青年教师助教考核期前讲评会,以老带新,定向帮扶,公开示范,提升青年教师教学科研育人水平。

【实验室建设】学院为研究生实验室采购 4 台图形工作站,价值 11 万元。按学校消防要求,更换实验室所有消防器材。成立非线性控制实验室,投入 20 余万元,购置了机械臂、投影机、一体机、空调等设备。

【科学研究】本年度获得国家自然科学基金青年基金 1 项,山东省自然科学基金优青 1 项、面上项目 1 项、培养基金 1 项,山东省教育厅青创计划团队项目 1 项。web of science 统计论文 37 篇。

【服务地方】2019 年,学院与中国建筑集团有限公司和烟台市疾控中心合作开展科研课题研究,与北极星钟表集团和烟台东方电子等企业签订合作协议,在人才培养、实习实训等方面进行富有成效的合作。

【学生工作】持续开展学院大学生思想政治教育精品项目“读报时间”,举办“知行计划”学生骨干培训班。持续推进自律学风养成工程。大力开展社会实践和志愿服务工作。获校运动会男子、女子和学生团体 3 项第一,获“互联网 +”大赛二等奖 1 项,学院学生会获评校优秀学生会。

【交流与合作】邀请校外专家 100 余人次讲学。举办了中国工业与应用数学学会油水资源数值方法 2019 年学术研讨会和多个 workshop 小型研讨会。承办教育部高等学校数学类专业教学指导委员会 2019 年暑期工作会议暨全国高校数学学科院系主任联席会。

(郑石军　张　晔)

光电信息科学技术学院

【概况】光电信息科学技术学院现下设 3 个系,7 个教研室,2 个实验中心。有应用物理学、电子信息科学与技术、电子信息工程、通信工程、物联网工程 5 个本科专业,通信工程和物联网工程 2 个校企合作专业;有物理学、电子科学技术两个一级学科硕士点,信号与信息处理一个二级学科硕士点。本年度在校本科生、硕士研究生 2000 余人。有“理论物理”山东省特色重点学科、“信息物理”山东省骨干学科实验教学中心,山东省高校“光信息与光功能材料重点实验室”获批“山东省低功耗光电检测智能终端工程实验室”。

【党建与思想政治工作】深入学习贯彻习近平新时代中国特色社会主义思想、党的十九大和十九届二中、三中、四中全会精神,推进“两学一做”学习教育常态化、制度化,开展“不忘初心、牢记使命”主题教育。落实“主题党日”“三会一课”、组织生活会和民主评议党员制度,编撰完成《党总支书记工作手册》。教师兰瑞君、孙超,学生宫葆蓥获评烟台大学优秀共产党员,教工电子与通信党支部、学生应用物理党支部获评先进基层党组织。开展“对标争先”建设计划,教工电子与通信党支部入选烟台大学党建工作样板党支部培训创建支部。完成与烟台市莱山区黄海路街道埠岚社区党总支的“双报到”服务工作,被黄海路街道党工委授予“双报到”优秀党支部。组织教工党员到郭永怀事迹陈列馆、天福山起义纪念馆、栖霞胶东抗大精神教育基地和栖霞衣家村参观学习,观看电影《我和我的祖国》。继续实行教工党员联系帮扶后进学生制度,帮扶效果显著。继续推进“红色先锋成长计划”,实施“党员先锋示范岗”,加强学生党员教育管理。

学院党总支下设 5 个学生党支部(4 个本科生党支部、1 个研究生党支部);共有学生党员 139 人,入党积极分子 461 人。把握关键时间节点,定期举办“时政讲堂”。举办了庆祝中华人民共和国

成立70周年、建党98周年、纪念"一二·九"、纪念周恩来总理121周年诞辰、学习习近平总书记在纪念五四运动一百周年大会上的重要讲话精神等主题系列教育活动。

【教育教学】本年度教学工作在专业建设、课程建设、学科竞赛等方面取得好成绩。以电子信息科学与技术为核心专业的高水平应用型专业群建设稳步展开,投入170余万元建设5个实验室。电子信息科学与技术专业获批国家一流专业建设点,应用物理学和通信工程2个专业获批山东省一流专业建设点。组织材料,申报设置集成电路设计与集成系统本科专业。数字电路和通信原理2门课程获批山东省一流本科课程,电磁场与电磁波、电工电子学、计算机编程课程设计3门课程进入烟台大学第三批在线课程建设立项名单;获产学合作协同育人项目1项,2019年烟台大学教改研究项目3项;2门课程进入学校课程思政示范课程名单,1门课程获学校课程思政示范课程立项名单。获山东省第六届青年教师教学竞赛三等奖1项。教师发表教研论文7篇,参加培训3人次。获山东省优秀硕士学位论文1篇、山东省研究生优秀成果奖1项、山东省优质课程项目1项,1名导师获山东省优秀指导教师称号。

【师资队伍】本年度,学院共组织7次人才面试、试讲会,对16名优秀博士进行了全面考察,最终拟引进的10名博士均毕业于国内外知名高校或科研院所。引进的优秀博士均纳入青年助教培养计划。学院积极参加"山东—名校人才直通车"活动,先后前往哈尔滨、长春、大连、上海、北京、武汉、南京、杭州等人才聚集地招募人才。按照《人才工作专员管理办法》,学院配备专人服务高层次人才。共申报惠才卡12次,其中6人次已获批。积极组织教师申报国家级、省部级高层次人才项目,1人获"山东省杰青"称号。拟引进的陈平教授,获得2019年度烟台市校地融合发展人才工作类项目50万元经费支持。

【实验室建设】本年度学院实验室建设,主要是完成了物理实验中心30个教学实验室的改造升级,工程总投资470余万元。其中实验室土建、装修装饰和安装投资184万元,实验室配置中控讲台、投影仪、多媒体教学系统及安全监控等投资35.86万元。采购50套新型偏振光实验仪和50套双棱镜干涉仪,升级改造两个光学实验室;采购50套准稳态法测导热系数和比热仪,升级改造力热学实验室;采购50套霍尔效应组合实验仪,升级电学实验室。新建成设备总值约140万元的4G移动通信系统实验室。

【科学研究】获得国家自然科学基金面上项目3项,理论物理专款2项。山东省自然科学基金3项;获青年博士基金2项。粒子物理团队获批山东省高校青年创新团队。横向科研课题6项。到账纵、横向科研总经费320万元。发表高水平SCI、EI论文62篇,发明专利2项,获得烟台大学科技进步奖二等奖1项。

【服务社会】联合15家企业和科研院所,共建烟台大学"新一代信息技术"创新创业教育示范中心。由学院牵头,联合浪潮集团有限公司、东方电子股份有限公司、烟台持久钟表集团有限公司、山东航天电子技术研究所等4家新一代信息技术高新技术企业共同建设"低功耗光电检测智能终端"实验室,并获批为山东省工程实验室。学院作为主要参与单位,与山东航天电子技术研究所共建的"海洋智能感知中心",获批为山东省海洋工程技术协同创新中心。与烟台中科新智软件技术有限公司签署校企合作协议,推动研究生联合培养、项目合作和科研平台共建。申报集成电路设计与集成系统专业,并与烟台睿创微纳技术股份有限公司达成专业共建协议。中兴云聚教育科技有限公司捐赠光电学院40万元建设的4G核心网实验室和4G移动接入网实验室安装验收完毕。

【学生工作】联合山东大学、哈尔滨工业大学、海军航空大学举办2期研究生学术论坛。学院内部举办4期研究生学术论坛。指导学生参加大学生电子设计竞赛、iCAN国际创新创业大赛等赛事,获省级以上奖励42项;获国家级大学生创新创业训练计划2项,山东省大学生创新创业训练计划2项,烟台大学大学生创新创业训练计划2项。

6月23日,召开了学院第一次学生代表大会。以专业认知为切入点,举办首届"光电科技文化节""科技创新及社会实践展";持续推进"无手机课堂""学霸讲堂"及"学习经验交流会"。以"挑战杯"系列竞赛为龙头,带动学术创新活动多层次、多渠道蓬勃开展。学生参加科创比赛共获全国二等奖5项,全国三等奖2项;全省一等奖9项,省二等奖9项，省三等奖10项；校级奖20余项；申报创青春赛事18项、科技基金立项11项。全院毕业生442人，截至年底，考研率23.1%。多渠道、全方位指导毕业生就业，就业率94.8%。积极开展创业教育，本年度新注册企业2家，新入驻学校大学生创业园企业1家。4人入选大学生服务西部计划。新增暑期社会实践基地3个，4支团队入围国家级专项，2支团队入选校级重点资助团队。积极开展学生家庭走访，实地走访困难学生家庭数5家。田凯祥获校“自强不息先进个人”荣誉称号，沈淑曼获评烟台大学十大优秀学生和山东省奋进新时代资助人物“励志之星”。举办各类文体活动近30次，与环境与材料工程学院、核装备与核工程学院举办第二届“光核环”联合运动会；连续获得校春季运动会“体育精神文明奖”，学院荣获“军训优秀学院”，学生会再次获得校“优秀学生会”。应用物理学学生党支部获评烟台大学先进基层党组织。完成校园新媒体整合，成立传媒信息中心。

【交流与合作】本年度，举办两校名师讲堂3次，邀请国内外22人次来院访问交流。张超、祝斌、邹芝田分赴美、韩大学交流。李营被北京大学高能物理中心聘为“李政道青年学者”。院领导王中训、丁峰一行前往北京大学物理学院、清华大学物理系访问，进一步推进落实两校援建相关工作。

下半年以来，学院举办、承办多场学术会议和交流活动。分别是：

6月19日，澳大利亚格里菲斯大学周峻教授受邀出席烟台大学人工智能研究院山东省外国专家讲座，做题为“高光谱成像技术及其在场景理解上的应用”报告。

7月26－28日，学院承办的第十届全国量子成像学术会议在东山宾馆召开，来自意大利国家计量院、中科院上海光机所、中科院物理所、中国科学技术大学、上海交通大学、北京师范大学、国防科技大学等40多个高校及科研院所的150余名专家学者参加会议。

8月4－21日，由国家自然科学基金委资助的“高能量高精度下检验标准模型和寻找新物理”理论物理前沿暑期讲习班在烟台大学举办。来自北京大学、清华大学、中科院高能物理所、中科院理论物理所、台湾“中研院”等单位的17名中青年学者担任主讲教师，其中国家杰出青年基金获得者6人，国家青年千人8人。来自全国各地的100名博士研究生与青年教师参加了本次讲习班。

9月18日，TCL美国研究院NLP首席专家李宝洁博士应邀来学院，介绍了基于NLC相关技术的chatbot在工业界的应用，并与学院年轻教师进行交流研讨。

（郭金玲）

化学化工学院

【概况】2019年，学院共有教职工141人，其中教授25人，副教授45人，专任教师中博士占75%。5人享受国务院政府特殊津贴，4人入选山东省有突出贡献的中青年专家。学院在读本科生1800余人，硕士研究生100余人。应用化学、化学工程与工艺、高分子材料与工程等3个本科专业为山东省特色专业。有化学、化学工程与技术2个一级学科硕士点和2个专业学位硕士点，有应用催化、高分子材料、精细化工3个研究所。

【党建与思想政治工作】确立“师生党团全面融合”的学院党建思路。学院党委获批山东教育系统先进基层党组织，学院党委和教工化工党支部被学校确定为“标杆党委”“样板党支部”培育单位，教工应化支部获批高校“双带头人”教师党支部书记工

作室培育创建单位。严格落实"双带头人"制度,4个教工支部书记均由副教授以上教学科研骨干担任,其中两位是青年泰山学者和山东省"杰青",教工应化第一党支部获批山东省高校"双带头"工作室。"双培育"见成效,今年发展教工党员两名,其中一名是青年教授;3名年轻副教授递交入党申请书,正在积极培养中。主动与马克思主义学院建立思想政治教育合作基地。

规范党员发展,坚持"个别吸收"的原则;规范召开团代会、学代会,建设"四要"学生会。进一步规范学院党团校的建设管理。

举办学院全体教职工参加的春季健步走和秋季趣味运动会。在学校工会举行的比赛中,男篮获第三,男乒获第三。积极动员新入职教工加入校工会。

【教育教学】应用化学、化学工程与工艺2个专业获批山东省一流专业。山东省高水平应用型重点专业群建设持续提升,建成甲醇半实物仿真模拟工厂。

针对专业认证要求,重新制定化学工程与工艺专业培养方案,并提交专业认证申请。应用化学和高分子材料与工程专业开始制定2020版培养方案。高分子材料与工程专业与烟台德邦科技有限公司签署战略合作框架协议,探索共建专业、课程和学科。

1名教师通过第七届山东省青年教师教学比赛校内选拔赛,并获得直通省赛资格。12名教师获第二届"烟台大学教学质量奖"。普通化学原理在线课程获批山东省上线课程。高等数学、普通化学原理课程考试实行"无人监考"。

全院本科应届毕业生487人,考取硕士研究生200人,考研录取率41.06%,全校第一,是学院历史上最好成绩。9篇论文被评为2019年烟台大学优秀本科毕业论文,1篇论文被评为省优秀学士论文。获全国化工设计华北赛区一等奖和全国二等奖各1项,中国大学生高分子材料创新创业大赛二等奖2项,山东省大学生化学实验大赛一等奖2项。

获山东省研究生导师指导能力提升项目1项。获烟台大学研究生教育优质课程建设项目1项,推荐参加省级立项评审;获烟台大学研究生教育教学改革研究项目1项,推荐参加省级立项评审。获烟台大学研究生科技创新基金项目重点资助项目4项、一般资助项目2项。获烟台大学优秀硕士学位论文3篇,其中2篇推荐省优评审。获烟台大学研究生优秀成果奖一等奖4项,并推荐省优评审,获二等奖2项。今年学院研究生共发表高水平论文57篇,较去年增长近60%。

录取硕士研究生67人,第一志愿36人,2个指标均有新突破。新增2名校外兼职博士生导师。新遴选研究生导师22名,其中学术型导师6名,专业型导师16名。

在山东省学位办化学硕士学位授权点合格评估抽评中,获得1个优秀和6个良好,顺利通过抽评。硕士学位论文检测通过率100%,论文盲审及其他送审均无不及格情况。5人获研究生国家奖学金。

【师资队伍】全职引进国家级人才1名——胡建江,实现学院国家级人才零的突破。柔性引进国家级人才2人。

全职引进山东省青年"泰山学者"4人,山东省"外专双百计划"1人,引进山东省"杰出青年"基金获得者1人,省部级人才引进数量位居全校前列。新增烟台市有突出贡献的中青年专家1名。

全年引进11名博士,其中教授1名,有海外学习经历的4名。举办博士论坛,促进学术交流。选派4名博士出国进修。

学院人才工作领导小组负责单位引进人才的面试审核,配备2名专职人才专员。制订人才工作计划,召开6次人才专题会议。学院领导分工,赴兰州、上海、襄阳、长春、哈尔滨、南京等地洽谈人才引进等事宜。

【实验室建设】4月7日,学院开展消防演练和急救培训活动。配合学校相关部门完成了化学馆的安全巡视等各项改造工作。自筹资金购买了气瓶固定架、灭火毯、护目镜等安全保障物品。对各科研实验室、本科教学实验室的安全隐患进行梳理,并现场提出了整改意见。

制定了《烟台大学化学化工学院安全管理规定》《烟台大学化学化工学院安全工作奖罚管理规定》《烟台大学化学化工学院实验室安全检查内容及评分标准》《烟台大学化学化工学院安全事故认定与处理办法》等多个文件。制定了大型设备(如XRD、SEM等)的共享及收费标准。协助学校相关部门完成了危险品库的改造工作,进一步规范了化学化工学院相关实验室的安全保障设施。

【科学研究】化学学科首次进入 ESI 全球前 1%,实现学校在 ESI 学科评价历史上的突破,已维持一年。李庆忠教授入选英国皇家化学会 2018 TOP 1% 高被引作者。

获批国家自然科学基金项目 6 项、省重大科技创新工程项目 1 项、省青创团队项目 2 项、省自然科学基金项目 5 项、省重点研发项目 4 项、烟台市项目 4 项,纵向项目共 20 项,到账经费总额 750 万元。新签订横向课题及技术转让项目 14 项,到账经费总额 255 万元。合同总经费翻番,达到 2500 万元。

发表 SCI 和 EI 论文 113 篇,其中 SCI 一区和二区文章数量翻番。申请国家发明专利 35 项,其中授权发明专利 12 项。

承办《中国科学・化学》年会;主办国际黄金催化会议;承办"山东省高校化院院长、书记会暨省化工类教学指委会会议";承办首届"山东省高校高端化工学术论坛";协办 2019 年中国化工学会年会"第 18 分会场:微流动与微反应技术研讨会",赵玉潮任分会主席;举办 3 场烟台大学化学化工高端论坛。

组织学术报告包括两校名师讲堂报告 30 余次。报告人中有院士 1 人,"长江学者""杰青""优青"20 余人,国外大学教授 1 位。

新组建化工新材料绿色制造、电化学工程与过程、绿色化学过程、可再生功能高分子材料、环境催化工程与过程、能源化工等 6 支科研团队。

【服务社会】与裕龙石化多次洽谈轻烃资源化综合利用项目,初步商定以 MMA、高活性聚异丁烯化工新材料为主要内容,开展广泛合作。

与德邦科技进行 4 次对接,邀请到 2 名专家来学院授课。双方在共同研发新产品、共建半导体封装材料研究方向及高分子学科方面达成共识。

与苏州赛分科技有限公司签订技术开发合同,到账 100 万元,同时获赠价值 100 万元的制备液相色谱一台。

与青岛瀚生生物科技股份有限公司合作,共同开发硝化过程连续化绿色工艺。

与中国石油天然气股份有限公司哈尔滨石化分公司合作,共同开发甲乙酮尾气处理,签订合同 70 万元。

与富海集团的合作进一步加深。富海集团追加奖学金,在学院成立虚拟"富海班"。

与齐鲁交通集团合作,签署了地标线用粉体材料开发合同,金额为 60 万元。

与北京燕化集联光电科技有限公司签订科研合作、实习与 15 万元奖学金协议。

【学生工作】2019 届毕业生初次就业率 81.72%,达到历史较好水平。考取研究生(出国)升学人数 200 人。举办企业专场宣讲会 60 余场次,与其他学院联合举办大型招聘会 2 场。邀请富海集团、浦林成山集团、烟台巨力精细化工、鲁南制药来校开展职业生涯规划教育。年内走访了富海集团、淄博齐翔腾达化工股份有限公司,对接人才培养和招聘工作;学生赴富海集团开展暑期实习活动。

承办学校第十六届读书节、第一届化学节;承办学校师生"热血胶东、红色育人"宣讲团。学生在"挑战杯"科技竞赛中获省级特等奖、国家级三等奖;荣获全国大学生化工设计竞赛华北赛区一等奖 1 项;第十一届山东省大学生化学实验大赛省级一等奖 2 项。

启动考试"三无"工程,试行三次无人监考,考风、学风大有好转。建立"化语小站"学生心理服务站,把心理工作做到每一个学生。全校学生工作排名,从十几名进步到第 5 名;全校学生宿舍卫生安全排名,从十几名进步到前 3 名。新设 6 项企业奖助学金。

在烟台山公园抗日烈士纪念碑下举办以"传承烈士遗志,弘扬革命精神"为主题的清明节祭扫活动。

6 月,召开烟台大学化学化工学院第三次学生代表大会。

12 月,举办烟台大学 2019 年化学节闭幕式暨新生化学达人赛决赛,以及化学化工学院纪念"一二・九"运动合唱比赛等系列活动。

【交流与合作】4 月,与三环电镀、浦林成山、烟台显华、安得利集团、明炬气体等多家企业签订合作协议,设立教学科研实践基地。

5 月 11 日 – 12 日,清华大学化学系教学名师崔爱莉教授应邀来学院,进行创新型人才培养的指导交流,并进行无机与分析化学实验课程中的无机实验现场指导教学。

5 月 28 日,学院与高青县人民政府签订战略合作协议。

6 月 4 日,院领导段志国、李文佐率队到烟台德邦科技有限公司考察交流。

6 月 6 日,学院与烟台明炬气体股份有限公司签订校企合作框架协议,举行教学科研实践基地授牌仪式。

10 月 10 日,邀请中科院大连化学物理研究所研究员刘健做题为“走进纳米反应器:维纳空间中的催化反应过程”的专题讲座。

(侯建海)

生命科学学院(农学院)

【概况】2019 年,学院共有教职工 102 人,其中教授 13 人,副教授及其他副高级人员 44 人,专任教师中具有博士学位者 68 人。学院设生物科学与技术、海洋生物工程、食品科学与工程 3 个系及 1 个基础教学部;生物科学、生物技术、生物工程、生物制药、食品科学与工程、食品质量与安全 6 个本科专业。生物学一级学科硕士学位授权点 1 个,二级学科硕士学位授权点 3 个;有工程硕士和农业推广硕士 2 个专业硕士学位授权点。在读本科生 1998 人,在读研究生 335 人。

【党建与思想政治工作】完成了党建活动室的建设,专业文化走廊建设初具规模。全年发展 59 名党员,培养入党积极分子 274 名。整合学院文化符号,形成包括“生科出品”一个核心、“院徽 + 院训(尚礼博学,生生不息) + 吉祥物(生小科) + 成长护照”四个元素的“一心四元”文化体系。组织教职工党员赴雷神庙实地学习,与昆嵛山森林博物馆进行共建;组织新入职教师宣誓仪式、“初心不忘桃李成蹊”从教 30 年纪念仪式等主题活动,提高教师的职业荣耀感和责任感。“生科青年”官方微信公众号获 2019 年烟台大学“校园十佳新媒体”。长效党建品牌项目有“红色生日”主题党日、“初心不忘、桃李成蹊”教师从教 30 年纪念主题活动、“相约七一”学生党员主题教育、学生党员“品格培养计划”“维湖行动”党员先锋志愿服务岗等。打造“金字塔”式二级党校培养模式,以“坚定其信仰,文明其精神,野蛮其体魄,温暖其言行”为培养目标,贯通青年学生培养全过程。院工会获得烟台大学“教工之家”荣誉称号,春季运动会取得教工总分第二的成绩,获体育“道德风尚奖”。

【教育教学】学科建设　以生物学学科特区为重点开展学科建设。校院两级学术委员会顺利换届,两名教授当选校学术委员会委员,15 名骨干教师成为院学术委员会委员。获批山东省“外专双百计划”,年内外专团队成员 3 人分批到校工作;1 人获得烟台市“双百计划”人才项目支持。

专业与课程建设　调整专业布局,暂停生物技术专业招生,2019 年新增生物制药专业,完成首次招生。食品科学与工程、生物科学 2 个专业获批省一流建设专业。作为牵头单位申报现代海洋方向专业对接产业项目,并参与申报医养健康项目 1 个,学院 5 个专业全部纳入教育服务新旧动能转化专业对接产业项目建设中,年到账经费 1200 万。“葡萄酒那些事儿”获得国家精品在线开放课程(目前学校唯一),累计选课学校 271 所,选课人数超过 6 万人。

教学改革与研究　推行 OBE 教学理念,利用超星学习通等软件辅助课堂教学的课程已有 10 余门,信息技术与课程教学的融合稳步推进。新增实习基地 8 个,建立了相对完善的实习、实训体系,2019 年改革驻厂实习模式为学生和企业提供双向选择。制定《生命科学学院本科教学督导与评价专家工作条例》等多个制度文件。

学生获奖　组织学生参加 2019 年第五届“互

联网＋”大赛，参赛团队超过100项，获山东省金奖1枚、银奖2枚、铜奖1枚，取得了历史性的突破。参加各类技能大赛的学生达到387人次，获省级以上奖项累计近70项；国家级奖项10余项。其中获全国大学生生命科学竞赛一等奖4人，二等奖8人，三等奖18人，获全国师范生教学设计（生物）大赛一等奖1项。

研究生教育生物工程、食品科学与工程两个一级学科学位授权点通过山东省学位办授权审核；获得校级研究生优秀实践成果二等奖1项；专业学位研究生实践成果二等奖1项；烟台大学专业学位研究生教学案例课程库建设项目1项。本年度录取硕士研究生101名，毕业研究生56名。

【师资队伍】获批山东省“外专双百计划”，2019年外专团队成员3人分批到校工作，对相关学科发展做出了重要贡献；1人获得烟台市“双百计划”人才项目。引进6名青年博士，引进1名硕士学位实验员；建立健全青年教师助教培养制度，通过校内、校外培训，课程观摩、优秀教师座谈、课程团队建设、教研活动、企业实践等多种形式提升青年教师的教学能力和师德师风。

【实验室建设】加强实验室安全管理，理顺实验室管理体系，签订《实验室安全责任书》；协助资产与实验室管理处，完成化学馆整体改造的初步设计；协助资产与实验室管理处、公安处，完成化学馆通风、上下水、消防系统的改造。

【科学研究】本年度，获批国家自然科学基金3项，省部级项目10项，其中山东省自然科学基金3项，山东省重点研发计划项目（公益类专项）3项。厅局级项目1项，横向课题21项，科研总经费达968.73万元，获得授权专利6项（3项发明专利）。本年度，全院共发表科研论文96篇，其中SCI论文18篇（二区以上8篇）、EI论文1篇。

【服务地方】与荣昌制药合作的生物制药专业2019年开始招生。组织选派研究生志愿者70人次，先后服务于第十届全国小麦基因组学及分子育种大会、定量生物学2019国际学术会议等多个大型学术活动。

【学生工作】召开学代会，做好学生组织的引领及指导工作。开展社会主义核心价值观宣传月、“不忘初心、牢记使命”学生党员教育活动、院庆主题教育等。开展“生命文化节”建设，将专业特色融入校园文化建设。为新中国成立70周年、建校35周年献礼，启动“以树之名”校园树木认领呵护计划。继续组织“生·动”体育季、“怒放的生命”主题晚会等品牌活动。举办“追‘鲤’逐梦，‘锦’绣前程”锦鲤捐赠仪式，增强毕业生对母校以及学院的归属感。1名学生被录取为“西部计划”志愿者，1名学生被录用为西藏基层公务员。2019年“名校走访计划”带领学生骨干走访江南大学、苏州大学、上海交通大学等知名学府。“梦田花房”公益文化项目获山东省志愿服务示范项目立项。天空合唱团参加山东省大学生合唱艺术节展演，并获山东省大学生合唱艺术节非专业组二等奖。

【交流与合作】10月底，生物学科与新西兰坎特伯雷大学成功签署联合博导计划合作协议。与新希望六和股份有限公司签订奖学金协议并完成本年度“新希望六和”奖学金评定。启动“大视界·名企行”校企联合实践课堂，组织学生200余人次进行实地参观学习。

（李明月）

药学院

【概况】药学院现有“重大新药新型释药系统”服务国家特殊需求博士人才培养项目,药学一级学科硕士学位授权点和药学硕士专业学位授权点,以及药学(国家特色专业)和制药工程(教育部“卓越工程师教育培养计划”)2个本科专业。

完成“分子药理和药物评价”教育部重点实验室2018年度考评,召开重点实验室第一届学术委员会第四次会议。

2019年,学院在校本科生250人、研究生259人。教职工63人,其中教授17人,副教授21人,专任教师均具有博士学位。有“泰山学者”9人,山东省有突出贡献的中青年专家2人,全国优秀教师1人。

【党建与思想政治工作】1. 本年度召开12次党政联席会议,11次党总支会议,理论中心组学习12次。

2. 获“山东省党建工作标杆学院”“山东省样板党支部”立项建设,获批学校教工支部书记“双带头人”工作室项目。2019年党总支成员发表党建论文2篇,获“山东省高校思想政治教育优秀成果”三等奖1项。

3. 加强党员教育管理,组织党员师生到威海刘公岛党性教育基地和烟台山革命教育基地学习。

4. 重视意识形态工作,加强阵地建设。管理学院新媒体账号11个,网站3个,实行专人负责,内容发布三级审核。

5. 开展师德师风整改教育活动,组织集体观看爱国主义教育影片,评选年度优秀教师。组织教师评学、学生评教和师生互评活动。

【教育教学】1. 完成药学、制药工程一流专业申报,2个专业均获批省一流专业,并由省推荐申报国家一流专业。

2. 完成了山东省高水平应用型立项建设专业——药学专业群的年度建设任务,撰写出年度报告。推进教育服务新旧动能转换专业对接产业——药学专业对接医养健康产业项目的年度建设。

3. 完成了药物化学、分析化学2门校级在线课程建设,仪器分析、生物统计学在省级平台上的在线课程建设,以及24学分的省级在线课程招标。

4. 完成了2016年参加本科教学审核评估工作中有关整改落实情况的专项检查;完成了2017－2019学年的本科教学评估。

5. 开展药学、制药工程专业2020版培养方案的修订工作。

6. 学生参加第十二届全国大学生药苑论坛,获三等奖1项;参加第六届全国医药院校药学/中药学专业大学生实验技能竞赛,获三等奖2项;首次参加第七届山东省医药生物技术实验技能大赛及创新创业比赛,获三等奖3项;参加第二届大学生实验技能暨创新创业大赛,获实验技能奖6项、创新创业奖5项。获批校级课程思政项目1项。2018年度大学生创新创业项目3项国家级、1项校级项目结题,新立项国家级项目4项、省级8项、校级21项。2018年度开放实验室项目5项结题,2019年5项校级立项。

【师资队伍】1人新入选“泰山学者”特聘专家,1人入选泰山产业领军人才项目;兼职引进“国家杰青”及国家中青年科技创新领军人才各1人。

新引进青年博士3人。

李小鹏博士获烟台市“十佳创新人才”称号,李小鹏博士“一事一议”团队通过了年度现场绩效考核。

【实验室建设】1. 撰写和完成了烟台大学药学国家级实验教学示范中心年度报告。承办高等学校国家级实验教学示范中心联席会药学组2019年第一次工作会议。其间,联席会药学组专家对中心进行了中期走访考察。

2. 举办“第二届大学生实验技能暨创新创业大赛”,来自全国15所高校近200名师生参加了此次大赛。

3. 与各实验室负责人签订实验室安全责任书,严格落实实验室定期安全检查、通报制度;上半年进行安全讲座培训,下半年组织全院师生进行一次实验室消防安全逃生和灭火演习。

4. 配合完成新建实验大楼的初步设计工作。

5. 完成了一流学科、医养健康项目合计约1900万元的实验设备政府招标采购。完成化学类实验室、药学院3楼实验室改建、动物房新建,药物化学、天然药物化学、生药学及微生物与生化药学4个教研室的科研实验室搬迁。

【科学研究】本年度新立科研项目29项。纵向课题10项,其中国家自然科学基金项目3项,山东省自然科学基金项目7项。获得横向课题17项。发表SCI收录论文89篇,其中JCR分区1、2区论文50篇;本年度新入选高被引论文3篇。申请国家发明专利8件,授权发明专利7件。

【研究生教育】1. 2019年招收博士研究生7人,硕士研究生84人。

2. 首次进行研究生毕业论文全盲评,并全部通过;67名硕士、1名博士获得学位。研究生发表论文91篇(SCI收录41篇);申请发明专利6项,授权3项。

3. 新遴选博士生导师6名、硕士生导师7名。聘任校内导师36名、兼职导师101名。

4. 研究生获校级优秀博士论文1篇,校级优秀硕士论文4篇;省级优秀博士论文1篇,省级优秀硕士论文2篇;获全国药学专硕优秀学位论文1篇。获省级研究生教育优质课程建设项目1项、专业学位研究生教学案例库建设项目1项,校级各1项。获校级优秀研究生创新成果一等奖2项、二等奖2项;省级优秀研究生创新成果一等奖1项、二等奖1项。获“智慧实验室”烟台大学第一届研究生创新实践大赛二等奖1项,三等奖4项。获学校研究生科技创新基金重点项目3项、一般项目2项。

5. 在第二届全国药学研究生学术研讨会上,获口头报告二等奖1项、三等奖1项,优秀壁报2项,优秀组织奖1项。举办第二届药学院研究生学术论坛。

6. 1人获研究生教育国际化项目导师出国访学资助,2名博士研究生赴海外参加国际学术会议。参加2019年全国药学专业学位研究生培养单位年会,并做大会报告。

7. 编制《烟台大学药学院学位与研究生教育文件汇编》。

【服务社会】1. 学院教师在共建单位主持并完成的两个新药——治疗精神分裂症的新制剂注射用利培酮缓释微球、治疗重度抑郁症的一类新药安舒法辛缓释片,已在美国完成新药上市申请(NDA)。

【学生工作】1. 做好党支部建设、党员发展、党员先锋示范岗等工作,引领青年学生成长。赴胶东革命纪念馆开展党性教育学习。

2. 2019年累计开展主题团日活动近200次,获得学校“红旗团委”荣誉称号。研究生会和学生会分别获得“烟台大学十大优秀研究生会”和“烟台大学十大优秀学生会”荣誉称号;学院“博思读书会”荣获“烟台大学十佳社团”荣誉称号。

3. 持续推进集体晚自习制度、无手机课堂制度和宿舍晚签到制度。举办3期学院特色活动“药苑争鸣”学子论坛,7场考研经验交流会。2019届毕业生考研率位居全校前三,学院宿舍得A率始终名列前茅。

4. 以营造科创氛围、提高作品质量和强化项目落地为切入点,累计开展宣讲活动近10次,覆盖群体近1000人,开展项目答辩活动6场,专项指导活动3次。入围大学生创新创业训练计划国家级项目4个、省级项目4个,两项指标均在全校前列。

5. 顺利完成困难生认定、助学金发放、奖学金评审与发放、临时困难补助、贷款追踪等相关工作。组织就业协调会2次,举办专场招聘会1次,40多家企业提供200多个岗位。本科毕业生考研率达38.2%;研究生毕业生升学率15.87%。

6. “药乡行”爱心医疗服务团、荣“药”江西行实践队、“皖如烟海”暑期社会实践支教队、“视膳问安”实践队入围“镜头中的三下乡活动”。新建社会实践基地2个。“药乡行”爱心医疗服务团代表学校参加省志愿服务公益创业赛,获得“优秀志愿服务组织”荣誉称号。

【交流与合作】1. 承办第十三届中国药物制剂大会、第十六届全国生化与分子药理学学术会议和“疾病的调控机制及创新药物设计与发现专题”泰

山学术论坛。

2. 以药学学科为核心,与烟台药物研究所签署战略合作协议;入选中国高等教育博览会“校企合作 双百计划”典型案例,并在南京举办的中国高等教育博览会进行集中展示和路演。

(刘慧丽)

计算机与控制工程学院

【概况】2019 年,学院有教职工 94 人,专任教师 76 人,其中教授 11 人,副教授 30 人;博士学位获得者 42 人,专任教师中具有博士学位者占 55 %。另有山东师创教师 10 人,外聘兼职教授 12 人。学院有计算机科学与技术、自动化、软件工程、智能科学与技术 4 个本科专业,计算机科学与技术一级学科硕士点和计算机技术专业硕士点。现有研究生、普通本科、卓越工程师、服务外包等多类别在校生 2000 余人。拥有“高端海洋工程装备智能技术”山东省协同创新中心,“数据科学与智能技术”“十三五”山东省高校重点实验室,“高端海洋工程装备智能技术”烟台市重点实验室。

【党建与思想政治工作】领导体制机制健全,班子职责分工明确;年初召开专题会议研究部署党建工作,实施党建突破项目;班子成员严格落实“一岗双责”要求。学习宣传贯彻党的十九大、学校第四次党代会精神。组织教师参加 10 余次专题学习活动,开展院长、书记讲思政课活动,受到学生的好评。

推进“两学一做”学习教育常态化、制度化,开展教工主题和学生主题党日活动,前往海阳地雷战纪念馆参观学习;组织党员前往台湾村社区、烟台市图书馆进行志愿服务活动。2019 年,学院接收预备党员 109 名。学院现有党员 196 名,其中教工党员 47 名,研究生党员 30 名,本科生党员 119 名。

学院根据自身特点,在科技馆 5302 室设置党员先锋示范岗;依托学院党员先锋岗,在烟台市图书馆建立志愿服务基地,为烟台市儿童和周边的留守儿童开设少儿编程课程。加强对预备党员的教育培训考察,举行集体入党宣誓活动;利用新媒体主阵地,在学院公众微信号、蓝墨云班课 App 开设学习习总书记系列讲话精神专栏,通过“指尖上的课堂”方便广大党员随时学、随地学、随身学。在学院官微上连续发表《青年态度》系列文章,用学院优秀党员为学生树立榜样。

党建带团建,对团干部进行指导与培训,提高团干部队伍整体水平。6 月,召开了计算机与控制工程学院第一次学生代表大会。

2019 年,学院老师发表论文《当代大学生社会主义核心价值观培育的调查》《第二课堂成绩单制度与高校创新创业教育》《新发展理念视野下的高校辅导员工作》等 3 篇思想政治工作论文。

【教育教学】*教学重点工作* 完成了 2018—2019 学年本科教学工作自评和高水平应用型专业群中期评估工作。积极申报一流专业建设,计算机科学与技术和软件工程两个专业获批山东省一流专业,软件工程获批国家一流专业。开展“本科教学质量提升月”活动,扎实推进 OBE 教学改革。申报智能科学与技术新专业,获教育部审批通过,2019 年开始招生。

教学成果 学院校级教改立项 6 项,校级“课程思政”示范课程建设立项 2 项,获教育部产学合作项目 27 项,发表教研论文 12 篇。

附：

1. 教学研究立项一览表

时间	级别	名称	负责人
2019 年	校级	基于 OBE 理念的“金课”评价体系研究	潘庆先
2019 年	校级	新时代背景下自动化专业创新与工程实践能力培养体系建设	王培进
2019 年	校级	基于创新和协同能力培养的《.NET 开发技术》教学方法实践	李瑞旭
2019 年	校级	专创融合机制下的人才培养与孵化模式研究与实践	张雅静
2019 年	校级	新教育模式下程序设计项目实训课程的教学运行模式研究	卢云宏
2019 年	校级	基于 OBE 的“课程思政”教学设计模式	潘庆先
2019 年	校级	大学计算机基础(“课程思政”示范课程)	马晓敏
2019 年	校级	计算机组成原理(“课程思政”示范课程)	潘庆先
2019.03	教育部产学合作项目	基于新工科建设的嵌入式课程探索与实践	齐永波
2019.03	教育部产学合作项目	智能科学与技术专业建设方案	童向荣
2019.03	教育部产学合作项目	“智能科学与技术”新工科建设	胡　光
2019.03	教育部产学合作项目	新工科过程评价体系建设	潘庆先、姜远明
2019.03	教育部产学合作项目	从入门到实战——以学生评教微信开发为例	董　浩
2019.03	教育部产学合作项目	基于 Hadoop 的大数据存储和处理技术	胡　光
2019.03	教育部产学合作项目	新工科背景自动化专业课程体系改革	王培进
2019.03	教育部产学合作项目	“Java 框架编程技术”课程教改研究与建设	胡　光
2019.03	教育部产学合作项目	大数据技术与自动化专业课的融合	王培进
2019.03	教育部产学合作项目	Python 编程与应用	胡　光
2019.03	教育部产学合作项目	嵌入式及人工智能方向的师资培训	邱秀芹
2019.03	教育部产学合作项目	新旧动能转换背景下教师能力提升计划	姜远明
2019.03	教育部产学合作项目	基于 IPv6 的产学合作协同育人师资培训	曲霖洁
2019.03	教育部产学合作项目	面向产业对接的软件工程实践能力提升平台建设	姜远明
2019.03	教育部产学合作项目	烟台大学——中锐网络“大数据科研平台”建设	齐永波、张景辉、谭征
2019.03	教育部产学合作项目	VR/AR 方向创新创业人才培养的教育实践	李瑞旭
2019.03	教育部产学合作项目	基于人工智能方向创新创业的探索和实现	丁晓丹、蔡新海、刘柏君
2019.03	教育部产学合作项目	创新创业课程建设	贺毅、潘庆先、宋健栋
2019.03	教育部产学合作项目	物联网创新创业人才培养的教育实践	赵金东(明孟立)
2019.12	教育部产学合作项目	教育服务产业背景下教师能力提升计划	姜远明
2019.12	教育部产学合作项目	创新创业教学体系和实践平台建设	邱秀芹、任满杰
2019.12	教育部产学合作项目	智能科学与技术专业实践课程体系改革	齐永波、潘庆先
2019.12	教育部产学合作项目	产教融合背景下学生创新创业平台建设	姜远明、潘庆先
2019.12	教育部产学合作项目	Python + 人工智能师资培训	胡　光
2019.12	教育部产学合作项目	基于产教融合提升教师工程实践能力	姜远明、潘庆先
2019.12	教育部产学合作项目	烟台大学 - 讯方人工智能教研平台建设	齐永波、潘庆先、卢云宏
2019.12	教育部产学合作项目	工业机器人实验实践指导教师师资培训	刘兆伟

2. 发表教学研究论文目录

作者	论文题目	刊物名称	发表时间
刘霄、潘庆先、孙红霞	单片机原理及应用课程中的多元化教学方法实践	电子技术与软件工程	2019.6
姜远明等	软件工程专业高职—本科"3+2"贯通分段培养模式实践	科教导刊	2019.2
郭艳燕等	UML在面向对象课程体系实践教学中的应用	计算机教育	2019.3
贺利坚	课程思政:既是要求,也是需求	计算机教育	2019.11
贺利坚	一种融入课程思政的理工类专业课教学设计方法	计算机教育	2019.11
郭艳燕	基于TPACK的混合式教学研究——以面向对象方法学课程为例	计算机教育	2019.9
郭艳燕	基于TPACK模型的程序设计实验课程混合式教学改革	实验技术与管理(核心)	2019.10
卢云宏	新教育模式下程序设计课程体系的构建与实践	电子技术与软件工程	2019.12
蔡新海	《第二课堂成绩单制度与高校创新创业教育》	文教资料	2019.10
丁晓丹	《人工智能专业的创新创业实践探索》	读者文摘	2019.12
王玲玲	基于口袋实验箱的课程混合教学模式研究与实践	科教导刊	2019.11
贺利坚	课程思政:既是要求,也是需求	速读	2019.12

课堂与实践教学　全年共开出课堂教学课程280门次,其中专业限选课和任选课77门次,实践、实验类课程150门次,开出率100%。综合性、设计性实验69门次,实习类23门次,开出率100%。积极开展实验室开放项目,2019年获批校级实验室开放项目13项,位居学校首位。参加毕业论文(设计)的学生共514人,其中来自生产、科研、社会一线的题目占题目总数的92%。

日常监督　制定了课堂教学规范等规章制度,采用学生评教、督导课、党政干部听课等形式把控课堂教学质量,将多种因素纳入教学考核综合评价中。加大对青年助教培养的监督力度。本学年学院教学工作各环节运行正常,教学秩序良好,没有发生教学事故。

评教评学、考试与论文　学生评教、老师评学参评率高。本学年共检查课程试卷98份,毕业论文120份。大多数试卷内容、难度设计基本合理,基本符合教学大纲要求,考查覆盖了主要知识点,评分较准确,试卷分析认真较客观。大部分论文选题有理论和实际意义,符合规范要求。教师指导比较认真,答辩规范,评分客观。

【师资队伍】2019年,学院引进了浙江师范大学赵相福副教授(直聘教授),浙江海洋大学崔振东教授,济南大学于自强博士(直聘副教授),西安电子科技大学蔡青博士,长安大学王璇博士,中国海洋大学迟浩坤博士。学院鼓励支持在职中青年教师进修,2名博士外出做博士后研究。举办"本科教学提升月"系列活动,培养青年师资队伍。王莹洁老师获得中国博士后科学基金特别资助项目。

【实验室建设】学院建有计算机技术综合实验中心和自动化技术综合实验中心,拥有各类实验室50余个,实验室面积3300多平方米,仪器设备总值1500余万元。本年度学院教学经费投入298万元,主要用于实验室建设和教师培训,包括智能科学与技术设立新的专业实验室,扩充硬件设备和升级软件,工程认证教学改革培训。

【科学研究】获批国家自然科学基金1项,山东省自然科学基金1项,山东省科技厅山东省技术创新引导计划(国家重点科研项目补助和奖励)项目1项,厅级项目3项,经费共894.2万元;横向课题到位经费68.5万元,纵、横向课题经费总额962.7万元。共发表学术论文47篇,其中SCI收录24篇。获山东省科技进步奖三等奖1项。获批发明专利1项,软件著作权8项,实用新型2项(见附表)。

附：

专利与软件著作权登记目录

序号	发明人	专利名称	专利类型,时间
1	徐金东	一种基于多尺度形态成分分析的遥感图像融合方法	发明专利,2019.05
2	刘　霄	核电设备维修预测分析系统1.0	软件著作权,2019.09
3	王　璇	基于车道线/车辆模型的半自动标定软件	软件著作权,2019.04
4	王　璇	基于深度学习的车辆轨迹提取软件	软件著作权,2019.08
5	孙立民	一种视频会议系统V1.0	软件著作权,2019.07
6	刘兆伟	基于CP-net的污染源监控因子关联关系挖掘软件V1.0	软件著作权,2019.04
7	刘兆伟	基于神经网络方法的污染源异常数据分析软件V1.0	软件著作权,2019.04
8	刘兆伟	污染大数据流异常数据分析与挖掘软件V1.0	软件著作权,2019.04
9	刘兆伟	基于深度学习方法的污染源异常数据分析软件V1.0	软件著作权,2019.04
10	孟宪辉	一种流浪动物环保供食系统	实用新型,2019.01
11	毕远伟	一种用于定位ADAS标定目标板放置位置的装置	实用新型,2019.12

【服务社会】2019年,学院作为牵头单位,申报“新华三数字创新学院建设”(学科专业建设类)和“面向智慧海洋的智能监测技术开发与产业应用协同创新平台”(平台创建类)烟台市校地融合发展项目,通过了烟台市教育局组织的专家评审,获得了优先推荐支持。学院再添加两个牵头的优势创新平台。

【学生工作】本科生　学生工作领导机构健全,定期研究学生工作,积极开展面向全院的安全教育、爱国教育、社会主义核心价值观教育、诚信感恩励志教育等主题活动。学院微信公众号“烟大计算机与控制工程学院”关注量达11800多人。学院微博公众号“烟大计算机与控制工程学院”关注量达12427人。学院官方QQ粉丝700余人,访客7万人次,发布动态300余条。出台了《烟台大学计算机与控制工程学院研究生新生入学奖学金实施办法》《烟台大学计算机与控制工程学院研究生学业奖学金实施细则》《计算机与控制工程学院国家奖学金测评量化标准》等各项评奖评优及日常管理工作制度。召开“互联网+”创新创业部署会、山东省大学生科技创新比赛交流会,举办挑战杯、创青春宣讲会、科技创新实验室宣讲会和智能文化节船模竞速赛等创新创业教育活动。在第十六届“挑战杯”全国大学生课外学术科技作品竞赛中,“全自动苹果套网套装箱机”荣获国家级三等奖。在山东省大学生科技创新大赛中获得省级二等奖1项,省级三等奖1项。2019年,学院有9支队伍荣获“镜头中的三下乡”优秀视频奖和优秀摄影奖。在团中央评比中,3名老师获优秀指导老师,6名同学荣获优秀通讯员,2支社会实践队伍新签订基地协议。学院初次就业率标准81%、实际81.55%,总体就业率100%。学院获得2019年新生军训先进单位、就业先进单位、“十佳校园新媒体”、2018年度“红旗团委”等荣誉称号。

研究生　2019年学院研究生招生人数再创新高,共录取研究生44人。其中:全日制学术硕士7人,全日制专业硕士36人。研究生高水平的科研成果不断涌现。三年级研究生冯国政、胡颖同学获得2019年度研究生国家奖学金;冯国政在三区SCI期刊《Computers and Geosciences》和《International Journal of Fuzzy Systems》上发表论文2篇,三年级研究生赵炳旭在三区SCI期刊《Sensors》上发表论文1篇,三年级研究生潘廷伟在二区SCI期刊《IEEE Access》上发表论文1篇,三年级研究生王金迪在国内计算机类权威期刊《计算机研究与发展》上发表论文1篇,三年级研究生亓法欣在四区SCI期刊《EURASIP Journal on Wireless Communications and Networking》上发表论文1篇,二年级研究生刘素在二区SCI期刊《IEEE Access》上发表论文1篇。

深化研究生课程体系改革,鼓励年轻教师和兼职教授提供高水平的研究生课程。2019年,兼职教授于雷老师(美国纽约州立大学宾汉姆顿分校)暑

假为本院研究生开设机器学习选修课,兼职教授魏守科老师(加拿大水环境保护领域研究员)与本院老师共同为研究生开设高级人工智能课程,兼职教授李英姝老师(美国佐治亚州立大学)多次为研究生开设物联网应用研究讲座。

【交流与合作】8月20日,学院承办了在江苏省徐州市召开的第六届中国智能体及多智能体系统研讨会,邀请到了多位知名专家作特邀专题报告。学院成功竞选为中国计算机学会人工智能会议(CCFAI2021)的承办单位;成功申请为2020年第十三届图像与信号处理—生物医学和信息学国际会议(CISP-BMEI 2020)的承办单位。

今年应邀来校做学术报告的有:纽约州立大学于雷教授、佐治亚州立大学蔡志鹏教授、李英姝教授,哈尔滨工程大学印桂生教授、华南理工大学陈伟能教授、詹志辉教授等。

(王莹洁)

机电汽车工程学院

【概况】学院现有机械设计制造及其自动化、测控技术与仪器、车辆工程3个本科专业。车辆工程专业为国家第二批、烟台大学首批教育部“卓越工程师”培养计划入选专业,机械设计制造及其自动化专业为首批山东省特色专业、烟台大学名校工程重点建设专业。有先进制造与控制技术山东省高校重点实验室、国家机动车配件质检中心烟台大学分中心、烟台大学海洋工程研究所、CAD/CAM技术研究所等科研机构。机械工程增列为一级学科硕士学位授权点。

学院现有教职工97人,其中中国工程院院士1人,教授9人,副教授40人;具有博士学位者47人,占专任教师的63%。在校本科生、研究生2514人。

【党建与思想政治工作】学院党总支和各基层党支部深入学习贯彻落实党的十九大精神,用习近平新时代中国特色社会主义思想武装党员头脑,以“不忘初心、牢记使命”主题教育为重要载体,指导实践,推进工作。党建工作制度化、规范化,扎实抓好党员发展、教育和管理工作。完成了两批入党积极分子培养和党员发展,共发展81名学生党员。在中华人民共和国成立70周年之际,开展“不忘初心、牢记使命”“学时代楷模、做时代青年”系列党日活动。

【教育教学】认真做好省高水平专业群、省教育服务新旧动能转换专业对接产业专业群建设等重点工作,完成高水平专业群与专业对接产业专业群年度总结。车辆工程专业的《工程教育专业认证专业自评报告》一次通过评审;机械设计制造及其自动化专业完成专业认证申请工作。组织机械设计制造及其自动化、车辆工程两个专业申报省一流专业;面向新工科建设申请的新专业——机器人工程专业完成材料提交,同时获准烟台市校地融合项目立项。国家级焊接工业机器人虚拟仿真项目入选教育部国家一流课程建设名单。

2019年5月,正式获批增列机械工程一级学科硕士点。现有硕士研究生导师35人,兼职导师22人。2019年共招收硕士研究生45人。选派10名2018级优秀硕士研究生到清华大学联合培养。2018级研究生均通过开题,完成了中期筛选。修订《机电汽车工程学院研究生学业奖学金评选细则》,完成研究生国家奖学金、学业奖学金和“艾迪液压”奖学金等社会奖学金的评定。106名研究生获评各类奖学金。

流体传动与控制实践教育教学获批山东省研究生教育联合培养基地;机电控制工程获校研究生教育优质课程建设项目立项,并推荐省级评审;汽车系统动力学获2019年学校研究生教学案例库建设项目立项，并推荐省级评审。

【师资队伍】 获批山东省优秀青年创新团队 1 支。新引进 2 名博士。2 名青年教师分赴澳大利亚、西班牙进行为期 1 年的访学。

【实验室建设】 完成了校级科研创新平台——烟台大学海洋工程研究所、烟台大学先进制造技术研究所、烟台大学先进制造与控制技术重点实验室的绩效考评。“高端重大装备智能制造研发中心”被列为烟台市平台创建类校地融合项目。

配合焊接工业机器人国家虚拟仿真实验项目和机器人工程专业申报，投资近 400 万元进行机器人实验室建设。以车辆专业认证为契机，完成车辆专业实验室新址建设及实验设备更新工作。

【科学研究】 按照学院科研团队规划方案，成立了 6 个科研团队：复杂智能机电液系统设计理论及重大装备团队、高端装备动态设计研究团队、新材料难加工材料精密与超精密加工团队、新能源汽车技术与应用团队、面向生物医疗的跨尺度智能制造团队和基于网络平台智能创新设计与智能制造技术研究与应用团队。

学院教师年内共发表学术论文 21 篇，其中 SCI 收录 12 篇；出版学术著作 2 部。授权专利 19 项，其中发明专利 4 项，软件著作权 34 项。立项科研课题 42 项，到账科研经费 548.49 万元，获批纵向课题国家级 1 项、省部级 7 项、厅局级 3 项。承担横向科研与研发项目 18 项，其中重大横向 1 项。

【服务社会】 完善与(韩国)现代汽车研发中心、莱州强信科技有限公司的人才联合培养机制，新增现代摩比斯校企联合人才培养项目。新建山东康迈信机械有限公司校企实习实践基地。

【学生工作】 开展“社会主义核心价值观”主题教育。召开第八次机电学院学生代表大会。院学生会获评校“优秀学生会”，院团委获评 2018 年度校“红旗团委”、校“共青团先进宣传单位”；学院新媒体获评校“十佳校园新媒体”，学院获评“军训先进学院”。机 161－2 班学生宋沅林获评校十大优秀学生，并获得“中国电信奖学金·飞 young 奖”。机 162－1 班获评省级先进班集体。

组织参加大学生机电产品创新设计竞赛、中国机器人大赛、“互联网＋”大学生创新创业大赛、全国物联网大赛等系列重要赛事，并取得全国机器人大赛冠军、一等奖等优异成绩。学生参加各类科创比赛，获评省级以上荣誉 93 项。举办各类校园文化活动合计 100 余项，举办了“科创实践展”“科创之星评选”“汽车文化节”“环校越野赛”“家乡情大赛”等多项品牌活动。

学院共计 495 名学生获评各类奖学金，299 名学生获国家助学金，140 名学生获移动助学金等各项社会资助。

积极推进就业，全方位发布招聘信息。走访歌尔声学、豪迈科技集团等 10 家单位；举办行业“双选会”2 场，共 120 家公司参与，提供就业岗位 2000 余个。学院毕业生总体就业率 98.86%。在学校主页等校内媒体发表稿件 600 余篇，校外媒体发表 200 余篇，撰写学工简报 12 期。学院官微推文 600 余条，浏览量共 6 万余人次。

【交流与合作】 10 月 23 日，组织了“烟台大学—木浦大学第 29 届中韩学术研讨会”第一分场的讲座及研讨会。

年内组织校外专家学术讲座 5 场：石家庄辰宙智能装备有限公司杜惠斌博士的“协作型机器人环境感知与避障规划”；中科院沈阳自动化研究所于海波研究员的“微纳生物同步操控与观测”；中国科学院金属研究所博士生导师、国家“万人计划”入选者肖伯律研究员的“铝基复合材料的搅拌摩擦焊接”；中国科学院金属研究所博士生导师、国家杰青马宗义研究员的“纳米碳金属基复合材料的发展机遇与挑战”；德国蔡勒集团研发部科长张海平博士的“移动设备液驱电控”。

组织学院教师学术讲座 3 场：王凤云博士的“基于表面测试应力的机械零件残余应力场预测方法”；袁正博士的“新能源客车车身结构在新材料匹配设计过程中的关键技术研究”；李岩博士的“区块链技术及其应用价值”。

（石运序　郭金玲）

土木工程学院

【概况】学院现设有土木工程、工程管理和给排水科学与技术3个本科专业,有土木工程一级硕士点和建筑与土木专业学位硕士点。2019年,学院在校本科生1795人,研究生135人;教职工77人,其中教授12人,具有博士学位的教师46人。聘请兼职院士1人,聘请国内外兼职教授10人。

【党建与思想政治工作】坚持党要管党、从严治党的方针,严格执行“三会一课”制度,认真开展党建工作。组织全体党员开展“不忘初心、牢记使命”主题教育,6月28日至29日,与清华大学土木水利学院35名党政干部共同开展党建活动。建立党建文化墙,营造党建工作良好氛围。全年共发展党员70人。

【教育教学】圆满完成2019年教学工作,无教学事故发生。按照高水平应用型大学专业建设的要求,调整人才培养方案,新版培养方案中实践教学环节的学分比例达到30%以上。按照山东省在线课程建设标准要求,建设在线课程18门。教学研究方面,获1项省级教改项目立项,校级在研项目4项。完成研究生专业学位类别的调整,将建筑与土木工程专业学位类别调整为土木水利类别。出台和实施了《土木工程学院研究生学术交流资助暂行办法》,全年有19名研究生参加各种学术交流活动。全年建设校企研究生联合培养基地3个,聘请校外兼职硕士研究生导师12名。

【师资队伍】本年度,学院引进哈尔滨工业大学和中国地质大学(武汉)青年博士各1名。持续鼓励支持在职中青年教师出国进修,崔淑梅、侯哲生、张慧超3名教师结束国外高校进修,逯静洲作为国家公派访问学者赴澳大利亚塔斯马尼亚大学进修。

【实验室建设】严格执行实验室管理各项规章制度,完成了各项教学科研任务,安全无事故。新增云智慧数据采集分析仪、裂缝显微镜、Zeta电位仪、全球定位系统、沥青粘韧性测定仪、黏聚力试验器、沥青混合料弯曲蠕变试验器、沥青全自动抽提仪、HiBIM软件、BIM脚手架模板工程设计软件、石英晶体微天平、激光收缩膨胀测试仪等软硬件设备,总额约110万元。完成了实验室日常维修工作,为BIM算量软件升级,对力学实验室进行了升级改造。

【科学研究】本年度学院获批纵向科研课题10项,其中国家自然科学基金项目2项(其中1项为面上项目),省自然基金5项,省重点研发计划项目2项。学院纵向课题经费为175万元,横向课题到账经费为119.04万元。发表科研论文41篇,其中SCI和EI收录18篇,出版著作3部。

【服务社会】本年度,学院与万华节能科技集团股份有限公司联合申报的“烟台市绿色节能集成建筑重点实验室”成功挂牌,就联合开展国家重点研发计划项目“高原高寒住宿方舱项目”签订技术服务合同;与荣成顺达建材有限公司共建“高性能混凝土工程技术中心”和“固废产业化应用工程技术中心”,合同共建经费60万元。

【学生工作】在中华人民共和国成立70周年和建校35周年等重要时间节点,开展主题班会、团日活动、校友分享会等多种形式活动。全年进行4次就业动员,对2019届毕业生进行“一对一”就业帮扶指导,3月和10月举办土木类行业双选会各一次,提供就业岗位300余个。坚持“未之星”大学生骨干训练营项目。加大科技创新学科竞赛扶持力度,实现学院大学生科技创新工作突破,获省“挑战杯”特等奖1项并推荐进入国赛、省结构设计大赛二等奖1项并入围国赛、全国大学生桥梁设计大赛三等奖1项、全国大学生给排水科技创新大赛三等奖2项。

【交流与合作】年内学院领导访问了清华大学、北京工业大学、南京大学、西安建筑科技大学等多所国内知名高校。举办两校名师讲堂3次,先后邀请到清华大学李克非教授,潘鹏教授,吴璟副教授等在内的知名学者15人次来学院做报告演讲。4月,土木工程学院上海校友会在沪成立,1990级校友丁涛担任首任会长,2006级校友赵凯担任秘书长。7月29日至30日,学院承办中国土木工程学会《混凝土耐久性设计与施工指南》(CCES01)第二次编制会,西安建筑科技大学牛荻涛副校长、清华大学阎培渝教授等多位著名专家参会。

(郑　凯)

海洋学院

【概况】2019年,学院有专任教师97人,兼职教师57人,轮机长6人,船长8人。专任教师中博士占比39%。有全日制在校硕士研究生和本科生2349人。有航海技术、轮机工程、海洋渔业科学与技术、水产养殖学、能源与动力工程5个本科专业。能源与动力工程专业进入国家级“卓越工程师教育培养计划”;能源与动力工程、海洋科学2个专业为山东省“名校建设工程”项目;水生生物学学科为校级重点学科,水产养殖学专业列入烟台大学创新教育实验区。学院设有一级、二级学科硕士点和农业推广硕士学位点。烟台大学船员培训中心设在本学院。

【党建与思想政治工作】创建“四三二”党建工作模式,调整党支部设置,建立党员领导干部联系支部制度。能源与动力工程系党支部入选学校教师党建工作样板党支部培育创建单位。制定《海洋学院“不忘初心、牢记使命”主题教育工作方案》,严格按照方案要求开展各项活动。制定海洋学院2019年理论计划,组织中心组学习9次;坚持“三重一大”工作集体决策,召开党委会议10次、党政联席会议12次。获批学校党建工作研究课题1项,发表党建思政工作论文2篇。发展学生党员104人,确认225名入党积极分子,举办二级党校培训4期,共培训学员300余名。

【教育教学】1.获得烟台大学“课程思政”示范课程1门,教育部高等教育司第二批产学合作协同育人项目3项。制冷原理与设备上线山东省高等学校在线开放课程平台;5门在线课程一次性通过学校第二批立项建设验收。

2.出台《海洋学院省级教改项目和教学成果奖培育管理办法(试行)》,首批投入经费6万元,资助教改项目4项,为一流专业建设创造条件。2019年,能源与动力工程专业获批省一流本科专业。水产养殖学、海洋科学、能源与动力工程3个专业通过教育服务新旧动能转换专业对接产业年度考核。

3.完成能源与动力工程为核心、轮机工程和航海技术为支撑专业的烟台大学高水平应用型专业群年度考核工作。轮机工程专业和航海技术专业提交2020年工程教育专业认证申请报告。

4.2019年,学院出资设立4项省级教改项目培育项目。获批2019年烟台大学教学研究与改革项目3项。

5.参加“互联网+”大学生创新创业大赛,获山东省银奖2项;参加首届全国大学生水产技能大赛,获特等奖1项、一等奖3项、二等奖2项;参加第二届全国大学生船舶能源与动力创新大赛,获设计赛一等奖1项、二等奖2项、优秀奖1项,获技能赛二等奖2项,1名教师获“优秀指导教师”,学校获“优秀组织奖”。

【师资队伍】引进各类人才12人,其中拔尖人才层次2人、学科带头人层次2人、优秀青年博士8人,1人直聘教授。引进轮机长、船长3人。有国务院政府特殊津贴专家1名,山东省人民政府农业(水产)专家顾问团顾问1名,省现代农业产业技术体系专家2名。有实践经验的生产一线轮机长20人、船长30人担任兼职教师,主要负责实践教学和

船员培训工作。学院主讲教师全部符合岗位资格要求。所有教授、副教授(除正在社会实践,在远洋轮船做船长外)全部都为本科生上课。兼职教师管理规范,聘任协议齐全,保证兼职教师发挥专家作用。

【实验室建设】2019年,学院重点关注实验室安全隐患排查和危化品废弃物处置。建立了隐患排查常态化机制,定期排查安全隐患,不留死角,保障实验室安全运行。顺利完成轮机工程系海边实验室扩建工程及验收工作;海洋馆新建的5个实验室交付使用,新增海洋科学创新实验室、工程热力学实验室、制冷空调检测与控制实验室、能动实验室、航海操舵实验室;创建海洋遥感实验室。全年实验课时共计6328学时。组织各系各实验室完成《高等学校实验室安全检查项目表》中各项要求并整改,整理并制定《海洋学院实验室规章制度汇编》,征集各系讨论意见。申报烟台大学开放实验室项目6项并获得资助,立项烟台大学自制实验仪器设备项目1项。

【科学研究】2019年,学院教师发表论文37篇,其中SCI、EI收录22篇;科研立项纵向10项,其中国家级课题2项,省部级课题3项,横向课题13项,累计合同经费1209.79万元;获国家发明专利1项(非首位),实用新型专利8项(含1项非首位)。举办学术讲座11场。1名研究生获烟台大学科技创新重点基金;5名研究生获烟台大学硕士研究生高水平学术成果奖励。申报2020年国家自然科学基金项目共计19项。

【服务社会】承担山东省海洋渔业厅渔业技术推广培训淡水普通班、淡水骨干班和淡海水重点班三个班次任务,培训基层渔业技术人员223人次。

【船员教育培训】1. 举办船长、大副、轮机长、大管轮培训班2期,培训学员280余人;适任理论考试一次性通过率在85%以上,实操考试一次性通过率达到了90%,在全省、全国成绩名列前茅。

2. 值班水手和值班机工完成4期,培训320人;合格证培训知识更新20期,培训完成850人次;船长、驾驶员、轮机长、轮机员适任证书知识更新培训24期,培训完成860人次。基本安全32期,培训1100人;保安意识培训32期,培训人数1100人、保安职责培训550人,精通救生艇筏培训17期,培训人数610人;国际航行英语14期,培训人数560人;客船特殊培训14期,培训人数560人。

3. 组织烟台大学航海类教师参加国家海事机构2019年师资考试两次,通过率达到了90%。

4. 举办游艇操作人员培训班10期,共培训学员200余人。

5. 依据新颁布的《海船船员培训大纲》,修订了培训科目的教学大纲等培训文件,迎接海事主管机关对培训机构的课程认证工作。

【学生工作】1. 开展了一系列学风建设活动,加强学生日常行为规范管理,学风、考风、学习纪律得到改进。全年平均到课率达到99.6%,学生内务得C率从年初的10%以上降至1%以下。严格考风考纪和学生请销假、离校,学生全员签订考风考纪承诺书、离校安全承诺书和离校去向单。严格实施《海洋学院优秀班集体评选细则》《烟台大学海洋学院宿舍管理条例细则》《烟台大学海洋学院宿舍文明守则》。做好困难生认定、奖助评优等工作。

2. 获批学校党建工作研究课题1项,发表党建思政工作论文2篇,参编大学生创业教材1部。

3. 聚焦"一院一品"建设,举办第五届海洋文化节;承办学校"互联网+"和节能减排大赛;举办"创意海洋"创业大赛、"逐梦深蓝"操艇大赛等各类活动10余项。参加全国海洋知识竞赛,获优秀奖2项;7项创新创业训练计划项目获得校级立项;荣获"挑战杯"校级竞赛二等奖2项、三等奖1项;获评"第三届全国大学生预防艾滋病知识竞赛"突出贡献奖和优秀组织单位;获得烟台大学创业大赛优秀组织单位,宿舍文化节优秀组织单位,2019年分列式优胜方队、歌咏比赛优胜方队、会操优胜排、军训先进学院等称号;获学校心理创新活动大赛二等奖。

【交流与合作】完成与冰轮集团联合培养专业硕士的可行性调研,与冰轮集团共建能源与动力工程专业的有关工作基本就绪。

(苏　璇)

环境与材料工程学院

【概况】环境与材料工程学院现有环境、材料2个系,环境科学与工程、环保设备工程、材料科学与工程3个本科专业及材料科学与工程(本科)中韩合作办学项目。学院现有教职工76人。

【党建与思想政治工作】2019年,学院共召开党政联席会议16次。组织"不忘初心、牢记使命"主题教育。党委严抓意识形态工作,专题研究意识形态工作2次,召开学生座谈会2次。党委对引进13名人才(待报到2人)全部完成政审。学院党委理论学习中心组集体学习16次,院长、书记讲党课、思政课4次。学院党委获评"烟台市优秀基层党组织",1人获评"山东省优秀党务工作者"。学院党委获烟台大学标杆党委培育创建单位、2018年单位目标责任制考核二级单位党组织考核奖,教工环境党支部获教师党建工作样板党支部培育创建单位。获"庆七一,迎国庆、校庆"教职工歌唱比赛二等奖。

【教育教学】1.专业建设。环境科学与工程专业顺利通过山东省高水平应用型专业群中期评估,环境科学与工程、材料科学与工程专业向中国工程教育专业认证协会提交了认证申请书。材料科学获批山东省一流学科建设项目。赴中南大学等高校调研,探索从二级学院层面促进学科建设的政策和方法。启动2020版本科专业人才培养方案修订工作。获教育部协同育人项目立项1项,结题1项。新增烟台大学教学改革研究项目3项。

2.课程建设。材料科学基础、测量学、建筑功能材料工艺学3门在线课程顺利通过验收,海洋工程材料、环境检测2门课程获烟台大学课程思政示范课立项,材料工程基础课上线山东省高等学校在线开放课程平台。

3.人才培养。新增大学生实验室开放基金项目9项,大学生创新创业训练计划项目4项,其中省级2项。获"互联网+"大赛山东省金奖1项,省级以上学科竞赛奖励14项。

4.学位点建设。学位点建设取得了阶段性成果:环境科学与工程一级学科硕士学位授权点获国务院学位委员会批准;材料科学与工程一级学科硕士学位授权点正式通过教育部合格评估。招收硕士生42人,授予学位13人,2名研究生获国家奖学金。获省级研究生教改项目1项,获批课程思政研究校级教改项目1项;30余名在读研究生发表高水平研究论文。

【师资队伍】2019年晋升教授3人、副教授4人。引进青年博士一层次以上人才11人,其中拔尖人才2人,学科带头人4人。韩京龙教授入选国家"万人计划"科技创业领军人才,刘伟博士获批"山东省青年泰山学者"。加强新能源材料团队建设,生态环境污染修复材料团队已见雏形。高常飞博士获批山东省重点研发计划,刘伟博士在Chemistry of Materials发表封面文章。

16名教师参加了烟台大学第八届青年教师教学竞赛活动,对11名新进青年教师进行助教培养,完成2018年助教培养的教师考核,成绩均为优秀。第七届山东省高校教师教学比赛校内选拔赛,李忠月位列前3名,获直接入围省赛资格。扎实开展教师专业化发展"一院一品"活动,围绕信息化教学与混合式教学进行培训学习。5位教师获得第三届烟台大学教学质量奖,1位教师获得烟台大学教学优秀奖。

【实验室建设】本年度实验室面积达4034平方米,实验室经费投入256万。严格安全管理,开展安全大检查10次,消除安全隐患14项,对所有实验室的通风设备进行修缮;梳理了所有实验室的安全责任人并签署了安全责任书;建立了易制毒、易制爆和强酸强碱等危险品的管理台账,并与相关人员签署了危险品管理责任书;建立了高温高压和高速运转设备的管理台账,对学生进行安全教育和培训,组织消防演练。

引进实验室设备75台(套),获得实验室开放基金项目11项,包括校园内PM2.5浓度分布检测、

超输水节能浮力船模型制作、$Cu_2O/Cu-Ni$ foam集流体的制备、重金属Pb和Cd在叶菜中的富集含量测试及分析、新型氧氮化物红光荧光纳米粉的制备、钒酸盐晶体生长实验、移动通信基站辐射测量分析、用于金属钠电池负极流体的三维多孔铜的制备、基于CTAC改性活性炭的信封式膜包用于水溶液中六价铬去除实验、铁酸锌修饰碳化钛负极材料的制备、贝壳粉对重金属污染土壤稳定化的实验。逐步提高实验室和资产管理水平,探索“资产设备流转、共享使用”和“试剂耗材共享使用”,取得了积极效果,提高了资产设备的利用效率,节省了采购时间和采购成本。

【科学研究】获国家自然科学基金项目4项(其中校外转入1项);山东省自然科学基金2项、山东省重大科技创新工程项目1项、山东省高等学校青年创新科技计划(青创团队)1项;烟台市重点项目1项。横向课题6项,科研总经费272万。发表论文45篇,高被引论文4篇,热点论文1篇,其中SCI一区论文17篇,二区12篇,三区5篇,四区4篇,EI2篇,核心2篇。获批国家发明专利5项。获烟台大学优秀科技创新成果奖一等奖1项。

【学生工作】1.组织社会实践和志愿服务。组织66支实践队500余人参与社会实践。其中,“破冰行动”实践队荣获校级重点团队和省级重点团队,5支实践队成功入选国家级专项队伍。依托环境专业创办了“垃圾分类”大讲堂活动,与闻涛山庄社区开展环保志愿服务项目。

2.搭建新媒体平台。公众号平均浏览量达到341次,较2018年增长了67.78%,平均点赞量达到74.8次,较2018年增长145.2%,位居全校前列。在国家级媒体发稿8篇,省级媒体发稿2篇,市级媒体发稿5篇。

3.组织校园文化活动。举办第十一届环保文化节、第二届学院学生运动会、毕业生晚会、迎新生晚会等活动共20余次。获韵律操大赛二等奖,第15届校园舞蹈大赛第二名和“最佳组织奖”。获足球新生赛亚军、校级啦啦操大赛二等奖。

4.学院获就业工作贡献一等奖和考研优胜奖三等奖。院团委荣获校“红旗团委”荣誉称号。秦晓梅获校“优秀青年工作者”荣誉称号;李建波获校“优秀通讯员”称号。

【服务社会】由学院牵头、高常飞副教授作为负责人与杰瑞环保共同申报的山东省重点研发计划重大创新工程项目获批;稳步推进研究生联合培养基地建设,开始联合培养研究生。与烟台宝源净化公司合作,申报“山东省生态环境净化材料与装备技术创新中心”;调研格林美荆门园区、烟台金正环保等重点企业,继续开拓潜在的科研合作企业,推进产教融合,探索与企业合作的新思路、新方法。

【交流与合作】中韩合作办学项目于12月获得教育部延期批准。5月21日-23日,在檀国大学召开2019年度中外合作办学项目委员会会议,会议就项目新一届培养方案、授课语言及后续发展问题进行磋商并达成共识。2017级共19名同学通过考试获得到檀国大学学习机会。录取2019级新生90人,2018级学生参加暑期语言培训30人,2017级学生参加“2+2”项目17人,2015级学生毕业人数68人,其中烟台大学授予学位54人,双方共同授予学位14人,升学率为24.41%。

(信煜璇)

建筑学院

【概况】2019年,建筑学院有在校本科学生1142人,其中建筑学专业530人,环境设计专业369人,视觉传达专业38人,城乡规划专业205人。

【党建与思想政治工作】对学院党员活动室进行统

一规划和装饰，精心打造党建文化墙；书记、院长给全体党员和发展对象上思政课、专题党课；进行“明确党员标准，牢记初心使命”主题党课教育，交流主题教育调研成果。开展“我和我的祖国共奋进”“不忘初心、牢记使命”主题党日活动；组织教师和学生党员赴胶东（烟台）党性教育基地蓬莱教学区、胶东革命纪念馆进行党性教育。举办纪念建党98周年主题征文活动，召开统战工作座谈会。

【教育教学】 1. 建筑学专业顺利通过第三轮建筑学专业本科教育评估。

2. 完成2019全国建筑学专业六校联合毕业设计和北方四校课程设计。

3. 动员组织师生参加国内外行业竞赛。获建筑学优秀教案评选优秀奖（仅设优秀奖）、UIA－霍普杯国际大学生建筑设计竞赛三等奖、教育部城乡规划专业指导委员会举办的城市设计竞赛三等奖（新开设的城乡规划专业首次参加）、第九届国际园林景观规划设计大赛铜奖等国家级奖10项。获第十一届山东省大学生科技节－山东省大学生建造设计大赛、山东省第五届高校美术与设计专业师生基本功比赛等省部级奖20项。

4. 9位老师获烟台大学第二届教学质量奖。获烟台大学第三批立项建设在线课程2项、烟台大学教学改革项目4项，烟台大学实验室开放基金项目3项，烟台大学“课程思政”教学改革项目2项。参与出版教材5部，发表教研论文5篇。

【师资队伍】 截至2019年底，学院共有教职员工83人，专业教师74人。其中教授7人，副教授16人，教师中具有博士学位者15人，一级注册建筑师10人，注册规划师3人。年内引进博士2名。

【科学研究】 2019年，学院教师出版著作2部；1篇论文被EI Compendex数据库收录，3篇论文被CSSCI来源期刊收录，3篇论文被北大中文核心期刊收录；获国家自然科学基金项目1项，国家社会科学基金后期资助项目1项，教育部人文社科规划项目1项；获山东省社会科学规划研究项目1项、山东省人文社会科学课题立项1项、山东省文化艺术科学重点课题立项4项。

【服务地方】 学院与龙口市下丁家镇政府、济南市规划设计院、烟台市自然资源和规划局、烟台市建筑设计研究院等单位开展合作。今年，学院老师承担了美丽村居建设规划、沂源高庄社区改造项目二期绿色建筑技术咨询、邮轮内装美学和家具设施及内装景观配置研究、名作高端女装智能制造与研发、丰金·天和新城A区规划设计等任务。

【学生工作】 1. 召开导师工作研讨会。举办第七届建造节、烟台大学“同圆杯”模型大赛决赛。召开建筑学院第二次学生代表大会、2019级“严纪律、肃风纪、正学风”主题教育大会。举行第一届建筑学硕士研究生座谈会、2019届毕业生座谈会、毕业生晚会、欢迎退伍复学大学生暨欢送入伍新兵座谈会等活动。成立建筑学院浙江校友会。举行校友奖学金颁发仪式。

【交流与合作】 学院领导赴山东建筑大学建筑规划学院、河北美术学院学习考察；赴烟台万众建设工程有限公司考察交流，商谈学生实习与就业事宜。

南京林业大学艺术设计学院李东书记、祝遵凌院长等一行8人来学院交流考察。

（王　骏）

核装备与核工程学院

【概况】 2018年1月，核装备与核工程学院正式成立。2019年7月，学院召开成立一周年大会暨发展论坛。学院现设核工程与核技术、金属材料工程2个本科专业，有1个省级核电子学基础教学实验中心,2 个专业实验室,与台海集团共建山东省核能装备材料工程实验室。2019 年招入新生 190 人,应届毕业生 195 人,现有在校本科生 799 人。教职工 32 人,其中专职教师 22 人,博士 21 人。

【党建与思想政治工作】扎实开展“不忘初心、牢记使命”主题教育,调研 9 次,完成整改问题 5 个。举办主题教育晚会,以“专业教师、产业教授和辅导员共上一堂课”为切入点开展课程思政。理论中心组学习 5 次,召开两次党政联席会议,专题研究意识形态工作。组织教工党员赴招远、栖霞开展党性教育,赴迟家社区开展“双报到”。持续推进党建标准化、规范化建设。教工党支部获评学校“先进基层党组织”,并被遴选为“对标争先”培育创建单位和“双带头人”培育创建工作室。1 名教师加入党组织,发展学生党员 37 名,培养入党积极分子 140 名。

【教育教学】金属材料专业申报省一流本科专业建设,核工程与核技术、金属材料专业提交专业认证申请书。完成本科教学评估,2 门课程申报第三批在线课程建设项目,首批院设教育教学改革研究立项通过验收,评教率 100% 。选派 2 名学生赴韩国庆熙大学交流学习。获批烟台大学教改研究项目、“课程思政”教改项目、“课程思政”示范课项目各 1 项,获批大学生创新创业计划省级 3 项、校级 2 项。1 人荣获“孺子牛”荣誉纪念奖章,3 人获第二届“烟台大学教学质量奖”,1 人获评学校“先进实验教学管理人员”。

【师资队伍】加大高层次人才引进力度,引进学术带头人 2 人,第一层次青年博士 5 人。

【实验室建设】按实验功能区模式对实验室进行优化配置,实施模块化统一管理。制定了学院实验室管理、实验室安全与环保规章制度。金属材料工程实验中心完成了金相实验室、光学观察分析室、高性能服务器中心、多功能镀膜室与万能实验室等 6 个房间的整体改造与装修。核工程与核技术实验中心完成了对辐射源室的监控改造。在“教育服务新旧动能 - 高端装备”项目的支持下,完成了 91 万元科研教学设备的采购与安装调试工作。

【科学研究】本年度,学院获国家科技攻关计划 1 项、国家自然科学基金 1 项,山东省自然科学基金 1 项、山东省科技攻关计划 1 项,烟台大学实验室开放基金项目 3 项,横向课题 4 项。发表论文 14 篇,其中 SCI 收录高水平论文 10 篇。获授权专利 3 项。1 人获烟台大学 2019 年优秀科研成果科技进步奖二等奖。邀请夏佳文院士等做学术报告 8 场,举办学术沙龙 5 场。

【服务社会】加强对外交流与合作,提升服务地方水平。烟台大学核电技能培训中心于 2019 年 10 月 30 日在山东烟台开幕的“中国核能安全暨 2019 核电产业链高峰论坛”上揭牌。学院与山东恒辉、中国核动力研究院签约共建“烟台高效换热技术产学研基地”。学院教师被山东省核学会任命为该学会青委会和科普委员会主任。

【学生工作】坚持不懈狠抓学风,2019 届毕业生初次就业率 86.57% 、考研率 37.5% ,学科竞赛获国家级奖项 8 项、省级奖项 48 项。宿舍得 A 率稳定在 40% ,得 C 率控制在 1% 以下。多措并举提升育人效果,举办毕业生晚会等品牌文化活动,与烟台市委党史研究院、郭永怀事迹陈列馆、烟台市科技馆共建社会实践基地和志愿服务基地,1 支社会实践队入选“省级重点服务团队”。建成学院心理咨询站。

【交流与合作】学院与哈尔滨工程大学烟台研究院、烟台众创核电研发中心签订合作框架协议,与河北五维航电科技有限公司签订合作共建核能装备材料技术研发中心意向书,与山东恒辉节能技术集团有限公司签订合作共建先进铜合金成形技术研发中心意向书。与山东蓝孚、山东尚核电力分别签订合作协议,两家公司在学院设立奖学金。

(郁王白云)

体育学院

【概况】学院现有运动训练和休闲体育2个本科专业,在校生620名。

【党建与思想政治工作】1.推进“两学一做”学习教育常态化制度化,开展“不忘初心、牢记使命”主题教育。赴胶东红色文化展览馆学习。

2.加强班子成员沟通协调,进一步完善院系各项规章制度,畅通运行机制。共召开党政联席会议20余次,班子会议10余次,党委会及中心组理论学习会议10余次,全体教职工大会10次。

3.推进“大学生思想政治教育大讲堂”工作。推荐入党积极分子56人,新培养发展学生党员32人。

【教育教学】1.发挥督导监督作用,进行常态化教学巡视。听课4次/人/学期,发现教学问题及时进行反馈解决;严格考试监考制度,以考风正学风。

2.加强教研室教学管理、监督和教学研究职能,开展3次及以上教研室活动。理论教研室完成了不同课程内容的对接整合,术科教研室首次进行了教考分离的探索,制定了相关考试及评分办法。

3.2门课程完成对分课堂教学;学院老师发表教研论文5篇,参编普通教材1部;

4.学生参加多项国家级和省级体育比赛,获羽毛球锦标赛男子团体一等奖;CUBA篮球一级联赛一等奖;田径锦标赛团体第七名及道德风尚奖;冰球锦标赛第四名。

【师资队伍】现有专任教师19名,其中教授、副教授11人。2019年引进副教授1名。教师中具有博士学位者1人,硕士学位者6人。注重教师业务水平的提高,支持中青年教师参加学术交流、业务培训、在职攻读学位。支持中青年教师参加学术交流、业务培训、攻读更高学位,现有1名教师在职攻读博士学位;1名教师荣获烟台大学首届教学优秀奖。

【实验室建设】学院现有运动解剖学、运动生理学、运动生物力学和运动保健学4个实验室,课容量达到40人。

【科学研究】发表科研论文2篇,其中以第一作者发表的核心期刊1篇,通讯作者A类期刊1篇。横向课题3项,到账总经费33万元;纵向课题2项,到账经费1万元。

2019年,3名教师带领学生参加不同项目国家级比赛,冰球成功晋级全国4强,篮球、田径成功晋级全国8强,2名教师荣获“优秀教练员”称号。

【服务社会】积极参与烟台市各类体育比赛的组织裁判工作、群众体育竞赛工作。院志愿者协会承担了东风岭小学、烟大附中的体育课程。

【学生工作】1.设立迎新工作党员示范岗。推进党员“双报到”,开展党建知识竞答、党员进社区服务、毕业生党员座谈会、毕业生党员一对一联系宿舍等活动;组织院内学生各类体育竞赛,举行宿舍文化节、辩论赛和文艺晚会等学生活动。开展诚信教育和感恩教育、“体苑讲坛”、红色教育暑期实践等活动。组织开展团日活动20余次。

2.组织赴东风岭小学、烟大附中义务支教,赴烟台市卧龙福养老公寓、海滨小区开展志愿服务活动,参加暑期社会实践,组成1支校重点团队,5支院重点团队。

3.应届毕业生考取硕士5人;1人自主创业申请了营业执照;5人参军入伍。

4.更新了学院心理咨询室硬件设施,指导班级心理委员考取“全国高校心理委员MOOC培训”结业证书,开展“心理健康知识宣讲会”,不定期开展学生心理访谈。

5.鼓励支持学生备考教师资格证。专业教师帮助考生复习理论课,传授术科面试技巧。

【交流与合作】到烟台市体育局、烟台大学附属中学进行走访调研,座谈交流,达成了轮滑场馆建设、人才培养合作意向。加强与校友联络沟通,营造学校与校友互相关心、共同发展的良好氛围。

(钦少君)

体育教学部

【概况】体育教学部承担全校公共体育课教学、大学生体质健康标准测试、群众性体育活动的组织与指导等任务。有大球、小球、武美3个教研室，开设球类、武术、健美、交谊舞等专项课程，体育与保健、跆拳道等选修课程。2019年，有职教职工48人，其中专业教师39人，有硕士学位者23人，教授1人，副教授11人。

【党建与思想政治工作】1. 扎实开展“不忘初心、牢记使命”主题教育。党员和教职工赴沂蒙党性教育基地参观学习，集体观看主旋律电影。开展庆祝建党98周年主题教育活动，全体党员重温入党誓词。组织全体教职工参加中华人民共和国成立70周年歌咏比赛活动。

2. 坚持立德树人，动员老师为实现学校办学目标贡献力量。4月连续3天召开“为体育教学部未来发展建言献策”教师座谈会，围绕体育教学部发展进步建言献策。

3. 注重党员发展质量。为4名申请入党的教师每人选配2名党员联络人。

4. 支持工会独立开展工作。教学部工会获得2018—2019年度“模范教工之家”荣誉称号。

【教育教学】1. 注重抓教学质量，强化教学督导，集体看课与个人看课相结合。各教研室每月开展1-2次教研活动，有记录、有总结、有计划，不断促进教学质量提升。

2. 教学研究工作开展取得较大进步。本年度获批1项校级课程思政教学改革研究项目，1项校级教学改革研究项目；在《中国教育报》发表文章1篇。

【师资队伍】本年度引进硕士研究生1人。按照学校青年教师助教培养计划，为青年教师安排了指导教师和工作任务。鼓励教师积极参加学术交流、业务培训、外出担任裁判、在职攻读学位。

党支部关注教职工思想动态，做好教职工思想政治教育，树立良好的师德形象，把师德作为教师考核工作的首要内容。

【科学研究】获国家社科基金后期资助项目1项，横向课题2项，到位总经费44万元。完成省部级课题1项，厅局级2项课题结题。发表论文11篇。成立了烟台大学体育科学研究所。

【群体工作】1. 与校工会等部门协作配合，对2019年春季运动会进行了改革完善。采用电子计时方式，提高了效率和比赛成绩的准确性；加强田径场内人员出入管理，保证师生安全和赛场秩序；调整扩充参赛项目，提高师生参与度，不断向全员运动会发展。配合校工会、校团委，组织指导校内教职工和学生多场体育比赛。

2. 参加校外体育竞赛，获得“第七届耐克高校精英马拉松公路接力跑”邀请组亚军，山东省大学生田径锦标赛女子甲组800米、1500米、三级跳远3项冠军，第十四届全国学生运动会山东省排球选拔赛甲组冠军，山东省大学生“全国体育彩票杯”排球联赛第三名，第二十二届CUBA中国大学生篮球联赛基层赛（山东省）第三名；中国大学生健康活力大赛普通院校A组规定项目第一名，山东省“学校体协杯”2019学生健康活力大赛3个第一名；全国青少年足球联赛（大学组）山东省预选赛第六名等多项优异成绩。

【体质测试工作】本年度对学校近3万名学生进行了体质健康测试。

【服务社会】协助承办第十七届“全国少儿足球邀请赛”，参与绿叶制药集团运动会竞赛组织和裁判工作。多名教师参加世界、全国及省级体育赛事裁判工作，岳宝铎荣获第七届世界军人运动会田径比赛“优秀裁判员”称号。

（李全金）

教育教学与学科建设

本科教学

【概况】2019年,学校本科教学工作取得较多成果。获批国家级一流专业建设点4个,省级一流专业建设点15个。获批国家级一流本科课程4门,省级一流本科课程18门,1门课程获批国家精品在线开放课程,实现了“马工程”重点教材在相关课程中使用的全覆盖。在山东省第六届“超星杯”高校教师教学比赛中再获新突破。34位教师入选新一届山东省本科教育教学指导委员会委员。获国家级以上竞赛奖励达252项,多项赛事均取得了历史突破。

本年度,教务处下设综合科、教学研究科、学籍科、教学运行科、考务科、实践教学管理科、实验教学科、教材科、招生办公室9个科室。教学督导与评价中心(下设督导科、评价科和教学质量保障科)、教师教学发展中心两个副处级单位,船员教育培训质量管理办公室挂靠教务处。在职人员23人。

【专业建设】紧密对接国家和省、市重点发展战略及区域经济社会发展需求,不断深化本科专业供给侧结构性改革,完善专业动态调整机制。2019年新增生物制药、智能科学与技术2个专业,本科专业总数达66个。

附:

1. 烟台大学2019年本科专业目录

序号	学科门类	专业分类	专业代码	专业名称	修业年限	招生与否
1	经济学	金融学类	0020304	投资学	4年	是
2		经济与贸易类	020401	国际经济与贸易	4年	是
3	法学	法学类	030101K	法学	4年	是
4			030102T	知识产权	4年	是
5	教育学	体育学类	040202K	运动训练	4年	是
6			040207T	休闲体育	4年	是
7	文学	中国语言文学类	050101	汉语言文学	4年	是
8			050102	汉语言	4年	是
9			050103	汉语国际教育	4年	是

续表

序号	学科门类	专业分类	专业代码	专业名称	修业年限	招生与否
10	文学	外国语言文学类	050201	英语	4年	是
11			050207	日语	4年	是
12			050209	朝鲜语	4年	是
13		新闻传播学类	050301	新闻学	4年	是
14	理学	数学类	070101	数学与应用数学	4年	是
15			070102	信息与计算科学	4年	是
16		物理学类	070202	应用物理学	4年	是
17		化学类	070302	应用化学	4年	是
18		海洋科学类	070701	海洋科学	4年	是
19		生物科学类	071001	生物科学	4年	是
20			071002	生物技术	4年	否
21		统计学类	071201	统计学	4年	是
22	工学	机械类	080202	机械设计制造及其自动化	4年	是
23			080207	车辆工程	4年	是
24		仪器类	080301	测控技术与仪器	4年	否
25		材料类	080401	材料科学与工程	4年	是
26			080405	金属材料工程	4年	是
27			080407	高分子材料与工程	4年	是
28		能源动力类	080501	能源与动力工程	4年	是
29		电子信息类	080701	电子信息工程	4年	否
30			080703	通信工程	4年	是
31			080714T	电子信息科学与技术	4年	是
32		自动化类	080801	自动化	4年	是
33		计算机类	080901	计算机科学与技术	4年	是
34			080902	软件工程	4年	是
35			080905	物联网工程	4年	是
36			080907T	智能科学与技术	4年	是
37		土木类	081001	土木工程	4年	是
38			081003	给排水科学与工程	4年	是
39		化工与制药类	081301	化学工程与工艺	4年	是
40			081302	制药工程	4年	是
41		交通运输类	081803K	航海技术	4年	是
42			081804K	轮机工程	4年	是
43		核工程类	082201	核工程与核技术	4年	是

续表

序号	学科门类	专业分类	专业代码	专业名称	修业年限	招生与否
44	工学	环境科学与工程类	082501	环境科学与工程	4年	是
45			082502	环境工程	4年	否
46			082503	环境科学	4年	否
47			082505T	环保设备工程	4年	是
48		食品科学与工程类	082701	食品科学与工程	4年	是
49			082702	食品质量与安全	4年	是
50		建筑类	082801	建筑学	4年	是
51			082802	城乡规划	4年	是
52		生物工程类	083001	生物工程	4年	是
53			083202T	生物制药	4年	是
54	农学类	水产类	090601	水产养殖学	4年	是
55			090602	海洋渔业科学与技术	4年	否
56	医学	药学类	100701	药学	4年	是
57	管理学	管理科学与工程类	120103	工程管理	4年	是
58		工商管理类	120201K	工商管理	4年	是
59			120202	市场营销	4年	否
60			120203K	会计学	4年	是
61		公共管理类	120401	公共事业管理	4年	否
62	艺术学	音乐与舞蹈学类	130201	音乐表演	4年	否
63			130202	音乐学	4年	是
64			130206	舞蹈编导	4年	是
65		设计学类	130502	视觉传达设计	4年	否
66			130503	环境设计	4年	是

2. 烟台大学 2019 年国家级、省级一流本科专业建设点名单

序号	类别	专业名称	学院
1	国家级	法学	法学院
2	国家级	生物科学	生命科学学院
3	国家级	电子信息科学与技术	光电信息科学技术学院
4	国家级	软件工程	计算机与控制工程学院
5	省级	汉语言文学	人文学院
6	省级	数学与应用数学	数学与信息科学学院
7	省级	应用物理学	光电信息科学技术学院
8	省级	应用化学	化学化工学院
9	省级	机械设计制造及其自动化	机电汽车工程学院

续表

序号	类别	专业名称	学院
10	省级	车辆工程	机电汽车工程学院
11	省级	能源与动力工程	海洋学院
12	省级	通信工程	光电信息科学技术学院
13	省级	计算机科学与技术	计算机与控制工程学院
14	省级	土木工程	土木工程学院
15	省级	化学工程与工艺	化学化工学院
16	省级	制药工程	药学院
17	省级	食品科学与工程	生命科学学院
18	省级	建筑学	建筑学院
19	省级	药学	药学院

3. 烟台大学高水平应用型立项建设专业一览表

序号	核心专业	专业群	负责人	建设类型
1	化学工程与工艺	应用化学、环境科学与工程、高分子材料与工程	王文华	重点立项建设专业(群)
2	电子信息科学与技术	通信工程、应用物理学、计算机科学与技术专业、信息与计算科学	王中训	培育立项建设专业(群)
3	土木工程	建筑学、工程管理、给排水科学与工程	周新刚	培育立项建设专业(群)
4	药学专业	制药工程、生物技术	傅风华	自筹经费立项建设专业(群)
5	法学	知识产权、国际经济与贸易	张平华	
6	机械设计制造及其自动化	测控技术与仪器、车辆工程、金属材料工程	李文卓	
7	食品科学与工程	食品质量与安全、生物工程	赵玉平	
8	软件工程	自动化、物联网工程	童向荣	
9	工商管理	会计学、市场营销	宋岩	校级自建专业(群)
10	能源与动力工程	轮机工程、航海技术	李秉均	

4. 烟台大学教育服务新旧动能转换专业对接产业项目专业一览表

序号	核心专业名称	专业群相关专业	产业领域
1	机械设计制造及其自动化	车辆工程、测控技术与仪器、金属材料工程、能源与动力工程	高端装备
2	食品科学与工程	食品质量与安全、生物科学、水产养殖、海洋科学	现代海洋
3	药学	药学、制药工程、生物技术、生物工程	医养健康

【课程与教材】狠抓课程建设，打造“金课”，淘汰“水课”，建设适应新时代要求的一流本科课程。组织申报山东省一流本科课程、烟台大学第三批在线课程建设工作。3门课程上线东西部高校课程共享联盟，葡萄酒那些事儿被认定为教育部国家精品在线开放课程。出台《烟台大学课程思政实施方案》，建设22门校级课程思政示范课程。组织第二批校内在线课程验收工作，20门课程上线省平台。开展第三批在线课程建设，立项50门。

推动“走进故宫”名师进校园工作，邀请故宫博物院研究馆员朱赛虹到校开设直播互动讲堂，开阔了学生的视野。

推进“马工程”重点教材的统一使用，“马工程”课程重点教材使用率达 100%。修订和发布了教材管理系列文件，进一步规范学校教材建设、教材选用、教材征订发放等工作。设立教材建设基金，启动教材建设立项，鼓励和支持学术造诣深、教学经验丰富的教学名师和高水平专家编写教材。加强自编教材的选用审核，对 28 种自编教材按程序进行了专项评审。

附：

烟台大学2019年山东省一流本科课程名单

序号	课程名	学院	负责人	课程团队	课程类型
1	民法学(一)(总论)	法学院	关　涛	房绍坤　张洪波　于海防　李红玲	山东省线下一流课程
2	数学建模	数学与信息科学学院	陈传军	王智峰	
3	数字电路	光电信息科学技术学院	王中训	姜佩贺	
4	物理化学	化学化工学院	张培青	李庆忠　孙　逊　金明善　杨树斌	
5	药物化学	药学院	毕　毅	姚　雷　芦　静	
6	操作系统	计算机与控制工程学院	翟一鸣	张　楠　任满杰　孙宏波　马朝青	山东省线上线下混合式一流课程
7	大学英语读写	外国语学院	徐晓艳	姜　杰　韩　伟　李艳丽　李　霞	
8	国际市场营销学	经济管理学院	谢　勤	徐海霞　林立杰　陈少军　张　涛	
9	汇编语言程序设计	计算机与控制工程学院	贺利坚	王　鹏	
10	结构力学	土木工程学院	于玲玲		
11	室内设计原理	建筑学院	许　丽		
12	通信原理	光电信息科学技术学院	贺鹏飞	董宁斐　胡国英　范文强　刘云学	
13	西方音乐史与名作赏析	音乐舞蹈学院	张景晖		
14	线性代数	数学与信息科学学院	李清华		
15	刑事诉讼法学	法学院	杨利军		
16	焊接工业机器人虚拟仿真实验教学项目	机电汽车工程学院	陈义保	于　涛　马国清　石运序　袁　正　王昌辉	山东省虚拟仿真实验教学一流课程
17	制冷压缩机拆装虚拟仿真实验项目	海洋学院	赵海波	刘焕卫　刘　畅　高兴奎　周秋淑	
18	创新思维方法引领的钢筋混凝土梁正截面破坏虚拟仿真实验	土木工程学院	曲淑英	逯静洲　曲　慧　吴江龙　王兴良	

【招生与考试】 2019 年，学校面向 30 个省(直辖市、自治区)投放招生计划，涉及除自主招生批次外的本科提前批、本科普通批、国家专项本科批、本科一批、本科二批等各批次，最终共计录取本科生 7343 名，录取边防军人子女预科生 82 名。

2019 年，学校新增在上海市的招生。艺术体育类专业成绩统一认可生源省份统考(联考)成绩。积极应对高考改革新形势，有针对性地组织开展招生宣传工作。从招生录取情况看，生源质量进一步提高。一是录取分数线超过各地本科一批线的省份大幅增加，二是山东省内生源继续保持稳中有升的态势。

2019 年组织两次全国大学英语四六级考试。上半年报考人数为 15884 人，四六级通过率分别为

40% 和 18%；下半年报考人数为 15803 人，四六级通过率分别为 33% 和 22%。组织两次大学生普通话水平测试，报考人数为 6103 人，符合发证人数为 5663 人，其中达到一级乙等 3 人，二级甲等 3193 人，二级乙等 2467 人。

附：

1. 烟台大学 2019 年山东省招生录取情况一览表

批次	科类	类别	山东省录取控制分数线			学校录取分数	
			自招线	本科线	艺术本科线	最高分	最低分
本科提前批	理科	航海类		443		556	462
本科普通类	文科	普通	542	503		596	556
	理科	普通	514	443		588	524
本科合作办学类	文科	校企合作办学		503		557	536
		中外合作办学		503		570	558
	理科	校企合作办学		443		529	489
		中外合作办学		443		552	472
本科艺术类	艺术文	美术			326	451	380/综合分最低 574
		音乐			326	456	330/专业分最低 66.91
		舞蹈			326	439	331/专业分最低 67.05
	艺术理	美术			326	449	338/综合分 564
本科体育类		休闲体育			303	462	307/综合分 566

注：普通类专业统计数据来源为首次投档录取情况

2. 烟台大学2019年全国各省（自治区、直辖市）本科录取情况一览表

批次	科类	地区	山东	安徽	北京	福建	甘肃	广东	广西	贵州	海南	河北	河南	黑龙江	湖北	湖南	吉林	江苏	江西	辽宁	内蒙古	宁夏	青海	山西	陕西	上海	四川	天津	新疆	云南	浙江	重庆	内地新高班
本科提前批	航海类（理工）	最低分	462						377	425	550	487	455	474	484	462	506	323	525	474							516						
		最高分	556						458	485	618	515	477	496	507	482	538	334	557	490							553						
		平均分	482						408	446	575	502	466	486	494	474	520	326	536	480							535						
本科一批	文史	最低分	556	581			560	546		571	661								574	579	552			545					539	585			440
		最高分	596	584			566	556		587	689								577	590	585			554					549	590			470
		平均分	561	584			563	550		575	667								576	582	572			547					543	589			456
	理工	最低分	524	559			511	469		484	572								549	548	519			516						548			386
		最高分	588	571			519	499		530	646								559	578	559			537						576			496
		平均分	532	562			515	492		499	602								552	552	535			522						556			434
本科二批	文史	最低分	注：1.山东为本科普通批；2.统计依据为普通批首次投档录取数据	563	547	544	531	广东省为本科普通批	478			562	537	511	542	556	538	336		辽宁省为本科批		543	494		522	428	544	520	520		573	543	
		最高分		565	560	557	535		530			570	544	527	551	563	544	346				553	502		528	467	561	531	525		616	550	
		平均分		564	553	547	532		499			564	539	517	545	559	541	337				546	496		524	440	548	524	522		589	546	
	理工	最低分		505	504	472	471		文理综合			515	514	502	497	501	515	343				455	406		471	高考改革，不分文理	547	495	459		高考改革，不分文理	515	
		最高分		520	524	485	484					538	537	527	509	519	528	350				467	418		488		603	512	472			523	
		平均分		510	512	479	476					520	521	509	500	505	520	345				458	410		473		551	502	464			519	
本科艺术类	美术类（艺术文）	最低分	380						301					279					351					310	342								
		最高分	451						473					430					469					400	424								
		平均分	427						363					379					420					358	382								
	美术类（艺术理）	最低分	338						文理综合					艺术综合					艺术综合					艺术综合	347								
		最高分	449																						361								
		平均分	400																						354								
	音乐舞蹈类	最低分	330				246							267		344			315					346									
		最高分	456				483							344		447			460					445									
		平均分	376				352							304		397			387					376									
本科体育类	休闲体育	最低分	307																														
		最高分	462																														
		平均分	380																														

【教师教学发展】选派340余名青年教师参加省级研修班。面向全校教师举办10余场教师教学能力提升培训讲座，受益2000余人次。面向中青年教师举办系列专题培训，提高信息化教学能力，推行混合式教学改革，受益200余人。71位教师参加新入职教师集中校本培训，83位教师取得高校教师资格证。获得“首届全国高校混合式教学设计创新大赛”全国二等奖1项。在山东省第六届“超星杯”高校青年教师教学比赛中，2人获一等奖，1人获三等奖，4人获优秀奖。获山东省第六届高校教师信息化教学比赛一等奖2项，优秀奖1项。评选教师教学荣誉工程第二层次——教学优秀奖9人。

【教学改革】深化本科教学改革，开展校级教学改革研究项目评审工作，立项55项；深入学习贯彻全国高校思想政治工作会议和新时代全国高等学校本科教育工作会议精神，加强人才培养全过程的思想政治教育，开展2019年烟台大学课程思政教学改革研究项目专项的评审工作，立项26项。

【教学运行】2019年，面向全校本科生共开设3247门(其中引入在线课程80门)、7114门次课程，涉及授课教师1392位，上课班级837个。实施学分制运行模式，开放跨专业、跨年级自由选课方式，逐步实行免修、免听、辅修政策；实施小班化授课，100人左右的课堂占课堂总数的60%左右，必修课程实现2位以上教师授课。实现了选课数据与财务数据的互通共享，为学分制收费提供精准的数据支撑。更换第五教学楼黑板，保障基础教学设施的正常运转。

【学籍管理】修订《烟台大学本科双学位与辅修第二专业管理办法》，制定《烟台大学学士学位授予办法》。2019年招收普通本科生7419人(含2018年预科生转入76人)，其中7301人取得学籍，保留入学资格5人，放弃入学资格(未报到)113人；招收预科生82人，其中72人正常入学，放弃入学资格(未报到)10人。

全年为在校生办理各类学籍异动408人次，其中：休学99人，复学97人，转专业63人，退学69人，保留学籍80人。为在校生、毕业生办理各类证明3200余人次。

辅修双学位共计327人，其中法学144人，工商管理14人，汉语言文学15人，会计学38人，英语47人，日语15人，计算机科学与技术25人，电子信息科学与技术1人，新闻学28人。辅修第二专业共计8人，其中新闻学7人，汉语言文学1人。

【实践教学】对实验教学进行信息化管理，督促指导全校实验课程按照项目化进行排课和管理，加强对实验教学全程化监控。继续实施实验室开放基金项目，年资助约120项实验室开放项目，提升了实验室的利用率和实验室开放水平，学生的实验动手能力和实践水平得到提高，增强了实验教学效果。

抓住烟台市“创新驱动发展战略”机遇，建立与全市资源、产业及经济社会发展需求精准对接机制。每个专业至少要有一个固定的、深度合作的企业，建立专业对口、数量充足、长期稳定的合作实习实践基地；定岗实习与模拟实习相结合、虚拟环境实习与真实环境实习相结合；加强校内“沙盘认知实习”“计算机仿真实习”等模拟实习环境建设；在全校各专业中推广使用“校友邦大学生实习实践平台”，加强实习的过程管理。

学校在2015－2019年全国普通高校学科竞赛排名中位列第165名。2019年，烟大学子获国家级以上竞赛奖励252项。其中，获第五届中国“互联网＋”大学生创新创业大赛铜奖3项，第十六届“挑战杯”全国大学生课外学术科技作品竞赛二等奖1项、三等奖2项，获ICPC国际大学生程序设计竞赛亚洲区总决赛金牌，2019美国(国际)大学生数学建模竞赛国际一等奖，2019中国智能机器人格斗大赛(IRFC)仿人自主格斗组冠军，中国大学生健美操校园健身操舞锦标赛冠军，全国学生“学宪法 讲宪法”演讲比赛亚军，第10届(2019)全国高等院校企业竞争模拟大赛特等奖，第六届全国自动化控制应用设计大赛特等奖，全国工商企业管理大赛特等奖等奖项。

【质量保障】2019年引进教学质量监控评价与大数据分析云平台。教学督导与评价专家听课共670余人次，日常教学秩序及考试秩序总巡视共570余人次，党政领导干部听课共940余人次。

2019年，参与评教的学生达62万余人次，被评价教师2300余人次，学生主观留言达45万余条，参与教师评学与自评的教师有2200余人次；积极开展专业认证推进工作，2019年机械制造及其自动化、软件工程、化学工程与工艺3个专业获得专业认证申请受理；完成了山东省教育厅对学校的美育工作评价；评选出“烟台大学第二届教学质量奖”

150 人。

完成本科教学基本状态数据采集与审核。采集了 88 张表格、750 余项数据、2 万余条记录的教学基本状态数据，上报教育部高等教育质量监测国家数据平台。按时发布了《烟台大学 2018—2019 学年专业人才培养状况报告》和《烟台大学 2018—2019 学年本科教学质量报告》，供社会监督。

（郭宜明）

研究生教育

【概况】2019 年，学校对学位点进行动态调整。撤销中国史、考古学与博物馆学 2 个硕士学位授权点；增列环境科学与工程、机械工程 2 个硕士一级学科学位授权点。原工程硕士计算机技术领域对应调整为电子信息专业学位类别；原机械工程领域调整为机械专业学位类别；原化学工程和材料工程领域调整为材料与化工专业学位类别；原建筑与土木工程领域调整为土木水利专业学位类别；原生物工程调整为生物与医药专业学位类别。

学校现有 1 个服务国家特殊需求博士人才培养项目，21 个硕士学位授权一级学科，1 个硕士学位授权二级学科，11 个硕士专业学位授权类别。截至 2019 年底，在校研究生 2215 人，其中全日制博士研究生 26 名，全日制硕士研究生 1885 人（专业学位研究生 1187 人）；非全日制研究生 304 人；已毕业研究生 632 人（含全日制 219 人）。

研究生处现设有研究生招生办公室、培养科、专业学位管理科、学位办公室 4 个科室，有工作人员 9 人。

【导师队伍】2019 年，共聘任校内硕士研究生指导教师 443 名，同时为硕士生指导教师和博士生指导教师的有 17 人。导师中有博士学位者 395 人，约占指导教师总数的 89.2%；正高级职称 164 人，约占 37.0%；副高级职称 232 人，约占 52.4%；中级以上（中青年博士）47 人，约占 10.6%。45 岁以下指导教师 214 人，占全体指导教师的 48.3%。聘任校外兼职硕士研究生指导教师 265 名。

【招生工作】严格遵照教育部和省教育厅的要求，按照“择优招生，宁缺毋滥”的基本原则，制定《2019 年硕士研究生复试录取工作方案》，调整复试办法，完善调剂政策，做好复试选拔及录取。出台《2020 年硕士研究生招生考试自命题工作实施办法》，细化了安全保密、责任追究及突发事件应急处置等相关制度。2020 年硕士研究生招生考试实行报名信息网上确认，完善了标准化考场及保密室软硬件建设。协调各职能部门，做好考务及考试环境综合治理，进一步完善了招生工作机制。加强组织领导，强化监督检查，对招生工作各个环节进一步规范、细化，确保了研究生招生公正、公平、公开。

本年度 3500 余人报考烟台大学硕士研究生，学校择优录取研究生 834 人。其中博士研究生 7 人，硕士研究生 827 人；全日制硕士研究生 714 人，非全日制硕士研究生 113 人。外省生源达到 27%，学校影响力逐年扩大；录取学生毕业于 200 多所高校。

【培养工作】研究生教育经费投入　2019 年度研究生教育经费总投入为 5370.19 万元（不含研究生导师工资费用、教学仪器设备费及学校公共均摊费用）。(1)各院（部）研究生业务费 262.08 万元；(2)研究生奖助学金 1999.09 万元（省学生资助管理中心拨款 994.98 万元、学校生活补助 635.21 万元、研究生学业奖学金 368.9 万元）；(3)研究生招生费 30 万元，部门业务费 5 万元；(4)研究生课时费 320 万元；(5)研究生科技创新基金及自筹计划经费 40 万元；(6)研究生学历证书专项 3 万元；(7)研究生活动费 2.74 万元；(8)思想政治理论课专项 3.43 万元；(9)研究生教育优质课程建设、案例教学库建设、联合培养基地建设（含研究生教育质量提升计划项目匹配经费）150 万元；研究生教育质

量提升计划(省拨经费)43.5万元;(10)学科特区建设经费1970万元;(11)研究生教研业绩奖41.35万;(12)学位与研究生教育质量强化建设计划专项500万元。

研究生质量提升计划相关情况　2019年山东省研究生教育质量提升计划评选中,学校获研究生教育优质课程7门、专业学位研究生教学案例库7项,研究生教育教学改革研究项目6项。

研究生教育创新计划实施及成效　学校评选出烟台大学2019年研究生科技创新基金重点项目20项,一般项目25项;23项研究生科技创新基金通过结题验收。评选出烟台大学优秀博士学位论文1篇、优秀硕士学位论文20篇,研究生优秀成果奖25项,并择优推荐参加省级评选。评选结果:2018届药学博士研究生穆宏杰的《玻璃体注射治疗眼部新生血管病变的VEGF抗体脂质体凝胶复合眼部给药系统的研究》(指导教师:孙考祥、傅风华)获"山东省优秀博士学位论文",实现了学校省级优秀博士学位论文零的突破;11篇硕士学位论文获"山东省优秀硕士学位论文",14项研究生成果获"山东省研究生优秀成果奖",取得了历史以来的最好成绩。

【学位工作】2019年,烟台大学应毕业研究生691人,有59人因各种原因没有达到毕业条件,其中3人学术论文未发表,3人学位论文检测没有通过,10人学位论文预审未通过,37人学位论文评阅未通过,6人学位论文答辩未通过。共有632名研究生通过学位论文答辩,学位评定分委员会做出建议授予学位的决定。其中全日制博士学位1人;全日制硕士科学学位218人,全日制硕士专业学位324人;在职专业学位及同等学力申请硕士学位89人。

(张　岩　林立杰)

附:

1.烟台大学硕士科学学位、专业学位授予学科类别分布图

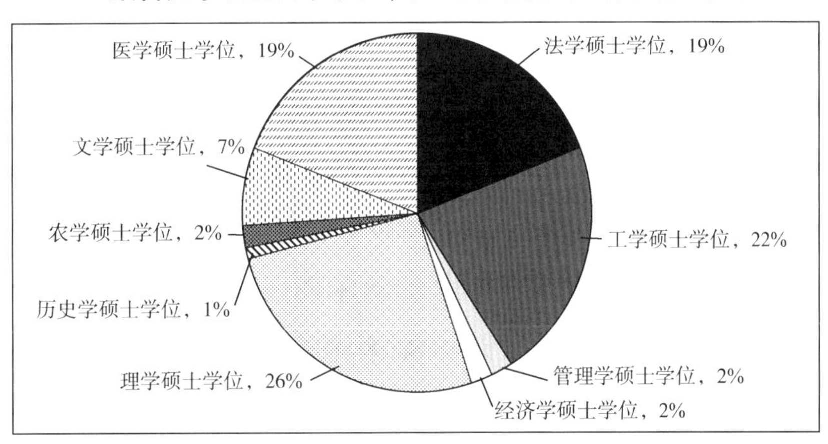

图1　硕士科学学位授予分布图

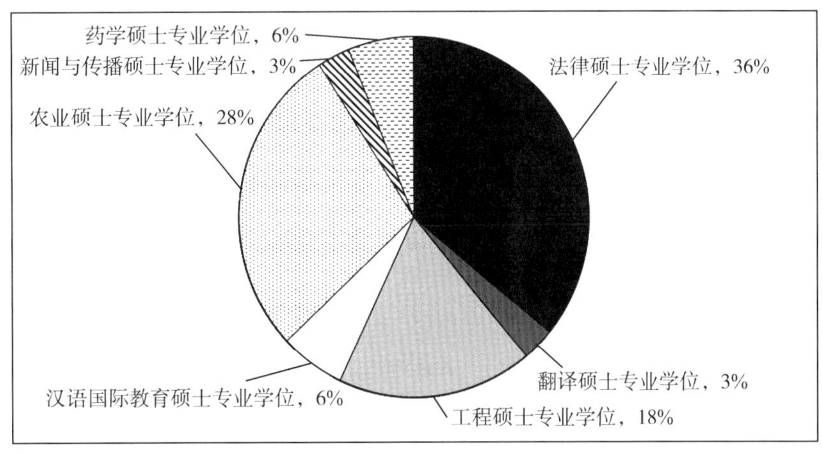

图2　硕士专业学位授予分布图

2. 烟台大学 2019 年研究生招生专业目录

学院、专业、研究方向、学位类型	拟招生人数/学制	考试科目	复试、加试科目
001 经济管理学院	79	**考试科目**	**复试及加试科目**
020201 国民经济学 01(全日制)宏观经济政策与地方经济发展 02(全日制)区域经济与城乡一体化 03(全日制)经济统计与金融分析	3 年	①101 思想政治理论②201 英语一③303 数学三④820 经济学综合	复试:国民经济管理,宏观经济学,当前经济时事
095137 农业管理(专业学位) 01(全日制)不区分研究方向 02(非全日制)不区分研究方向	3 年	①101 思想政治理论②204 英语二③342 农业知识综合四④939 农业经济学	复试:农村区域发展知识,经济学知识,重大时事
095138 农村发展(专业学位) 01(全日制)不区分研究方向 02(非全日制)不区分研究方向	3 年	①101 思想政治理论②204 英语二③342 农业知识综合四④939 农业经济学	复试:农村区域发展知识,经济学知识,重大时事
120200 工商管理 01(全日制)物流与营销管理 02(全日制)组织创新与人力资源管理 03(全日制)会计与财务管理 04(全日制)技术经济与项目管理	3 年	①101 思想政治理论②201 英语一③303 数学三④821 管理学	复试:企业管理相关知识
002 法学院	80	**考试科目**	**复试及加试科目**
030100 法学 01(全日制)法学理论(含:法律史) 02(全日制)宪法学与行政法学 03(全日制)民商法学 04(全日制)刑法学 05(全日制)国际法学 06(全日制)经济与环境法学 07(全日制)知识产权法学	3 年	①101 思想政治理论②201 英语一③722 法学综合一④822 法学综合二	01 复试:法理学、中国法制史 02 复试:行政法学 03 复试:民法学 04 复试:中国刑法、外国刑法 05 复试:国际法学 06 复试:经济法、环境与资源保护法 07 复试:知识产权法学 加试:法理学;民法学
035101 法律(非法学)(专业学位) 01(全日制)不区分研究方向 02(非全日制)不区分研究方向	3 年	①101 思想政治理论②201 英语一③398 法硕联考专业基础(非法学)④498 法硕联考综合(非法学)	复试:民法;刑法 加试:法理学;民法
035102 法律(法学)(专业学位) 01(全日制)不区分研究方向 02(非全日制)不区分研究方向	3 年	①101 思想政治理论②201 英语一③397 法硕联考专业基础(法学)④497 法硕联考综合(法学)	复试:民法;刑法 加试:法理学;民法
003 马克思主义学院	12	**考试科目**	**复试及加试科目**
030400 民族学 01(全日制)民族学 02(全日制)马克思主义民族理论与政策 03(全日制)中国少数民族史 04(全日制)中国少数民族文化艺术	3 年	①101 思想政治理论②201 英语一③723 中国通史④823 民族学基础	复试:民族学综合 加试:中国古代史;世界近现代史

续表

学院、专业、研究方向、学位类型	拟招生人数/学制	考试科目	复试、加试科目
004 国际教育交流学院	20	考试科目	复试及加试科目
045300 汉语国际教育(专业学位) 01(全日制)不区分研究方向	3年	①101 思想政治理论②201 英语一③354 汉语基础④445 汉语国际教育基础	复试:汉语语法学;应用语言学 加试:文学史;写作
005 人文学院	38	考试科目	复试及加试科目
050100 中国语言文学 01(全日制)文艺学 02(全日制)汉语言文字学 03(全日制)中国古典文献学 04(全日制)中国古代文学 05(全日制)中国现当代文学	3年	①101 思想政治理论②201 英语一③724 汉语言文学基础④824 评论写作	01 复试:文学理论 加试:文学史;外国文学 02 复试:现代汉语和语言学理论 加试:古代汉语,现代汉语 03 复试:中国古典文献学 加试:文学史;古代汉语 04 复试:中国古代文学史 加试:文学理论,中国现当代文学史 05 复试:中国现当代文学史; 加试:文学理论,中国古代文学史
055200 新闻与传播(专业学位) 01(全日制)新闻实务 02(全日制)媒介运营 03(全日制)视觉传播 04(非全日制)不区分研究方向	3年	①101 思想政治理论②204 英语二③334 新闻与传播专业综合能力④440 新闻与传播专业基础	复试:新闻传播学实务综合;专业知识与专业技能 加试:新闻传播史论(含新闻理论、传播理论、中国新闻史);新闻基础业务(含新闻采写、新闻编辑)
006 外国语学院	59	考试科目	复试及加试科目
050201 英语语言文学 01(全日制)英美文学研究	3年	①101 思想政治理论②247 日语(外)或 248 法语(外)③727 基础英语④827 英语综合	复试:日语或法语;英美文学(含文学史、作品选读和文学评论) 加试:高级英语(含阅读、写作与翻译);高级英语听力
050210 亚非语言文学 01(全日制)韩国现代文学研究 02(全日制)韩国文化研究 03(全日制)韩国语言学研究	3年	①101 思想政治理论②247 日语(外)或 249 英语(外)③728 基础朝鲜语④828 朝鲜语综合	复试:日语或英语;韩国现代文学 加试:高级朝鲜语(含阅读、写作与翻译);高级朝鲜语听力
050211 外国语言学及应用语言学 01(全日制)语言学研究 02(全日制)外语教学研究	3年	①101 思想政治理论②247 日语(外)或 248 法语(外)③727 基础英语④827 英语综合	复试:日语或法语;英语语言学与应用语言学 加试:高级英语(含阅读、写作与翻译);高级英语听力
055101 英语笔译(专业学位) 01(全日制)不区分研究方向 02(非全日制)不区分研究方向	3年	①101 政治理论②211 翻译硕士英语③357 英语翻译基础④448 汉语写作与百科知识	复试:汉英笔译;汉英口译。该专业方向的考生须参加专业素质面试 加试:高级英语(含阅读、写作与翻译);高级英语听力

续表

学院、专业、研究方向、学位类型	拟招生人数/学制	考试科目	复试、加试科目
055111 朝鲜语笔译(专业学位) 01(全日制)不区分研究方向 02(非全日制)不区分研究方向	3 年	①101 政治理论②216 翻译硕士朝鲜语③362 朝鲜语翻译基础④448 汉语写作与百科知识	复试:汉朝笔译;汉朝口译。 该专业方向的考生须参加专业素质面试 加试:高级朝鲜语(含阅读、写作与翻译);高级朝鲜语听力
007 数学与信息科学学院	12	**考试科目**	**复试及加试科目**
070100 数学 01(全日制)图论及其应用 02(全日制)计算数学 03(全日制)应用数学 04(全日制)运筹学与控制论	3 年	①101 思想政治理论②201 英语一③730 数学分析④830 高等代数	复试:抽象代数或常微分方程或概率论基础三选一 加试:数学综合
008 光电信息科学技术学院	21	**考试科目**	**复试及加试科目**
070200 物理学 01(全日制)新物理模型 02(全日制)高能粒子物理 03(全日制)计算纳米科学与新能源材料 04(全日制)功能半导体材料物理 05(全日制)光学	3 年	①101 思想政治理论②201 英语一③731 高等数学④831 量子力学	复试:普通物理学(力学、热学、电磁学) 加试:力学;电磁学
080900 电子科学与技术 01(全日制)光电材料与器件 02(全日制)电路与系统 03(全日制)微电子学与固体电子学	3 年	①101 思想政治理论②201 英语一③301 数学一④832 数字电子技术基础	01、03 复试:半导体物理学 02 复试:数字信号处理
081002 信号与信息处理 01(全日制)图像和多维信号处理 02(全日制)信息处理系统	3 年	①101 思想政治理论②201 英语一③301 数学一④833 信号与系统	复试:模拟电子技术;数字电子技术基础
009 化学化工学院	46	**考试科目**	**复试及加试科目**
070300 化学 01(全日制)无机化学 02(全日制)分析化学 03(全日制)有机化学 04(全日制)物理化学 05(全日制)高分子化学与物理	3 年	①101 思想政治理论②201 英语一③734 分析化学④834 有机化学或 934 物理化学	01 复试:无机化学 加试:物理化学;仪器分析 02 复试:仪器分析 加试:物理化学;无机化学 03 复试:有机化学实验 加试:物理化学;无机化学 04 复试:物理化学实验 加试:无机化学;仪器分析 05 复试:高分子化学 加试:无机化学;物理化学

续表

学院、专业、研究方向、学位类型	拟招生人数/学制	考试科目	复试、加试科目
081700 化学工程与技术 01(全日制)化学工程 02(全日制)化学工艺 03(全日制)应用化学 04(全日制)工业催化	3 年	①101 思想政治理论②201 英语一③302 数学二④835 化工原理	01、02、04 复试:物理化学 加试:无机化学;有机化学 03 复试:有机化学 加试:无机化学;物理化学
085216 化学工程(专业学位) 01(全日制)不区分研究方向	3 年	①101 思想政治理论②204 英语二③302 数学二④836 化工原理(专)	复试:化学反应工程 加试:无机化学、有机化学实验
010 生命科学学院	135	**考试科目**	**复试及加试科目**
070703 海洋生物学 01(全日制)海洋藻类生物学 02(全日制)海洋生物资源保护开发与利用	3 年	①101 思想政治理论②201 英语一③737 生物化学(生)④837 普通生物学(生)	复试:分子生物学 加试:细胞生物学;微生物学
071000 生物学 01(全日制)植物学 02(全日制)动物学 03(全日制)微生物学 04(全日制)细胞生物学 05(全日制)生物化学与分子生物学 06(全日制)水生生物学	3 年	①101 思想政治理论②201 英语一③737 生物化学(生)④837 普通生物学(生)	01、02 复试:分子生物学 01 加试:细胞生物学;植物生物学(含植物形态解剖和植物生理学); 02 加试:动物生理学,分子免疫学 03 复试:微生物学; 加试:细胞生物学;分子生物 04 复试:细胞生物学; 加试:分子生物学;发育生物学 05、06 复试:分子生物学; 加试:细胞生物学;微生物学
083200 食品科学与工程 01(全日制)食品安全 02(全日制)农产品加工及贮藏工程 03(全日制)水产品加工及贮藏工程	3 年	101 思想政治理论②201 英语一③302 数学二④941 生物化学(工)	复试:综合(食品工艺学、食品化学微生物学) 加试:食品分析;食品营养学
083600 生物工程 01(全日制)生物资源与环境工程 02(全日制)细胞培养与代谢工程 03(全日制)生物制品研究与开发	3 年	①101 思想政治理论②201 英语一③302 数学二④941 生物化学(工)	复试:综合(生物工程原理) 加试:微生物学;生化分离工程
085238 生物工程(专业学位) 01(全日制)不区分研究方向 02(非全日制)不区分研究方向	3 年	①101 思想政治理论②204 英语二③338 生物化学④838 生物工程原理	复试:综合(酶工程、生化工程) 加试:微生物学;生化分离工程
095131 农艺与种业(专业学位) 01(全日制)作物 02(全日制)园艺	3 年	①101 思想政治理论②204 英语二③339 农业知识综合一④940 生物化学(农)	复试:01 方向作物育种学;02 方向园艺植物栽培学 加试:遗传学;土壤肥料学。

续表

学院、专业、研究方向、学位类型	拟招生人数/学制	考试科目	复试、加试科目
095132 资源利用与植物保护(专业学位) 01(全日制)植物保护	3 年	①101 思想政治理论②204 英语二③339 农业知识综合一④940 生物化学(农)	复试:农业植物病理学 加试:植物保护学;农业昆虫学
095135 食品加工与安全(专业学位) 01(全日制)不区分研究生方向 02(非全日制) 不区分研究方向	3 年	①101 思想政治理论②204 英语二③341 农业知识综合三④940 生物化学(农)	复试:综合(食品工艺学、食品化学微生物学) 加试:食品分析;食品营养学
011 海洋学院	10	**考试科目**	**复试及加试科目**
070700 海洋科学 01(全日制)海洋化学 02(全日制)海洋生物学 03(全日制)海洋渔业资源	3 年	①101 思想政治理论②201 英语一③739 生物化学(海)④839 普通生物学(海)	01 复试:环境化学; 加试:分析化学;生态学 02、03 复试:普通生态学; 加试:海洋生物学;遗传学
012 机电汽车工程学院	47	**考试科目**	**复试及加试科目**
080201 机械制造及其自动化 01(全日制)数字化制造技术 02(全日制)计算机辅助工程与仿真 03(全日制)计算机辅助设计与制造 04(全日制)机械动力学 05(全日制)特种加工工艺及自动化	3 年	①101 思想政治理论②201 英语一③301 数学一④842 理论力学	复试:机械制造工艺学或单片机原理及应用 加试:机械设计基础、机械制造技术基础
085201 机械工程(专业学位) 01(全日制)不区分研究方向 02(非全日制) 不区分研究方向	3 年	①101 思想政治理论②204 英语二③302 数学二④843 工程力学	复试:机械制造工艺学或单片机原理及应用 加试:机械设计基础、机械制造技术基础
013 环境与材料工程学院	38	**考试科目**	**复试及加试科目**
080500 材料科学与工程 01(全日制)材料物理与化学 02(全日制)材料学 03(全日制)材料加工工程	3 年	①101 思想政治理论②201 英语一③302 数学二④844 物理化学	复试:材料科学基础 加试:普通化学;材料工程基础
083001 环境科学 01(全日制)环境生物学技术 02(全日制)海岸带环境演化 03(全日制)环境污染与修复 04(全日制)环境污染控制理论与技术	3 年	①101 思想政治理论②201 英语一③302 数学二④845 环境学	复试:环境生态学 加试:环境监测;环境微生物学
085204 材料工程(专业学位) 01(全日制)不区分研究方向	3 年	①101 思想政治理论②204 英语二③302 数学二④844 物理化学	复试:材料科学基础 加试:普通化学;材料工程基础
014 计算机与控制工程学院	42	**考试科目**	**复试及加试科目**
081200 计算机科学与技术 01(全日制)计算机软件与理论 02(全日制)计算机应用技术	3 年	①101 思想政治理论②201 英语一③301 数学一④846 数据结构	复试:软件工程 加试:操作系统;计算机组成原理

续表

学院、专业、研究方向、学位类型	拟招生人数/学制	考试科目	复试、加试科目
085211 计算机技术(专业学位) 01(全日制)不区分研究方向	3年	①101 思想政治理论②204 英语二③302 数学二④846 数据结构	复试:软件工程 加试:操作系统;计算机组成原理
015 土木工程学院	47	考试科目	复试及加试科目
081400 土木工程 01(全日制)岩土与隧道工程 02(全日制)结构工程 03(全日制)防灾减灾工程及防护工程 04(全日制)土木工程材料 05(全日制)市政工程	3年	①101 思想政治理论②201 英语一③301 数学一④847 土木综合一	01 复试:土力学;加试:基础工程;工程地质。 02、03 复试:混凝土结构;加试:土力学;钢结构设计原理。 04 复试:土木工程材料;加试:混凝土结构。 05 复试:水质工程学;加试:给水排水管网系统。
085213 建筑与土木工程(专业学位) 01(全日制)土木工程结构 02(全日制)岩土与地下工程 03(全日制)土木工程材料 04(全日制)工程建造与管理 05(全日制)市政环境与设备工程 06(全日制)建筑设计与绿色建筑	3年	①101 思想政治理论②204 英语二③302 数学二④848 土木综合二	01、02 参考 081400 中结构工程方向。 03 复试:土木工程材料;加试:土木工程施工。 04 复试:土木工程施工。 加试:工程合同法律制度与管理;运筹学 05 复试:建筑给排水工程,空气调节;加试:给水排水管网系统。 06 复试:建筑设计;加试:建筑构造、建筑历史与理论。
016 药学院	67	考试科目	复试及加试科目
100700 药学 01(全日制)药物化学 02(全日制)药剂学 03(全日制)生药学 04(全日制)药物分析学 05(全日制)微生物与生物技术药物学 06(全日制)药理学 07(全日制)临床药学	3年	①101 思想政治理论②201 英语一③750 药学综合(药)④无	01 复试:药物化学 加试:普通化学;物理化学 02 复试:药剂学(含生物药剂学与药物动力学) 加试:药物分析;物理化学 03 复试:生药学或天然药物化学 加试:药用植物学、天然药物化学;物理化学、有机化合物波谱解析。 04 复试:药物分析 加试:药剂学;物理化学 05 复试:微生物学与免疫学 加试:人体解剖生理学;分子生物学 06 复试:药理学 加试:微生物学与免疫学;分子生物学 07 复试:药理学 加试:微生物学与免疫学;药事管理学

续表

学院、专业、研究方向、学位类型	拟招生人数/学制	考试科目	复试、加试科目
105500 药学(专业学位) 01(全日制)工业药学 02(全日制)药物分析与质量控制 03(全日制)临床药学与药物评价 04(全日制)管理药学 05(非全日制)不区分研究方向	3 年	①101 思想政治理论②201 英语一③349 药学综合④无	01、02 复试:药物化学、药剂学(含生物药剂学与药物动力学)、药物分析学、药理学任选其一; 03 复试:药理学; 04 复试:药事管理学。 加试:普通化学;物理化学
017 建筑学院	8	**考试科目**	**复试及加试科目**
081300 建筑学 01(全日制)建筑设计及理论 02(全日制)建筑历史与理论及遗产保护 03(全日制)建筑技术与理论 04(全日制)城市设计及理论	3 年	①101 思想政治理论②201 英语一③355 建筑学基础④550 建筑设计基础(快题,6小时)	复试:建筑设计;综合(面试,准备作品集)

3. 烟台大学2019年分专业方向录取研究生人数统计表

学院代码	学院名称	专业代码	专业名称	研究方向代码	研究方向名称	总数
001	经济管理学院	020201	国民经济学	01	宏观经济政策与地方经济发展	1
		020201	国民经济学	03	经济统计与金融分析	2
		095137	农业管理	00	不区分研究方向	57
		095138	农村发展	00	不区分研究方向	61
		120200	工商管理	01	物流与营销管理	1
		120200	工商管理	02	组织创新与人力资源管理	1
		120200	工商管理	03	会计与财务管理	2
		120200	工商管理	04	技术经济与项目管理	2
002	法学院	030100	法学	01	法学理论(含:法律史)	2
		030100	法学	02	宪法学与行政法学	2
		030100	法学	03	民商法学	8
		030100	法学	04	刑法学	3
		030100	法学	05	国际法学	3
		030100	法学	06	经济与环境法学	3
		030100	法学	07	知识产权法学	3
		035101	法律(非法学)	00	不区分研究方向	29
		035102	法律(法学)	00	不区分研究方向	34
003	马克思主义学院	030400	民族学	01	民族学	7
		030400	民族学	02	马克思主义民族理论与政策	2
		030400	民族学	03	中国少数民族史	5

续表

学院代码	学院名称	专业代码	专业名称	研究方向代码	研究方向名称	总数
004	国际教育交流学院	045300	汉语国际教育	00	不区分研究方向	15
005	人文学院	050100	中国语言文学	01	文艺学	3
		050100	中国语言文学	04	中国古代文学	4
		050100	中国语言文学	05	中国现当代文学	3
		055200	新闻与传播	00	不区分研究方向	16
		055200	新闻与传播	01	新闻实务	6
		055200	新闻与传播	02	媒介运营	13
		055200	新闻与传播	03	视觉传播	4
006	外国语学院	050201	英语语言文学	01	英美文学研究	3
		050210	亚非语言文学	01	韩国现代文学研究	2
		050211	外国语言学及应用语言学	01	语言学研究	3
		050211	外国语言学及应用语言学	02	外语教学研究	1
		055101	英语笔译	00	不区分研究方向	10
		055111	朝鲜语笔译	00	不区分研究方向	11
007	数学与信息科学学院	070100	数学	02	计算数学	5
		070100	数学	03	应用数学	8
		070100	数学	04	运筹学与控制论	1
008	光电信息 科学技术学院	070200	物理学	03	计算纳米科学与新能源材料	3
		070200	物理学	04	功能半导体材料物理	3
		070200	物理学	05	光学	2
		080900	电子科学与技术	01	光电材料与器件	2
		080900	电子科学与技术	02	电路与系统	3
		080900	电子科学与技术	03	微电子学与固体电子学	1
		081002	信号与信息处理	01	图像和多维信号处理	3
		081002	信号与信息处理	02	信息处理系统	2
009	化学化工学院	070300	化学	02	分析化学	7
		070300	化学	03	有机化学	3
		070300	化学	04	物理化学	3
		070300	化学	05	高分子化学与物理	6
		081700	化学工程与技术	01	化学工程	7
		081700	化学工程与技术	02	化学工艺	4
		081700	化学工程与技术	03	应用化学	2
		081700	化学工程与技术	04	工业催化	2
		085216	化学工程	00	不区分研究方向	33

续表

学院代码	学院名称	专业代码	专业名称	研究方向代码	研究方向名称	总数
010	生命科学学院	070703	海洋生物学	01	海洋藻类生物学	1
		070703	海洋生物学	02	海洋生物资源保护开发与利用	2
		071000	生物学	01	植物学	1
		071000	生物学	02	动物学	1
		071000	生物学	03	微生物学	2
		071000	生物学	04	细胞生物学	3
		071000	生物学	05	生物化学与分子生物学	4
		071000	生物学	06	水生生物学	2
		083200	食品科学与工程	01	食品安全	7
		083200	食品科学与工程	02	农产品加工及贮藏工程	2
		083600	生物工程	01	生物资源与环境工程	1
		083600	生物工程	02	细胞培养与代谢工程	1
		083600	生物工程	03	生物制品研究与开发	3
		085238	生物工程	00	不区分研究方向	34
		095131	农艺与种业	01	作物	7
		095131	农艺与种业	02	园艺	10
		095135	食品加工与安全	00	不区分研究方向	42
011	海洋学院	070700	海洋科学	01	海洋化学	3
		070700	海洋科学	02	海洋生物学	7
		070700	海洋科学	03	海洋渔业资源	1
012	机电汽车工程学院	080201	机械制造及其自动化	01	数字化制造技术	5
		080201	机械制造及其自动化	03	计算机辅助设计与制造	1
		085201	机械工程	00	不区分研究方向	39
013	环境与材料工程学院	080500	材料科学与工程	01	材料物理与化学	2
		080500	材料科学与工程	02	材料学	6
		080500	材料科学与工程	03	材料加工工程	1
		083001	环境科学	01	环境生物学技术	1
		083001	环境科学	03	环境污染与修复	5
		083001	环境科学	04	环境污染控制理论与技术	3
		085204	材料工程	00	不区分研究方向	27
014	计算机与控制工程学院	081200	计算机科学与技术	01	计算机软件与理论	4
		081200	计算机科学与技术	02	计算机应用技术	3
		085211	计算机技术	00	不区分研究方向	37

续表

学院代码	学院名称	专业代码	专业名称	研究方向代码	研究方向名称	总数
015	土木工程学院	081400	土木工程	01	岩土与隧道工程	2
		081400	土木工程	02	结构工程	4
		081400	土木工程	03	防灾减灾工程及防护工程	1
		081400	土木工程	05	市政工程	4
		085213	建筑与土木工程	01	土木工程结构	14
		085213	建筑与土木工程	02	岩土与地下工程	2
		085213	建筑与土木工程	03	土木工程材料	2
		085213	建筑与土木工程	04	工程建造与管理	7
		085213	建筑与土木工程	05	市政环境与设备工程	10
		085213	建筑与土木工程	06	建筑设计与绿色建筑	2
016	药学院	100700	药学	01	药物化学	6
		100700	药学	02	药剂学	10
		100700	药学	03	生药学	2
		100700	药学	04	药物分析学	6
		100700	药学	05	微生物与生物技术药物学	3
		100700	药学	06	药理学	4
		100700	药学	07	临床药学	1
		105500	药学	01	工业药学	13
		105500	药学	02	药物分析与质量控制	16
		105500	药学	03	临床药学与药物评价	22
		105500	药学	04	管理药学	1
017	建筑学院	081300	建筑学	01	建筑设计及理论	4
		081300	建筑学	04	城市设计及理论	1

继续教育

【概况】烟台大学成人高等学历继续教育开设56个专业，有专科、本科和专升本3个办学层次，涵盖文、理、工、法、农、经、管7个学科门类。生源均来自山东省内，本年度在籍学生6618人。现有2个省级成人高等教育品牌专业，15门省级成人高等教育特色课程，14门省级数字化课程。

高等学历继续教育的学费收取严格执行山东省高等学校相关收费管理的政策规定，纳入学校财务处统一管理，严格实行“收支两条线”。

继续教育学院现有在编职工9人，人事代理1

人。设有函授科、远程教育科、自考科、培训中心和办公室5个科室。

【专业与招生】2019年,学校成人招生有8个高中起点本科专业,22个专科起点本科专业,4个高中起点专科专业。2019级增设了生物工程、食品科学与工程、化学工程与工艺、制药工程4个高起本专业,生物工程、食品科学与工程、化学工程与工艺、制药工程、朝鲜语、英语、日语7个专升本专业。停止了招生人数过少的通信工程、水产养殖学、能源与动力工程、轮机工程、航海技术、车辆工程、计算机科学与技术、国际经济与贸易、会计学、市场营销、汉语言文学、工程管理12个高起本专业和水产养殖学1个专升本专业。逐步减少专科层次学历继续教育,市场营销、计算机应用技术、建设工程管理、机电一体化技术4个专科专业停止招生。

2019年,学校录取成人新生9844人,其中专科3001人,专升本6385人,本科458人。

附:

2019年学历继续教育学生录取人数、在籍人数

专业代码	专业名称	层次类别	培养方式	录取人数	在籍人数
080401	材料科学与工程	本科	函授	–	3
080207	车辆工程	本科	函授	–	2
030101	法学	本科	函授	58	54
120103	工程管理	本科	函授	–	9
120201	工商管理	本科	函授	221	86
020401	国际经济与贸易	本科	函授	–	11
050101	汉语言文学	本科	函授	–	20
081803	航海技术	本科	函授	–	10
120203	会计学	本科	函授	–	31
081301	化学工程与工艺	本科	函授	21	–
080202	机械设计制造及其自动化	本科	函授	63	33
083001	生物工程	本科	函授	3	–
082701	食品科学与工程	本科	函授	6	–
081302	制药工程	本科	函授	86	–
080901	计算机科学与技术	本科	函授	–	28
081804	轮机工程	本科	函授	–	15
080501	能源与动力工程	本科	函授	–	13
120202	市场营销	本科	函授	–	25
090601	水产养殖学	本科	函授	–	9
080703	通信工程	本科	函授	–	4
081001	土木工程	本科	函授	–	41
050209	朝鲜语	专升本	业余	9	–
080401	材料科学与工程	专升本	函授	–	3
080207	车辆工程	专升本	函授	41	45
030101	法学	专升本	函授	558	353
120103	工程管理	专升本	函授	383	193
120201	工商管理	专升本	函授	1047	614

续表

专业代码	专业名称	层次类别	培养方式	录取人数	在籍人数
020401	国际经济与贸易	专升本	函授	128	59
050101	汉语言文学	专升本	函授	384	259
081803	航海技术	专升本	函授	35	36
081301	化学工程与工艺	专升本	函授	127	–
120203	会计学	专升本	函授	1121	762
080202	机械设计制造及其自动化	专升本	函授	339	199
080901	计算机科学与技术	专升本	函授	469	202
080405	金属材料工程	专升本	函授	–	6
081804	轮机工程	专升本	函授	31	41
080501	能源与动力工程	专升本	函授	78	61
081801	生物工程	专升本	函授	15	–
050207	日语	专升本	业余	20	–
081401	食品科学与工程	专升本	函授	44	–
120202	市场营销	专升本	函授	227	126
090601	水产养殖学	专升本	函授	–	26
080703	通信工程	专升本	函授	113	68
071201	统计学	专升本	函授	–	1
081001	土木工程	专升本	函授	1133	546
081302	制药工程	专升本	函授	29	–
050201	英语	专升本	业余	54	–
560702	汽车检测与维修技术	专科	函授	–	11
680503	法律事务	专科	函授	257	263
540501	建设工程管理	专科	函授	950	137
630601	工商企业管理	专科	函授	1227	807
630502	国际经济与贸易	专科	函授	–	8
600301	航海技术	专科	函授	–	6
630302	会计	专科	函授	567	373
560301	机电一体化技术	专科	函授	–	250
560102	机械制造与自动化	专科	函授	–	17
610203	计算机信息管理	专科	函授	–	11
610201	计算机应用技术	专科	函授	–	212
600310	轮机工程技术	专科	函授	–	12
630701	市场营销	专科	函授	–	256
610301	通信技术	专科	函授	–	8
540301	建筑工程技术	专科	函授	–	253
合计				9844	6618

（注：本年度在籍学生数不含当年录取数，当年录取学生次年入学）

【资源与课程】学校自2014年开始开展数字化课程建设工作，截至2019年，建设完成并投入使用的有199门，购买课程93门。古代文论、行政法学2门课程被评为山东省成人高等教育（继续教育）数字化课程。

附：

1. 教学资源的类型和数量

教学资源类型	数量
教学平台	1
学院网站	1
已建成的数字化课程	199
省级数字化课程	14
校级特色课程	33
省级特色课程	15
精品资源共享课程	17
购买数字化课程	93

学校建成网络课程录播室、继续教育远程教学平台等网络教学专用设施。2019年开设的课程中，有80.6%实现了网络教学（自建课程和省级精品资源共享课程），较上年提高6.9%。

附：

2. 网络教学课程建设情况

2019年	开设课程	网络课程	网络课程所占比例
上半年	204	168	82.3%
下半年	209	165	78.9%

【校外教学点】2019年，学校设有32个校外教学点，1个教学管理平台，校外教学点学习支持服务人员526人。校外教学点公开服务人员办公和个人电话，对学生的咨询和诉求及时做出应答和处理。

附：

2019年烟台大学校外教学点（函授站）名录

序号	校外教学点（函授站）
1	枣庄市市中区学力电脑培训学校
2	枣庄理工学校
3	滨州经济技术开发区万卓教育培训学校有限公司
4	德州卓识教育培训学校
5	龙口学联教育科技有限公司
6	费县杏坛职业培训学校
7	济南市美联培训学校
8	菏泽市牡丹区华顺教育培训学校
9	东营科教学业服务中心
10	威海市高级技工学校
11	烟台市芝罘区京奥外语培训学校
12	烟台市经济技术开发区开创互联网职业培训学校
13	烟台市芝罘区幸福职业培训学校
14	烟台市茗杰职业培训学校
15	烟台市莱山区怡联电脑培训学校
16	潍坊市寒亭区华仁培训学校
17	潍坊高新区百川教育培训学校有限公司
18	济南市历城区海浪教育培训学校有限公司
19	青岛西海岸新区汇英科技专修学校
20	东营市东营区滨海新道教育培训学校有限公司
21	聊城东昌府区英科培训学校
22	日照市东港区阳光教育培训学校
23	烟台天鸿职业培训学校
24	烟台市芝罘区正林培训学校
25	烟台市芝罘区创智外语培训学校
26	海阳市商业职工学校
27	泰安市泰山区弘成教育培训学校
28	淄博金昆教育培训学校有限公司
29	济宁市任城区府河教育职业培训学校
30	济南市历城区仕途培训学校
31	招远润才继续教育培训学校
32	烟台市芝罘区新时代会计培训学校

【考试与毕业】2019年成人高等教育安排2次考试，均在学期末进行。

附：

1.2019 年学历教育考试情况

考试时间	考点数（个）	考核课程(门)		印刷试卷数（份）	密封试卷袋（袋）	应考人数（人）	参考人数（人）
		考查	考试				
2019.6.15－16	22	33	171	16897	2801	7779	7056
2019.12.7－8	27	22	187	27671	3441	6618	5989

2019 年，有 1734 人符合毕业条件并办理了毕业手续，毕业率为 99.1%。2019 届成人本科毕业生中共有 116 人符合学士学位授予条件，占申请人数的 53.7%，占本科毕业生总数的 11.5%。

附：

2.2019 年各专业毕业生毕业率

专业名称	层次	入学人数	毕业人数	毕业率
法律事务	专科	61	60	98.4%
工商企业管理	专科	175	173	98.9%
国际经济与贸易	专科	13	13	100.0%
航海技术	专科	10	8	80.0%
化工工艺	专科	3	3	100.0%
会计	专科	163	162	99.4%
机电一体化技术	专科	50	50	100.0%
机械制造与自动化	专科	13	11	84.6%
计算机信息管理	专科	16	16	100.0%
计算机应用技术	专科	39	39	100.0%
建筑工程管理	专科	23	23	100.0%
建筑工程技术	专科	55	55	100.0%
轮机工程技术	专科	7	7	100.0%
汽车检测与维修技术	专科	23	22	95.6%
市场营销	专科	55	52	94.5%
数控技术	专科	2	2	100.0%
通信技术	专科	29	29	100.0%
应用化工技术	专科	3	3	100.0%
材料科学与工程	专升本	4	4	100.0%
车辆工程	专升本	2	2	100.0%
法学	专升本	91	91	100.0%
工程管理	专升本	37	37	100.0%

续表

专业名称	层次	入学人数	毕业人数	毕业率
工商管理	专升本	145	145	100.0%
公共事业管理	专升本	8	8	100.0%
国际经济与贸易	专升本	25	25	100.0%
汉语言文学	专升本	63	62	98.4%
航海技术	专升本	8	8	100.0%
会计学	专升本	248	248	100.0%
机械设计制造及其自动化	专升本	36	36	100.0%
计算机科学与技术	专升本	54	54	100.0%
轮机工程	专升本	16	16	100.0%
热能与动力工程	专升本	24	24	100.0%
生物工程	专升本	5	5	100.0%
食品科学与工程	专升本	10	9	90.0%
市场营销	专升本	27	27	100.0%
水产养殖学	专升本	11	11	100.0%
通信工程	专升本	23	22	95.6%
统计学	专升本	2	2	100.0%
土木工程	专升本	150	150	100.0%
药学	专升本	21	20	95.2%
合计		1750	1734	99.1%

2019 年，组织了全省计算机应用基础、餐饮管理本科和韩国语（朝鲜语）本科专业实践环节考核及毕业论文答辩。完成了毕业班学生的毕业审查及补考工作。审核了 82 科次的实践考核考试校内考核的相关材料。办理自考毕业证书 50 人，审核申报自考学生学位 2 人。

本年度，共组织 9142 人参加国家级计算机等级考试（非学历资格证书考试）。

【非学历培训】2019 年，学校开展非学历教育项目 15 个，其中知识普及型培训 2 个、专业技能培训 1 个、高层次继续教育培训 11 个，累计服务 1647 人次。

2019 年，为山东省监狱举办管理干部培训 3 期；为山东省西部地区举办纪检、监察干部培训 3 期；检察院、法院干部培训 2 期；税务局干部培训 2 期，培训班次、受训人数均较去年均增加了 3 倍。

开办了万华集团高级研发人员专题培训班，今年已进行到第 7 期，成为烟大校企培训合作的特色品牌。开办了中华财险山东分公司高层管理人员领导力提升培训班。企事业单位的定向培训、教师资格证培训、职业技能培训鉴定基地的各项培训、德语培训项目、法语中心的相关培训项目等正在进行中。

（袁　珊）

留学生教育

【概况】烟台大学留学生教育分短期教学项目和学历教育。留学生非学历教育短期项目分校际交流生、语言生、假期生3类,由国际教育交流学院负责教育培养;学历教育有国际教育交流学院负责的汉语言本科专业、汉语国际教育硕士专业及进入其他专业学院培养的硕士和博士专业。2019年在校留学生301人。

【短期项目】2019年春夏季学期有交流学生65人,秋季学期有交流学生76人。分别来自韩国釜山外国语大学、木浦大学、日本北海商科大学等国外大学。2019年春夏季学期,以汉语学习为目的的语言生有54人,秋季学期,以汉语学习为目的的语言生有55人,主要来自韩国、日本、俄罗斯等国家和地区,来自墨西哥、荷兰、泰国各1人。2019年暑假,有35名韩国学生、9名俄罗斯学生来校提高汉语水平,体验中国文化。

【学历教育】2019年春夏季学期,学校有留学本科生77人,硕士生10人,博士生1人;秋季学期,有留学本科生70人,硕士生9人,博士生1人。分别是国际教育交流学院汉语言专业的本科生、汉语国际教育专业的硕士生,及在其他专业学院就读的非语言类硕士生和博士生。

(郭春香)

附:

2019年在校留学生分类统计表

学期	年份	交流生	语言生	本科生	硕士生	博士生	假期生	总人数
2018—2019-2	2019.3	65	54	77	10	1	44	251
2019-2020-1	2019.9	76	55	70	9	1		211

科学研究与服务地方

理工与人文社科科研

【概况】2019年,学校继续主抓标志性科研成果培育工作,加大向地方和企业宣传推介学校科技成果和专利技术的工作力度,促进成果转化和产学研用结合,完成了学校确定的重点任务。社科(科技)处下设综合信息科、计划科、成果科、重点建设办公室、知识产权管理办公室等科室,工作人员11人。

【项目与经费】本年度,学校共获批省部级以上科研项目150项。人文社科类获批国家级社会科学基金各类项目12项,包括国家社科基金重大专项1项,获批教育部等其他省部级项目16项,获批山东省社科规划项目26项,人文社科类纵向科研项目立项经费431.3万元,获批项目、经费数均创年度申报省级社科项目最好成绩,学校连续4年获批国家社科基金重点项目。自然科学类项目获批国家重点研发计划项目6项,国家重大科技专项2项,国家级自然科学类项目44项,山东省重点研发计划项目11项,山东省重大科技创新工程项目3项,自然科学类纵向科研项目立项经费数4817.13万元。自然科学类国家级科研项目,特别是国家自然科学基金项目数、经费数均创烟台大学历史新高。

【成果与奖励】本年度全校获得省部级科研奖励8项,其中山东省社会科学优秀成果奖一等奖1项。获得厅局级奖33项。授权职务专利114项,其中授权职务发明专利48项,实用新型专利60项,授权总量稳步提升。“阻燃、耐黄变、低雾化牛皮汽车坐垫革制造工艺”先后荣获烟台市专利奖二等奖和第21届中国专利奖优秀奖。共发表人文社科类A、B刊论文15篇,C刊论文58篇。自然科学类论文405篇,其中SCI收录期刊发表论文253篇,EI收录期刊发表论文24篇,中文核心期刊(北大版)发表论文110篇,其他18篇。

【科研机构】截至2019年底,学校共有内设自然科学类科研机构58个,人文社科类科研机构33个。本年度新建科研机构8个:烟台大学药物研究所、烟台大学新时代妇女发展理论研究所、烟台大学教育软件研究所、烟台大学阅读与心灵成长研究所、烟台大学体育科学研究所、烟台大学生命与健康大数据中心、烟台大学自贸区法治建设研究中心、烟台大学光电信息技术研究所。

【科研创新平台】按《山东省发展和改革委员会关于组织开展2019年山东省工程实验室(工程研究中心)申报工作的通知》要求,学校组织申报“山东省低功耗光电检测智能终端工程实验室”并获批准。烟台大学是2019年烟台市唯一获批山东省工程实验室(工程研究中心)的高校。挂靠烟台大学的山东省石化轻烃综合利用工程技术研究中心、山东省黄金工程技术研究中心进入山东省技术创新中心培育库。

【科技成果推介与转化】编制学校最新科技成果信息目录,参加各种科技成果展洽会,促进学校科技成果转移转化,达成多项科技合作协议。全年新立横向科研项目167项,到账经费3137.6万元,立项数量和到账经费数均创历史新高。完成“四技”合同登记108项,技术合同登记总额2881.15万元,其中技术开发和技术转让合同总额1344.77万元，为教师减免税款近80万元。

【科研活动与管理】为激励教师科研人员投身科研工作，为本校教师哲学社会科学成果刊布提供经费支持。本年度，学校出台了《烟台大学科研成果奖评审办法》和《烟台大学哲学社会科学学术著作出版基金管理办法(试行)》2个科研管理文件。

(张立雨　张　戈)

【知识产权研究】2019年，知识产权研究中心有专任研究人员11人，其中正高职称2人，副高职称5人，讲师4人，博士占比90%。研究中心顺利完成了本年度教学、科研、对外活动及学校法律事务处理等各项工作。

教学活动与成果　研究中心承担了知识产权本科生、知识产权方向研究生的知识产权专业课程和法学本科生知识产权必修课程，以及非知识产权方向研究生的知识产权必修课、选修课，共计21门，800余学时。

本年度，烟台大学知识产权本科专业位列全国第4名(中国科教评价网《中国大学及学科专业评价报告》排名结果)。知识产权专业4名学生在"全国大学生版权征文活动"中获奖，知识产权团队导师宋红松教授获优秀指导教师奖，烟台大学获优秀组织奖。

科研活动与成果　研究中心教师在核心期刊发表学术论文5篇，获批山东省教育厅"青创计划"项目1项，获批山东省人大常委会地方立法研究服务基地研究项目1项。

交流与合作　教研人员参加中国知识产权法研究会、知识产权南湖论坛、知识产权上地论坛等全国性知识产权学术会议，提交论文并进行主题发言。

教研人员参加国家知识产权局组织的全国知识产权专业学位研讨会和全国知识产权人才培训工作会议，以"知识产权应用型人才培养的创新与发展"为题进行了经验交流。积极开展与烟台经济技术开发区和山东省自贸区烟台片区的合作，为烟台自贸区建设知识产权国际化营商环境提供知识产权的智库保障和服务。受省教育厅的邀请，参加省教育厅的"一事一议"人才引进事项知识产权评议工作，提交完善人才引进的知识产权评议具体方案。

(宋红松)

附：烟台大学2019年科研工作若干统计资料

1.2019年全校理工科研机构一览表

序号	科研机构名称	批准单位	挂靠单位
1	分子药理和药物评价	教育部	药学院
2	轻烃资源化综合利用协同创新中心	山东省教育厅、科技厅、财政厅	化学化工学院
3	现代海水养殖与食品加工质量安全控制	山东省教育厅、科技厅、财政厅	生命科学学院
4	新型制剂与生物技术药物研究协同创新中心	山东省教育厅、科技厅、财政厅	药学院
5	光信息与光功能材料	山东省教育厅	光电信息科学技术学院
6	化工新材料制造工程	山东省教育厅	化学化工学院
7	化工新材料过程强化	山东省教育厅	化学化工学院
8	山东省化工新材料绿色制造工程技术研究中心	山东省科技厅	化学化工学院
9	山东省化学工程与过程重点实验室	山东省科技厅	化学化工学院
10	石化轻烃综合利用工程技术研究中心	山东省科技厅	化学化工学院
11	山东省农产品物流工程技术研究中心	山东省科技厅	化学化工学院
12	山东省中匈黄金工业应用合作研究中心	山东省科技厅	化学化工学院
13	数据科学与智能技术	山东省教育厅	计算机与控制工程学院、数学与信息科学学院联合

续表

序号	科研机构名称	批准单位	挂靠单位
14	山东省黄金工程技术研究中心	山东省科技厅	山东招金集团有限公司、烟台大学
15	海产品质量与安全检测	山东省教育厅	生命科学学院
16	山东省功能食品工程技术研究中心	山东省科技厅	生命科学学院
17	山东省干细胞工程技术研究中心	山东省科技厅	生命科学学院
18	山东省空气净化工程技术研究中心	山东省科技厅	烟台宝源净化有限公司、烟台大学
19	药物筛选与新型制剂	山东省教育厅	药学院
20	山东省天然药物工程技术研究中心	山东省科技厅	药学院
21	烟台市黄金催化与过程重点实验室	烟台市科技局	化学化工学院
22	烟台市动物蛋白废弃物资源化利用工程技术研究中心	烟台市科技局	化学化工学院
23	山东省环境保护室内环境重点实验室	山东省环保局	环境与材料工程学院
24	高端海洋工程装备智能技术重点实验室	烟台市科技局	计算机与控制工程学院
25	烟台大学环境特性研究所	烟台大学	光电信息科学技术学院
26	烟台大学能动光学应用技术研究所	烟台大学	光电信息科学技术学院
27	烟台大学生物医学光学研究所	烟台大学	光电信息科学技术学院
28	烟台大学光电信息技术研究所	烟台大学	光电信息科学技术学院
29	烟台大学现代渔业研究所	烟台大学	海洋学院
30	烟台大学材料研究所	烟台大学	化学化工学院
31	烟台大学应用催化研究所	烟台大学	化学化工学院
32	烟台大学精细化工研究所	烟台大学	化学化工学院
33	烟台大学特合耐热合金研究开发中心	烟台大学	环境与材料工程学院
34	烟台大学建材新技术研究所	烟台大学	环境与材料工程学院
35	烟台大学海洋新材料与环境研究中心	烟台大学	环境与材料工程学院
36	烟台大学环保技术中心	烟台大学	环境与材料工程学院
37	烟台大学材料检测中心	烟台大学	环境与材料工程学院
38	烟台大学室内局部环境科学研究所	烟台大学	环境与材料工程学院
39	烟台大学先进制造技术研究所	烟台大学	机电汽车工程学院
40	烟台大学海洋工程研究所	烟台大学	机电汽车工程学院
41	烟台大学计算机科学与技术研究所	烟台大学	计算机与控制工程学院
42	烟台大学自动化研究所	烟台大学	计算机与控制工程学院
43	烟台大学—山东博瑞智能装备联合研究中心	烟台大学	计算机与控制工程学院
44	烟台大学—众信安平联合营养研究中心	烟台大学	生命科学学院
45	烟台大学线粒体与健康衰老研究中心	烟台大学	生命科学学院
46	烟台大学生殖与发育生物学研究所	烟台大学	生命科学学院
47	烟台大学生命与健康大数据中心	烟台大学	生命科学学院

续表

序号	科研机构名称	批准单位	挂靠单位
48	烟台大学食品安全与功能评价中心	烟台大学	生命科学学院
49	烟台大学海产品检测检验中心	烟台大学	生命科学学院
50	烟台大学海洋生物资源保护与利用研究中心	烟台大学	生命科学学院
51	烟台大学教育软件研究所	烟台大学	实训中心
52	烟台大学土木工程研究所	烟台大学	土木工程学院
53	烟台大学岩土工程研究所	烟台大学	土木工程学院
54	烟台大学工程管理研究所	烟台大学	土木工程学院
55	烟台大学城乡建设和房地产研究中心	烟台大学	土木工程学院
56	烟台大学 BIM 研究所	烟台大学	土木工程学院
57	烟台大学—山东艾科福装配式建筑联合研发创新中心	烟台大学	土木工程学院
58	烟台大学药物研究所	烟台大学	药学院

2. 2019 年理工科研纵向项目立项目录

序号	院系(部门)	级别	经费来源	项目名称	负责人	经费(万元)
1	光电信息科学技术学院	国家级	国家自然科学基金	裂变产物对核材料热传导性能影响的理论研究	戴振宏	62
2	光电信息科学技术学院	国家级	国家自然科学基金	重味物理中若干反常现象的理论研究	李　营	60
3	光电信息科学技术学院	国家级	国家自然科学基金	基于暗物质间接探测的唯象学研究	刘学文	5
4	光电信息科学技术学院	国家级	国家自然科学基金	拓扑非平庸的非厄密系统的光学模拟	孙伯业	5
5	光电信息科学技术学院	国家级	国家自然科学基金	双黑格斯二重态及其扩充模型的唯象研究	王　磊	60
6	海洋学院	国家级	国家重点研发计划(中国水产科学研究院东海水产研究所)	渔业水域生境退化与生物多样性演变机制	邱盛尧	46.3
7	海洋学院	国家级	国家重点研发计划政府间国际科技创新合作专项(中国水产科学研究院黄海水产研究所)	近海渔业资源的适应性管理基础合作研究——以渤海为例	邱盛尧	10.8

续表

序号	院系(部门)	级别	经费来源	项目名称	负责人	经费(万元)
8	海洋学院	国家级	国家自然科学基金	夏眠期间刺参肠道菌群结构、功能及与宿主互作特征研究	赵　业	27
9	核装备与核工程学院	国家级	国家自然科学基金	新型高效倒装多结太阳电池质子辐照效应研究	鲁　明	24
10	核装备与核工程学院	国家级	国家重点研发(中国建筑材料科学研究总院)	高通量块体材料制备新方法、新技术与新装备	张尚洲	29.07
11	化学化工学院	国家级	国家自然科学基金	超支化聚合物自组装调控过渡金属掺杂多孔碳材料的制备与吸波研究	班庆福	23
12	化学化工学院	国家级	国家自然科学基金	基于等效反应器网络的化工过程集成建模与快速计算	杜玉朋	22
13	化学化工学院	国家级	国家自然科学基金	深海环境中静水压力对阴极保护下有机涂层/低合金钢体系失效过程的影响机理	刘　杰	60
14	化学化工学院	国家级	中国船舶重工集团公司第七二五研究所	南海大气环境下重防腐涂层/金属体系失效机理	刘　杰	10
15	化学化工学院	国家级	国家自然科学基金	镨基复合金属氧化物负载的纳米金催化剂的制备及其构效关系研究	史俊杰	26
16	化学化工学院	国家级	国家自然科学基金	新型 meso—芳环稠并扩展卟啉烯大环化合物的合成、结构及性质研究	徐鑫明	25
17	化学化工学院	国家级	国家自然科学基金	微通道内 Pickering 乳液界面催化多碳醇选择氧化的过程强化与调控机制研究	赵玉潮	65
18	环境与材料工程学院	国家级	国家自然科学基金	淡水鱼中砷形态分布差异的机制研究	贾玉玉	24
19	环境与材料工程学院	国家级	国家自然科学基金(依托单位变更,由太原理工大学转入)	钼离子掺杂与竞争吸附双机制调控钨青铜纳米晶的形貌与光学性能	康利涛	4.7
20	环境与材料工程学院	国家级	国家自然科学基金	基于聚酰亚胺—共价有机骨架的固相微萃取纤维的制备及性能研究	李忠月	58.35
21	机电汽车工程学院	国家级	国家自然科学基金	基于多孔材料的航天器火工冲击传递机理与隔冲方法研究	王锡雄	27
22	机电汽车工程学院	国家级	摩擦学国家重点实验室开放基金(清华大学)	考虑榫连结构接触摩擦特性的叶片减振机理研究	王　娇	1.5
23	计算机与控制工程学院	国家级	国家自然科学基金	基于深度学习的自由呼吸下腹部磁共振图像运动校正方法研究	吕　骏	25

续表

序号	院系(部门)	级别	经费来源	项目名称	负责人	经费(万元)
24	建筑学院	国家级	国家自然科学基金	城市行政意志与城市规划关联性的历史研究——以近代沈阳为例	王　骏	21
25	生命科学学院	国家级	国家自然科学基金	蛋白质组和转录组关联分析山东银莲花异质生境的适应机制	卞福花	58
26	生命科学学院	国家级	国家自然科学基金	刺参养殖池塘丝状绿藻暴发过程与细菌群落动态变化的关系及其生态耦合机制研究	陈丽红	24
27	生命科学学院	国家级	国家自然科学基金(山东农业工程学院)	基于双臂型DNA四面体骨架的电子介体—辅酶—脱氢酶仿生传感界面的构建及应用	付秀丽	3.9
28	生命科学学院	国家级	国家自然科学基金	拟南芥RAF22和RAF28通过磷酸化IAA16调控生长素信号介导的胚胎发生机制研究	王　勃	25
29	生命科学学院	国家级	国家自然科学基金(中科院西北高原生物研究所)	马蔺子低聚芪类化合物调节胰岛素抵抗脂肪细胞脂代谢的机制研究	李　刚	8
30	生命科学学院	国家级	国家重点研发计划(国家卫生健康委科学技术研究所)	人类精子成熟关键分子的作用机制和临床转化研究	石　慧	30
31	生命科学学院	国家级	国家重点研发计划(国家卫生健康委科学技术研究所)	人类精子成熟关键分子的作用机制和临床转化研究	赵振军	30
32	数学与信息科学学院	国家级	国家自然科学基金(中国海洋大学)	模糊拓扑结构和凸结构的松代数表示及应用	李清华	5.4
33	数学与信息科学学院	国家级	国家自然科学基金(云南民族大学)	子群的共轭类和自同构导子对有限群结构的影响	史江涛	3.6
34	数学与信息科学学院	国家级	国家自然科学基金	高阶有限体积法中的关键数学问题的研究	张媛媛	20
35	土木工程学院	国家级	国家自然科学基金	液化侧扩流场地高桩码头桩－土－结构相互作用耦合机制与抗震设计方法研究	刘春辉	27
36	土木工程学院	国家级	国家自然科学基金	疲劳荷载与冻融循环耦合作用下混凝土损伤机理及静动态统一本构关系研究	逯静洲	60
37	药学院	国家级	国家自然科学基金	基于TRPV1通道探讨辛味中药抑制血管平滑肌细胞增殖的作用机制	刘荣霞	54
38	药学院	国家级	国家重大科技专项(中国食品药品检定研究院)	药物一致性评价关键技术与标准研究	刘万卉	20

续表

序号	院系(部门)	级别	经费来源	项目名称	负责人	经费(万元)
39	药学院	国家级	国家科技重大专项(山东绿叶制药有限公司)	盐酸安舒法辛缓释片的国际化研究	田京伟	13.89
40	药学院	国家级	江西青峰药业有限公司(国家重点实验室开放基金)	喜炎平与化学抗感染药物的相互作用及其机制研究	许　卉	5
41	药学院	国家级	国家自然科学基金	人参皂苷"双重调控GR"增强糖皮质激素抗脓毒症效应的分子机制	张雷明	55
42	药学院	国家级	国家自然科学基金	线粒体靶向缓释微球PLGA—(TEMPO+TPP-Ceria)对视网膜缺血再灌注损伤的作用及机制研究	张竹红	55
43	光电信息科学技术学院	省部级	山东省自然科学基金	室温磁性斯格明子的生成与调控	何　敏	10
44	光电信息科学技术学院	省部级	山东省自然科学基金	基于特殊阵列条件下的近场源快速定位算法研究	李晓林	8
45	光电信息科学技术学院	省部级	山东省高等学校青年创新科技计划(青创团队)	标准模型检验与新物理探寻	李　营	18
46	光电信息科学技术学院	省部级	山东省自然科学基金	粒子物理理论	李　营	90
47	光电信息科学技术学院	省部级	山东省自然科学基金联合基金项目	基于深度学习的视频推荐系统异构加速技术研究	娄树理	50
48	光电信息科学技术学院	省部级	山东省自然科学基金	散射雾化图像的去雾方法研究	王　蕊	7.48
49	海洋学院	省部级	山东省重点研发计划	基于牙鲆肠道固有高黏附性乳杆菌的黏膜免疫活疫苗研制与应用	冯继兴	20
50	海洋学院	省部级	山东省农业厅农业重大应用技术创新项目	能源自给可移动坐底式智慧网箱平台建设与高效绿色养殖技术研究与示范	邱盛尧	200
51	海洋学院	省部级	山东省水生生物资源养护管理中心	主要增殖资源专项调查(山东半岛南部海域)	邱盛尧	50
52	海洋学院	省部级	自然资源部国际合作司	中韩划界海域渔业生产现状调查分析	曲维涛	10
53	海洋学院	省部级	山东省水生生物资源养护管理中心	口虾蛄资源专项调查	王　蕾	50
54	海洋学院	省部级	山东省自然科学基金	有机无灰减摩剂在流体动压润滑下的减摩机理研究	王维伟	8
55	海洋学院	省部级	自然资源部国际合作司	欧盟海洋政策研究及对我国的影响分析	于德深	12

续表

序号	院系(部门)	级别	经费来源	项目名称	负责人	经费(万元)
56	核装备与核工程学院	省部级	山东省重点研发计划	电－机－光多功能交叉融合BNT基敏感陶瓷研制	初瑞清	15
57	核装备与核工程学院	省部级	山东省自然科学基金	电子束增材制造梯度网格β钛合金非稳态热/力交互作用及疲劳行为	张尚洲	20
58	化学化工学院	省部级	山东省重大科技创新工程项目	高比能锂硫电池关键技术的开发	崔洪涛	200
59	化学化工学院	省部级	山东省自然科学基金	基于微观电化学固－固相变的材料结构设计、合成及电化学行为研究	崔洪涛	20
60	化学化工学院	省部级	山东省重点研发计划	一种可替代抗生素的饲用抗菌肽微胶囊的研制	何　涛	15
61	化学化工学院	省部级	山东省自然科学基金(齐鲁工业大学)	低胶原降解力制革脱毛酶产酶菌株构建及其作用机理研究	李　运	1
62	化学化工学院	省部级	山东省重点研发计划	杂多酸复合材料的制备及光催化处理含氰废水的研究	苏　婷	20
63	化学化工学院	省部级	山东省自然科学基金	导电聚合物共轭杂原子稳定纳米金催化剂的作用机制及催化机理解析	孙立波	10
64	化学化工学院	省部级	山东省重点研发计划	高比能锂硫电池正极－“蛋黄壳”结构碳/硫复合材料的开发研究	王美日	20
65	化学化工学院	省部级	山东省自然科学基金	抗菌高分子材料表面的构建及其抗菌性能的研究	辛志荣	20
66	化学化工学院	省部级	山东省自然科学基金	等离子体诱导修饰皂土及其机理研究	杨树斌	15
67	化学化工学院	省部级	山东省自然科学基金	基于天然苦木生物碱的新型抗肿瘤IDO抑制剂筛选与发现	杨　昕	18
68	化学化工学院	省部级	山东省高等学校青年创新科技计划(青创团队)	面向精细化工产业的微化工技术应用	赵玉潮	20
69	化学化工学院	省部级	山东省重点研发计划	“微相分离”法制备二维有序纳米结构金催化剂及其在丙烯环氧化反应的应用	郑玉华	20
70	环境与材料工程学院	省部级	山东省重大科技创新工程项目	污染自控式混晶催化功能膜及重金属水污染控制	高常飞	140
71	环境与材料工程学院	省部级	山东省自然科学基金	无机砷在淡水鱼中的富集转化及解毒机制研究	贾玉玉	10
72	环境与材料工程学院	省部级	山东省高等学校青年创新科技计划(青创团队)	CA陶瓷吸波材料的制备及吸波性能多因素调控机理	李向明	18
73	环境与材料工程学院	省部级	山东省自然科学基金	高生物相容性的Zr－(Fe,Co,Cu)－Al－Ag系非晶合金疏水表面构建及其性能研究	刘　丽	15

续表

序号	院系(部门)	级别	经费来源	项目名称	负责人	经费(万元)
74	机电汽车工程学院	省部级	山东省重点研发计划	动阴极微小间隙微弧氧化精准成膜工艺与应用技术研究	柴永生	19
75	机电汽车工程学院	省部级	山东省自然科学基金	基于多光谱发射率建模依据的真温反演算法研究	梁　美	10
76	机电汽车工程学院	省部级	山东省自然科学基金	关键部件广义接口特征驱动的复杂机电产品创新设计机理与策略研究	王燕涛	12
77	机电汽车工程学院	省部级	山东省重点研发计划	基于互联网和智能终端的车联网服务平台研发	邢恩辉	20
78	机电汽车工程学院	省部级	山东省自然科学基金	面向三维复合微组织构建的可见－紫外双光束诱导方法研究	杨文广	9
79	机电汽车工程学院	省部级	山东省高等学校青年创新科技计划(青创团队)	高端装备振动噪声控制新技术	于　涛	15
80	机电汽车工程学院	省部级	山东省自然科学基金	SiCp/Al复合材料切削加工残余应力产生机理及消除方法的多尺度研究	周　丽	15
81	计算机与控制工程学院	省部级	山东省科技厅山东省技术创新引导计划(国家重点科研项目补助和奖励)项目	众智网络理论仿真与实验平台研发	孙宏波	41.02
82	计算机与控制工程学院	省部级	山东省自然科学基金	遥感地物精细分类与地质污染评估的关键技术研究	徐金东	18
83	科技处	省部级	山东省知识产权局	山东省专利提升计划	刘俞斌	5
84	生命科学学院	省部级	山东省自然科学基金	基于新型多功能杂化印迹材料的SERS农药多残留研究	曹晓林	10
85	生命科学学院	省部级	山东省科技厅渤海粮仓计划	耐盐藜麦品种(系)的选育与配套关键技术研发和示范应用	郭善利	400
86	生命科学学院	省部级	青海省科技计划(中国科学院西北高原生物研究所)	靶向AMPK干预2型糖尿病的青藏特色活性物质发现及作用研究	马成俊	17.15
87	生命科学学院	省部级	山东省科技厅"外专双百计划"	小麦突变基因库的建设	宋建成	60
88	生命科学学院	省部级	山东省自然科学基金	血管内皮细胞脂毒性损伤及荷叶异喹啉生物碱干预机制研究	王振华	20
89	生命科学学院	省部级	山东省自然科学基金	叶形调控新基因CTP在大豆叶宽建成调控网络中的作用和分子机制解析	赵　婧	10
90	生命科学学院	省部级	山东省重点研发计划	山东省道地药材北沙参优良品种选育及生态示范种植	卞福花	15

续表

序号	院系(部门)	级别	经费来源	项目名称	负责人	经费(万元)
91	生命科学学院	省部级	山东省重点研发计划	基于生态系统水平的单体三倍体太平洋牡蛎养殖技术体系的构建	崔龙波	20
92	生命科学学院	省部级	青海省科技计划(中国科学院西北高原生物研究所)	沙棘活性成分分离制备及其改善心肌功能的作用研究	李　刚	15.75
93	生命科学学院	省部级	山东省重点研发计划	海洋多营养层次筏式生态养殖标准化模式构建	孙利芹	20
94	数学与信息科学学院	省部级	山东省自然科学基金	基于深度学习与人脑记忆机制的视觉信息处理模型	姜　英	5
95	数学与信息科学学院	省部级	山东省自然科学基金	无界区域的流固耦合散射问题及其反问题	曲凤龙	19
96	数学与信息科学学院	省部级	山东省自然科学基金	若干图论问题研究	杨玉军	30
97	土木工程学院	省部级	山东省自然科学基金	填充墙 RC 框架结构平面内外地震破坏机理及强度折减系数谱	孔璟常	13
98	土木工程学院	省部级	山东省自然科学基金	基于耗能内芯屈曲模态发展历程的防屈曲支撑疲劳寿命计算方法	李　伟	5
99	土木工程学院	省部级	山东省自然科学基金	高桩码头桩基地震反应分析与抗震设计方法研究	刘春辉	10
100	土木工程学院	省部级	山东省自然科学基金	壳聚糖耦联纳米氧化铁的设计构筑及还原/吸附协同除 Cr(Ⅵ)净水原理	吕建波	20
101	土木工程学院	省部级	山东省自然科学基金	室外非对称环境条件下黑球温度计动态热响应的时频规律研究	王　上	5
102	土木工程学院	省部级	山东省重点研发计划	沿海城市水体生态健康评估及修复潜力诊断系统开发	张　劲	20
103	土木工程学院	省部级	山东省重点研发计划	高盐度浓海水喷雾结冰－微融－重力脱盐集成技术研究	张　岩	15
104	药学院	省部级	山东省重点研发计划	具有抗肿瘤活性的夫西地酸衍生物的设计合成与初步成药性研究	毕　毅	20
105	药学院	省部级	山东省自然科学基金	中药新型靶向给药系统	陈大全	30
106	药学院	省部级	山东省自然科学基金重大基础研究项目	基于靶向载体技术的中药引经药药性理论及在中药经典名方的配伍机制研究	陈大全	110
107	药学院	省部级	山东省自然科学基金	二种药用茄属植物中特有倍半萜的发现及抗肿瘤活性研究	戴胜军	15
108	药学院	省部级	山东省重大科技创新工程项目	1 类抗术后痛新药 LY03014 的临床前研究	田京伟	500

续表

序号	院系(部门)	级别	经费来源	项目名称	负责人	经费(万元)
109	药学院	省部级	山东省高等学校青年创新科技计划(青创团队)	基于 MDMX - E6AP - P53 信号通路的抗宫颈癌小分子 MDMX 抑制剂发现与机制研究	王洪波	20
110	药学院	省部级	山东省重点研发计划	Eudistomin Y 类海洋生物碱的探针分子制备及其抗三阴乳腺癌的靶点探索	杨刚强	20
111	药学院	省部级	山东省自然科学基金	TBrC 抑制 EZH2 和 HDAC 双靶点对三阴性乳腺癌细胞凋亡、侵袭和转移的影响与其作用的机制	张国营	20
112	药学院	省部级	山东省教育厅	泰山学者论坛经费	赵克浩	20
113	药学院	省部级	山东省自然科学基金	PFKFB3 抑制剂诱导肿瘤血管正常化及联合化疗药物的抗肿瘤活性研究	朱　伟	5
114	光电信息科学技术学院	厅局级	烟台市教育局	泰山学者	陈　平	50
115	光电信息科学技术学院	厅局级	烟台市科技局	黑格斯物理若干理论唯象研究(省科学技术配套奖励)	王　磊	10
116	海洋学院	厅局级	烟台市科技局	基于细胞工程的特色经济海藻 - 萱藻的良种产业体系技术研究	张全胜	20
117	化学化工学院	厅局级	烟台市教育局	海外高层次人才项目专家	胡建江	50
118	化学化工学院	厅局级	烟台市科技局	船舶用重防腐涂层体系海洋环境腐蚀失效及耐久性快速评价技术研究	刘　杰	20
119	化学化工学院	厅局级	烟台市科技局	黄金基催化剂应用扩展和产品系列化研究与开发(科技领军人才)	祁彩霞	50
120	化学化工学院	厅局级	烟台市科技局	高比能锂硫电池正极关键技术研究	王美日	20
121	环境与材料工程学院	厅局级	烟台市科技局	闭孔泡沫陶瓷的制备及在大型油品火灾扑救中的应用研究	李向明	50
122	机电汽车工程学院	厅局级	烟台市教育局	高端重大装备智能制造研发中心	郭　忠	250
123	机电汽车工程学院	厅局级	烟台市教育局	机器人工程专业建设	马国清	150
124	机电汽车工程学院	厅局级	烟台市人才服务中心(学校暂时垫付,年底与市财政拨款冲账)	2019 年烟台市"双百"计划	周　丽	40
125	计算机与控制工程学院	厅局级	烟台市科技局	非接触式便携农残检测仪	张景辉	10

续表

序号	院系(部门)	级别	经费来源	项目名称	负责人	经费(万元)
126	计算机与控制工程学院	厅局级	烟台市教育局	面向智慧海洋的智能监测技术开发与产业应用协同创新平台	童向荣	500
127	计算机与控制工程学院	厅局级	烟台市教育局	新华三数字创新学院建设	张　伟	300
128	精准材料高等研究院	厅局级	烟台市教育局	“一事一议”顶尖人才	江　亮	1500
129	生命科学学院	厅局级	烟台市科技局	小麦抗白粉病基因规模化发掘及高效分子设计育种	马朋涛	20
130	数学与信息科学学院	厅局级	烟台市教育局	泰山学者	吴昭景	100
131	药学院	厅局级	烟台市教育局	“一事一议”顶尖人才	李小鹏	600
132	药学院	厅局级	烟台市教育局	药学山东省省级一流学科建设	李小鹏	300
133	药学院	厅局级	烟台市科技局	以 M110 为先导化合物的 TRPC6 小分子抑制剂的发现与开发	王洪波	20
134	药学院	厅局级	烟台市科技局	抗类风湿性关节炎经典中药秦艽的药效物质基础与机制研究	张雷明	20
135	药学院	厅局级	烟台市人才服务中心(学校暂时垫付,年底与市财政拨款冲账)	2019 年烟台市“双百”计划	赵克浩	40

3. 2019 年理工科研横向项目立项目录

序号	院系(部门)	经费来源	项目名称	负责人	经费数额(万元)
1	工程实训中心	山东金理想科技开发有限公司	烟台一中育网云盘接口	董　浩	2
2	工程实训中心	山东省烟台第一中学	烟台芝罘中学教务管理系统开发与维护	董　浩	0.85
3	光电信息科学技术学院	深圳光启尖端技术有限责任公司	单层 GeS 的热传导性质研究	丁　一	2.2
4	光电信息科学技术学院	河套学院	安全可控背景下若干国密算法的 FPGA 实现及性能优化	姜佩贺	3.5
5	光电信息科学技术学院	中国电子科技集团公司第十四研究所	DBF 记录软件变更	刘云学	24.7
6	光电信息科学技术学院	北京东方锐镭科技有限公司	中波激光器环形腔技术开发	申英杰	12
7	光电信息科学技术学院	烟台中科新智软件技术有限公司	通用物联网平台开发	王中训	1.95

续表

序号	院系(部门)	经费来源	项目名称	负责人	经费数额(万元)
8	光电信息科学技术学院	中国原子能科学研究院	图像处理软件设计(龙腾一二期)	张　炜	20.3
9	海洋学院	海洋化工研究院有限公司	改性玄武岩鳞片涂层的机敏防腐和不规则阻渗动力学研究	丁　锐	2
10	海洋学院	好当家昌江水产开发有限公司	凡纳滨对虾高位池循环水养殖关键技术集成与构建	杜荣斌	20
11	海洋学院	青岛蓝地海事咨询服务有限公司	海事模拟与调查	李秉钧	31
12	海洋学院	栖霞市水产局	栖霞市养殖水域滩涂规划	李登来	8
13	海洋学院	莱阳市海洋与渔业局	莱阳市养殖水域滩涂规划	李登来	9.8
14	海洋学院	中国水产科学研究院黄海水产研究所	渔民再就业培训项目	邱盛尧	78.4
15	海洋学院	荣成市国库集中支付中心	荣成市养殖水域滩涂规划编制	邱盛尧	14
16	海洋学院	蓬莱市海洋与渔业局	蓬莱市养殖水域滩涂规划	唐永政	9.8
17	海洋学院	烟台市海洋发展和渔业局	PL19－3 油田 1/3/8/9 区块综合调整项目渔业资源监测和评估	唐永政	40
18	海洋学院	龙口市海洋发展与渔业局	龙口市养殖水域滩涂规划	唐永政	9.9
19	海洋学院	荣成市国库集中支付中心	荣成市一湾一策总体实施方案	唐永政	19
20	海洋学院	烟台市海洋经济研究院	刺参池塘生态养殖水质调查	王爱敏	3
21	海洋学院	青岛环海海洋工程勘察研究院	烟台万华取排水管道项目和灵山岛生态修复示范工程(二期)－陆岛交通码头改扩建工程项目渔业资源现状调查合同	王志杨	4
22	海洋学院	中海石油环保服务(天津)有限公司	沉潜油围控网与防污屏研制	张　晓	42.08
23	海洋学院	山东碳加能源科技有限公司	碳纤维加热产品性能测试	赵海波	1
24	海洋学院	海军航空大学青岛校区	典型偶接材料电位及电流密度分布测试开发	赵晓栋	2.29
25	核装备与核工程学院	清华大学	实验样件表面扩渗强化与改性	李　杨	10
26	核装备与核工程学院	烟台台海玛努尔核电设备有限公司	盾构机耐磨滚刀刀圈研制及产业化	刘仲礼	20
27	核装备与核工程学院	蓝孚医疗科技(山东)有限公司	基于蓝孚自研辐照加工用电子加速器加工剂量优化方案体系模型研究及耐辐射监控摄像头研制	杨　磊	10
28	核装备与核工程学院	烟台市计量所	核电装备产业剂量测试需求调研及分析	杨　磊	3
29	化学化工学院	上海皓元生物医药科技有限公司	一系列活性化合物的合成研发	陈锦春	43

续表

序号	院系(部门)	经费来源	项目名称	负责人	经费数额(万元)
30	化学化工学院	上海皓元医药股份有限公司	活性抑制剂 1893397－65－3 的合成研发服务	陈锦春	5
31	化学化工学院	山东京博石油化工有限公司	酚系化学品精馏分离实验	陈小平	6
32	化学化工学院	北海东红制革有限公司	阻燃性丙烯酸树脂的制备方法	段宝荣	5
33	化学化工学院	兴业皮革科技股份有限公司	阻燃丙烯酸脂类树脂涂料的开发	段宝荣	3
34	化学化工学院	苏州赛分科技有限公司	生物制药分离和纯化产业化关键技术研发	高　原	100
35	化学化工学院	齐鲁交通烟台高速产业开发有限公司	高速公路高性能热熔型道路标线涂料的研制	何　涛	30
36	化学化工学院	山东德林进出口有限公司	1,3－二甲基－2－咪唑啉酮的合成工艺	李兴存	3
37	化学化工学院	宁波方太厨具有限公司	燃气热水器零排放技术研究	林清泉	7.5
38	化学化工学院	中国兵器工业第五九研究所	涂层大气环境腐蚀行为与失效机理研究	刘　杰	3.6
39	化学化工学院	济宁市伊思艺康环境科技有限公司	改性蛭石高效净化水中氟离子技术开发	刘媛媛	5
40	化学化工学院	山东术衣博士消毒科技股份有限公司	医疗布草洗涤中残留污渍的清除研究	柳　婵	3
41	化学化工学院	中科院合肥物质科学研究院	测试费用	祁彩霞	0.23
42	化学化工学院	中国石油兰州石油化工有限公司	实验测试服务费	任万忠(陈小平)	1.52
43	化学化工学院	烟台远东精细化工有限公司	一种分离甲苯和乙醇混合物的方法及装置	王文华	3
44	化学化工学院	烟台远东精细化工有限公司	一种硫酸钙晶须的制备方法	王文华	3
45	化学化工学院	龙口东海氧化铝有限公司	特种设备安全技术服务	徐坤山	0.6
46	化学化工学院	烟台金正环保科技有限公司	导流盘力学性能分析与测试	徐坤山	2.37
47	化学化工学院	中国科学院合肥物质科学研究院	功能化粘土材料对 Cs(Ⅰ)选择性富集行为及其毒性研究	杨树斌	3
48	化学化工学院	北京欧倍尔软件技术开发有限公司	《化工原理》课程教学资源建设	殷国俊	5
49	化学化工学院	烟台亿源环保科技有限公司	三个专利转让费用	张晓杰	1
50	化学化工学院	烟台金正环保科技有限公司	高抗污染海水淡化膜关键技术研究	赵玉潮	17.63

续表

序号	院系(部门)	经费来源	项目名称	负责人	经费数额(万元)
51	化学化工学院	中国科学院烟台海岸带研究所	胶东地域海岸带环境中痕量金属离子的监测研究	庄旭明	3.6
52	环境与材料工程学院	安图县国营福满林场	建立旱田人参智能化栽培技术体系	韩京龙	1
53	环境与材料工程学院	烟台迪康环境科技有限公司	高效低阻双效复合空气净化材料研究	李晓强	40
54	环境与材料工程学院	烟台屹海新材料科技有限公司	叠瓦太阳能组件用导电胶粘剂的制备技术	马丽杰	100
55	环境与材料工程学院	烟台建塬光电技术有限公司	LED用高效硼酸盐绿色荧光材料开发(一期)	徐惠忠	3
56	环境与材料工程学院	烟台金正环保科技有限公司	基于"网孔限域效应"纳米功能复合材料开发的放射性阴离子核素污染控制关键技术研究与应用	张　伟	2
57	环境与材料工程学院	青岛双丰散热器有限公司	一种散热器用近红外反射颜料的制备及涂覆工艺优化	张潇予	10
58	机电汽车工程学院	山东东仪光电仪器有限公司	基于FPGA的高速光谱采集系统	蔡树向	3
59	机电汽车工程学院	交通运输部公路科学研究所	新一代基于物联网的水泥强度试验数据采集系统技术开发	蔡树向	8
60	机电汽车工程学院	山东东仪光电仪器有限公司	基于FPGA的多通道高速光纤光谱仪控制系统设计开发	蔡树向	2
61	机电汽车工程学院	中国科学院合肥物质科学研究院	钨铜高热流部件热力耦合分析与结构优化设计	柴永生	18
62	机电汽车工程学院	中国科学院合肥物质科学研究所	CFETR主机部件有限元分析	柴永生	14
63	机电汽车工程学院	东北大学	管路系统动力学特性分析及应力测试	高培鑫	15
64	机电汽车工程学院	吉蒙炭素有限责任公司	石墨电极校对规研究	郭　忠	18.6
65	机电汽车工程学院	烟台艾迪液压科技有限公司	20吨挖掘机用电比例多路阀的开发及产业化	侯志刚	40
66	机电汽车工程学院	强信机械科技(莱州)有限公司	强信公司机械基础知识培训	姜海荣	1.83
67	机电汽车工程学院	滁州韭铭扬智能科技有限公司	桁架机器人研发	李　峻	10.8
68	机电汽车工程学院	清华大学	车门自动开闭装置结构参数化设计	马国清	6
69	机电汽车工程学院	烟台巨翔建筑机械有限公司	巨翔建机三维设计数据标准化方案	马国清	3.32
70	机电汽车工程学院	烟台安信精密机械有限公司	阀板研磨自动化加工生产线	童桂英	4.4

续表

序号	院系(部门)	经费来源	项目名称	负责人	经费数额(万元)
71	机电汽车工程学院	招远华丰机械设备有限公司	阀板研磨自动化加工生产线	童桂英	1
72	机电汽车工程学院	烟台高新区海洋生物工程研究所	锂电新材料全自控反应釜研发制造–多参数可编程序及云端监控	王林平	4
73	机电汽车工程学院	吉蒙碳素有限责任公司	700环塞规设计制造	王彦琨	7.65
74	机电汽车工程学院	烟台东星空调管路有限公司	空调管路振动仿真、端部成型仿真的研究	王燕涛	3
75	机电汽车工程学院	北京科技大学	烟尘、炉渣表面张力计算软件开发	项俊锋	1
76	机电汽车工程学院	滁州潍铭扬智能科技有限公司	智能机器人控制系统	朱淑亮	10.8
77	机电汽车工程学院	泰安轻松表计有限公司	梅花针检测计量技术开发	朱淑亮	6.6
78	机电汽车工程学院	山东正能汽车检测装备有限公司	基于双目立体视觉的车轮定位仪关键技术研究	朱淑亮	25
79	计算机与控制工程学院	烟台开盟商用软件有限公司	面向烟台地区中小学生的计算机辅助教学系统	李海军	2
80	计算机与控制工程学院	东方电子股份有限公司	电力系统应用软件并行计算研究	刘其成	3
81	计算机与控制工程学院	中国石油集团科学技术研究院有限公司	手机版移动生产管理平台整体性能测试	马文明	28.5
82	计算机与控制工程学院	大庆油田有限责任公司采油工程研究院	PetroPE软件与A5系统对接技术研究及机采智能应用模块开发	马文明	12
83	计算机与控制工程学院	中共海阳市委组织部	协作费	牟春晓	10
84	计算机与控制工程学院	烟台航天信息有限公司	高精度远场语音识别系统开发	孙立民	5
85	计算机与控制工程学院	烟台福顺采暖设备有限公司	鸡舍余热回收自动控制系统	谭　翚	4
86	计算机与控制工程学院	中科院自动化研究所	基于深度学习的Bicluster提取及软件研发	张艳洁	4
87	精准材料高等研究院	钢铁研究总院	时效强化钴基变形高温合金的高通量试验设计	朱礼龙	15
88	生命科学学院	漳州金三角生物科技有限公司	玫瑰茄色素的分离提取研究	常秀莲	3
89	生命科学学院	烟台绿叶动物保健品有限公司	可饲用天然植物类中药微生态制剂的研发及推广应用	陈　营	20
90	生命科学学院	NUTRALAND USA,INC	纯素维生素D3毒理学实验研究	高永林	6.37

续表

序号	院系(部门)	经费来源	项目名称	负责人	经费数额(万元)
91	生命科学学院	中科院烟台海岸带研究所	海洋多肽功能产品系列开发	高永林	11
92	生命科学学院	烟台正海生物技术有限公司	BMP-2急毒试验及大鼠体内分布试验	高永林	10.04
93	生命科学学院	长沙市晖瑞生物科技有限公司	BLLC产品的技术开发研究	高永林	2
94	生命科学学院	烟台麦特尔生物技术有限公司	海洋多糖MTR-19项目开发研究	高永林	10
95	生命科学学院	青岛科技大学	海藻酸钠鱼皮胶原纤维水凝胶生物活性测试报告	高永林	8.1
96	生命科学学院	烟台鲁量新材料科技有限公司	液体创口敷料新材料伤口愈合测试	高永林	0.96
97	生命科学学院	威海喜盈门乳品有限公司	一种含有益生菌的乳制品及其制备方法	姜竹茂	2.6
98	生命科学学院	中国食品科学技术学会	恒顺研发	姜竹茂	0.1
99	生命科学学院	蓬莱深奥生物科技研究所	发酵型海参肠卵饮料的研制	姜竹茂	5
100	生命科学学院	烟台海研制药有限公司	甘草查耳酮成分的综合利用	李　刚	3
101	生命科学学院	中蜂国际生物科技有限公司	椴树蜜食醋生产的技术研究与开发	林　剑	10
102	生命科学学院	烟台莱山长恩医院	中药酵解工程实验室合作协议	林　剑	20
103	生命科学学院	荣成市国库集中支付中心	荣成市海带规范化养殖技术规程制定与示范	孙利芹	7
104	生命科学学院	青岛融智汇海洋生物科技股份有限公司	群组光生物反应器自动化控制系统	孙中亮	19.22
105	生命科学学院	蓬莱市农业农村局	蓬莱市果园废弃方光膜回收利用技术研究项目合作协议	孙中亮	6.24
106	生命科学学院	中科院烟台海岸带研究所	藻蓝蛋白酶解肽的制备及性质分析	唐志红	2.3
107	生命科学学院	西藏那曲双湖县农牧业科学技术服务站	双湖卤虫卵资源调查及综合开发利用	王振华	30
108	生命科学学院	烟台双塔食品股份有限公司	豌豆肽功效的系统评价	王振华	25
109	数学与信息科学学院	烟台康迈软件科技有限公司	常用元器件的可靠性预计模型分析及算法接口设计	郭常忠	1.75
110	数学与信息科学学院	北京艾知可视科技有限公司	R语言实现大数据统计分析模型设计	吴　雁	1
111	土木工程学院	山东泰和建设管理有限公司项目管理分公司	烟台开发区金沙江路、嘉陵江路、庐山路工程咨询与BIM建模服务	崔淑梅	6.3
112	土木工程学院	山东特朗环保工程有限公司	水处理设备工厂及水处理技术研发中心建设项目	樊海涛	4

续表

序号	院系(部门)	经费来源	项目名称	负责人	经费数额（万元）
113	土木工程学院	荣成市国库集中支付中心	荣成市淡水养殖水域滩涂规划编制	付海鹏	5
114	土木工程学院	中国科学院地质与地球物理研究所	荣乌高速公路营尔岭特长隧道围岩现场快速分级与安全技术咨询	侯哲生	10
115	土木工程学院	中国地震局工程力学研究所	液化侧扩流场地高桩码头桩—土—结构体系惯性效应与运动效应耦合机制分析	刘春辉	3.2
116	土木工程学院	大连理工大学	装配式剪力墙结构水平接缝构造技术开发及性能研究	刘继良	3
117	土木工程学院	万华节能科技集团股份有限公司	高原高寒地区住宿方舱主体钢结构力学性能数值模拟计算	刘人杰	4.5
118	土木工程学院	威海中恒管桩有限公司	免蒸压 C80 管桩混凝土研发与质量控制平台建设	刘志勇	14
119	土木工程学院	河北新丰工程检测有限公司	钢筋阻锈剂应用技术规程标准编制	刘志勇	3
120	土木工程学院	新疆建筑科学研究院(有限责任公司)	钢筋阻锈剂应用技术规程标准编制(二)	刘志勇	3
121	土木工程学院	山西黄河新型化工有限公司	高耐久性钢筋混凝土防护体系及配套高性能水性树脂材料研发	刘志勇	24
122	土木工程学院	北京润尼尔网络科技有限公司	力学虚拟仿真项目研发(协同育人)	曲淑英	3
123	土木工程学院	北京欧倍尔软件技术开发有限公司	工程力学虚拟仿真实训平台建设	曲淑英	5
124	土木工程学院	山东润兴成公路工程服务有限公司	水泥稳定碎石配合比设计试验	田　林	1
125	土木工程学院	路用科技有限公司	路用聚合物(SRX)中面层动态模量试验	田　林	0.4
126	土木工程学院	山东省路桥集团公司	安哥拉国家旅游区自研地理式垃圾箱和 LECA 轻骨料混凝土研究	万海峰	1.55
127	土木工程学院	山东高速科技发展集团有限公司	海洋性气候环境生态友好型高性能沥青材料老化机理与性能提升技术研究	万海峰	3.09
128	土木工程学院	北京欧倍尔软件技术开发有限公司	基于国家级实验教学平台的工程力学虚拟仿真项目的研发与应用	王心健	5
129	土木工程学院	荣成市顺达建材有限公司	高性能混凝土与固废处理技术开发与应用	周新刚	20
130	校医院	烟台市疾病预防控制中心	在校大学生艾滋病宣传健康教育	丁洪新(变更为王淑珍)	1.5
131	药学院	河套学院	新药研发中的计算机辅助药物设计预测模型的探索与构建	毕　毅	1.25

续表

序号	院系(部门)	经费来源	项目名称	负责人	经费数额（万元）
132	药学院	中国人民解放军军事科学院军事医学研究院	胸腺五肽的高灵敏度的定性定量分析	陈大全	10
133	药学院	江西中医药大学	基于“药辅合一”理论的黄芪多糖－姜黄素新型给药系统的制备及评价关键技术研究	陈大全	4
134	药学院	山东绿叶制药有限公司	盐酸安舒法辛镇痛作用机制研究	翟　蓉	110
135	药学院	山东铂源药业有限公司	TG1715 的小试合成工艺开发	关玉昆	7.5
136	药学院	大连普瑞康生物技术有限公司	雪莲培养物产品开发研究	李春梅	9
137	药学院	山东绿叶制药有限公司	选择性 NTRK 基因融合抑制剂合成工艺的探索性研究	刘宗亮	160
138	药学院	山东绿叶制药有限公司	选择性 NTRK 基因融合抑制剂的药理毒理学研究	田京伟	200
139	药学院	山东绿叶制药有限公司	Gi 蛋白偏向性阿片 u 受体激动剂安评筛选预试验	田京伟	81.2
140	药学院	山东绿叶制药有限公司	TS1807 项目（化合物 WXSH0049B）临床前恒河猴安全性预试验研究	田京伟	34
141	药学院	山东绿叶制药有限公司	TS1807 项目（化合物 WXSH0049B）临床前大鼠安全性预试验研究	田京伟	16
142	药学院	山东绿叶制药有限公司	选择性 NTRK 基因融合抑制剂的筛选与药效学研究	王洪波	124
143	药学院	山东绿叶制药有限公司	LY03003 项目不同种属 PK 及制剂优化评价	王文艳	20
144	药学院	山东绿叶制药有限公司	LY03004 项目制剂优化 PK 评价	王文艳	30
145	药学院	南京康海磷脂生物技术有限公司	LY01013 项目毒性评价及 PCCs 评价生物标记物测定	王文艳	22
146	药学院	山东绿叶制药有限公司	TS1806（LY03015）项目候选化合物 PK 筛选及评价	王文艳	62
147	药学院	温州市人民医院	格列美脲药物相互作用的分析方法开发（两种药物相互作用的大鼠药动学评价）	许　卉	2
148	药学院	山东绿叶制药有限公司	选择性 NTRK 基因融合抑制剂的药代动力学研究	余　飞	200
149	药学院	山东绿叶制药有限公司	七叶皂苷钠片（欧开）与迈之灵片体内药代动力学研究	张雷明	4.8
150	药学院	浙江佐力药业股份有限公司	金记忆颗粒改善学习记忆功效	张雷明	3.5

续表

序号	院系(部门)	经费来源	项目名称	负责人	经费数额(万元)
151	药学院	浙江佐力药业股份有限公司	不同工艺金记忆颗粒改善学习记忆功效实验	张雷明	6
152	资产处	山东省海洋与渔业厅	2017 海洋与渔业软课题研究	马　群	10
153	资产处	中国高等教育学会	面向本科实验实践教学综合信息化管理系统	周积壮	0.5

4.2019 年理工科研成果获奖目录

序号	获奖成果名称	奖励名称	奖励等级	完成者	获奖单位	奖项级别
1	污染源排放在线监测动态管控技术研究与应用	山东省科技进步奖	二等	刘兆伟	计算机与控制工程学院	省部级
2	近海灯光围网渔业资源养护与管理关键技术创新与应用	神农中华农业科技奖	二等	邱盛尧	海洋学院	省部级
3	黑格斯物理若干理论唯象研究	山东省自然科学奖	三等	王　磊	光电信息科学技术学院	省部级
4	基于视觉测量技术的车轮测量仪	山东省科技进步奖	三等	毕远伟	计算机与控制工程学院	省部级
5	阻燃、耐黄变、低雾化牛皮汽车坐垫革制造工艺	烟台市专利奖	二等	段宝荣	化学化工学院	厅局级
6	聚合物表面修饰方法的设计及新效应探索	山东省高等学校科学技术奖	二等	辛志荣	化学化工学院	厅局级
7	Ocotillol 型人参皂苷的制备、立体结构确证与抗菌活性创新性研究	山东省高等学校科学技术奖	二等	孟庆国	药学院	厅局级
8	无氧铜连铸坯微裂纹形成机理与控制因素研究	山东省高等学校科学技术奖	三等	石运序	机电汽车工程学院	厅局级
9	若干体系的结构、性质、反应及作用的理论研究	山东省高等学校科学技术奖	三等	于雪芳	化学化工学院	厅局级
10	多元半群与半群的广义凯莱图	山东省高等学校科学技术奖	三等	朱用文	数学与信息科学学院	厅局级
11	一般概率空间中的倒向随机微分方程研究	山东省高等学校科学技术奖	三等	吕　文	数学与信息科学学院	厅局级
12	激发态粒子在重味 B 介子衰变中产生的研究	山东省高等学校科学技术奖	三等	邹芝田	光电信息科学技术学院	厅局级

5. 2019 年授权专利目录

序号	专利名称	专利类型	专利权利人
1	一种三磷酸腺苷荧光检测水产品新鲜度的方法	发明	烟台大学
2	一种数控机床用电主轴粘屑检测系统	发明	烟台大学
3	一种柴油脱硫的方法	发明	烟台大学
4	一种绿色合成碳酸丙烯酯的方法	发明	烟台大学
5	具有抗胃癌活性的 TRPC6 抑制剂及其制备方法和用途	发明	烟台大学
6	一种耐磨耐腐蚀高强度模具材料的制备工艺	发明	烟台大学
7	一种微反应器系统内柴油萃取－氧化超深度脱硫的方法	发明	烟台大学
8	一种甲基丙烯酸缩水甘油酯改性胺固化剂及防流挂涂料	发明	烟台大学
9	一种碳硫硅钙石化学定量方法	发明	烟台大学
10	一种用于双酚 A 检测的电化学传感器的制备方法	发明	烟台大学
11	一种载有囊泡的多囊脂质体的制备方法	发明	烟台大学
12	一种载有石杉碱甲明胶纳米粒微球的制备方法和用途	发明	烟台大学
13	一种节水式室内地面清洁车	发明	烟台大学
14	一种低共熔剂合成碳酸丙烯酯的方法	发明	烟台大学
15	一种具有抗炎活性的熊果酸衍生物及其制备方法和用途	发明	烟台大学
16	齐墩果酸四唑衍生物及其制备方法和用途	发明	烟台大学
17	结构新颖的 pyxinol 衍生物及其制备方法和用途	发明	烟台大学
18	一种具有抗肿瘤活性的熊果酸衍生物及其制备方法	发明	烟台大学
19	一种贝壳粉表面修饰纳米助磨剂	发明	烟台大学
20	玫瑰茄色素提取液上柱吸附纯化前的预处理方法	发明	烟台大学
21	靶向眼后段的递药系统及其制剂和制备方法	发明	烟台大学
22	一种藻类混合培养方法	发明	烟台大学
23	一种底栖硅藻培养装置	发明	烟台大学
24	一种测定左卡尼汀注射液含量及杂质的方法及其用途	发明	烟台大学
25	一种筒状生物阴极微生物脱盐燃料电池脱盐的装置及方法	发明	烟台大学
26	一种用于超短基线的精密定位升降装置	发明	烟台大学
27	一种雷达及通信信号的脉冲宽度检测算法	发明	烟台大学
28	具有肿瘤耐药逆转活性的 α－常春藤皂苷元衍生物及其制备方法和用途	发明	烟台大学
29	一种抗硫酸盐水泥及其生产方法	发明	烟台大学
30	一种酰氯制备 2,4－二取代噻唑啉类化合物的方法	发明	烟台大学
31	一种牙鲆微卫星标记 Paraoliva－2 的基因型检测引物和方法	发明	烟台大学
32	基于微卫星标记 Paraoliva－1 的牙鲆基因型检测引物和方法	发明	烟台大学
33	一种异丁烷/丁烯烷基化反应的方法和系统	发明	烟台大学
34	一种混沌加密通信中驱动与响应系统的同步方法	发明	烟台大学

续表

序号	专利名称	专利类型	专利权利人
35	一种家用红酒自酿机	发明	烟台大学
36	一种空气和油中具有超疏水性能的织物及制备方法和用途	发明	烟台大学
37	一种糖敏感的缓控释微球组合物及其制备方法	发明	烟台大学
38	一种新型结构熄焦炉	发明	烟台大学
39	一种线激光高精度角度自动调整装置	发明	烟台大学
40	一种基于多尺度形态成分分析的遥感图像融合方法	发明	烟台大学
41	一种限制混凝土中延迟钙矾石生成的方法	发明	烟台大学
42	一种无线电宽带信号侦测方法及装置	发明	烟台大学
43	一种硫酸钙晶须的制备方法	发明	烟台大学
44	一种板材厚度检测工装及检测方法	发明	烟台大学
45	锌离子检测方法及锌离子检测用发光纳米探针的制备方法	发明	烟台大学
46	丹皮酚薄膜衣滴丸及其制备方法	发明	烟台大学
47	一种药物组合物及其在制备治疗或预防心脑血管疾病的药物中的应用	发明	烟台大学
48	水飞蓟宾或其盐的医药新用途	发明	烟台大学
49	开合式期刊阅览书架	实用新型	烟台大学
50	一种用于定位 ADAS 标定目标板放置位置的装置	实用新型	烟台大学
51	一种仿生飞行器的机体	实用新型	烟台大学
52	一种仿生飞行器的翼臂系统	实用新型	烟台大学
53	一种用于测量滚轮径向跳动的测量装置	实用新型	烟台大学
54	图书期刊两用书架	实用新型	烟台大学
55	一种用于圆形板类零件由水平到垂直的自动转位机构	实用新型	烟台大学
56	一种苹果抓取机械手爪装置	实用新型	烟台大学
57	图书馆期刊装订切口机	实用新型	烟台大学
58	新型检测电极结构	实用新型	烟台大学
59	一种水果自动清洗分拣机	实用新型	烟台大学
60	一种游泳训练导航仪	实用新型	烟台大学
61	一种韧带训练装置	实用新型	烟台大学
62	一种体能训练装置	实用新型	烟台大学
63	一种投掷运动训练装置	实用新型	烟台大学
64	一种足球练习装置	实用新型	烟台大学
65	一种带竖缝的钢管束混凝土组合剪力墙	实用新型	烟台大学
66	一种内置螺旋调节千斤顶钢筋混凝土柱置换加固结构	实用新型	烟台大学、烟台新思创土木工程技术有限公司
67	一种可变式双层金属板空心阴极装置	实用新型	烟台大学

续表

序号	专利名称	专利类型	专利权利人
68	一种真空冷冻耦合余热循环节能干燥机	实用新型	烟台大学
69	一种用于垄作玉米秸秆粉碎的刀辊及还田机	实用新型	烟台大学
70	一种新型离子氮化炉的机械调动复合处理装置	实用新型	烟台大学
71	一种可拆分的组合式矿车掉道复轨器	实用新型	烟台大学
72	地面点阵图绘制车	实用新型	烟台大学
73	一种骨料形状特性参数检测装置	实用新型	烟台大学、烟台新思创土木工程技术有限公司
74	一种钢管束混凝土组合剪力墙底部加强结构	实用新型	烟台大学、烟台新思创土木工程技术有限公司
75	一种钢管束混凝土组合剪力墙端部加强结构	实用新型	烟台大学
76	锌离子检测方法及锌离子检测用发光纳米探针的制备方法	实用新型	烟台大学
77	一种具有自动检测功能的储油罐	实用新型	烟台辉森特新材料科技有限公司、烟台大学
78	一种可翻转的多功能梯子	实用新型	烟台大学
79	用于大型超市的云端识别智能称量平台	实用新型	烟台大学
80	一种水果品质视觉检测分级装置	实用新型	烟台大学
81	便携式海岸工程设施腐蚀在线监测与预警装置	实用新型	烟台大学
82	一种激光辅助喷雾微弧氧化装置	实用新型	烟台大学
83	一种医疗辅助护理机	实用新型	烟台大学
84	一种利用废弃反光膜生产水处理剂聚氯化铝的装置	实用新型	烟台市农业技术推广中心、烟台大学
85	一种适用于可倾斜式平铺海带晾晒装置的海带晾晒架	实用新型	烟台大学
86	基于标准量具的多关节机器人机械臂几何尺寸精度校准装置	实用新型	烟台大学
87	自发电鼠标	实用新型	烟台大学
88	一种开车门防撞装置	实用新型	烟台大学
89	一种体育馆用储物柜	实用新型	烟台大学
90	一种可降温的机械设计用夹具	实用新型	烟台大学
91	一种天然气管道的检测仪器	实用新型	烟台辉森特新材料科技有限公司、烟台大学
92	一种机械设计用齿轮啮合度检验装置	实用新型	烟台大学
93	用于 SAW 谐振、反谐振频率测量的控温装置	实用新型	烟台大学
94	地下停车场可视化系统	实用新型	烟台大学
95	一种航空发动机叶片的振动测试试验装置	实用新型	烟台大学
96	有线和无线结合的网络化住户温度采集系统	实用新型	烟台大学
97	一种桥梁工程用钢混减振墩柱	实用新型	烟台大学

续表

序号	专利名称	专利类型	专利权利人
98	一种全自动马路寻迹划线机	实用新型	烟台大学
99	一种压圆弯折 EVA 花瓣的仿形装置	实用新型	烟台大学
100	教室智能照明系统	实用新型	烟台大学
101	一种体育馆用搁物架	实用新型	烟台大学
102	太阳能斯特林热机充电桩	实用新型	烟台大学
103	一种间接换热的热泵装置	实用新型	烟台大学
104	一种低温工况下耦合蒸发冷却式换热器的燃气热泵复合系统	实用新型	烟台大学
105	一种抗风防雨建筑结构	实用新型	烟台大学
106	一种无损加固的公路空心板桥	实用新型	烟台大学
107	一种利用旧板的高速公路空心板桥	实用新型	烟台大学
108	一种流浪动物环保供食系统	实用新型	烟台大学
109	蓑衣包(托特包)	外观	烟台大学
110	蓑衣包(钱袋子)	外观	烟台大学
111	蓑衣包(手拿包)	外观	烟台大学
112	蓑衣包(手拎包)	外观	烟台大学
113	蓑衣包(单肩包)	外观	烟台大学
114	蓑衣包(双肩包)	外观	烟台大学

6. 2019 年理工科研论文要目

序号	作者	论文名称	期刊名称	发表时间
1	毕　毅	Discovery, synthesis of novel fusidic acid derivatives possessed amino-terminal groups at the 3-hydroxyl position with anticancer activity	European Journal of Medicinal Chemistry	Jan – 19
2	毕　毅	Synthesis and biological evaluation of novel H6 analogues as drug resistance reversal agents.	European Journal of Medicinal Chemistry	Jan – 19
3	柴永生	一种模块化深海采样装置的结构设计与分析	烟台大学学报(自然科学与工程版)	Apr – 19
4	陈传军	A two-grid finite element method for nonlinear parabolic integro-differential equations	International Journal of Computer Mathematics	Oct – 19
5	陈传军	Efficient numerical scheme for a dendritic solidification phase field model with melt convection	Journal of Computational Physics	Jul – 19
6	陈传军	Fast, provably unconditionally energy stable, and second-order accurate algorithms for the anisotropic Cahn – Hilliard Model	Computer Methods in Applied Mechanics and Engineering	Jul – 19
7	陈传军	Two-grid finite element methods combined with Crank-Nicolson scheme for nonlinear Sobolev equations	Advances in Computational Mathematics	Apr – 19
8	陈大全	Dual Targeting pH-Sensitive Co-Delivery Curcumin and β-Elemene Nanomedicine for Breast Cancer Therapy	Science of Advanced Materials	Oct – 19

续表

序号	作者	论文名称	期刊名称	发表时间
9	陈大全	Novel Reductive Responsive Chrysin-Oligomeric Hyaluronic Acid Nanomaterials to Curcumin Delivery for Cancer Therapy	Science of Advanced Materials	Oct-19
10	陈大全	Novel multifunctional triple folic acid, biotin and CD44 targeting pH-sensitive nano-actiniaes for breast cancer combinational therapy.	Drug Delivery	Oct-19
11	陈大全	Real-time monitoring of pH-responsive drug release using a metal-phenolic network-functionalized upconversion nanoconstruct	Nanoscale	May-19
12	陈　慧	BIM 分层级应用的投资效率研究	建筑经济	Jul-19
13	陈　慧	基于 BIM 的施工总承包深化设计管理研究	烟台大学学报(自然科学与工程版)	Feb-19
14	陈　磊	CKX: a genetic target for yield improvement in wheat	Plant Biotechnology Journal	Dec-19
15	陈文健	非紧区域上算子值再生核的 Mercer 定理	烟台大学学报(自然科学与工程版)	Oct-19
16	陈中高	基于几何学的数字化建筑设计策略研究	华中建筑	Jan-19
17	程建波	Comparison of σ-/π-Hole tetrel bonds between TH3F/F2TO and H2CX (X=O, S, Se)	Chem Phys Chem	Feb-19
18	程建波	Synergistic and diminutive effects between triel bond and regium bond: Attractive interactions between π-hole and σ-hole	Applied Organometallic Chemistry	Apr-19
19	崔洪涛	High rate performance and stabilized cycle life of Co2+-doped nickel sulfide nanosheets synthesized by a scalable method of solid-state reaction	Chemical Engineering Journal	Jun-19
20	崔洪涛	In-situ synthesis of two-dimensional Co2+ doped b-Ni(OH)$_2$ using nickel complex as template for application in supercapacitors	Journal of Sol-Gel Science and Technology	Feb-19
21	崔洪涛	Building homogeneous nanostructure in Ni(OH)$_2$/MWCNTs composite by electrostatic attraction	Micro & Nano Letters	Sep-19
22	崔洪涛	Controlled microstructure in two-dimensional Ni-Co LDH nanosheets-crosslinked network for high performance supercapacitors	Advanced Powder Technology	Jun-19
23	崔洪涛	Electrically conductive TiO_2/indium tin oxide coated glass substrates with high visible light transparency prepared by an electrodeposition method	Thin Solid Films	Dec-19
24	崔洪涛	High shear-granulated hierarchically porous spheres nanostructure-designed for high-performance supercapacitors	Advanced Powder Technology	Oct-19
25	崔洪涛	One-pot Solvothermal Synthesis of Size-Controlled NiO nanoparticles	Advanced Powder Technology	Apr-19
26	崔龙波	2015-2017 年莱州湾招远海域扇贝养殖区浮游藻类群落变化	南方水产科学	Aug-19
27	崔龙波	2016 年莱州湾扇贝养殖区浮游植物群落生态特征	中国海洋大学学报	Aug-19

续表

序号	作者	论文名称	期刊名称	发表时间
28	崔龙波	莱州湾扇贝养殖区环境因子的变化特征及其对浮游植物的影响	烟台大学学报(自然科学与工程版)	Jan - 19
29	崔孟忠	Hybrid Membranes of hPEA@ PVDF for Molecular Recognition and Separation of Phenols and Anilines	Advanced Materials Technologies	Sep - 19
30	崔孟忠	含磷硅树脂改性硅橡胶阻燃性能的研究	有机硅材料	Apr - 19
31	崔明月	Adaptive output feedback stabilization of random nonlinear systems with unmodeled dynamics driven by colored noise	Mathematical Problems in Engineering	Jan - 19
32	崔明月	Trajectory tracking of flexible joint manipulators actuated by DC-motors under random disturbances	Journal of the Franklin Institute	Nov - 19
33	崔　荣	咖啡渣资源化利用研究进展	环境保护前沿	Aug - 19
34	刁　屾	Preparation of Hollow Glass Microsphere/Organic Silicone Resin Composite Material with Low Dielectric Constant by In-Situ Polymerization	Silicon	Aug - 19
35	刁　屾	利用废革屑制备肽 Ca 螯合物的工艺探究	土壤通报	Jun - 19
36	刁　屾	全氟环丁基芳基醚聚合物的研究进展	绝缘材料	Oct - 19
37	丁　锐	Study on graphene modified organic anti-corrosion coatings: A comprehensive review	Journal of Alloys and Compounds	Oct - 19
38	丁　锐	The diffusion-dynamical and electrochemical effect mechanism of oriented magnetic graphene on zinc-rich coatings	Journal of Alloys and Compounds	May - 19
39	丁　锐	石墨烯在防腐薄膜和有机防腐涂层领域的理论和应用研究综述	化学学报	Nov - 19
40	丁　锐	石墨烯在有机防腐涂层中的分散性、定向化、功能化和导电性研究与现实问题	涂料工业	Sep - 19
41	董言治	基于 OpenCV 的运动目标识别跟踪	中国集成电路	Apr - 19
42	杜　伟	Biological cell template synthesis of nitrogen-doped porous hollow carbon spheres/MnO2 composites for high-performance asymmetric supercapacitors	ELECTROCHIMICA ACTA	Feb - 19
43	杜　伟	Novel three-dimensional polyaniline nanothorns vertically grown on buckypaper as high-performance supercapacitor electrode	NANOTECHNOLOGY	Aug - 19
44	杜　伟	Review on Carbon/Polyaniline Hybrids: Design and Synthesis for Supercapacitor	MOLECULES	Jun - 19
45	杜　伟	用于超级电容器电极的柚子皮/聚苯胺原位复合碳化材料	材料导报	Feb - 19
46	杜文晓	The recognition of development-related genes in the testis and MAGs of time-series Harmonia axyridis adults using a time-series analysis by RNA-seq	gene	Jan - 19
47	杜玉朋	Exergy analysis of propane dehydrogenation in a fluidized bed reactor: Experiment and MP-PIC simulation	Energy Conversion and Management	Oct - 19
48	杜玉朋	Experimental and Computational Fluid Dynamics Investigations of Light Alkane Dehydrogenation in a Fluidized Bed Reactor	Energy & Fuels	May - 19

续表

序号	作者	论文名称	期刊名称	发表时间
49	杜玉朋	Novel Integrated Reactor-Regenerator Model for the Fluidized Catalytic Cracking Unit Based on an Equivalent Reactor Network	Energy & Fuels	Aug – 19
50	杜玉朋	异丁烷脱氢过程催化剂结焦与焦性质研究	工业催化	Mar – 19
51	杜贞斌	Interval Type-2 Fuzzy Sampled-Data Control of Time-Delay Systems	Information Sciences	Jun – 19
52	杜贞斌	Interval Type-2 Fuzzy Tracking Control for Nonlinear Systems via Sampled-Data Controller	Fuzzy Sets and Systems	Feb – 19
53	杜振宁	Effects of phycocyanin in modulating the intestinal microbiota of mice	Microbiology open	Mar – 19
54	杜振宁	Phycocyanin attenuates X-ray-induced pulmonary inﬂ ammation via the TLR2-MyD88-NF-κB signaling pathway	Journal of Oceanology and Limnology	Jan – 19
55	段宝荣	Effect of catalysts on liquefaction of alkali lignin for production of aromatic phenolic monomer	Biomass and Bioenergy	Dec – 19
56	段宝荣	Flame retardance of leather with flame retardant added in retanning process	Results in Physics	Dec – 19
57	段宝荣	Optimal parameter identification for the Proton Exchange Membrane Fuel Cell using Satin Bowerbird optimize	International Journal of Energy Research	Oct – 19
58	范宝德	基于 Petri 网的 MES 系统形式化建模	烟台大学学报(自然科学与工程版)	Jul – 19
59	范宝德	偏向自适应区间模糊 C 均值的遥感地物分类方法	烟台大学学报(自然科学与工程版)	Jul – 19
60	范华英	Quercetin reduces TNF-α-induced mesangial cell proliferation and inhibits PTX3 production: Involvement of NF-κB signaling pathway	PHYTOTHERAPY RESEARCH	Sep – 19
61	范华英	The in vitro and in vivo anti-inflammatory effect of osthole, the major natural coumarin from Cnidium monnieri (L.) Cuss, via the blocking of the activation of the NF-κB and MAPK/p38 pathways	Phytomedicine	May – 19
62	范华英	Therapeutic and antiproteinuric effects of salvianolic acid A in combined with lowdose prednisone in minimal change disease rats: Involvement of PPARγ/Angptl4 and Nrf2/HO-1 pathways	EUROPEAN JOURNAL OF PHARMACOLOGY	Sep – 19
63	范华英	丹酚酸 A 与泼尼松联合治疗大鼠微小病变型肾病的协同增效作用	烟台大学学报(自然科学与工程版)	Jul – 19
64	冯继兴	Characterization and comparison of the adherence and immune modulation of two gut Lactobacillus strains isolated from Paralichthys olivaceus	Aquaculture	Jan – 19
65	冯继兴	Interaction of the small GTP-binding protein (Rab7) with β-actin in Litopenaeus vannamei and its role in white spot syndrome virus infection	Fish & Shellfish Immunology	Feb – 19

续表

序号	作者	论文名称	期刊名称	发表时间
66	冯继兴	Molecular cloning of the Rab7 effector RILP (Rab-interacting lysosomal protein) in Litopenaeus vannamei and preliminary analysis of its role in white spot syndrome virus infection	Fish & Shellfish Immunology	May - 19
67	冯　凯	$LiCr(MoO_4)_2$: a new high specific capacity cathode material for lithium ion batteries	Journal of Materials Chemistry A	Jan - 19
68	付秀丽	A graphene oxide/gold nanoparticle-based amplification method for SERS immunoassay of cardiac troponin I	Analyst	Mar - 19
69	付秀丽	Highly sensitive detection of prostate cancer specific PCA3 mimic DNA using SERS-based competitive lateral flow assay	Nanoscale	Sep - 19
70	付学军	海带褐藻糖胶不同提取工艺	食品工业	Aug - 19
71	傅风华	Effects of rotigotine and rotigotine extended-release microsphere therapy on myocardial ischemic injury in mice	EUROPEAN JOURNAL OF PHARMACEUTICAL SCIENCES	Jun - 19
72	高常飞	Enhanced removal of copper by electroflocculation and electroreduction in a novel bioelectrochemical system assisted microelectrolysis	Bioresource Technology	Dec - 19
73	高　丽	绿潮藻类分解过程中水体磷-铁-硫含量的动态变化	生态环境学报	Feb - 19
74	高　丽	微生物和藻类分解对荣成天鹅湖沉积物氮磷释放的影响	海洋环境科学	Aug - 19
75	高永林	A 26-week 20 (S)-ginsenoside Rg3 oral toxicity study in Beagle dogs	Regulatory Toxicology and Pharmacology	Nov - 19
76	高永林	Preclinical safety of ginsenoside compound K Acute, and 26-week oral toxicity studies in mice and rat	Food and Chemical Toxicology	Sep - 19
77	高　原	Preparation and atomic oxygen erosion resistance of SiOx coating formed on polyimide film by plasma polymer deposition	Vacuum	Mar - 19
78	高　原	甘氨酸钠对 SiC 粉体的表面改性及其浆料流变性研究	中国陶瓷	Jun - 19
79	高　原	过氧化氢活化对聚碳酸酯表面性能的影响	电镀与涂饰	Oct - 19
80	高正国	Scalable Synthesis of Positively Charged Sequence-Defined Functional Polymers	JOURNAL OF THE AMERICAN CHEMICAL SOCIETY	Mar - 19
81	郭洪英	Optical and spatial resolved cathodoluminescence study of phase separation in green InGaN sandwiched structure grown on GaN nanorods by MOCVD	Materials Today Communications	Sep - 19
82	郭卫平	Nonlinear Dynamic Surface Control for the Underactuated Translational Oscillator With Rotating Actuator System	IEEE ACCESS	Feb - 19
83	郭卫平	Sliding Mode Observe and Control for the Underactuated Inertia Wheel Pendulum System	IEEE ACCESS	Jul - 19
84	韩　冰	Neuroprotective effects of Danshensu in Parkinson's disease mouse model induced by 1-methyl-4-phenyl-1, 2, 3, 6-tetrahydropyridine	Behavioural Pharmacology	Feb - 19
85	韩小芳	Simple interpretations of lepton anomalies in the lepton-specific inert two-Higgs-doublet model	PHYSICAL REVIEW D	May - 19

续表

序号	作者	论文名称	期刊名称	发表时间
86	贺红军	瑞士乳杆菌和鼠李糖乳杆菌混合培养条件优化及冻干菌粉的制备	中国乳品工业	Jan – 19
87	侯兴民	基于能量损失率最小原理求解稳定渗流场的自由面曲线	水力发电	Feb – 19
88	胡　光	Adaptive Fuzzy Control by Real-time Choosing Multi-Model Architecture for Uncertain Nonlinear System	Mechatronic System and Control	Jan – 19
89	胡　光	Adaptive Kernel-Based Fuzzy C-Means Clustering with Spatial Constraints for Image Segmentation	International Journal of Pattern Recognition and Artificial Intelligence	Jan – 19
90	季道德	Morphological and Molecular Identification of a New Ciliate, Zoothamnium palmphlatum nov. spec. (Ciliophora, Peritrichia) from North China	Journal of Eukaryotic Microbiology	Jul – 19
91	季道德	Morphology and phylogeny of two Phialina species (Ciliophora, Haptoria) from northern China	European JournalofProtistology	Jan – 19
92	姜爱莉	Comparation of structure and properties of sea cucumber melanin before and after degradation	Journal of Biotech Research	Dec – 19
93	姜爱莉	Pretreatment of waste oil and biodiesel preparation catalyzed by immobilized lipase	Journal of Biotech Research	Oct – 19
94	姜爱莉	海参黑色素的提取及其结构性质研究	食品科技	Apr – 19
95	姜佩贺	面向海洋应用的低真空质谱仪操作模式研究	质谱学报	Nov – 19
96	姜竹茂	等离子体活化冰对东方对虾保鲜及品质的影响	食品与机械	Mar – 19
97	姜竹茂	泡椒风味烤制鹌鹑蛋的工艺研究	中国调味品	May – 19
98	姜竹茂	食品中耐药细菌风险评估的研究进展	食品科学	Mar – 19
99	姜竹茂	适于脱脂羊奶益生菌发酵剂发酵条件的优化	中国酿造	Apr – 19
100	姜竹茂	炭烧慈梨酸奶的研制	中国酿造	Jun – 19
101	解传宁	数控电路板性能退化分析及可靠性统计推断研究	烟台大学学报(自然科学与工程版)	Jul – 19
102	康丽华	An efficient Au catalyst supported on hollow carbon spheres for acetylene hydrochlorination	RSC Advances	Sep – 19
103	康利涛	Paraffin Wax-Cs0. 33WO3 Composite Windows with Excellent Near Infrared Shielding and Thermal Energy Storage Abilities	Chemical Papers	Jul – 19
104	兰丽娟	Effect of the supports on catalytic activity of Pd catalysts for liquid-phase hydrodechlorination/hydrogenation reaction	Environmental Technology	Jan – 19
105	兰瑞君	Passively Q-Switched Yb: Lu0: 74Y0: 23La0: 01VO4 Laser Based on MoTe2 Saturable Absorber	IEEE Access	Oct – 19
106	兰瑞君	Sub-nanosecond micro laser passively Q-switched by a GaAs saturable absorber	Applied Optics	Jun – 19
107	李秉钧	山东东营和烟台潮间带海草床食物网结构特征	生物多样性	Sep – 19
108	李秉钧	碳氮稳定同位素比值在潮间带大型底栖动物组织间差异性研究	海洋学报	Apr – 19

续表

序号	作者	论文名称	期刊名称	发表时间
109	李秉钧	烟台牟平海洋牧场季节性低氧对大型底栖动物群落的生态效应	生物多样性	Feb-19
110	李春梅	LPM580098, a Novel Triple Reuptake Inhibitor of Serotonin, Noradrenaline, and Dopamine, Attenuates Neuropathic Pain	Frontiers in Pharmacology	Feb-19
111	李春梅	Repeated-dose 26-week oral toxicity study of ginsenoside compound K in Beagle dogs	J Ethnopharmacol	Nov-19
112	李斐	On the Jacobians of Singular Matrix Decomposition and Its Application	Linear and Multilinear Algebra	Jun-19
113	李斐	非中心奇异 Wishart 分布的特征函数	烟台大学学报(自然科学与工程版)	Mar-19
114	李建波	小尺度温室土壤含水率空间变异性及水分迁移研究	烟台大学学报(自然科学与工程版)	Oct-19
115	李健	Adaptive Stabilization for Cascaded PDE - ODE Systems With a Wide Class of Input Disturbances	IEEE ACCESS	Mar-19
116	李健	Adaptive stabilisation of ODE systems via distributed effect of uncertain diffusion-dominated actuator dynamics	International Journal of Control	Jan-19
117	李婧	Frogspawn inspired hollow Fe3C@N - C as an efficient sulfur host for high-rate lithium-sulfur batteries	Nanoscale	Oct-19
118	李明同	Passive Low Energy Consumption Building Cost Control Method in Coastal Green Cities	JOURNAL OF COASTAL RESEARCH	Jun-19
119	李倩	Influence of N-acetyl-L-cysteine against bisphenol a on the maturation of mouse oocytes and embryo development: in vitro study	BMC Pharmacology and Toxicology	Jul-19
120	李倩	迷迭香酸对硫酸铜致斑马鱼胚胎毒性的抑制作用	动物学杂志	Feb-19
121	李强	Preference rule trees for pairwise preference learnin	International Journal of Innovative Computing, Information and Control	Feb-19
122	李清华	Applications of fuzzy inclusion orders between L-subsets in fuzzy topological structures	Journal of Intelligent and Fuzzy Systems	Sep-19
123	李清华	Degrees of special mappings in the theory of L-convex spaces	Journal of Intelligent and Fuzzy Systems	Sep-19
124	李清华	基于多元回归模型的任务定价问题	烟台大学学报(自然科学与工程版)	Jan-19
125	李庆忠	Carbene triel bonds between TrR3 (Tr = B, Al) and N-heterocyclic carbenes	international journal of quantum chemistry	Apr-19
126	李庆忠	Coinage-Metal Bond between [1.1.1] Propellane and M_2/MCl/MCH_3 (M = Cu, Ag, and Au): Cooperativity and Substituents	molecules	Jul-19
127	李庆忠	Comparison between Hydrogen and Halogen Bonds in Complexes of 6-OX-Fulvene with Pnicogen and Chalcogen Electron Donors	Chem Phys Chem	Aug-19

续表

序号	作者	论文名称	期刊名称	发表时间
128	李庆忠	Competition between σ-hole pnicogen bond and π-hole tetrel bond in complexes of CF2 = CFZH2 (Z = P, As, and Sb)	MOLECULAR PHYSICS	Feb – 19
129	李庆忠	Systematic study of the substitution effect on the tetrel bond between 1,4-diazabicyclo[2.2.2]octane and TH3X	RSC Advances	Jun – 19
130	李庆忠	Tetrel Bond between 6-OTX3-Fulvene and NH3: Substituents and Aromaticity	molecules	Jan – 19
131	李庆忠	The ability of a tetrel bond to transition a neutral amino acid into a zwitterion	Chemical Physics Letters	Sep – 19
132	李庆忠	Violation of Electrostatic Rules: Shifting the Balance between Pnicogen Bonds and Lone Pair−π Interactions Tuned by Substituents	The Journal of Physical Chemistry A	Aug – 19
133	李向明	Fabrication and electromagnetic wave absorption performance of quartz ceramics containing inductive SiC screens	Ceramics International	Jul – 19
134	李向明	Fabrication and electromagnetic wave absorption property of quartz ceramics with a gradient distribution of BaTiO3	Ceramics International	Apr – 19
135	李向明	Preparation, microstructure, properties and foaming mechanism of a foamed ceramics with high closed porosity	Ceramics International	Jun – 19
136	李　岩	等边距直线槽导向切割法对大截面及大厚度脑组织切片的便捷制备	烟台大学学报(自然科学与工程版)	Oct – 19
137	李彦伸	Tracing major metabolites of quinoxaline-1, 4-dioxides in abalone with high performance liquid chromatography tandem positive mode electrospray ionization mass spectrometry	Journal of the Science of Food and Agriculture	Jun – 19
138	李　杨	Effect of Electric Potentials on Microstructure, Corrosion and Wear Characteristic of the Nitrided Layer Prepared on 2Cr13 Stainless Steel by Plasma Nitriding	Acta Metallurgica Sinica (English Letters)	Sep – 19
139	李　杨	Microstructure, adhesion and tribological properties of CrN/CrTiAlSiN/WCrTiAlN multilayer coatings deposited on nitrocarburized AISI 4140 steel	Surface & Coatings Technology	May – 19
140	李　杨	Microstructure, mechanical and adhesive properties of CrN/CrTiAlSiN/WCrTiAlN multilayer coatings deposited on nitrided AISI 4140 steel	Materials Characterization	Feb – 19
141	李又欣	美欧日复杂注射剂技术要求及案例分析	中国医药工业杂志	Oct – 19
142	李又欣	透皮贴剂质量控制与评价研究进展	中国新药杂志	Mar – 19
143	李忠月	A porous aromatic framework as a versatile fiber coating	Microchimica Acta	Aug – 19
144	梁　美	基于最优化函数的多光谱高温计真温反演算法	烟台大学学报(自然科学与工程版)	Jan – 19
145	刘惠涛	Field-amplified sample injection combined with capillary electrophoresis for the simultaneous determination of five chlorophenols in water samples	Electrophoresis	Jul – 19

续表

序号	作者	论文名称	期刊名称	发表时间
146	刘　杰	Degradation behavior and mechanism of polyurethane coating for aerospace application under atmospheric conditions in South China Sea	Progress in Organic Coatings	Nov－19
147	刘　杰	Electrochemical inhomogeneities of steel in steel/copper alloy couple during galvanic corrosion in static and flowing seawater	Materials and Corrosion	Apr－19
148	刘惊雷	CP-nets structure learning based on mRMCR principle	IEEE Access	Aug－19
149	刘惊雷	半监督偏好学习算法	模式识别与人工智能	Oct－19
150	刘惊雷	低秩分块矩阵的核近似	智能系统学报	Dec－19
151	刘惊雷	基于特征选择的 CP-nets 结构学习	南京大学学报(自然科学)	Jan－19
152	刘其成	基于 MapReduce 的商品评论热点发现算法研究	中国科学技术大学学报	Feb－19
153	刘其成	基于课程间关联规则的排课优化算法研究	计算机应用研究	Oct－19
154	刘其成	融合朴素贝叶斯和协同过滤的外卖推荐并行算法研究	计算机应用与软件	Nov－19
155	刘荣霞	Identification and Quantification of Bioactive Compounds in Diaphragma juglandis Fructus by UHPLC-Q-Orbitrap HRMS and UHPLC-MS/MS.	J Agric Food Chem.	May－19
156	刘荣霞	Pharmacokinetics, bioavailability, excretion, and metabolic analysis of Schisanlactone E, a bioactive ingredient from Kadsura heteroclita (Roxb) Craib, in rats by UHPLC-MS/MS and UHPLC-Q-Orbitrap HRMS	Journal of Pharmaceutical and Biomedical Analysis	Sep－19
157	刘荣霞	不同药材中迷迭香酸甲酯及迷迭香酸的含量测定	烟台大学学报(自然科学与工程版)	Apr－19
158	刘　沙	Afatinib-loaded immunoliposomes functionalized with cetuximab: A novel strategy targeting the epidermal growth factor receptor for treatment of nonsmall-cell lung cancer	International Journal of Pharmaceutics	Apr－19
159	刘　沙	Determination of tyrosine kinase inhibitor afatinib in rat plasma using LC-MS/MS and its application to in vivo pharmacokinetic studies of afatinib liposomes	Journal of Pharmaceutical and Biomedical Analysis	Feb－19
160	刘万卉	13C6-酪氨酸标记的蛋清溶菌酶的表达及 NMR 测定	烟台大学学报(自然科学与工程版)	Jul－19
161	刘万卉	ICC-qPCR 病毒灭活验证方法的建立及其应用	药物分析杂志	Mar－19
162	刘万卉	醋酸奥曲肽缓释微球在大鼠体内的药动学与药效指标评价研究	中国新药杂志	Jun－19
163	刘万卉	醋酸戈舍瑞林微球的体内外相关性研究	药学学报	Jan－19
164	刘万卉	磷酸可待因平衡溶解度及油水分配系数的测定	药物分析杂志	Apr－19
165	刘　伟	Introducing Uranium as the Activator toward Highly Stable Narrow-	Chemistry of Materials	Nov－19
166	刘　义	Simple and Efficient Synthesis of Anithiactins A-C, Thiasporine A and Their Potent Antitumor 2, 4-Linked Oligothiazole Derivatives	Chem Pub Soc Europe	Jan－19

续表

序号	作者	论文名称	期刊名称	发表时间
167	刘玉灿	Electrochemical degradation of atrazine on Pt anode with cathodic electro—generation of H_2O_2	IOP Conference Series：Earth and Environmental Science	Sep－19
168	刘玉灿	Influence of solution pH on degradation of atrazine during UV and UV/H_2O_2 oxidation：Kinetics，mechanism，and degradation pathways	RSC Advances	Nov－19
169	刘玉灿	UV 和 UV/H_2O_2 工艺对水中二嗪磷的降解	中国环境科学	Apr－19
170	刘玉灿	不同 UV 工艺中阿特拉津的降解效果与机理研究	中国给水排水	Mar－19
171	刘玉灿	不同 UV 光氧化工艺的阿特拉津降解动力学研究	水处理技术	Dec－19
172	刘玉灿	溶液制备过程引入的甲醇对阿特拉津 UV 光氧化速率和降解机理的影响	化学学报	Jan－19
173	刘玉灿	我国农村地区饮用水水质现状与保障措施	净水技术	Jul－19
174	刘志勇	A ；study ；on ；the ；properties ；and ；working ；mechanism ；of ；a ；waterborne ；polyurethane-modified ；silicatebased ；coating	RSC Advances	Sep－19
175	刘志勇	Application of low field nuclear magnetic resonance technique to characterize the mass transfer of corrosion inhibitors in concrete	Int. J. Corros. Scale Inhib	Jan－19
176	刘志勇	Durability and microstructure of steam cured and autoclaved PHC pipe piles	Construction and Building Materials	Mar－19
177	刘志勇	Mass transfer analysis considering gas phase diffusion and experimental verification for surface painting a waterborne MCI in concrete	Int. J. Corros. Scale Inhib.	Jan－19
178	刘志勇	水性聚氨酯改性环氧树脂乳液的涂膜性能研究	材料导报	Jul－19
179	刘志勇	养护条件与聚灰比对增韧水性环氧水泥基涂层性能的影响及其机理	硅酸盐学报	Nov－19
180	刘宗亮	Synthesis，Characterization，and Anticancer Activities Evaluation of Compounds Derived from 3,4-Dihydropyrimidin-2(1H)-one	molecules	Mar－19
181	刘宗亮	The Effects of Different Catalysts，Substituted Aromatic Aldehydes on One-Pot Three-Component Biginelli Reaction	Current Organic Synthesis	Jan－19
182	柳志海	High-performance metal-oxide-free perovskite solar cells based on organic electron transport layer and cathode	Organic Electronics	Jan－19
183	芦　帅	基于汽车服务方向的汽车拆装课程研究	高教学刊	Mar－19
184	罗玉萍	预制双向孔模板中高剪力墙受剪性能试验研究	建筑科学	May－19
185	吕翠翠	Compressive Sensing-based sequential data gathering in WSNs	COMPUTER NETWORKS	May－19
186	吕宏缨	Aerobic oxidative desulfurization coupling of Co polyanion catalysts and p-TsOH-based deep eutectic solvents through a biomimetic approach	Green Chemistry	Feb－19

续表

序号	作者	论文名称	期刊名称	发表时间
187	吕宏缨	Catalytic hydrogenolysis of hydroxymethylfurfural to highly selective 2, 5- dimethylfuran over FeCoNi / h-BN catalyst	Chemical Engineering Journal	Sep - 19
188	吕宏缨	Construction of biomimetic catalysis system coupling polyoxometalates with deep eutectic solvents for selective aerobic oxidation desulfurization	Applied Catalysis B: Environmental	Aug - 19
189	吕宏缨	Extraction Coupled with Aerobic Oxidative Desulfurization of Model Diesel Using a B-type Anderson Polyoxometalate Catalyst in Ionic Liquids	Catalysis Letters	Apr - 19
190	吕宏缨	Green aerobic oxidative desulfurization of diesel by constructing an Fe-Anderson type polyoxometalate and benzene sulfonic acid-based deep eutectic solvent biomimetic cycle	Chinese Journal of Catalysis	Sep - 19
191	吕宏缨	Novel acidic eutectic mixture as peroxidase mimetics for oxidative desulfurization of model diesel	Applied Catalysis B: Environmental	May - 19
192	吕宏缨	Polyoxometalate-based ionic liquid catalyst with unprecedented activity and selectivity for oxidative desulfurization of diesel in [Omim]BF4	Chemical Engineering Journal	Feb - 19
193	吕宏缨	Selective oxidation of 5-hydroxymethylfurfural to 5-formyl-2-furancar-boxylic acid over a Fe-Anderson type catalyst	Journal of the Taiwan Institute of Chemical Engineers	Aug - 19
194	吕宏缨	铁基低共熔剂在柴油氧化脱硫中的研究	化学研究与应用	Mar - 19
195	吕家森	Digital gene expression analysis in the gills of Ruditapes philippinarum after nitrite exposure	Ecotoxicology and Environmental Safety	Nov - 19
196	吕家森	Tissue distribution and functional characterization of mytimacin-4 in Mytilus galloprovincialis	Journal of Invertebrate Pathology	Sep - 19
197	吕　文	随机分数阶非线性系统解的存在唯一性	烟台大学学报(自然科学与工程版)	Oct - 19
198	马文明	QoS Prediction for Neighbor Selection via Deep Transfer Collaborative Filtering in Video Streaming P2P Networks	International Journal of Digital Multimedia Broadcasting	Jan - 19
199	马雪丽	Coordinating a three-echelon fresh agricultural products supply chain considering freshness-keeping effort with asymmetric information	Applied Mathematical Modelling	Feb - 19
200	孟庆国	Crystal structure of (1S, 3aR, 3bR, 10aR, 10bR, 12aR)-8-amino-3a, 3b, 6, 6, 10a pentamethyl-1-((S)-2, 6, 6-trimethyltetrahydro-2H-pyran-2-yl)	Z. Kristallogr. NCS	Apr - 19
201	孟庆国	Crystal structure of (20R)-20, 25-epoxydammaran-3, 12-dione, C30H48O3	Z. Kristallogr. NCS	Jan - 19
202	孟庆国	Design, Synthesis, and Biological Evaluation of Novel Nitrogen Heterocycle-Containing Ursolic Acid Analogs as Antitumor Agents	molecules	Mar - 19
203	孟庆国	Synthesis and Crystal Structures of 3, 6-diacetylated C24 epimeric 20(R)-Ocotillol-Type Saponins	J. Chem. Soc. Pak.	Jun - 19

续表

序号	作者	论文名称	期刊名称	发表时间
204	孟庆国	Synthesis and In Vitro Anti-inflammatory Activity of C20 Epimeric Ocotillol-Type Triterpenes and Protopanaxadiol	Planta Medica	Mar – 19
205	穆鹏华	Numerical study of the time-delay signature in chaos optical injection system with phase-conjugate feedback	OPTIK	Feb – 19
206	穆鹏华	Simultaneous Chaos Time-Delay Signature Cancellation and Bandwidth Enhancement in Cascade-Coupled Semiconductor Ring Lasers	IEEE ACCESS	Feb – 19
207	潘　超	单自由度混联Ⅱ型惯容减震体系的随机地震响应与参数设计	工程力学	Jan – 19
208	潘庆先	Recommendation of Crowdsourcing Tasks Based on Word2vec Semantic Tags	Wireless Communications Mobile Computing	Feb – 19
209	潘庆先	基于 Pareto 分布的众包工人欺骗行为处理方法	计算机应用	Nov – 19
210	皮永蕊	Microbial degradation of four dispersed crude oils by Rhodococcus sp. evaluated using carbon stable isotope analysis	JOURNAL OF CHEMICAL TECHNOLOGY AND BIOTECHNOLOGY	Jun – 19
211	皮永蕊	化学消油剂对原油乳化及微生物降解的影响	海洋科学	Mar – 19
212	皮永蕊	微藻-细菌共生体系在废水处理中的应用	微生物学报	Jun – 19
213	祁彩霞	负载型纳米金属催化剂在乙炔选择加氢反应中的研究进展	石油化工	Jan – 19
214	秦连杰	Deciphering electron-shuttling characteristics of epinephrine and dopamine for bioenergy extraction using microbial fuel cells	Biochemical Engineering Journal	Aug – 19
215	秦连杰	Enabling Stable Lithium Metal Anode through Electrochemical Kinetics Manipulation	advance function materials	Apr – 19
216	邱盛尧	基于渔捞日志的海阳市流刺网船渔获状况分析	海洋渔业	May – 19
217	邱盛尧	靖海湾和五垒岛湾三疣梭子蟹增殖放流对资源补充效果的比较分析	烟台大学学报(自然科学与工程版)	Apr – 19
218	邱盛尧	增殖放流对山东半岛南部中国对虾资源贡献率的研究	烟台大学学报(自然科学与工程版)	Apr – 19
219	曲　慧	轴力作用下局部加厚 T 型管节点抗冲击性能试验研究	振动与冲击	Aug – 19
220	曲江勇	The complete mitochondrial genome and phylogenetic analysis of Acanthochitona rubrolineatus Lischke 1873	MITOCHONDRIAL DNA PART B	Jul – 19
221	曲江勇	The complete mitochondrial genome and phylogenetic analysis of Ischnochiton hakodaensis Carpenter 1893	MITOCHONDRIAL DNA PART B	Jul – 19
222	曲江勇	环渤海红条毛肤石鳖种群遗传多样性研究	四川动物	Jan – 19
223	曲江勇	环境因子对中国海矮拟帽贝种群遗传多样性的影响	海洋渔业	Jan – 19
224	曲维涛	渔业水域使用权管理制度探析	中国水产	Apr – 19
225	任桂周	Review of Energy Storage Technologies for Extended Range Electric Vehicle	Journal of Applied Science and Engineering	Mar – 19
226	荣　强	Adaptive Control of a Parallel Base-Isolated system	Structural Engineering International	Nov – 19

续表

序号	作者	论文名称	期刊名称	发表时间
227	申英杰	High-beam-quality operation of a 2μm passively Q-switched solid-state laser based on a boron nitride saturable absorber	Applied Optics	Apr – 19
228	石运序	进气口位置及蜗壳结构对微型发电涡轮输出扭矩的影响分析	机床与液压	Jan – 19
229	史江涛	A finite group in which all non-nilpotent maximal subgroups are normal has a Sylow tower	Hokkaido Mathematical Journal	Jun – 19
230	史江涛	Finite groups in which every non-abelian subgroup is a TI-subgroup or a subnormal subgroup	Journal of Algebra and Its Applications	Aug – 19
231	史俊杰	Nanoporous gold functionalized with praseodymia – titania mixed oxides as a stable catalyst for the water – gas shift reaction	Phys. Chem. Chem. Phys.	Jan – 19
232	宋　鹏	Transfer linear subspace learning for cross-corpus speech emotion recognition	IEEE Transactions on Affective Computing	Jun – 19
233	宋远明	AFm 阴离子类型对硫铝酸盐水泥水化产物钙矾石稳定性的影响	硅酸盐学报	Nov – 19
234	宋日海	Robust fabrication of nanomaterial-based all-solid-state ion-selective electrodes	RSC ADVANCES	May – 19
235	宋志花	Facile synthesis of zirconia-coated mesoporous silica particles by hydrothermal strategy	Journal of Chromatography A	Nov – 19
236	宋志花	人参皂苷类化合物样品前处理及分析检测	化学进展	Nov – 19
237	孙建超	Dendrite-free and long-life Na metal anode achieved by 3D porous Cu	Electrochimica Acta	Jun – 19
238	孙考祥	A novel dendrimer-based complex co-modified with cyclic RGD hexapeptide andpenetratin for noninvasive targeting and penetration of the ocular posterior	Drug Delivery	Jun – 19
239	孙考祥	Entecavir-loaded poly (lactic-co-glycolic acid) microspheres for long-term therapy of chronic hepatitis-B: Preparation and in vitro and in vivo evaluation	International Journal of Pharmaceutics	Apr – 19
240	孙考祥	Oral delivery system for low molecular weight protamine-dextran-poly (lactic-co-glycolic acid) carrying exenatide to overcome the mucus barrier and improve intestinal targeting efficiency	Nanomedicine (Lond)	Apr – 19
241	孙考祥	SN_38 脂质体制备、质量评价及初步药效学研究	中国医药工业杂志	Feb – 19
242	孙考祥	Synthesis of CSK-DEX-PLGA Nanoparticles for the Oral Delivery of Exenatide to Improve Its Mucus Penetration and Intestinal Absorption	Molecular Pharmaceutics	Jan – 19
243	孙考祥	多西他赛包合物脂质体的制备与体外评价	中国医药工业杂志	Jun – 19
244	孙考祥	依非韦伦固体分散体的制备及其体内外评价	中国医药工业杂志	May – 19
245	孙考祥	羟丙甲纤维素的关键质量属性对双氯芬酸钠缓释片体外释放的影响	中国药学杂志	Mar – 19

续表

序号	作者	论文名称	期刊名称	发表时间
246	孙立民	基于强化学习的生产再决策问题	计算机集成制造系统	Nov – 19
247	孙　森	Alicyclic Tertiary Amine Based Hyperbranched Polymers with Excitation-independent Emission Structure, Fluorescence and Applications	polymer chemistry	May – 19
248	孙树杰	A High-speed and Smooth Feedrate Planning Algorithm for Small Line Segments Based on B-spline Curve	Journal of Computers	Aug – 19
249	孙雪姣	基于 CP-net 偏好的关系数据库的 Top-k 实现	中国科学技术大学学报	Feb – 19
250	孙　逊	Gold nanoparticles supported on MgOx-Al2O3 composite oxide: An eﬃcient catalyst for selective hydrogenation of acetylene	Applied Surface Science	May – 19
251	孙中亮	藻菌共培养体系优势菌株筛选及沼液处理	农业资源与环境学报	Jan – 19
252	唐志红	Preparation and antioxidant properties of crayfish (Procambarus Clarkii) By-products protein hydrolysates and ultra filtration fractions	Pakistan journal of pharmaceutical sciences	Sep – 19
253	滕英祥	Investigation of Corrosion Behavior of Q_235 Steel in Simulated Industrial Wastewater	International Journal of Electrochemical Science	Oct – 19
254	田春媛	A novel electrochemiluminescent emitter of europium hydroxide nanorods and its application in bioanalysis	Chemistry communication	Oct – 19
255	田春媛	An electrochemiluminescence sensor for the detection of prostate protein antigen based on the graphene quantum dots infilled TiO_2 nanotube arrays	Talanta	Jan – 19
256	田　晖	催化精馏合成甲酸环己酯-乙酸环己酯联产过程模拟计算及优化	现代化工	Mar – 19
257	田京伟	PCC0208018 exerts antitumor effects by activating effector T cells	Int J Immunopathol Pharmacol	Apr – 19
258	田京伟	Role of BRD4 phosphorylation in the nucleus accumbens in relapse to cocaine-seeking behavior in mice	Addiction Biology	Jul – 19
259	田　林	基于运行速度的高海拔地区一级公路长直线路段限速值	公路交通科技	Jan – 19
260	童向荣	约束条件下联盟生成研究进展	智能系统学报	May – 19
261	王爱萍	Brain-targeted intranasal delivery of dopamine with borneol and lactoferrin co-modified nanoparticles for treating Parkinson's disease	DRUG DELIVERY	Dec – 19
262	王爱萍	Preparation and evaluation of lactic acid acylated exenatide and its long-acting preparation	Pharmaceutical Development and Technology	Dec – 19
263	王昌辉	Adaptive Control of a Class of Incommensurate Fractional Order Nonlinear Systems With Input Dead-Zone	IEEE Access	Oct – 19
264	王昌辉	Adaptive Neural Network Control of a Class of Fractional Order Uncertain Nonlinear MIMO Systems with Input Constraints	Complexity	Nov – 19

续表

序号	作者	论文名称	期刊名称	发表时间
265	王　飞	Modified Predictive Control Method of Three-Level Simplified Neutral Point Clamped Inverter for Common-Mode Voltage Reduction and Neutral-Point Voltage Balance	IEEE ACCESS	Aug – 19
266	王凤云	Equivalent parameters-based residual thermal stress fields modeling and design for square coated indexable cutting inserts	INTERNATIONAL JOURNAL OF ADVANCED MANUFACTURING TECHNOLOGY	May – 19
267	王洪波	Discovery and synthesis of 3- and 21-substituted fusidic acid derivatives as reversal agents of P-glycoprotein-mediated multidrug resistance	European Journal of Medicinal Chemistry	Nov – 19
268	王洪涛	Molecular discrimination of Panax ginseng cultivar K-1 using pathogenesis-related protein 5 gene	Journal of Ginseng Research	Jul – 19
269	王洪涛	西洋参不定根总皂苷的响应面优化提取工艺及抗氧化活性研究	食品科技	Sep – 19
270	王　婧	A study on the interaction between cadmium and α-chymotrypsin and the underlying mechanisms	Journal of Biochemical and Molecular Toxicolgoy	Feb – 19
271	王　婧	Exploring the conformational changes in fibrinogen by forming protein corona with CdTe quantum dots and the related cytotoxicity	Spectrochimica Acta Part A: Molecular and Biomolecular Spectroscopy	Sep – 19
272	王　婧	Superoxide dismutase response and the underlying molecular mechanism induced by iodoacetic acid	Chemosphere	Nov – 19
273	王　磊	Revisiting lepton-specific 2HDM in light of muon g-2 anomaly	PHYSICS LETTERS B	Jan – 19
274	王　磊	mu-tau-philic Higgs doublet model confronted with the muon g-2, tau decays, and LHC data	PHYSICAL REVIEW D	Nov – 19
275	王　磊	Allylic selective oxidation of tert-butyl alcohol to methacrolein: Cooperative catalysis of two different active sites	Catalysis Communications	Oct – 19
276	王　磊	Novel urea-assisted hydrothermal synthesis of tetrametallic Co6Fe4Mo12Bi1.5Ox phase for the selective oxidation of tert-butyl alcohol to methacrolein	Catalysis Communications	Oct – 19
277	王美日	Ultrathin nanosheets-assembled NiCo2S4 nanocages derived from ZIF-67 for high-performance supercapacitors	Journal of Materials Science	Jul – 19
278	王培进	Research on the control algorithms of human-thinking simulated control	International Journal of Modelling, Identification and Control	Apr – 19
279	王维伟	Influence of Hydrocarbon Base Oil Molecular Structure on Lubricating Properties in Nano-scale Thin Film	Tribology Letters	Dec – 19
280	王伟田	Anomalous Magnetic Ordering in Epitaxial TbMnO3 Ultrathin Films	Armenian Journal of Physics	Jun – 19
281	王伟田	Impedance spectroscopy analysis of orthorhombic $DyMnO_3$ ceramics	Journal of Contemporary Physics	Jan – 19
282	王文艳	Pharmacokinetics of S-EPA, and its inhibition on indoleamine 2, 3-dioxgenase: a case of sulfursubstitution affecting distributions in blood cells	Xenobiotica	Nov – 19

续表

序号	作者	论文名称	期刊名称	发表时间
283	王文艳	LC -MS /MS 法测定人血浆中 4 种非典型抗精神分裂药物及 2 种代谢物	烟台大学学报(自然科学与工程版)	Jan - 19
284	王文艳	LC-MS/MS 法测定比格犬血浆中 Epacadostat 的浓度	烟台大学学报(自然科学与工程版)	Apr - 19
285	王　雪	High electrochemical performance of supercapacitor electrode with para-aminophenyl graphene/polyaniline cross-linking nanocomposites	Materials Letters	Feb - 19
286	王　燕	初等交换群凯莱图的完备码与完全图的正则覆盖	烟台大学学报(自然科学与工程版)	Oct - 19
287	王莹洁	An Optimization and Auction-based Incentive Mechanism to Maximize Social Welfare for Mobile Crowdsourcing	IEEE Transactions on Computational Social Systems	Mar - 19
288	王莹洁	Task Allocation Model Based on Worker Friend Relationship for Mobile Crowdsourcing	Sensors	Feb - 19
289	王　月	Continuous production of algicidal compounds against Akashiwo sanguinea	Bioresource Technology	Oct - 19
290	王振华	Endoplasmic reticulum stress mediated the xanthohumol induced murine melanoma B16-F10 cell death	Journal of Asian Natural Products Research	Jul - 19
291	魏海生	MOF 衍生 Rh/ZrO_2@C 催化剂的制备及氢甲酰化性能研究	现代化工	May - 19
292	魏　进	复合柔性结构全局模态函数提取与状态空间模型构建	力学学报	Mar - 19
293	吴子梅	Engineering of Bone- and CD44-Dual-Targeting Redox-Sensitive Liposomes for the Treatment of Orthotopic Osteosarcoma	ACS Applied Materials & Interfaces	Jan - 19
294	吴子梅	磷酸壳寡糖修饰阿霉素脂质体的制备及体内外评价	烟台大学学报(自然科学与工程版)	Oct - 19
295	武拴虎	高效线结构光视觉测量系统标定方法	激光与光电子学进展	Nov - 19
296	武拴虎	基于机器视觉的医用瓶盖质检系统设计	仪表技术与传感器	Oct - 19
297	肖　波	A Comparative Study on the Diffusion Behaviors of Metal and Oxygen Ions in Metal-Oxide-Based Resistance Switches via ab Initio Molecular Dynamics Simulations	ACS Applied Electronic Materials	Apr - 19
298	肖　波	Moisture effect on the diffusion of Cu ions in Cu/Ta2O5/Pt and Cu/SiO_2/Pt resistance switches: a first-principles study	SCIENCE AND TECHNOLOGY OF ADVANCED MATERIALS	Dec - 19
299	辛志荣	装载吲哚美辛肝素类纳米胶束的制备及抗凝作用	应用化学	May - 19
300	邢恩辉	含醇燃料对 GDI 发动机气体排放的影响	烟台大学学报(自然科学与工程版)	Jan - 19
301	邢荣莲	Factors that affect the growth and photosynthesis of the filamentous green algae, Chaetomorpha valida, in static sea cucumber aquaculture ponds with high salinity and high pH	Peer J	Feb - 19
302	邢荣莲	Influence of Nitzschia sp. on release of nitrogen and phosphorus from sediment in pond breeding sea cucumbers	Aquaculture Research	Jan - 19

续表

序号	作者	论文名称	期刊名称	发表时间
303	徐金东	A Preferential Interval-Valued Fuzzy C-Means algorithm for Remotely Sensed Imagery Classification	International Journal of Fuzzy Systems	Oct-19
304	徐金东	Remote Sensing Image Classification Based on Semi-Supervised Adaptive Interval Type-2 Fuzzy C-Means Algorithm	Computers and Geosciences	Oct-19
305	徐金东	基于半监督模糊C均值算法的遥感影像分类	计算机应用	Nov-19
306	徐坤山	Distinguishing Welding Defects from the Stress Concentration Zone Using Metal Magnetic Memory Field Parameters	Transactions of the Indian Institute of Metals	Feb-19
307	徐立强	Analysis on cracks of press-fit cylinder blocks in high-pressure piston pumps	Journal of the Brazilian Society of Mechanical Sciences and Engineering	Nov-19
308	徐秀峰	Catalytic decomposition of N2O over Y-Co3O4 composite oxides prepared by one-step hydrothermal method	JOURNAL OF FUEL CHEMISTRY AND TECHNOLOGY	Apr-19
309	徐秀峰	NF 3 decomposition in the absence of water over some metal oxides coated-Al_2O_3 reagents	Journal of Environmental Chemical Engineering	May-19
310	许春萍	Simulation study of helium effect on the microstructure of nanocrystalline body-centered cubic iron	Materials	Jan-19
311	许　卉	Discovery of potent indoleamine 2, 3-dioxygenase (IDO) inhibitor from alkaloids in Picrasma quassioides by virtual screening and in vitro evaluation	Fitoterapia	Jan-19
312	许　卉	In vitro and in silico evaluation of stereoselective effect of ginsenoside isomers on platelet P2Y12 receptor	Phytomedicine	Nov-19
313	许　卉	Xiyanping Plus Azithromycin Chemotherapy in Pediatric Patients with Mycoplasma pneumoniae Pneumonia: A Systematic Review and Meta-Analysis of Efficacy and Safety	Evidence-Based Complementary and Alternative Medicine	Aug-19
314	许　卉	苦木总生物碱含量测定的透射比浊法研究	烟台大学学报(自然科学与工程版)	Apr-19
315	焉炳飞	山东半岛盐碱地罗布麻叶中10种元素的测定	烟台大学学报(自然科学与工程版)	Oct-19
316	阎维青	Shape-optimizing mesh warping method for stereoscopic panorama stitching	Information Sciences	Sep-19
317	杨　斌	Ceric(Ⅳ) Ammonium Nitrate Mediated Phosphorylation of Alkenes: Easy Access to (E)-Vinylphosphonates	Eur. J. Org. Chem.	Feb-19
318	杨　斌	Cobalt(Ⅱ)-Catalyzed Bisfunctionalization of Alkenes with Diarylphosphine Oxide and Peroxide	Adv. Synth. Catal.	Nov-19
319	杨刚强	Design, synthesis, and discovery of ocotillol-type amide derivatives as orally available modulators of P-glycoprotein-mediated multidrug resistance	European Journal of Medicinal Chemistry	Jan-19
320	杨　婕	Effect of Alcaligenes sp. and sulfate-reducing bacteria on corrosion of Q235 steel in simulated marine environment	International Journal of Electrochemical Science	Aug-19
321	杨　婕	智能救援救生圈优化设计	山东工业技术	Nov-19
322	杨　俊	海草材料性能分析及应用研究	新型建筑材料	Apr-19

续表

序号	作者	论文名称	期刊名称	发表时间
323	杨　磊	辐照装置多目标优化排源算法研究及其应用	原子能科学技术	May－19
324	杨　旻	标签带噪声数据的重加权半监督分类方法	烟台大学学报(自然科学与工程版)	Jul－19
325	杨　旻	胶囊网络下基于三元损失的图像相似性学习	烟台大学学报(自然科学与工程版)	Apr－19
326	杨树斌	Enhanced dispersion of carbon nanotubes in water by plasma induced graft poly (N, N-dimethylacrylamide) and its application in humic acid capture	Journal of Molecular Liquids	Feb－19
327	杨文广	Mask-free generation of multicellular 3D heterospheroids array for high-throughput combinatorial anti-cancer drug screening	Materials and Design	Sep－19
328	杨　昕	Crystal structure and anti-in & # 64258; ammatory and anaphylactic effects of andrographlide sulphonate E	Journal of Pharmacy and Pharmacology	Feb－19
329	杨玉军	Two-point resistances and random walks on stellated regular graphs	Journal of Physics A: Mathematical and Theoretical	Feb－19
330	杨玉军	点面图的基尔霍夫指标	烟台大学学报(自然科学与工程版)	Jan－19
331	姚　雷	Synthesis and antitumor activities of 2-(piperidin-4-yl)-thiazole-4-carboxamides analogues of tubulysins	Turkish Journal of Chemistry	Mar－19
332	姚　雷	The Design, Synthesis and Preliminary Pharmacokinetic Evaluation of d3-Poziotinib Hydrochloride	Biol. Pharm. Bull.	Jun－19
333	姚　雷	盐酸 d3-Poziotinib 的合成及体外药代动力学研究	烟台大学学报(自然科学与工程版)	Jul－19
334	姚立强	Adaptive tracking control for a class of stochastic switched systems with stochastic input-to-state stable inverse dynamics and input saturation	Systems & Control Letters	Dec－19
335	殷国俊	Effect of properties of activated carbon on malachite green adsorption	Fuel	Mar－19
336	于雪芳	Screening NIR fluorescent sensor based on HBQ derivatives: A theoretical study	Journal of Photochemistry & Photobiology A: Chemistry	Oct－19
337	于雪芳	Sensing mechanism of HBT based F anion fluorescence sensor: A theoretical study	SENSORS AND ACTUATORS B-CHEMICAL	Feb－19
338	于雪芳	Theoretical Design of Near-Infrared Fluorescent Sensor for F Anion	ACS Omega	Jun－19
339	于　贞	Effects of methamidophos on antioxidants and metabolic enzymes in Styla clava	Journal of Biochemical Research	Jun－19
340	于　贞	有机酸对酱油品质的影响	中国调味品	Sep－19
341	于　贞	琥珀酸高产菌株 ASQ-1 酱油发酵性能的初步研究	中国调味品	Nov－19
342	余　飞	A simple MS method to characterize the higher order structures of antibody therapeutics	European Journal of Pharmaceutical Sciences	Jan－19

续表

序号	作者	论文名称	期刊名称	发表时间
343	袁　正	一种基于虚拟材料参数的车身刚度匹配设计方法	烟台大学学报(自然科学与工程版)	Jan – 19
344	张　超	Pressure-induced Novel Stable Stoichiometries in Molybdenum-Phosphorus Phase Diagrams under Pressure	Journal of Physical Chemistry C	Dec – 19
345	张国营	茶氯香酰胺脂质体对人肝癌细胞生长和迁移的抑制作用	烟台大学学报(自然科学与工程版)	Apr – 19
346	张国营	茶溴香酰胺脂质体对黑色素瘤细胞生长和迁移的抑制作用	烟台大学学报(自然科学与工程版)	Jul – 19
347	张慧超	The biogeochemical characteristics of phosphorus in coastal sediments under high salinity and dreging conditions	Chemosphere	Jan – 19
348	张纪红	Coefficient-of-Performance Analyses for Light-Emitting-Diode Cycles Resembling Carnot Heat Pumps	IEEE ACCESS	Feb – 19
349	张剑钊	FNDC3B is associated with ER stress and poor prognosis in cervical cancer	oncology letter	Nov – 19
350	张景辉	基于"C#程序设计"的多层次多类型的项目驱动教学研究	课程教育研究	Oct – 19
351	张景辉	课程设计自动评分系统设计与实现	电气电子教学学报	Aug – 19
352	张　骏	Multi-photon Raman scattering and yellow-green-light emission from feather-like Cd1-xZnxS nanostructures	Applied physics A	Jul – 19
353	张雷明	Network pharmacology-based research on the combination mechanism between Escin and low dose glucocorticoids in anti-rheumatoid arthritis	Frionteirs in Pharmacology	Mar – 19
354	张玲玲	绿色建筑室内光环境与声环境模拟分析——以某中学为例	烟台大学学报(自然科学与工程版)	Oct – 19
355	张　淼	Hierarchical ZSM-48-Supported Nickel Catalysts with Enhanced Hydroisomerization Performance of Hexadecane	Industrial & Engineering Chemistry Research	Oct – 19
356	张　淼	Synthesis of High Efcient and Stable AuZIF‑8 with Diference Particle Size for Chemselective Hydrogenation of Nitro Compounds	Catalysis Letters	Sep – 19
357	张　楠	Heuristic Approaches to Attribute Reduction for Generalized Decision Preservation	APPLIED SCIENCES-BASEL	Jul – 19
358	张　楠	基于多特定决策类的不完备决策系统正域约简	计算机应用	May – 19
359	张　楠	基于多特定类的序决策表下近似约简	计算机科学	Oct – 19
360	张　楠	集值信息系统的快速正域约简	智能系统学报	May – 19
361	张　楠	区间值决策表的正域增量式属性约简算法	计算机应用	Aug – 19
362	张培青	Fabrication of a Micro-Needle Sensor Based on Copper Microspheres and Polyaniline Film for Nitrate Determination in Coastal River Waters	Journal of The Electrochemical Society	Aug – 19
363	张尚洲	Microstructure and finite element analysis of hot continuous rolling of doped tungsten rod	International Journal of Minerals, Metallurgy and Materials	Mar – 19

续表

序号	作者	论文名称	期刊名称	发表时间
364	张文超	基于区块链技术的共享单车服务研究	中国商论	Nov - 19
365	张文超	基于区块链技术的药品追溯方案	现代企业	Sep - 19
366	张小玲	Inertia and distance energy of line graphs of unicyclic graphs	Discrete Applied Mathematics	Feb - 19
367	张新光	Existence and asymptotic properties of solutions for a nonlinear Schrö dinger elliptic equation from geophysical fluid flows	Applied Mathematics Letters	Apr - 19
368	张新光	Recent Advance in Function Spaces and Their Applications in Fractional Differential Equations	JOURNAL OF FUNCTION SPACES	Oct - 19
369	张　岩	Research on the Migration of the Total Manganese during the Process of Water Icing	water	Aug - 19
370	张媛媛	The hybrid Wilson finite volume method for elliptic problems on quadrilateral meshes	Advances in Computational Mathematics	Mar - 19
371	张志军	Boundary behavior of large solutions to the Monge - Ampere equation in a borderline case	Mathematica Sinica, English Series	Apr - 19
372	张中喜	A unified method for completions of posets and closure spaces	Soft Computing	Nov - 19
373	赵　烽	(3R, 7R)-7-acetoxyl-9-oxo-de-O-methyllasiodiplodin, a secondary metabolite of Penicillium Sp., inhibits LPS-mediated inflammation in RAW 264.7 macrophages	Inflammation	Aug - 19
374	赵　烽	Identification of β-carboline and canthinone alkaloids as anti-inflammatory agents but with different inhibitory profile on the expression of iNOS and COX-2	Journal of Natural Medicines	Jan - 19
375	赵　烽	不同产地洋金花的质量评价及提取方法对东莨菪碱提取产率的影响	烟台大学学报(自然科学与工程版)	Jul - 19
376	赵　烽	无花果果实中化学成分研究	中草药	Jun - 19
377	赵海波	碳纤维电热线发热规律实验与建模分析	烟台大学学报(自然科学与工程版)	Oct - 19
378	赵晓栋	Effect of chloride ion concentration on corrosion of Q235 steel in sulfate-reducing bacteria containing solution	International Journal of Electrochemical Science	Jan - 19
379	赵晓栋	Effects of three kinds of hydrocarbon degrading bacteria on biocorrosion behavior of 16Mn steel in the bacteria-containing media	International Journal of Electrochemical Science	Jan - 19
380	赵晓栋	Influence of Pseudomonas aeruginosa and Sulfate-reducing bacteria composite on the corrosion behavior of brass	International Journal of Electrochemical Science	Jun - 19
381	赵　妍	Characterization and classification of three common Bambusoideae species in Korea by an HPLC-based analytical platform coupled with multivariate statistical analysis	Industrial Crops And Products	Apr - 19
382	赵燕燕	阿柏西普类似药电荷异构体的药代动力学研究	烟台大学学报(自然科学与工程版)	Jul - 19
383	赵　业	3种拟除虫菊酯对仿刺参幼参的急性毒性研究	水产科学	Sep - 19

续表

序号	作者	论文名称	期刊名称	发表时间
384	赵 业	High-throughput sequencing of 16S rRNA amplicons characterizes gut microbiota shift of juvenile sea cucumber Apostichopus japonicus feeding with three antibiotics	Journal of Oceanology and Limnology	Sep-19
385	赵 业	The effects of benzo [a] pyrene on the composition of gut microbiota and the gut health of the juvenile sea cucumber Apostichopus japonicus Selenka	Fish and Shellfish Immunology	Oct-19
386	赵 业	The influence of three antibiotics on the growth, intestinal enzyme activities, and immune response of the juvenile sea cucumber Apostichopus japonicus selenka	Fish and Shellfish Immunology	Jan-19
387	赵 业	两种典型表面活化剂 SDS 和 NP 对刺参幼参的急性毒性效应研究	大连海洋大学学报	Jun-19
388	赵 业	四种典型抗生素对刺参幼参的急性毒性研究	海洋湖沼通报	Apr-19
389	赵玉潮	Dynamic Characterization of Nanoparticles Production in a Droplet-based Continuous Flow Microreactor	Chemical Engineering Research and Design	Feb-19
390	赵玉平	Analysis of Phenolic Compounds and Antioxidant Properties of Wines from Three Wine Grape-Growing Regions in China	International Journal of Food Egineering	Nov-19
391	赵玉平	化学法提取红树莓果渣可溶性膳食纤维的工艺优化	食品工业科技	Jun-19
392	赵玉平	酿酒酵母对樱桃酒挥发性组分及感官品质的影响	中国酿造	Jun-19
393	郑 彬	Thermal Performance Analysis of Exterior Wall Materials of Huizhou Residential Buildings Adapted to Local Climate	Annales de Chimie: Science des Materiaux	Jul-19
394	郑 强	Computer aided diagnosis of congenital abnormalities of the kidney and urinary tract in children based on ultrasound imaging data	Journal of Pediatric Urology	Feb-19
395	周 丽	B4C/6061Al 复合材料热压缩断裂行为的多尺度研究	金属学报	Jul-19
396	周艳丽	Ultrasmall MoS3 Loaded GO Nanocomposites as High-Rate and Long-Cycle-Life Anode Materials for Lithium- and Sodium-Ion Batteries	ChemElectroChem	Jun-19
397	周艳丽	ZnFe2O4 nanoparticles decorated Ti3C2Tx nanosheet as anode materials for enhanced lithium storage	Materials Letters	Oct-19
398	朱小涛	A simple way to a slippery lubricant impregnated coating with ultra-stability and self-replenishment property	Industrial & Engineering Chemistry Research	May-19
399	朱志国	Intensified interzeolite transformation: ultrafast synthesis of active and stable Ti-Beta zeolites without solvents	Chemical Communications	Nov-19
400	祝艳平	Oxidative C (sp3)—H functionalization of methyl-azaheteroarenes: a facile route to 1, 2, 4-triazolo [4, 3-a] pyridines.	Organic & Biomolecular Chemistry	Feb-19
401	庄旭明	Environmental separation and enrichment of gold and palladium ions by amino-modified three-dimensional graphene	RSC Advances	Jan-19

续表

序号	作者	论文名称	期刊名称	发表时间
402	庄旭明	Facile synthesis of oxidized multi-walled carbon nanotubes functionalized with 5-sulfosalicylic acid/MoS2 nanosheets nanocomposites for electrochemical detection of copper ions	Applied Surface Science	Sep – 19
403	庄旭明	Simultaneous voltammetric determination of guanine and adenine using MnO_2 nanosheets and ionic liquid-functionalized graphene combined with a permeation-selective polydopamine membrane	Microchimica Acta	Jul – 19
404	邹芝田	calculation of the B --> K * _(0,2) (1430) f0(980)/sigma decays in the perturbative QCD approach	The European physical Journal C	Nov – 19
405	曾　勇	Cloning and Analysis of the Multiple Transcriptomes of Serine Protease Homologs in Crayfish (Procambarus clarkii)	Immunological Investigations	Oct – 19

7. 2019 年全校文科科研机构一览表

序号	科研机构名称	批准单位	挂靠单位
1	应用法学研究中心	山东省教育厅	法学院
2	烟台大学法治研究中心	山东省委宣传部	法学院
3	地方立法研究服务基地	山东省人大	法学院
4	烟台大学中欧侵权法研究院	烟台大学	法学院
5	烟台大学自贸区法治建设研究中心	烟台大学	法学院
6	烟台大学中欧人权法研究院	烟台大学	法学院
7	烟台大学中国土地政策与法律实施评估研究中心	烟台大学	法学院
8	烟台大学英美法研究中心	烟台大学	法学院
9	烟台大学语言研究所	烟台大学	国际教育交流学院
10	烟台大学公共艺术研究所	烟台大学	建筑学院
11	山东半岛蓝色经济研究院	烟台大学	经济管理学院
12	中韩(烟台)产业园发展研究中心	烟台大学	经济管理学院
13	烟台大学农村与农业发展研究所	烟台大学	经济管理学院
14	东部沿海地区民族问题研究中心	山东省教育厅	马克思主义学院
15	国家民委民族理论政策研究基地(烟台大学)	国家民委	马克思主义学院
16	山东省民族问题研究中心	山东省民委	马克思主义学院
17	烟台大学东亚研究所	烟台大学	马克思主义学院
18	烟台大学民族研究所	烟台大学	马克思主义学院
19	烟台大学国际问题研究中心	烟台大学	马克思主义学院
20	烟台大学当代文学研究中心	烟台大学	人文学院
21	烟台大学胶东文化艺术研究所	烟台大学	人文学院
22	烟台大学媒介发展与战略传播研究中心	烟台大学	人文学院
23	烟台大学中国学术研究所	烟台大学	人文学院

续表

序号	科研机构名称	批准单位	挂靠单位
24	烟台大学美育研究所	烟台大学	人文学院
25	烟台大学东部沿海地区民族问题研究中心	烟台大学	人文学院
26	烟台大学翻译研究中心	烟台大学	外国语学院
27	烟台大学东亚研究所韩国学研究中心	烟台大学	外国语学院
28	烟台大学外语教育技术研究中心	烟台大学	外国语学院
29	烟台大学外国语言文化研究所	烟台大学	外国语学院
30	烟台大学阅读与心灵成长研究中心	烟台大学	图书馆
31	烟台大学体育科学研究所	烟台大学	体教部
32	烟台大学新时代妇女发展理论研究所	烟台大学	工会
33	山东省知识产权软科学研究基地	山东省科技厅	知识产权研究院

8. 2019 年文科科研纵向项目立项目录

序号	项目来源	课题名称	负责人	承担单位	课题级别	经费(万元)
1	国家社科基金	新中国70年农村社会分层变迁研究	李全生	马克思主义学院	国家级	20
2	国家社科基金	新时代中国特色社会主义生态文明思想的理论与实践向度研究	王　毅	马克思主义学院	国家级	20
3	国家社科基金	民法典背景下损害赔偿规范体系的整合与完善研究	张平华	法学院	国家级	35
4	国家社科基金	汉语名源动词历史演变研究	袁健惠	国际教育交流学院	国家级	20
5	国家社科基金	唐诗中民族关系与文化交流研究	兰　翠	人文学院	国家级	20
6	国家社科基金艺术学	近代华北开埠城市演剧研究	刘淑丽	人文学院	国家级	18
7	国家社科基金后期资助	内涵重构与动能转换:中国体育话语权研究	程雪峰	人文学院	国家级	25
8	国家社科基金后期资助	山东武术研究(1911—1948)	王开文	体育教学部	国家级	25
9	国家社科基金后期资助	传统佛教建筑中“向心图式”的哲学阐释	刘芳超	建筑学院	国家级	25
10	国家社科基金重大项目专项	社会主义核心价值观融入司法裁判的理论基础与实施对策研究	刘经靖	法学院	国家级	60
11	国家社科基金重大项目子课题	生生美学的中国古典话语形态研究	董　晔	人文学院	国家级	20
12	国家社科基金中华学术外译项目	不断裂的文明史	禹英兰	外国语学院	国家级	25
13	山东省社科规划研究项目	我国台湾地区警察临检权研究	杨曙光	法学院	省级	8

续表

序号	项目来源	课题名称	负责人	承担单位	课题级别	经费(万元)
14	山东省社科规划研究项目	明清时期的熟语整理与研究	徐小波	国际教育交流学院	省级	2
15	山东省社科规划研究项目	丝绸之路与唐代乐府关系研究	沈笑颖	国际教育交流学院	省级	8
16	山东省社科规划研究项目	省派服务队助推民营企业高质量发展服务的跟踪研究	李秦阳	经济管理学院	省级	5
17	山东省社科规划研究项目	民俗仪式视域中海阳秧歌“乐、舞、戏三位一体”研究	胡　琳	音乐舞蹈学院	省级	2
18	山东省社科规划研究项目	山东长岛渔家号子艺术形态的创新及推广研究	邹淑珍	音乐舞蹈学院	省级	2
19	山东省社科规划研究项目	中国古代诗歌体法及其相关范畴研究	张胜利	人文学院	省级	2
20	山东省社科规划研究项目	“双创”背景下地方高校与区域文化产业协同创新机制研究	王安然	人文学院	省级	5
21	山东省社科规划研究项目	山东传统石砌村落文化遗产研究	杨　俊	建筑学院	省级	2
22	山东省社科规划研究项目	数字化、智能化环境中高校图书馆朝鲜族传统文化数据库建设	袁红玉	图书馆	省级	2
23	山东省社科规划研究项目	新时代山东高校学生防范宗教渗透机制研究	刘修志	学校办公室	省级	1
24	山东省社科规划研究项目	重塑中国文化自信视角下外语教育本土化创新路径及启示	隋　虹	外国语学院	省级	1
25	山东省社科规划研究项目	葛浩文英译中国当代小说的文化翻译研究	杜云云	外国语学院	省级	1
26	山东省社科规划研究项目	自动驾驶汽车产品责任的司法裁判法律问题研究	张　龙	法学院	省级	3
27	山东省社科规划研究项目	推动海洋大省向海洋强省战略性转变路径研究	刘经靖	法学院	省级	4
28	山东省社科规划研究项目	民法典编纂与中国法治自信研究	刘经靖	法学院	省级	1
29	教育部	赛博本体论视野下城市阈限空间与公共性社交的关联研究	周　术	建筑学院	部级	10
30	教育部	中国学生视听口译中的信息组构化加工能力研究	于翠红	外国语学院	部级	10
31	教育部	吕叔湘韵律语法研究	王永娜	国际教育交流学院	部级	10
32	国家民族事务委员会	新时代东部沿海高校少数民族学生中华民族凝聚力研究	李合亮	马克思主义学院	部级	3
33	国家民族事务委员会	从文化认同到国家认同:基于对胶东半岛各民族交往交流交融关系的研究	闵海霞	国际教育交流学院	部级	2

续表

序号	项目来源	课题名称	负责人	承担单位	课题级别	经费(万元)
34	最高人民检察院	检察官遴选制度比较研究	危文高	法学院	部级	2
35	教育部	基于出口动因、出口结构和出口结果的间接出口贸易理论构建	彭　徽	经济管理学院	部级	8
36	山东省社科联	音乐的社会规范功能:道德社会化的视角	周甜甜	音乐舞蹈学院	厅级	1
37	山东省社科联	文字与图像史料考释宋代时期帘箔传创机制及当代价值	黄连涵	建筑学院	厅级	自筹0.6
38	山东省艺术科学重点课题	社会主义核心价值观融入高校艺术专业的体验式教学研究	郑雅慧	建筑学院	厅级	1
39	山东省艺术科学重点课题	青州虹桥木结构的传统营造与当代智造再设计研究	陈中高	建筑学院	厅级	0.6
40	山东省艺术科学重点课题	胶东民居海草房生态设计方法研究	郑　彬	建筑学院	厅级	0.6
41	山东省艺术科学重点课题	《菲伯尔钢琴之旅·中国乐曲》进入美国钢琴教育领域的实践和传播研究	田　琳	音乐舞蹈学院	厅级	自筹0.6
42	山东省艺术科学重点课题	中韩高校声乐人才培养模式对比研究	姜莉丽	音乐舞蹈学院	厅级	1
43	山东省艺术科学重点课题	中华吟诵艺术的源起与当代传承创新	孙　进	人文学院	厅级	自筹0.65
44	山东省艺术科学重点课题	"走出去"战略下中国传统文化在大学英语教学中的传承与传播	刘玉娟	外国语学院	厅级	自筹1
45	山东省艺术科学重点课题	地方高校图书馆域外汉籍数字化资源库建设与研究	杨文泓	图书馆	厅级	0.6
46	山东省艺术科学重点课题	地方高校图书馆空间再造与功能重组	许广奎	图书馆	厅级	0.5
47	山东省艺术科学重点课题	应用型本科院校设计类专业产学研合作协同育人机制研究	徐　扬	科技处	厅级	1
48	山东省文化旅游厅	新时代背景下的胶东传统文化资源设计价值研究	王　磊	建筑学院	厅级	1
49	山东省文化旅游厅	"医养结合"背景下烟台市康养旅游产业发展路径研究	刘玉娟	外国语学院	厅级	1
50	山东省教育科学规划	儒家音乐的道德功能观及其现代转化研究	周甜甜	音乐舞蹈学院	厅级	1
51	山东省教育科学规划	大学生跨文化交际能力测评体系的构建及应用研究	巫　玮	外国语学院	厅级	1
52	山东省教育科学规划	"互联网+"背景下基于TPACK框架的混合式教学研究——以面向对象方法学课程为例	郭艳燕	计算机学院	厅级	自筹1
53	烟台市财经委	中日韩地方经济合作开展前瞻性研究	宋　岩	经济管理学院	厅级	2

续表

序号	项目来源	课题名称	负责人	承担单位	课题级别	经费(万元)
54	烟台市财经委	东北亚物流枢纽建设路径研究	李新军	经济管理学院	厅级	2
55	烟台市财经委	海洋经济视域下烟台市海洋体育旅游产业发展策略研究	姜　丽	体育学院	厅级	2
56	教育厅创新团队	知识产权行政执法与司法衔接的规范模式	王超政	法学院	厅级	10
57	教育厅创新团队	习近平生态文明思想的哲学基础及其价值向度研究	丁大尉	马克思主义学院	厅级	10
58	教育厅创新团队	中华优秀传统家训美育思想研究	董　晔	人文学院	厅级	5
59	山东省委统战部	新时代大学生民族团结进步教育体系建构研究	李育华	统战部	厅级	0.6

9. 2019 年文科科研横向项目立项目录

序号	院系(部门)	经费来源	项目名称	负责人	经费(万元)
1	法学院	国家海洋局海洋战略研究所	海域使用权与土地使用权重叠问题研究	金福海	5
2	法学院	烟台市莱山区人民检察院	未成年被害人犯罪预防帮教	刘运正	2
3	国际教育交流学院	山东晟嘉智能科技有限公司	智能产品研发中的科技英语翻译	李成凤	1.5
4	建筑学院	山东元亨建筑设计咨询有限公司	名作高端女装智能制造与研发(二)	陈中高	2
5	建筑学院	海阳市郭城镇山东村民委员会	乡镇规划与设计研究	贾志林	21.5
6	建筑学院	天津天一景观规划设计有限公司烟台分公司	乘龙城景观项目方案设计咨询(二)	李　辉	6
7	建筑学院	天津天一景观规划设计有限公司烟台分公司	乘龙城景观项目方案设计咨询(一)	李　理	10
8	建筑学院	张爽	烟台一般植物书店设计	马　涛	28
9	建筑学院	张爽	烟台土耳其咖啡店设计	马　涛	22
10	建筑学院	张爽	黄海别墅设计	马　涛	25
11	建筑学院	张爽	万象城室内装修设计	马　涛	25
12	建筑学院	烟台中集来福士海洋工程有限公司	邮轮内装美学和家具设施及内装景观配置研究	马　涛	16.02
13	建筑学院	天津天一景观规划设计有限公司烟台分公司	景观项目方案设计咨询合同	曲琳平	30
14	建筑学院	山东元亨建筑设计咨询有限公司	名作高端女装智能制造与研发(三)	任美琪	2
15	建筑学院	枣庄市山亭区财政局	项目规划设计	隋杰礼	4
16	建筑学院	济南规划设计院	项目规划设计	隋杰礼	7.8

续表

序号	院系(部门)	经费来源	项目名称	负责人	经费(万元)
17	建筑学院	烟台市建筑设计研究股份有限公司	烟台市区历史建筑测绘、建档设计任务	隋杰礼	20
18	建筑学院	龙口市下丁家镇人民政府	美丽村居建设规划	王　刚	17.4
19	建筑学院	烟台大学建筑设计研究院	城市环境中的公共艺术研究与应用	王金花	18.74
20	建筑学院	烟台市自然资源和规划局	新旧动能转换背景下的烟台工业遗产调查,保护与利用研究	王　骏	4.9
21	建筑学院	莱西市产芝村委	山东省青岛莱西市产芝村美丽村居建设规划	杨　俊	26.5
22	建筑学院	山东元亨建筑设计咨询有限公司	名作高端女装智能制造与研发(一)	于　英	5
23	建筑学院	烟台市自然资源和规划局	烟台滨海湿地公园的生态营造与保护	于　英	4.9
24	建筑学院	烟台市建筑设计研究股份有限公司	隆泰大厦二期概念方案设计	张　阔	10.89
25	建筑学院	烟台市房屋建筑勘察设计院有限责任公司	烟台天鸿安装装饰有限公司厂房设计	张　阔	9.54
26	建筑学院	淄博金洲上居置业有限公司	绿色建筑技术咨询	张玲玲	5.1
27	建筑学院	沂源城鼎投资开发有限公司	沂源县高庄社区改造项目 D 地块绿色建筑技术咨询	张玲玲	19
28	建筑学院	上海砼森建筑规划有限公司	周村区大庄社区棚户区改造	张玲玲	2
29	建筑学院	沂源城鼎投资开发有限公司	沂源县高庄社区改造项目二期绿色建筑技术咨询	张玲玲	16.36
30	建筑学院	烟台丰金地产有限公司	丰金·天和新城 A 区规划设计	张　肖	24
31	建筑学院	深圳市土壤绿色建筑设计咨询有限公司	模块化超低能耗建筑技术开发	郑　彬	18
32	经济管理学院	山东娇娇儿教育咨询有限公司	学校学习力训练互动平台系统构建	韩　菁	1
33	经济管理学院	烟台市委财经委员会办公室	东北亚物流枢纽建设路径研究	李新军	2
34	经济管理学院	东方蓝天钛金科技有限公司	多品种小批量生产管理中的优化算法开发	彭武良	18
35	经济管理学院	东方蓝天钛金科技有限公司	GH4169 合金紧固件生产过程优化研究	彭武良	12
36	经济管理学院	烟台清泉实业有限公司	清泉实业财务人员职业胜任力提升研究	宋　岩	20
37	经济管理学院	烟台市委财经委员会办公室	中日韩地方经济合作开展前瞻性研究	宋　岩	2
38	经济管理学院	烟台道源机械设备有限公司	机械设备垂直型跨境销售与服务电商模式设计与开发研究	王新娜	1
39	经济管理学院	陕西力为信息科技有限公司	企业人力资本创新模式构建	魏　斌	2

续表

序号	院系(部门)	经费来源	项目名称	负责人	经费(万元)
40	经济管理学院	烟台欣驰汽车技术有限公司	欣驰公司垂直自营跨境电商模式搭建及其优化研究	徐海霞	1
41	马克思主义学院	中国高等教育学会	高校辅导员队伍建设与发展研究	杜德省	0.5
42	人文学院	莒南县大林包装有限公司	新经济时代企业文化建设存在的问题与对策	陈庆纪	1
43	人文学院	亚洲财团佐藤洋治	亚洲文化交流与相互理解	李文哲	6.03
44	体育教学部	山东健友体育文化发展有限公司	健友俱乐部体育经营与管理策略研究	胡海波	1
45	体育教学部	龙口市恒远工贸发展有限公司	团队建设中职工运动项目技术开发	栾美丽	15
46	体育教学部	中国管理科学研究院	高校体育教学与训练研究	王　英	5
47	体育学院	烟台市委财经委员会办公室	海洋经济视域下烟台市海洋体育旅游产业发展策略研究	姜　丽	2
48	体育学院	2019 年省级教育发展资金	羽毛球运动员归属感与荣誉感探究	王　岩	15
49	体育学院	山东嘉翔律师事务所	依法治国背景下大学生法治意识培育研究	王　岩	3
50	体育学院	北京市先农坛体育运动技术学校	标枪项目训练干预	张　伟	30
51	外国语学院	烟台赛思汇译翻译有限公司	人工智能语音识别标注技术研究	李中强	2.61
52	外国语学院	薛圣大	对外贸易资料翻译	卢春艳	2
53	外国语学院	烟台明丰企业管理咨询有限公司	中国企业“走出去”战略下企业网页多模态双语平行语料库开发	殷　莉	26
54	外国语学院	烟台林源实业有限公司	商务洽谈口译	张媛媛	1
55	学生处	山东省高等学校思想政治教育研究会	山东高校大学生心理健康教育工作研究	王义利	0.16
56	音乐舞蹈学院	山东省莱山第一中学	中国传统鼓乐培训	张东升	10
57	音乐舞蹈学院	上海妙克信息科技有限公司	妙克创新人才培养方案研究	邹淑珍	15

10. 2019 年文科科研成果获奖目录

序号	成果名称	成果形式	刊物(出版社、鉴定单位)名称	奖励名称	奖励等级	完成者	获奖单位	奖励级别
1	我国马克思主义新闻理论体系建构的知识演进路径考察	论文	新闻与传播研究	山东省社会科学优秀成果奖	一等	齐爱军	人文学院	省部级
2	民生取向：中国共产党意识形态建设的基本价值诉求	论文	教学与研究	山东省社会科学优秀成果奖	三等	李合亮	马克思主义学院	省部级
3	《世说新语》美学研究	著作	人民文学出版社	山东省社会科学优秀成果奖	三等	董　烨	人文学院	省部级

续表

序号	成果名称	成果形式	刊物(出版社、鉴定单位)名称	奖励名称	奖励等级	完成者	获奖单位	奖励级别
4	“交易安全”影响物权变动模式的原理与谱系——以“流通频率”变量为线索的展开	论文	法学论坛	山东省社会科学优秀成果奖	三等	刘经靖	法学院	省部级
5	民事令状研究	著作	中国政法大学出版社	烟台市社会科学优秀成果奖	一等	陈　浩	法学院	厅局级
6	自动驾驶背景下“交强险”制度的应世变革	论文	河北法学	烟台市社会科学优秀成果奖	二等	张　龙	法学院	厅局级
7	美国的宗教与法律——立国时期考察	著作	法律出版社	烟台市社会科学优秀成果奖	三等	程朝阳	法学院	厅局级
8	汉语中的“VL”和“V 于 L”结构及其演变	论文	励耘语言学刊	烟台市社会科学优秀成果奖	二等	袁健惠	国际教育交流学院	厅局级
9	“看把 + n + v/adj + ……”构式研究及构式语块教学	论文	华中学术	烟台市社会科学优秀成果奖	二等	亓文香	国际教育交流学院	厅局级
10	基于 DEA - FAHP 模型的企业环境效率测算	论文	统计与决策	烟台市社会科学优秀成果奖	二等	周竹梅 单文梅	经济管理学院	厅局级
11	借羊群效应发展科技金融	论文	光明日报	烟台市社会科学优秀成果奖	三等	刘学文	经济管理学院	厅局级
12	老烟台武术	著作	中国文史出版社	烟台市社会科学优秀成果奖	一等	王开文 姜振友	体育教学部	厅局级
13	朝鲜族服饰艺术研究	论文	黑龙江民族丛刊	烟台市社会科学优秀成果奖	二等	王　锐	图书馆	厅局级
14	日本古代日记文学文体的叙事特征	论文	外语学刊	烟台市社会科学优秀成果奖	二等	楚永娟	外国语学院	厅局级
15	跨文化交际:理论与实践	著作	武汉大学出版社	烟台市社会科学优秀成果奖	三等	隋　虹	外国语学院	厅局级
16	近代烟台基督教会学校音乐教育研究	论文	中央音乐学院学报	烟台市社会科学优秀成果奖	二等	孙小钧	音乐舞蹈学院	厅局级
17	法的形式性与法律推理	专著	知识产权出版社	山东高校优秀科研成果奖(人文社科)	二等	危文高	法学院	厅局级
18	论我国侵权法中作为义务的认定机制	论文	法学论坛	山东高校优秀科研成果奖(人文社科)	三等	张玉东	法学院	厅局级
19	欧盟 FTA 国际投资争端上诉仲裁庭运作之前瞻性探析	论文	烟台大学学报(哲学社会科学版)	山东高校优秀科研成果奖(人文社科)	三等	衣淑玲	法学院	厅局级
20	自动驾驶型道路交通事故责任主体认定研究	论文	苏州大学学报(哲学社会科学版)	山东高校优秀科研成果奖(人文社科)	三等	张　龙	法学院	厅局级

续表

序号	成果名称	成果形式	刊物(出版社、鉴定单位)名称	奖励名称	奖励等级	完成者	获奖单位	奖励级别
21	考虑保鲜努力与数量/质量弹性的农产品三级供应链协调优化	论文	中国管理科学	山东高校优秀科研成果奖(人文社科)	三等	马雪丽 王淑云 金　辉 柏庆国	经济管理学院	厅局级
22	户籍身份转化会提高农业转移人口的经济收入吗?	论文	人口研究	山东高校优秀科研成果奖(人文社科)	三等	杨金龙	经济管理学院	厅局级
23	Denominal verbs in Old Chinese	论文	Lingua	山东高校优秀科研成果奖(人文社科)	三等	袁健惠 蒋绍愚	国际教育交流学院	厅局级
24	介词在句法、韵律、语体上的分布和对应	论文	世界汉语教学	山东高校优秀科研成果奖(人文社科)	三等	王永娜	国际教育交流学院	厅局级
25	红色文化:建设“五个过硬”干部队伍的生动教材	论文	光明日报	山东高校优秀科研成果奖(人文社科)	二等	吴小妮	马克思主义学院	厅局级
26	意大利战争研究(1494－1559)	专著	社会科学文献出版社	山东高校优秀科研成果奖(人文社科)	二等	蒲利民	马克思主义学院	厅局级
27	连接经济:传媒经济本质的再阐释	论文	新闻大学	山东高校优秀科研成果奖(人文社科)	三等	郑青华	人文学院	厅局级
28	日本“神攻”电影透视	论文	当代电影	山东高校优秀科研成果奖(人文社科)	三等	李素杰	外国语学院	厅局级
29	文化产业政策研究	著作	延边大学出版社	山东高校优秀科研成果奖(人文社科)	三等	张　蕾	外国语学院	厅局级

11. 2019 年文科科研论著要目

序号	论著名称	论著形式	学科分类	作　者	刊载期刊、论文集、出版社或采纳部门名称
1	利益衡量视角下行为保全适用条件研究	论文	法学	毕潇潇	当代法学
2	客观性与解释	论文	法学	程朝阳	法律方法
3	法治新论	论文	法学	程朝阳	厦门大学法律评论
4	物权法通义	专著	法学	郭明瑞	商务印书馆
5	受贿罪定罪数额标准与数额累计适用研究	论文	法学	黄伟明	山东大学学报(哲学社会科学版)
6	“通知—取下”规则背景下权利人的滥用取下通知责任——以美国 Lenz v. Universal Music Corp. 一案为分析对象	论文	法学	姜福晓	判解研究
7	部门经济法学理论研究的封闭性及其解决之道	论文	法学	金福海	现代法学
8	WTO 国民待遇规则适用中的“真实联系”要求	论文	法学	李冬冬	国际经贸探索
9	从私法范畴到政策维度	专著	法学	刘经靖	光明日报出版社
10	车辆贬值损失之损害赔偿	论文	法学	刘经靖	当代法学

续表

序号	论著名称	论著形式	学科分类	作　者	刊载期刊、论文集、出版社或采纳部门名称
11	对中止犯中“自动性”的再追问	论文	法学	陆诗忠	法学
12	暴力犯罪死刑适用标准的教义学研究	论文	法学	毛海利	烟台大学学报(哲学社会科学版)
13	保险实务法案例精要	编著	法学	史卫进	北京大学出版社
14	发包方土地经营权流转合同终止权研究	论文	法学	王洪平	法学论坛
15	农村集体产权制度改革的“物权法底线”	论文	法学	王洪平	苏州大学学报(哲学社会科学版)
16	不当得利诉讼证明责任分配研究	专著	法学	熊德中	中国法制出版社
17	特里盘查:美国警察拍身搜查规则研究	专著	法学	杨曙光	社会科学文献出版社
18	人工智能法律规制的价值取向与逻辑前提——在替代人类与增强人类之间	论文	法学	于海防	法学
19	农村集体资产股份化中的折股量化	论文	法学	张洪波	苏州大学学报(哲学社会科学版)
20	主体分离型道路交通事故中的所有人责任形态——基于《侵权责任法》第49条的解释论研究	论文	法学	张　龙	法学论坛
21	从《塔林手册2.0版》看网络攻击中国家责任归因的演绎与发展	论文	法学	朱玲玲	当代法学
22	基于随机前沿方法的区域创新效率影响因素分析	论文	管理学	李秦阳	统计与决策
23	再制造产品的担保运作效率	论文	管理学	廖毕丰	系统管理学报
24	中国股市投资者情绪测度指标的优选研究	论文	管理学	刘学文	中国管理科学
25	旅游目的地竞争力主成分和聚类分析	论文	管理学	张　涛	统计与决策
26	农民创业绩效影响因素分析与实证检验	论文	管理学	郑秀芝	统计与决策
27	“摊”经济70年:城市治理中的“嵌入性”弹性治理逻辑	论文	经济学	崔占峰	经济问题
28	制造业服务化对全球价值链升级的影响	论文	经济学	杜新建	中国科技论坛
29	基于logistic回归模型的农户土地流转意愿实证分析	论文	经济学	李振杰	统计与决策
30	新农保对家庭养老的替代效应——基于CFPS的微观证据	论文	经济学	秦昌才	东岳论丛
31	经济增长门限效应下的城市化与碳排放	论文	经济学	秦昌才	烟台大学学报(哲学社会科学版)
32	新旧动能转换中金融体系支撑的内涵及其作用	论文	经济学	秦昌才	甘肃社会科学
33	股权质押与市值管理:基于中国沪深股市A股上市公司的实证检验	论文	经济学	宋　岩	中国管理科学
34	CEO自信程度、产权性质与企业社会责任履行	论文	经济学	宋　岩	东岳论丛
35	基于经济外部性的中国企业社会责任研究	专著	经济学	孙晓妍	山西经济出版社
36	农民工工作获得感:理论构建与实证检验	论文	经济学	杨金龙	农业经济问题

续表

序号	论著名称	论著形式	学科分类	作　者	刊载期刊、论文集、出版社或采纳部门名称
37	高欢民族关系思想初探	论文	历史学	崔明德	中国边疆史地研究
38	青岛武术研究(1920－1949)	专著	历史学	王开文	人民体育出版社
39	中世纪史	译著	历史学	王小忠	天地出版社
40	中国古代建筑草材料应用的研究	论文	历史学	杨　俊	建筑学报
41	站稳三尺讲台育人心	论文	马克思主义	李国栋	光明日报
42	新中国成立初期的思想政治理论课建设	论文	马克思主义	吴小妮	光明日报
43	中国人民获得感的综合社会调查数据的分析	论文	马克思主义	杨金龙	马克思主义研究
44	乾隆民族关系思想初探	论文	民族学与文化学	崔明德	烟台大学学报(哲学社会科学版)
45	略论高洋"天下为一"思想及相关问题	论文	民族学与文化学	崔明德	青海民族研究
46	新世纪以来中国古代"汉化""胡化"研究述评	论文	民族学与文化学	马晓丽	烟台大学学报(哲学社会科学版)
47	匈奴发展史研究	专著	民族学与文化学	闵海霞	齐鲁书社
48	基于深度挖掘的学术论文关联数据构建与可视化分析	论文	图书馆、情报与文献学	曲佳彬	情报学报
49	不,是放屁桑树	译著	外国文学	李英子	广西师范大学出版社
50	灵悟还是顿悟——谈乔伊斯诗学概念 Epiphany 的翻译	论文	外国文学	张明娟	跨文化对话
51	显现之维——对"文"范畴的考察	论文	文学	李光柱	烟台大学学报(哲学社会科学版)
52	论唐诗中的"夷"——兼及诗人的文化体验	论文	文学	兰　翠	中南民族大学学报(人文社会科学版)
53	从《唐语林》看唐代佛教的世俗化	论文	文学	兰　翠	山东师范大学学报(人文社会科学版)
54	记忆·叙事·自我——日本平安朝贵族女性的日记体叙事	论文	中国文学	楚永娟	文艺争鸣
55	近代开埠城市烟台演剧荣歇探因	论文	中国文学	刘淑丽	戏曲艺术
56	女德与女色的对照互证——论《檀香刑》中的钱夫人与孙眉娘	论文	中国文学	任现品	烟台大学学报(哲学社会科学版)
57	从家族到阶级:十七年小说中性别差等结构的一元体更替	论文	中国文学	任现品	山东社会科学
58	家族一元体内的男尊女卑——论儒家性别差等结构的层次机制	论文	中国文学	任现品	孔子研究
59	冷漠民众与活命百姓的差异互补——鲁迅、莫言看客形象之关系研究	论文	中国文学	任现品	中国现代文学研究丛刊
60	文学的自然之根——生态批评视域中的文学寻根	专著	中国文学	张守海	黑龙江人民出版社

续表

序号	论著名称	论著形式	学科分类	作　者	刊载期刊、论文集、出版社或采纳部门名称
61	肖像素描	译著	艺术学	龚卫东	江西美术出版社
62	人物素描	译著	艺术学	龚卫东	江西美术出版社
63	宋代帘箔考证与复原研究	论文	艺术学	黄连涵	艺术设计研究
64	建筑室内设计材料认知与表现	专著	艺术学	马　涛	中国建筑工业出版社
65	基于四态融合视角的山东省田园综合体规划路径研究	论文	艺术学	曲琳平	城市发展研究
66	《物语花香》《听香》	论文	艺术学	王金花	艺术百家
67	长思大走	专著	艺术学	王永国	武汉大学出版社
68	婺源古桥	论文	艺术学	王永国	艺术百家
69	美术馆漫步:西班牙 贴近温热的野兽主义	译著	艺术学	张　坤	中信出版社
70	他则目光抑或民族主体——从中美学者“重写电影史”论争看研究范式转型	论文	艺术学	赵　牧	文艺研究
71	基于语言认知研究的汉外语言对比新趋势	论文	语言学	牟文波	烟台大学学报(哲学社会科学版)
72	《丹篆寄心声》录陶鉩室藏印补释	论文	语言学	孙合肥	出土文献
73	从俗语辞书的编纂看清人的词语观	专著	语言学	徐小波	吉林大学出版社
74	从俗语辞书的编纂看清代学者的词语意识	论文	语言学	徐小波	烟台大学学报(哲学社会科学版)
75	场域理论视角下数字知识资源的垄断与反垄断—基于对 EI sevier 在中国涨价事件的分析	论文	哲学	丁大尉	自然辩证法研究
76	软实力博弈:媒介强度与文化势能	专著	政治学	程雪峰	光明日报出版社
77	国家による農民工社会政策の研究	译著	社会学	李文哲	朝日出版社
78	中国传统民俗文化解析	专著	社会学	刘汉杰	上海文艺出版社
79	新旧动能转换要占据人才高地	论文	社会学	张栋辉	人民论坛

服务地方

【概况】学校服务地方工作的行政职能由 2018 年成立的服务地方办公室承担。2019 年,服务地方办公室有在编人员 4 人。下设综合科、合作交流科 2 个科室,科技园管理中心挂靠服务地方办公室。

【合作关系】年内走访调研了烟台经济技术开发区、福山区、保税港区、海阳市、龙口市和威海荣成市等政府部门。与包括清华大学、中国科学院、哈尔滨工程大学、新华三集团、南山集团(裕龙石化)、普罗吉医药、德邦科技、海德实业、东方蓝天钛金、德尔福派克、腾讯(烟台)研究院等在内的 50 余家高校、科研院所和行业龙头企业举行合作洽谈、产教融合座谈对接等活动 129 次,学校、学院与合作方共签署校企、校校(院所)合作协议39份,合作内容涵盖学院、专业、平台和课程共建,人才共享、科研合作等多个领域。

新华三集团、苏州赛分科技、上海交大等合作单位承诺为学校提供经费或设备支持;生物制药专业招收的首届学生入校,荣昌制药提供先进实验设施和实践教学条件。校企共建校内省级平台3个,企业省级协同创新中心7个。承办第二次烟台市校地合作联席会议,牵头组织2019年度烟台市校地融合发展项目申报,学校14个申报项目全部获批,经费总额约3880万元,入选项目、扶持资金居驻烟高校前列。

参与承办山东省"深化产教融合、服务新旧动能转换校企合作对接会",提升了学校在产教融合领域的知名度。2个校企合作项目入选中国高等教育学会"校企合作双百计划"典型案例评选,是全省唯一入选的高校。

参与企业共建7处省级平台:山东省海洋渔业养殖装备工程技术协同创新中心、山东省智能化海洋牧场建设工程技术协同创新中心、山东省海洋智能感知工程技术协同创新中心、山东省海洋耐腐蚀轻质合金材料工程技术协同创新中心、山东省远洋渔业工程技术协同创新中心、东方蓝天钛金省企业技术中心、东润仪表省企业技术中心。校内批准成立了多个校地、校企共建平台。

附:

2019年学校签署的各类合作协议目录

序号	签约单位	签约时间	牵头单位	协议名称
1	山东省教育厅 烟台市人民政府	8月2日	学校办公室	山东省教育厅—烟台市人民政府共建烟台大学合作备忘录
2	中国移动通信集团山东有限公司烟台分公司	2月26日	服务地方办公室	烟台大学—中国移动通信集团山东有限公司烟台分公司5G产业战略合作协议
3	烟台经济技术开发区管委	3月19日	服务地方办公室	烟台大学开发区科教园区共建实施协议
4	烟台德邦科技有限公司	7月16日	服务地方办公室	烟台大学—烟台德邦科技有限公司战略合作框架协议
5	中国科学院过程工程研究所	7月17日	服务地方办公室	中国科学院过程工程研究所—烟台大学战略合作协议
6	烟台市人民政府 新华三集团	9月20日	服务地方办公室	烟台市人民政府—新华三集团 烟台大学战略合作框架协议
7	龙口市人民政府 山东裕龙石化有限公司	9月25日	服务地方办公室	龙口市人民政府—烟台大学 山东裕龙石化有限公司战略合作框架协议
8	北京燕化集联光电技术公司	12月8日	服务地方办公室	烟台大学—北京燕化集联光电技术公司战略合作框架协议
9	烟台冰轮集团有限公司	12月23日	服务地方办公室	烟台大学 烟台冰轮集团有限公司战略合作框架协议
10	大众网烟威站 烟台日报	4月21日	人文学院	烟台大学人文学院—大众网烟威站、烟台日报战略合作协议
11	璜山书院	5月14日	人文学院	烟台大学人文学院—璜山书院战略合作协议
12	烟台日报社	7月17日	人文学院	烟台大学人文学院—烟台日报社实践基地共建协议

续表

序号	签约单位	签约时间	牵头单位	协议名称
13	山东省人大常委会	3月22日	法学院	烟台大学法学院—山东省人大常委会战略合作协议
14	烟台经济技术开发区管委办公室	4月24日	法学院	烟台大学法学院—烟台经济技术开发区管委办公室战略合作协议
15	青岛海事法院烟台法庭	9月5日	法学院	烟台大学法学院—青岛海事法院烟台法庭战略合作协议
16	正海集团有限公司	7月26日	经济管理学院	烟台大学经济管理学院—正海集团有限公司校企合作协议
17	烟台市芝罘区华兹华斯培训学校	4月3日	外国语学院	烟台大学外国语学院—烟台市芝罘区华兹华斯培训学校校企合作协议
18	上海妙克信息科技有限公司	8月	音乐舞蹈学院	烟台大学音乐舞蹈学院—上海妙克信息科技有限公司战略合作协议
19	浪潮集团有限公司 东方电子股份有限公司 烟台持久钟表集团有限公司 山东航天电子技术研究所	2月15日	光电信息科学技术学院	烟台大学光电信息科学技术学院—浪潮集团有限公司、东方电子股份有限公司、烟台持久钟表集团有限公司、山东航天电子技术研究所“互联网+”智能终端山东省工程实验室校企协同共建协议书
20	山东航天电子技术研究所 山东省海洋工程技术协同创新中心	4月2日	光电信息科学技术学院	烟台大学光电信息科学技术学院—山东航天电子技术研究所 山东省海洋工程技术协同创新中心共建协议书
21	山东安德利集团有限公司	4月17日	化学化工学院	烟台大学化学化工学院—山东安德利集团有限公司烟台大学实习合作基地建设协议书
22	烟台三环电镀有限公司	4月23日	化学化工学院	烟台大学化学化工学院—烟台三环电镀有限公司烟台大学化学化工学院教学科研实践基地协议书
23	富海集团有限公司	5月29日	化学化工学院	烟台大学化学化工学院—富海集团有限公司校企合作协议
24	浦林成山(山东)轮胎有限公司	5月31日	化学化工学院	烟台大学化学化工学院—浦林成山(山东)轮胎有限公司战略合作协议
25	东营职业学院	7月8日	化学化工学院	烟台大学化学化工学院—东营职业学院战略合作协议
26	中国科学院过程工程研究所	7月17日	化学化工学院	烟台大学化学化工学院—中国科学院过程工程研究所战略合作协议
27	北京燕化集联光电技术公司	12月8日	化学化工学院	奖学金捐赠三方协议
28	北京燕化集联光电技术公司	12月8日	化学化工学院	化学化工学院—北京燕化集联光电技术公司实习基地共建协议
29	新希望六和股份有限公司	10月12日	生命科学学院	烟台大学生命科学学院—新希望六和股份有限公司奖学金捐赠协议
30	烟台药物研究所	1月18日	药学院	烟台大学—烟台药物研究所战略合作协议

续表

序号	签约单位	签约时间	牵头单位	协议名称
31	山东清锦环保科技有限公司	5月28日	机电汽车工程学院	烟台大学机电汽车工程学院—山东清锦环保科技有限公司产学研合作协议
32	山东东润仪表科技股份有限公司	8月10日	机电汽车工程学院	烟台大学机电汽车工程学院—山东东润仪表科技股份有限公司校企合作协议、实习实践基地建设协议书
33	烟台东方分析仪器有限公司	11月10日	机电汽车工程学院	烟台大学机电汽车工程学院—烟台东方分析仪器有限公司校企合作协议、实习实践基地建设协议书
34	莱州明波水产有限公司	3月22日	海洋学院	烟台大学海洋学院—莱州明波水产有限公司战略合作协议
35	山东同济测试股份有限公司	9月13日	环境与材料工程学院	烟台大学环境与材料工程学院—山东同济测试股份有限公司战略合作协议
36	山东红花防水建材有限公司	9月13日	环境与材料工程学院	烟台大学环境与材料工程学院—山东红花防水建材有限公司战略合作协议
37	山东蓝孚辐照运营管理有限公司	5月28日	核装备与核工程学院	烟台大学核装备与核工程学院—山东蓝孚辐照运营管理有限公司战略合作协议
38	山东恒辉节能技术集团有限公司　河北五维航电科技股份有限公司	7月18日	核装备与核工程学院	烟台大学核装备与核工程学院—山东恒辉节能技术集团有限公司、河北五维航电科技股份有限公司战略合作协议
39	北京文投华彩体育发展有限公司　华星辉煌体育管理有限公司	10月30日	体育学院	烟台大学体育学院—北京文投华彩体育发展有限公司、华星辉煌体育管理有限公司战略合作协议

【开发区科教园区建设】按照2018年5月学校与开发区管委签署的战略合作框架协议，双方共建烟台大学开发区科教园区。园区位于烟台八角湾中央创新区，项目总占地1000余亩，可容纳全日制在读本科生、研究生、留学生1.2万人。一期占地610亩，建筑面积42万平方米，计划2023年建成投用。该园区以烟台大学本部为依托，致力于打造国内一流的教育教学、人才集聚和科研创新转化平台，围绕高端化工、生物科技、现代海洋、高端装备等产业，布局化学化工、生物食品、海洋科学、机械工程等学科专业群，提升学科专业与城市发展需求的契合度。

2019年3月，学校与开发区正式签署《烟台大学开发区科教园区共建实施协议》，成立烟台大学开发区科教园区办学规划办公室。根据实施协议：科教园区按照整体规划、分步实施的原则，由烟台经济技术开发区投资建设，以交钥匙工程方式高标准建设科教园区建筑及完善的配套设施，以零租金方式移交学校使用，并提供开办和运行专项扶持经费。

上半年，学校与开发区经多轮商谈后签约；下半年，建筑设计总院修改10余稿，完成《科教园区总体规划及一期工程方案》设计和《施工图设计》招标工作。开发区累计投入论证、设计资金2941万元。

4月，完善并确定了《烟台大学开发区科教园区规划设计要求》《烟台大学开发区科教园区建设工作计划表》；5月，发布《烟台大学开发区科教园区总体规划及一期工程方案—初步设计招标公告》《烟台大学开发区科教园区PPP咨询机构选定公开招标公告》；11月，《烟台大学开发区科教园区总体规划及一期工程方案》定稿；12月，烟台大学开发区科教园区一期勘察及施工图设计完成招标。

【三校科技园】2019年，科技园管理服务中心通过政策宣讲、备案系统培训等方式，推动园区企业备案科技部中小企业评价系统，两家企业成功入库国

家中小科技型企业。园区企业烟台荣华软件科技有限公司、烟台屹海新材料科技有限公司与专业中介机构签订合同,并按照高新技术企业的认定条件规整公司。培育企业知识产权保护意识,协助合格的企业申请知识产权,在园企业全年新增知识产权6项。全年新入驻企业9家,在园企业达到26家,包含新能源材料研究、微生物菌剂、X荧光分析、电子商务、软件设计等领域。

(房大任　崔子雄)

附:

三校科技园2019年在园孵化企业名录

序号	负责人	公司名称	项　目
1	曹光宇	烟台高新区海洋生物工程研究所	反应釜、生物藻
2	田宇纮	烟台市莱山区爱克斯分析技术研究所	X荧光分析仪器
3	刘国东	烟台玉龙生物科技有限公司	微生物菌剂
4	曹　旭	烟台微藻仪器设备科技有限公司	锂电池原料
5	刘国强	烟台牧耕农业科技有限公司	有机农业
6	田孟孟	烟台企茂电子信息科技有限公司	通信工程
7	曲凡涛	烟台易凡软件科技有限公司	软件开发
8	王泳水	烟台深山装饰设计有限公司	室内设计
9	宋曰海	烟台屹海新材料科技有限公司	新材料生产
10	王玉宾	烟台市成图智能科技有限公司	地理信息、测绘
11	宋路军	山东研辅教育科技有限公司	软件开发
12	孙殿功	烟台鱼跃通信工程有限公司	通信工程
13	苏　贝	烟台市烟圈文化传媒有限公司	大数据推广
14	孟　顺	烟台恒德文化艺术交流有限公司	企业咨询、传统文化培训
15	张泽升	工作室	动画制作
16	刘广涛	烟台市合拓电子科技有限公司	硬件制作
17	刘　荣	烟台荣华软件科技有限公司	软件制作
18	于文洋	烟台道恒中医药研究院	中医针灸理论研究
19	王　杰	烟台润居办公家具有限公司	办公家具设计
20	刘福涛	烟台商中经贸有限公司	农业小镇
21	尹玉佩	烟台高新区百大职业技能培训学校	专接本培训
22	崔媛媛	工作室	电子商务
23	隋绍娜	青岛远程经法专修学院	网络函授招生
24	商　平	山东德帅商贸有限公司	电子仪器商贸
25	朱先进	烟台拾悦电子科技有限公司	软件开发
26	张超斌	烟台乐帮人力资源有限公司	人力资源信息咨询

学报工作

【概况】2019 年,学报编辑部新聘用哲学社会科学版编辑 1 人,现有专职编辑 9 人,其中高级职称编辑人员 6 人,中级职称编辑人员 2 人,初级职称编辑人员 1 人。按照学校统一部署,学报编辑部承担了《北大清华名师演讲录(第五辑)》的书稿整理、编辑加工、文字校对等部分出版任务。

【哲学社会科学版】2019 年度,学报哲学社会科学版全年共处理网上投稿 4000 余篇,编辑刊发学术研究论文 73 篇,完成出版、发行《烟台大学学报(哲学社会科学版)》2019 年 1—6 期工作。入选国家哲学社会科学学术期刊数据库,并在第六届全国高校社科期刊评优活动中被评为“全国高校社科精品期刊”。

严格落实意识形态工作责任制,维护了学报的政治安全和意识形态安全。重新梳理并规范了编辑工作流程,坚持“三严”:一是选题严。不碰红线,不触底线,严格审查涉及方向性、导向性、政治性、民族性、宗教性、港澳台、领土地图、党史国史等问题。二是把关严。严格按照审稿程序审稿:责任编辑初审,专家匿名外审,副主编复审,主编终审。只有层层把关签字后的稿件才能发稿下厂。三是编校严。四个校次自校、互校相互结合,在任何一篇稿件付印前,所有编辑从头到尾通校过一遍,大大降低了编校差错率。2019 年,文科学报顺利通过山东省新闻出版局的期刊年度核验,被省委宣传部列入学术期刊抽查审读工作免审名单。

牢固树立精品意识,始终注重提高刊物质量。针对外部办刊环境的变化,合理布局作者地域分布,及时调整作者队伍建设方向,扩大刊物学术影响力和覆盖面,总体学术质量稳中有升。第一期刊发的 13 篇文章,被《新华文摘》收录 2 篇,被其中的《报刊文章篇目辑览》推荐 3 篇,被人大复印报刊资料全文转摘 1 篇,被《高等学校文科学术文摘》主体转摘 1 篇。2019 年,文科学报在全国人文社会科学综合类期刊中影响力指数排在 73 位,影响因子排在 64 位,在山东省属高校文科学报中稳居前三。

据中南财经政法大学图书馆期刊信息检索中心统计,2019 年《烟台大学学报》(哲学社会科学版)共被摘转文章 6 篇次,在全国综合性大学学报中排第 62 位。其中《高等学校文科学报文摘》主体转载 1 篇次,论点摘编 2 篇次,人大复印报刊资料《刑事法学》1 篇次,《历史与社会(文摘)》1 篇次,《文摘报》1 篇次,年度转摘率达 8.2% 。另有 7 篇次被《新华文摘》的报刊文章篇目辑览推荐。

【自然科学与工程版】2019 年,理科学报共处理网上投稿稿件 198 篇,其中校内作者投稿 105 篇,校外作者投稿 134 篇,送审稿件 104 篇。理科学报完成出版、发行 1 – 4 期,共刊登发表文章 66 篇。2019 年,为了满足校内文章发表需求,理科学报每期页码从 80 页增加到 102 页,年度正文总页码 408 页,发文总量较常年提高近 20% 。所刊发稿件中,国家、省、部基金资助项目稿件 53 篇,占比 80% ,仍保持很高比例;第一作者中研究生占 83% ,第一作者为高校教师的有 11 篇,占 17% ,其中年轻博士 8 篇,2019 年第一作者为正教授的有 1 篇,学报作者层次有一定提升。理科学报本年度入选 2019—2020 年中国学术期刊文摘数据库核心版(CSAD)。

据《中国学术期刊影响因子年报(自然科学与工程版)》公布的数据,2019 年《烟台大学学报(自然科学与工程版)》复合类影响因子 0.588,他引影响因子 0.513,影响力指数 CI 值 100.546,在自然科学与工程技术综合 280 种期刊中影响力指数(CI)排名第 88 位,Q2 区,位列省属 9 种自然科学与工程技术综合刊物第 3,均较往年有明显进步。

(祝建军)

附：

1. 2019年《烟台大学学报（哲学社会科学版）》被摘转文章篇目

作者	文章题目	原发刊期	摘转刊物	摘转刊期
盖立涛	《董仲舒"太平"理想社会的理论建构》	2019年1期	《高等学校文科学术文摘》主体转载	2019年2期
张彭松	《亚里士多德"实践智慧"的幸福张力》	2019年4期	《高等学校文科学术文摘》	2019年5期
丁金国	《构建汉语语篇学的基础和原则》	2019年4期	《高等学校文科学术文摘》	2019年5期主体转摘
曾文科	《论中止犯的减免处罚根据——类型并合说之提倡》	2019年1期	人大复印报刊资料《刑事法学》	2019年4期
李效杰	《唐代东亚海上交通网中的"德物岛"海域》	2019年2期	《社会与历史（文摘）》	2019年2期
曹险峰、徐恋	《〈民法典〉中有关监护人的责任》	2019年3期	《文摘报》	2019期8月8日第6版

2. 2019年《烟台大学学报（哲学社会科学版）》被《新华文摘·报刊文章篇目辑览》推荐篇目

作者	文章题目	原发刊期	推荐刊期
沈刚	《秦代县级行政组织中的武职系统》	2018年6期	2019年6期
闫爱萍、杨波	《清代至民国高平碑刻中民间信仰组织研究》	2019年1期	2019年9期
盖立涛	《董仲舒"太平"理想社会的理论建构》	2019年1期	2019年12期
袁辉	《由绍继走向整合：心态视野下宋初士人的道统复振与重构》	2019年1期	2019年10期
侯杰、马晓驰	《影像史学视域中的抗战及其史学思考》	2019年3期	2019年18期
张彭松	《亚里士多德"实践智慧"的幸福张力》	2019年4期	2019年20期
王培华	《清代永定河东西淀争地矛盾的环境和社会因素》	2019年4期	2019年22期

3. 2019年《烟台大学学报（哲学社会科学版）》总目录

哲学研究

法学研究

文学研究

民族关系研究

历史研究

经济管理

语言学研究

4. 2019 年《烟台大学学报(自然科学与工程版)》总目录

第 1 期(总第 116 期)

研究论文

第 2 期(总第 117 期)

研究论文

应用技术

第 3 期(总第 118 期)

研究论文

第4期(总第119期)

行政管理与服务

发展规划

【概况】2019年,发展规划处下设综合科、学科建设办公室、高教研究室等3个科室,工作人员5人。完成了2019年高等教育事业统计报表上报,配合教务处招生办公室完成了2019年招生计划的分配工作。参与了学校相关重要事项的论证、调研等工作。

【战略规划】学校“十三五”发展规划执行情况良好。按照学校工作部署和要求,组织开展了对“十三五”规划纲要目标及任务完成情况、进度及重点领域实施情况的全面评估,对八项子规划执行落实情况进行重点评估,形成了《烟台大学“十三五”发展规划中期评估报告》。

【学科规划与建设】1.启动迎接第五轮学科评估筹备工作,开展学校优势学科和跨学科情况调研,参加学科评估相关学术会议;进行ESI学科数据分析服务,及时公布分享有价值的数据分析结果。

2.完成学校“学科特区”建设中期考核,公布、反馈考核结果及动态调整情况。

3.12月,学校召开烟台大学学科建设会,研讨部署学科建设工作。这是学校首次召开全校性学科建设专题会议,是加快推进“双一流”建设关键时期召开的一次重要会议。

【综合改革】1.按照省教育厅要求,对《烟台大学章程》进行修改完善,形成《烟台大学章程修正案(草案)》,提交“双代会”审议通过。

2.按照省教育厅要求,建立2019年教育综合改革任务台账和重点改革任务督查清单,根据改革任务台账,对改革工作情况进行定期调度。

3.落实省委巡视整改工作。持续推进《烟台大学综合改革方案》各项任务,及时分阶段向省教育厅报送学校综合改革推进情况和自查报告,完成省教育厅对学校高等教育改革推进情况实地抽查的汇报工作。

4.按照《烟台大学学术委员会章程》的规定,协助校学术委员会指导各专门委员会开展工作,积极做好校学术委员会会议会务、文秘等工作,撰写了《烟台大学学术委员会2018—2019年度报告》。

【高教研究】完成全年4期《高教信息》的稿件选择、栏目策划、排版印发工作。定期维护烟台大学高教信息微信公众号。开展高等教育科学研究工作。在研山东省重点教改课题和烟台大学教改课题各1项,完成调研报告1篇。

(孙　茜)

人才人事

【概况】2019 年,学校人才人事工作围绕“一二三”战略部署,贯彻人才优先发展战略,创新人才工作机制,改进人才工作方法,人才队伍建设工作取得较好成绩。人事处设人事科、师资科、人才科、劳资科、社保科 5 个科室,有工作人员 10 名。学校人才工作办公室挂靠人事处。

【人才队伍建设】1. 2019 年,学校投入人才专项经费 8629 万元,较上年增长 109% 。其中人才配套或垫付资金 1070 万元(省“一事一议”人才 1000 万元,省“泰山学者”70 万元),安家费及生活补助 3960 万元,科研启动费 3051 万元,人才津贴 548 万元。学校已获得省、市各类人才项目经费 4950 万元(省“一事一议”人才 3000 万元、省“泰山学者”1200 万元、省“外专双百”110 万元、省“青创团队”引育计划 300 万元、烟台市“双百计划”300 万元、其他 40 万元)。

2. 全年正式引进各类人才 116 名,其中博士 84 名,硕士 32 名。全职引进国家“万人计划”专家 1 人,山东省“一事一议”顶尖人才 1 人、省“泰山学者”特聘专家 3 人、“泰山学者”青年专家 7 人、“泰山学者”产业领军人才 1 人、省“外专双百”专家 1 个、省有突出贡献的中青年专家 1 人、省杰青 1 人、齐鲁文化英才 1 人、享受国务院政府特殊津贴专家 1 人、省优青 2 人、省青创团队引育计划团队带头人 5 人,烟台市“双百计划”专家 2 人、烟台市有突出贡献的中青年专家 1 人。柔性引进国家级人才 7 人。

3. 围绕省新旧动能转换重点产业和烟台市高质量发展需要,面向海内外引进一批“高精尖缺”人才。为“一事一议”顶尖人才组建团队,引进具有海外背景的优秀博士 5 人,其中 2 人入选省级重点人才工程。推行“学校搭平台、学院引人才、双方共用才”模式,支持学院与地方政府或企事业单位加强人才引进培养合作,柔性引进国家杰出青年、“长江学者”等国家级专家 10 人。组织第二届青年学者泰山国际论坛,邀请海内外优秀青年学者 18 人参会,其中 11 人已经由师资队伍建设委员会讨论通过。

4. 做好服务保障。组织 11 名高层次人才参加省、市人才培训班;搞好专业化服务,持有山东省“惠才卡”、烟台市“优才卡”人才已达 80 余人。对科研业绩突出的在校教师和新引进的高层次人才,办理高级职务直聘,直聘正、副教授 32 人。做好工资核定,保障工资福利待遇政策兑现。登记、归档年度考核表、任免表、党团材料等各类档案材料。

【人事管理服务】完善岗位设置与管理制度要求,调整烟台大学岗位设置方案。共设置主系列正高级岗位 280 个、副高级岗位 649 个,辅助系列正高级岗位 12 个、副高级岗位 130 个。

人事调配　2019 年,有 12 人调离学校(其中博士 9 人),5 人办理校内岗位调动;安置 11 名博士家属、3 名军转干部。

档案管理　完成新进及调出人员收发档 143 份,整理老师进修档案 11 份,为教职工办理其他档案材料 180 余份。及时做好年度考核表、任免表、党团材料等 3514 件各类材料的登记归档工作,为各部门人员借阅档案 271 份。按照省委组织部要求,继续整理全校干部人事档案。审核 37 份拟提拔行政职务人员档案。

年度考核　完成 2019 年度考核,将整理汇总的考核结果及时通知组织部、劳资科,并上报省人社厅。全校考核结果总计:优秀 314 人,合格 1652 人,参加考核未确定等次 72 人,未参加考核 8 人,基本合格 7 人,不合格 4 人。

【师资与职称】职称工作　在 2019 年学校直聘的教授 18 人、副教授 14 人中,已兑现正式入职 25 人职称待遇。

2019 年职称评价通过正高级 26 人,副高级 72

人,中级 17 人,初级 1 人,共计 116 人。为 2018 年 1 月至 12 月正式入职工作及其他人员办理职称确认手续。其中中级职务 53 人,初级职务 17 人,均已颁发了专业技术职务资格聘书。

进修管理　2019 年,安排学历、专业进修计划 13 人,成行 4 人;博士后进修计划 13 人,成行 5 人;访问学者进修计划 34 人,成行 13 人。及时办理年内结束进修 29 人学费、校内补助的审核发放。

【工资与社会保险】按照省主管部门统一安排部署,全面实施绩效工资改革。完成在编职工基本医疗、补充医疗等险种的统筹工作,完成 116 名新引进教职工工资的核定,完成 54 名退休教职工的退休审批及退休金核定,落实生活补贴等资金发放。兑现职称晋升人员工资待遇。完成省人事系统人员信息完善工作。严格审核各单位考勤情况,及时报送相关工资季报表。

（杨新霞）

附:

1.2019 年教职工人数分类统计表

单位:人

		编号	教职工数									聘请校外教师	离退休人员	附属中小学幼儿园教职工	集体所有制人员
			合计	校本部教职工					科研机构人员	校办企业职工	其他附设机构人员				
				计	专任教师	行政人员	教辅人员	工勤人员							
甲		乙	1	2	3	4	5	6	7	8	9	10	11	12	13
总　计		1	2054	2022	1562	230	128	102		6	26	390	923	12	
其中:女		2	885	864	708	73	75	8		2	19	89	462	12	
正高级		3	217	217	217							188	128		*
副高级		4	598	593	541	18	34				5	87	281	1	*
中　级		5	965	943	738	121	84			2	20	70	*	*	*
初　级		6	116	115	66	39	10				1	26	*	*	*
未定职级		7	158	154		52		102		4		19	*	*	*
其中聘任制	小　计	8	93	93	3	69	21					*	*	*	*
	其中:女	9	67	67	1	45	21					*	*	*	*
	正高级	10										*	*	*	*
	副高级	11	3	3	3							*	*	*	*
	中　级	12	34	34		21	13					*	*	*	*
	初　级	13	27	27		19	8					*	*	*	*
	未定职级	14	29	29		29						*	*	*	*

2. 2019 年专任教师年龄情况统计表

单位:人

		编号	合计	29 岁及以下	30—34 岁	35—39 岁	40—44 岁	45—49 岁	50—54 岁	55—59 岁	60—64 岁	65 岁及以上
甲		乙	1	2	3	4	5	6	7	8	9	10
总　计		1	1562	75	235	250	295	271	238	198		
其中:女		2	708	48	106	110	145	126	111	62		
获博士学位		3	748	31	167	140	136	129	79	66		
获硕士学位		4	602	44	68	98	144	107	85	56		
按专业技术职务分	正高级	5	217	1		7	28	52	51	78		
	副高级	6	541		26	82	97	107	126	103		
	中　级	7	738	37	195	156	168	107	59	16		
	初　级	8	66	37	14	5	2	5	2	1		
	未定职级	9										
按学历(学位)分	博士研究生	10	748	31	167	140	136	129	79	66		
	其中获博士学位	11	748	31	167	140	136	129	79	66		
	获硕士学位	12										
	硕士研究生	13	421	44	68	84	99	55	37	34		
	其中获博士学位	14										
	获硕士学位	15	421	44	68	84	99	55	37	34		
	本科	16	382			26	59	84	118	95		
	其中获博士学位	17										
	获硕士学位	18	181			14	45	52	48	22		
	专科及以下	19	11				1	3	4	3		
	其中获博士学位	20										
	获硕士学位	21										

3. 2019 年专任教师学历学位统计表

单位:人

	编号	合计			博士研究生			硕士研究生			本科			专科及以下		
		计	其中:获学位		计	其中:获学位		计	其中:获学位		计	其中:获学位		计	其中:获学位	
			博士	硕士		博士	硕士		博士	硕士		博士	硕士		博士	硕士
甲	乙	1	2	3	4	5	6	7	8	9	10	11	12	13	14	15
1. 专任教师	1	1562	748	602	748	748		421		421	382		181	11		
其中:女	2	708	271	342	271	271		233		233	200		109	4		
正高级	3	217	173	28	173	173		18		18	26		10			
副高级	4	541	278	173	278	278		95		95	168		78			

续表

	编号	合计			博士研究生			硕士研究生			本科			专科及以下		
		计	其中:获学位		计	其中:获学位		计	其中:获学位		计	其中:获学位		计	其中:获学位	
			博士	硕士		博士	硕士		博士	硕士		博士	硕士		博士	硕士
中　级	5	738	297	345	297	297		254		254	181		91	6		
初　级	6	66		56				54		54	7		2	5		
未定职级	7															
2. 聘请校外教师	8	390	145	108	144	144		105	1	104	130		4	11		
其中:女	9	89	27	29	27	27		28		28	32		1	2		
外籍教师	10	16	4	7	4	4		7		7	5					
其他高校教师	11	102	69	21	68	68		22	1	21	12					
正高级	12	188	94	50	93	93		48	1	47	47		3			
副高级	13	87	40	26	40	40		26		26	21					
中　级	14	70	11	10	11	11		10		10	40			9		
初　级	15	26		22				21		21	4		1	1		
未定职级	16	19									18			1		

4. 2019 年引进人才分类统计表

单位:人

项目 / 职称		学历			性别		年龄		学科						毕业院校			总数
		博士	硕士	本科	男	女	1980年－	1980年＋	人文	社科	理学	工学	艺术学	医学	海外高校	“双一流”高校	普通高校	
高级	数量	18	1	0	13	6	7	12	2	2	8	7	0	0	1	13	5	19
	占比	15.13%	0.84%	0.00%	10.92%	5.04%	5.88%	10.08%	1.68%	1.68%	6.72%	5.88%	0.00%	0.00%	0.84%	10.92%	4.20%	15.97%
初中级	数量	66	28	1	43	52	1	94	12	25	19	31	5	3	10	54	31	95
	占比	55.46%	23.53%	0.84%	36.13%	43.70%	0.84%	78.99%	10.08%	21.01%	15.97%	26.05%	4.20%	2.52%	8.40%	45.38%	26.05%	79.83%
无	数量	0	3	2	2	3	0	5	0	4	0	1	0	0	0	2	3	5
	占比	0.00%	2.52%	1.68%	1.68%	2.52%	0.00%	4.20%	0.00%	3.36%	0.00%	0.84%	0.00%	0.00%	0.00%	1.68%	2.52%	4.20%
总计		84	32	3	58	61	8	111	14	31	27	39	5	3	11	69	39	119

5. 2019 年引进人才名录

姓名	性别	年龄	毕业学校	学位/职称	引进学院/接收单位	人才类型
孙　娇	女	31	中国海洋大学	硕士/无职称	财务处	
李合亮	男	47	南开大学	博士/教授	党委(学校)办公室	
娄海东	男	37	中国人民解放军军械工程学院	学士/无职称	党委保卫部(保卫处)	
孙　茜	女	40	西北师范大学	硕士/助理研究员	发展规划与学科建设处	
文丽花	女	32	韩国成均馆大学	博士/讲师	法学院	青年博士第一层次
王　颖	女	26	大连理工大学	硕士/助教	法学院	
张　宁	男	31	山东农业大学	硕士/工程师	工程实训中心	
王春敏	女	30	鲁东大学	硕士/中学二级教师	国际合作交流处	
姜　帅	女	32	韩国首尔大学	博士/讲师	国际教育交流学院	青年博士第一层次
武怡辰	女	30	长春师范学院	学士/助理工程师	国有资产管理处	
丁　锐	男	33	中国海洋大学	博士/副教授	海洋学院	学科带头人
刘西跦	男	36	大连海事大学	硕士/工程师	海洋学院	
盛德尊	男	29	大连海事大学	博士/讲师	海洋学院	青年博士第三层次
杨　沛	女	29	中国海洋大学	博士/讲师	海洋学院	青年博士第二层次
周金喜	男	30	哈尔滨工程大学	博士/讲师	海洋学院	青年博士第二层次
沈萍萍	女	44	香港大学	博士/教授	海洋学院	学科带头人
苏　璇	女	29	广东海洋大学	硕士/助教	海洋学院	
李　霞	女	40	燕山大学	博士/高级工程师	核装备与核工程学院	青年博士第三层次
王桂权	男	34	清华大学	博士/讲师	核装备与核工程学院	青年博士第一层次
李维建	男	32	哈尔滨工业大学	博士/讲师	核装备与核工程学院	青年博士第一层次
刘珅砚	女	30	西安电子科技大学	硕士/助教	核装备与核工程学院	
刘　昆	男	37	吉林农业大学	硕士/讲师	后勤管理处	
朱志国	男	29	华东师范大学	博士/工程师	化学化工学院	青年博士第一层次
刘姝药	女	32	兰州大学	博士/讲师	化学化工学院	青年博士第一层次
班庆福	男	29	西北工业大学	博士/讲师	化学化工学院	青年博士第一层次
李昱琳	男	30	中国科学院大学	博士/讲师	化学化工学院	青年博士第二层次
杨　浩	男	27	南京工业大学	博士/讲师	化学化工学院	青年博士第二层次
王清强	男	30	中国石油大学(北京)	博士/讲师	化学化工学院	青年博士第一层次
赵立军	男	32	华东理工大学	博士/讲师	化学化工学院	青年博士第一层次
包春阳	男	28	吉林大学	博士/讲师	化学化工学院	青年博士第一层次
康丽华	女	39	中国科学院大连化物所	博士/教授	化学化工学院	学科带头人
隋竹银	男	33	中国科学院大学	博士/教授	化学化工学院	拔尖人才
张　涛	男	34	德国慕尼黑大学	博士/教授	化学化工学院	拔尖人才

续表

姓名	性别	年龄	毕业学校	学位/职称	引进学院/接收单位	人才类型
秦玉升	男	40	中国科学院长春应用化学研究所	博士/教授	化学化工学院	拔尖人才
陈文轩	女	25	哈尔滨师范大学	硕士/助教	化学化工学院	
李忠月	女	37	吉林大学	博士/副教授	环境与材料工程学院	学科带头人
刘雷雷	男	35	苏州大学	博士/副教授	环境与材料工程学院	学科带头人
高常飞	男	39	大连理工大学	博士/高级工程师	环境与材料工程学院	青年博士第一层次
董才富	男	31	山东大学	博士/讲师	环境与材料工程学院	青年博士第一层次
解秀波	男	28	北京航空航天大学	博士/讲师	环境与材料工程学院	拔尖人才
张　伟	男	31	哈尔滨工业大学	博士/讲师	环境与材料工程学院	青年博士第一层次
任　萍	女	28	吉林大学	博士/讲师	环境与材料工程学院	青年博士第一层次
柳成荫	女	28	中国地质大学(北京)	博士/讲师	环境与材料工程学院	拔尖人才
丁　晶	男	32	中国科学院大学	博士/讲师	环境与材料工程学院	学科带头人
刘　伟	男	28	苏州大学	博士/教授	环境与材料工程学院	拔尖人才
孙洪伟	男	43	北京工业大学	博士/教授	环境与材料工程学院	学科带头人
王　蕾	女	29	山东理工大学	硕士/助教	环境与材料工程学院	
魏　进	男	32	哈尔滨工业大学	博士/讲师	机电汽车工程学院	青年博士第一层次
牟健慧	女	36	华中科技大学	博士/讲师	机电汽车工程学院	青年博士第一层次
薛莹莹	女	28	中国科学技术大学	博士/讲师	机电汽车工程学院	青年博士第一层次
纪全菊	女	28	北京林业大学	硕士/助教	机电汽车工程学院	
李茜元	男	33	哈尔滨工业大学	博士/助理研究员	机电汽车工程学院	青年博士第一层次
王　璇	女	28	长安大学	博士/讲师	计算机与控制工程学院	青年博士第三层次
迟浩坤	男	31	中国海洋大学	博士/讲师	计算机与控制工程学院	青年博士第三层次
崔振东	男	44	大连理工大学	博士/教授	计算机与控制工程学院	学科带头人
刘　强	男	32	大连大学	硕士/助教	计算机与控制工程学院	
马　宁	女	33	中国农业大学	博士/工程师	建筑学院	青年博士第三层次
褚晓慧	女	31	匈牙利佩奇大学	博士/讲师	建筑学院	青年博士第三层次
任宇鹏	男	35	英国邓迪大学	博士/讲师	建筑学院	青年博士第三层次
范康宁	女	31	吉林大学	硕士/助教	建筑学院	
刘雪燕	女	29	复旦大学	博士/讲师	经济管理学院	青年博士第一层次
吕　雯	女	30	韩国仁川大学	博士/教授	经济管理学院	青年博士第三层次
李心月	女	25	山东财经大学	硕士/助教	经济管理学院	
赵桂芳	女	26	曲阜师范大学	硕士/助教	经济管理学院	

续表

姓名	性别	年龄	毕业学校	学位/职称	引进学院/接收单位	人才类型
朱礼龙	男	31	中南大学	博士/教授	精准材料高等研究院	拔尖人才
张　旭	男	31	山西大学	博士/讲师	马克思主义学院	青年博士第二层次
贾兴荣	女	29	中南民族大学	博士/讲师	马克思主义学院	青年博士第三层次
康丹丹	女	29	南京大学	博士/讲师	马克思主义学院	青年博士第三层次
温韶丹	女	31	北京工商大学	硕士/无职称	审计处	
韩国栋	男	33	厦门大学	博士/讲师	生命科学学院	青年博士第二层次
史亚楠	女	34	吉林大学	博士/讲师	生命科学学院	青年博士第一层次
李明波	男	30	烟台大学	硕士/实验员	生命科学学院	
吕泽毅	男	27	浙江师范大学	硕士/助教	生命科学学院	
王　凯	男	31	北京理工大学	博士/讲师	数学与信息科学学院	青年博士第三层次
孙宝燕	男	32	南京大学	博士/讲师	数学与信息科学学院	青年博士第一层次
张婧姝	女	27	南开大学	博士/讲师	数学与信息科学学院	青年博士第三层次
张　涛	男	31	上海交通大学	博士/讲师	数学与信息科学学院	青年博士第一层次
刘　倩	女	27	华南理工大学	博士/讲师	数学与信息科学学院	青年博士第二层次
胡浩洋	男	30	中国科学院大学	博士/讲师	数学与信息科学学院	青年博士第三层次
李珊珊	女	30	中国矿业大学(北京)	博士/讲师	数学与信息科学学院	青年博士第三层次
张馨之	女	29	鲁东大学	硕士/助教	数学与信息科学学院	
方　宁	男	26	曲阜师范大学	硕士/助教	特里尔可持续发展技术学院	
刘　珺	女	30	贵州大学	硕士/馆员	体育学院	
王　迪	女	27	山东大学	硕士/助教	体育学院	
杨背背	女	29	中国地质大学(武汉)	博士/讲师	土木工程学院	青年博士第三层次
张欣桐	女	31	哈尔滨工业大学	博士/讲师	土木工程学院	青年博士第一层次
李雪梅	女	27	厦门大学	硕士/助教	土木工程学院	
王忆文	女	28	韩国延世大学	博士/讲师	外国语学院	青年博士第三层次
黄罗莹	女	30	中央民族大学	博士/讲师	外国语学院	青年博士第三层次
郭　菲	女	30	日本大阪大学	博士/讲师	外国语学院	青年博士第一层次
孙合肥	男	38	安徽大学	博士/副教授	人文学院	学科带头人
李　丹	女	40	陕西师范大学	硕士/副教授	人文学院	
肖辛育	男	28	韩国青州大学	博士/讲师	人文学院	青年博士第三层次
田　鹏	男	29	复旦大学	博士/讲师	人文学院	青年博士第一层次
王凤娇	女	29	复旦大学	博士/讲师	人文学院	青年博士第三层次
耿　锐	女	31	山东大学	博士/讲师	人文学院	青年博士第三层次
李　晶	女	37	南开大学	博士/讲师	人文学院	青年博士第三层次
刘　彦	女	33	武汉大学	博士/讲师	人文学院	青年博士第三层次

续表

姓名	性别	年龄	毕业学校	学位/职称	引进学院/接收单位	人才类型
于　强	男	31	南开大学	博士/讲师	人文学院	青年博士第三层次
胡剑南	男	31	武汉大学	博士/讲师	人文学院	青年博士第三层次
林　丽	女	35	浙江大学	博士/讲师	人文学院	青年博士第一层次
陈姿霖	女	26	吉林大学	硕士/助教	人文学院	
刘晋东	男	30	华中科技大学	博士/副教授	光电信息科学技术学院	学科带头人
王　蕊	女	33	中国海洋大学	博士/讲师	光电信息科学技术学院	青年博士第三层次
孙伯业	男	32	中国科学技术大学	博士/讲师	光电信息科学技术学院	青年博士第一层次
刘　霞	女	33	北京邮电大学	博士/讲师	光电信息科学技术学院	青年博士第三层次
刘学文	男	29	南开大学	博士/讲师	光电信息科学技术学院	学科带头人
王子昱	男	28	澳大利亚莫纳什大学	博士/讲师	光电信息科学技术学院	学科带头人
康　锦	女	32	山东财经大学	硕士/助教	光电信息科学技术学院	
王文奇	女	27	烟台大学	硕士/助教	光电信息科学技术学院	
王　璐	女	32	中国科学院大学	博士/讲师	药学院	青年博士第三层次
凌龙兵	男	30	东南大学	博士/实验师	药学院	青年博士第一层次
胡宗风	女	29	北京协和医学院	博士/实验师	药学院	青年博士第一层次
殷齐坤	男	28	中山大学	博士/实验师	药学院	青年博士第三层次
张海明	男	33	渤海大学	硕士/助教	药学院	
徐　祥	男	30	德国卡尔斯鲁厄音乐学院	硕士/助教	音乐舞蹈学院	
邓汤俊妮	女	28	山东艺术学院	硕士/助教	音乐舞蹈学院	

财务管理

【概况】2019 年，学校财务工作进行政府会计制度改革，探索适合学校实际的预算管理模式，由单一预算平衡财务管理目标，向管理资产、控制成本、提升效率、防范债务风险等多样化管理目标扩展。加快学校财务信息化建设的进程，建立了以“资金集中管理、会计分级核算、全面预算控制、数据集中分析”为核心的“业财融合”管理体制。

7 月 12 日，财务处增设“内控绩效科”。财务处现有综合计划科、会计核算科、内控绩效科、稽核科、资金结算中心、收费管理科、会计服务中心 7 个科室。有在岗人员 26 人，其中高级会计师 2 人，会计师 11 人，工程师 1 人、经济师 1 人、其他 11 人。

【总体财务状况】本年度学校实现收入 99202. 81 万元，同比增加 12571. 81 万元，增长率 14. 51%。其中财政补助收入 57174. 95 万元，同比增加 15163. 56 万元，增长 36. 09%；事业收入 30407. 05 万元，同比增加 730. 28 万元，增长 2. 46%；其他收入 11620. 81 万元，同比减少 3322. 03 万元，下降 22. 23%。

附：

1. 2019 年收入构成情况图

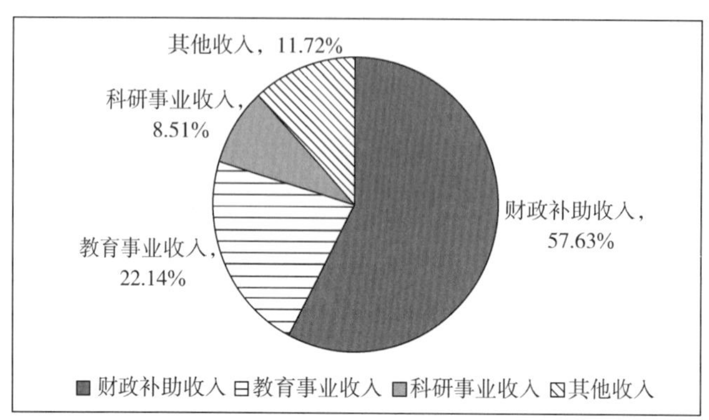

学校总支出 96268.08 万元，其中基本支出 67118.91 万元，占 69.7%；项目支出 29149.17 万元，占 30.28%。其中工资与福利支出为 43805.46 万元，同比增加 3371.95 万元，增长 8.34%；对个人和家庭的补助支出为 12677.61 万元，同比增加 3082.84 万元，增长 32.13%；商品与服务支出为 25103.42 万元，同比增加 523.83 万元，增长 2.13%；基本建设支出为 0 万元，同比增加 0 万元；其他资本性支出为 14681.59 万元，同比增加 5047.76 万元，增长 52.40%。

附：

2. 2019 年决算支出构成情况图

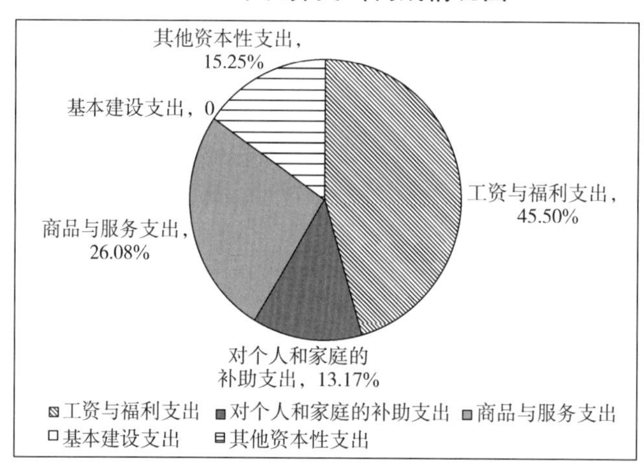

因政府会计制度改革，2019 年初过账调整坏账准备、累计折旧等相关科目金额，导致 2019 年年初学校资产总额和净资产总额均比 2018 年末减少了 62821.98 万元。2019 年末，学校资产总额 181988.36 万元，比年初增加 7243.63 万元，增长 4.15%；负债总额 74326.29 万元，同比增加 8571.26 万元，增长 13.04%；净资产 107662.07 万元，比年初减少 1327.62 万元，下降 1.22%。

【财务管理】（一）预算管理

1. 以“量入为出、收支平衡、统筹兼顾、保证重点”为原则编制 2019 年度财务预算草案，经学校党委常委会审议通过后下达执行。强化预算严肃性、约束力，明确支出重点，保障学校各项工作的资金需求。

2. 实行预算全过程动态化管理，定期召开执行进度调度会，促相关单位和部门严格执行财政用款计划，清理财政资金存量。加强真实性、合法性、有效性审核，加快预算执行进度，最大限度压减结余结转资金。

3. 在学校门户网站公开发布 2019 年省级部门预算、“三公”经费预算情况和 2018 年度决算。

（二）收支管理

1. 实行“统一领导、集中管理、分工负责、依法合规”的收费管理体制，实行收费备案和公示制度。任何单位或个人不得私自设立收费项目或实施收费行为。

2. 严格执行“收支两条线”和“票款分离”原则。严格遵守国家有关票据管理规定，依法申领和使用财政票据和税务发票。全年开具税务发票 2500 余份，应税收入 4700 余万元。规范办理国产

设备退税业务,为学校积极争取退税资金。

3. 顺利完成2019年学生收费收入和学分制清算工作。与各学院主动对接,学生缴费率达到99.87%。

4. 制定实施了《烟台大学收费管理暂行办法》《烟台大学学分制收费管理暂行办法(修订)》《烟台大学服务收入分配办法(试行)》《烟台大学往来款项管理办法》《规范使用公费出差的说明》《烟台大学关于规范差旅伙食费和市内交通费收交管理有关事项的通知》,进一步规范收费行为,加强往来款项管理,调动二级单位创收积极性。

5. 建立国库动态监控机制,实时追踪财政资金执行进度,规范公务卡使用管理,防范资金支付使用风险,强化预算支出执行的合理合规性。

6. 加强政府采购支付业务管理。全年调度政府采购资金14219.79万元。其中授予小微企业合同金额11788.91万元,占政府采购支出总额的82.9%。

7. 严格执行中央"八项规定"和山东省委实施办法,明确财经业务开支范围、标准和审批流程,压缩差旅、会议、培训、交通等日常公用经费支出比例。

8. 做好会计基础工作。1月10日学校审议通过《政府会计制度实施工作分工》,顺利进行了政府会计制度改革新旧科目与账目的过渡工作;进一步完善了创收收入分配比例;编印《烟台大学财务规章制度汇编》《财务报销手册》。

9. 按照巡视审计要求,将独立核算业务纳入学校统一管理。确定业务范畴,对校内非法人独立核算业务采取直接管理、会计报表、监督管理等形式,规范其经济活动。2019年,校医院财务由财务处统一直接管理,同时保留校医院账户,实行独立核算、自负盈亏。

(三)资产管理

配合资产与实验室管理处,加强对学校资产的管理。做好资产的分类核算;加强对往来账款尤其是借款的清理,减少浪费与损失,提高资产使用效益。配合校内外财政、税务、物价、监察、审计部门,对学校经济活动监督检查。

(四)资金管理

1. 按季度调度流动贷款和长期贷款,按时完成贷款业务和年度还款、续贷工作。延续2018年基建项目贷款协议,使用11247万元专项贷款,投入综合实验中心和15、16号学生公寓工程建设。

2. 加强与农业银行沟通对接,争取"人才引进"项目贷款15000万元。

3. 筹措资金发放精神文明奖4622万元,补交2014年以来近1.3亿元的职工养老保险,保证民生用款需要。

【内部建设与服务】1. 加强对校内各类收入的监督管理,开拓网络缴费渠道。2019年已有14个部门、31个批次的收费项目通过网上缴费。

2. 完善财务综合服务大厅"一站式"服务功能,建立微信工作群、实行财务人员对接服务、电话首接负责等服务方式。研发烟大"百小财"软件,实现24小时智能回答问题。设立财务投递机,实现账单投递和简单业务的自助办理。

3. 加大财务人员培训力度,建立每周三内部学习制度,提高财务人员的业务水平和素质。

4. 加大财务信息化建设,不断完善财务网上综合服务平台上的各种功能模块,逐步建立以"资金集中管理、会计分级核算、全面预算控制、数据集中分析"为核心的"业财融合"管理体制。

(姜丽君)

附:

1. 2019年烟台大学单位预算公开

目　录

第二部分 2019 年单位预算表

表1 收支预算总表

单位:万元

收入		支出	
项目	2019 年预算	项目	2019 年预算
一、财政拨款	46476.00	一、一般公共服务支出	0.00
一般公共预算	46476.00	二、外交支出	0.00
政府性基金预算	0.00	三、国防支出	0.00
国有资本经营预算	0.00	四、公共安全支出	0.00
二、财政专户管理及批准留用教育医疗收费资金	24000.00	五、教育支出	84196.93
三、事业收入、经营收入等其他收入	10600.00	六、科学技术支出	927.56
		七、文化旅游体育与传媒支出	0.00
		八、社会保障和就业支出	0.00
		九、社会保险基金支出	0.00
		十、卫生健康支出	0.00
		十一、节能环保支出	0.00
		十二、城乡社区支出	0.00
		十三、农林水支出	87.63
		十四、交通运输支出	0.00
		十五、资源勘探信息等支出	0.00
		十六、商业服务业等支出	0.00
		十七、金融支出	0.00
		十八、援助其他地区支出	0.00
		十九、自然资源海洋气象等支出	0.00
		二十、住房保障支出	0.00
		二十一、粮油物资储备支出	0.00
		二十二、国有资本经营预算支出	0.00
		二十三、灾害防治及应急管理支出	0.00
		二十四、预备费	0.00
		二十五、其他支出	0.00
本年收入合计	81076.00	本年支出合计	85212.12
四、上级补助收入	0.00		
五、用事业基金弥补收支差额	0.00		
六、上年结转	4136.12	二十六、结转下年	0.00
收入总计	85212.12	支出总计	85212.12

表 2　收入预算表

单位：万元

科目编码 类	款	项	单位编码	单位和科目名称	总计	财政拨款 合计	一般公共预算 小计	经费拨款	其他	政府性基金预算	国有资本经营预算	财政专户管理资金	批准留用的教育及医疗收费	上级补助收入	事业收入	经营收入	事业基金弥补收支差额	其他收入	上年结转	其中：财政拨款结转 财政拨款结转	一般公共预算 经费拨款	其他	政府性基金	国有资本经营预算
			140004	烟台大学	85212.12	46476.00	46476.00	41873.00	4603.00			24000.00			4600.00			6000.00	4136.12	1913.71	1848.30	65.41		
205				教育支出	84196.93	46476.00	46476.00	41873.00	4603.00			24000.00			4600.00			6000.00	3120.93	898.52	833.11	65.41		
205	02			普通教育	84196.93	46476.00	46476.00	41873.00	4603.00			24000.00			4600.00			6000.00	3120.93	898.52	833.11	65.41		
205	02	05		高等教育	84196.93	46476.00	46476.00	41873.00	4603.00			24000.00			4600.00			6000.00	3120.93	898.52	833.11	65.41		
206				科学技术支出	927.56														927.56	927.56	927.56			
206	02			基础研究	354.65														354.65	354.65	354.65			
206	02	03		自然科学基金	354.65														354.65	354.65	354.65			
206	03			应用研究	62.91														62.91	62.91	62.91			
206	03	02		社会公益研究	62.91														62.91	62.91	62.91			
206	09			科技重大项目	216.17														216.17	216.17	216.17			
206	09	02		重点研发计划	216.17														216.17	216.17	216.17			
206	99			其他科学技术支出	293.83														293.83	293.83	293.83			
206	99	99		其他科学技术支出	293.83														293.83	293.83	293.83			
213				农林水支出	87.63														87.63	87.63	87.63			
213	01			农业	87.63														87.63	87.63	87.63			
213	01	06		科技转化与推广服务	87.63														87.63	87.63	87.63			

表3　支出预算表

单位:万元

科目编码			单位编码	单位和科目名称	总　计	基本支出	项目支出
类	款	项					
			140004	烟台大学	85212.12	63530.00	21682.12
205				教育支出	84196.93	63530.00	20666.93
205	02			普通教育	84196.93	63530.00	20666.93
205	02	05		高等教育	84196.93	63530.00	20666.93
206				科学技术支出	927.56		927.56
206	02			基础研究	354.65		354.65
206	02	03		自然科学基金	354.65		354.65
206	03			应用研究	62.91		62.91
206	03	02		社会公益研究	62.91		62.91
206	09			科技重大项目	216.17		216.17
206	09	02		重点研发计划	216.17		216.17
206	99			其他科学技术支出	293.83		293.83
206	99	99		其他科学技术支出	293.83		293.83
213				农林水支出	87.63		87.63
213	01			农业	87.63		87.63
213	01	06		科技转化与推广服务	87.63		87.63

表4　财政拨款收支预算表

单位:万元

收　入		支　出				
项　目	2019年预算	项　目	2019年预算			
			总　计	一般公共预算	政府性基金预算	国有资本经营预算
一、一般公共预算	46476.00	一、一般公共服务支出	0.00	0.00	0.00	0.00
二、政府性基金预算	0.00	二、外交支出	0.00	0.00	0.00	0.00
三、国有资本经营预算	0.00	三、国防支出	0.00	0.00	0.00	0.00
		四、公共安全支出	0.00	0.00	0.00	0.00
		五、教育支出	47374.52	47374.52	0.00	0.00

续表

收入		支出				
			2019年预算			
项目	2019年预算	项目	总计	一般公共预算	政府性基金预算	国有资本经营预算
		六、科学技术支出	927.56	927.56	0.00	0.00
		七、文化旅游体育与传媒支出	0.00	0.00	0.00	0.00
		八、社会保障和就业支出	0.00	0.00	0.00	0.00
		九、社会保险基金支出	0.00	0.00	0.00	0.00
		十、卫生健康支出	0.00	0.00	0.00	0.00
		十一、节能环保支出	0.00	0.00	0.00	0.00
		十二、城乡社区支出	0.00	0.00	0.00	0.00
		十三、农林水支出	87.63	87.63	0.00	0.00
		十四、交通运输支出	0.00	0.00	0.00	0.00
		十五、资源勘探信息等支出	0.00	0.00	0.00	0.00
		十六、商业服务业等支出	0.00	0.00	0.00	0.00
		十七、金融支出	0.00	0.00	0.00	0.00
		十八、援助其他地区支出	0.00	0.00	0.00	0.00
		十九、自然资源海洋气象等支出	0.00	0.00	0.00	0.00
		二十、住房保障支出	0.00	0.00	0.00	0.00
		二十一、粮油物资储备支出	0.00	0.00	0.00	0.00
		二十二、国有资本经营预算支出	0.00	0.00	0.00	0.00
		二十三、灾害防治及应急管理支出	0.00	0.00	0.00	0.00
		二十四、预备费	0.00	0.00	0.00	0.00
		二十五、其他支出	0.00	0.00	0.00	0.00
本年收入合计	46476.00	本年支出合计	48389.71	48389.71	0.00	0.00
四、上年结转	1913.71	二十六、结转下年	0.00			
收入总计	48389.71	支出总计	48389.71	48389.71	0.00	0.00

表 5　一般公共预算支出表

单位:万元

科目编码			单位编码	单位和科目名称	合　计	基本支出			项目支出
类	款	项				小　计	人员支出	日常公用支出	
			140004	烟台大学	46476.00	36916.00	32953.00	3963.00	9560.00
205				教育支出	46476.00	36916.00	32953.00	3963.00	9560.00
205	02			普通教育	46476.00	36916.00	32953.00	3963.00	9560.00
205	02	05		高等教育	46476.00	36916.00	32953.00	3963.00	9560.00
206				科学技术支出					
206	02			基础研究					
206	02	03		自然科学基金					
206	03			应用研究					
206	03	02		社会公益研究					
206	09			科技重大项目					
206	09	02		重点研发计划					
206	99			其他科学技术支出					
206	99	99		其他科学技术支出					
213				农林水支出					
213	01			农业					
213	01	06		科技转化与推广服务					

表 6　政府性基金预算支出表

单位:万元

科目编码			单位编码	单位和科目名称	2019 年预算		
类	款	项			合计	基本支出	项目支出

注:烟台大学 2019 年没有使用政府性基金预算拨款安排的支出

表 7　财政拨款安排的基本支出预算表(政府预算支出经济分类科目)

单位:万元

科目编码	经济分类和科目名称	2019 年预算数	
		金　额	其中:一般公共预算财政拨款安排
	合计	36916.00	36916.00
502	机关商品和服务支出		
50207	因公出国(境)费用		
505	对事业单位经常性补助	34353.00	34353.00
50501	工资福利支出	30390.00	30390.00
50502	商品和服务支出	3963.00	3963.00
506	对事业单位资本性补助		
50601	资本性支出(一)		
509	对个人和家庭的补助	2563.00	2563.00
50901	社会福利和救助		
50902	助学金		
50905	离退休费	2563.00	2563.00
50999	其他对个人和家庭补助		

表 8　财政拨款安排的基本支出预算表(部门预算支出经济分类科目)

单位:万元

科目编码	经济分类和科目名称	2019 年预算数	
		金　额	其中:一般公共预算财政拨款安排
合计		36916.00	36916.00
301	工资福利支出	30390.00	30390.00
30101	基本工资	10451.00	10451.00
30102	津贴补贴	12800.00	12800.00
30103	奖金	1556.00	1556.00
30108	机关事业单位基本养老保险缴费	1348.00	1348.00
30109	职业年金缴费	1000.00	1000.00
30110	职工基本医疗保险缴费		
30112	其他社会保障缴费		
30113	住房公积金	3045.00	3045.00
30199	其他工资福利支出	190.00	190.00
302	商品和服务支出	3963.00	3963.00
30201	办公费	200.00	200.00
30202	印刷费		
30205	水费	250.00	250.00
30206	电费	500.00	500.00

续表

科目编码	经济分类和科目名称	2019 年预算数	
		金　额	其中：一般公共预算财政拨款安排
30207	邮电费	60.00	60.00
30208	取暖费	1300.00	1300.00
30209	物业管理费		
30211	差旅费	830.00	830.00
30212	因公出国(境)费用		
3021202	因公出国(境)其他费用		
30213	维修(护)费		
30214	租赁费		
30216	培训费		
30217	公务接待费		
30218	专用材料费	350.00	350.00
30225	专用燃料费		
30226	劳务费	220.00	220.00
30228	工会经费		
30229	福利费		
30231	公务用车运行维护费		
30239	其他交通费用		
30240	税金及附加费用		
30299	其他商品和服务支出	253.00	253.00
303	对个人和家庭的补助	2563.00	2563.00
30301	离休费	135.00	135.00
30302	退休费	2428.00	2428.00
30303	退职(役)费		
30304	抚恤金		
30305	生活补助		
30307	医疗费补助		
30308	助学金		
30309	奖励金		
30399	其他对个人和家庭的补助		
310	资本性支出		
31002	办公设备购置		
31003	专用设备购置		
31099	其他资本性支出		

表 9　政府采购预算表

单位：万元

科目编码			单位编码	单位和科目名称	资金来源								
					合计	财政拨款				财政专户管理资金	批准留用的教育及医疗收费	其他自有资金	上年结转
类	款	项				小计	一般公共预算	政府性基金预算	国有资本经营预算				
			140004	烟台大学	8181.70	7040.75	7040.75			829.80		74.22	236.93
205				教育支出	7944.77	7040.75	7040.75			829.80		74.22	
205	02			普通教育	7944.77	7040.75	7040.75			829.80		74.22	
205	02	05		高等教育	7944.77	7040.75	7040.75			829.80		74.22	
206				科学技术支出	236.93								236.93
206	02			基础研究	98.56								98.56
206	02	03		自然科学基金	98.56								98.56
206	09			科技重大项目	75.00								75.00
206	09	02		重点研发计划	75.00								75.00
206	99			其他科学技术支出	63.37								63.37
206	99	99		其他科学技术支出	63.37								63.37

表 10　一般公共预算财政拨款安排的“三公”经费支出预算表

单位：万元

总　计	因公出国(境)经费	公务用车购置和运行维护费			公务接待费
		小　计	公务用车购置经费	公务用车运行维护费	

注：烟台大学2019年未使用一般公共预算财政拨款安排“三公”经费支出预算

第三部分　2019 年单位预算情况和重要事项说明

一、2019 年单位预算情况说明

（一）收支预算总体情况

按照综合预算的原则，烟台大学所有收入和支出均纳入预算管理。

2019 年收入预算为 85212.12 万元，其中：财政拨款 46476 万元，占 54.54%；财政专户管理资金 24000 万元，占 28.17%；事业收入 4600 万元，占 5.40%；其他收入 6000 万元，占 7.04%；上年结转 4136.12 万元，占 4.85%。

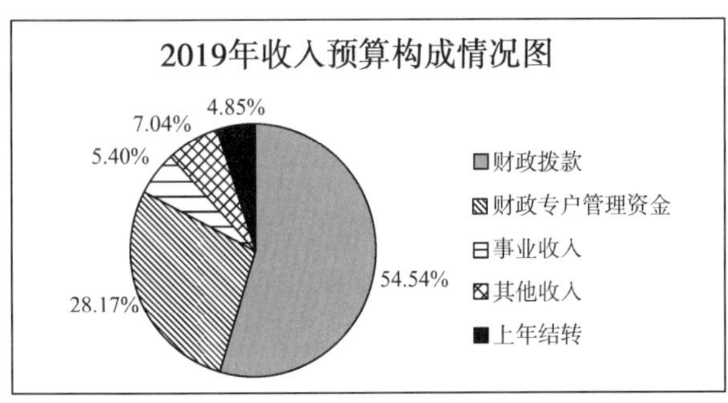

2019 年支出预算为 85212.12 万元，其中：基本支出 63530 万元，占 74.56%；项目支出 21682.12 万元，占 25.44%。

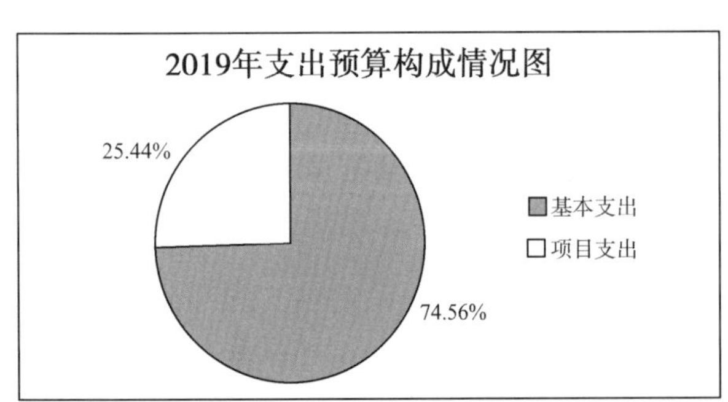

（二）财政拨款收支情况

2019 年财政拨款收入预算为 48389.71 万元，其中：一般公共预算 46476 万元，占 96.05%；政府性基金预算 0 万元，占 0%；国有资本经营预算 0 万元，占 0%；上年结转收入 1913.71 万元，占 3.95%。

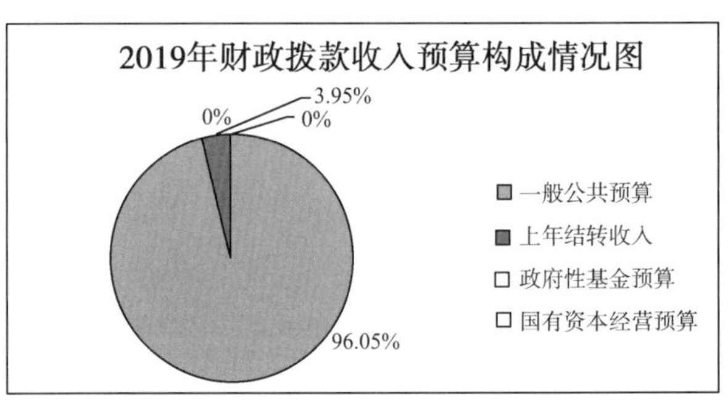

2019 年财政拨款支出预算为 48389.71 万元，其中：教育支出 47374.52 万元，占 97.90%；科学技术支出 927.56 万元，占 1.92%；农林水支出 87.63 万元，占 0.18%。

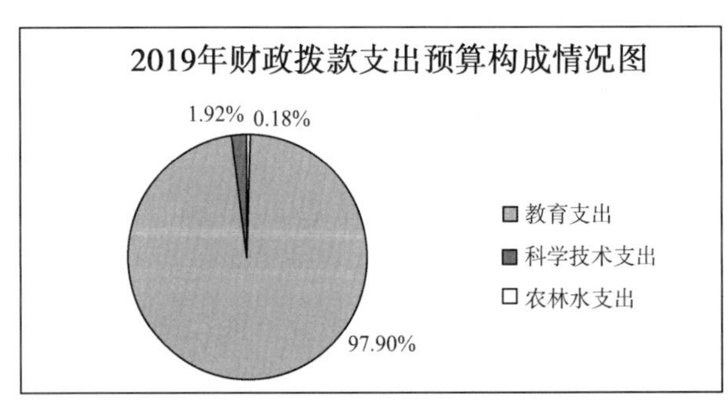

（三）一般公共预算收支情况

2019年一般公共预算当年拨款46476万元，比上年增长29.13%，主要是当年生均拨款定额经费、"双一流"建设工程、教育服务新旧动能转换专业对接产业项目等经费增加。

2019年当年一般公共预算支出预算为46476万元，比上年增长29.13%，其中：教育支出46476万元，占100%。

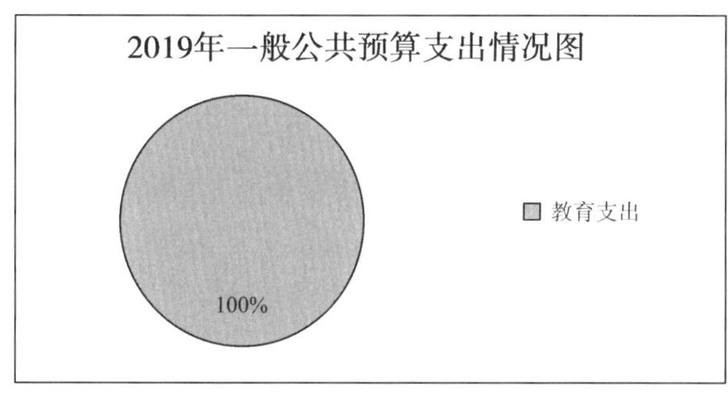

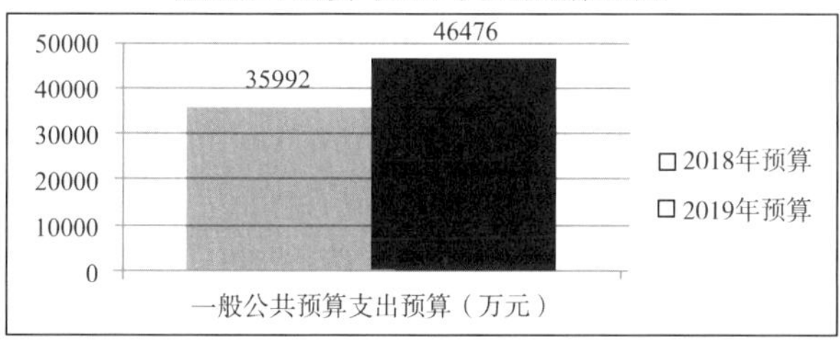

具体情况如下：

教育支出（类）普通教育（款）高等教育（项）46476万元，比上年增长29.13%，主要用于学校正常运转及项目支出。增长的主要原因是政策性增资及在职人员增加基本养老保险和职业年金等，导致基本支出增加。

（四）政府性基金预算收支情况

烟台大学2019年没有使用政府性基金预算拨款安排的支出。

（五）财政拨款安排的基本支出情况

2019年财政拨款安排的基本支出预算36916万元，其中，通过一般公共预算安排36916万元，包括：

人员经费32953万元。按预算支出经济分类，主要包括：基本工资、津贴补贴、奖金、社会保障缴费、住房公积金、其他工资福利支出、离休费、退休费等。按政府预算支出经济分类主要包括：工资奖金津补贴、社会保障缴费、住房公积金、其他工资福利支出、离退休费、其他对个人和家庭补助、对事业单位经常性补助等。

公用经费3963万元。按预算支出经济分类主要包括：办公费、水费、电费、邮电费、取暖费、差旅费、专用材料费、劳务费、其他商品和服务支出等。按政府预算支出经济分类主要包括：办公经费、专用材料购置费、委托业务费、其他商品和服务支出、对事业单位经常性补助等。

二、重要事项说明

（一）政府采购情况

2019年政府采购预算8181.70万元，其中：财政拨款安排7040.75万元，财政专户管理资金安排829.80万元，其他自有资金安排74.22万元，上年结转资金安排236.93万元。

（二）一般公共预算安排的"三公"经费情况

2019年，通过一般公共预算财政拨款安排的"三公"经费预算共0万元，其中：因公出国（境）费0万元，公务用车购置及运行费0万元，公务接待费0万元。

2019年"三公"经费预算比2018年增加（减少）0万元，其中：因公出国（境）费与2018年持平，公务用车购置及运行费与2018年持平，公务接待费与2018年持平。

（三）国有资产占有使用情况

截至2018年12月31日，烟台大学共有车辆21辆；单位价值100万元以上大型设备10（件）。2019年预算安排购置单位价值100万元以上大型设备3（台）。

（四）绩效目标设置情况

2019年烟台大学项目支出实现绩效目标管理全覆盖，涉及财政拨款9560万元。其中，烟台大学财政拨款专项资金的绩效目标表如下：

2019 年预算项目支出绩效目标表

项目 1

项目名称	高水平应用型大学建设工程						
主管部门	山东省教育厅						
资金情况	财政拨款年度金额	800 万元					
总体目标	长期目标（2016 年－2020 年）				年度目标（2019 年）		
	以立德树人为根本，以培养高素质应用型人才为目标，突出强化专业特色，促进人才培养与经济转型发展和专业结构优化升级的紧密对接，推动高水平大学建设，为烟威地区乃至全省经济社会发展提供更加有力的人才和技术支撑。				完善协同育人机制，建立产教融合、协同育人的人才培养模式；提高实践教学学分比例；提高双师型教师占比；努力争取高水平应用技术成果的产出；加强平台建设。		
绩效指标	一级指标	二级指标	三级指标	指标值	二级指标	三级指标	指标值
绩效指标	产出指标	数量指标	实践教学的比重	30%	数量指标	人才的引进与培养数量	20
			申请发明专利	19 项		申请发明专利数量	10 项
			专利授权件数	6 件		专利授权件数	3 件
		质量指标	省级优势学科	3	质量指标	检验验收满意率	95%
			省级重点实验室	3		省级优势学科	1
			核心专业建设	同类专业前 10%		省级重点实验室	1
		时效指标	项目完成时间	2020 年年底前	时效指标	年计划完成率	100%
	效益指标	生态效益			生态效益		
		经济效益	受益专业	13 个	经济效益	带动地方企业	5 个
			双师教师比例提高	56%		双师教师比例	40%
			带动地方企业发展	25 个		受益专业	13 个
		社会效益	促进大学生就业	95%	社会效益	促进大学生就业	95%
			建立校企联合机构	3		建立校企联合研发机构	1
		可持续影响指标	提高教师从事科研比例	6%	可持续影响指标	提高教师取得科研成果比例	2%
	满意度指标	学生满意度		96% 以上	建设情况满意度		95% 以上

项目 2

<table>
<tr><td>项目名称</td><td colspan="7">“双一流”建设工程</td></tr>
<tr><td>主管部门</td><td colspan="7">山东省教育厅</td></tr>
<tr><td>资金情况</td><td colspan="2">财政拨款年度金额</td><td colspan="5">3700 万元</td></tr>
<tr><td rowspan="2">总体目标</td><td colspan="4">长期目标(2016 年 –2020 年)</td><td colspan="3">年度目标(2019 年)</td></tr>
<tr><td colspan="4">教育部一级学科评估排名在全国排名中较上一次评估前进 10% –30%;提升药学相关学科(如药理学与毒理学、化学等)在 ESI 全球大学和科研机构的排名,力争 1 个药学相关学科进入前 1%。</td><td colspan="3">(1)人才队伍建设:引进 1 名领军人才、3 名核心成员和 5 – 10 名优秀博士毕业生或博士后。(2)创新平台建设:申报山东省工程技术中心或山东省高校重点实验室(申报系统开放情况下)。(3)科学研究:发表 SCI 收录论文 60 – 70 篇,其中一区、二区文章 10 – 15 篇,顶级期刊论文 1 – 3 篇;申报国家级科研项目 20 – 30 项;争取 500 – 1000 万横向课题到账;申报国家发明专利 8 – 15 项。(4)人才培养:新增 1 个本科专业(临床药学),力争获省级优秀学生毕业论文 1 – 2 篇。(5)学术交流:参加国际学术会议 15 – 20 次以上,大会报告 3 – 5 次。邀请国内外专家交流及做学术报告 15 – 20 次,举办国际学术会议 1 – 2 次。</td></tr>
<tr><td>绩效指标</td><td>一级指标</td><td>二级指标</td><td>三级指标</td><td>指标值</td><td>二级指标</td><td>三级指标</td><td>指标值</td></tr>
<tr><td rowspan="10">绩效指标</td><td rowspan="4">产出指标</td><td rowspan="2">数量指标</td><td>科研论文数量</td><td>200 篇</td><td rowspan="2">数量指标</td><td>科研论文数量</td><td>60 – 70 篇</td></tr>
<tr><td>申报科研项目数量</td><td>50 项</td><td>申报科研项目数量</td><td>20 – 30 项</td></tr>
<tr><td>质量指标</td><td>平台建设质量</td><td>进一步提升</td><td>质量指标</td><td>平台建设质量</td><td>进一步提升</td></tr>
<tr><td>时效指标</td><td>项目完成时间</td><td>2020 年年底前</td><td>时效指标</td><td>项目进度及时率</td><td>100%</td></tr>
<tr><td rowspan="4">效益指标</td><td>生态效益</td><td></td><td></td><td>生态效益</td><td></td><td></td></tr>
<tr><td>经济效益</td><td>新药发现指标</td><td>完成 1 – 3 项在研创新药物的评价与机制研究</td><td>经济效益</td><td>新药发现指标</td><td>完成 1 项在研创新药物的评价与机制研究</td></tr>
<tr><td>社会效益</td><td>人才培养效益指标</td><td>提升研究生科研水平</td><td>社会效益</td><td>人才培养效益指标</td><td>提升研究生科研水平</td></tr>
<tr><td>可持续影响指标</td><td>科研成果可使用年度</td><td>5 – 10 年</td><td>可持续影响指标</td><td>科研成果可使用年度</td><td>5 – 10 年</td></tr>
<tr><td>满意度指标</td><td colspan="2">社会满意度</td><td>较好</td><td colspan="2">社会满意度</td><td>较好</td></tr>
</table>

项目 3

<table>
<tr><td>项目名称</td><td colspan="7">教育服务新旧动能转换专业对接产业项目</td></tr>
<tr><td>主管部门</td><td colspan="7">山东省教育厅</td></tr>
<tr><td>资金情况</td><td colspan="2">财政拨款年度金额</td><td colspan="5">3600 万元</td></tr>
<tr><td rowspan="2">总体目标</td><td colspan="4">长期目标(2018 年－2022 年)</td><td colspan="3">年度目标(2019 年)</td></tr>
<tr><td colspan="4">1. 高端装备专业群:到 2022 年,将高端装备专业群建设成为国内领先、山东省一流的品牌专业群,专业建设和应用型人才培养水平争取达到全国同类专业前 20%,机械设计制造及其自动化、车辆工程专业、能源与动力工程专业达到专业认证(评估)要求,并努力通过认证(评估),推动"机械设计制造及其自动化"专业申报国家级特色专业。2. 现代海洋专业群:到 2020 年,完成学科及专业资源整合,完成学科、专业方向的调整,实现与现代海洋产业的精准对接;完成公共、高端教学、教学科研平台的建设,省级以上级教学、科研成果、实习基地、重点实验室或工程技术中心的申报;组建高水平教学、科研团队,全面提升高级应用型人才培养质量与水平。3. 医养健康专业群:到 2021 年,核心专业通过专业认证,支撑专业至少 1 个专业通过认证;教学案例覆盖面为 20% 的专业必修课,建成 15－25 门在线课程;至少 1 门课程建成国家级一流课程,3 门课程建设成省级一流课程,20% 的课程建成省级以上优质在线开放课程;实施全面学分制。</td><td colspan="3">1. 高端装备专业群:优化课程结构,加强课程内涵建设;进行课程改革;继续加大对学生科技创新创业的支持力度,进一步加强学分制及弹性学制的组织与管理。2. 现代海洋专业群:完成学术论文发表 30 篇,SCI 论文 10 篇;申请发明专利 8－10 项,授权专利 5－8 项;完成 7－11 项重要科研成果转化;建设在线开放课程 5－8 门。3. 医养健康专业群:教学案例覆盖面达到专业必修课的 10%,建设 5－15 门在线课程;实践课程比例不低于 30%,继续落实创新创业教育,创新创业项目 3－8 项;就业率达到 95%;完善 5－15 家大学生实践教学基地;药学核心专业专任教师拥有博士学位的比例达到 100%,整体专业群双师型教师比例达到 55%。</td></tr>
<tr><td>绩效指标</td><td>一级指标</td><td>二级指标</td><td>三级指标</td><td>指标值</td><td>二级指标</td><td>三级指标</td><td>指标值</td></tr>
<tr><td rowspan="10">绩效指标</td><td rowspan="10">产出指标</td><td rowspan="4">数量指标</td><td>高端装备—高端装备共享实训平台</td><td>1</td><td rowspan="4">数量指标</td><td>高端装备—新建在线开放课程</td><td>10 个</td></tr>
<tr><td>现代海洋—论文</td><td>30 篇</td><td>高端装备—申请省级教改项目</td><td>3 个</td></tr>
<tr><td>医养健康—实践课程比例</td><td>≥30%</td><td>现代海洋—论文数量</td><td>30 篇</td></tr>
<tr><td>医养健康—创新创业项目</td><td>8－20 项</td><td>医养健康—专业必修课教学案例占比</td><td>10%</td></tr>
<tr><td rowspan="3">质量指标</td><td>高端装备—全国同类专业排名</td><td>前 20%</td><td rowspan="3">质量指标</td><td>医养健康—就业率</td><td>达到 95%</td></tr>
<tr><td>现代海洋—SCI 论文</td><td>10 篇</td><td>高端装备—选修学分比例</td><td>15%</td></tr>
<tr><td>医养健康—核心专业通过专业认证</td><td>≥1 个专业通过</td><td>现代海洋—SCI 论文</td><td>10 篇</td></tr>
<tr><td>成本指标</td><td>实际成本与工作内容的匹配程度</td><td>匹配</td><td>成本指标</td><td>项目总成本</td><td>3600 万元</td></tr>
<tr><td>时效指标</td><td>项目实施及时性</td><td>及时</td><td>时效指标</td><td>项目实施及时性</td><td>及时</td></tr>
</table>

续表

绩效指标	效益指标	生态效益	现代海洋—智能化海水生态养殖及加工示范系统	2 个	生态效益	现代海洋—智能化海水生态养殖及加工示范系统	2 个
		经济效益	高端装备—校企合作创收	1500 万元	经济效益	高端装备—校企合作创收收入	300 万元
			现代海洋—成果转化	5 项		现代海洋—成果价值	2500 万元
		社会效益	高端装备—五年人才培养人数	1500 人	社会效益	高端装备—人才培养人数	300 人
			现代海洋—山东省基层渔技及质检人员培训人数	350 人		医养健康—专业人才培养人数	≥ 300 人
		可持续影响指标	现代海洋—项目发挥作用时间	长期	可持续影响指标	现代海洋—项目发挥作用时间	长期
			现代海洋—对本行业未来可持续发展的影响	持续		现代海洋—对本行业未来可持续发展的影响	持续
	满意度指标	高端装备—用人单位满意率		95% 以上	现代海洋—受训学员满意率		100%
		现代海洋—受训学员满意率		100%	现代海洋—对企业技术指导满意率		100%

第四部分　名词解释

一、财政拨款收入：指由省级财政拨款形成的部门收入。按现行管理制度，省级部门预算中反映的财政拨款包括一般公共预算拨款、政府性基金预算拨款和国有资本经营预算拨款。

二、财政专户管理资金：指单位纳入财政专户管理的资金。主要包括教育收费等。

三、事业收入：指事业单位开展专业业务活动及辅助活动所取得的收入。如：学校开展科研活动取得的科研收入等。

四、事业单位经营收入：指事业单位在专业业务活动及其辅助活动之外开展非独立核算经营活动取得的收入（学校本年无此项收入）。

五、其他收入：指除上述“财政拨款收入”“事业收入”“事业单位经营收入”等以外的收入。主要是存款利息收入等。

六、上级补助收入：指单位从主管部门和上级单位取得的非财政补助收入（学校本年无此项收入）。

七、用事业基金弥补收支差额：指事业单位在预计用当年的“财政拨款收入”“财政拨款结转和结余资金”“事业收入”“事业单位经营收入”“其他收入”等不足以安排当年支出的情况下,使用以前年度积累的事业基金(事业单位当年收支相抵后按国家规定提取、用于弥补以后年度收支差额的基金)弥补本年度收支缺口的资金(学校本年无此项内容)。

八、上年结转:指以前年度尚未完成、结转到本年仍按原规定用途继续使用的资金。

九、基本支出:指为保障机构正常运转、完成日常工作任务而发生的人员经费和日常公用经费。

十、项目支出:指在基本支出之外为完成特定任务和事业发展目标所发生的支出。

十一、“三公”经费:指省级部门用财政拨款安排的因公出国(境)费、公务用车购置及运行费和公务接待费。其中,因公出国(境)费反映单位公务出国(境)的国际差旅费、国外城市间交通费、住宿费、伙食费、培训费、公杂费等支出;公务用车购置及运行费反映单位公务用车车辆购置支出(含车辆购置税)及燃料费、维修费、过路过桥费、保险费、安全奖励费用等支出;公务接待费反映单位按规定开支的各类接待(含外宾接待) 支出。学校本年未用财政拨款安排因公出国(境)费、公务用车购置及运行费和公务接待费等“三公”经费。

2.2019 年烟台大学单位决算公开

目录

第二部分　2019 年度部门决算表

表 1　收入支出决算总表

单位：万元

收　　入			支　　出		
项目	行次	决算数	项目(按功能分类)	行次	决算数
栏次		1	栏次		2
一、一般公共预算财政拨款收入	1	57174.95	一、一般公共服务支出	30	
二、政府性基金预算财政拨款收入	2		二、外交支出	31	
三、上级补助收入	3		三、国防支出	32	
四、事业收入	4	30407.05	四、公共安全支出	33	
五、经营收入	5		五、教育支出	34	92982.17
六、附属单位上缴收入	6		六、科学技术支出	35	2827.47
七、其他收入	7	11620.81	七、文化旅游体育与传媒支出	36	
	8		八、社会保障和就业支出	37	
	9		九、卫生健康支出	38	
	10		十、节能环保支出	39	
	11		十一、城乡社区支出	40	
	12		十二、农林水支出	41	458.45
	13		十三、交通运输支出	42	
	14		十四、资源勘探信息等支出	43	
	15		十五、商业服务业等支出	44	
	16		十六、金融支出	45	
	17		十七、援助其他地区支出	46	
	18		十八、自然资源海洋气象等支出	47	
	19		十九、住房保障支出	48	
	20		二十、粮油物资储备支出	49	
	21		二十一、灾害防治及应急管理支出	50	
	22		二十二、其他支出	51	
	23		二十三、债务还本支出	52	
	24		二十四、债务付息支出	53	
本年收入合计	25	99202.81	本年支出合计	54	96268.08
用事业基金弥补收支差额	26		结余分配	55	
年初结转和结余	27	4128.07	年末结转和结余	56	7062.79
	28			57	
总计	29	103330.88	总计	58	103330.88

注：本表反映单位本年度的总收支和年末结转结余情况。本表金额转化为万元时，因四舍五入可能存在尾差。

表 2　收入决算表

单位:万元

科目编码	科目名称	本年收入合计	财政拨款收入	上级补助收入	事业收入	经营收入	附属单位上缴收入	其他收入
栏　次		1	2	3	4	5	6	7
合　计		99202.81	57174.95		30407.05			11620.81
2050205	高等教育	95558.79	53530.93		30407.05			11620.81
2060203	自然科学基金	603.00	603.00					
2060302	社会公益研究	75.00	75.00					
2060901	科技重大专项	41.02	41.02					
2060902	重点研发计划	615.00	615.00					
2069999	其他科学技术支出	1760.00	1760.00					
2139999	其他农林水支出	550.00	550.00					

注:本表反映单位本年度取得的各项收入情况。本表金额转化为万元时,因四舍五入可能存在尾差

表 3　支出决算表

单位:万元

科目编码	科目名称	本年支出合计	基本支出	项目支出	上缴上级支出	经营支出	对附属单位补助支出
栏次		1	2	3	4	5	6
合计		96268.08	67118.91	29149.17			
2050205	高等教育	92982.17	67118.91	25863.26			
2060203	自然科学基金	957.60		957.60			
2060302	社会公益研究	84.69		84.69			
2060901	科技重大专项	36.01		36.01			
2060902	重点研发计划	812.11		812.11			
2069999	其他科学技术支出	937.06		937.06			
2130106	科技转化与推广服务	87.56		87.56			
2139999	其他农林水支出	370.89		370.89			

注:本表反映单位本年度各项支出情况。本表金额转化为万元时,因四舍五入可能存在尾差。

表4　财政拨款收入支出决算总表

单位:万元

收入			支出				
项目	行次	决算数	项目	行次	合计	一般公共预算财政拨款	政府性基金预算财政拨款
栏次		1	栏次		2	3	4
一、一般公共预算财政拨款	1	57174.95	一、一般公共服务支出	15			
二、政府性基金预算财政拨款	2		二、外交支出	16			
	3		三、国防支出	17			
	4		四、公共安全支出	18			
	5		五、教育支出	19	54066.65	54066.65	
	6		六、科学技术支出	20	2827.47	2827.47	
	7		七、农林水支出	21	458.45	458.45	
	8			22			
本年收入合计	9	57174.95	本年支出合计	23	57352.57	57352.57	
年初财政拨款结转和结余	10	1905.66	年末财政拨款结转和结余	24	1728.04	1728.04	
一般公共预算财政拨款	11	1905.66		25			
政府性基金预算财政拨款	12			26			
	13			27			
总计	14	59080.61	总计	28	59080.61	59080.61	

注:本表反映单位本年度一般公共预算财政拨款和政府性基金预算财政拨款的总收支和年末结转结余情况

表5　一般公共预算财政拨款支出决算表

单位:万元

项目		本年支出		
科目编码 \ 功能分类	科目名称	小计	基本支出	项目支出
栏次		1	2	3
合计		57352.57	36916.00	20436.57
2050205	高等教育	54066.65	36916.00	17150.65
2060203	自然科学基金	957.60		957.60
2060302	社会公益研究	84.69		84.69

续表

项目		本年支出		
功能分类 科目编码	科目名称	小计	基本支出	项目支出
2060901	科技重大专项	36.01		36.01
2060902	重点研发计划	812.11		812.11
2069999	其他科学技术支出	937.06		937.06
2130106	科技转化与推广服务	87.56		87.56
2139999	其他农林水支出	370.89		370.89

注:本表反映单位本年度一般公共预算财政拨款支出情况

表6　一般公共预算财政拨款基本支出决算表

单位:万元

人员经费			公用经费					
经济分类科目编码	科目名称	决算数	经济分类科目编码	科目名称	决算数	经济分类科目编码	科目名称	决算数
301	工资福利支出	29232.54	302	商品和服务支出	3953.45	307	债务利息及费用支出	
30101	基本工资	10455.62	30201	办公费	199.91	30701	国内债务付息	
30102	津贴补贴	11634.33	30202	印刷费		30702	国外债务付息	
30103	奖金	1556.00	30203	咨询费		30703	国内债务发行费用	
30106	伙食补助费		30204	手续费		30704	国外债务发行费用	
30107	绩效工资		30205	水费	251.06	310	资本性支出	
30108	机关事业单位基本养老保险缴费	1348.00	30206	电费	504.70	31001	房屋建筑物购建	
30109	职业年金缴费	1000.00	30207	邮电费	59.78	31002	办公设备购置	
30110	职工基本医疗保险缴费		30208	取暖费	1302.19	31003	专用设备购置	
30111	公务员医疗补助缴费		30209	物业管理费		31005	基础设施建设	
30112	其他社会保障缴费		30211	差旅费	829.97	31006	大型修缮	
30113	住房公积金	3045.00	30212	因公出国(境)费用		31007	信息网络及软件购置更新	
30114	医疗费		30213	维修(护)费		31008	物资储备	
30199	其他工资福利支出	193.59	30214	租赁费		31009	土地补偿	

续表

人员经费			公用经费					
经济分类科目编码	科目名称	决算数	经济分类科目编码	科目名称	决算数	经济分类科目编码	科目名称	决算数
303	对个人和家庭的补助	3730.01	30215	会议费		31010	安置补助	
30301	离休费	135.41	30216	培训费		31011	地上附着物和青苗补偿	
30302	退休费	3594.60	30217	公务接待费		31012	拆迁补偿	
30303	退职(役)费		30218	专用材料费	354.05	31013	公务用车购置	
30304	抚恤金		30224	被装购置费		31019	其他交通工具购置	
30305	生活补助		30225	专用燃料费		31021	文物和陈列品购置	
30306	救济费		30226	劳务费	198.97	31022	无形资产购置	
30307	医疗费补助		30227	委托业务费		31099	其他资本性支出	
30308	助学金		30228	工会经费		312	对企业补助	
30309	奖励金		30229	福利费		31201	资本金注入	
30310	个人农业生产补贴		30231	公务用车运行维护费		31203	政府投资基金股权投资	
30399	其他对个人和家庭的补助		30239	其他交通费用		31204	费用补贴	
			30240	税金及附加费用		31205	利息补贴	
			30299	其他商品和服务支出	252.82	31299	其他对企业补助	
						399	其他支出	
						39906	赠与	
						39907	国家赔偿费用支出	
						39908	对民间非营利组织和群众性自治组织补贴	
						39999	其他支出	
人员经费合计		32962.55	公用经费合计					3953.45

注:本表反映单位本年度一般公共预算财政拨款基本支出明细情况。本表金额转化为万元时,因四舍五入可能存在尾差。

表7 一般公共预算财政拨款“三公”经费支出决算表

单位:万元

预算数						决算数					
合计	因公出国(境)费	公务用车购置及运行费			公务接待费	合计	因公出国(境)费	公务用车购置及运行费			公务接待费
		小计	公务用车购置费	公务用车运行费				小计	公务用车购置费	公务用车运行费	
1	2	3	4	5	6	7	8	9	10	11	12

本单位无一般公共预算安排的“三公”经费支出,故本表无数据。

表8 政府性基金预算财政拨款收入支出决算表

单位:万元

项目		年初结转和结余	本年收入	本年支出			年末结转和结余
功能分类科目编码	科目名称			小计	基本支出	项目支出	
栏次		1	2	3	4	5	6
合计							

本单位没有政府性基金收入,也没有使用政府性基金安排的支出,故本表无数据。

第三部分 2019年度决算情况说明

一、收入支出决算总体情况说明

2019年度收、支总计103330.88万元。与2018年相比,收、支总计各增加14953.06万元,增长16.9%。主要是财政拨款专项资金和其他收入增加。

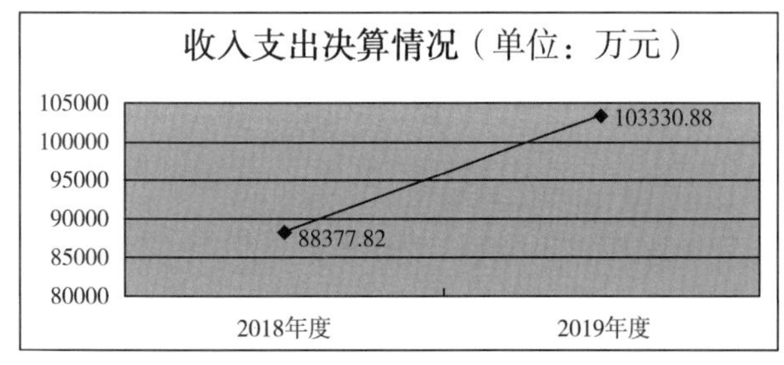

二、收入决算情况说明

本年收入合计99202.81万元,其中:财政拨款收入57174.95万元,占57.6%;事业收入30407.05万元,占30.7%;其他收入11620.81万元,占11.7%。

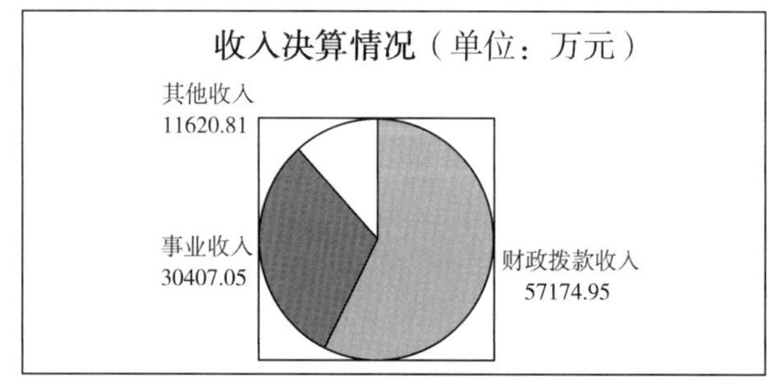

三、支出决算情况说明

本年支出合计 96268.08 万元，其中：基本支出 67118.91 万元，占 69.7%；项目支出 29149.17 万元，占 30.3%。

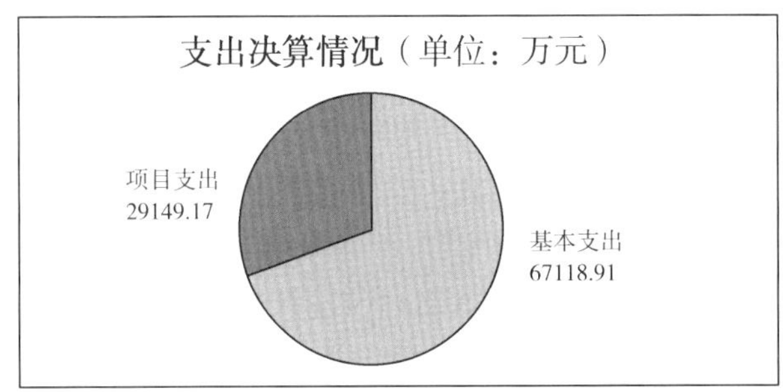

四、财政拨款收入支出决算总体情况说明

2019 年度财政拨款收、支总计 59080.61 万元。与 2018 年相比，财政拨款收、支总计各增加 15356.48 万元，增长 35.1%。主要是专项拨款经费增加。

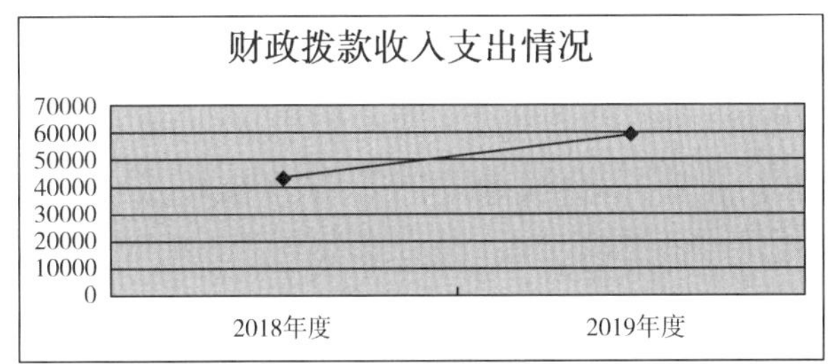

五、一般公共预算财政拨款支出决算情况说明

（一）一般公共预算财政拨款支出决算总体情况

2019 年度一般公共预算财政拨款支出 57352.57 万元，占本年支出合计的 59.6%。与 2018 年相比，一般公共预算财政拨款支出增加 15542.16 万元，增长 37.2%。主要是财政拨款专项支出增加。

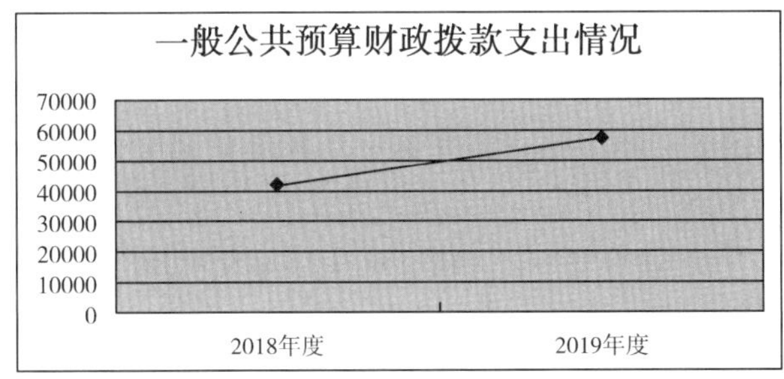

（二）一般公共预算财政拨款支出决算结构情况

2019 年度一般公共预算财政拨款支出 57352.57 万元，主要用于以下方面：教育（类）支出 54066.65 万元，占 94.3%；科学技术（类）支出 2827.47 万元，占 4.9%；农林水（类）支出 458.45 万元，占 0.8%。

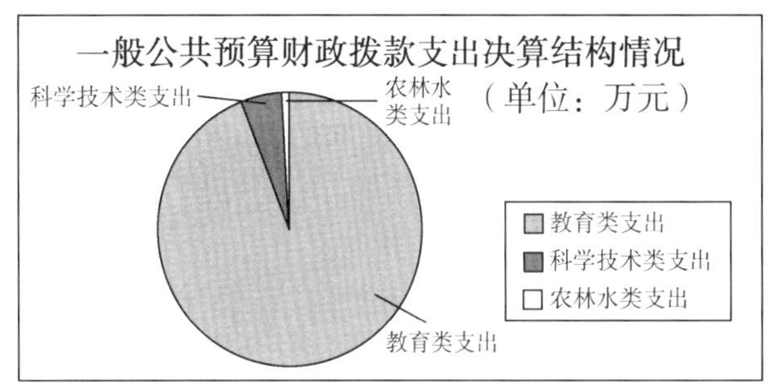

（三）一般公共预算财政拨款支出决算具体情况

2019 年度一般公共预算财政拨款支出年初预算为 48389.71 万元，支出决算为 57352.57 万元，完成年初预算的 118.5%。决算数大于年初预算数的主要原因是财政专项增多。其中：

（1）教育（类）普通教育（款）高等教育（项）主要反映用于高等学校人员经费、日常公用经费、教学业务和教研专项支出。年初预算为 47374.52 万元，支出决算为 54066.65 万元，完成年初预算的 114.1%。决算数大于年初预算的原因是年中增加了教育类专项资金。

（2）科学技术（类）基础研究（款）自然科学基金（项）、应用研究（款）社会公益研究（项）、科技重大项目（款）科技重大专项（项）、其他科学技术支出（款）其他科学技术支出（项），主要反映用于发展科学技术事业而支出的各项科研经费支出。年初预算为 927.56 万元，支出决算为 2827.47 万元，完成年初预算的 304.8%。决算数大于年初预算的原因是科研专项增多。

（3）农林水（类）农业（款）科技转化与推广服务（项），主要反映用于发展农林类科学技术事业而支出的农林类科研经费支出。年初预算为 87.63 万元，支出决算为 458.45 万元，完成年初预算的 523.2%。决算数大于年初预算的原因是相关科研专项增多。

六、一般公共预算财政拨款基本支出决算情况说明

2019 年度一般公共预算财政拨款基本支出决算 36916 万元，包括人员经费和公用经费，支出具体情况如下：

人员经费 32962.55 万元，主要包括：基本工资、津贴补贴、其他工资福利支出、离休费、退休费、生活补助、助学金、奖励金、住房公积金、采暖补贴、物业服务补贴等。

公用经费3953.45万元，主要包括：办公费、印刷费、水费、电费、邮电费、取暖费、差旅费、维修(护)费、专用材料费、劳务费、工会经费、福利费、其他交通费用、其他商品和服务支出等。

七、一般公共预算财政拨款“三公”经费支出决算情况说明

本单位无一般公共预算安排的“三公”经费支出。

八、政府性基金预算财政拨款收入支出决算情况说明

本单位没有政府性基金财政拨款收支。

九、重要事项情况说明

(一)机关运行经费支出情况

本单位为事业单位，无机关运行经费支出。

(二)政府采购支出情况

2019年度政府采购支出总额14219.79万元，其中：政府采购货物支出12354.66万元、政府采购工程支出1850.53万元、政府采购服务支出14.6万元。授予中小企业合同金额13609.28万元，占政府采购支出总额的95.7%，其中：授予小微企业合同金额11788.91万元，占政府采购支出总额的82.9%。

(三)国有资产占用情况

截至2019年12月31日，部门(单位)共有车辆12辆，其中，符合规定的领导干部用车0辆、机要通信用车0辆、应急保障用车1辆、执法执勤用车0辆、特种专业技术用车10辆、离退休干部用车1辆、其他用车0辆；单位价值50万元以上通用设备76台(套)；单位价值100万元以上专用设备9台(套)。

(四)预算绩效情况

1. 预算绩效管理工作开展情况。根据预算绩效管理要求，烟台大学按照“谁用款、谁评价”的原则，组织对本单位2019年度财政拨款预算项目进行全面自评，涵盖项目27个，涉及预算资金20258.95万元，占单位财政拨款预算项目支出总额的100%。

2. 部门决算中项目绩效自评结果。烟台大学2019年度预算项目绩效自评的27个项目中，有25个项目自评等级为优，2个项目自评等级为良。从自评情况看，学校对项目支出绩效管理的重视程度进一步提升，大部分项目有序开展，执行和完成情况较好，项目资金管控严格，资金使用比较规范，主要表现为：项目立项程序完整、规范，设置了明确的绩效目标，财务相关管理制度较健全，预算执行及时、有效，群众满意度较高，基本实现了预期目标。但也存在部分项目产出指标低于预期等问题。

今年在部门决算中反映了2019年度烟台大学项目支出绩效自评情况，以及“2019年高校‘双一流’建设工程(鲁财科教指[2019]0027号)”“‘双一流’建设工程(鲁财预指[2019]0001号)”“2019年学位与研究生教育质量强化建设计划(鲁财科教指[2019]0022号)”3个项目的绩效自评具体结果。(详见“第五部分 附件”)

第四部分　名词解释

一、财政拨款收入：指单位从同级财政部门取得的财政预算资金。按现行管理制度，省级部门决算中反映的财政拨款包括一般公共预算财政拨款和政府性基金财政拨款。

二、上级补助收入：指事业单位从主管部门和上级单位取得的非财政补助收入。

三、事业收入：指事业单位开展专业业务活动及其辅助活动取得的收入。包括事业单位收到的财政专户实际核拨的教育收费等。

四、经营收入：指事业单位在专业业务活动及其辅助活动之外开展非独立核算经营活动取得的收入。

五、附属单位上缴收入：指事业单位附属独立核算单位按照有关规定上缴的收入。

六、其他收入：指单位取得的除上述“财政拨款收入”“上级补助收入”“事业收入”“经营收入”“附属单位上缴收入”等以外的各项收入。

七、用事业基金弥补收支差额：指事业单位在用本年的“财政拨款收入”“财政拨款结转和结余资金”“事业收入”“经营收入”“其他收入”等不足

以安排当年支出的情况下，使用以前年度积累的事业基金（事业单位当年收支相抵后按国家规定提取、用于弥补以后年度收支差额的基金）弥补本年度收支缺口的资金。

八、年初结转和结余：指单位以前年度尚未完成、结转到本年仍按原规定用途继续使用的资金，或项目已完成等产生的结余资金。

九、结余分配：指事业单位按照会计制度规定缴纳的所得税以及从非财政拨款结余或经营结余中提取的各类基金。

十、年末结转和结余：指单位本年度或以前年度预算安排、因客观条件发生变化未全部执行或未执行，结转到以后年度继续使用的资金，或项目已完成等产生的结余资金。

十一、基本支出：指单位为保障其机构正常运转、完成日常工作任务而发生的人员支出和日常公用支出。

十二、项目支出：指单位在基本支出之外为完成特定的工作任务或事业发展目标所发生的支出。

十三、经营支出：指事业单位在专业业务活动及其辅助活动之外开展非独立核算经营活动发生的支出。

十四、"三公"经费：指省级部门用财政拨款安排的因公出国（境）费、公务用车购置及运行维护费和公务接待费。其中，因公出国（境）费反映单位公务出国（境）的国际旅费、国外城市间交通费、住宿费、伙食费、培训费、公杂费等支出；公务用车购置及运行维护费反映单位公务用车购置支出（含车辆购置税）及按规定保留的公务用车燃料费、维修费、过路过桥费、保险费、安全奖励费用等支出；公务接待费反映单位按规定开支的各类公务接待（含外宾接待）支出。

十五、机关运行经费：指为保障行政单位（包括参照公务员法管理的事业单位）运行用于购买货物和服务的各项资金，包括办公及印刷费、邮电费、差旅费、会议费、福利费、日常维修费、专用材料及一般设备购置费、办公用房水电费、办公用房取暖费、办公用房物业管理费、公务用车运行维护费以及其他费用。

十六、一般公共服务支出（类）财政事务（款）行政运行（项）：反映行政单位（包括实行公务员管理的事业单位）的基本支出。

十七、一般公共服务支出（类）财政事务（款）一般行政管理事务（项）：反映行政单位（包括实行公务员管理的事业单位）未单独设置项级科目的其他项目支出。

第五部分　附件

2019 年度烟台大学预算项目绩效自评情况汇总表

序号	项目名称	资金使用单位	自评得分	自评等级
1	2019 年学位与研究生教育质量强化建设计划鲁财科教指[2019]0022 号	烟台大学	95	优
2	2019 年高校"双一流"建设工程鲁财科教指[2019]0027 号	烟台大学	98	优
3	"双一流"建设工程鲁财预指[2019]0001 号	烟台大学	94.99	优
4	高水平应用型大学建设工程鲁财预指[2019]0001 号	烟台大学	99.7	优
5	教育服务新旧动能转换专业对接产业项目鲁财科教指[2019]0019 号、鲁财教指[2019]0004 号、鲁财预指[2019]0001 号	烟台大学	94.8	优
6	2019 年"支持地方高校改革发展资金"项目鲁财教指[2019]0023 号	烟台大学	100	优
7	马克思主义学院基础设施改造鲁财预指[2019]0001 号	烟台大学	98.6	优
8	图书馆数据库体系建设鲁财预指[2019]0001 号	烟台大学	96.7	优

续表

序号	项目名称	资金使用单位	自评得分	自评等级
9	2019 年山东省高等学校优秀青年创新团队发展计划鲁财科教指[2019]0028 号	烟台大学	93	优
10	省政府外国留学生奖学金、研究生教育质量提升计划鲁财科教指[2019]0012 号	烟台大学	96.91	优
			91.92	优
11	引进顶尖人才"一事一议"鲁财教指[2019]0017 号	烟台大学	93.02	优
12	2019 年省级人才建设资金(泰山学者工程)鲁财教指[2019]0017 号	烟台大学	93	优
13	高校协同创新计划鲁财预指[2019]0001 号	烟台大学	100	优
14	2019 年度省自然科学基金第二批(重大基础研究项目)鲁财科教指[2019]0041 号	烟台大学	97	优
15	2019 年度科技创新发展资金(重点研发计划公益类科技攻关项目)鲁财科教指[2019]0007 号	烟台大学	94	优
16	2019 年科技创新发展资金(重点研发重大科技创新工程和结转项目)鲁财科教指[2019]0030 号	烟台大学	92	优
17	农业科技资金鲁财农整指[2019]0023 号	烟台大学	92	优
18	大学生创新创业训练计划鲁财教指[2019]0009	烟台大学	98	优
19	走访慰问离休干部经费鲁财科教指[2019]0019 号	烟台大学	96.25	优
20	4 项大赛奖励鲁财教指[2019]0007 号	烟台大学	100	优
21	省属本科高校捐赠配比经费鲁财预指[2019]0001 号	烟台大学	100	优
22	校园足球发展、学生运动会备战训练比赛、基础教育和职业教育教学改革研究鲁财教指[2019]0008 号	烟台大学	100	优
23	高校思想政治工作重点计划、高校重点马克思主义学院建设、高校党建"双创""双带头人"鲁财科教指[2019]0013 号	烟台大学	98.76	优
24	2019 年科技创新发展资金(技术创新引导计划国家重点科研项目补助和奖励)鲁财科教指[2019]0030 号	烟台大学	93.27	优
25	省自然科学基金项目 –2018 年结转鲁财教指[2019]0011 号	烟台大学	100	优
26	支持现代农业产业技术体系创新团队建设鲁财教指[2019]0017 号	烟台大学	80.21	良
27	省自然科学基金项目 – 第一批鲁财教指[2019]0011 号	烟台大学	89.8	良

省级预算项目支出绩效自评表

（2019 年度）

<table>
<tr><td>项目名称</td><td colspan="3">“双一流”建设工程</td><td>主管部门</td><td colspan="3">山东省教育厅</td></tr>
<tr><td>项目实施单位</td><td colspan="3">烟台大学</td><td>联系电话</td><td colspan="3">0535－6706066</td></tr>
<tr><td rowspan="5">项目预算执行情况（10 分）</td><td></td><td>年初预算数</td><td>全年预算数（A）（万元）</td><td>全年执行数（B）（万元）</td><td>分值</td><td>执行率（B/A）</td><td>得分</td></tr>
<tr><td>年度资金总额</td><td></td><td>3700</td><td>3699.92</td><td>10</td><td>99.99%</td><td>9.99</td></tr>
<tr><td>其中：当年财政拨款</td><td></td><td>3700</td><td>3699.92</td><td>－</td><td>99.99%</td><td>－</td></tr>
<tr><td>上年结转资金</td><td></td><td></td><td></td><td>－</td><td></td><td>－</td></tr>
<tr><td>其他资金</td><td></td><td></td><td></td><td>－</td><td></td><td>－</td></tr>
<tr><td rowspan="2">年度总体目标</td><td colspan="3">年初预期目标</td><td colspan="4">目标实际完成情况</td></tr>
<tr><td colspan="3">（1）人才队伍建设：引进 1 名领军人才、3 名核心成员和 5－10 名优秀博士毕业生或博士后。
（2）创新平台建设：申报山东省工程技术中心或山东省高校重点实验室（申报系统开放情况下）。
（3）科学研究：发表 SCI 收录论文 60－70 篇，其中一区、二区文章 10－15 篇，顶级期刊论文 1－3 篇；申报国家级科研项目 20－30 项；争取 500－1000 万横向课题到账；申报国家发明专利 8－15 项。
（4）人才培养：新增 1 个本科专业（临床药学），力争获省级优秀学生毕业论文 1－2 篇。
（5）学术交流：参加国际学术会议 15－20 次以上，大会报告 3－5 次。邀请国内外专家交流及做学术报告 15－20 次，举办国际学术会议 1－2 次。</td><td colspan="4">1、目前已经引进高层次人才 1 名，优秀博士毕业生 4 人，建成由国家级高层次专家李小鹏领衔的学术团队 1 个。2、以第一单位发表科研论文 78 篇，被 SCI 收录论文 46 篇（一区、二区论文 35 篇），顶级期刊论文 3 篇。申报国家级科研项目 25 项，实际获得立项的纵向课题 15 项，其中国家级项目 2 项，省级课题 8 项，经费到账 1804 万元；横向课题 18 项，经费到账 1092.45 万元。申报国家发明专利 12 项，授权 12 项。3、招收硕士研究生 84 人，博士研究生 7 人，慕宏杰的博士论文《玻璃体注射治疗眼部新生血管病变的 VEGF 抗体脂质体凝胶复合眼部给药系统的研究》和胡海燕的硕士论文《基于细胞穿膜肽 r9 修饰的纳米胶束抗乳腺癌淋巴转移的研究》、刘娟的硕士论文《氮杂熊果酸新衍生物的合成及体外抗炎活性的研究》获省级优秀毕业论文，共 3 篇。4、教师与研究生参加国内外学术会议 194 次，其中国际学术会议 26 次，大会报告 13 次，邀请国内外专家交流及做学术报告 24 次，承办第十六届全国生化与分子药理学学术会议、第十三届中国药物制剂大会、“泰山学者论坛－疾病的调控机制及创新药物设计与发现专题”国际研讨会等重要国内外学术会议。</td></tr>
</table>

续表

	一级指标	二级指标	三级指标	年度指标值(A)	实际完成指标值(B)	分值	得分	偏差原因分析及改进措施
年度绩效指标	产出指标(50分)	数量指标	SCI论文	60－70篇	89篇	10	10	
			国家级课题	申报20－30项	25项	10	10	
		质量指标	平台建设	申报山东省工程技术中心或山东省高校重点实验室（申报系统开放情况下）	未开放申报系统	5	0	
			高质量论文(SCI一、二区)	15篇	50篇	10	10	
		时效指标	完成时间	2019.12	2019.12	5	5	
		成本指标	实际成本	3700万元	3700万元	10	10	
	效益指标(30分)	经济效益指标	新药发现	完成1项在研创新药物的评价与机制研究	用于治疗重度抑郁症的全新化学实体(NCE)安舒法辛缓释片（项目编号LY03005）计划于2019年12月提交美国FDA新药生产上市(NDA)申请。	10	10	
		社会效益指标	培养人才	提升研究生科研水平	研究生发表SCI文章47篇，其中JCR分区1、2区论文26篇，申请国家发明专利7项，授权7项。	10	10	
		生态效益指标	污染	无	无	5	5	
		可持续影响指标	可使用年度	5—10年	10年	5	5	
	满意度指标(10分)	服务对象满意度指标	师生满意度	96%	99%	10	10	
总分	94.99							

省级预算项目支出绩效自评表

（2019 年度）

<table>
<tr><td colspan="2">项目名称</td><td colspan="3">2019 年高校“双一流”建设工程</td><td>主管部门</td><td colspan="3">山东省教育厅</td></tr>
<tr><td colspan="2">项目实施单位</td><td colspan="3">烟台大学</td><td>联系电话</td><td colspan="3">0535－6883494</td></tr>
<tr><td colspan="2" rowspan="5">项目预算执行情况（10 分）</td><td></td><td>年初预算数</td><td>全年预算数（A）（万元）</td><td>全年执行数（B）（万元）</td><td>分值</td><td>执行率（B/A）</td><td>得分</td></tr>
<tr><td>年度资金总额</td><td></td><td>1500</td><td>1500</td><td>10</td><td>100%</td><td>10</td></tr>
<tr><td>其中：当年财政拨款</td><td></td><td>1500</td><td>1500</td><td>–</td><td>100%</td><td>–</td></tr>
<tr><td>上年结转资金</td><td></td><td></td><td></td><td>–</td><td></td><td>–</td></tr>
<tr><td>其他资金</td><td></td><td></td><td></td><td>–</td><td></td><td>–</td></tr>
<tr><td colspan="2" rowspan="2">年度总体目标</td><td colspan="3">年初预期目标</td><td colspan="4">目标实际完成情况</td></tr>
<tr><td colspan="3">（1）人才队伍建设：引进或培养 1 名省部级人才，引进 4－6 名优秀博士毕业生或博士后，建设 1 个由国家级高层次专家领衔的学术团队。
（2）创新平台建设：形成并实施高水平创新平台建设方案。
（3）科学研究：发表 SCI、EI 收录论文不少于 30 篇，其中一区、二区文章不少于 8 篇；申报国家和省部级科研项目不少于 10 项；申报国家发明专利不少于 6 项。
（4）人才培养：强化研究生教学、科研管理，提高研究生培养质量。
（5）学术交流：参加国内外学术会议不少于 10 人次，邀请国内外专家交流及做学术报告不少于 10 人次。</td><td colspan="4">（1）人才队伍建设：引进 2 名省部级人才，引进 15 名优秀博士毕业生或博士后，已建设成 1 个由国家级高层次专家领衔的学术团队。
（2）创新平台建设：高水平创新平台建设方案已形成并实施。
（3）科学研究：发表 SCI 收录论文 52 篇，其中一区、二区文章 38 篇；获省部级以上课题立项 10 项，正在承担各类纵向横向课题共 27 项；授权与申报国家发明专利 21 项。
（4）人才培养：研究生培养质量显著提升。
（5）学术交流：参加国内外学术会议 11 人次，邀请国内外专家交流及做学术报告 15 人次。</td></tr>
<tr><td rowspan="13">年度绩效指标</td><td>一级指标</td><td>二级指标</td><td>三级指标</td><td>年度指标值（A）</td><td>实际完成指标值（B）</td><td>分值</td><td>得分</td><td>偏差原因分析及改进措施</td></tr>
<tr><td rowspan="12">产出指标（50 分）</td><td rowspan="8">数量指标</td><td>引进或培养省部级人才</td><td>1 人</td><td>2 人</td><td>5</td><td>5</td><td></td></tr>
<tr><td>引进博士</td><td>4－6 名</td><td>15 名</td><td>5</td><td>5</td><td></td></tr>
<tr><td>建设国家级人才领衔的团队</td><td>1 个</td><td>1 个</td><td>5</td><td>5</td><td></td></tr>
<tr><td>SCI/EI 论文</td><td>30 篇</td><td>52 篇</td><td>5</td><td>5</td><td></td></tr>
<tr><td>申报省级以上项目</td><td>10 个</td><td>12 个</td><td>5</td><td>5</td><td></td></tr>
<tr><td>申报国家发明专利</td><td>6 项</td><td>13 项</td><td>5</td><td>5</td><td></td></tr>
<tr><td>参加学术会议</td><td>10 人次</td><td>11 人次</td><td>3</td><td>3</td><td></td></tr>
<tr><td>邀请专家报告</td><td>10 次</td><td>15 次</td><td>2</td><td>2</td><td></td></tr>
<tr><td rowspan="3">质量指标</td><td>学术队伍</td><td>国内有影响力</td><td>影响力提升</td><td>3</td><td>3</td><td></td></tr>
<tr><td>人才培养质量</td><td>提升</td><td>提升</td><td>3</td><td>3</td><td></td></tr>
<tr><td>科研平台</td><td>国内先进</td><td>国内先进</td><td>4</td><td>4</td><td></td></tr>
<tr><td>时效指标</td><td>年度完成计划</td><td>完成</td><td>完成</td><td>5</td><td>5</td><td></td></tr>
</table>

续表

<table>
<tr><td colspan="2">一级指标</td><td>二级指标</td><td>三级指标</td><td>年度指标值(A)</td><td>实际完成指标值(B)</td><td>分值</td><td>得分</td><td>偏差原因分析及改进措施</td></tr>
<tr><td rowspan="8">年度绩效指标</td><td rowspan="6">效益指标（30 分）</td><td rowspan="5">社会效益指标</td><td>产学研合作</td><td>显著提升</td><td>显著提升</td><td>5</td><td>5</td><td></td></tr>
<tr><td>服务高端装备产业</td><td>提升</td><td>提升</td><td>5</td><td>5</td><td></td></tr>
<tr><td>人才培养水平</td><td>较大提高</td><td>较大提高</td><td>5</td><td>5</td><td></td></tr>
<tr><td>师生满意度</td><td>96%</td><td>99%</td><td>5</td><td>5</td><td></td></tr>
<tr><td>科技创新能力</td><td>显著提升</td><td>显著提升</td><td>5</td><td>5</td><td></td></tr>
<tr><td>可持续影响指标</td><td>学科实力</td><td>显著提升</td><td>提升</td><td>5</td><td>4</td><td></td></tr>
<tr><td rowspan="2">满意度指标（10 分）</td><td rowspan="2">服务对象满意度指标</td><td>服务相关师生满意度</td><td>满意</td><td>满意</td><td>5</td><td>5</td><td></td></tr>
<tr><td>服务相关企业和社会需求</td><td>创新成果与转化</td><td>已有相关成果转化</td><td>5</td><td>4</td><td></td></tr>
<tr><td colspan="3">总分</td><td colspan="6">98</td></tr>
</table>

省级预算项目支出绩效自评表

（2019 年度）

<table>
<tr><td>项目名称</td><td colspan="3">2019 年学位与研究生教育质量强化建设计划</td><td>主管部门</td><td colspan="4">山东省教育厅</td></tr>
<tr><td>项目实施单位</td><td colspan="3">烟台大学</td><td>联系电话</td><td colspan="4">0535－6883494</td></tr>
<tr><td rowspan="5">项目预算执行情况（10 分）</td><td></td><td>年初预算数</td><td>全年预算数(A)(万元)</td><td>全年执行数(B)(万元)</td><td>分值</td><td>执行率(B/A)</td><td colspan="2">得分</td></tr>
<tr><td>年度资金总额</td><td></td><td>500</td><td>500</td><td>10</td><td>100%</td><td colspan="2">10</td></tr>
<tr><td>其中：当年财政拨款</td><td></td><td>500</td><td>500</td><td>–</td><td></td><td colspan="2">–</td></tr>
<tr><td>上年结转资金</td><td></td><td></td><td></td><td>–</td><td></td><td colspan="2">–</td></tr>
<tr><td>其他资金</td><td></td><td></td><td></td><td>–</td><td></td><td colspan="2">–</td></tr>
<tr><td rowspan="2">年度总体目标</td><td colspan="3">年初预期目标</td><td colspan="5">目标实际完成情况</td></tr>
<tr><td colspan="3">3～5 个学科达到博士点要求</td><td colspan="5">3 个学科达到博士点要求</td></tr>
</table>

<table>
<tr><td colspan="2">一级指标</td><td>二级指标</td><td>三级指标</td><td>年度指标值(A)</td><td>实际完成指标值(B)</td><td>分值</td><td>得分</td><td>偏差原因分析及改进措施</td></tr>
<tr><td rowspan="6">年度绩效指标</td><td rowspan="6">产出指标（50 分）</td><td rowspan="2">数量指标</td><td>达到博士点基本条件学科数</td><td>3 个</td><td>3 个</td><td>10</td><td>10</td><td></td></tr>
<tr><td>大型科研设备</td><td>1 套</td><td>1 套</td><td>10</td><td>8</td><td></td></tr>
<tr><td>质量指标</td><td>引进高水平青年博士数</td><td>10 人</td><td>11 人</td><td>10</td><td>10</td><td></td></tr>
<tr><td>时效指标</td><td>按时完成率</td><td>100%</td><td>90%</td><td>10</td><td>9</td><td></td></tr>
<tr><td>成本指标</td><td>不超预算</td><td>500 万元</td><td>500 万元</td><td>10</td><td>10</td><td></td></tr>
</table>

续表

	一级指标	二级指标	三级指标	年度指标值（A）	实际完成指标值（B）	分值	得分	偏差原因分析及改进措施
年度绩效指标	效益指标（30分）	社会效益指标	提升人才培养能力	显著提升	显著提升	10	10	
			提高研究生培养质量	显著提升	显著提升	10	10	
		可持续影响指标	学科竞争力	显著提高	提高	10	8	
	满意度指标（10分）	服务对象满意度指标	师生满意度	96%	97%	10	10	
			……					
总分			95					

资产与实验室管理

【概况】资产与实验室管理处设有国资管理科、采购供应科、资产经营监管科、实验室管理科等4个科。校办产业管理办公室挂靠资产与实验室管理处。全处工作人员18人。

【采购供应】全年政府采购50余次共14602.72万元，其中预算内资金10471.20万元、财政专户807万元、自筹资金3324.52万元；完成8次校内招、议标采购。采用财政资金与校内资金拼盘方式，节约资金300多万元；办理申报进口免税近100项，节约资金200多万元。组织履约验收15次共139项。

【国有资产管理】截至2019年底，全校固定资产总值172121万元，计178985台（件）。全年固定资产入账18242万元，计2816台（件）；低值设备入账29万元，计590台（件）；资产变动12467件（次）；资产报废2169万元；资产处置收入12.31万元。对全校资产有偿使用情况进行清查，并与各单位签订国有资产受托管理责任书，受托期限两年。有偿使用项目报备45个；登记在册的各类房产（场地）租赁项目51个，全年经营性收入463万元（未含校办产业）；各类合同用印728份。完成建筑公司和三校科技园发展有限公司法人变更。

【实验室管理】依托专项工作组，配合相关部门，完成实验中心小型结构实验室、内部使用功能细化调整和二次装修论证，优化完善大型仪器共享中心规划。投入600万元完成车辆工程专业认证实验室建设、物理实验中心改造等工程。协办国家级示范中心联席会药学学科组工作会议。推进国家级“焊接工业机器人虚拟仿真实验教学项目”建设；新申报土木工程类国家级虚拟仿真教学项目进入教育部评审。研究论证全校虚拟仿真实验教学中心建设方案。成立学校实验室安全工作委员会，与各二级单位签订年度《安全责任书》。定期组织实验室消防知识培训和演练、实验室环境卫生和安全检查。落实全省实验室危险废物专项检查整改要求，出台《烟台大学实验室危险废物专项治理实施方案》,全年共集中转运处理废液27.58吨。办理实验耗材采购额300万元、合同300份,易制毒、易制爆化学试剂采购备案200次。

【公房管理】投入260万元,完成马克思主义学院办公及科研用房基础设施改造;处置祥隆理想城抵顶房屋30套,收回资金2784万元;调整分配房屋23次约4000平方米。

【资产经营】出台《烟台大学校办产业管理办法实施细则(试行)》。按照上级要求,完成学校所属企业摸底工作。协调推进解决建筑公司相关问题。全年校办产业稳定发展,实现产值约900万元,其中印刷厂260万元、建设监理公司400万元、建筑设计院220万元、双德公司20万元。所有企业未发生安全责任事故。

(郭树同)

附:

2019年资产与实验室管理工作相关数据统计表

截至2019年12月

类 目	明 细	数 额	备 注
采购供应	政府采购(万元)	14602.72	
	校内采购(次)	8	
国资管理	固定资产总值(万元)	172121	
	固定资产总数量(台/件)	178985	
	年固定资产入账值(万元)	18242	
	年固定资产入账数量(台件)	2816	
	低值设备入账值(万元)	29	
	低值设备入账数量(台/件)	590	
	资产变动数量(件/次)	12467	
	报废资产总值(万元)	2169	
	资产处置收入(万元)	12.31	
	公务车处置(台)	11	
	资产有偿使用收入(万元)	463	
	合同/招标采购合同/科研合同/其他合同(件)	728	
	调配办公用房(m^2)	4000	
	调配公用房屋次数	23	
实验室管理	教学科研设备(台)	33225	
	教学科研设备总值(万元)	50413.92	
	10万以上大型仪器设备(台)	602	
	实验室总数(个)	127	
	实验室总面积(m^2)	59600	
	教学实验项目(项)	1437	
	教学实验学时(个)	48637	
	总实验人时数(人/时)	1757946	
	实验技术高级职称/中级职称/兼职实验人员	44/68/232	

续表

类 目	明 细	数 额	备 注
资产经营	校办企业总产值(万元)	900	
	印刷厂(万元)	260	
	双德公司(万元)	20	
	建设监理公司(万元)	400	
	建筑设计院(万元)	220	

审计工作

【概况】2019年,按照学校部署,清理、优化、整合原有内审制度,修订《烟台大学内部审计工作规定》《烟台大学中层领导干部经济责任审计实施办法》《烟台大学经济实体审计实施办法》《烟台大学建设工程项目跟踪审计实施办法》等文件,经校长办公会审议通过发布实施。

审计处有工作人员9人。其中工程审计人员2人,财务审计人员4人;硕士研究生4人,本科生3人,大专生2人;中级职称8人,初级职称1人。

【财务审计】牵头协调烟台大学原主要领导离任经济责任审计的整改工作,撰写整改报告上报省审计厅,代表学校向省教育厅汇报审计整改情况。

受学校党委组织部委托,完成后勤处原负责人任期经济责任履行情况审计1项,审计资金总额29536.52万元,提出问题和改进管理建议30条,提交审计报告1份。

完成学校财务决算报表、专项资金使用决算报表审签2项;协助学校纪委完成校内4个单位的收支合规情况调查4项;完成科研项目经费决算审签44项。

【工程审计】开展工程项目审计57项,送审资金总额11178.85万元,审减金额844.06万元,审减率7.55%。

1. 自审基建、修缮等工程项目35项,送审金额7266.67万元,审定金额6871.87万元,审减金额394.80万元,审减率5.43%。

2. 委托社会中介单位审计基建工程项目22项,送审金额3912.18万元,审定金额3462.92万元,审减金额449.26万元,审减率11.48%。

委托社会中介单位,对学校实验中心、电力增容改造等预算造价约2亿元的14项工程项目开展了跟踪审计。

(温韶丹)

综合行政管理

【概况】学校办公室承担校级行政管理中的综合协调、督查督办、公文处理、会议管理、档案管理、机要保密、对外联络、服务保障等职责。2019年5月,学校办公室增设信息科,现有综合科、秘书科、督察科、机要科、信息科、综合档案室、会议中心7个科室,工作人员18名。

2019年,学校办公室抓实抓好"不忘初心、牢记使命"主题教育,当好参谋助手,做好组织协调、督查督办、信息传递等各项服务管理,保质保量完成了各项工作任务。

【文秘工作】紧贴学校中心工作、重点工作开展前期调研,分析谋划,协助领导拟订决策方案,提出合理化意见建议,发挥好"智囊团"作用。严格各类文件制发,精简数量,限制字数和篇幅,突出思想性和可操作性。全年共制发公文373件。其中党字37件,党发51件;校字89件,校发93件;办字15件,办发18件;党任10件,校任7件;函字3件;党委常委会会议纪要30件,校长办公会会议纪要20件。起草典型材料、工作报告、讲话稿等300余篇。做好党委常委会、校长办公会和专题会等会务和记录工作。深入调研,广泛征求意见,起草印发了指导学校加快内涵建设,提升综合办学实力,为区域经济社会发展提供强有力支持的《烟台大学高质量发展实施意见》。通过市机要局密码电报抄报点检查,传阅文件1309件,其中涉密文件传阅297件、办公系统传阅1012件;制定《烟台大学机要文件管理办法》,收取机要信件612件、发出213件。围绕学校人才培养、内涵建设、服务地方经济社会发展等问题,收集上报信息近200条;多次报送《烟台大学关于与北京大学、清华大学合作相关工作进展情况的报告》,获烟台市委书记批示。

【会议管理】精心协调每周日程安排,服务烟台市第二次校地合作联席会、省市共建烟台大学签约仪式等大中小型会议400余次。会议中心承接各类活动450余场次。制定《烟台大学公务用车管理使用办法》,为机要通讯、客人来访等派车700余次,安全行驶3万余公里,未发生任何事故。

【交流往来】坚持热情、周到、节俭,做好上级检查、调研,兄弟院校考察交流等接待工作。年内接待教育部学校规划建设发展中心负责人考察学校科教园区规划建设,新华三集团总裁兼CEO到校交流校所城产融合发展,吉林大学、大连交通大学、清华大学等高校来访各类活动90余次。安排协调校领导考察访问江南大学、南方科技大学、天津大学、中国农业科学院作物科学研究所等26家高校和单位。

【督查督办】创新督查、督办方式,范围扩大至党委常委会、校长办公会决议决定,学校重点工作,师生通过校长信箱、网上民声"回音壁"等方式反映强烈的问题。编发督查通报,跟踪督办事项进展,分管副主任与部门主要负责人面对面。有关事项得到解决,督查成效得以提高。全年完成督查、督办工作471件(次),处理校长信箱函件180件、回音壁留言1264条。编印督查通报5期、回音壁工作汇总2期,为学校督办问责提供事实依据。

【信访工作】坚持问题导向,提升接访应诉能力。建立数字化信访台账,实行接诉即办,信访工作"过程满意度"进一步提升。全年处理"12345"政务服务热线网件105件,电话沟通联系57次;接待日常来访47起、校领导接待日来访16起。赴烟台市信访局现场工作会议1次。

【信息公开】2019年,新版学校信息公开网站投入使用,共公开各类信息200余条。学校主页公布校长办公会20期。学校办公系统公开各类信息1000余条。全年未出现申请公开信息按照规定不能予以公开的情况。不断推进两校援建、巡视整改、审计整改等重点工作、重点领域的信息公开。

【档案管理】加强档案资源建设,督促电视台加强

声像档案的归档,协调教务处补齐建校以来的课程表和教学任务书,启动人物档案的征集工作。整理归档各类纸质档案2445卷、1014件;电子文件1000余件;声像档案录像带129盘、光盘96张,纸质照片211张、数字照片1200余张。完成学校重要活动摄影275场次。完成纸质档案数字化扫描659件。档案利用做到"一次办好",提供档案利用1993人次、调阅案卷3800余卷,提供照片利用600余张。制定《烟台大学财会档案利用制度》,完善财会档案利用审批手续,落实库房安全值班制度,确保档案安全。制定《烟台大学年鉴管理办法》,完成2016年卷组稿工作。按时完成档案统计年报。承办山东高校档案专业委员会2019年年会暨学术研讨会。

(赵海峰)

【法律事务】全年审核各类对外签订合同837件,针对合同中存在的适用旧标准、价格不合理、管辖法院在外地等问题提出合理化建议,全年没有发生经济纠纷的诉讼和仲裁,最大程度减少了经济纠纷的发生率。

代表学校参与行政诉讼、伤害赔偿诉讼和人事仲裁各1起,在1起行政诉讼中胜诉。

为学校重大决策、规范性文件的制定提供法律意见和建议,将法律风险防范与控制工作引入到学校各部门的具体工作中去,为学生处分、人事制度修订、校办产业的处置和学校分房等提供法律咨询。

(宋红松)

对外交流与合作

【概况】2019年,烟台大学与新西兰坎特伯雷大学、澳大利亚新英格兰大学分别在生命科学和法学领域签署联合培养博士生及联合博导协议。英国朴茨茅斯大学桥梁英语教学项目落地国际教育交流学院;烟台大学在英国朴茨茅斯大学成立教师访学基地,每学期选派3人前往该校访学。

本年度,学校出台了《烟台大学教学科研人员因公临时出国管理规范实施细则》《烟台大学外宾接待管理办法》,修订了《烟台大学因公临时出国管理办法》。

国际合作交流处现设有综合科、外籍专家科、项目管理科和出境管理科等4个科室,在岗人员6人。

【友好学校】本年度,学校与芬兰、美国、英国、加拿大、澳大利亚、马来西亚、德国等7个国家的10所大学建立了友好合作交流关系。

【因公出访】全年派出因公出访团组67个,114人次。其中校级团组6个,20人次;处级及以下团组61个,94人次。

【师生交流】全年派出教师出国(境)留学、校际交流、进修、合作研究、参加学术会议等94人次,其中省政府资助出国留学4人,国家留学基金委资助出国3人。

派出赴美国、日本、韩国、英国等校际交流学生49人。派出赴美国、日本、韩国等暑期短期研修生82人,假期赴美国、日本长短期带薪实习共41人。

【汉语国际推广】2019年,学校向国外派遣汉语志愿者10人。首签6人,续签4人。

【港澳台工作】本年度,学校共派出赴台港澳地区访问和学术交流团组11个、23人次。派出赴中国台湾地区研修学生48人,接收2名中国台湾地区学生来校研修学习。

【外籍专家】聘请长期专家41人,短期专家1人。其中语言专家23人,非语言类专家19人。出台《烟台大学外籍专家聘用管理办法(试行)》以及相关配套文件,促进学校外籍专家管理工作的制度化、规范化。

【中外合作办学】学校现有2个中外合作办学本科项目。与韩国檀国大学合作举办的材料科学与工程本科专业,在校生359人(2016级91人、2017级

90人、2018级87人、2019级91人);与美国西俄勒冈大学合作举办的法学(区域犯罪信息分析)本科专业,在校生384人(2016级98人、2017级99人、2018级93人、2019级94人)。

(王春敏)

附:

1.2019年学校接待重要来访统计表

序号	时间	国家或地区	来访团组	主要来访人员	接待校领导
1	1月7-10日	日本	北海商科大学	苏林、奥野	宋中民
2	1月15日	芬兰	萨塔昆塔应用科技大学	艾诺-玛利亚、阿里-贝卡、贝特利、雅内	张　伟　宋中民
3	1月18-19日	英国	朴茨茅斯大学	格雷厄姆·加尔布雷斯、克里斯·张、焦亚·佩谢托	郭善利 宋中民
4	2月21-22日	美国	西俄勒冈大学	杨能强、胡芳杰	宋中民
5	2月22-24日	韩国	汉阳大学	申胜国、严颂伊、尹朔满、崔有利、高宝炯、刘明星、邱韵涵	
6	3月13-15日	韩国	世新大学	王正平、刘文英、江庭慧	宋中民
7	3月25	意大利	米兰ACME美术学院	皮特罗·普利彼得·普拉托、张海佳	郭善利
8	3月27	韩国	又石大学	Shin Yeon Wook	
9	3月29	韩国	庆熙大学	吴炯娜	
10	4月2-3日	澳大利亚	中文教师联合会	李复新	
11	4月11日	英国	齐鲁文商会	宋理鹏、杜祥平	郭善利
12	4月18-20日	韩国	檀国大学	沈載佑、张钒星	宋中民
13	5月4日	韩国	建国大学	Daejoong Son、Byoung-su Kim、Lee Jung Hyuk、LI RONGYI	
14	5月23日	美国	匹兹堡大学	邱民京、麦克林、陈谦斌、孙清清、杨乙新、王杰恩	宋中民
15	5月31日	韩国	祥明大学	赵恒録、朴庆洛、朴夏珍、申泳雄	
16	6月3日	韩国	檀国大学	YOON/KYUNG HWAN、曹成铉、崔明洙、金明玉、杨智玹	宋中民
17	6月16-18日	韩国	檀国大学	鱼镇愚、沈載佑、YOON/KYUNG HWAN、张钒星、任娟、洪世钦、李镐中、金永善	郭善利　宋中民
18	6月21日	美国	加州大学圣地亚哥分校	Etran McComic、谭媛媛	
19	6月26日	波兰、西班牙、哈萨克斯坦	高校	Juan Luis Fernandez Lorenzo、SylwiaElzbieth;Keller-Przybylkowicz、谢迎秋、赵　鹏	

续表

序号	时间	国家或地区	来访团组	主要来访人员	接待校领导
20	6 月 29 日	韩国	忠北大学	黄太焕	
21	7 月 10－12 日	韩国	翰林大学	张钒星、尹银珠、全益泰、李政勋	
22	7 月 11 日	德国	不来梅雅各布大学	米克海洛·舍夫舒克、王　菲、鞠锦源	
23	7 月 15 日	波兰	华沙理工大学	李兴元	
24	7 月 26 日	新西兰	奥克兰大学	李源、杨杰	
25	7 月 28 日	美国	圣地亚哥州立大学	米春亭、田培金	
26	8 月 18 日	韩国	翰林大学	张钒星、KIM JIN HYUNG、KOM MO YOUNG	宋中民
27	8 月 26 日	新西兰	坎特伯雷大学	Paula Jameson、Pragatheswari Dhandapan	张殿臣
28	9 月 3－11 日	日本	北海商科大学	阿部秀明、伊藤昭男、苏林、舛田佳弘	宋中民
29	9 月 9－10 日	美国	田纳西大学查塔努加分校	Daniel J. Pack、Joseph Owino、胡芳杰	宋中民
30	10 月 12 日	芬兰	阿尔托大学	Risto Lahdeima	
31	10 月 13 日	美国	田纳西州立大学	郑冠平	
32	10 月 22 日	中国台湾	佛光大学、东华大学	谢大宁、李少如	宋中民
33	10 月 23 日	韩国	木浦大学(中韩学术会)	金信圭、宋河哲、李相暾、林春城、全晟镕、朴敬燮、林润燮	宋中民
34	10 月 28 日	中国台湾	海洋大学	张清风	郭善利　宋中民
35	11 月 8 日	马来西亚	林登大学	梁嘉俊、庄志海、张　凯、巩美娟	
36	11 月 21 日	美国	品客国际	Chris Wichert	
37	11 月 21 日	美国	田纳西大学查塔努加分校	Robert Dooley、Jones Michael Andrew、Wheatley Kathleen Kier、胡芳杰、张　泳	
38	11 月 22 日	中国台湾	中原大学	魏大钦、王芷莹	
39	11 月 26 日	韩国	汉阳大学	金达镐、邱韵涵、申桂莲	

2. 2019 年学校与国外学校签署协议统计表

序号	外方签约学校	签约时间	学校代表	外方代表	内容	签约地点
1	白俄罗斯国立文化艺术大学	2019. 1. 8	郭善利	艾琳娜·科巴特	合作办学协议及补充协议	函签
2	芬兰萨塔昆塔应用科技大学	2019. 1. 15	张　伟	雅瑞·穆提斯尔塔、阿里贝卡·开鲁	谅解备忘录	烟台
3	美国西俄勒冈大学	2019. 3. 15	郭善利	Rex Fuller	法学专业本科教育项目延期协议书	函签
4	田纳西大学查塔努加分校	2019. 4. 18	郭善利	史蒂文·安格尔	合作谅解备忘录	函签
5	英国提赛德大学	2019. 4. 26	宋中民	大卫·贝尔副校长	合作备忘录	函签

续表

序号	外方签约学校	签约时间	学校代表	外方代表	内容	签约地点
6	英国朴茨茅斯大学	2019.6.26	宋中民	Chris Chang 副校长	协议备忘录	函签
7	美国代顿大学	2019.6.24	宋中民	Paul A Bomen 副校长	学术交流协议	函签
8	澳大利亚新英格兰大学	2019.10.28	张洪波	Adams 法学院长	法学专业联合博士生导师合作项目协议	烟台
9	澳大利亚新英格兰大学	2019.11.1	张殿臣	Mingan Choct	合作备忘录	澳大利亚
10	加拿大蒙特利尔大学	2019.9.30	宋中民	Guy Lefebvre	合作备忘录	函签
11	意大利诺瓦拉 ACME 美术学院	2019.8.31	郭善利	乔瓦尼·普莱维德·普拉托	环境设计专业本科教育项目协议书	函签
12	新西兰坎特伯雷大学	2019.10.30	张殿臣	Janet Carter	联合博导合作项目协议	新西兰

3. 2019 年与学校建立友好合作交流关系的国外大学统计表

序号	国别	学校外文名称	学校中文名称	签字日期
1	芬兰	Satakunta University of Applied Sciences	萨塔昆塔应用科技大学	2019.1.15
2	美国	The University of Tennessee at Chattanooga	田纳西大学查塔努加分校	2019.4.18
3	英国	Teesside University	提赛德大学	2019.4.26
4	美国	University of Dayton	代顿大学	2019.6.24
5	加拿大	Université de Montréal	蒙特利尔大学	2019.9.30
6	英国	The University of Huddersfield	哈德斯菲尔德大学	2019.10.21
7	澳大利亚	University of New England	新英格兰大学	2019.10.28
8	马来西亚	Linton University College	林登大学学院	2019.11.8
9	德国	Breman University of Applied Sciences	不来梅应用科技大学	2019.12.11
10	德国	Trier University of Applied Sciences	特里尔应用技术大学	2019.12.13

4. 2019 年学校聘请的外国文教专家名录

序号	姓名	性别	国籍	学历学位	任教单位	聘用时间
1	George Allan Woolven	男	英国	硕士	外国语学院	2019.8.26—2020.7.24
2	Denver Douglas	男	澳大利亚	硕士	外国语学院	2019.8.26—2020.7.24
3	Hyunwoo Jung 郑贤友	男	韩国	硕士	外国语学院	2019.8.26—2020.7.24
4	Choul Young Lee 李喆永	男	韩国	博士	外国语学院	2019.8.26—2020.7.24
5	Dohyung Ha 河度亨	男	韩国	硕士	外国语学院	2019.8.26—2020.7.24
6	Junghwa Kim 金侦华	女	韩国	学士	外国语学院	2019.8.26—2020.7.24
7	Jihyun Kim 金智贤	女	韩国	硕士	外国语学院	2019.8.26—2020.7.24
8	Ohara Rei 大原丽	女	日本	硕士	外国语学院	2019.8.26—2020.7.24

续表

序号	姓名	性别	国籍	学历学位	任教单位	聘用时间
9	Ingu Maiko 印具舞子	女	日本	学士	外国语学院	2019.4.22—2020.5.31
10	Seiichi Isobe 磯部诚一	男	日本	硕士	外国语学院	2019.8.26—2020.1.10
11	Perry Aaron Mitchell	男	美国	学士	外国语学院	2019.2.25—2020.1.31
12	Amy Dickinson	女	英国	学士	法学院	2019.8.24—2020.7.24
13	Mohammed Yasin Sharif	男	英国	学士	法学院	2019.8.24—2020.7.24
14	Peter David Krogh(非语言专业)	男	美国	博士	法学院	2019.8.24—2020.7.20
15	Glenna Lynn Tsang	女	美国	学士	法学院	2019.2.25—2020.1.15
16	Maryna Chipko(非语言专业)	女	乌克兰	博士	法学院	2019.8.24—2020.7.24
17	Seheum Hong 洪世钦(非语言专业)	男	韩国	博士	环境与材料工程学院	2019.8.24—2020.1.12
18	Myung Soo Choi 崔明洙(非语言专业)	男	美国	博士	环境与材料工程学院	2019.2.25—2019.7.20
19	Myoungok Kim 金明玉(非语言专业)	女	韩国	博士	环境与材料工程学院	2019.2.25—2019.7.20
20	Young Seon Kim 金永善	女	韩国	博士	环境与材料工程学院	2019.8.26—2020.7.20
21	Ho Joong Lee 李镐中(非语言专业)	男	韩国	博士	环境与材料工程学院	2019.8.24—2020.1.12
22	Grosicki Mark Patrick	男	加拿大	学士	国际教育交流学院	2019.6.3—2020.7.31
23	Jonathan Alin Nila	男	美国	学士	国际教育交流学院	2019.3.4— 2020.1.31
24	Paula Elizabeth Jameson(非语言专业)	女	新西兰	博士	生命科学学院(人事处)	2019.3.1—2022.2.28
25	Pragatheswari Dhandapani(非语言专业)	女	新西兰	博士	生命科学学院(人事处)	2019.3.1—2022.2.28
26	Moraga Martinez Roger Alfonso(非语言专业)	男	西班牙	博士	生命科学学院(人事处)	2019.3.1—2022.2.28
27	Robert Loffredo(非语言专业,短期)	男	美国	博士	化学化工学院	2019.5.4—2019.7.1

5.2019 年公派长期出国(境)教师情况表

姓名	单位	国别(地区)	出国(境)日期	归国(境)日期	任务
刘乃伟	数学与信息科学学院	美国	2019.01.01	2019.12.31	访学
张小玲	数学与信息科学学院	美国	2019.01.01	2019.12.31	访学
姜　虹	光电信息科学技术学院	美国	2019.02.01	2019.09.30	访学
杜晓林	计算机与控制工程学院	意大利	2019.02.10	2020.02.10	访学
王淑云	经济管理学院	韩国	2019.02.11	2019.05.11	访学
于传锋	外国语学院	日本	2019.04.01	2019.07.30	教授汉语
张纪红	机电汽车工程学院	西班牙	2019.06.28	2020.08.08	访学

续表

姓名	单位	国别(地区)	出国(境)日期	归国(境)日期	任务
朱小涛	环境与材料工程学院	德国	2019.07.04	2020.01.03	访学
石华卫	外国语学院	新加坡	2019.08.13	2020.07.23	访学
邹芝田	光电信息科学技术学院	中国台湾	2019.09.15	2020.07.27	访学
张玉东	法学院	奥地利	2019.09.01	2020.02.12	访学
董贵晗	建筑学院	韩国	2019.09.10	2020.07.07	访学
鲁　明	核装备与核工程学院	美国	2019.11.12	2020.08.22	访学
杨志娟	马克思主义学院	英国	2019.10.25	2020.10.26	访学
宋红松	法学院	美国	2019.10.27	2020.03.25	访学
房绍坤	法学院	奥地利	2019.11.10	2020.01.10	访学
逯静洲	土木工程学院	澳大利亚	2019.11.25	2020.06.21	访学

6.2019年校级因公出访团组情况表

姓名	单位	国别(地区)	出国(境)日期	归国(境)日期	任务
郝曙光 杨　滨 梁茂广	校机关 国际教育交流学院 国际合作交流处	西班牙 法国	2019.03.21	2019.03.28	参加教育展
孙祥斌 宋　岩 王中训 成　强 余志鹏	校机关 经济管理学院 光电信息科学技术学院 人事处	中国香港	2019.04.16	2019.04.19	招才引智
崔明德		蒙古国	2019.08.21	2019.08.25	国际会议
张殿臣 邬旭然 吴宏军	校机关 生命科学学院 国际合作交流处	澳大利亚 新西兰	2019.10.27	2019.11.03	校际交流
郭善利 毕可志 张西俊	校机关 教务处 国际合作交流处	中国台湾	2019.11.10	2019.11.14	校际交流
张　伟 孙云茂 段志国 马国清 张西俊	校机关 化学化工学院 机电汽车工程学院 国际合作交流处	瑞典、德国	2019.12.08	2019.12.15	校际交流

7. 2019 年公派短期出国(境)人员情况表

姓名	单位	国别(地区)	出国(境)日期	归国(境)日期	任务
王绪敏	生命科学学院	南极洲	2019.01.01	2019.02.28	科学考察
毕春加	数学与信息科学学院	中国香港	2019.01.02	2019.01.15	科研合作
李振杰	经济管理学院	韩国	2019.01.08	2019.01.12	校际交流
张　涛	经济管理学院	韩国	2019.01.08	2019.01.12	校际交流
李素洁	外国语学院	日本	2019.01.20	2019.01.28	学生研修
逯静洲	土木工程学院	中国香港	2019.01.22	2019.01.25	科研合作
韩京龙	环境与材料工程学院	日本	2019.01.27	2019.02.17	科研合作
李　营	光电信息科学技术学院	韩国	2019.02.10	2019.02.16	国际会议
李中强	外国语学院	中国澳门	2019.04.01	2019.04.04	国际会议
傅风华	药学院	美国	2019.04.05	2019.04.10	国际会议
王　天	药学院	美国	2019.04.05	2019.04.10	国际会议
隋杰礼	建筑学院	意大利	2019.04.15	2019.04.19	校际交流
许　丽	建筑学院	意大利	2019.04.15	2019.04.19	校际交流
邱盛尧	海洋学院	韩国	2019.04.22	2019.04.26	国际会议
邱盛尧	海洋学院	美国	2019.05.05	2019.05.15	科研合作
唐永政	海洋学院	美国	2019.05.05	2019.05.15	科研合作
王　蕾	海洋学院	美国	2019.05.05	2019.05.15	科研合作
童向荣	计算机与控制工程学院	美国	2019.05.06	2019.05.12	科研合作
宋　岩	经济管理学院	韩国	2019.05.06	2019.05.10	校际交流
孙志毅	经济管理学院	韩国	2019.05.06	2019.05.10	校际交流
李海廷	经济管理学院	韩国	2019.05.06	2019.05.10	校际交流
张　蕾	外国语学院	韩国	2019.05.06	2019.05.10	校际交流
张　涛	经济管理学院	韩国	2019.05.06	2019.05.10	校际交流
鲁　明	核装备与核工程学院	加拿大	2019.05.10	2019.05.18	国际会议
徐　晶	光电信息科学技术学院	加拿大	2019.05.10	2019.05.18	国际会议
吕　骏	计算机与控制工程学院	加拿大	2019.05.10	2019.05.18	国际会议
祁彩霞	化学化工学院	日本	2019.05.11	2019.05.14	国际会议
张西俊	国际合作交流处	韩国	2019.05.20	2019.05.23	校际交流
杨众晖	财务处	韩国	2019.05.20	2019.05.23	校际交流
杜　伟	环境与材料工程学院	韩国	2019.05.20	2019.05.23	校际交流
王凌云	国际合作交流处	韩国	2019.05.20	2019.05.23	校际交流
王新宇	光电信息科学技术学院	新加坡 菲律宾	2019.06.02	2019.06.12	科研合作
张　坤	外国语学院	韩国	2019.06.28	2019.07.22	暑期项目
金福顺	外国语学院	日本	2019.07.15	2019.08.07	暑期项目

续表

姓名	单位	国别(地区)	出国(境)日期	归国(境)日期	任务
王明星	马克思主义学院	日本	2019.07.20	2019.08.05	科研合作
张明娟	外国语学院	中国澳门	2019.07.28	2019.08.03	国际会议
任俊义	经济管理学院	中国台湾	2019.08.04	2019.08.17	暑期研修
曲延芬	经济管理学院	中国台湾	2019.08.04	2019.08.17	暑期研修
夏建红	国际教育交流学院	中国台湾	2019.08.04	2019.08.17	暑期研修
朱玉宾	国际教育交流学院	中国台湾	2019.08.04	2019.08.17	暑期研修
李　轶	人文学院	中国台湾	2019.08.04	2019.08.17	暑期研修
秦晓梅	环境与材料工程学院	韩国	2019.08.05	2019.08.09	校际交流
刘　丽	环境与材料工程学院	韩国	2019.08.05	2019.08.09	校际交流
杨玉军	数学与信息科学学院	美国	2019.08.13	2019.09.16	科研合作
童向荣	计算机与控制工程学院	新加坡	2019.08.13	2019.08.17	学术交流
张　楠	计算机与控制工程学院	新加坡	2019.08.13	2019.08.17	学术交流
王莹洁	计算机与控制工程学院	新加坡	2019.08.13	2019.08.17	学术交流
袁健惠	国际教育交流学院	中国台湾	2019.09.05	2019.09.09	国际会议
张洪波	法学院	日本	2019.09.20	2019.09.22	国际会议
李　营	光电信息科学技术学院	中国台湾	2019.10.02	2019.10.06	学术交流
刘人杰	土木工程学院	西班牙	2019.10.07	2019.10.10	国际会议
邱盛尧	海洋学院	韩国	2019.10.14	2019.10.18	学术交流
王志杨	海洋学院	韩国	2019.10.14	2019.10.18	学术交流
宋红松	法学院	奥地利	2019.10.17	2019.10.21	国际会议
关　涛	法学院	奥地利	2019.10.17	2019.10.21	国际会议
傅风华	药学院	印度尼西亚	2019.10.22	2019.10.28	国际会议
王　天	药学院	印度尼西亚	2019.10.22	2019.10.28	国际会议
刘海滨	音乐舞蹈学院	印度尼西亚	2019.10.27	2019.11.09	文化推广
姜　琦	音乐舞蹈学院	印度尼西亚	2019.10.27	2019.11.09	文化推广
杨开春	国际教育交流学院	印度尼西亚、泰国	2019.10.29	2019.11.05	教育展
赵　妍	药学院	韩国	2019.11.07	2019.11.12	国际会议
祁彩霞	化学化工学院	西班牙	2019.11.10	2019.11.16	国际会议
孙　逊	化学化工学院	西班牙	2019.11.10	2019.11.16	国际会议
苏慧娟	化学化工学院	西班牙	2019.11.10	2019.11.16	国际会议
吴现成	核装备与核工程学院	韩国	2019.11.13	2019.11.15	校际交流
杨坤杰	核装备与核工程学院	韩国	2019.11.13	2019.11.15	校际交流
王凌云	国际合作交流处	韩国	2019.11.13	2019.11.15	校际交流
李英子	外国语学院	韩国	2019.12.01	2019.12.03	讲座
邹淑珍	音乐舞蹈学院	韩国	2019.12.03	2019.12.05	校际交流

续表

姓名	单位	国别(地区)	出国(境)日期	归国(境)日期	任务
仲　欣	音乐舞蹈学院	韩国	2019.12.03	2019.12.05	校际交流
王凌云	国际合作交流处	韩国	2019.12.03	2019.12.05	校际交流
傅风华	药学院	印度	2019.12.03	2019.12.08	国际会议
张雷明	药学院	印度	2019.12.03	2019.12.08	国际会议

8.2019 年学生交流项目公派长期出国(境)人员情况表

序号	姓名	学院	国别(地区)	学校/学习方式	出国(境)日期	归国(境)日期
1	马淑菲	人文学院	中国台湾	佛光大学/交换交流	2019.3	2019.7
2	刘雨晴	人文学院	中国台湾	东吴大学/交换交流	2019.3	2019.7
3	宫苗苗	人文学院	中国台湾	静宜大学/交换交流	2019.3	2019.7
4	张晓为	外国语学院	中国台湾	静宜大学/交换交流	2019.3	2019.7
5	闫鑫鑫	外国语学院	中国台湾	佛光大学/交换交流	2019.3	2019.7
6	张　岩	外国语学院	中国台湾	宜兰大学/交换交流	2019.3	2019.7
7	王嘉成	外国语学院	日本	北海商科/交换交流	2019.4	2020.1
8	罗春玉	外国语学院	日本	北海商科/交换交流	2019.4	2020.1
9	朴宇莹	外国语学院	日本	北海商科/交换交流	2019.4	2020.1
10	刘子昕	外国语学院	日本	北海商科/交换交流	2019.4	2020.1
11	顾亚斐	外国语学院	日本	福冈大学/交换交流	2019.4	2019.10
12	陈少敏	法学院	中国台湾	东吴大学/交换交流	2019.3	2019.7
13	张鹤川	法学院	中国台湾	东吴大学/交换交流	2019.3	2019.7
14	杨力郡	法学院	中国台湾	东吴大学/交换交流	2019.3	2019.7
15	张喜敏	化学化工学院	中国台湾	宜兰大学/交换交流	2019.3	2019.7
16	黄　辉	机电汽车工程学院	中国台湾	宜兰大学/交换交流	2019.3	2019.7
17	郑婉睿	外国语学院	中国台湾	东华大学/交流交换	2019.9	2020.1
18	苗琪岳	外国语学院	中国台湾	世新大学/交流交换	2019.9	2020.1
19	谢舒安	外国语学院	韩国	釜山外国语大学/交换	2019.9	2020.1
20	程　琳	外国语学院	韩国	釜山外国语大学/交换	2019.9	2020.1
21	丁俊元	外国语学院	韩国	忠北大学/交换	2019.9	2020.1
22	周安龙	外国语学院	韩国	忠北大学/交换	2019.9	2020.7
23	韩文韬	外国语学院	韩国	忠北大学/交换	2019.9	2020.1
24	王　冰	外国语学院	韩国	仁荷大学/交换	2019.9	2020.1
25	张晓妮	经济管理学院	韩国	仁荷大学/交换	2019.9	2020.1
26	周月影	外国语学院	韩国	仁川大学/交换	2019.9	2020.1
27	李文雅	外国语学院	韩国	仁川大学/交换	2019.9	2020.1

续表

序号	姓名	学院	国别(地区)	学校/学习方式	出国(境)日期	归国(境)日期
28	王　彬	外国语学院	韩国	仁川大学/交换	2019.9	2020.1
29	王子涵	外国语学院	韩国	檀国大学/交换	2019.9	2020.1
30	王祎晗	外国语学院	韩国	檀国大学/交换	2019.9	2020.1
31	徐　僮	外国语学院	韩国	檀国大学/交换	2019.9	2020.1
32	谷凯晴	外国语学院	韩国	檀国大学/交换	2019.9	2020.1
33	金　可	外国语学院	韩国	檀国大学/交换	2019.9	2020.1
34	袁延玮	外国语学院	韩国	全北大学/交换	2019.9	2020.1
35	秦　月	外国语学院	韩国	全北大学/交换	2019.9	2020.1
36	林詹凯	外国语学院	韩国	全北大学/交换	2019.9	2020.1
37	刘浩然	外国语学院	韩国	全北大学/交换	2019.9	2020.1
38	胡逸格	外国语学院	韩国	德成女子大学/交换	2019.9	2020.1
39	刘晓雪	外国语学院	日本	福冈大学/交换	2019.10	2020.4
40	王晓倩	外国语学院	日本	北海商科大学/交换	2019.10	2021.10
41	陈春华	外国语学院	日本	北海商科大学/交换	2019.10	2021.10
42	刘琴雨	外国语学院	日本	北海商科大学/交换	2019.10	2021.10
43	丰久涵	经济管理学院	中国台湾	东华大学交换/交换	2019.9	2020.1
44	王子豪	经济管理学院	中国台湾	佛光大学/交换交流	2019.9	2020.1
45	胡峪鸿	经济管理学院	中国台湾	中原大学/交换交流	2019.9	2020.1
46	杨　畅	经济管理学院	中国台湾	世新大学/交换交流	2019.9	2020.1
47	尹东相	经济管理学院	中国台湾	世新大学/交换交流	2019.9	2020.1
48	岑　芩	经济管理学院	中国台湾	世新大学/交换交流	2019.9	2020.1
49	张梦笛	经济管理学院	中国台湾	中原大学/交换交流	2019.9	2020.1
50	吴楠筝	马克思主义学院	中国台湾	东华大学/交换交流	2019.9	2020.1
51	徐　宁	国际教育交流学院	中国台湾	中原大学/交换交流	2019.9	2020.1
52	陈可心	国际教育交流学院	中国台湾	世新大学/交换交流	2019.9	2020.1
53	余天琦	国际教育交流学院	中国台湾	东华大学/交换交流	2019.9	2020.1
54	唐文心	生命科学学院	中国台湾	东华大学/交换交流	2019.9	2020.1
55	张嘉容	人文学院	日本	千叶大学/交换交流	2019.10	2020.4
56	吕思齐	人文学院	日本	千叶大学/交换交流	2019.10	2020.4
57	杨文杰	人文学院	中国台湾	佛光大学/交换交流	2019.9	2020.1
58	王本业	人文学院	中国台湾	佛光大学/交换交流	2019.9	2020.1
59	李梦瑶	人文学院	中国台湾	静宜大学/交换交流	2019.9	2020.1
60	李嘉茹	人文学院	中国台湾	东吴大学/交换交流	2019.9	2020.1
61	刘梦诗	人文学院	中国台湾	中原大学/交换交流	2019.9	2020.1
62	黄昕婧	人文学院	中国台湾	世新大学/交换交流	2019.9	2020.1

续表

序号	姓名	学院	国别(地区)	学校/学习方式	出国(境)日期	归国(境)日期
63	杨惠玲	人文学院	中国台湾	世新大学/交换交流	2019.9	2020.1
64	韦林含	人文学院	中国台湾	世新大学/交换交流	2019.9	2020.1
65	刘洪洁	人文学院	中国台湾	世新大学/交换交流	2019.9	2020.1
66	曹燕云	人文学院	中国台湾	世新大学/交换交流	2019.9	2020.1
67	姚　远	人文学院	中国台湾	世新大学/交换交流	2019.9	2020.1
68	李　玫	人文学院	中国台湾	世新大学/交换交流	2019.9	2020.1
69	郑玲予	生命科学学院	韩国	汉阳大学/交换	2019.9	2020.1
70	吴　燕	化学化工学院	韩国	首尔女子大学/交换	2019.9	2020.1
71	徐铭菲	土木工程学院	中国台湾	宜兰大学/交换交流	2019.9	2020.1
72	吕明倩	土木工程学院	中国台湾	宜兰大学/交换交流	2019.9	2020.1
73	李东澳	机电汽车工程学院	中国台湾	宜兰大学/交换交流	2019.9	2020.1
74	崔曦月	机电汽车工程学院	韩国	汉阳大学/交换	2019.9	2020.1
75	刘飞凡	法学院	中国台湾	东吴大学/交换交流	2019.9	2020.1
76	王景洵	法学院	中国台湾	东吴大学/交换交流	2019.9	2020.1
77	张　茜	法学院	中国台湾	东吴大学/交换交流	2019.9	20220.1
78	张泽毅	法学院	中国台湾	世新大学/交换交流	2019.9	2020.1
79	谭　静	法学院	中国台湾	世新大学/交换交流	2019.9	2020.1
80	韩敬人	法学院	中国台湾	中原大学/交换交流	2019.9	2020.1
81	范金岳	光电信息科学技术学院	中国台湾	中原大学/交换交流	2019.9	2020.1
82	桑　宇	数学与信息科学学院	中国台湾	中原大学/交换交流	2019.9	2020.1
83	丁子麒	数学与信息科学学院	韩国	汉阳大学/交换	2019.9	2020.1
84	田一男	核装备与核工程学院	韩国	庆熙大学/交换	2019.9	2020.1
85	田　静	核装备与核工程学院	韩国	庆熙大学/交换	2019.9	2020.1
86	王建兴	经济管理学院	瑞士	日内瓦管理学院/交换	2019.9	2020.6
87	宋晟丞	经济管理学院	瑞士	日内瓦管理学院/交换	2019.9	2020.1
88	李承旭	经济管理学院	瑞士	日内瓦管理学院/交换	2019.9	2020.1
89	李云飞	经济管理学院	英国	朴茨茅斯大学/交流	2019.9	2020.6
90	樊　森	经济管理学院	英国	朴茨茅斯大学/交流	2019.9	2020.6
91	杨明贤	经济管理学院	英国	朴茨茅斯大学/交流	2019.9	2020.6
92	聂　铖	人文学院	加拿大	圣克莱尔学院/留学	2019.9	2020.8
93	李昊伟	环境与材料工程学院	韩国	檀国大学/交流	2019.9	2020.1
94	李韫哲	环境与材料工程学院	韩国	檀国大学/交流	2019.9	2020.1
95	赵芷慧	环境与材料工程学院	韩国	檀国大学/交流	2019.9	2020.1
96	姜常昕	环境与材料工程学院	韩国	檀国大学/交流	2019.9	2020.1
97	张晓彤	环境与材料工程学院	韩国	檀国大学/交流	2019.9	2020.1

续表

序号	姓名	学院	国别(地区)	学校/学习方式	出国(境)日期	归国(境)日期
98	张津铭	环境与材料工程学院	韩国	檀国大学/交流	2019.9	2020.1
99	高　凡	环境与材料工程学院	韩国	檀国大学/交流	2019.9	2020.1
100	张哲瑜	环境与材料工程学院	韩国	檀国大学/交流	2019.9	2020.1
101	李沣沅	环境与材料工程学院	韩国	檀国大学/交流	2019.9	2020.1
102	薛　涵	环境与材料工程学院	韩国	檀国大学/交流	2019.9	2020.1
103	刘宣宇	环境与材料工程学院	韩国	檀国大学/交流	2019.9	2020.1
104	姚　琪	环境与材料工程学院	韩国	檀国大学/交流	2019.9	2020.1
105	田　坤	环境与材料工程学院	韩国	檀国大学/交流	2019.9	2020.1
106	王欣然	环境与材料工程学院	韩国	檀国大学/交流	2019.9	2020.1
107	刘文斐	环境与材料工程学院	韩国	檀国大学/交流	2019.9	2020.1
108	宋　婧	环境与材料工程学院	韩国	檀国大学/交流	2019.9	2020.1
109	宋欣慧	环境与材料工程学院	韩国	檀国大学/交流	2019.9	2020.1
110	李昊伟	环境与材料工程学院	韩国	檀国大学/交流	2019.9	2020.1
111	丛　琳	外国语学院	英国	提赛德大学/留学	2019.9	2020.6
112	王明超	药学院	比利时	新鲁汶大学/留学	2019.10	2023.10
113	赖慧婷	外国语学院	日本	北海道/实习	2019.12	2020.3
114	李雨桐	外国语学院	日本	北海道/实习	2019.12	2020.3
115	刘甜昊	外国语学院	日本	北海道/实习	2019.12	2020.3
116	刘鑫华	外国语学院	日本	北海道/实习	2019.12	2020.3
117	刘志强	外国语学院	日本	北海道/实习	2019.12	2020.3
118	刘静文	外国语学院	日本	北海道/实习	2019.12	2020.3
119	唐瑞霞	外国语学院	日本	北海道/实习	2019.12	2020.3
120	王慧宇	外国语学院	日本	北海道/实习	2019.12	2020.3
121	王　玲	外国语学院	日本	北海道/实习	2019.12	2020.3
122	张　霞	外国语学院	日本	北海道/实习	2019.12	2020.3
123	张玉树	外国语学院	日本	北海道/实习	2019.12	2020.3
124	周家毅	外国语学院	日本	北海道/实习	2019.12	2020.3
125	左吉喆	外国语学院	日本	北海道/实习	2019.12	2020.3
126	陈　瑶	外国语学院	日本	北海道/实习	2019.12	2020.3
127	凌朝燕	外国语学院	日本	北海道/实习	2019.12	2020.3
128	刘春萌	外国语学院	日本	北海道/实习	2019.12	2020.3
129	侬忠慧	外国语学院	日本	北海道/实习	2019.12	2020.3
130	沈子芹	外国语学院	日本	北海道/实习	2019.12	2020.3
131	王那贞	外国语学院	日本	北海道/实习	2019.12	2020.3
132	王子琪	外国语学院	日本	北海道/实习	2019.12	2020.3

续表

序号	姓名	学院	国别(地区)	学校/学习方式	出国(境)日期	归国(境)日期
133	周月欣	外国语学院	日本	北海道/实习	2019.12	2020.3
134	刘文杰	土木工程学院	美国	WAT/带薪实习	2019.6	2019.9
135	赵文静	外国语学院	美国	WAT/带薪实习	2019.6	2019.9
136	徐欣宇	法学院	美国	WAT/带薪实习	2019.6	2019.9
137	徐佳睿	土木工程学院	美国	WAT/带薪实习	2019.6	2019.9
138	吴长蔚	机电汽车工程学院	美国	WAT/带薪实习	2019.6	2019.9
139	宋嫣然	外国语学院	美国	WAT/带薪实习	2019.6	2019.9
140	闵祥馨	外国语学院	美国	WAT/带薪实习	2019.6	2019.9
141	李天颖	环境材料学院	美国	WAT/带薪实习	2019.6	2019.9
142	金红梅	外国语学院	美国	WAT/带薪实习	2019.6	2019.9
143	何培鑫	外国语学院	美国	WAT/带薪实习	2019.6	2019.9
144	崔　祺	光电信息科学技术学院	美国	WAT/带薪实习	2019.6	2019.9
145	陈卓琛	经济管理学院	美国	WAT/带薪实习	2019.6	2019.9
146	李凤奇	法学院	美国	西俄勒冈大学/交流	2019.9	2020.6
147	王绎舒	法学院	美国	西俄勒冈大学/交流	2019.9	2020.6
148	高　宇	音乐舞蹈学院	白俄罗斯	国立文化艺术大学/交流	2019.9	2020.6
149	钟　晴	音乐舞蹈学院	白俄罗斯	国立文化艺术大学/交流	2019.9	2020.6
150	张晚钰	音乐舞蹈学院	白俄罗斯	国立文化艺术大学/交流	2019.9	2020.6

9. 2019 年公派汉语教师情况统计表

序号	姓 名	单位	国别(地区)	赴任时间	任满时间	任务
1	朱梦雅	国际教育交流学院	英国	2019.8	2020.6	汉语教学
2	王鲁兴	国际教育交流学院	英国	2019.8	2020.7	汉语教学
3	谷　帆	国际教育交流学院	泰国	2019.8	2020.7	汉语教学
4	李娇娇	国际教育交流学院	柬埔寨	2019.8	2020.7	汉语教学
5	綦香玉	国际教育交流学院	蒙古	2019.8	2020.6	汉语教学
6	王　婷	国际教育交流学院	缅甸	2019.8	2020.4	汉语教学
7	刘函妤	国际教育交流学院	韩国	2019.10	2020.10	汉语教学
8	闭海菊	国际教育交流学院	泰国	2019.5	2020.3	汉语教学
9	栾芳诺	国际教育交流学院	柬埔寨	2019.8	2020.7	汉语教学
10	丁晋炎	国际教育交流学院	蒙古国	2019.9	2020.6	汉语教学

校友工作

【概况】2019 年，校友工作坚持以感情为纽带，以服务为基础，以发展为目标，深化“校友与母校共荣辱”的校友文化；坚持立足母校，服务校友，奉献社会，加强了母校与新校友之间、新校友与老校友之间的联系。

校友工作办公室有工作人员 2 名。

【校友组织】4 月 27 日，烟台大学上海校友会在上海成立。成立了 2019 届毕业生校友理事会。推选出常务理事 21 人，理事 183 人和校友理事会会长、副会长、秘书长。

【校友活动】1. 召开首届“思源致远 携手奋进”校友工作座谈会和“烟大精神”校友座谈会，参会校友与学校领导就服务校友成长、助力母校发展、服务地方经济社会建设等问题进行了深入交流。

2. 注册“烟大人”商标并开发相关周边产品。

3. 开展庆祝烟台大学建校 35 周年系列活动。举办 2 期“三元之光”校友大讲堂、5 期“星空”校友学术论坛和 2 期校友创客论坛，邀请不同领域的杰出校友返校参加，进一步凝聚共识、整合资源、搭建平台，围绕立德树人根本目标，助力大学生全面成长成才。出版《烟大人》建校 35 周年专刊，涵盖援建岁月、各地校友会活动、校友风采等内容。开展“校友返校周”活动，先后为 50 余个班级 1500 余人提供值年返校服务。

4. 开展“千里烟寻”校友寻访活动，共采访校友 112 人。

5. 举办校友企业助力大学生就业专场招聘会，20 余家校友企业提供岗位近 400 个。

6. “烟大人”微信公众号影响力不断扩大、主题版块不断完善、推送内容不断丰富，向校友们传递母校讯息，讲述烟大故事，宣传校友事迹，抒发校友情怀。在 2019 年全国高校校友会微信公众号综合指数排名中，“烟大人”微信公众号位列第一。

7. 为校友提供档案材料补充、毕业证书补办、户口迁移证明等方面的服务近百人次。

（周　昊）

教育发展基金会

【概况】2019 年，教育发展基金会有工作人员 1 人。按照山东省民政厅民间组织管理局要求，对基金会 2018 年财务账目进行审计和专项审计，顺利通过基金会 2018 年度年检。获批 2019 年度山东省公益性社会组织公益性捐赠税前扣除资格。

【捐赠情况】全年共接收社会捐赠 39 笔，基金会基金总额 650 余万元。其中有 32 项为各类奖助学金，获得奖励或资助的学生有 323 人。

（周　昊）

教学辅助与支撑

图书资料与文献服务

【概况】 图书馆现下设办公室、文献采编部、文献流通部、文献阅览部、系统研发部、参考咨询部、技术支持部、数字资源部等7个职能机构。分别承担着文献收集、加工、整理、外借、阅览、咨询、检索、读者培训、文献复制和传递等业务与服务，以及计算机现代技术应用系统的研制和开发等技术支持工作。

2019年，图书馆有专业技术人员67人，其中研究馆员3人，副研究馆员15人；具有博士学位者1人，硕士学位者19人。

【文献信息资源建设】 在总资源建设经费不变的情况下，2019年度继续压缩纸质资源订购经费，增加了40万元电子资源的投入，数据库采购经费达640万元。开通试用数据库20余个，新增订数据库2个。

附：

1. 2019年购置与接受赠送纸质文献一览表

文献类型	种	册(份)	金额(万元)
预订中文图书	33697	66316	456.28
预定外文图书	471	527	5.22
预订中文报刊	957	984	30
预订外文原版期刊	15	15	16.5
接收赠书	117	253	1.26

2. 2019年各类文献加工入藏一览表

文献类型(加工方式)	批	种/套	册/篇/张	码洋总值(万元)
中文图书(登录验收)	190	29239	57156	466.05
外文图书(登录验收)	15	1147	1268	10.96
中文现刊(登到)			9097	
外文现刊(登到)			347	
硕士学位论文(审核入库)			465	

【读者服务】2019 年,图书馆全面延长开馆时间,开馆时间由早 7:00 提前至早 6:00,周开馆时间达 110 小时。本年度借还图书总量 20.71 万册,与 2018 年基本持平。两馆共接待读者 91.95 万人次。

利用承先图书馆集知识性、趣味性、教育性为一体的壁报橱窗,根据读者关心的热点问题,有针对性地每月及时分享美文,2019 年共更新 4 期。8 月起,因学校建设清华北大援建文化墙,宣传橱窗更新工作停止。

开展“红色经典影片展演”、电影沙龙、读书沙龙、中华人民共和国成立 70 周年主题书展等阅读推广工作;继续承办第十六届读书节,相继开展了春季书展、旧书市场、“你选书,我买单”图书荐购、读书专题讲座、年度“读书之星”评选等活动;举办庆祝改革开放四十周年“书画艺术沙龙笔会”;举办“审美 · 艺术 · 人生”美育主题讲座。

成立“阅读与心灵成长研究中心”,由烟台大学各专业领域 12 名优秀专家教授组成导师团,开展阅心空间读书沙龙、教工读书沙龙、女性成长沙龙、《道德经》分享会、周六小课堂等活动 49 次,780 多人次参加。为师生进行心理疏导 23 人次。

加强信息咨询服务和文献检索服务。发放 3000 余份数字资源宣传推广材料。当面、电话咨询 1000 余人次,邮件咨询 762 件,QQ 咨询 580 人次。代理外文原文文献传递 260 条,馆际互借 60 次。代理检索 793 人次、2468 篇,其中收录引用检索 648 人次、1934 篇,JCR 分区和影响因子检索 145 人次、534 篇。

与聚合科技合作开通烟台大学文献资源服务群,弥补了已购资源的不足,满足了部分读者对于未购买资源、特别是小众资源的使用需求。与盈科千信合作建立的文献资源服务群,共传递文献 2734 篇。

成立整体布局规划工作小组,紧扣图书馆“知识中心、学习中心、文化中心”新定位,从图书馆空间布局、管理模式、机构设置、内部流程上进行科学调整与规划。拟定了《烟台大学图书馆发展规划方案》,并广泛征求意见加以完善。

成立 ESI 学科分析小组,从省内外对标学校、高水平论文、高被引作者、学院贡献度、发文期刊分布等方面分析校内学科发展情况,编制了《烟台大学 ESI 学科分析系列报告》,印发给相关学院和职能部门参考。

修订、印刷《新生读者导航》500 份。出版馆报《图书馆与读者》6 期(包括一期《图书馆与读者 · 新生专刊》);出版《教育信息参考》12 期。向学校新闻网荐稿,被录用 14 篇。

【学术研究与成果】2019 年,本馆馆员在包括本领域核心期刊等刊物上共发表论文 14 篇,主持科研立项 3 项,获得实用新型专利 4 项。

【改造升级】2019 年下半年,图书馆对承先、逸夫两个馆进行以空间布局和管理智能化为主要内容的改造升级。年内改造完成承先图书馆一楼、四楼卫生间。开始着手改造承先馆密集书库和逸夫馆一楼大厅。采用 RFID 无线射频识别技术,实现了进出馆闸机和门禁系统升级。采取“分区分换”的方式,完成了 RFID 贴芯片、数据转换工作,实现了自助借还,彻底改变了图书馆传统的“借阅分开”模式,实现了两馆通借通还。

【交流合作】4 月,组织部分人员赴济宁市、曲阜市有关图书馆考察学习;6 月,接受烟台广播电视台原副台长、胶东在线网站原总编辑邓兆安赠其新闻作品集《登攀》。参加烟威高校图书馆排球联谊赛;9 月,接待山东青年政治学院副院长李玉英一行 3 人来本馆进行建设和发展调研。9 月,赴上海大学钱伟长图书馆、复旦大学邯郸校区文科馆、复旦大学枫林校区盛泉图书馆和上海交通大学闵行校区图书馆参观考察,赴桂林电子科技大学图书馆和广西师范大学图书馆参观考察;11 月,主办“阅读与心灵成长”报告会,邀请山东第一医科大学图书馆研究馆员宫梅玲作题为“阅读疗法与大学生心理问题对症书方”的报告;12 月,赴北京大学图书馆、清华大学图书馆参观考察。

(桑瑛云)

网络与教育技术

【概况】网络与教育技术中心下设综合部、技术部、校园卡管理部、资源部、计算中心5个科室，工作人员21人。

【综合服务】完成了2019年度3个学期全校69余万学时实验课与课程设计课的排课、软件维护、日常管理与服务、设备保障等辅助工作。完成了全校计算机基础考试、普通话考试以及服务社会性质的初、中级会计、注册会计考试、劳动关系检测培训考试、卫生考试、党纪法规和德廉知识测试、司法考试、行政执法等多场考试设备保障、服务工作。

【网络与信息化建设】2019年，与财务处、饮食中心(后勤处)、中国农业银行烟台分行等校内外单位互相配合，实现了校园卡通过农行的掌银客户端进行“空中圈存”，为校园卡用户增加了一个便捷的圈存通道。配合科研处、后勤处，联系软件厂家，按照省审计组的要求完成了关于科研系统、教工房屋管理系统的整改要求。

【网络服务与管理】本年度，学校投入140余万元，升级改造了44间网络多媒体教室，改善了课堂教学环境。推进跨校优质课程共享，共保障完成各类网络直播课54课时，非直播课10多次；保障各类教学视频录制370多课时，保障研讨型教室各类培训、讲座等200多课时。组织完成了网络教学平台的统一身份认证，配合完成了2019年新入职培训教师的使用培训，完成了网络教学综合平台的日常管理工作，配合完成了第二批在线课程的验收工作。协助宣传部拍摄新闻7期，整理新闻资料磁带40余盘，刻录光盘150余份。

【教学服务】2019年，增加校园网出口带宽6G，总出口带宽达到了8.45G。招标采购了网络运维服务，初步建立了网络运维体系，服务质量提高。网络与信息系统安全方面，全年未发生严重网络安全事件，教育厅通报漏洞2起，比2018年大大减少。

共为校内单位提供虚拟机28台，有力支持了学校信息化建设工作。针对学生宿舍无线网覆盖存在薄弱区域，制定无线网二期加强方案；针对数据中心服务器区网络安全防护不足，制定了针对服务器区的网络安全防护规划；制定了烟台大学智慧校园建设总体规划，并制定了一期建设方案。

（邓觐超）

工程实验与实训

【概况】工程实训中心设有工程训练部与电工电子实验教学部，共39个实训(验)室，开设数控车、数控铣、电力电子技术、单片机等32个实训(验)项目，承担机电学院、海洋学院等11个学院20多个专业(近37.64万人·学时)的实训(验)教学工作。2019年，工程实训中心有教职员工37人，其中高级专业技术人员8人。

【综合服务】2019年6月，举办烟台大学第五届“力行杯”工程训练综合能力竞赛，本次赛事机电汽车工程学院、海洋学院、计算机与控制工程学院等在内共 18 支队伍参赛,促进了烟台大学理工科学生工程实践综合水平的提高。

中心教师指导学生参加第五届山东省“互联网+”大学生创新创业大赛、第十二届 iCAN 国际创新创业大赛中国总决赛等学科竞赛,获得国家级、省级奖项 17 项。

本年度,完成海洋学院 200 名船员车削培训、焊接培训等相关考核任务;完成山东工商学院、文经学院 5.33 万人 · 学时的工程训练教学培训服务。

【实训平台建设】2019 年,持续推进“分布式可视化实训教学项目”建设,完成数控 808D 机床操作的现场高清视频录制、上传工作。

本年度,学校投入资金共改造 5 个实训(验)室,铺设防静电地板砖,彻底改造地板砖鼓裂问题,营造安全、舒适的实训环境。

5 月,结合新一轮本科培养方案修改,整理实训课程教学大纲及教学方案,整合现有教学人员、设备设施等资源,调整教学计划,推动工程实训中心实践教学改革。

训练部以工程训练教学活动和安全卫生管理为抓手,更换实训室所有灭火器,完成实训室照明系统、通风系统的安全检修工作,持续推进实训设备责任和运行养护责任到人,将安全卫生工作常态化落到实处。

【交流合作】本年度,工程实训中心组织 3 名教师赴山东大学、齐鲁工业大学、山东理工大学工程训练中心交流学习,派遣 2 名实训指导教师赴第 53 届全国高教仪器设备展进行调研学习,派遣 3 名教师赴舟山浙江海洋大学参加 2019 年华东高校工程训练/金工教学学术年会,与华东地区高校的工程实训指导教师学习交流。

(邹本涛)

后勤服务与保障

后勤保障工作

【概况】按学校《关于调整有关内设机构的通知》(烟大校发〔2019〕28号),2019年5月,后勤处增设一个经营实体——经营管理服务中心(正科级)。现有3个管理科室,8个服务实体,共计11个管理服务单位。学校房产管理办公室、校医院挂靠后勤管理处。截至年底,共有在编职工96人,大集体职工16人,人事代理职工3人,临时用工400余人。

2019年,学校被评为"全国校园物业管理社团组织建设工作先进单位""全省高校绿化与景观建设先进单位",后勤管理处荣获全国教育后勤系统信息宣传工作先进单位。后勤处获得学校运动会教职工集体一等奖、学校"庆七一迎国庆"歌咏比赛一等奖,赢得教职工排球赛男子组冠军。

5月,与临沂大学共同主办山东省学校后勤协会高校绿化与景观建设分会一届二次常务理事会议。争取政府支持资金245万元,完成校园海绵城市建设工程。首次采用BOT模式,将公共浴室委托社会企业改造经营,投入使用。引入社会资金20万元在三元湖湖心岛新建"烟雨亭"。完成了包括南校区学生公寓外墙涂料翻新、学校北校区建筑物外墙小红瓦加固、学院屋面防水等900多万元的维修工程。

修订完善了《烟台大学公寓管理办法(试行)》《烟台大学食堂管理办法(试行)》《烟台大学水电暖管理办法(试行)》《烟台大学基础设施维修管理办法(试行)》《后勤管理处编制外用工管理暂行办法》《后勤管理处网点房管理办法》。

全年组织全处安全检查12次,整改隐患199处(次),全年共答复或协调解决网上民生问题320余条。评选学校食堂优秀窗口。召开了后勤服务工作与师生面对面座谈会。

【社区服务】社区服务中心顺利通过2019年质量管理体系监督审核。社区服务中心现管辖公寓楼21栋、教学楼7栋及院系馆16栋。在编职工21人,编外用工在岗236人。

1. 完成南校区回迁、学生公寓改造以及新生接待等工作。改善学生住宿环境,更换部分公寓床铺、晾衣杆、衣柜,粉刷公寓阳台栏杆、逃生窗、大厅墙面等;16号公寓加装直饮水设备3套,部分公寓安装人脸识别门禁系统;更换南校区LED灯420盏,整改垃圾处理设施;协助学校完成南校区四栋学生公寓的外墙粉刷等。

2. 开展"消防安全专项大检查"等各种检查20多次,重点检查所辖范围内的仓库和职工宿舍等。在仓库等重点部位安装监控。对职工宿舍进行整顿合并。逐层签订2019年度《安全责任状》,安全责任明确到人。

3. 修订《烟台大学学生公寓管理办法》,学校下发文件执行。制定了《社区服务中心职工管理宿舍规定》《社区中心职工管理办法》等规章制度。

4. 加强职工培训力度。制定社区中心年度培训计划,针对新上岗职工培训,做好消防安全教育、岗位技能培训等。组织白班人员职业技能考试,增强理论知识水平和处理紧急情况能力。联合保卫处组织开展消防培训演练活动,培训70余人次,提升职工消防应急处突能力。

5. 积极开展社区职工团建活动,活动形式多样,包含了消防安全培训、消防知识竞赛、业务技能大赛、"一楼一品"服务项目申报、优秀质量记录本评比等内容。创建"阳光心桥""党员应急先锋队"等服务品牌,打造2个学生公寓生活驿站。

6. 社区信息综合管理系统全面升级完成,网上报修、咨询投诉、宿舍管理等功能全面启用。利用多媒体信息发布系统制作电视节目110个、利用LED显示屏发布标语120余条、通过"烟大社区"微信公众号推送文章27篇,推进社区文化建设。

7. 失物招领中心共接收失物3067件,发布招领信息2263条;21个爱心服务间服务近13万人次;学生满意率达90%以上。

【餐饮服务】学校饮食服务采用托管、外包和自营3种经营方式。有第一、二、三、六、七、十餐厅和民族共七个学生食堂,一个接待餐厅(三元餐厅),为全校3万师生提供餐饮服务。

2019年,食堂年就餐达1000万人次,年营业额约8000万元。10月底前,校内所有食堂完成监控全覆盖,实现明厨亮灶。对第一餐厅地下油污进行改造,增设油水分解系统,将废油脂分解成水,减少对地下水的污染。

构建食品安全保障体系,严格执行食品安全法和各种制度规范。部分大宗物资、调味品统一采购、统一供应;饮食中心安全工作小组负责对所有食堂进行全面的监督检查,各食堂经理每日自查,全面负责各自食堂安全。在2019年全省食品原料飞行检查中,学校268个批次接受检查,合格率达到100%。2019年饮食中心服务满意率达到90.6%以上。

【能源保障服务】2019年,能源管理服务配合职能部门有序推进电力增容改造,淘汰更换老化陈旧的变压器和高低压配电柜,推进能源管理平台建设和变配电室标准化改造项目的实施。

完成承先图书馆配电室标准化改造,建立标准化配电室样板间一个,为后续的配电室标准化改造提供了参照的模板。完成逸夫图书馆中央空调系统自动化升级改造,实现集中自动控制和冬季无人值守运行,合理降低运行成本。

2018—2019采暖期为学校节约供热成本160多万元。

根据工作业务需求定岗定编,落实责任,规范管理,提升管理服务水平与执行力。

【校园环境维护】2019年,校园绿化卫生主要完成以下任务。

1. 春季校园植树,新栽植移栽玉兰、紫薇、碧桃、樱花、紫荆、红枫等各类规格乔灌木300余棵。更换15#、16#学生公寓西侧法桐,栽植优良品种五角枫30棵,配套绿化面积5000平方米;教职工活动中心周边绿化700平方米。全年合计栽植玉兰、大叶黄杨球、樱花、红枫、红叶石楠等乔灌木800余棵,新栽鸢尾、天人菊、冰岛虞美人等草花面积700平方米。

3. 在学生公寓周边新建设月季专类园及资源圃,引进红双喜、粉和平、光谱等名优月季品种35个,栽植近400余株。学生一公寓东南景观改造提升,栽植广玉兰、西府海棠、红玉兰、美人梅、红王子锦带、小叶黄杨球、石楠等乔灌木60余株,播种草花(紫花地丁)面积1200余平方米。新栽植大花金鸡菊(大学生活动中心北侧)、常夏石竹、虞美人等草花面积2000余平方米。对校内67个花箱移栽自繁花卉品种宿根天人菊,完成中华人民共和国成立70周年及建校35周年花卉布展工作。

4. 大学生活动中心天井庭院绿化工程经终审验收合格。

5. 完成烟台大学校园绿化电子数据库建设,建成CAD平面数据库、Excel文本数据库、照片图库。进一步完善了校园植物电子信息统计工作。

6. 完成一号垃圾中转站提质升级改造项目,引进一台17立方米的新型密闭式压缩垃圾箱体,提升了垃圾中转效率,周边环境得到改善。

【维修服务】2019年,修建服务坚持厉行勤俭节约,反对铺张浪费活动。日常维修从采购源头抓起,灯具、灯管和灯泡全部采用LED节能产品;大型楼堂馆所长明灯场所不更换灯具,改造更换LED灯管;走廊灯保留原有灯具,更换LED吸盘和灯带。新安路灯全部采购LED灯具,部分走廊开关更换成声光控开关。日常维修改造,采购节能水嘴和自闭器(冲水量可调整)。

更换各类节能照明设备、器具及配件2500多

个，更换各类节能节水器具及配件1200多个，上门服务1万多人次。参与大小应急抢修20多次。

积极配合学校相关部门做好巡视整改，清理往来欠款。

【房产管理】修订了《烟台大学教职工住宅出售办法》，经烟台大学七届二次教代会暨八届二次工代会讨论通过，发布执行。启动了学校家属区住房的出售工作，共出售校内住房168套，学府小区住房48套。启动了学府小区车位出售工作，共出售车位836个。

【家属区物业管理服务】家属区物业较好完成了2019年维修、保洁、安全等各项管理服务任务，未发生种类重大安全事故。年底问卷调查，90%以上住户对物业各项服务表示满意。全年收取物业管理费182万元，收支基本平衡。

1. 完成住户水、电、暖、门窗、太阳能等各类维修3000余项。

2. 较好完成了5月分配给教职工99套房子的安全、卫生、维修、装修管理等各项工作。

3. 集中整治老家属区脏、乱、差。春、冬季用近一个月时间，拉网式清理绿地中石块、树枝、杂草，还绿地整洁清新面貌。

4. 投入13多万元，更新G4－G7号楼车库出入口系统。G4－G7号楼小区院内增加晾衣架，G1－G7号楼一层、负一、负二层单元入口处及老家属区85个单元增设公告栏。G4－G7号楼木制连廊粉刷桐油，G4－G7号楼一层大厅及各层电梯门厅墙壁粉刷。

【医疗防疫服务】2019年，校医院设有13个专业门诊科室，在职医护人员27名，聘用人员34名。完成了全校三千多名教职工和三万多名学生的门诊医疗保健工作，对重病教工实行上门服务。

1. 门诊诊疗。全年医生接诊101915人次，门诊收费88882人次，药房发药69240人次，注射输液7630人次；放射科DR检查7681人次，胃肠检查126人次，彩超2167人次，心电图检查659人次；理疗室治疗1934人次，检验科门诊各类检查15100人次。参加学校重要活动医疗保障58次。

2. 健康体检。全年教职工健康体检2857人次，妇科专项体检696人次，新增TCT检查527人次；毕业生体检7240人次，研究生复试体检950人次，新生体检7120人次。

3. 传染病防控。全年疫苗接种21823人次，结核密筛（ppd）260人次，风疹应急免疫145人次。做好水痘的预防、隔离、治疗和环境消毒工作，共收治水痘患者60人；发现肺结核8人及时转院治疗，防止了水痘、肺结核等传染病在校园内部的传播。向社区中心免费供应84消毒液600升，向体教部免费供应75%乙醇5万毫升等物资。

4. 慢病管理。新建健康档案298份，家庭签约1619份；慢病随访2693人次，接诊记录2203份；老年人中医体质辨识799人次，老年人自理能力评估582人次；高血压减盐200人次，高危人群控烟200人次，医养结合录入304人次。推广了“健康莱山”公众号。

5. 医保报销。全年教工医保完成门诊上传3360人次，上传发票18570张；异地大病慢病上传92人次，上传发票460张；慢病申报及改换定点医院32人次，异地申请备案12人次。学生医保完成外地门诊报销956人次，报销金额25.33万元；外地住院报销118人次，报销金额59.83万元。

6. 药械采购。通过学校招标采购药品、耗材，完成了理疗室及换药室空调、中频治疗仪、立体动态干扰电治疗仪、慢病管理用桌柜等项目招标采购。

7. 其他工作。完善消防安全制度，发现问题及时整改，消除消防安全隐患。进行健康文明宣传，加强导医岗位管理。重视大学生健康教育，联系市疾控中心、毓璜顶等多家医院专家，举办了9场健康教育专题讲座，参加学生共计4500人次。

【幼儿保育教育】2019年，幼儿园现在园幼儿395人，分为三个年龄段，11个班。现有教职工43人。本年度派老师外出学习10人次，请进来专题培训8次。改善户外场地条件，拆除操场花坛，拓宽操场活动区，开展户外自主游戏。开展以“开放教育”为主题的园本特色主题活动。签订安全目标责任书，更新了监控系统，进行安全培训4次，组织安全演练12次。

【其他实体服务】专家公寓完成了学校安排的新疆援内老师住宿任务；桶装水经销部全年为师生供水3万余桶；车队为学校各单位、各部门提供运输服务，行驶里程20万公里。

（韩昌卫）

基本建设

【概况】2019 年,基建处有综合科、计划科、施工科等 3 个科室,工作人员 6 人。

【项目投资】本年度,学校基本建设未有新建项目。实验中心项目按照工程进度,完成约 3490 万元建设投资。

【工程管理】1. 实验中心项目正在进行水电暖、通风设备、空调、电梯、门窗等安装工作,预计明年 3 月底完工。

2. 光电学院物理实验室、马克思主义学院用房改造和机电学院车辆实验室 3 个项目,当年完成基础建设施工任务。

3. 配合烟建集团进行学府小区项目收尾工作。进行前期规划许可、开工许可手续,后期规划验收、防雷检测、质监现场验收和节能验收等手续的办理。

(丛兆丰)

安全保卫工作

【概况】2019 年,保卫处有治安科、校卫队、安全科、政保科、110 指挥中心、南校区治安办公室等下设机构,在职工作人员 29 人。较好完成了 2019 年的各项保卫工作任务,学校被山东省教育厅评为“山东省平安校园标杆学校”。

【政治稳定】一是及时了解掌握师生信教、参教信息情况,积极防范;二是加强与地方职能部门的联系与沟通,及时掌握维稳工作的形势和动态;三是扎实做好重点时段和敏感时间节点的维稳工作;四是认真做好出国、应征入伍等人员的政治审查工作,全年共审查 100 人次,没有出现任何问题。

【治安防范】一是建立与相关部门的治安联防机制,及时掌握群体性、苗头性信息,积极化解矛盾,解决问题;二是严格门卫管理,全年检查载货出校车辆 60 余次,堵控燃油摩托车入校 80 余次,堵控外卖车辆入校 100 余次;三是加强巡逻防控,通过蹲守等措施,抓获盗窃学生衣物嫌疑人 2 名;四是配合公安机关查处案件 7 起,抓获各类违法犯罪嫌疑人 2 名;五是积极调处各类矛盾纠纷 13 起,妥善处置了计算机与控制工程学院学生李某某过失致人死亡、外国语学院学生郭某某自杀未遂、机电汽车工程学院学生刘某某坠楼死亡、2 名留学生吸毒等事件,查处了 1 起体能测试作弊行为。

【交通安全】一是重新施划道路交通标线 800 平方米,在部分路段区域施划临时停车位 70 个;二是在学校主要路段安装卡扣测速系统 8 套,门禁收费升级微信扫码付;三是查究违停车辆 120 余辆,张贴违停提示单 120 余份,将 40 余辆违停车辆列入黑名单;四是会同交警部门开展燃油摩托车专项整治行动,收缴无牌照燃油摩托车 10 辆。

【消防安全】一是同 52 个单位、部门签订《防火责任书》,落实安全责任制;二是以查促改,积极消除安全隐患,全年进行消防检查 68 次,排查火灾隐患 185 处,整改 142 处,下发火灾隐患整改通知书 10 份;三是开展了“狠抓落实,强化学生宿舍消防安全专项整治”“安全生产月”“119 消防月”等专项行

动;四是组织2019级新生开展了应急疏散逃生演练和现场灭火培训与演练,组织药学院、化学化工学院、生命科学学院、环境与材料工程学院师生、学生社区相关工作人员进行了消防知识专题讲座和现场灭火培训。全年无重大火灾责任事故。

【技防建设】一是改造增设公共区域监控摄像头120余个,完成了部分餐厅、实验室150余个监控摄像头的接入工作,实现在学校安防平台上统一呈现、管控;二是在餐厅各楼层安装了14个一键报警装置,实现与学校监控中心一键联动、音视频通话,提高了接出警效率;三是为学生第1、2、3、4、5、10、11、12、14号公寓安装火灾报警系统,用技术手段进一步筑牢校园"防火墙"。

(王希峰)

党建与思想政治工作

纪检监察工作

【概况】2019 年，烟台大学纪委(监察专员办公室)贯彻落实十九届中央纪委三次全会和省纪委十一届四次全会精神，深化纪检监察体制改革，严格监督执纪问责和监督调查处置，推进学校纪检监察工作高质量发展。

10 月，根据上级要求，完成学校纪检监察机构改革，撤销纪委办公室、纪委纪律检查室，撤销监察处，成立省监委驻烟台大学监察委员会，与烟台大学纪委合署办公。纪委(监察专员办公室)下设综合处(正处级)、案件管理室(副处级)、纪检监察室(副处级)，实现审查调查和案件审理职能分离、部门分设。调入 2 名年轻干部充实纪检监察干部队伍，专职纪检监察干部达到 9 人。

11 月，学校成立党风廉政建设和反腐败工作协调小组，发挥有关部门的职能作用，凝聚监督合力。

【党风廉政教育】强化党风廉政警示教育力度，加大对违纪典型案件通报曝光力度，以案促改、以案名纪，使廉洁警钟常驻干部心间。

1. 在办公系统和有关会议上，先后 6 次对违反会议纪律、违规发放“津补贴”、违反财经纪律、私设“小金库”等问题点名道姓通报曝光，起到用身边事教育身边人的作用。

2. 组织领导干部观看 6 部警示教育专题片；组织近几年新提拔的处级干部到烟台市廉政教育基地参观学习，筑牢思想防线。

3. 创新教育内容和形式，组织开展“清风扬正气　壮丽 70 年”廉政文化作品征集活动；校纪委负责同志用近年来查处的全国高等教育领域和本校党员领导干部的违规违纪典型案例，制作宣讲课件，到重点单位开展题为“以案明规、以案说纪，做新时代明规守纪的合格党员、教师”的警示教育；详细说明党员、干部关于操办婚丧喜庆问题的规定，提醒树立良好家风。

4. 纪检监察干部全员培训效果明显。1 人在全省高校纪检监察干部全员培训班上作为代表发言，1 人作为学校先进事迹报告团成员进行全校宣讲，1 人获评烟台市优秀党务工作者，纪检党支部获评培育创建样板党支部。派出和接受各 1 名年轻干部参加双向交流锻炼。全年组织纪检监察干部参加外出和自主培训 28 个班次、130 人次。在全省纪检监察应知应会知识集中测试中，学校选派的 2 名处级干部成绩位列省属高校第 2 名。

【专责监督】1. 强化政治监督。严督实导二级单位党组织开展“不忘初心、牢记使命”主题教育；深入推进“漠视侵害群众利益问题”专项整治工作；针对师生员工表达意见的网上民声“回音壁”留言，进一步压实审核、回复、督办和监督责任，对个别推诿扯皮、应办不办等问题进行实地督导检查，责令限期整改；针对第四轮省委巡视反馈意见和省委巡视办反馈的 8 个方面整改不到位的问题，协助学校党委多次召开巡视整改调度会、专题会，跟踪和及时上

报问题整改落实情况，保证巡视反馈问题件件有着落。

2. 聚焦监督首责。干部任前廉政谈话 84 人次；对财务处、资产处、后勤处等廉政风险较高单位班子成员和中层干部进行廉洁从政集体谈话；出具廉政意见回复 90 人次，动态更新处级领导干部廉政档案；走访调研 19 个单位，形成专题调研报告；对校内两个单位存在的履职用权不规范问题提出监察建议，督促其在公务用车、公租房使用等方面建章立制，规范管理；在元旦春节、国庆端午等节假日和新生入学、毕业生离校等关键节点，下发廉洁自律通知，给全校科级以上干部发送廉洁短信，把监督挺在前面。

3. 加强同级监督。及时向学校党委传达中央纪委、省纪委有关会议和指示精神，尤其是纪检监察派驻机构改革的相关重要内容。突出强调监察专员办公室由省监委直接领导，对同级党委监督的派驻属性。按照省监委要求，实现对学校所有行使公权力的公职人员监察全覆盖；提醒督促领导班子中 5 名成员在“不忘初心、牢记使命”主题教育民主生活会上，对 2019 年组织谈话函询的情况做出说明，严肃认真开展批评与自我批评，确保民主生活会开出“辣味”。

4. 报请学校党委召开党内监督工作专题会议，听取二级单位党组织、机关职能部门加强党内日常监督和职能监督情况的专题汇报，综合分析政治生态状况，压实监督主体责任，推动落实监督工作全覆盖。

5. 召开党风廉政建设工作会议，传达学习十九届中央纪委三次全会和省纪委十一届四次全会精神，回顾总结 2018 年学校党风廉政建设和反腐败工作，研究部署 2019 年工作任务。

6. 开展二级单位党组织书记向纪委全会述责述廉和民主评议工作，与书记抓党建工作述职评议考核工作同步进行，对民主评议结果逐一反馈并督促整改。

【执纪问责】1. 依规依纪依法办案。省委巡视组移交的 61 件问题线索和信访件，其中由学校纪委办理的 45 件已全部办结。处理举报信和接待群众来访 18 件（次）。立案 13 件，谈话函询 61 人次，谈话提醒 4 人、批评教育 12 人、党内通报批评 1 人、诫勉 6 人，党内警告 6 人、党内严重警告 5 人、撤销党内职务 1 人、开除党籍 1 人，做出政纪处分建议 4 人。

2. 规范案件管理。全面梳理 2018 年以来受理问题线索处置情况，对 56 件问题线索，逐一录入案管系统；完成 2019 年案卷梳理、规范整改工作；切实增强案件办理程序意识、安全意识，向省纪委及时准确上报每月工作情况，实现办案全程动态管理。

（曹振斌　董　燕）

附：**2019 年校纪委纪字文件目录（部分）**

《烟台大学 2019 年纪检监察工作要点》（烟大纪字〔2019〕3 号）

《关于进一步加强五一、春假期间作风建设、坚决纠正“四风”问题的通知》（烟大纪字〔2019〕6 号）

《烟台大学执行党纪政务处分决定的实施办法（试行）》（烟大纪字〔2019〕12 号）

《烟台大学纪检监察干部监督工作暂行办法》（烟大纪字〔2019〕14 号）

《烟台大学纪委委员和二级单位党组织纪检委员向学校纪委报告工作规定》（烟大纪字〔2019〕15 号）

《关于进一步加强端午节期间作风建设坚决纠正“四风”问题的通知》（烟大纪字〔2019〕18 号）

《烟台大学纪委 2019 年上半年工作总结》（烟大纪字〔2019〕19 号）

《关于进一步加强教师节、中秋国庆期间廉洁自律工作的通知》（烟大纪字〔2019〕20 号）

《关于持之以恒正风肃纪确保 2020 年元旦春节风清气正的通知》（烟大纪字〔2019〕21 号）

《烟台大学 2019 年纪检监察工作总结》（烟大纪字〔2019〕22 号）

组织干部工作

【概况】2019年,组织工作以习近平新时代中国特色社会主义思想为指导,学习贯彻党的十九大和十九届二中、三中、四中全会精神,围绕中心、服务大局,保障和推动学校高质量发展。

组织部设组织科、干部科、组织员工作办公室、党校办公室(挂靠)4个科室。有专职组织干部7人。

【组织建设】聚焦主题主线,开展"不忘初心、牢记使命"主题教育。结合学校改革发展实际,围绕立德树人根本任务,强化组织领导,抓牢重点措施,聚焦整改落实,保证主题教育取得实效。中央第四巡回督导组、省委第十二巡回指导组对学校主题教育给予充分肯定,省主题教育工作简报报道学校主题教育开展情况,"灯塔—党建在线"发表稿件6篇。

实施基层党组织"对标争先"建设计划和"双带头人"立项建设工作。通过对标自查、分类定级—整改提升、争先创建—选树培育、典型示范—制定标准、总结推广四个阶段工作,全校自查评定为"优秀"的支部50个,"达标"的支部111个,达标率100%;遴选产生党建工作标杆党委(党总支)培育创建单位6个,党建工作样板党支部培育创建单位31个。加强教师党支部书记"双带头人"建设,遴选"双带头人"立项建设工作室9个、培育工作室8个,教师党支部书记符合"双带头人"配备要求的比例达100%。1个党支部获评第二批"全国党建工作样板支部",1个党总支、3个党支部分获全省首批党建工作标杆院系、样板支部,1个"双带头人"教师党支部书记工作室获省培育创建单位。

抓实党员发展和教育管理工作。严格程序,加强指导,规范入党前教育培训。全年发展党员1610人、转正744人,接转组织关系1088人。结合主题教育,不断提升"三会一课"和主题党日质量;定期通报党员发展全程纪实、组织关系转接和"山东e支部"规范使用情况;选派优秀党务工作者18人次参加上级调训。严格执行《党费收缴管理使用办法》,完成2019年全国高校党内统计工作。

推动基础党建工作落地落实。健全完善"双报到"工作机制,校领导全部到联系社区报到,20个学院636名党员到9个社区报到。组建党员志愿服务队24个,确定为民服务项目83项。召开学校庆祝中国共产党成立98周年暨党建工作表彰大会,评选表彰76名优秀共产党员、9名优秀党务工作者和35个先进基层党组织;2名优秀党员、3名优秀党务工作者和2个先进基层党组织获省教育工委和烟台市表彰。

【干部队伍建设】做好干部选拔任用工作。对照省委组织部选人用人专项检查反馈意见开展整改,基本完成整改任务。出台组织员任用和管理工作暂行办法,做好学院专职组织员选拔配备工作。修订学校干部选拔任用工作实施办法,出台激励干部担当作为的实施意见。配合省委组织部完成学校领导班子年度考核、"一报告两评议"和3名省管干部试用期满考核工作,完成省委组织部干部队伍调研专题报告2篇。选派4人到山亭区挂职"第一书记",4人分别到省教育厅、潍坊市寒亭区、烟台市长岛县和"双一流"高校挂职锻炼。选拔教学单位6名业务骨干到机关部门挂职锻炼。完成2019年干部选拔工作,选拔正处级干部10人,科级干部59人,对59名干部进行了试用期满考核。

强化干部教育培训工作。制定学校2019—2022年干部教育培训规划。聚焦新时代本科教学管理与创新、党务干部能力提升,先后在四川大学、北京大学举办处级干部专题培训班;以线上线下相结合方式,举办处级干部专题读书班和基层党支部书记培训班,为开展好主题教育奠定坚实思想基础。召开党校工作会议,组织13次党校学习、2期书记读书班。完成处级干部学习贯彻党的十九届四中全会精神轮训工作,先后选派8名干部参加省委党校、教育工委5期专题培训。

抓实干部监督工作。完成115名处级干部的个人有关事项集中报告,分别对12名和6名处级干部进行个人事项随机抽查和重点抽查,对存在漏报情况的2名干部分别给予批评教育和诫勉的组织处理。对全校处级干部和涉财涉密人员因私出国(境)证照进行全面梳理,办理因私出国(境)证照申领、换发及补办事项39人次,完成对18人因私出国(境)的审批工作。开展干部违规在企业、社会团体兼职集中自查和专项清理工作,梳理发现有114人次存在兼职情况,对违规兼职的干部,在全校范围内给予通报批评。

(陈　伟)

附:

1.2019年全校党员情况统计表

统计时间:2019年12月

项　目			党员数	在岗党员数
合　计			4780	1596
其中	预备党员		1616	19
	女党员		2560	744
	少数民族党员		74	30
职业	教职工		2056	1596
	学生	研究生	436	
		本专科生	2247	
年龄结构	35岁及以下		3170	456
	36-45岁		606	596
	46-54岁		384	382
	55-59岁		169	162
	60岁以上		451	
合计			4780	1596
入党时间	1937年7月7日至1945年9月2日		0	
	1945年9月3日至1949年9月		1	
	1949年10月至1966年4月		66	
	1966年5月至1976年10月		145	
	1976年11月至2002年10月		912	667
	2002年11月以后		3656	929
合计			4780	1596
学历结构	研究生		949	917
	大学本科		1145	503
	大学专科		311	91
	中专		63	19
	高中、中技		2252	53
	初中及以下		60	13
年内增减	年内转入		180	85
	年内转出		816	24
	新发展		1610	18

注:学历按目前已实际取得的学历计,如在校大学生按高中学历计。

2. 2019 年全校干部情况统计表

统计时间:2019 年 12 月

项目 数量 职级	合计	性别		政治面貌		学历				年龄						职称			
		男	女	中共党员	其他	研究生	大学	大专	大专以下	35 岁以下	36 至 40 岁	41 至 45 岁	46 至 50 岁	51 至 55 岁	56 至 60 岁	正高级	副高级	中级	初级
校级	11	11	0	11	0	8	3	0	0	0	0	0	1	6	3	8	2	1	0
处级	194	153	41	181	13	92	99	3	0	1	39	49	46	37	22	36	57	84	12
科级	226	142	84	193	33	98	104	20	4	53	51	37	31	39	15	1	12	138	33
合计	431	306	125	385	46	198	206	23	4	54	90	86	78	82	40	45	71	223	45

宣传思想工作

【概况】2019 年,学校宣传思想工作按照《中国共产党宣传工作条例》的规定,严格落实意识形态工作,开展“不忘初心、牢记使命”主题教育,围绕庆祝新中国成立 70 周年、烟台大学建校 35 周年等主题开展文化活动,打造“孺子牛”师德建设品牌,做好师德师风建设工作。

党委宣传部设有宣传科、理论科、网络信息科等 3 个科室,合署办公的党委教师工作部设有教师思想政治工作科。挂靠单位新闻中心设有校报编辑部、电视台、新媒体中心等 3 个科室。工作人员 11 名,其中 1 人赴枣庄山亭区担任“第一书记”,另有枣庄学院来校挂职干部 1 人。

【理论武装】制定学校 2019 年理论学习安排意见及教职工政治理论学习安排,组织学习《习近平新时代中国特色社会主义思想学习纲要》。校党委理论中心组集体学习 12 次,集体研讨 33 次。二级中心组学习 212 次,集体研讨 136 次。推动师生注册、使用“学习强国”学习平台,选派 11 人参加全省社科理论骨干和哲学社会科学教学科研骨干培训。组织专题学习班,学习宣传党的十九届四中全会精神,举办校级宣讲报告会 4 场,校报刊登理论专版 2 期,张伟、赵文静、刘会清入选省属高校党的十九届四中全会精神宣讲团。

附:

2019 年学校党委中心组学习情况汇总表

时间	地点	主要学习内容	备注
1 月 16 日	育秀大楼 316	1. 学习庆祝改革开放 40 周年大会上习近平总书记发表的重要讲话精神 2. 学习 2018 年 12 月 25 – 26 日中央政治局民主生活会会议精神 3. 学习全省教育大会精神	
4 月 2 日	育秀大楼 316	1. 学习习近平总书记在学校思想政治理论课教师座谈会的讲话 2. 学习新闻联播报道“习总书记讲话在教育界引发热烈反响”	视频学习

续表

时间	地点	主要学习内容	备注
5月10日	育秀大楼316	1. 学习习近平总书记在纪念五四运动100周年大会上的重要讲话精神 2. 学习习近平总书记为第五批全国干部学习培训教材所作序言精神	视频学习
6月19日	育秀大楼316	1. 学习“不忘初心、牢记使命”主题教育工作会议精神 2. 学习《正确认识中美经贸斗争、集中精力办好自己的事》相关材料	
7月3日	育秀大楼316	学习《习近平新时代中国特色社会主义思想学习纲要》第一章到第四章部分篇目	研讨交流
9月4日	育秀大楼316	马克思主义学院李国栋做题为“牢记立德树人根本任务，实现全员全程全方位育人”的辅导报告	
9月18日	育秀大楼316	学习《习近平关于“不忘初心、牢记使命”重要论述选编》中“加强党的政治建设”主要篇目	
9月24日	逸夫厅	观看内部警示教育片《增强忧患意识　防范风险挑战》	视频学习
10月11日	育秀大楼316	1. 学习习近平总书记9月29日在国家勋章和国家荣誉称号颁授仪式上、9月30日在庆祝中华人民共和国成立70周年招待会上、10月1日在庆祝中华人民共和国成立70周年大会上发表的三篇重要讲话 2. 全省推进改革举措落实落地工作会议精神 3. 徐惠忠交流赴北京参加国庆活动的感想	
10月15日	胶东红色文化陈列馆	进行“不忘初心、牢记使命”主题教育革命传统教育	
11月5日	育秀大楼316	1. 中央党校聂文婷副教授做题为“中国共产党的奋斗历程与初心使命”的辅导报告 2. 集体学习党的十九届四中全会公报(视频学习)	
11月29日	育秀大楼316	研讨交流党的十九届四中全会精神的学习体会	交流研讨

【思想政治工作】开通“不忘初心、牢记使命”主题教育专题网站、开设“主题教育进行时”校报专栏，举办专题展览，做好主题教育宣传引导。组织“我和我的祖国”群众性爱国主义宣传教育活动。开展“大学生思想政治教育大讲堂”活动，组建“谠言直声”宪法宣讲团、“热血胶东、红色育人”大学生宣讲团；邀请军事专家罗援将军来校作报告，举办“郭永怀事迹高校行”“儒学名家高校行”等宣讲报告会。2019年，山东省教育厅在“谠言直声”宣讲团的基础上，成立了山东省大学生宪法宣讲团烟台大学分团。

【新闻舆论宣传】制定《关于进一步加强和改进新闻宣传工作的实施意见》，召开宣传工作会议，召开新媒体联盟第二届理事会常务理事会会议，评选表彰优秀新闻通讯员、十佳新媒体以及新媒体先进个人和优秀原创作品。运用校园网、报纸、宣传栏、新媒体等宣传阵地，及时报道学校“不忘初心、牢记使命”主题教育进展成效，宣传身边先进典型。山东电视台、大众网等多次宣传报道学校主题教育有关活动和经验做法。学校“校地合作”“高质量发展实施意见之九大工程”等办学亮点和经验特色得到人民日报等省级以上媒体宣传报道43篇(次)。入选山东省互联网传媒集团发布的“2019年度山东最佳社会声誉高校”“2019年度山东最具影响力高校政务新媒体”榜单，获评省教育厅“2018—2019年度山东教育政务新媒体先进单位”、中国教育报

"山东高校教育新闻宣传先进单位"。陈颖荣获山东高校教育新闻宣传先进个人。

【意识形态工作】按照省委第十三巡视组向学校党委反馈的巡视情况,制定巡视整改方案、整改台账,提交巡视整改报告,做好意识形态专项巡视整改工作。修订、出台规章制度31项,形成34项意识形态工作规范,制定《烟台大学网络意识形态工作责任制实施细则》《烟台大学突发敏感舆情处置工作办法》,健全意识形态工作制度。召开意识形态工作联席会议3次,开展全校意识形态工作自查,定期会商研判意识形态领域情况。修订完善"一会一报"制度,审批备案106场次,校内通报6次。引进舆情监测软件,把握舆情处置主动权,提高舆情应对能力,妥善处置各类舆情。

【校园文化建设与文明校园建设】制定《庆祝中华人民共和国成立70周年、烟台大学建校35周年系列活动方案》,开展原创楹联大赛、师生征文、"烟大故事"征集等活动,开通国庆、校庆专题网站,设立4处主题景观小品。"永不磨灭的印记——北京大学、清华大学支援烟台大学建设历程"展于10月24日揭幕,总结提炼烟大精神"海纳百川、敢为人先"。通过公开征集,推出"我向海而生,你为梦而来"(作者:郭颖飞)的学校形象宣传语。设置34块导向牌(设计者:王磊),建立覆盖全校的校园导视系统。策划出品"我和我的祖国"快闪、"学习强国"之歌、"礼敬国旗,歌唱祖国"国庆升旗仪式、烟大风光宣传片等微视频作品,得到教育部"微言教育"、山东电视台等重要媒体的关注和广泛转发。"海之韵"校园合唱团和"烟大之声"网络文化工作室顺利通过山东高校思想政治工作十大重点项目年度绩效评价,继续获得资助。顺利通过全省高校美育工作评价。获评烟台市第二届文明校园、烟台市2019年文明单位,张红阳获评烟台市2019年度精神文明建设先进工作者。

【师德师风建设】总结烟大孺子牛精神:坚忍不拔、埋头苦干,辛勤耕耘、无私奉献,关爱学生、甘为人梯,实施"孺子牛"教育服务年限荣誉激励计划。举办教师节庆祝大会:向665名教育服务满30年和20年的教师和教育工作者颁发荣誉纪念奖章、组织100余名新入职教师集体宣誓。举办2场"学身边榜样、悟初心使命"先进典型事迹报告会,打造特色教师文化。组织青年博士教师座谈会,倾听青年教师的意见建议和所思所想所盼。开展《新时代高校教师职业行为十项准则》学习教育活动,开展向伦学冬同志学习活动。实行师德失范"一票否决",将师德师风要求落实到教师聘用、年度考核、职称评审、推优评先、表彰奖励等工作中。吴昭景获评山东省优秀教师。

(庞　磊)

附:

1. 2019年校外主要媒体报道学校稿件要目

国家级媒体			
序号	媒体名称	发表时间	新闻标题
1	中国青年网	2019-12-25	澳门高校学生会骨干国情考察团到访烟台大学
2	中国高校之窗	2019-12-6	烟台大学王淑云教授莅临中山大学南方学院进行学术交流
3	中国高校之窗	2019-9-21	防灾科技学院土木工程学院教师一行三人赴烟台大学土木工程学院考察学习
4	中国教育在线	2019-9-25	烟台校地合作第三次联席会召开　烟台大学签署重要战略合作协议
5	东方网	2019-5-2	烟台大学,拍到的这场"快闪"!火了!
6	中国教育报	2019-10-10	走出"象牙塔"融入"主战场"烟台大学与企业联合办学
7	中国教育报	2019-11-14	烟台大学体育教学部:传承传统武术文化　创新高校体育教学
8	中国教育报	2019-6-15	烟台大学"碳四分离"项目获专利金奖
9	中国青年报客户端	2019-12-25	澳门高校学生会骨干国情考察团到访烟台大学

续表

国家级媒体			
序号	媒体名称	发表时间	新闻标题
10	学习强国	2019－11－13	葡萄酒的那些事儿系列慕课上线学习强国
11	学习强国	2019－11－11	烟台大学原创歌曲《学习强国》助力湖南郴州党建
12	学习强国	2019－10－11	烟台大学：礼敬国旗 歌唱祖国
13	学习强国	2019－8－16	烟台大学“说言直声”选法宣讲团的故事
14	学习强国	2019－5－17	烟台大学赴台湾交换生在宜兰大学举办东昌府木版年画
15	光明日报/学习强国	2019－5－4	站稳三尺讲台育人心，增强课堂讲授的说服力、感染力和吸引力
16	学习强国	2019－5－13	创作歌曲《我为党来写支歌》展现基层党建风采
17	学习强国	2019－4－26	烟台大学《我和我的祖国》向祖国70华诞献礼
18	学习强国	2019－3－27	烟大学子寄情古风诗词热切关注全国“两会”
19	界面新闻	2019－9－22	建数字创新学院，助力烟台发展千亿级信息产业
20	联合日报	2019－5－29	陈大全：让动植物喝中药
省级媒体			
序号	媒体名称	发表时间	新闻标题
1	中国山东网	2019－12－31	养正小学走进烟台大学开展研学活动
2	中国山东网	2019－12－3	烟台大学第二届中华优秀传统文化节开幕
3	中国山东网	2019－7－22	烟台市食品药品检验检测中心联合烟台大学开展教学认知实践活动
4	中国山东网	2019－10－28	烟台大学人文学院举办“笔走龙蛇共起舞”书法讲座
5	中国山东网	2019－9－24	深化产教融合、服务新旧动能转换校企合作对接会举行
6	中国山东网	2019－10－21	烟台大学法学院举办第七届全国高校法律援助组织研讨会
7	腾讯新闻	2019－9－7	直接面试！烟台大学招聘229名教师，学历要求博士研究生
8	山东省教育厅网站	2019－10－16	烟台大学构建“政产学研用”融合创新生态体系
9	山东省教育厅网站	2019－9－13	烟台大学为区域经济社会发展贡献智慧和力量
10	山东省教育厅网站	2019－6－12	烟台大学“四个体系”推进毕业生高质量充分就业
11	山东省教育厅网站	2019－6－4	烟台大学多措并举助力青年教师成长
12	山东教育新闻网	2019－12－4	烟台大学：服务区域发展，全力打造产教融合新模式
13	山东教育新闻	2019－10－20	第四届全国学生“学宪法 讲宪法”活动在烟台大学举办
14	山东教育卫视	2019－9－19	烟台大学：师生配成为大学生创业新模式
15	山东教育卫视	2019－12－19	烟台大学举行“热血胶东 红色育人”大学生宣讲团首场宣讲会
16	山东教育发布	2019－4－23	烟大版《我和我的祖国》“闪”亮登场！
17	山东教育发布	2019－9－1	新生入学季“暖心迎新”
18	山东教育发布	2019－11－26	“双一流”建设全面起势省市签约共建烟台大学
19	山东教育发布	2019－11－27	科技成果转化服务的“主力军”
20	山东教育发布	2019－12－1	“合作”搭建起更广阔舞台
21	山东教育报	2019－12－8	烟台大学全力打造产教融合新模式

续表

省级媒体			
序号	媒体名称	发表时间	新闻标题
22	山东电视台	2019-11-24	学习贯彻四中全会精神山东在行动　省委宣讲团赴东营 烟台大学宣讲
23	山东电视台	2019-3-19	加强思政课建设，培养担当民族复兴大任的时代新人
24	山东电视台	2019-3-19	努力培养担当民族复兴大任的时代新人
25	齐鲁壹点	2019-8-19	100元/分，烟台大学、山东工商学院拟实行学分制收费
26	齐鲁壹点	2019-11-11	名校揽才！淄博与烟台大学签订合作协议，建立校地人才合作机制
27	齐鲁壹点	2019-10-10	求贤！烟台大学公开招聘法学院、化学化工学院院长
28	齐鲁壹点	2019-7-15	烟大的"夏雨荷"又如约而至，上过央视《大美中国》！
29	齐鲁壹点	2019-9-26	烟台大学签署校地企合作协议，助力裕龙石化产业项目
30	齐鲁壹点	2019-9-22	烟大将校地企共建数字创新学院，助力烟台发展千亿级信息技术产业
31	齐鲁壹点	2019-8-30	报到日恰逢生日！烟台大学为3名新生现场过生日
32	齐鲁壹点	2019-8-31	开学"趴望族"！烟大要新生独立报到，家长不放心趴栏守望
33	齐鲁壹点	2019-9-2	烟台大学举行开学典礼，校长送给新生两个字"好学"
34	齐鲁壹点	2019-8-31	妈妈变学姐！母女相隔25年先后考上烟大就读同一专业
35	齐鲁壹点	2019-9-11	烟大实施荣誉激励计划！660余名老教师获"孺子牛"纪念奖章
36	齐鲁网·闪电新闻	2019-11-24	山东省委宣讲团赴烟台大学宣讲党的十九届四中全会精神
37	齐鲁网·山东新闻·山东各地	2019-12-15	烟台大学斩获省高校教师信息化教学比赛一等奖
38	齐鲁网	2019-11-24	宣讲交流进行时丨山东省委宣讲团赴烟台大学宣讲党的十九届四中全会精神
39	齐鲁网	2019-11-26	脑海里单曲循环挥之不去！烟台大学"抖肩舞"太上瘾了
40	齐鲁网	2019-11-24	【学习贯彻四中全会精神山东在行动】省委宣讲团赴东营 烟台大学宣讲
41	齐鲁网	2019-4-1	重磅消息！烟台大学新增两个本科专业
42	齐鲁网	2019-12-16	用胶东大地的红色沃土培植学生的爱国情怀
43	齐鲁晚报	2019-2-15	烟大2018毕业生就业率出炉！最难就业的是这10大专业
44	齐鲁晚报	2019-9-26	烟台大学签署校地企合作协议助力裕龙石化产业项目
45	齐鲁晚报	2019-10-15	烟台大学创立数字创新学院
46	齐鲁晚报	2019-10-10	烟台建立校地合作联席会议制度，打造校地融合发展新高地
47	海报新闻	2019-12-24	24所高校舞蹈联考方案出炉　山东新增鲁东大学、烟台大学
48	海报新闻	2019-9-6	现场直击！烟台大学2019级新生军训一天
49	海报新闻	2019-8-31	开学啦！烟台大学迎来827名2019级研究生
50	海报新闻	2019-11-12	达成初步就业意向191人"淄博-名校人才直通车"在烟台大学举办
51	海报新闻	2019-11-10	1.3万岗位可选！烟台大学举办2020届毕业生供需见面会
52	凤凰网山东频道	2019-12-6	烟大拔得头筹！烟台拟立项支持45个校地融合发展项目
53	灯塔-党建在线	2019-9-18	精心谋划部署"不忘初心、牢记使命"主题教育工作

续表

省级媒体			
序号	媒体名称	发表时间	新闻标题
54	灯塔－党建在线	2019－9－30	烟台大学主题教育唱响“礼赞新中国、聚力新征程、奋进新时代”主旋律
55	灯塔－党建在线	2019－10－10	把爱国主义作为“不忘初心、牢记使命”主题教育的底色
56	灯塔－党建在线	2019－10－15	夯实理论基础　推动主题教育往深里走、往心里走、往实里走
57	灯塔－党建在线	2019－10－22	烟台大学坚持问题导向　真学真查真改
58	灯塔－党建在线	2019－11－25	聚焦“五个围绕”紧扣立德树人　将主题教育引向深处
59	灯塔－党建在线	2019－12－13	将主题教育成果转化为高质量发展实招
60	大众网·海报新闻	2019－9－20	深化产教融合服务新旧动能转换　校企合作对接会在烟台举行
61	大众网·海报新闻	2019－8－31	向海而生，为梦而来！烟台大学7000余名新生报到 暖心迎新获赞
62	大众网·海报新闻	2019－8－31	吉祥物卖萌、汉服展示　烟台大学上演“炫酷”迎新秀
63	大众网·海报新闻	2019－8－31	烟台大学七千新生报到，学校花样迎新真热闹
64	大众网·海报新闻	2019－9－2	烟台大学校长开学送“见面礼”寄语新生“立志好学”
65	大众网·海报新闻	2019－9－6	手机收纳袋现身烟台大学　让7000余名军训新生远离手机
66	大众网·海报新闻	2019－9－10	烟台大学庆祝第35个教师节　颁发“孺子牛”纪念奖章
67	大众网·海报新闻	2019－9－12	别样“团圆”丨写小黑板走红的烟大“六教大爷”陪学生过了30多年中秋节
68	大众网	2019－11－25	省委宣讲团到东营、烟台大学宣讲互动　全面准确宣讲凝聚党心民心
69	大众网	2019－10－10	求贤！烟台大学公开招聘法学院、化学化工学院院长
70	大众网	2019－9－19	2020年考研烟台设立两个报考点，烟大之外到市招办报名
71	大众网	2019－9－18	10月10日起报名！2020年烟台大学拟招硕士研究生850名
72	大众网	2019－9－6	烟台大学别样军训：辅导员也站军姿，与新生“同甘共苦”
73	大众网	2019－9－2	烟台大学校长开学送“见面礼”寄语新生“立志好学”
74	大众网	2019－5－2	震撼！清华、山大、海大、烟大……全国高校网上“拉歌”接力！看看有你的母校吗？
75	大众网	2019－12－23	佳音频传！全面育人结硕果　烟台大学多项比赛屡获佳绩
76	大众网	2019－10－10	29个项目落户校地合作示范基地，烟台建立校地合作联席会议制度，打造校地融合发展新高地
77	大众网	2019－9－25	深化产教融合 服务新旧动能转换校企合作对接会召开
78	大众网	2019－11－25	深入学习贯彻四中全会精神　以真改实改的过硬成果检验主题教育成效
79	大众网	2019－5－8	烟台大学两项目获国家专利金奖及省科技奖
80	大众网	2019－8－22	国内首个小麦近饱和突变基因库建立
81	大众日报	2019－8－3	放大共建效应！山东省教育厅与烟台市政府共建烟台大学
82	大众日报	2019－12－12	烟大九项工程助推高质量发展
83	大众日报	2019－6－27	党委书记张伟给学生上了一堂别样的党课
84	大众日报	2019－6－27	一堂别样的毕业党课
85	半岛网	2019－8－7	山东省教育厅与烟台市政府共建烟台大学签约仪式举行

续表

市级媒体			
序号	媒体名称	发表时间	新闻标题
1	淄博大众网	2019－11－21	烟台大学客人到临淄区参观考察
2	烟台晚报	2019－9－24	校企对接　产教融合
3	烟台晚报	2019－9－10	烟大新生开启大学“第一课”
4	烟台晚报	2019－9－9	烟大新生开始军训
5	烟台晚报	2019－9－6	7000 余名新生齐上“消防第一课”
6	烟台时刻	2019－10－4	【壮丽七十年】第一所地方集资兴办的综合大学
7	烟台日报	2019－12－31	烟大以学科建设带动高质量发展
8	烟台日报	2019－11－5	烟大师生获全省日语大赛特等奖
9	烟台日报	2019－9－6	烟台莱山消防“宣讲团”走进烟台大学
10	烟台日报	2019－9－3	七千“萌新”为梦而来
11	烟台日报	2019－9－9	烟大新生开始军训
12	烟台日报	2019－9－2	烟大一学院拍微电影迎新
13	烟台日报	2019－9－10	磨砺青春，让梦想在军训中起航
14	烟台日报	2019－9－3	执好学之楫，扬梦想风帆，开学典礼上——烟台高校校长深情寄语新生
15	烟台日报	2019－8－21	烟台吉恩生物科技公司牵手烟台大学
16	烟台日报	2019－8－21	烟大学子获评中国大学生自强之星
17	烟台日报	2019－11－25	烟台大学两位教授入选“高被引科学家”和“高被引作者”
18	烟台日报	2019－8－3	省教育厅和市政府共建烟台大学签约仪式举行
19	烟台日报	2019－9－2	七千“萌新”为梦而来　烟大迎新现场创意无限惊喜多
20	校园快报	2019－6－5	谁说考研注定孤独前行？烟大 5 个考研学霸宿舍，姐妹花全考研成功
21	水母网	2019－7－21	烟台大学本科普通批文理类专业一次投满
22	水母网	2019－5－8	烟台大学两项目获国家专利金奖及省科技奖
23	水母网	2019－7－21	“禁毒防艾 你我同行”烟台大学开展暑期禁毒防艾社会实践
24	水母网	2019－9－16	光大银行烟台分行走进烟台大学开展“送金融知识进课堂”
25	水母网	2019－12－23	创意比拼精彩不断 烟台大学生创新创业路上中行助力
26	水母网	2019－11－15	烟大、鲁大举行秋冬季毕业生招聘会，线上线下同时进行
27	水母网	2019－11－23	烟台市委党史研究院与烟大核学院共建党史史志宣教基地
28	水母网	2019－10－12	校地合作共画乡村振兴同心圆
29	齐鲁晚报	2019－9－30	烟台大学 2019 年化学节开幕
30	胶东在线	2019－10－2	烟台大学举行升国旗仪式　2000 余人齐唱国歌
31	胶东在线	2019－8－8	烟台大学实践队来海阳传承大秧歌(图)
32	胶东在线	2019－8－7	烟台大学法学院调研参观海阳青少年法治教育基地
33	胶东在线	2019－6－11	烟台大学法学院范李瑛教授来烟大文经做学术讲座

续表

市级媒体			
序号	媒体名称	发表时间	新闻标题
34	胶东在线	2019－11－27	新兴产业发展推进中心参加烟台大学核学院传承“两弹一星”精神主题教育晚会
35	胶东在线	2019－11－22	开启新生健康大学生活　毓璜顶医院侯建青走进烟台大学开展健康讲座
36	胶东在线	2019－10－30	快讯:烟台大学核电技能培训中心揭牌
37	胶东在线	2019－10－29	山东清泉集团捐建的“烟雨亭”在烟台大学三元湖落成
38	胶东在线	2019－10－12	校地合作共画乡村振兴同心圆(图)
39	胶东在线	2019－10－2	“我与祖国共庆生”——烟台大学中外学子共贺国庆
40	胶东在线	2019－9－21	服务新旧动能转换校企合作对接会在烟台召开
41	胶东在线	2019－9－6	入学“第一课” 烟台大学新生军训大片震撼登场
42	胶东在线	2019－10－21	助力大学生健康成长　烟台大学健康公益讲堂开课了!
43	胶东在线	2019－10－21	烟台大学法学院举办全国高校法律援助组织研讨会
44	胶东在线	2019－11－15	2019 年全国大学生首届冰球锦标赛举行　烟台大学首战获胜
45	胶东故事会	2019－7－8	组图:七月上旬,正是烟台大学三元湖赏荷花的好时节
46	海报烟台	2019－9－7	烟台大学别样军训:辅导员也站军姿,与新生“同甘共苦”

2. 2019 年度烟台大学“孺子牛”教育服务满 30 年教师和教育工作者名单

(按姓氏笔画排序)

丁宝玲　于文强　于北海　于永芹　于兴梅　于纯良　于奎利　于奎湖　卫兆明　马建生
马晓丽　王开文　王云慧　王凤龙　王文华　王　宁　王加卫　王向荣　王会斌　王　军
王志洪　王志强　王来武　王　玥　王林平　王国政　王明星　王忠民　王忠强　王　岩
王京强　王胜之　王炳章　王艳红　王　倩　王凌飞　王海英　王海波　王　萍　王鲁敏
王新宇　王慧敏　王德川　王德义　王德良　王德英　元红妍　方小娟　孔　超　邓昌亮
邓觐超　卢凤菊　叶　苹　田华栋　史卫进　付克杰　丛　文　冯华伟　兰　翠　曲传言
曲秀华　曲建梅　曲晓莉　曲常茂　曲清涛　曲淑英　曲维义　曲维涛　曲　慧　吕永高
吕建刚　吕常益　朱用文　朱秀平　朱怡芹　仲丽娟　仲崇爽　任万忠　任中洲　任玉珍
任满杰　全为民　邬旭然　刘一兵　刘万卉　刘小宁　刘子全　刘玉娟　刘本盛　刘汉杰
刘加光　刘光华　刘传林　刘庆顺　刘红梅　刘志刚　刘丽华　刘宏骞　刘君涛　刘昌华
刘忠华　刘宝清　刘建光　刘昭录　刘雪飞　刘雪梅　刘善平　齐　力　齐世学　闫　波
许广奎　许文友　孙大庆　孙卫明　孙少俐　孙凤云　孙　平　孙占奎　孙传波　孙军文
孙　红　孙　进　孙迎梅　孙季萍　孙祖莉　孙祥斌　孙淑贤　孙德祥　孙德巍　牟向东
苏艾萍　苏红军　苏明华　苏明阳　苏晓东　杜永吉　杜荣斌　杜　裕　李臣玉　李竹云
李作宏　李纲民　李杰盛　李　明　李秉钧　李　波　李相然　李　俊　李剑平　李　健
李禄昌　李　强　李登来　李　霞　杨云泉　杨丛鹏　杨红霓　杨启霞　杨建林　杨建萍
杨　滨　时永梅　时宏伟　吴小妮　吴广芬　吴现成　吴隆涛　何世新　何勇君　何　潺

邹本宏 邹德训 冷惠玲 辛建仁 宋义春 宋木林 宋中民 宋永涛 宋华山 宋来惠
宋振武 宋锡荣 初炳东 初 锐 迟到前 迟国梁 张小霞 张天祥 张廷广 张华平
张 伟(后勤) 张 伟(体院) 张 伟(校办) 张安民 张红敏 张志平 张 宏
张 杰 张国胜 张明熙 张忠武 张忠慈 张金龙 张学亭 张绍河 张春萍 张振义
张晓凌 张海军 张 萍 张晶莹 张鲁楠 张 强 张殿臣 张 蕊 张德坤 张 燕
陈万林 陈广军 陈永敏 陈再峰 陈庆纪 陈宏兰 陈 杰 陈祖国 陈祥生 陈 敏
陈惠春 陈 然 陈 瑶 武克珊 武建祥 苗德文 范李瑛 范宝德 林文东 林玉信
林宏斌 林国栋 林建军 林 剑 罗玉萍 罗 丽 罗臻田 岳宝铎 金 标 金福海
周世平 周先宏 周志武 周国辉 周秋淑 周胜良 周新刚 郑旭升 郑舒文 单国东
房绍坤 孟庆义 孟庆国 赵巨源 赵文静 赵玉平 赵旭强 赵兴艺 赵 岩 赵 艳
赵艳青 赵 颜 郝加泰 郝彦周 郝意祥 郝曙光 荣生顺 胡克强 胡茂林 胡新洪
柳瑞雪 柳瑞翠 段志国 侯仁民 侯典芹 侯娟娟 姜永波 姜竹茂 姜岩松 姜振春
姜雪梅 宫占芳 贺长引 贺传清 贺红军 贺 君 贺秉庚 袁兆军 袁红玉 袁建伟
贾建庆 夏尚文 原长国 原书礼 徐 阳 徐钊弘 徐希品 徐金光 徐莉苹 徐惠忠
殷军港 殷 莉 栾 浩 高书霞 高兴奎 高志鹏 高 坚 高英杰 高明玲 高振玉
高福芳 高翠敏 郭华丽 郭尽力 郭红梅 郭明恩 郭晓平 郭常忠 郭善利 唐大新
唐齐开 唐家弘 唐 斌 桑承德 黄连杰 黄 健 黄海锋 曹丽敏 曹振斌 常书强
常秀莲 常德义 崔龙波 崔永梅 崔明德 崔建营 崔孟忠 梁芳营 梁爱萍 隋殿勇
董向荣 董俊超 董 浩 董新伟 韩京龙 韩晓莉 程建波 谢烟威 满 军 臧明磊
裴晓光 廖卫平 谭 征 翟凤荣 翟 阳 樊 静 滕和学 滕清乐 潘 涛 薛 琳
戴珍香 鞠 宝 魏红蕾

3.2019 年度烟台大学“孺子牛”教育服务满 20 年教师和教育工作者名单

(按姓氏笔画排序)

丁双红 丁永涛 丁洪新 丁 峰 丁海燕 于文英 于冬青 于光辉 于秀国 于 沛
于 波 于建忠 于柏青 于晓飞 于 涛 于鹏飞 马长安 马 岚 马海英 马 群
王广东 王少波 王仁田 王文云 王心健 王玉洁 王目奎 王立军 王兆龙 王创存
王庆瑶 王 军(保卫处) 王 军(后勤管理处) 王 芳 王丽华 王者旭 王金花
王金枝 王 波(海洋学院) 王 波(环境与材料工程学院) 王泽光 王怡芳 王 玲
王彦琨 王美娥 王洪强 王艳丽 王晓纯 王晓峰 王爱敏 王海燕 王琳璘 王 强
王瑞清 王路红 尤敬法 车 育 石学岭 田同峰 由枫秋 由翠荣 史绍纯 付学军
丛 宁 冯咏梅 冯俊荣 冯冠军 兰绍玉 邢纪波 成 强 毕可志 毕远伟 毕朝辉
曲延芬 曲秀勇 曲畅泳 曲春艳 曲 峰 曲蕴宏 吕永红 仲 欣 任书斌 任汇江
任言平 任现品 任育红 任学军 任俊义 刘大忠 刘云学 刘玉儒 刘立明 刘永明
刘永亮 刘华东 刘庆晓 刘红霞 刘志葵 刘其成 刘英霞 刘知德 刘 宗 刘培华
刘 霄 齐永波 关 涛 江飞虹 安 娜 许 卉 许 丽 许修明 孙云茂 孙仁敬
孙玉萍 孙本晓 孙红霞 孙丽婵 孙利芹 孙学礼 孙砚博 孙 俊 孙津丽 孙艳雷
牟文波 牟光军 纪 芳 纪清华 苏晓霞 杜云云 杜 昊 李中强 李长江 李 刚
李全生 李兆海 李 军 李育华 李春梅 李 玲 李桂芝 李晓晖 李 敏 李瑞旭
李 蓉 李儒立 杨乃军 杨开春 杨化存 杨文丽 杨众晖 杨明宪 杨明辉 杨 京
杨 波 杨宝爱 杨建荣 杨晓利 肖万春 肖建民 吴江龙 吴江涛 吴宏军 吴桂芹

吴晓燕　吴雪燕　吴惠颖　吴　雁　何　忱　邹旭华　应　华　辛志荣　沈春华　宋心波
宋红松　宋　岩　张广毅　张玉龙　张仕祯　张西俊　张志军　张秀春　张国平　张明娟
张学辉　张学熙　张俊华　张晓林　张　骏　张培青　张福学　张镇霞　陆　犁　陈小平
陈世华　陈乐平　陈艳春　陈　晶　陈　强　陈　颖　陈　璐　苗向军　范广海　林广凤
林彩玲　金明善　周竹梅　周积壮　周雪莹　周　新　庞　海　郑世华　郑召典　郑晓光
孟宪辉　赵文经　赵卉妍　赵　利　赵利江　赵忠东　赵全东　赵显伟　赵海峰　郝秀菊
郝淑君　胡大鹏　胡　光　胡潇琨　柳专红　段其宪　段家麟　侯志刚　侯建海　昝新明
姜远明　姜　丽　姜爱莉　姜　燕　祝洪杰　姚继青　贺　萍　勇玲娥　秦月红　秦　伟
贾玉光　贾志林　贾春辉　夏建红　倪树林　徐秀峰　徐晓艳　徐海宁　徐海滨　徐道立
栾　芳　栾美丽　栾　瑛　高文相　高永滋　高荆舜　郭晓明　郭清华　唐永政　桑艳丽
黄伟明　黄庆镇　曹永智　龚卫东　崔志峰　崔志燮　崔哲洙　崔　晓　梁丽琨　梁宏卫
梁茂广　尉建华　隋　东　隋杰礼　隋　虹　隋鹏飞　蒋润乾　韩吉衢　韩利春　鲁言香
鲁慧敏　温少红　谢基伟　谢　勤　解　冰　綦利英　裴玉香　滕剑敏　滕雪玉　潘燕飞
戴纯春　戴振宏

统一战线工作

【概况】2019 年,党委统战工作突出"同心同德谋发展"主题,以"凝心聚力、务实创新、服务大局"为目标,加强政治引领,凝聚思想共识,助力学校发展。

统战部设有综合科、党派科 2 个科室,有工作人员 3 人。

【民主党派和统战团体】加强民主党派基层组织建设。规范组织发展程序,把素质高、能力强、政治上靠得住的优秀党外人士推荐为民主党派负责人。持续深化"不忘合作初心,继续携手前进"主题教育,组织民主党派和统战团体负责人赴胶东(烟台)党性教育基地等地,进行现场教学活动。坚持民主党派和统战团体负责人双月座谈会和"一季度一专题"学习制度,系统学习了中共党史、新中国史、多党合作史以及党的十九届四中全会精神。指导各民主党派开展"一党派一品牌"活动,积极创先争优,九三学社烟台大学基层委、民建烟台大学总支等获得由上述民主党派烟台市委会授予的"先进基层组织"称号,14 人获"先进个人"荣誉称号。开展"同心助学 · 共赢未来"暖阳助学行动,举办烟台大学统一战线助力大学生就业专场招聘会,共有 30 余家非公企业提供就业岗位 1200 多个。组织党外专家教授参与服务地方工作,赴龙口、威海等地参与"百名专家教授联百企"活动,达成合作意向 20 余个,签署合作协议 11 个。

【党外代表人士】完善发现、培养、选拔、举荐党外代表人士机制,实现双岗建功。搭建平台,在枣庄市山亭区建立了党外知识分子"爱国奋斗 建功立业"实践基地。推荐 2 人参加全省青年党外知识分子培训班,2 人参加省欧美同学会第八届年(峰)会,2 人参加首届中国(山东)高端人才项目交流会,2 人参加 2019 年中华文化大乐园活动,1 人参加省第九届归侨侨眷代表大会。推荐 1 人为烟台市党外知识分子联谊会副会长、教育分会会长人选,3 人为省无党派青年委员会委员,2 人入选烟台市欧美同学会建言献策小组,10 人为烟台市侨界代表人士,3 人为市政协特聘专家,3 人为市政协特邀信息员。学校党外知识分子工作特色做法入选省委统战部、省委教育工委党外知识分子典型案例。充分发挥各级政协委员作用,大力支持他们积极参政议政、建言献策,参与民主监督。学校13名县(区)级及以上人大代表、政协委员提交议案、提案共计27件,均被采纳、立案。

【民族宗教工作】完善民族宗教工作领导小组职责,抓好组织保障、制度保障、联动保障三个保障体系,全面落实民族宗教工作主体责任。开展宗教理论教育培训,落实国家民族政策,召开少数民族学生座谈会。做好不同群体的精准化教育引导,加强动态管理。

(周　昊)

学生工作

【概况】2019年,学校立足新时代,聚焦新问题,谋划新发展,凝练形成学生工作新理念:立德树人强根本、教书育人促学风、激活学院创特色,打造队伍担重任、人本管理育新人。建立实施学工部门工作人员联系学院制度,促进学生工作重心下沉,形成校院学生工作新机制。

学生处有学生教育科等8个科室,工作人员16人。

【思想政治教育】完成烟大大学生思想状况调研,形成思想状况报告。持续推进学生工作"一院一品"特色创建;组织3期"思想政治大讲堂";举办"校长,我想对您说"系列座谈会,由党委书记为毕业生党员上专题党课;完成大学生思政精品项目的考核验收,提升思想政治工作品牌化、精细化、体系化建设。扎实开展爱国主义、社会主义核心价值观、中华优秀传统文化、禁毒、反诈骗、交通安全、消防安全等主题教育和主题班会;以"烟大学子""安全微伴"为平台,优化网络思政教育内容;着力打造具有鲜明烟大特色的四大主题活动,效果显著。举办新生班级班长培训班;评选十大优秀学生,成立十大优秀学生先进事迹巡讲团,发挥榜样引领作用。通过预备党员专题党课、党员主题党日、"党员先锋示范岗"创建,加强学生党员教育管理,充分发挥学生党员先锋模范作用。

【学生日常管理】积极推进文明校园创建,定期进行宿舍安全隐患排查,为全体学生办理山东省校(园)方责任保险。实施"一院一赛"品牌项目;以挂科率、作弊率、深造率、毕业率为切入点,分层次教育管理;组织研究生学术活动共35次,学生参加各类赛事积极性高、获奖人数多,学风建设效果明显。组织支持新疆所派教师做好新疆籍学生教育管理服务,召开少数民族学生座谈会,配合新疆驻山东省教育厅协调工作组来校就少数民族学生教育管理调研。严格督促落实学生请销假制度,及时规范处理学生违纪行为,毕业生离校工作文明、安全、有序。

【学生资助工作】建立学生资助管理标准化体系,以精准资助和资助育人为导向做好学生资助工作。认定家庭经济困难学生5610人,为3193名学生办理各类信用助学贷款2433余万元,发放各类学生奖助学金共计5464余万元,各项奖助学金评审发放工作规范有序。"爱心传递"主题育人活动被评为省级优秀工作案例,1人被评为省"爱心之星"优秀学生,1人被评为省"励志之星"优秀学生,1人被评为省"筑梦大使"优秀学生资助工作者。教育部全国学生资助管理中心来校做学生资助工作专题调研。

【心理健康教育】围绕校、院、班三级工作网络建立了"4+N"工作体系,形成了协同心理育人格局。积极推进心理中心和学院二级心理辅导站建设。加大培训力度,提升专业技能,派专职教师参加国家注册心理咨询师系统培训;制定辅导员心理培训工作方案,组织开展培训工作;引入全国高校心理委员工作平台开展班级心理委员培训。开展2019级本科学生心理健康测查,施测率达100%;本年度接待个体咨询400余例;开设团体辅导34次,服务学生300余人次。教改项目获批山东高校大学生心理健康教育研究课题立项。在全省高校心理年会上做主题交流。

【学生工作队伍建设】本年度招录辅导员19名。修订《辅导员队伍建设实施意见》。完成2018年度辅导员考核工作。持续推进辅导员队伍“六个一工程”建设,举办学生工作会、学生工作座谈会,辅导员工作培训会、辅导员座谈会和辅导员暑期培训班;开展3期辅导员工作沙龙;举办第二届辅导员素质能力大赛;选派80余人次参加省内外业务培训;编制辅导员学习资料,初步形成多方位的辅导员培训体系。举办辅导员主题宣讲大赛,学团系统师生茶话会,积极开展“爱国荣校”主题教育,庆祝中华人民共和国成立70周年、烟台大学建校35周年。2篇论文在2019年山东高校辅导员工作论坛获奖。

【国防教育工作】积极做好预征对象登记、选送和政策宣传发动等工作,本年度108人参军入伍,同比增长29%,圆满完成秋季征兵工作任务。顺利完成新生军训工作。对基干民兵韩语翻译分队进行了整合,预备役建设成效明显。配合驻烟部队完成了第三届全国兵棋推演大赛,“爱我国防”山东省大学生主题演讲大赛,大学生征兵启动仪式,大学生入伍心理测试,役前训练等工作,赢得驻烟部队好评。

【毕业生就业工作】完成毕业生生源信息采集、就业方案编制、派遣及档案转递工作,发放毕业生求职创业补贴98.88万元。举办行业类招聘会14场,专场宣讲会227场;主办山东省2019年高校毕业生集中招聘活动;举办2019届毕业生人才精准对接专场招聘会,毕业生初次就业率75.4%,同比增长12个百分点。组织12名就业创业指导人员参加各类培训。举办大学生创业大赛,评选创业之星5人;大学生创业孵化基地新增创业团队12支,完成工商登记注册7家;入驻团队在各类比赛中获得省级以上奖励4项。与华图教育建设完成“双创中央教室”,组织“双创”直播课程6次,700多人次学生参与。学生项目荣获第六届山东省科技创新大赛二等奖3项、三等奖13项,学校获得优秀组织奖。学校大学生创新创业教育新模式在山东教育电视台专题报道。

(蔺立杰)

共青团工作

【概况】2019年,团委设有组织部、宣传部、文体部、素质拓展部4个部门,有工作人员6人。

【组织建设】1. 深入实施学校《共青团改革方案》《学生会组织改革方案》。规范落实团员教育、团内选举、团费收缴等各项制度,稳步推进“智慧团建”,做好“学社衔接”,毕业生团组织关系转接率居全省高校前列。落实意识形态责任制,稳妥推进信教团员转化,信教团员教育转化率达100%。加强学生社团管理,防范敏感节点风险。

2. 发挥二级团校培训主阵地作用,提升团干部理论素养。组织团干部参加驻烟高校团干部培训班,选派6名团学骨干参加2019年山东省青年马克思主义者培养工程培训班。坚持团干部直接联系青年制度,团干部到一线调查研究、跟踪问效。

3. 召开学校第四次学生代表大会。大会通过了《烟台大学学生会章程(修正案)》,选举产生了新一届学生会主席团。落实团中央学生会改革举措,按照精简、效能原则设定内部岗位和机构;实行学生代表大会代表常任制和常任代表会议提案制。各学院普遍规范召开了学代会。李文超等4名学生代表参加山东省学联第十二次代表大会,校学生会当选为山东省学联主席团成员单位。

【宣传教育】1. 深入贯彻习近平新时代中国特色社会主义思想和党的十九大、十九届四中全会精神,认真落实学校党委和全团工作部署,促进引领力、组织力、服务力协同提升,团结带领广大团员青年积极建功新时代。

2. 开展重大主题宣传。赴杨子荣纪念馆开展“青春心向党·建功新时代”纪念五四运动100周年特别主题团日活动;举行庆祝中华人民共和国成立70周年升国旗仪式,开展“国旗下的演讲”系列活动;举办纪念一二·九运动84周年主题朗诵会;举办“青春不停步·永远跟党走”毕业生主题团课。

3. 深入推进青年大学习。聚焦主责主业,通过报告宣讲、“三会两制一课”、主题团日等活动,完善学习体系,加强青年理论武装。“青年大学习”网上主题团课浏览量超过25万次,单期团课学习人数超过1.5万人。

4. 强化榜样示范引领。召开纪念五四运动100周年暨共青团工作表彰大会,240个先进集体、4617名先进个人受到表彰。开展“大智之星”评选活动,2名同学获评“中国大学生自强之星”。

【创新实践】1. 社会实践。组建各级各类社会实践团队851支,逾万名师生参与。1个项目获山东省青年志愿服务示范项目培育,3支团队入围团中央“千校千项”优秀团队,2支团队的作品入围团中央“千校千项”优秀作品,9支团队荣获团中央“镜头中的三下乡”优秀奖,学校获评2019年全国“三下乡暑期社会实践先进单位”。

2. 科技创新。完成2018年度大学生科技创新基金项目并结题。在第十六届“挑战杯”山东省大学生课外学术科技作品竞赛中获特等奖4项、一等奖4项,学校首次捧得“优胜杯”;在第十六届“挑战杯”国赛赛场上,获全国二等奖1项、三等奖2项。

3. 志愿服务。整合志愿服务资源,组织志愿者参与校园志愿服务和社会重大赛会志愿服务工作。“梦田花房”关爱儿童心灵成长计划项目获得山东省青年志愿服务示范项目培育。35名毕业生投身西部计划志愿服务工作,举办“校长,我想对您说”赴西部基层就业毕业生专题座谈会。

【文体活动】文化育人有新成效。举办“向海而生、为梦而来”纪念建校35周年迎新生文艺晚会,举办校园歌手大赛、校园舞蹈大赛,国家话剧院话剧《谷文昌》进校演出。启动2019年校园体育季,承办山东省大学生科技文化节书画篆刻大赛。校园广播升级建设圆满完成。

【校地合作】举办“不忘初心、牢记使命”烟台市团干部培训班,召开烟台市共青团校地共建第一次会议,与团市委共建“创意策划工作室”“新媒体工作室”,打造“青春109流动青年之家”。

【学生会工作】1. 加强学生干部管理培训。举办学生干部成长论坛,筑牢学生干部思想基础,发挥优秀学生会、优秀学生干部的模范带动作用。严格落实学生干部内外部考核,提高学生干部队伍的整体能力及素质。

2. 举办校园主题活动,促进“树人”学风建设。深化“擦亮百年大党的精神底色”“不忘初心、牢记使命”等主题教育实践活动,组织“青益岗”网上共青团建设平台培训会。深入学习宣传贯彻党的十九大精神,组织各学院开展“喜迎十九大暨学生干部成长论坛”交流活动。

3. 深入学习提高思想觉悟力。校学生会召开座谈会,学习和领会习近平总书记在2019年春季学期中央党校(国家行政学院)中青年干部培训班开班式上的重要讲话精神。

4. 为毕业生做好相关服务。校学生会为毕业生组织“跳蚤市场”“湖心岛音乐会”等系列毕业季主题活动;顺利完成烟台大学2019届毕业生送站工作;开学季在火车站、汽车站、南校报到处迎新接站。

5. 打造文化活动精品。有计划、有重点地开展一系列文化娱乐活动,创新活动内容,丰富节目形式,结合时代特点,使大型活动品牌化、精品化。举办韵律操大赛、新生才艺展、啦啦操大赛、宿舍文化节等活动。

【社团活动】持续落实“四进四信”进社团,加强学生社团管理。举办烟台大学第十二届社团文化节。开展社团“十大精品活动”评选及“十佳社团”表彰。完成2018年社团审核,备案校院级社团132个,组织活动482项。承办山东省传统文化节书法篆刻大赛、环保文化节,组织社团嘉年华、社团成果展、“百团大战”等品牌活动,促进学生社团有序发展。阳光爱心社开展“献血车进校园”活动,学校获2018年度山东省“无偿献血工作先进院校”。

(陈鹏飞)

附：

2019－2020 学年校级学生社团名录

序号	社团性质	社团编号	社团名称	成立时间	挂靠单位
1	学术科技类	XK199910	计算机网络协会	1999.10	校团委
2		XK201005	科技创新协会	2010.05	校团委
3		XK201104	ACM 协会	2011.04	校团委
4		XK201503	工程实训中心创客空间	2015.03	工程实训中心
5	创新创业类	XC200206	未来企业家协会	2002.06	校团委
6		XC200506	职业发展协会	2005.06	校团委
7		XC200704	创业者协会	2007.04	校团委
8		XC200109	金融投资协会	2001.09	校团委
9		XC201806	和校园协会	2018.06	校团委
10	公益实践类	XS199610	阳光爱心社	1996.10	校团委
11		XS200010	环境保护协会	2000.10	校团委
12		XS200307	心系三农学社	2003.07	校团委
13		XS200404	心悦协会	2004.04	心理健康教育指导中心
14		XS200905	小桔灯心理义工队	2009.05	心理健康教育指导中心
15		XS201704	社区服务协会	2017.04	后勤管理处社区服务中心
16		XS201109	失物招领中心	2011.09	后勤管理处社区服务中心
17		XS201705	校友工作志愿者协会	2017.05	校友办
18		XS201210	义工服务队	2012.10	校团委
19		XS201806	反电信网络诈骗协会	2018.06	保卫处
20	文化体育类	XT199409	足球协会	1994.09	校团委
21		XT199809	乒乓球协会	1998.09	校团委
22		XT200410	羽毛球协会	2004.10	校团委
23		XT200411	网球协会	2004.11	校团委
24		XT200505	轮滑协会	2005.05	校团委
25		XT200809	梅花桩武术协会	2008.09	校团委
26		XT200909	排球协会	2009.09	校团委
27		XT201305	漂移板协会	2013.05	校团委
28		XT201405	双截棍协会	2014.05	校团委
29		XT201209	跆拳道协会	2012.09	校团委
30		XW198503	静火文学社	1985.03	校团委
31		XW200910	红楼梦协会	2009.10	校团委
32		XW200511	国学研究会	2005.11	校团委
33		XW199504	书画协会	1995.04	校团委
34		XW199509	棋牌协会	1995.09	校团委

续表

序号	社团性质	社团编号	社团名称	成立时间	挂靠单位
35	文化体育类	XW199510	口才协会	1995.10	校团委
36		XW199511	X-world 动漫协会	1995.11	校团委
37		XW199709	天狼星话剧社	1997.09	校团委
38		XW199909	小虫诗社	1999.09	校团委
39		XW200001	收藏协会	2000.01	校团委
40		XW200103	翻译协会	2001.03	校团委
41		XW200205	戏曲协会	2002.05	校团委
42		XW200305	英语俱乐部	2003.05	校团委
43		XW200404	摄影协会	2004.04	校团委
44		XW200507	美食协会	2005.07	后勤管理处饮食服务中心
45		XW200509	交谊舞协会	2005.09	校团委
46		XW200510	追风者风筝协会	2005.10	校团委
47		XW200605	手工艺协会	2006.05	校团委
48		XW201210	智立方协会	2012.10	校团委
49		XW201706	朗诵协会	2017.06	校团委
50		XW201206	瑜伽协会	2012.06	体教部
51		XW201609	光音工作组	2016.09	学校办公室会议中心
52		XW201507	啦啦操协会	2015.07	校团委
53		XW201510	军事协会	2015.10	人民武装部
54		XW201511	茶学社	2015.11	校团委
55		XW201804	领读者协会	2018.04	校团委

工会工作

【概况】校工会(妇女工作委员会)现设组宣科、文体科、教职工活动中心、计生办(挂靠),在编职工7人。全校有28个分工会,会员2339人。

【教职工代表大会/工代会】4月上旬,学校召开烟台大学第七届教代会暨第八届工代会第二次会议。会议听取并审议了校长工作报告、工会工作报告、财务工作报告、烟台大学学术委员会2018年度报告、烟台大学"十三五"发展规划中期评估报告、烟台大学七届一次教代会提案工作及七届二次教代会提案征集情况报告、烟台大学2018年度工会经费使用情况和2018年度教职工福利费使用情况的报告。审议并表决通过了《烟台大学章程(修正案)》《烟台大学教职工住宅出售办法》。听取了烟台大学开发区科教园区筹建情况说明。

本次“双代会”共征集35件提案，立案23件，已由提案委员会交各个负责单位落实办理。

报送2篇调研报告，参加2019年全省教育系统工会优秀理论研究和调查研究成果评选活动。

【组织与宣传教育】1. 落实中华全国总工会《关于增强基层工会活力发挥基层工会作用的实施意见》，持续开展“职工之家”建设活动。各基层工会全面开展创建工作，评选2018—2019年基层模范教工之家，表彰烟台大学2018—2019年度“模范教工之家”“工会先进工作者”和“工会积极分子”。

2. 推进“互联网+工会”建设，开通了“烟大工会”微信群、QQ群。组织工会专兼职干部认真学习习近平新时代中国特色社会主义思想，领会习近平总书记重要讲话的重大意义和精神实质。学习全国“两会”精神、中国工会十七大、中国妇女十二大、山东省工会十五大等会议精神，发放和学习《中华人民共和国工会法》，掌握相关业务知识，增强工作能力。参加省教育工会组织的专题培训班，探索新形势下工会工作的方法、内容、途径。

3. 4月23日，与烟台市总工会共同举办“全国劳动模范走进烟台大学”先进事迹报告会，邀请劳动模范进校园宣讲，与在场师生互动交流。

【福利与服务】1. 保障职工福利水平。为全校2339名会员发放生日蛋糕券、中秋国庆慰问品、粮油等福利，资助分会开展春游秋游等活动。常委会原则同意校工会关于落实《山东省基层工会经费收支管理实施细则(试行)》有关问题的汇报，设立工会经费银行账号，实施工会经费独立核算；足额提取工会会费，按照要求提高职工集体福利；本年度开始执行教职工福利新标准(1600元+300元)，落实结婚、生育、住院慰问、去世慰问和退休离岗慰问等福利事项。自2019年起，离退休人员的集体福利费和活动经费不再从工会经费支出。

2. 为教工服务，向社会献爱心。支持并积极配合校医院为全校2200名教职工查体、为女教职工专项查体；为全校教职工新办、续办市总工会会员补充住院医疗保险优惠服务卡3067人次，出险50余人次。组织参加国美团购会等各类优惠活动。改善教职工活动中心条件，完善管理服务。组织驻烟高校单身教职工联谊会，为青年教职工交友创造条件。组织2019年“合力助脱贫，真情化甘露”爱心捐助活动，举行爱心捐款发放仪式。2019年，全校教职工爱心捐助共捐款367830元，发放爱心捐款332970元，救助148名家庭经济困难的学生和31名因患重病造成家庭经济困难的教职工。

3. 参与学校出售教职工住宅和车位工作，保证出售过程的公开公平公正。全年7次全程监督校内住房置换、出售学府小区住宅和车位。

【妇女(女工)工作】1. 协助校医院为全校女教职工进行专项查体。

2. 1月9日，学校成立烟台大学妇女发展理论研究所，挂靠妇委会。

3. 3月8日，举办烟台大学“三八”健身长跑活动，全校1700余名女教工参加了此次活动。

4. 激励女职工立足岗位建功立业。学校财务处服务大厅荣获2019年省教育工会女职工建功立业标兵岗，王海英老师被授予女职工建功立业标兵。

5. 参与烟台市妇联的相关工作。我校李桂芝老师被授予烟台市“三八红旗手”称号。

【文体活动】1. 举办和参加多项体育比赛。举办2019年烟台大学教职工台球团体比赛，每月组织一项校内常规赛事活动；组织参加2019年“校长杯”全省高校教职工羽毛球比赛、全省高校教职工气排球比赛；承办第二届“校长杯”驻烟高校教职工乒乓球比赛，获得团体第一名。

2. 组织教职工参加校内外各种文体活动。组织和参与纪念中华人民共和国70周年、烟大建校35周年教职工文艺演出、教职工书画展等特色文艺活动。举办“庆七一、迎国庆校庆”教职工歌咏比赛。

参加烟台市总工会“建功新时代，工会在行动”职工文艺汇演，合唱和舞蹈节目分获二、三等奖；参加2019年“网聚职工正能量，争做中国好网民”烟台工会新媒体创意大赛音视频类作品大赛，《学习强国歌》获得三等奖；参加烟台市职工“中国梦·劳动美——争当新时代奋斗者”演讲比赛，荣获优秀组织奖。

3. 各文体协会开展了丰富多彩的群众文化活动。教职工活动中心全年承接工会及各协会安排的各类比赛40余场，承接省及各高等院校参观学习20余场，日参加活动近300人次。

【婚育服务】本年度核实已婚育龄妇女916人婚育信息，发放毕业生离校婚育证明800余份，统计上报41对新婚信息。完成69对夫妇孕情上报,56个新生儿出生上报;协助新生儿落户76个,为135位育龄妇女办理迁入迁出信息登记;发放育儿丛书120套。核实应享有独生子女待遇的教工516人,为58名教职工发放、停发独生子女费。组织372名妇女做了妇科两癌筛查。为45名在职教工报销子女入幼儿园费用;为29人办理产前唐氏筛查和无创DNA筛查审批报销。

(张胜利)

离退休工作

【概况】2019年,按照省委老干部局的部署要求,学校离退休工作以离退休干部党建为重点,一体推进政治引领、组织凝聚、服务保障、文化养老工作,逐步实现管理制度化、工作规范化,活动经常化,服务人性化。离退休处设有3个科室,有工作人员6人,服务离退休老同志926人。

5月23－24日,学校首次承办山东省高等教育管理科学研究会高校离退休工作委员会2019年年会,省内40余所高校的100多名代表参加。省高校离退休委员会领导称赞“办了一次成功的、创历史的年会”。

【政治引领】在“不忘初心、牢记使命”主题教育中,针对离退休党员特点,开展“四重活动”:重读入党志愿书、重温入党誓词、重忆入党经历、重问入党初心,以再现入党过程的方式,引导广大老党员在学习中思考感悟初心和使命,珍惜光荣历史,保持革命本色。

每周开展红色电影展播,全年共播放红色影片21部。9月份组织党委委员和支部书记到沂蒙红嫂纪念馆、沂蒙革命纪念馆开展了“不忘初心、牢记使命”主题党日活动。

【作用发挥】7月11日,离退休工作处与芝罘区东山街道东花园社区举行社校共建结对签约暨揭牌活动。离退休教工第十一、第十二支部就近积极组织党员开展活动,参加社区文化建设。组织参加社区街道文艺演出4次,受社区委托参与矛盾纠纷调解1次,为社区居民安排中医诊疗活动一次。省委组织部到社区考察调研时,对烟台大学社校共建模式给予好评。

7月1日,成立“夕阳红”讲师团。7位讲师团成员分别从艺术欣赏、艺术审美、诗词欣赏、烟台大学校史、形势政策、学生管理及教育和党课等方面对大学生进行宣传教育。部分成员分别在数学学院和药学院进行了主题教育宣讲。

成立了由热爱公益事业、健康状况良好、多为70岁以下离退休教职工组成的烟台大学鸿雁离退休志愿者团队。

组织老同志参加“爱心一日捐”活动,68人捐款1.38万元。

【服务保障】及时掌握老干部居住情况、联系方式、配偶子女、健康状况、特殊困难和服务需求等信息,建立翔实的个人档案,为精准化服务提供基础信息和数据支撑。组建多个微信群,及时把相关文件、通知以及活动要求推送给老同志,不断扩大信息服务的覆盖面。落实好老同志的两项待遇,实现规范化服务质的提升。

9月,根据《中共中央组织部关于在中华人民共和国成立70周年之际开展走访慰问老干部、老党员活动的通知》和省委组织部要求,走访慰问了我校8位离休干部和一名中华人民共和国成立前的老党员。

春节、国庆节前两次走访慰问离休干部。及时关心看望生病及家庭出现重大变故的老同志。做好13位去世老同志的丧葬抚慰工作。为800多位老同志查体提供现场服务保障,发放早餐券。关注老同志普遍关心的工资待遇调整和医疗制度改革事宜,协同人事处举办有关绩效工资改革、社保发放养老金情况的两场专场说明会。

【组织领导】 离退休党委现有党员457人。按照有利于教育管理、开展活动和灵活设置原则，将党支部数量由7个增至12个，选优配强支部班子成员。积极组织党员骨干参加省、校、处内、网上和专家培训。引导离退休党支部书记做好引领服务，强化责任意识，当好桥梁纽带。努力把离退休干部党支部建设成为离退休干部永葆政治本色、坚守精神家园、乐续人生辉煌、安享幸福晚年的“本色家园”。

【文化养老】 举办第二十一届离退休教职工趣味运动会、2019年离退休教职工乒乓球比赛，“走出健康 快乐同行”离退休教职工健步走活动吸引500余名离退休老同志参加。与烟台市老干部台球协会举行台球友谊赛。举办中老年常见病的预防和治疗、手机微信的使用、中老年眼睛疾病的预防和治疗等方面“幸福大讲堂”活动7场次。500多名老同志参加老教协合唱团领唱的《我和我的祖国》快闪活动。

组织“党史、中华人民共和国史知识竞赛”，举办“心中的颂歌献给党”红歌卡拉OK比赛。为满足部分老同志的兴趣喜爱，老年大学新增设钢琴、舞蹈等课程，老年大学课程总数增至7门。以“传播幸福，构建和谐”为主旨，开辟了离退休工作处论坛，供老同志交流思想、分享经验。

（曲秀勇）

附：

2019年全校离退休教职工分类统计表

项目＼类别		性别		年龄段			当年退休	总数
		男	女	70－	70—80	80＋		
离休	数量	6	2	0	0	8	－	8
	占比	75%	25%	0	0	100%		
退休	数量	459	459	501	270	147	52	918
	占比	50%	50%	54.6%	29.4%	16%		
总计		465	461	501	270	155	52	926

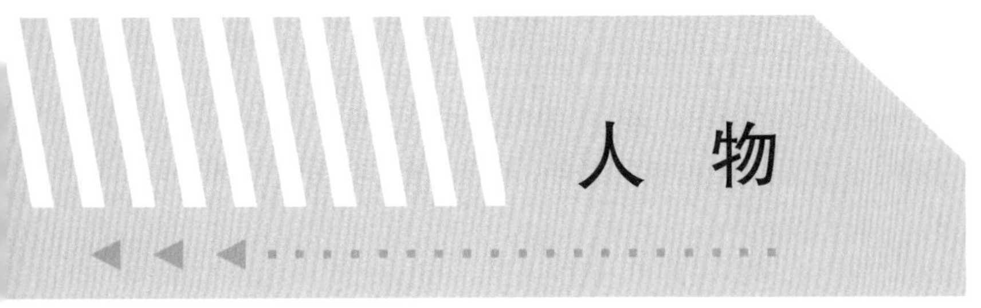

院士(中国工程院)

温俊峰

正高级职称人员名录

(按姓氏笔画为序,截至2019年底在职,共221人)

毕春加	毕可志	毕 毅	常秀莲	陈传军	陈大全	陈 敏	陈义保	陈再峰	程建波
初炳东	初瑞清	崔洪涛	崔龙波	崔孟忠	崔明德	崔占峰	崔振东	戴胜军	戴振宏
丁大尉	丁凤熙	丁双红	董 浩	杜荣斌	杜 伟	杜振宁	段其宪	樊 静	范宝德
范李瑛	房德仁	房绍坤	傅风华	高 丽	高 原	龚卫东	关 涛	郭明恩	郭善利
郭 忠	韩京龙	郝曙光	侯兴民	黄伟明	季道德	贾志林	江林昌	姜爱莉	姜付义
金福海	康丽华	兰 翠	冷惠玲	李宝顺	李秉钧	李桂芝	李国栋	李合亮	李庆忠
李文卓	李文佐	李相然	李向明	李小鹏	李新军	李 营	李自然	李作宏	刘殿通
刘会清	刘惠涛	刘经靖	刘惊雷	刘其成	刘淑丽	刘万卉	刘 伟	刘永明	刘悦林
刘云学	刘振伟	刘志勇	柳瑞雪	陆诗忠	逯静洲	栾 锋	罗新正	罗玉萍	吕宏缨
马成俊	马晓丽	马兴法	孟庆国	孟庆义	彭武良	齐世学	祁彩霞	乔玲敏	秦连杰
秦玉升	邱盛尧	曲 慧	曲淑英	曲晓莉	任俊义	任满杰	任万忠	任现品	沈萍萍
宋红松	宋建成	宋淑娇	宋 岩	宋远明	宋振武	宋中民	苏晓东	苏跃华	隋杰礼
隋竹银	孙承锋	孙洪伟	孙季萍	孙 晶	孙考祥	孙立民	孙利芹	孙卫明	孙祥斌
孙元平	孙志毅	田京伟	童向荣	王炳章	王 波	王东兴	王非之	王 刚	王海英
王洪平	王开文	王来武	王立宏	王明星	王培进	王 倩	王淑云	王伟田	王文华
王喜昌	王新宇	王绪敏	王 燕	王燕涛	王玉洁	王中训	魏 斌	邬旭然	吴现成
吴昭景	武栓虎	谢春玲	辛志荣	邢纪波	徐宝龙	徐惠忠	徐江萍	徐秀峰	徐志军
许广奎	许 卉	许文友	杨 旻	杨曙光	杨玉军	杨志娟	姚 雷	殷军港	殷 莉

于翠红　于光辉　于海防　于立新　于　涛　于永芹　禹英兰　袁健惠　张安民　张殿臣
张福学　张国营　张洪波　张　骏　张玲玲　张培青　张平华　张全胜　张尚洲　张　涛
张廷广　张　伟　张　伟　张　肖　张小霞　张新光　张玉东　张志军　赵　烽　赵文静
赵晓栋　赵玉潮　赵玉平　周　丽　周世平　周　术　周新刚　周雪莹　朱礼龙　朱用文
邹淑珍

2019 年博士生导师名单

傅风华　孙考祥　李又欣　李亚平　胡昌勤　吴子梅　霍　艳　翟　蓉　岑小波　向　平
宋红松　陈大全　孟庆国　田京伟　许　卉　赵　烽　刘万卉　赵克浩　李小鹏

2019 年硕士生导师名单

马克思主义学院

崔明德　马晓丽　李国栋　杨志娟　刘会清　李自然　孟庆义　赵　红　郑　炜

人文学院

孙　晶　任现品　董　晔　张胜利　刘淑丽　周丽娜　刘振伟　孙合肥　任南南　李登桥
薛　涛　程雪峰　李燕燕　王殿英　郑青华　谭诚训　李　日　李　轶　李文哲　李光柱
宋晓楠　孙　权　唐念念

法学院

毕可志　程朝阳　陈　浩　初炳东　崔雪丽　樊　静　范李瑛　关　涛　何　燕　贺连博
黄伟明　金福海　李阁霞　刘经靖　陆诗忠　史卫进　宋红松　宋振武　孙季萍　王光明
王桂玲　王海英　王洪平　王加卫　王圣礼　杨曙光　衣淑玲　于海防　袁瑜琤　张洪波
张平华　张玉东　朱玲玲　赵守江　赵文经　危文高　张旭昕　姜福晓　张　龙

外国语学院

王玉洁　冷惠玲　李中强　姜　莉　杨林伟　龚卫东　于翠红　李英子　徐晓燕　张　蕾
裴书峰　张　坤

经济管理学院

孙祥斌　于光辉　宋　岩　孙志毅　魏　斌　任俊义　彭武良　崔占峰　王淑云　林立杰
李振杰　周竹梅　郑秀芝　李新军　李秦阳　刘学文　王少瑾　杨金龙　李海廷　曲延芬
李　强　侯国栋　秦昌才　王君美　李　勇　朱　捷　王新娜　赵　忠

国际教育交流学院

杨　滨　袁健惠　王永娜　亓文香　朱玉宾

数学与信息科学学院

吴昭景　崔明月　李　健　吕　文　于立新　曲风龙　张新光　张　波　宋淑娇　杨玉军
何志红　杨　旻　毕春加

光电信息科学技术学院

曹德忠　戴振宏　丁双红　董言治　高　颖　贺鹏飞　李　营　李作宏　刘云学　欧世峰
任　承　苏跃华　隋晨红　孙元平　王　磊　王中训　张　超　张　骏

化学化工学院

李文佐　刘惠涛　郑玉华　栾　锋　付秀丽　庄旭明　刘振波　赵　勇　于雪芳　辛志荣
崔孟忠　郑耀臣　李庆忠　程建波　肖　波　徐秀峰　杨　斌　陈锦春　陈　鸶　任万忠
高　原　齐世学　赵玉潮　孙　逊　许文友　徐世艾　崔洪涛　张培青　吕宏缨　祁彩霞
曾　涛　杨　昕　王文华　李　婧　孙立波　冯　凯　王　磊　李家柱　刁　岫　段宝荣
刘　杰　王　玮　魏海生　殷国俊　林清泉　张　淼　陈小平　田　晖　苏　婷　田春媛
徐坤山　杨树斌　王美日　王　雪　刘绍丽　何　涛　杜玉朋　金　楠

生命科学学院

邢荣莲　孙利芹　李　刚　马成俊　姜爱莉　常秀莲　周革非　林　剑　鞠　宝　温少红
单守水　唐志红　曲江勇　王绪敏　李丽霞　贺　君　郭善利　王绪敏　陈　敏　于天英
卞福花　马朋涛　李　岩　刘晓玲　曾　勇　赵吉强　梁丽琨　石　慧　曲江勇　尹海波
陈世华　陈　营　赵振军　李　忌　殷军港　张资平　王洪涛　李彦伸　高永林　王振华
韩　冰　贺红军　孙承锋　尤艳莉　许　波　赵玉平　付学军　李　忌　申京宇　贺　君
邬旭然　杨建荣　陈　营　殷军港　张资平　王洪涛　李彦伸　高永林　贺红军　王振华
孙承锋　尤艳莉　韩　冰　宋建成　崔龙波

药学院

李小鹏　赵克浩　张竹红　孙考祥　田京伟　孟庆国　刘万卉　毕　毅　陈大全　王洪波
傅风华　范华英　芦　静　祝艳平　王爱萍　戴胜军　许　卉　张雷明　刘荣霞　刘宗亮
赵　烽　王　天　李春梅　王文艳　李桂生　杨刚强　姚建文　李又欣　姚　雷　杜广营
于　昕　梁荣才　朱晓音　车　鑫　关玉昆

计算机与控制工程学院

刘惊雷　童向荣　孙宏波　杜贞斌　孙雪姣　王莹洁　宋　鹏　马文明　张　楠　郑　强
阎维青　马朝青　张中喜　徐金东　刘其成　毕远伟　王立宏　刘殿通　潘庆先　刘兆伟
赵金东

机电汽车工程学院

陈义保　郭　忠　李文卓　王东兴　王燕涛　周　丽　于　涛　马国清　石运序　刘　鹏
柴永生　侯志刚　冷惠文　任桂周　史文谱　唐志涛　童桂英　王　娇　邢恩辉　应　华
张纪红　张俊华　刘加光　王林平　高培鑫　梁　美　冯　慧　李　岩　许　娜　杨文广
王昌辉　徐立强　蔡树向

土木工程学院

曲淑英　刘志勇　张　劲　逯静洲　周新刚　易雨君　张建平　易齐涛　曲　慧　潘　超
张慧超　王常峰　孔璟常　张玲玲　徐　进　张　岩　牟晓蕾　吕建波　庞玉成　樊海涛
隋杰礼　刘玉灿　侯兴民　刘人杰　王晓刚　徐江萍　陈　慧　乔玲敏　荣　强　崔淑梅
刘　波　邢纪波

海洋学院

邱盛尧　唐永政　张全胜　季道德　尹洁慧　冯继兴　赵　业　赵晓栋　高　丽　丁　锐

王　蕾

环境与材料工程学院

姜付义　李向明　杜　伟　徐志军　秦连杰　马兴法　宋远明　王　波　康利涛　周艳丽
任桂娜　朱小涛　刘　丽　刘子全　江　亮　张尚洲　初瑞清　刘仲礼　赵相金　李　杨
李海红　宋曰海　徐仁根　韩京龙　罗新正　李忠月　高常飞　王　月　王　婧　尤东江
宋建国　常显波　李晓强　张晓龙　郭献军　王德义

建筑学院

隋杰礼　周　术　于　英　王　刚　任书斌

2019 年逝世人员

姓　名	性　别	生前所在单位	生前职务/职称	生卒年月
孔德谦	男	光电信息科学技术学院	副教授	1936.10—2019.01
戚淑贤	女	海洋学院	高级讲师	1938.08—2019.02
王厚春	男	审计处	副处	1939.03—2019.06
濮德潜	男	数学与信息科学学院	教授	1927.01—2019.06
李宗孝	男	海洋学院	正科	1944.09—2019.07
祝桂兰	女	化学化工学院	正科	1945.06—2019.07
王玉芳	女	海洋学院	会计师	1933.12—2019.07
刘汝棣	男	环境与材料工程学院	高级讲师	1940.03—2019.09
张国起	男	后勤管理处	高级工	1949.09—2019.09
李向昭	男	光电信息科学技术学院	实验师	1965.11—2019.10
魏艳玲	女	教务处	副研究员	1948.06—2019.10
王庆礼	男	保卫处	正科	1955.04—2019.10
王军善	男	后勤管理处	高级工	1952.02—2019.11
沈宗武	男	海洋学院	正科	1935.03—2019.12
刘文成	男	后勤管理处	高级工	1949.12—2019.12
张孝晖	女	数学与信息科学学院	副研究馆员	1931.10—2019.12
金吉龙	男	经济管理学院	教授	1939.09—2019.12

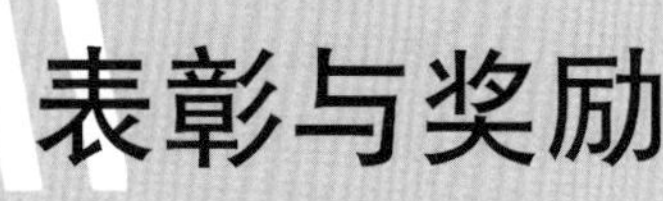

表彰与奖励

2018—2019年受表彰的教职工集体和个人

2018年单位目标考核获奖单位

一、二级单位党组织考核奖

外国语学院党总支 离退休党委 化学化工学院党委 环境与材料工程学院党委 音乐舞蹈学院党总支

二、核心办学指标考核奖

教务处

三、特殊贡献奖

社科(科技)处

四、机关(直属)单位考核奖

1. 综合考核奖

一等奖:学校办公室、党委组织部、教务处

二等奖:社科(科技)处、党委宣传部(党委教师工作部)、财务处、纪委机关(监察处)、党委学生工作部(人民武装部)

2. 进步奖:研究生处

3. “干事创业好团队”奖:学校办公室、党委组织部、教务处、党委宣传部(党委教师工作部)、财务处、纪委机关(监察处)、党委学生工作部(人民武装部)领导班子

4. “担当作为好班子”荣誉称号:学校办公室、党委组织部、教务处领导班子

五、教辅单位考核奖

1. 综合考核奖:图书馆

2. “担当作为好班子”奖:图书馆领导班子

第二届“烟台大学教学质量奖”获奖者名单

法学院

黄伟明　毛海利　毕潇潇　陆　寰　何　燕

光电信息科学技术学院

曹德忠　贺鹏飞　晋　刚　任　承　孙元平　张　炜　张郁辉

国际教育交流学院

杨　滨　牟文波

海洋学院

吕永红　王　波　赵　业　刘　军　田海涛　唐永政　盛善智　王　力　杜　新　刘红梅
李生长

核装备与核工程学院

刘　燕　杨坤杰　李海红

化学化工学院

王　萍　金明善　杨　斌　姜雪梅　李家柱　林清泉　杨　昕　李庆忠　何　涛　王　磊
张晓杰　孙立波　孙烈刚

环境与材料工程学院

邱剑勋　朱小涛　宋建国　宋远明　王德义

机电汽车工程学院

唐志涛　陈　素　冷惠文　宋　良　张　磊　应　华　侯志刚　王东兴

计算机与控制工程学院

刘其成　贺利坚　潘庆先　翟一鸣　徐金东　胡　光　郭卫平　孙宏波　胡潇琨　王玲玲
郭艳燕　曲霖洁　邱秀芹

建筑学院

任书斌　王丽娟　陈中高　刘　涛　傅　亮　王　刚　于　英　董贵晗　谭艳慧

经济管理学院

崔哲洙　林立杰　崔占峰　王新娜　王丰国　冯冠军　李海廷　张　蓓　张东芳　任俊义

马克思主义学院

杨建萍　王　毅　郑　炜

人文学院

李　轶　周丽娜　张应峰　于年湖　薛　琳　张勤勇　程雪峰

生命科学学院

贺　君　鞠　宝　王振华　赵吉强　李　刚　任育红　孙利芹　陈　敏　卞福花　曾　勇
邢荣莲

数学与信息科学学院

郝雪梅　原华丽　于立新　王海玲　王云慧　曲风龙　李　波　侯汝臣　臧明磊　董俊超

体育学院

刘宏骞

体育教学部

郝加泰

土木工程学院

于玲玲　崔淑梅　张　岩　牟晓蕾　周新刚　张玲玲　樊海涛

外国语学院

刘　烨　王　军　赵佳舒　王海霞　张　蕾　李　蓉　孙丽霞　金　花　孙　洋　王海燕
李艳丽　赵　利　吕晓菁　李　霞　苏艾萍　金福顺　姜　莉

药学院

姚建文　刘荣霞

音乐舞蹈学院

王　琳　张　超　廖宇星　舒星虹　于　峰

第一届“烟台大学教学优秀奖”获奖教师名单

姓名	性别	单位
黄伟明	男	法学院
曹德忠	男	光电信息科学技术学院
邱剑勋	男	环境与材料工程学院
应　华	女	机电汽车工程学院
翟一鸣	男	计算机与控制工程学院
崔占峰	男	经济管理学院
于立新	女	数学与信息科学学院
刘宏骞	女	体育学院
于玲玲	女	土木工程学院

2019年“烟台大学先进实验教学管理人员”名单

单位名称	姓名
化学化工学院	夏尚文
药学院	杜　源
网络与教育技术中心	李臣玉
海洋学院	高兴奎
生命科学学院	刘传林
工程实训中心	徐　峰
数学与信息科学学院	郑石军
光电信息科学技术学院	孙军文
计算机与控制工程学院	张景辉
土木工程学院	王兴良
化学化工学院	焉炳飞
工程实训中心	王象磊
机电汽车工程学院	芦　帅
核装备与核工程学院	张美琴
环境与材料工程学院	王志娟

2019年烟台大学优秀科研成果奖获奖名单

一、人文社会科学优秀成果奖(16项)

一等奖(7项)

1. 户籍身份转化会提高农业转移人口的经济收入吗?(论文)《人口研究》2018年第5期 杨金龙 经济管理学院

2. 考虑保鲜努力与数量/质量弹性的农产品三级供应链协调优化(论文)《中国管理科学》2018年第2期 马雪丽 王淑云 金辉 柏庆国 经济管理学院

3. Denominal verbs in Old Chinese(论文)《Lingua》2018年第2期 袁健惠 蒋绍愚 国际教育交流学院

4. 介词在句法、韵律、语体上的分布和对应(论文)《世界汉语教学》2018年第7期 王永娜 国际教育交流学院

5. 意大利战争研究(1494－1559)(著作) 社会科学文献出版社 2018年10月 蒲利民 马克思主义学院

6. 法的形式性与法律推理(著作) 知识产权出版社 2018年11月 危文高 法学院

7. 红色文化:建设"五个过硬"干部队伍的生动教材(论文)《光明日报》2018年8月14日 吴小妮 马克思主义学院

二等奖(9项)

1. 论我国侵权法中作为义务的认定机制(论文)《法学论坛》2018年第7期 张玉东 法学院

2. 自动驾驶型道路交通事故责任主体认定研究(论文)《苏州大学学报》(哲学社会科学版) 2018年第9期 张龙 法学院

3. 连接经济:传媒经济本质的再阐释(论文)《新闻大学》2018年第6期 郑青华 人文学院

4. 金融市场中羊群效应的动因分析(论文)《光明日报》理论版 2018年5月22日 刘学文 经济管理学院

5. 日本"神攻"电影透视(论文)《当代电影》2018年第3期 李素杰 外国语学院

6. 欧盟FTA国际投资争端上诉仲裁庭运作之前瞻性探析(论文)《烟台大学学报》(哲学社会科学版) 2018年第1期 衣淑玲 法学院

7. 文化产业政策研究(著作) 延边大学出版社 2018年1月 张蕾 外国语学院

8. 企业社会责任的危机缓冲效应研究——基于消费者反应的视角(著作) 中国财富出版社 2018年4月 李海廷 经济管理学院

9. 事件分解和持续性语义研究(著作) 中西书局 2018年11月 王媛 人文学院

二、科学技术进步奖(6项)

一等奖(3项)

1. 新型功能化碳纳米材料用于生理活性物质的检测及机理研究(系列论文) 庄旭明 栾锋 刘惠涛 邬旭然 田春媛 化学化工学院

2. 群智感知网络中移动众包系统的关键理论及技术研究(系列论文) 王莹洁 计算机与控制工程学院

3. 金属氧(硫)化物分级微纳结构的制备及其储锂、储钠性能研究(系列论文) 姜付义 周艳丽 柳瑞翠 孙学勤 环境与材料工程学院

二等奖(3项)

1. 钨中杂质行为及空位捕获机制(系列论文) 刘悦林 核装备与核工程学院

2. 超出标准模型的新物理研究(系列论文) 祝斌 光电信息科学技术学院

3. 电磁反散射问题的理论和算法(系列论文) 曲风龙 数学与信息科学学院

烟台大学优秀共产党员、优秀党务工作者和先进基层党组织名单

优秀共产党员(教职工,51 名)

马克思主义学院　卢凤菊
人文学院　张胜利
法学院　杨利军
外国语学院　王鲁娟　徐晓艳
经济管理学院　李　勇　张　涛
国际教育交流学院　荆康宁
音乐舞蹈学院　舒星虹
数学与信息科学学院　孙丰云　李清华
光电信息科学技术学院　兰瑞君　孙　超
化学化工学院　李文佐　张　婷
生命科学学院　赵文辉　鞠　宝
药学院　毕　毅
计算机与控制工程学院　马文明　王莹洁
机电汽车工程学院　王荣优　邢恩辉
土木工程学院　曲　慧　郑　凯
海洋学院　田海涛　唐永政
环境与材料工程学院　孙学勤　杨启霞
建筑学院　王　磊
核装备与核工程学院　刘金虎
体育学院　刘晓婷
体育教学部　孙玉萍
文经学院　王　燕　毕海平
图书馆　桑琰云
机关第一党总支　张国平　胥文政　解　囡
机关第二党总支　马　群　袁　珊　鹿金雁　谢基伟
离退休党委　王仁廷　徐焕波
后勤党委　于建忠　闫桂金　常德义　葛振亮
网络与教育技术中心　万红波
工程实训中心　钟全雄
校办产业管理办公室　张金龙

优秀共产党员(学生,25 名)

马克思主义学院　穆　琛
人文学院　高　珊
法学院　肖滕恺　张名一
外国语学院　王文博
经济管理学院　马佳欣　陈　嘉
国际教育交流学院　武　梅

音乐舞蹈学院　　孙傲雪
数学与信息科学学院　　徐　慧
光电信息科学技术学院　　宫葆蓥
化学化工学院　　王少霞
生命科学学院　　刘　洋　殷　铭
药学院　　杨秀成　高　萌
计算机与控制工程学院　　滕　健
机电汽车工程学院　　朱　宁
土木工程学院　　邵　磊
海洋学院　　胡学成
环境与材料工程学院　　王盈莉
建筑学院　　于智超
核装备与核工程学院　　姜苏家
体育学院　　夏浩峻
文经学院　　张　慧

优秀党务工作者(9 名)

学校办公室　　孙云茂
纪委机关　　曹振斌
党委组织部　　王泽光
党委宣传部　　于秀国
音乐舞蹈学院　　王少波
环境与材料工程学院　　柳瑞雪
文经学院　　唐家弘
机关第二党总支　　李杰盛
离退休党委　　张寅晗

先进基层党组织(二级单位党组织,5 个)

外国语学院党总支
离退休党委
化学化工学院党委
环境与材料工程学院党委
音乐舞蹈学院党总支

先进基层党组织(教工党支部,19 个)

马克思主义学院教工第一党支部
人文学院教工中文党支部
外国语学院教工大外党支部
音乐舞蹈学院教工党支部
数学与信息科学学院教工党支部
光电信息科学技术学院教工电子与通信党支部
化学化工学院教工应化第一党支部
计算机与控制工程学院教工软件工程党支部
机电汽车工程学院教工工程技术与理论系党支部
海洋学院教工能源与动力工程系党支部

核装备与核工程学院教工党支部
文经学院教工第二党支部
图书馆第一党支部
机关学工党支部
机关统战基金会党支部
机关教务党支部
机关人事党支部
离退休工作处党支部
后勤社区服务中心党支部

先进基层党组织(学生党支部,11 个)

法学院研究生第一党支部
经济管理学院学生第三党支部
国际教育交流学院学生党支部
光电信息科学技术学院学生应用物理学党支部
化学化工学院研究生党支部
生命科学学院本科生党支部
药学院学生党支部
土木工程学院研究生党支部
环境与材料工程学院环境专业学生党支部
建筑学院本科生第一党支部
体育学院本科部学生党支部

2019 年烟台大学优秀通讯员名单

学校办公室	马春富
党委组织部	胥文政
教务处	郭宜明
社科(科技)处	刘俞斌
人事处	赵　畅
服务地方办公室	房大任
党委学生工作部(处)	蔺立杰
校团委	赵建伟
人文学院	张莉敏
经济管理学院	王　睿
化学化工学院	陈俊羲
外国语学院	张　琳
机电汽车工程学院	曲　季
海洋学院	王屹堃
光电信息科学技术学院	李　伟
环境与材料工程学院	李建波

2018年就业工作先进集体

一、就业优秀奖

一等奖:计算机与控制工程学院

二等奖:海洋学院

三等奖:体育学院

二、考研优胜奖

一等奖:药学院

二等奖:化学化工学院

三等奖:环境与材料工程学院

三、就业进步奖

体育学院　生命科学学院　海洋学院

四、就业工作贡献奖

一等奖:环境与材料工程学院

二等奖:生命科学学院

三等奖:土木工程学院

2018年度红旗团委　优秀青年工作者

红旗团委

机电汽车工程学院团委　法学院团委　计算机与控制工程学院团委

外国语学院团委　环境与材料工程学院团委　人文学院团委　光电信息科学技术学院团委

药学院团委

优秀青年工作者

王荣优　薛红霞　丁晓丹　王鲁娟　秦晓梅　陈兰英　李　芳　栾　婧　解　囡

2018—2019年受表彰的学生集体和个人

2018年度省级及以上比(竞)赛获奖学生表彰奖励名单

序号	比(竞)赛名称	获奖学生姓名	奖项等级	获奖学生所在学院	奖励金额(元)
1	2018年全国大学生英语竞赛(NECCS)	徐一力	国家级三等奖	光电信息科学技术学院	1000
2	山东省大学生物理教学技能大赛	鲁晓艳	省级三等奖	光电信息科学技术学院	600
3	山东省第十四届学生运动会(大学组)健美操比赛甲组　竞技健美操混合双人组	崔喜杰　翟羽佳	省级三等奖	光电信息科学技术学院	600

续表

序号	比(竞)赛名称	获奖学生姓名	奖项等级	获奖学生所在学院	奖励金额(元)
4	山东省第十四届学生运动会(大学组)健美操比赛甲组 竞技健美操男子单人组	崔喜杰	省级三等奖	光电信息科学技术学院	600
5	鲁南制药杯山东省大学创新大赛	孙汉辉 王金玉 杨 红 迟晓倩	省级三等奖	光电信息科学技术学院	600
6	鲁南制药杯山东省大学创新大赛	王国瑞 万浩东 张广政 卢 鑫	省级二等奖	光电信息科学技术学院	800
7	第五届山东省物联网创造力大赛	袁豆豆 厉 凡 任泉臣 李玺尧	省级一等奖	光电信息科学技术学院	1000
8	第五届山东省物联网创造力大赛	董宇波 王海宁 沈淑曼 李 鸾 张凯鑫	省级二等奖	光电信息科学技术学院	800
9	第五届山东省物联网创造力大赛	李 富 林鲁豫 胡树然 刘凯峰 田凯祥	省级二等奖	光电信息科学技术学院	800
10	第五届山东省物联网创造力大赛	万浩东 张广政 卢 鑫 王国瑞	省级二等奖	光电信息科学技术学院	800
11	第五届山东省物联网创造力大赛	曹 坤 胡东昆	省级三等奖	光电信息科学技术学院	600
12	第五届山东省物联网创造力大赛	杨信志 李彦杰 刘巧利	省级二等奖	光电信息科学技术学院	800
13	第五届山东省物联网创造力大赛	黄 跃 朱展霆 毛唯梅	省级二等奖	光电信息科学技术学院	800
14	第五届山东省物联网创造力大赛	程 锦 李启迪 李炳辉 王金灿 毕晓鹏	省级二等奖	光电信息科学技术学院	800
15	第五届山东省物联网创造力大赛	安 金 陈然开 李文玉 樊 帅 杨 海	省级三等奖	光电信息科学技术学院	600
16	第五届山东省物联网创造力大赛	石 鑫 梁龙城 田 静	省级三等奖	光电信息科学技术学院	600
17	2018 年第十二届 iCAN 国际创新创业大赛中国总决赛	程 锦 李启迪 李炳辉 王金灿 毕晓鹏	国家级三等奖	光电信息科学技术学院	1000
18	2018 年第十二届 iCAN 国际创新创业大赛中国总决赛	董宇波 王海宁 沈淑曼 李 鸾 张凯鑫	国家级二等奖	光电信息科学技术学院	2000
19	2018 年第十二届 iCAN 国际创新创业大赛中国总决赛	袁豆豆 厉 凡 任泉臣 李玺尧	国家级三等奖	光电信息科学技术学院	1000
20	第十二届 iCAN 国际创新创业大赛山东赛区分赛	李 富 林鲁豫 胡树然 刘凯峰 田凯祥	省级二等奖	光电信息科学技术学院	800

续表

序号	比(竞)赛名称	获奖学生姓名	奖项等级	获奖学生所在学院	奖励金额(元)
21	第十二届 iCAN 国际创新创业大赛山东赛区分赛	万浩东 张广政 卢鑫 王国瑞	省级二等奖	光电信息科学技术学院	800
22	第十二届 iCAN 国际创新创业大赛山东赛区分赛	曹坤 胡东昆	省级三等奖	光电信息科学技术学院	600
23	第十二届 iCAN 国际创新创业大赛山东赛区分赛	黄跃 朱展霆 毛唯梅	省级二等奖	光电信息科学技术学院	800
24	第十二届 iCAN 国际创新创业大赛山东赛区分赛	安金 陈然开 李文玉 樊帅 杨海	省级三等奖	光电信息科学技术学院	600
25	第十二届 iCAN 国际创新创业大赛山东赛区分赛	石鑫 梁龙城 田静	省级三等奖	光电信息科学技术学院	600
26	第十二届 iCAN 国际创新创业大赛山东赛区分赛	杨信志 李彦杰 刘巧利	省级二等奖	光电信息科学技术学院	800
27	2017 年“创青春”·海尔山东省大学生创业大赛	孙汉辉 万浩东 郭桓丞 周旭峰 沈淑曼 宋淑娇	省级三等奖	光电信息科学技术学院	600
28	2018 年“创青春”·海尔山东省大学生创业大赛	毛唯梅 李启迪 王磊 李炳辉 安金 毕晓鹏	省级三等奖	光电信息科学技术学院	600
29	第十届全国大学生数学竞赛暨第九届山东省大学生数学竞赛	郝广路	国家学会级一等奖	光电信息科学技术学院	1000
30	第十五届山东省大学生科技文化艺术节	于明凯	省级一等奖	光电信息科学技术学院	1000
31	第十五届山东省大学生科技文化艺术节	田鑫	省级一等奖	光电信息科学技术学院	1000
32	第十五届山东省大学生科技文化艺术节	张昊	省级一等奖	光电信息科学技术学院	1000
33	山东省第五届大学生艺术展演活动	张志聃	省级三等奖	光电信息科学技术学院	600
34	第九届山东省大学生物理竞赛	罗浩琳	省级三等奖	光电信息科学技术学院	600
35	第九届山东省大学生物理竞赛	邢宪琴	省级三等奖	光电信息科学技术学院	600
36	第九届山东省大学生物理竞赛	庄绪财	省级一等奖	光电信息科学技术学院	1000
37	第九届山东省大学生物理竞赛	马永哲	省级一等奖	光电信息科学技术学院	1000

续表

序号	比(竞)赛名称	获奖学生姓名	奖项等级	获奖学生所在学院	奖励金额(元)
38	第九届山东省大学生物理竞赛	刘赤县	省级二等奖	光电信息科学技术学院	800
39	第九届山东省大学生物理竞赛	冯龙呈	省级二等奖	光电信息科学技术学院	800
40	第九届山东省大学生物理竞赛	王书松	省级二等奖	光电信息科学技术学院	800
41	第九届山东省大学生物理竞赛	于佳慧	省级三等奖	光电信息科学技术学院	600
42	第九届山东省大学生物理竞赛	刘超越	省级三等奖	光电信息科学技术学院	600
43	第九届山东省大学生物理竞赛	李路琦	省级三等奖	光电信息科学技术学院	600
44	第九届山东省大学生物理竞赛	刘亮亮	省级三等奖	光电信息科学技术学院	600
45	第九届山东省大学生物理竞赛	许　朵	省级三等奖	光电信息科学技术学院	600
46	第九届山东省大学生物理竞赛	刘翔宇	省级三等奖	光电信息科学技术学院	600
47	第九届山东省大学生物理竞赛	曹淇铜	省级三等奖	光电信息科学技术学院	600
48	第九届山东省大学生物理竞赛	张　洁	省级二等奖	光电信息科学技术学院	800
49	第九届山东省大学生物理竞赛	丁　怡	省级二等奖	光电信息科学技术学院	800
50	第九届山东省大学生物理竞赛	周　全	省级三等奖	光电信息科学技术学院	600
51	第九届山东省大学生物理竞赛	尹胜杰	省级二等奖	光电信息科学技术学院	800
52	第九届山东省大学生物理竞赛	刘文硕	省级二等奖	光电信息科学技术学院	800
53	第九届山东省大学生物理竞赛	霍能梦	省级三等奖	光电信息科学技术学院	600
54	第九届山东省大学生物理竞赛	郝广路	省级一等奖	光电信息科学技术学院	1000
55	第九届山东省大学生物理竞赛	李清晨	省级三等奖	光电信息科学技术学院	600
56	2018 TI 杯山东省大学生电子设计竞赛	邱　淏　邓宇辰　李文玉	省级一等奖	光电信息科学技术学院	1000
57	2018 TI 杯山东省大学生电子设计竞赛	毕晓鹏　徐天运　王金灿	省级一等奖	光电信息科学技术学院	1000

续表

序号	比(竞)赛名称	获奖学生姓名	奖项等级	获奖学生所在学院	奖励金额(元)
58	2018 TI 杯山东省大学生电子设计竞赛	程　锦　李正前　毛唯梅	省级一等奖	光电信息科学技术学院	1000
59	2018 TI 杯山东省大学生电子设计竞赛	孙汉辉　李彦杰　曲雨薇	省级一等奖	光电信息科学技术学院	1000
60	2018 TI 杯山东省大学生电子设计竞赛	朱壮壮　任泉臣　李玺尧	省级一等奖	光电信息科学技术学院	1000
61	2018 TI 杯山东省大学生电子设计竞赛	周旭峰　张广政　潘康路	省级一等奖	光电信息科学技术学院	1000
62	2018 TI 杯山东省大学生电子设计竞赛	李　富　张凯鑫　李　鸾	省级一等奖	光电信息科学技术学院	1000
63	2018 TI 杯山东省大学生电子设计竞赛	胡树然　刘凯峰　胡东昆	省级一等奖	光电信息科学技术学院	1000
64	2018 TI 杯山东省大学生电子设计竞赛	卢　鑫　田凯祥　王国瑞	省级一等奖	光电信息科学技术学院	1000
65	2018 TI 杯山东省大学生电子设计竞赛	郭桓丞　国洪飞　邵利利	省级一等奖	光电信息科学技术学院	1000
66	2018 TI 杯山东省大学生电子设计竞赛	袁豆豆　王海宁　林鲁豫	省级一等奖	光电信息科学技术学院	1000
67	2018 TI 杯山东省大学生电子设计竞赛	万浩东　董宇波　沈淑曼	省级二等奖	光电信息科学技术学院	800
68	2018 TI 杯山东省大学生电子设计竞赛	曹　坤　厉　凡　赵昌业	省级二等奖	光电信息科学技术学院	800
69	2018 TI 杯山东省大学生电子设计竞赛	樊　帅　安　金　李炳辉	省级二等奖	光电信息科学技术学院	800
70	2018 TI 杯山东省大学生电子设计竞赛	黄　跃　陈然开　李启迪	省级二等奖	光电信息科学技术学院	800
71	2018 TI 杯山东省大学生电子设计竞赛	王　达　石　鑫　张晓松	省级二等奖	光电信息科学技术学院	800
72	第二届“龙图杯”全国高校法庭辩论赛最佳辩手	傅于说	省级二等奖	法学院	800
73	第二届“龙图杯”全国高校模拟法庭辩论赛	师小晗　王可心　傅　莉 傅于说　赵文华	省级一等奖	法学院	1000
74	第三届全国学生“学宪法讲宪法”活动全国总决赛	赵文华	国家级二等奖	法学院	2000
75	山东省第三届“学宪法,讲宪法”演讲比赛	杜秋雨	省级一等奖	法学院	1000
76	众成清泰杯模拟法庭大赛优秀辩手	杜秋雨	省级二等奖	法学院	800
77	第三届全国学生“学宪法讲宪法”活动大学生辩论赛	杜秋雨	国家级二等奖	法学院	2000

续表

序号	比(竞)赛名称	获奖学生姓名	奖项等级	获奖学生所在学院	奖励金额(元)
78	全国大学生英语竞赛	孙艺杰	国家级特等奖	法学院	4000
79	山东省第十四届学生运动会(大学组)	王美娟	省级三等奖	法学院	600
80	全国大学生英语竞赛(NECCS)	傅　莉	国家级二等奖	法学院	2000
81	"众成清泰杯"山东省高等学校大学生模拟法庭比赛	王晓慧　王　祥　陈梓忱　郭　茹　高思源　倪　鹏　杜秋雨	省级一等奖	法学院	1000
82	第九届"调研山东"大学生社会调查活动	赵　冬　孔　健　何匡达　马新宇　王一先　李若萱　梁艳新　袁　奔	省级一等奖	法学院	1000
83	2018 年全国大学生英语竞赛	孔祥怡	国家级二等奖	法学院	2000
84	2018 年全国大学生英语竞赛	王淑婷	国家级二等奖	法学院	2000
85	第十届全国大学生版权征文大赛	唐梓博	国家级三等奖	法学院	1000
86	2018 年全国大学生英语竞赛(NECCS)	刘雨萌	国家级三等奖	国际教育交流学院	1000
87	2018 年第十二届 iCAN 国际创新创业大赛中国总决赛	王　磊　吕欣恒　宋淑娇　李子剑	国家级二等奖	核装备与核工程学院	2000
88	2018 年全国大学生英语竞赛(NECCS)	赵前程(个人获奖)	国家级二等奖	核装备与核工程学院	2000
89	第三届全国高校学生课外"核 + X" 创意大赛	王梦辉　谷　颖　陈兰欣	国家学会级二等奖	核装备与核工程学院	600
90	第十届全国大学生数学竞赛(第九届山东省数学竞赛)	成钊意	国家学会级二等奖	核装备与核工程学院	600
91	第七届全国大学生金相大赛	李庆修(个人获奖)	国家级三等奖	核装备与核工程学院	1000
92	第七届全国大学生金相大赛	李瑞(个人获奖)	国家级三等奖	核装备与核工程学院	1000
93	第十届山东省大学生科技节——第五届山东省物联网创造力大赛	王　磊　吕欣恒　宋淑娇　李子剑	省级一等奖	核装备与核工程学院	1000
94	山东省大学生科技文化艺术节	陈建东　于明凯　张　昊　田　鑫	省级一等奖	核装备与核工程学院	1000
95	2018 首届山东省科普创作大赛	王　琦　王若男　侯亚茹　尹欣欣　田晓文　马　慧	省级一等奖	核装备与核工程学院	1000
96	2018 首届山东省科普创作大赛	应可璐(个人奖项)	省级二等奖	核装备与核工程学院	800

续表

序号	比(竞)赛名称	获奖学生姓名	奖项等级	获奖学生所在学院	奖励金额(元)
97	2018 首届山东省科普创作大赛	崔步天(个人奖项)	省级二等奖	核装备与核工程学院	800
98	2018 首届山东省科普创作大赛	王是淇　孙　丽	省级三等奖	核装备与核工程学院	600
99	2018 年全国大学生英语竞赛(NECCS)	张高玮	国家级一等奖	环境与材料工程学院	3000
100	2018 年全国大学生英语竞赛(NECCS)	顾　颖	国家级三等奖	环境与材料工程学院	1000
101	2018 年全国大学生英语竞赛(NECCS)	谢凌鑫	国家级三等奖	环境与材料工程学院	1000
102	第十一届全国大学生节能减排社会实践与科技竞赛	聂雪玉　郭雪丽　周倩男　詹威武	国家级三等奖	环境与材料工程学院	1000
103	第七届全国大学生金相技能大赛	付长利	国家级三等奖	环境与材料工程学院	1000
104	第十三届全国大学生“恩智浦”杯智能汽车竞赛	庄家宾　韩鲁郑　冯勇升	省级二等奖	计算机与控制工程学院	800
105	第十三届全国大学生“恩智浦”杯智能汽车竞赛	张淑兴　王　进　林志鹏	省级一等奖	计算机与控制工程学院	1000
106	第十三届全国大学生“恩智浦”杯智能汽车竞赛	刘亚祺　刘俊科　王海洋	省级二等奖	计算机与控制工程学院	800
107	“西门子杯”中国智能制造挑战赛逻辑控制设计开发赛项	王　宏　明月茹	省级一等奖	计算机与控制工程学院	1000
108	第六届山东省大学生机器人大赛创意展示项目	王嘉玮　孙圣金　宋堂忠	省级一等奖	计算机与控制工程学院	1000
109	第十三届全国大学生“恩智浦”杯智能汽车竞赛	周文进　何学鑫　陈　婷	省级三等奖	计算机与控制工程学院	600
110	“西门子杯”中国智能制造挑战赛企业命题赛项	连昀泽　何大冰　岳增强	省级一等奖	计算机与控制工程学院	1000
111	第十二届“西门子杯”中国智能制造挑战赛智能创新研发赛项	郭　超　鹿　浩　李永训	省级特等奖	计算机与控制工程学院	2000
112	第十二届 iCAN 国际创新创业大赛	宋文泰　郭　稳　谢　珍　杨晓丹　张　鑫	省级三等奖	计算机与控制工程学院	600
113	第十届山东省大学生科技节——第五届山东省物联网创造力大赛	宋文泰　郭　稳　谢　珍　杨晓丹　张　鑫	省级三等奖	计算机与控制工程学院	600
114	全国大学生电子设计竞赛	曲蓬勃　焦彤宇　刘　春	省级一等奖	计算机与控制工程学院	1000

续表

序号	比(竞)赛名称	获奖学生姓名	奖项等级	获奖学生所在学院	奖励金额(元)
115	“西门子杯”中国智能制造挑战赛工业信息设计开发赛项	赵歆妮　孙佳茹	省级二等奖	计算机与控制工程学院	800
116	“西门子杯”中国智能制造挑战赛运动系统设计开发赛项	郭超元　张永慧　韩仲雅	省级三等奖	计算机与控制工程学院	600
117	“西门子杯”中国智能制造挑战赛逻辑控制设计开发赛项	刘博雅　刘以草	省级一等奖	计算机与控制工程学院	1000
118	“西门子杯”中国智能制造挑战赛逻辑控制设计开发赛项	庞燕茹　李景禄	国家级一等奖	计算机与控制工程学院	3000
119	“西门子杯”中国智能制造挑战赛连续过程设计开发赛项	邓梦菲　李　睿　李金星	省级二等奖	计算机与控制工程学院	800
120	“西门子杯”中国智能制造挑战赛连续过程设计开发赛项	王靖　王加强　贾仟国	省级二等奖	计算机与控制工程学院	800
121	第九届 ACM 国际大学生程序设计竞赛	戴欣萍　黄志强　李硕勋	省级三等奖	计算机与控制工程学院	600
122	2018 年“创青春”全国大学生创业大赛	夏炳荣　张晨昊　张　慧 潘芷涵　李子剑　黄成林 刘子玲	省级三等奖	计算机与控制工程学院	600
123	全国大学生数学竞赛	刘智慧	国家学会级一等奖	计算机与控制工程学院	1000
124	第九届蓝桥杯全国软件和信息技术专业人才大赛	赵前	国家学会级二等奖	计算机与控制工程学院	600
125	“浪潮杯”第九届山东省大学生 ACM 程序设计竞赛	曹令鑫　姬广熙　俎志昂	省级二等奖	计算机与控制工程学院	800
126	第九届蓝桥杯全国软件和信息技术专业人才大赛	曹令鑫	国家学会级二等奖	计算机与控制工程学院	600
127	第九届蓝桥杯全国软件和信息技术专业人才大赛	刘良欣	国家学会级二等奖	计算机与控制工程学院	600
128	“浪潮杯”第九届山东省大学生 ACM 程序设计竞赛	刘良欣　闫科萍　赵　前	省级三等奖	计算机与控制工程学院	600
129	“浪潮杯”第九届山东省大学生 ACM 程序设计竞赛	郭永恒　谭泽纯　王一锟	省级二等奖	计算机与控制工程学院	800
130	第九届蓝桥杯全国软件和信息技术专业人才大赛	郭永恒	国家学会级二等奖	计算机与控制工程学院	600
131	第九届蓝桥杯全国软件和信息技术专业人才大赛	杨公栋	国家学会级一等奖	计算机与控制工程学院	1000

续表

序号	比(竞)赛名称	获奖学生姓名	奖项等级	获奖学生所在学院	奖励金额(元)
132	第九届蓝桥杯全国软件和信息技术专业人才大赛	张珩瑞　彭友程　陈鹏鹏	国家学会级二等奖	计算机与控制工程学院	600
133	全国大学生数学竞赛	吴敬超	国家学会级一等奖	计算机与控制工程学院	1000
134	全国大学生数学竞赛	舒文超	国家学会级一等奖	计算机与控制工程学院	1000
135	ASC 世界大学生超级计算机竞赛	张迎雪　李　倩　刘　涛　孙彦增　李家年	国家级二等奖	计算机与控制工程学院	2000
136	2018 全国大学生英语竞赛 C 类	常　锐	国家级一等奖	计算机与控制工程学院	3000
137	第十三届全国大学生智能汽车竞赛	李玟玟　颜丙壮　刘宜铄	省级二等奖	计算机与控制工程学院	800
138	第六届山东省大学生机器人大赛	孙圣金　王嘉玮　田长航　孙廷建　裴坤业　刘　超　张玉琛　杨　健	省级三等奖	计算机与控制工程学院	600
139	“西门子杯”中国智能制造挑战赛	孙子鉴　侯　杨	省级二等奖	计算机与控制工程学院	800
140	2018 年全国大学生电子设计大赛	肖皓天　王嘉玮　黄舒莹	省级二等奖	计算机与控制工程学院	800
141	2018 年全国大学生电子设计大赛	田　润　吴文哲　郭庆福	省级一等奖	计算机与控制工程学院	1000
142	第五届山东物联网创造力大赛	万　帅　程　尧　徐　鑫　王法通	省级二等奖	计算机与控制工程学院	800
143	第十二届 iCAN 国际创新创业大赛	万　帅　程　尧　徐　鑫　王法通	国家级二等奖	计算机与控制工程学院	2000
144	“西门子杯”中国智能制造挑战赛	刘文静　解光辉　裴坤业	省级二等奖	计算机与控制工程学院	800
145	“西门子杯”中国智能制造挑战赛	程振涛　唐玉聪　雒福涛	省级三等奖	计算机与控制工程学院	600
146	“西门子杯”中国智能制造挑战赛	曾登辉　周少敏	省级二等奖	计算机与控制工程学院	800
147	第十三届全国大学生“恩智浦”杯智能汽车竞赛	高志坤　刘化东　雷　雨　池保庆	省级三等奖	计算机与控制工程学院	600
148	第十二届“西门子杯”中国智能制造挑战赛	连贺超　侯敏瑞	省级三等奖	计算机与控制工程学院	600
149	2018 山东省电子设计竞赛	王文旭　许茂林　郭　振	省级二等奖	计算机与控制工程学院	800
150	第十二届“西门子杯”中国智能制造挑战赛	罗　鑫　王　帆	省级三等奖	计算机与控制工程学院	600
151	ASC 世界大学生超级计算机竞赛	马春澎　崔凯兴　黄志强　赵　前　王明鉴	国家级二等奖	计算机与控制工程学院	2000

续表

序号	比(竞)赛名称	获奖学生姓名	奖项等级	获奖学生所在学院	奖励金额(元)
152	第九届蓝桥杯全国软件信息技术专业人才大赛全国总决赛 C/C + + 程序设计大学 B 组	杨平安	国家学会级一等奖	计算机与控制工程学院	1000
153	第九届蓝桥杯全国软件信息技术专业人才大赛全国总决赛 C/C + + 程序设计大学 B 组	桑得宝	国家学会级二等奖	计算机与控制工程学院	600
154	ACM – ICPC 国际大学生程序设计竞赛	李　超　王金帅　王文硕	国家级三等奖	计算机与控制工程学院	1000
155	蓝桥杯大赛	李　超	国家学会级一等奖	计算机与控制工程学院	1000
156	ASC18 Student Supercomputer Challenge	孟　圆　赵昱德　于士盛　王　旭　网靖淇	国家级二等奖	计算机与控制工程学院	2000
157	"浪潮杯"第九届山东省 ACM 大学生程序设计竞赛	王金帅　陈逸川　朱坤昂	省级二等奖	计算机与控制工程学院	800
158	"浪潮杯"第九届山东省 ACM 大学生程序设计竞赛	路庆毅　王英卓　史云菲	省级三等奖	计算机与控制工程学院	600
159	第 43 届 ACM – ICPC 国际大学生程序设计竞赛亚洲区域赛沈阳站	孙　鲁　李硕勋　肖毅欣	国家级二等奖	计算机与控制工程学院	2000
160	第九届蓝桥杯全国软件和信息技术专业人才大赛	孙　鲁	国家学会级二等奖	计算机与控制工程学院	600
161	第十二届 iCAN 国际创新创业大赛山东分赛区选拔赛	张　阳　王太滨　莫春平　徐艳燕　蔡金晶	省级三等奖	计算机与控制工程学院	600
162	第十届山东省大学生科技节——第五届山东省物联网创造力大赛	张　阳　王太滨　莫春平　徐艳燕　蔡金晶	省级三等奖	计算机与控制工程学院	600
163	第九届蓝桥杯全国软件和信息技术专业人才大赛	张紫越	国家学会级二等奖	计算机与控制工程学院	600
164	2018 年全国大学生电子设计竞赛山东赛区 TI 杯	刘　涛　王效杰　黄洁雨	省级二等奖	计算机与控制工程学院	800
165	山东省大学生科技创新大赛	王效杰	省级三等奖	计算机与控制工程学院	600
166	"西门子杯"中国智能制造挑战赛	王　硕　杨乘翔	省级二等奖	计算机与控制工程学院	800
167	2018 年"西门子杯"中国智能挑战赛	杨金广　陈日文　王　旭	国家级二等奖	计算机与控制工程学院	2000
168	"西门子杯"中国智能制造挑战赛	房崇佳　蔡风伦　杨泽慧	国家级一等奖	计算机与控制工程学院	3000

续表

序号	比(竞)赛名称	获奖学生姓名	奖项等级	获奖学生所在学院	奖励金额(元)
169	第十七届全国大学生机器人大赛 ROBOCON 赛事	王嘉玮 孙圣金 田长航 孙廷建 裴坤业 刘 超 杨 健 张玉琛 何信宇	国家级三等奖	计算机与控制工程学院	1000
170	第 43 届 ACM - ICPC 国际大学生程序设计竞赛亚洲区域赛南京站	李 超 孙 鲁 路庆毅	国家级三等奖	计算机与控制工程学院	1000
171	第九届蓝桥杯全国软件和信息技术专业人才大赛全国总决赛 C/C + + 程序设计大学 B 组	路庆毅	国家学会级二等奖	计算机与控制工程学院	600
172	第 43 届 ACM - ICPC 国际大学生程序设计竞赛亚洲区域赛青岛站	赵 前 潘慧敏 肖毅欣	国家级三等奖	计算机与控制工程学院	1000
173	"浪潮杯"第九届山东省 ACM 大学生程序设计竞赛	李 超 孙 鲁 汪 淼	省级一等奖	计算机与控制工程学院	1000
174	"鲁南制药杯"第五届山东省大学生科技创新大赛	郭 超 解光辉 葛利涵 姜志鹏 房崇佳	省级二等奖	计算机与控制工程学院	800
175	"鲁南制药杯"第五届山东省大学生科技创新大赛	王效杰 方 田 尹炳斐 安佰阳	省级三等奖	计算机与控制工程学院	600
176	第十届全国大学生广告艺术大赛	何明浩 韦 悦	国家级三等奖	建筑学院	1000
177	第十届全国大学生广告艺术大赛	何明浩 韦 悦	国家级三等奖	建筑学院	1000
178	第十届全国大学生广告艺术大赛	盛紫豪 陈 睿	国家级三等奖	建筑学院	1000
179	山东省第八届"学院创意杯"	韦 悦 何明浩	省级三等奖	建筑学院	600
180	山东省第八届"学院创意杯"	张 静 黄 宁	省级三等奖	建筑学院	600
181	第十届山东省大学生科技节——山东省大学生建造节建造设计大赛	张 振 段德生 李秀月 雷 欣 段 娅 毛景琪 鹿成龙 位付成 郑徐魁 李婷婷	省级一等奖	建筑学院	1000
182	2018 年全国大学生英语竞赛	程 慧	国家级三等奖	建筑学院	1000
183	2018 年全国大学生英语竞赛	白家和	国家级二等奖	经济管理学院	2000
184	2018 年全国大学生英语竞赛	提云哲	国家级二等奖	经济管理学院	2000
185	2018 年全国大学生英语竞赛	李嘉琦	国家级三等奖	经济管理学院	1000
186	2018 年全国大学生英语竞赛	李佳萌	国家级三等奖	经济管理学院	1000
187	2018 年全国大学生英语竞赛	盛美铃	国家级三等奖	经济管理学院	1000
188	第九届(2018)全国高等院校企业竞争模拟大赛	安怀勇 刘小锋 迟淑敏	国家学会级一等奖	经济管理学院	1000

续表

序号	比(竞)赛名称	获奖学生姓名	奖项等级	获奖学生所在学院	奖励金额(元)
189	第十四届全国大学生“新道杯”沙盘模拟经营大赛全国总决赛	邱　梅　李松松　汤德山　唐　宇　储健恒	国家学会级二等奖	经济管理学院	600
190	第十届山东省大学生科技节创新创业模拟企业经营大赛(本科组)	李松松　石婷婷　邱　梅　汤德山　储健恒	省级特等奖	经济管理学院	2000
191	2018年度中央电视台“希望之星”英语风采大赛山东赛区总决赛	曹晓媛	省级一等奖	经济管理学院	1000
192	希望之星英语风采大赛	杨明锟	省级一等奖	经济管理学院	1000
193	“读中国”山东省大学生诗文诵读大赛	顾延硕	省级一等奖	经济管理学院	1000
194	第十届山东省大学生科技节创新创业模拟企业经营大赛(本科组)	师庆民　陈佳胜　崔　悦　曹　杨　张文豪	省级一等奖	经济管理学院	1000
195	“建行杯”第四届山东省“互联网+”大学生创新创业大赛	刘高顺　王亚楠　马　挺　李一鸣　赵梦瑶	省级二等奖	经济管理学院	800
196	第三届山东高校街舞争霸赛山东总决赛	李钰浩　赵　欢　张浩杰　张　雪　巩晨曦　焦傲然　李庆宁　沈　评　王思迪　范　滨　孙源泽　孙庭欣　杨雪莹	省级二等奖	经济管理学院	800
197	第十届山东省大学生科技节企业管理信息化大赛(本科组)	李晓清　李晓媛　潘鑫莹　张春荣	省级二等奖	经济管理学院	800
198	2018年“创青春”·海尔山东省大学生创业大赛	胡　迪　崔晓荟　于亿亿　毛昳蕊　林晓彤　国文昊	省级二等奖	经济管理学院	800
199	第十届山东省大学生科技节创新创业模拟企业经营大赛(本科组)	刘清辉　辛肇镇　崔伶梅　张　敏	省级二等奖	经济管理学院	800
200	2018山东省大学生运动会健美操花球啦啦操比赛	柳丹丹　樊丹丹　崔喜杰　徐美娜　翟羽佳　田丰源　牛　鑫　王超杰　赵雪莹　寻馨莹　李　爽　赵忠鸽　曹晓媛　孙玥华	省级二等奖	经济管理学院	800
201	2018山东省大学生运动会健美操爵士啦啦操比赛	樊丹丹　柳丹丹　翟羽佳　寻馨莹　赵雪莹　孙明月　田　雪　刘　蓉　赵忠鸽　闫亭玉　刘莹莹　陈琳珊　王钰琼　张晓菡	省级三等奖	经济管理学院	600

续表

序号	比(竞)赛名称	获奖学生姓名	奖项等级	获奖学生所在学院	奖励金额(元)
202	2018“创青春”·海尔山东省大学生创业大赛	宋　琦　孙承文　耿莉梅　田应椿	省级三等奖	经济管理学院	600
203	“读中国”山东省大学生诗文诵读大赛	邢祥宇　张文硕　王　璐　邓凯泽　秦玉柱　李秀月	省级三等奖	经济管理学院	600
204	第三届(2018)全国工商企业管理技能大赛(本科组)	陈佳胜　安怀勇　辛肇镇　谭景耀	国家学会级特等奖	经济管理学院	1500
205	2018(首届)山东省科普创作大赛	李笑霖　李雪璨	省级三等奖	人文学院	600
206	山东省第五届大学生艺术展演	郑雅蕾	省级二等奖	人文学院	800
207	Uchallenge 全国大学生英语挑战杯 2018“外研社杯”全国英语写作大赛复赛	俞诗佳	省级三等奖	人文学院	600
208	山东省“国学达人”挑战赛	孙绪谦	省级一等奖	人文学院	1000
209	第三届山东省大中专学生社团节之大学生社团篆刻大赛	张　丽	省级三等奖	人文学院	600
210	2018 年全国大学生英语竞赛(NECCS)	邵馨尔	国家级三等奖	人文学院	1000
211	2018 年全国大学生英语竞赛	王俊俊	国家级三等奖	人文学院	1000
212	2018 年全国大学生英语竞赛	孙　岩	国家级三等奖	人文学院	1000
213	山东省第三届大中专学生社团节大学生诗歌朗诵大赛	刘林伟　秦玉柱　高　彤　汤子恒　王　伟	省级二等奖	人文学院	800
214	山东省第五届大学生艺术展演活动	李　霞	省级三等奖	人文学院	600
215	2018 年全国大学生英语竞赛	田明玉	国家级二等奖	人文学院	2000
216	第三届山东省大中专学生社团节之大学生社团篆刻大赛	衣振玮	省级一等奖	人文学院	1000
217	2018 年全国大学生英语竞赛	王晓涵	国家级三等奖	生命科学学院	1000
218	2018 年全国大学生英语竞赛	贾天圆	国家级三等奖	生命科学学院	1000
219	第十届山东省大学生科技节——“布勒杯”食品加工与安全创新设计大赛	赵婉均　尹雪莲　李　薇	省级三等奖	生命科学学院	600
220	2018 年全国大学生英语竞赛	李　薇	国家级二等奖	生命科学学院	2000

续表

序号	比(竞)赛名称	获奖学生姓名	奖项等级	获奖学生所在学院	奖励金额(元)
221	第十届山东省大学生科技节——第二届“鲁南制药杯”大学生生物科技创新创业大赛	樊　霞　王　琪　张惠苹	省级一等奖	生命科学学院	1000
222	第十届山东省大学生科技节——第七届“了然生物杯”山东省大学生生物化学实验技能大赛	曲荣阁　赵杰琳　陆　明	省级一等奖	生命科学学院	1000
223	第十届山东省大学生科技节——山东省大学生生物学教学技能大赛	曲荣阁	省级特等奖	生命科学学院	2000
224	第十届大学生科技节——山东省大学生生物学教学技能大赛	赵杰琳	省级二等奖	生命科学学院	800
225	第十届山东省大学生科技节——山东省大学生生物学教学技能大赛	宋舒悦	省级一等奖	生命科学学院	1000
226	第十届山东省大学生科技节——山东省大学生生物学教学技能大赛	王　琪	省级二等奖	生命科学学院	800
227	第十届山东省大学生科技节——第二届“鲁南制药杯”山东省大学生生物科技创新创业大赛	王　笑　魏梓璇(魏梓璇入伍无证书)	省级二等奖	生命科学学院	800
228	第十届山东省大学生科技节——第七届“了然生物杯”山东省大学生生物化学实验技能大赛	陈雨婷　秦毅臻　游高逸然	省级特等奖	生命科学学院	2000
229	2018年全国大学生英语竞赛	徐　舸	国家级二等奖	生命科学学院	2000
230	第十届山东省大学生科技节——第二届“鲁南制药杯”山东省大学生生物科技创新创业大赛	胡亚伟　李婵媛　崔　杰	省级二等奖	生命科学学院	800
231	第十届山东省大学生科技节——第二届“鲁南制药杯”山东省大学生生物科技创新创业大赛	龙馨悦	省级二等奖	生命科学学院	800

续表

序号	比(竞)赛名称	获奖学生姓名	奖项等级	获奖学生所在学院	奖励金额(元)
232	第十届山东省大学生科技节——第二届“鲁南制药杯”山东省大学生生物科技创新创业大赛	王晓倩　杨　爽　马婷婷	省级二等奖	生命科学学院	800
233	第十届山东省大学生科技节——第二届“鲁南制药杯”山东省大学生生物科技创新创业大赛	蔡建平　商晓钰　蔡　彭 赵嘉璇　许嫣然　李若然	省级特等奖	生命科学学院	2000
234	第十届山东省大学生科技节——山东省大学生生物学教学技能大赛	吴婷婷	省级二等奖	生命科学学院	800
235	第十届山东省大学生科技节——第七届“了然生物杯”山东省大学生生物化学实验技能大赛	高　山　韩昆明　亓　娜	省级特等奖	生命科学学院	2000
236	第十届山东省大学生科技节——第二届“鲁南制药杯”山东省大学生生物科技创新创业大赛	张晓尘　范婷婷　王智宇	省级特等奖	生命科学学院	2000
237	第十届山东省大学生科技节——第二届“鲁南制药杯”山东省大学生生物科技创新创业大赛	李冬青　陈　宁　姜璐瑶	省级一等奖	生命科学学院	1000
238	第十届大学生科技节——第七届“了然生物杯”山东省大学生生物化学实验技能大赛	魏青媛　郭雪倩	省级一等奖	生命科学学院	1000
239	第十届大学生科技节——第七届“了然生物杯”山东省大学生生物化学实验技能大赛	岳　影　汤爽爽　王安宁	省级一等奖	生命科学学院	1000
240	第十届山东省大学生科技节——第二届“鲁南制药杯”山东省大学生生物科技创新创业大赛	岳　影　汤爽爽	省级一等奖	生命科学学院	1000
241	全国大学生生命科学竞赛	陆　明　曲荣阁	国家级三等奖	生命科学学院	1000
242	第九届山东省大学生科技节——山东省大学生物理竞赛	陆　明	省级二等奖	生命科学学院	800

续表

序号	比(竞)赛名称	获奖学生姓名	奖项等级	获奖学生所在学院	奖励金额(元)
243	第九届山东省大学生科技节——山东省大学生物理竞赛	曹玉茹	省级三等奖	生命科学学院	600
244	第十届山东省大学生科技节——第七届“了然生物杯”山东省大学生生物化学实验技能大赛	陈　闯　董奎奎	省级特等奖	生命科学学院	2000
245	第十届全国大学生数学竞赛	于文浩	国家学会级一等奖	数学与信息科学学院	1000
246	国际(美国)大学生数学建模竞赛	周　晴　杨　林　杜心鹏	国家级二等奖	数学与信息科学学院	2000
247	国际(美国)大学生数学建模竞赛	朱　丽　刘滋滋　何大冰	国家级二等奖	数学与信息科学学院	2000
248	国际(美国)大学生数学建模竞赛	杨　慧　王　雪　李德斌	国家级二等奖	数学与信息科学学院	2000
249	国际(美国)大学生数学建模竞赛	徐　慧　聂华清　袁　浩	国家级二等奖	数学与信息科学学院	2000
250	第十届全国大学生数学竞赛	袁浩	国家学会级一等奖	数学与信息科学学院	1000
251	国际(美国)大学生数学建模竞赛	王晓筱　李　菁　马富意	国家级一等奖	数学与信息科学学院	3000
252	国际(美国)大学生数学建模竞赛	张　曼　袁芳杰　田　甜	国家级一等奖	数学与信息科学学院	3000
253	国际(美国)大学生数学建模竞赛	王春荣　刘天娇　陈传祯	国家级三等奖	数学与信息科学学院	1000
254	国际(美国)大学生数学建模竞赛	葛君琰　熊泽宇　武连杰	国家级二等奖	数学与信息科学学院	2000
255	国际(美国)大学生数学建模竞赛	薛晓露　鹿玉欣　马学政	国家级二等奖	数学与信息科学学院	2000
256	国际(美国)大学生数学建模竞赛	张传洁　齐乐乐　廖香立	国家级二等奖	数学与信息科学学院	2000
257	全国大学生数学建模竞赛	延婷翠　薛美晨　张佳林	省级一等奖	数学与信息科学学院	1000
258	第二届山东省大学生模拟政协提案征集活动	孙文恒　张惠民　郑明月　梁启高	省级一等奖	数学与信息科学学院	1000
259	全国大学生数学建模竞赛	关　悦　马春澎　张　威	省级一等奖	数学与信息科学学院	1000
260	全国大学生数学建模竞赛	朱义九　张守鹏　朱坤昂	省级一等奖	数学与信息科学学院	1000
261	全国大学生数学建模竞赛	张　镇　张红凯　梁启高	省级三等奖	数学与信息科学学院	600
262	全国大学生数学建模竞赛	姚　颖　李文娟　亓泽群	省级二等奖	数学与信息科学学院	800

续表

序号	比(竞)赛名称	获奖学生姓名	奖项等级	获奖学生所在学院	奖励金额(元)
263	国际(美国)大学生数学建模竞赛	王露薇　滕嘉琪　孙飞鸿	国家级二等奖	数学与信息科学学院	2000
264	全国大学生数学建模竞赛	滕嘉琪　宋妍辉　孙飞鸿	省级二等奖	数学与信息科学学院	800
265	山东省第十四届学生运动会(大学组)	孙飞鸿	省级一等奖	数学与信息科学学院	1000
266	全国大学生数学建模竞赛	李宇航　张壮壮　刘书杰	省级三等奖	数学与信息科学学院	600
267	全国大学生数学建模竞赛	徐　鑫　王雪娇　付玲玲	省级二等奖	数学与信息科学学院	800
268	全国大学生数学建模竞赛	王彦晨　沈淑曼　仪　梦	国家级二等奖	数学与信息科学学院	2000
269	全国大学生英语竞赛	王宝娟	国家级三等奖	数学与信息科学学院	1000
270	全国大学生数学建模竞赛	侯梦娇　叶　爽　王璐阳	国家级二等奖	数学与信息科学学院	2000
271	全国大学生数学建模竞赛	范高辉　朱　晓　王承乾	国家级二等奖	数学与信息科学学院	2000
272	全国大学生英语竞赛	张笑涵	国家级三等奖	数学与信息科学学院	1000
273	全国大学生数学建模竞赛	高文文　张晓晗　侯志伟	省级二等奖	数学与信息科学学院	800
274	全国大学生数学建模竞赛	于姗姗　潘姿亦　刘明昊	省级二等奖	数学与信息科学学院	800
275	全国大学生数学建模竞赛	徐　倩　刘　恺　孙　鲁	省级一等奖	数学与信息科学学院	1000
276	全国大学生数学建模竞赛	孔国强	省级三等奖	数学与信息科学学院	600
277	全国大学生数学建模竞赛	关程程　赵　颖　李浩远	省级一等奖	数学与信息科学学院	1000
278	国际(美国)大学生数学建模竞赛	王　旭　朱义九　李浩远	国家级二等奖	数学与信息科学学院	2000
279	全国大学生数学建模竞赛	王　旭　张笑涵　王宝娟	国家级二等奖	数学与信息科学学院	2000
280	全国大学生数学建模竞赛	华　旭　董彩坤　管　新	省级二等奖	数学与信息科学学院	800
281	2018 年全国大学生英语竞赛	陈佳圆	国家级三等奖	数学与信息科学学院	1000
282	2018 年全国大学生英语竞赛	赵　瑾	国家级三等奖	数学与信息科学学院	1000
283	2018 年全国大学生英语竞赛	张皓琳	国家级三等奖	数学与信息科学学院	1000
284	2018 年全国大学生英语竞赛	丁子麒	国家级三等奖	数学与信息科学学院	1000
285	2018 年全国大学生英语竞赛	王怡然	国家级三等奖	数学与信息科学学院	1000
286	2018 年全国大学生英语竞赛	张馨镭	国家级三等奖	数学与信息科学学院	1000
287	全国大学生数学建模竞赛	刘　莹　马　倩　孙田恬	省级三等奖	数学与信息科学学院	600
288	全国大学生数学建模竞赛	张馨镭　王　彪　李　琛	省级二等奖	数学与信息科学学院	800
289	2018 年全国大学生英语竞赛	平　静	国家级三等奖	数学与信息科学学院	1000
290	山东省第十四届学生运动会健美操比赛	王倩倩　谢立强　白颜硕　朱天成　刘元旭　苏亚君　王　涛　李　鹏　李氏杰　吴文欣　郑兴雪	省级二等奖	体育学院	800
291	山东省第十四届学生运动会羽毛球比赛(双打)	梁思琦	省级一等奖	体育学院	1000

续表

序号	比(竞)赛名称	获奖学生姓名	奖项等级	获奖学生所在学院	奖励金额(元)
292	山东省第十四届学生运动会羽毛球比赛(单打)	李浩哲	省级二等奖	体育学院	800
293	山东省第十四届学生运动会羽毛球比赛(双打)	牛天雨	省级一等奖	体育学院	1000
294	山东省第十四届学生运动会羽毛球比赛(双打)	何纪辉	省级一等奖	体育学院	1000
295	山东省第十四届学生运动会羽毛球比赛(单打)	李厚印	省级一等奖	体育学院	1000
296	山东省第十四届学生运动会羽毛球比赛(单打)	张　晓	省级二等奖	体育学院	800
297	山东省第十四届学生运动会羽毛球比赛(单打)	宓家辉	省级三等奖	体育学院	600
298	山东省第十四届学生运动会篮球比赛	李衍娇　陈　菲　杨文新　潘　越　刘欣怡　刘雨微　滕虹良　姜苏航　方召玲　柳晓惠　方　慧　徐兴英　王雅洁	省级三等奖	体育学院	600
299	山东省第十四届学生运动会田径比赛	宋　佳	省级一等奖	体育学院	1000
300	山东省第十四届学生运动会田径比赛	张　露	省级二等奖	体育学院	800
301	山东省第十四届学生运动会田径比赛	肖春晓	省级二等奖	体育学院	800
302	山东省第十四届学生运动会田径比赛	夏浩峻	省级三等奖	体育学院	600
303	山东省第十四届学生运动会田径比赛	曲峰伯	省级三等奖	体育学院	600
304	山东省第十四届学生运动会田径比赛	李玉琪	省级三等奖	体育学院	600
305	山东省第十四届学生运动会田径比赛	杨子煜	省级三等奖	体育学院	600
306	山东省第十四届学生运动会田径比赛	王　丽	省级二等奖	体育学院	800
307	山东省第十四届学生运动会田径比赛	陈　杰	省级三等奖	体育学院	600
308	山东省第十四届学生运动会田径比赛	张泓凯	省级三等奖	体育学院	600
309	山东省第十四届学生运动会田径比赛	沈唐玉	省级三等奖	体育学院	600

续表

序号	比(竞)赛名称	获奖学生姓名	奖项等级	获奖学生所在学院	奖励金额(元)
310	山东省第十四届学生运动会田径比赛	吴亚萍	省级三等奖	体育学院	600
311	山东省第十四届学生运动会田径比赛	苏亚男	省级三等奖	体育学院	600
312	山东省第十四届学生运动会田径比赛	刘陵慧	省级三等奖	体育学院	600
313	2018 首届“优路杯”全国 BIM 技术大赛	张建鹏　全亚平　刘志浩　翟　倩　赵梦圆	国家学会级二等奖	土木工程学院	600
314	山东省第十一届大学生结构设计竞赛	王　涛　王　硕　朱敏杰	省级三等奖	土木工程学院	600
315	全国大学生英语竞赛	孙　超	国家级三等奖	土木工程学院	1000
316	全国大学生数学竞赛	段雪良	国家学会级二等奖	土木工程学院	600
317	第九届山东省大学生数学竞赛	高　爽	国家学会级二等奖	土木工程学院	600
318	2018 年全国大学生英语竞赛	于佳宁	国家级二等奖	药学院	2000
319	2018 年全国大学生英语竞赛	朱雅楠	国家级一等奖	药学院	3000
320	2018 年全国大学生英语竞赛	金雅晴	国家级三等奖	药学院	1000
321	2018 年全国大学生英语竞赛	刘赛利	国家级二等奖	药学院	2000
322	2018 年全国大学生英语竞赛	周绍芸	国家级三等奖	药学院	1000
323	2018 年全国大学生英语竞赛	孙吉娜	国家级三等奖	药学院	1000
324	2018 年全国大学生英语竞赛	张玉卿	国家级三等奖	药学院	1000
325	2018 年全国大学生英语竞赛	梁婧怡	国家级二等奖	药学院	2000
326	2018“外研社杯”全国大学生英语演讲大赛	梁婧怡	国家级特等奖	药学院	4000
327	2018 年第二届全国医药院校药学/中药学世界大学生创新创业暨实验教学改革大赛	郑　旭　金　梦　姜　瑜	国家学会级二等奖	药学院	600

续表

序号	比(竞)赛名称	获奖学生姓名	奖项等级	获奖学生所在学院	奖励金额(元)
328	2018年第二届全国医药院校药学/中药学世界大学生创新创业暨实验教学改革大赛	毕文敏　程钰涵	国家学会级二等奖	药学院	600
329	第三届山东省青年志愿服务项目大赛	刘淑豪　孙吉娜　徐梦婕　楼梦婷　孔苗苗　吕旭成　王帅清　张振潇　王静怡　杜欣遥　安　琪　石文莹　王颂凯　付　聪　刘富饶	省级二等奖	药学院	800
330	第十届山东省大学生科技节——第七届“了然生物杯”山东省大学生生物化学实验技能大赛	黄桂艳　李琳钰　王新博	省级二等奖	药学院	800
331	山东省高校音乐舞蹈专业师生基本功大赛	杨　珊	省级一等奖	音乐舞蹈学院	1000
332	山东省高校音乐舞蹈专业师生基本功大赛	卢　杨	省级二等奖	音乐舞蹈学院	800
333	山东省高校音乐舞蹈专业师生基本功大赛	姬宇峰　徐　威	省级二等奖	音乐舞蹈学院	800
334	山东省高校音乐舞蹈专业师生基本功大赛	唐玲玲	省级二等奖	音乐舞蹈学院	800
335	山东省高校音乐舞蹈专业师生基本功大赛	姜嘉靖	省级二等奖	音乐舞蹈学院	800
336	山东省高校音乐舞蹈专业师生基本功大赛	文　淘	省级二等奖	音乐舞蹈学院	800
337	第十五届山东省大学生机电产品创新设计竞赛	韦　忍　陈永辉　田新傲　李海超　陆　强	省级二等奖	海洋学院	800
338	第十五届山东省大学生机电产品创新设计竞赛	魏　臣　王勇杰　陈永辉　陆　强　程天健	省级二等奖	海洋学院	800
339	第十五届山东省大学生机电产品创新设计竞赛	魏　臣　王勇杰　陈永辉　邵光帅　田新傲	省级三等奖	海洋学院	600
340	第十五届山东省大学生机电产品创新设计竞赛	王纪广　丁笠伟　潘雪莲　何彦爱　燕洪丽	省级三等奖	海洋学院	600
341	第十五届山东省大学生机电产品创新设计竞赛	陈永辉　王勇杰　魏　臣　韦　忍　管　新	省级三等奖	海洋学院	600
342	2018年“创青春”海尔山东省大学生创业大赛	王勇杰　魏　臣　陈永辉　石晓雯　韦　忍　管　新	省级三等奖	海洋学院	600
343	第十一届全国大学生节能减排社会实践与科技竞赛国赛	丁雅馨　崔梦冬　覃慧妮　李祺伟　杨玉麒	国家级三等奖	海洋学院	1000

续表

序号	比(竞)赛名称	获奖学生姓名	奖项等级	获奖学生所在学院	奖励金额(元)
344	2018年全国大学生英语竞赛	房心语	国家级二等奖	海洋学院	2000
345	2018年全国大学生英语竞赛	李　昂	国家级二等奖	海洋学院	2000
346	2018年全国大学生英语竞赛	程寒悦	国家级二等奖	海洋学院	2000
347	2018年全国大学生英语竞赛	刘　村	国家级三等奖	海洋学院	1000
348	第二届山东船员技能大赛绳结竞赛	冯建笑　祝祥龙　姜雪涵　刘同威　田希欢	省级三等奖	海洋学院	600
349	第二届山东船员技能大赛知识竞赛	赵　宇　祝祥龙　慈鹏浩　冯建笑	省级三等奖	海洋学院	600
350	2018年第十届全国大学生数学竞赛	徐振伟	国家学会级一等奖	海洋学院	1000
351	2018年第十届全国大学生数学竞赛	王勇杰	国家学会级二等奖	海洋学院	600
352	2018年第十届全国大学生数学竞赛	廖辉仪	国家学会级二等奖	海洋学院	600
353	2018年第十届全国大学生数学竞赛	刘洪果	国家学会级二等奖	海洋学院	600
354	2017年第九届全国大学生数学竞赛	靳庆壮	国家学会级一等奖	海洋学院	1000
355	山东省第十四届学生运动会(大学组)	司林辉	省级一等奖	海洋学院	1000
356	山东省第十四届学生运动会(大学组)	司林辉	省级三等奖	海洋学院	600
357	山东省大学生化学实验大赛	杨文强	省级三等奖	化学化工学院	600
358	2018年全国大学生英语竞赛	张婧雪	国家级三等奖	化学化工学院	1000
359	2018年全国大学生英语竞赛	张晓晗	国家级三等奖	化学化工学院	1000
360	山东省第十四届学生运动会(大学组)健美操比赛甲组 舞蹈啦啦操爵士组	刘莹莹　李忠林　樊丹丹　柳丹丹　翟羽佳　赵雪莹　寻馨莹　刘　蓉　孙明月　张晓菡　闫亭玉　田　雪　陈琳珊　袁飞怡　王玉琼　赵忠鸽	省级三等奖	化学化工学院	600
361	2018年全国大学生英语竞赛	杨　雪	国家级二等奖	化学化工学院	2000

续表

序号	比(竞)赛名称	获奖学生姓名	奖项等级	获奖学生所在学院	奖励金额(元)
362	2018年全国大学生英语竞赛	赵良丹	国家级特等奖	化学化工学院	4000
363	山东省第十四届学生运动会(大学组)健美操比赛甲组 有氧舞蹈	文威龙 周礼辉 李忠林 王超杰 牛 鑫 翟羽佳 牛子祥 田丰源 王 昊	省级一等奖	化学化工学院	1000
364	山东省第十四届学生运动会(大学组)健美操比赛甲组 舞蹈啦啦操花球组	文威龙 周礼辉 樊丹丹 柳丹丹 翟羽佳 徐美娜 寻馨莹 孙钥华 曹晓媛 李 爽 赵忠鸽 赵雪莹 崔喜杰 王超杰 牛 鑫 田丰源 牛子祥	省级三等奖	化学化工学院	600
365	山东省第十四届学生运动会(大学组)健美操比赛甲组 舞蹈啦啦操 爵士组	刘莹莹 李忠林 樊丹丹 柳丹丹 翟羽佳 赵雪莹 寻馨莹 刘 蓉 孙明月 张晓菡 闫亭玉 田 雪 陈琳珊 袁飞怡 王玉琼 赵忠鸽	省级三等奖	化学化工学院	600
366	全国大学生化工设计竞赛	窦鑫桐 赵伟渲 杨慧明 李 玲 孙子棋	国家学会级二等奖	化学化工学院	600
367	2018年全国大学生英语竞赛	张思佳	国家级二等奖	化学化工学院	2000
368	第十届明晟杯山东省大学生化学实验大赛	祁有国	省级二等奖	化学化工学院	800
369	第十届明晟杯山东省大学生化学实验大赛	王 雪	省级三等奖	化学化工学院	600
370	2018年全国大学生英语竞赛	李卓辉	国家级三等奖	化学化工学院	1000
371	第六届中国大学生高分子材料创新创业大赛	谢昕剑 鲍庆光 李姝慧 代文静	国家学会级二等奖	化学化工学院	600
372	2018年全国大学生英语竞赛(NECCS)	李和宁	国家级二等奖	化学化工学院	2000
373	全国大学生化工实验大赛	曹 志 金 龙 董灵玉	国家级二等奖	化学化工学院	2000
374	中国“互联网+”大学生创新创业大赛	张晓晗 任 豪 卢莉萍 李英男 王科铮 郭秀田 刘 秦	省级三等奖	化学化工学院	600
375	山东省大学生科技节物理竞赛	李英男	省级三等奖	化学化工学院	600
376	2018年全国大学生英语竞赛	王 悦	国家级三等奖	化学化工学院	1000
377	山东省学生运动会(大学组)	李 霄	省级三等奖	化学化工学院	600
378	2018年全国大学生英语竞赛(NECCS)	刘浩婕	国家级三等奖	化学化工学院	1000

续表

序号	比(竞)赛名称	获奖学生姓名	奖项等级	获奖学生所在学院	奖励金额(元)
379	山东省大学生科技节化工过程实验技能竞赛	许镇鑫　段孝乐　王宇飞	省级一等奖	化学化工学院	1000
380	全国大学生数学建模竞赛	李英男　张念超　张忠兴	省级三等奖	化学化工学院	600
381	2018 年第十届全国大学生数学竞赛	刘桐豪	国家学会级一等奖	化学化工学院	1000
382	2018 年第十届全国大学生数学竞赛	徐启芳	国家学会级一等奖	化学化工学院	1000
383	2018 年第十届全国大学生数学竞赛	张守鹏	国家学会级二等奖	化学化工学院	600
384	“读中国”山东省大学生诗文诵读大赛	宋若飞	省级一等奖	外国语学院	1000
385	“外研社杯”英语演讲比赛	牟涵宇	省级一等奖	外国语学院	1000
386	2018 年全国大学生英语竞赛	郑婉睿	省级特等奖	外国语学院	2000
387	2018 年全国大学生英语竞赛	李佳媚	国家级三等奖	外国语学院	1000
388	2018“外研社杯”全国英语写作大赛	罗　怡	省级三等奖	外国语学院	600
389	第十五届山东省大学生科技文化艺术节	徐子稀	省级三等奖	外国语学院	600
390	第二十一届“外研社杯”全国大学生英语辩论赛	冷晓冬　张冰晴	省级三等奖	外国语学院	600
391	第六届山东省大学生机器人大赛	张华雨　宋沅林　贾雪松	省级一等奖	机电汽车工程学院	1000
392	第六届山东省大学生机器人大赛	苗峰华　沙　桐　刘传岩	省级二等奖	机电汽车工程学院	800
393	第十五届山东省大学生机电产品创新设计竞赛暨第八届全国大学生机械创新设计大赛山东赛区预赛	邵壮壮　王克举　李建雨　董文远	省级三等奖	机电汽车工程学院	600
394	第十五届山东省大学生机电产品创新设计竞赛暨第八届全国大学生机械创新设计大赛山东赛区预赛	杨西杰	省级一等奖	机电汽车工程学院	1000
395	第十五届山东省大学生机电产品创新设计竞赛暨第八届全国大学生机械创新设计大赛山东赛区预赛	杨西杰　张丙辉　赵　阳　段元帅　刘如意	省级二等奖	机电汽车工程学院	800

续表

序号	比(竞)赛名称	获奖学生姓名	奖项等级	获奖学生所在学院	奖励金额(元)
396	第十五届山东省大学生机电产品创新设计竞赛暨第八届全国大学生机械创新设计大赛山东赛区预赛	杨西杰 方舒雄 杨 雨	省级二等奖	机电汽车工程学院	800
397	第十五届山东省大学生机电产品创新设计竞赛暨第八届全国大学生机械创新设计大赛山东赛区预赛	杨西杰 方舒雄 邵壮壮 张红敏 贾雪松	省级三等奖	机电汽车工程学院	600
398	第十五届山东省大学生机电产品创新设计竞赛暨第八届全国大学生机械创新设计大赛山东赛区预赛	贾雪松 陈 明 邵壮壮	省级三等奖	机电汽车工程学院	600
399	第十五届山东省大学生机电产品创新设计竞赛暨第八届全国大学生机械创新设计大赛山东赛区预赛	贾雪松 何明圆 高 强 宋沅林	省级二等奖	机电汽车工程学院	800
400	第十五届山东省大学生机电产品创新设计竞赛暨第八届全国大学生机械创新设计大赛山东赛区预赛	杨 鹏 宋华堂 苗俊芳 刘家宝	省级三等奖	机电汽车工程学院	600
401	第十五届山东省大学生机电产品创新设计竞赛暨第八届全国大学生机械创新设计大赛山东赛区	杨 鹏 杨西杰 方舒雄 佟兴伟	省级一等奖	机电汽车工程学院	1000
402	第十五届山东省大学生机电产品创新设计竞赛暨第八届全国大学生机械创新设计大赛山东赛区	王海慧 杜斐斐 任 睿 孔令鹏	省级三等奖	机电汽车工程学院	600
403	第十五届山东省大学生机电产品创新设计竞赛暨第八届全国大学生机械创新设计大赛山东赛区	李嘉诚 郭志奇 张 硕 邱瑞娟	省级二等奖	机电汽车工程学院	800
404	第十五届山东省大学生机电产品创新设计竞赛暨第八届全国大学生机械创新设计大赛山东赛区	李嘉诚 张 硕 张清政 王艳坤 胡玉珍	省级二等奖	机电汽车工程学院	800
405	第十五届山东省大学生机电产品创新设计竞赛暨第八届全国大学生机械创新设计大赛山东赛区	韩屹章 王海慧 王 清 崔 越 柴 同	省级三等奖	机电汽车工程学院	600

续表

序号	比(竞)赛名称	获奖学生姓名	奖项等级	获奖学生所在学院	奖励金额(元)
406	第十五届山东省大学生机电产品创新设计竞赛暨第八届全国大学生机械创新设计大赛山东赛区	何明圆　张红敏　李世琳　王晓宇　杨文丽	省级三等奖	机电汽车工程学院	600
407	第十五届山东省大学生机电产品创新设计竞赛暨第八届全国大学生机械创新设计大赛山东赛区	马儒豪　马　慧　杨　鹏　王　艺	省级三等奖	机电汽车工程学院	600
408	第十五届山东省大学生机电产品创新设计竞赛暨第八届全国大学生机械创新设计大赛山东赛区	林礼涛　王　晔　马　玲　李逸豪　杨天奇	省级三等奖	机电汽车工程学院	600
409	第十五届山东省大学生机电产品创新设计竞赛暨第八届全国大学生机械创新设计大赛山东赛区	李玉香　高恒上　刘　强	省级二等奖	机电汽车工程学院	800
410	第十五届山东省大学生机电产品创新设计竞赛暨第八届全国大学生机械创新设计大赛山东赛区	冷晓寒　张润泽　磨夏梅	省级二等奖	机电汽车工程学院	800
411	第十五届山东省大学生机电产品创新设计竞赛暨第八届全国大学生机械创新设计大赛山东赛区预赛	宋沅林　杨致文　李铸洲　贾雪松　何明圆	省级二等奖	机电汽车工程学院	800
412	第十五届山东省大学生机电产品创新设计竞赛暨第八届全国大学生机械创新设计大赛山东赛区预赛	宋沅林　唐玉勇　任书宇　王晓宇　王应啸	省级三等奖	机电汽车工程学院	600
413	第十五届山东省大学生机电产品创新设计竞赛暨第八届全国大学生机械创新设计大赛山东赛区预赛	宋沅林　贾雪松　解光辉　高　强　张敬源	省级三等奖	机电汽车工程学院	600
414	第十五届山东省大学生机电产品创新设计竞赛暨第八届全国大学生机械创新设计大赛山东赛区预赛	宋沅林　贾雪松　董　伟　高　强　李世琳	省级三等奖	机电汽车工程学院	600
415	2018 年全国大学生英语竞赛	程　乾	国家级三等奖	机电汽车工程学院	1000
416	2018 年全国大学生英语竞赛	程长青	国家级三等奖	机电汽车工程学院	1000
417	2018 年全国大学生英语竞赛	李相辰	国家级二等奖	机电汽车工程学院	2000

续表

序号	比(竞)赛名称	获奖学生姓名	奖项等级	获奖学生所在学院	奖励金额(元)
418	2018年“创青春”·海尔山东省大学生创业大赛	张理亿 史 可 张复港 张宗烽 王百琛 孙瑞彬 杨 光 杨 桧 袁 奔 张馨悦	省级二等奖	机电汽车工程学院	800
419	2018年“创青春”·海尔山东省大学生创业大赛	张泽堂 姚福兴 郃旭东 陶其锦 马 瑞 吴同昊 周炫然 李 涛 邢慧双 何明圆	省级二等奖	机电汽车工程学院	800
420	2018年“创青春”·海尔山东省大学生创业大赛	孙经纬 吴兆东 潘 硕 赵大刚	省级二等奖	机电汽车工程学院	800
421	第十一届“高教杯”全国大学生先进成图技术与产品信息建模创新大赛 机械类建模	李云飞	国家学会级二等奖	机电汽车工程学院	600
422	第十一届“高教杯”全国大学生先进成图技术与产品信息建模创新大赛 机械类尺规作图	李云飞	国家学会级二等奖	机电汽车工程学院	600
423	第十一届“高教杯”全国大学生先进成图技术与产品信息建模创新大赛 机械类建模	郭志奇	国家学会级二等奖	机电汽车工程学院	600
424	第十一届“高教杯”全国大学生先进成图技术与产品信息建模创新大赛 机械类建模	姜 鑫 郭志奇 吴 雷 张佩翔 张振峰	国家学会级二等奖	机电汽车工程学院	600
425	第十一届“高教杯”全国大学生先进成图技术与产品信息建模创新大赛 机械类建模	吴 雷	国家学会级一等奖	机电汽车工程学院	1000
426	第十二届 iCAN 国际创新创业大赛山东赛区选拔赛	孙 龙 孙 国	省级三等奖	机电汽车工程学院	600
427	第十二届 iCAN 国际创新创业大赛山东赛区选拔赛	贾雪松 何明圆 徐翊航	省级二等奖	机电汽车工程学院	800
428	第十二届 iCAN 国际创新创业大赛山东赛区选拔赛	苗俊芳 刘家宝	省级一等奖	机电汽车工程学院	1000
429	2018年第十二届 iCAN 国际创新创业大赛中国总决赛	宋沅林 杨致文 赵 阳 秦玉柱 王俊南	国家级三等奖	机电汽车工程学院	1000

续表

序号	比(竞)赛名称	获奖学生姓名	奖项等级	获奖学生所在学院	奖励金额(元)
430	2018 年第十二届 iCAN 国际创新创业大赛中国总决赛	杨西杰　方舒雄　侯会鑫	国家级三等奖	机电汽车工程学院	1000
431	2018 年第十二届 iCAN 国际创新创业大赛中国总决赛	杨　鹏　王志强　于　冲　李志成	国家级二等奖	机电汽车工程学院	2000
432	2018 年第十二届 iCAN 国际创新创业大赛中国总决赛	李嘉诚　郭志奇　张　硕　邱瑞娟　王　月	国家级二等奖	机电汽车工程学院	2000
433	2018 年“西门子杯”中国智能制造挑战赛 – 初赛 –	杨　鹏　李文博　陈麒麟	省级二等奖	机电汽车工程学院	800
434	2018 年“西门子杯”中国智能制造挑战赛	马英杰　赵庆轩　王耀平	省级三等奖	机电汽车工程学院	600
435	2018 年“西门子杯”中国智能制造挑战赛	孙岳辰　李文钊　庞广康	省级二等奖	机电汽车工程学院	800
436	2018 年“西门子杯”中国智能制造挑战赛	李现勇　杜纪功　董兴华	国家级一等奖	机电汽车工程学院	3000
437	2018 年“西门子杯”中国智能制造挑战赛	张艳东　闫文远　刘　鹏	国家级二等奖	机电汽车工程学院	2000
438	2018 年“西门子杯”中国智能制造挑战赛	袁兆华　于圣欣　胡家玉	省级一等奖	机电汽车工程学院	1000
439	2018 年“西门子杯”中国智能制造挑战赛	姜志鹏　王　晔	省级二等奖	机电汽车工程学院	800
440	第十二届全国大学生西门子杯智能制造挑战赛逻辑控制设计开发赛项	王海慧　刘家宝　宋华堂	省级二等奖	机电汽车工程学院	800
441	第十二届全国大学生西门子杯智能制造挑战赛逻辑控制设计开发赛项	崔曦月　吴英杰　路　坦	省级二等奖	机电汽车工程学院	800
442	第十二届全国大学生西门子杯智能制造挑战赛逻辑控制设计开发赛项	管　宇　任书宇　何文静	省级二等奖	机电汽车工程学院	800
443	第十二届全国大学生西门子杯智能制造挑战赛逻辑控制设计开发赛项	贾雪松　李明辉	省级一等奖	机电汽车工程学院	1000
444	第十二届全国大学生西门子杯智能制造挑战赛逻辑控制设计开发赛项	张华雨　董茂林　武　旭	省级二等奖	机电汽车工程学院	800
445	全国大学生节能减排社会实践与科技竞赛	李嘉诚　郭志奇　张　硕　邱瑞娟　张煜慧	国家级二等奖	机电汽车工程学院	2000

续表

序号	比(竞)赛名称	获奖学生姓名	奖项等级	获奖学生所在学院	奖励金额(元)
446	“建行杯”第四届山东省“互联网+”大学生创新创业大赛	张理亿 史 可 张复港 张宗烽 王百琛 孙瑞彬 杨 光 杨 桧 袁 奔	省级三等奖	机电汽车工程学院	600
447	山东省大学生科技节——山东省大学生电动汽车设计大赛	肖 洋 苏筠皓 王艮一	省级二等奖	机电汽车工程学院	800
448	山东省大学生科技节——山东省大学生电动汽车设计大赛	马骁进 马儒豪 彭天培	省级二等奖	机电汽车工程学院	800
449	全国高校互联网应用创新大赛	孙淑文 王泽政 肖 宇 李 冬	省级二等奖	机电汽车工程学院	800
450	第十届山东省大学生科技节——第五届山东省物联网创造力大赛	杨 鹏 王志强 于 冲 李志成	省级一等奖	机电汽车工程学院	1000
451	第十届山东省大学生科技节——第五届山东省物联网创造力大赛	宋沅林 杨致文 赵 阳 秦玉柱 王俊南	省级一等奖	机电汽车工程学院	1000
452	第十届山东省大学生科技节——第五届山东省物联网创造力大赛	孙 龙 孙 国	省级三等奖	机电汽车工程学院	600
453	第十届山东省大学生科技节——第五届山东省物联网创造力大赛	贾雪松 何明圆 徐翊航	省级二等奖	机电汽车工程学院	800
454	第十届山东省大学生科技节——第五届山东省物联网创造力大赛	苗俊芳 刘家宝	省级一等奖	机电汽车工程学院	1000
455	第十届山东省大学生科技节——第五届山东省物联网创造力大赛	杨西杰 方舒雄 侯会鑫	省级一等奖	机电汽车工程学院	1000
456	第十届山东省大学生科技节——第五届山东省物联网创造力大赛	李嘉诚 郭志奇 张 硕 邱瑞娟 王 月	省级一等奖	机电汽车工程学院	1000
457	第五届“欧姆龙杯”自动化控制应用设计大赛	杨西杰 黄训华 慕银银	国家级三等奖	机电汽车工程学院	1000
458	第五届“欧姆龙杯”自动化控制应用设计大赛	李嘉诚 王 月 侯会鑫	国家级三等奖	机电汽车工程学院	1000
459	第五届“欧姆龙杯”自动化控制应用设计大赛	王海慧 井 浩 管 宇	国家级一等奖	机电汽车工程学院	3000
460	第五届“欧姆龙杯”自动化控制应用设计大赛	井 浩 王海慧 管 宇	国家级一等奖	机电汽车工程学院	3000
461	第五届“欧姆龙杯”自动化控制应用设计大赛	宋华堂 刘家宝 何 源	国家级三等奖	机电汽车工程学院	1000

续表

序号	比(竞)赛名称	获奖学生姓名	奖项等级	获奖学生所在学院	奖励金额(元)
462	第四届"东方红杯"全国大学生智能农业装备创新大赛	杨　鹏　王瑞强	国家学会级一等奖	机电汽车工程学院	1000
463	第十届全国大学生数学竞赛	刘佳林	国家学会级一等奖	机电汽车工程学院	1000
464	第十届全国大学生数学竞赛	柴　同	国家学会级二等奖	机电汽车工程学院	600
465	第十届全国大学生数学竞赛	秦清旺	国家学会级一等奖	机电汽车工程学院	1000
466	第十届全国大学生数学竞赛	田　璞	国家学会级二等奖	机电汽车工程学院	600
467	第十届全国大学生数学竞赛	赵永铭	国家学会级二等奖	机电汽车工程学院	600
468	第十届全国大学生数学竞赛	李显培	国家学会级二等奖	机电汽车工程学院	600
469	"鲁南制药杯"第五届山东省大学生科技创新大赛	杜纪功　王晨昭　张润泽　冷晓寒　磨夏梅	省级三等奖	机电汽车工程学院	600
470	"鲁南制药杯"第五届山东省大学生科技创新大赛	宋沅林　杨致文　梅金源　佟兴伟	省级三等奖	机电汽车工程学院	600
471	"鲁南制药杯"第五届山东省大学生科技创新大赛	袁兆华　于圣欣　胡家玉　冯　震	省级二等奖	机电汽车工程学院	800
472	"鲁南制药杯"第五届山东省大学生科技创新大赛	杨　鹏　王瑞强	省级一等奖	机电汽车工程学院	1000
473	2017 年全国大学生英语竞赛(NECCS)	李相辰	国家级二等奖	机电汽车工程学院	2000
474	2017 山东省物联网创造力大赛	李文博　武雪刚　赵永铭　嵇惠通	省级二等奖	机电汽车工程学院	800
475	2017 年应用型人才大赛	赵永铭　邹　祺　姜文静	国家学会级二等奖	机电汽车工程学院	600
476	第四届山东省大学生科技创新大赛	张润泽　冷晓寒	省级一等奖	机电汽车工程学院	1000
477	"开元杯"山东省大学生智能控制大赛	朱林龙　王　刚　高恒上	省级二等奖	机电汽车工程学院	800
478	全国大学生周培源力学竞赛	谭家麒	省级三等奖	机电汽车工程学院	600
479	全国大学生周培源力学竞赛	李仁飞	省级三等奖	机电汽车工程学院	600
480	2018 世界机器人大赛格斗机器人大赛	宋沅林　王克举　徐翊航　王昭政	国家学会级一等奖	机电汽车工程学院	1000
481	2018 世界机器人大赛格斗机器人大赛	贾雪松　张华雨　王应啸　李嘉诚	国家学会级二等奖	机电汽车工程学院	600
482	2018 世界机器人大赛格斗机器人大赛	杨　鹏　苗俊芳　刘家宝　李海林	国家学会级二等奖	机电汽车工程学院	600

2018—2019 学年先进班集体

人文学院(5 个)

中 161 - 6　中 171 - 4　中 171 - 6　中 181 - 2　中 181 - 5

法学院(5 个)

法 171 - 2　法 172 - 1　法 181 - 1　法 182 - 1　研 18 级法律法学班

外国语学院(5 个)

外 171 - 3　外 173 - 3　外 173 - 2　外 181 - 2　外 183 - 2

经济管理学院(9 个)

经 183 - 2　经 173 - 1　经 173 - 2　经 183 - 1　经 186 - 2　经 188 - 1　经 189 - 1　经 1810 - 1　经 1810 - 2

国际教育交流学院(2 个)

汉教 171 - 2　汉教 181 - 1

音乐舞蹈学院(2 个)

音 171 - 2　音 183

数学与信息科学学院(3 个)

数 181 - 3　数 183 - 1　数 183 - 2

光电信息科学技术学院(7 个)

光 172 - 2　光 186 - 3　光 184 - 2　光 181 - 3　光 186 - 1　光 181 - 1　光 184 - 1

计算机与控制工程学院(7 个)

计 171　计 172 - 1　计 172 - 3　计 175　计 181 - 1　计 181 - 2　计 182 - 2

机电汽车工程学院(7 个)

机 162 - 2　机 172 - 2　机 172 - 1　机 182 - 2　机 181 - 1　机 181 - 3　机 182 - 1

土木工程学院(6 个)

土 181 - 2　土 172 - 2　土 182 - 1　土 163 - 2　土 173 - 2　土 183 - 2

化学化工学院(7 个)

化 172 - 3　化 172 - 2　应 171 - 3　应 171 - 4　应 181 - 3　化 181 - 3　化 182 - 2

生命科学学院(6 个)

生 161 - 1　食 161 - 1　生 171 - 1　食 171 - 2　生 183 - 1　食 181 - 1

药学院(3 个)

药 161 - 4　药 171 - 1　药 181 - 4

海洋学院(7 个)

海 171 - 1　海 171 - 2　海 176　海 181 - 1　海 181 - 2　海 182 - 2　海 184

环境与材料工程学院(7 个)

环 161 - 3　环 167 - 1　材 166 - 2　环 171 - 1　材 182 - 4　环 181 - 3　材 186 - 2

建筑学院(3 个)

建 181 - 2　建 184　建 174

核装备与核工程学院(3 个)

核 182 - 3　核 181 - 2　核 182 - 2

2019 年烟台大学十大优秀学生名单

杨茗涵　建筑学院建 154 班
梁婧怡　药学院药 161－3 班
沈淑曼　光电信息科学技术学院光 162－1 班
宋天骐　法学院 2016 级研究生
马纪源　化学化工学院应 161－4 班
孙尚省　环境与材料工程学院环 161－3 班
王文博　外国语学院外 154－1 班
林　慧　人文学院新 161－1 班
宋沅林　机电汽车工程学院机 161－2 班
谭景耀　经济管理学院经 162－2 班

2018—2019 学年各类奖学金获得者名单

1. 2018—2019 学年优秀学生奖学金获奖名单

（共 2542 人，每人奖励 1000 元）

人文学院（127 人）

闫慧敏　王天玥　姚爽　刘晓娟　王燕青　王雯　钱昱利　门玉洁　马文洁　冉红艳
亓梦蝶　薛天娇　高莲莲　晋淑华　万佳磊　秦彩平　邢祥煜　田明玉　李慧　李鑫
王慧钧　刘娜　刘渊　边一骄　于昭琛　邵子溦　褚晶晶　张卫倩　葛冰　王鑫
朱琼玉　徐芙琪　赵文婧　王雪涵　韩宇帆　苏薪蕾　李孟瑶　姜乃铃　毕雪崴　鞠苗苗
郭家昌　石婧怡　秦颖　宋晓辉　张小函　刘心慧　孟璐璐　蔡虹　郭福荣　王心璐
邹晖　郭照君　陈心扬　来庆娟　刘文静　高孜璇　王凯丽　尚薇　何坤衡　祝银行
赵玉静　郑文倩　魏新程　程瑞雪　潘依辰　陈晓旭　孙敏　何宁　田梦　陈宇坤
董超越　杨阳　王亚婷　刘静娴　吴玉婷　鞠文静　王玉克　陈宇　王俊　徐晓燕
梁媛媛　相大为　阎薇宇　黄颖　田欣　宋艳丽　高玉婷　王意如　段素素　陈思璇
张方怡　王钰茹　曹慧　孙梦雪　安琪　王彤　黄珊　郭晓涵　曹琪　王延丽
王艺璇　刘洋洋　潘晓琳　孟翱翔　王夕壬　范晓阳　万梦瑶　解文秀　王曦　刘鑫
秦境焓　徐浩华　张莹彦　况琰孜　王星儿　赵慧莹　王温馨　项雪婷　程东梅　肖旖苓
贾萍　侯亚岐　杨书帆　衣丽丽　季学彤　于雯欣　刘洪洁

法学院（110 人）

郑雅楠　高凌峰　李慧　管小童　严雨桐　张英龙　陈昊炜　常靖宜　周子怡　臧曼亦
连政　高雨婷　张辰　周炫君　李佳荷　于晓彤　田红　陈天慧　于凯明　汤英煜
梁茜茜　陈瑜中　米姿洁　张灿灿　周唯　蔡文燕　于鲁云　李田园　杨丰绮　闫昕涛
李姝琦　孔祥腾　王海旭　黄馨路　刘怡婷　孙铭悦　邢恩昊　刘一霏　程晓妍　王高媛
陈晨　臧千云　金心玥　张嘉琪　陈学芳　杜修硕　冯永茜　倪鹏　王伟琦　武文慧
傅于说　王景淘　郇乐　谭莹娟　杨航　吴文菁　王尚君　于芳卉　衣冬朔　于可欣
唐萌　牛莉　师小晗　王雅婷　寇哲哲　綦慧　吕品　刘飞凡　吴晨菲　张弛

宋　灿　张睿杰　孟　越　党丹喆　李姝玉　张雨航　祁琳琳　王　祥　邵　辉　王晓慧
朱　慧　杜宇斐　李金珂　潘萌萌　杨　硕　薛　瑾　黄迪迪　时子涵　夏晓洁　刘子昊
苟应弦　郭　茹　王淑婷　魏蕴琦　孔祥怡　王　璐　孙艺玮　贾瑞瑾　赵力瑶　张含笑
管　桐　高忻怡　郝紫颖　李安琪　孙汇源　周丹雯　吴祈泫　赵晓敏　张云浩　王子剑

外国语学院(90 人)

李亚男　吴　英　李　潘　李　燕　白凝玉　程　琪　荆文静　于　倩　苗苏萌　张明睿
关慧雯　李清清　宋晓洁　张媛媛　王钰婷　朱文月　徐晓倩　毛　萌　胡寅英　孙　慧
孟　燕　吴　超　石瑞琦　张亚茹　薛　静　庄意超　申树礼　闫喜凤　郑　熳　章乐华
谢舒安　李　仪　褚贝贝　邱宇辰　郭玉容　宛　梅　刘霜寒　陈志卓　叶　婷　徐小焱
刘甜昊　王　玲　车宣萱　张玉树　陈　妍　杨慧妹　仪春芝　杨婷婷　王　彬　李　慧
袁　琛　王子涵　周　璇　李雅楠　周紫晴　梁　欣　樊佳雯　周新跃　梁　弋　周　奔
黄冰洁　顾卓然　任英豪　张志超　刘子辰　杨　洋　孙铁群　李依然　李佳媚　张梦露
于凤娇　陈顺菊　高娇娇　宋逸嘉　徐俪芳　张译文　黄赵薇　李　雪　王欣彤　李若源
王文荣　陈梦瑶　邹　瑶　杨智桀　杨　娜　梅梦雅　尹嘉雯　尤　莹　谭　悦　肇瑞婷

经济管理学院(261 人)

高　冉　赵雪宜　张　雨　陈永超　李惜夏　高　尚　王燕妮　樊　淼　蒋雨婷　崔伶梅
孙晓晨　赵学敏　高艺耀　刘笑彤　周　杰　颜　俏　于明佳　陈　嘉　王雨昕　马志华
王晓芸　王雪枫　张燕涵　王玉珠　田　丽　李佳萌　牛科然　周安然　姜　彤　苗　磊
崔晓雪　李雨晴　时艳妍　朱咏青　李晓清　孙露露　缪荣玉　吴连高　刘　婷　李　妍
蒋习阔　顾　琳　张　莹　提云哲　闫灿灿　徐慧迪　杨宇瑶　郭　静　刘　洁　朱慧真
付乐乐　李如玉　王明雪　张　敏　刘江铃　孙　倩　赵　蕊　刘芳平　胡晓倩　殷艺雯
孙慕佳　邹　臻　袁　雪　王艳菊　张　童　曹艺芬　隋梦香　刘诗晗　钟唯瑕　贺露倩
王　婧　李盼雪　于　琨　张月娇　娄方凯　牛　倩　王晓乐　王　智　杨若妍　田莉莉
张琳琳　潘颖仪　邴瑞林　徐　悦　侯仕玲　任锡贤　耿　静　张梦迪　李金磊　白浚池
巩柯林　罗瑞雪　韩斯妤　周志敏　乔雅茹　高梦雨　刘梦楠　滕雪莹　续　莹　黎菊燕
张雨晴　胡宏智　赵晟洁　程　璐　刘岳弟　贾若琳　张　洁　赵忠鸽　窦福娟　田新雷
盛美玲　江　虹　纪颖琨　鲁凤杰　郑新瑜　卜倩倩　解人炫　包乐翔　黄迪娜　张圣娇
赵紫璇　张善明　郭金凤　岳晴晴　周安然　王彩璐　蔡齐双　张如月　于佳宁　郝凤杰
冯建宁　管文卓　尹　迪　张　爽　李明慧　郭亚亚　李　爽　武妍汝　杨　曼　潘建琪
张　岚　朱传祥　孙艳萍　崔莹雪　蒋沈清　孙晓涵　王梦璇　杨惠瑾　李　阳　臧心茹
王　涵　徐志成　刘业睿　刘文婷　林玉婷　王　浩　李红蕾　袁　静　张　盼　温晨琪
李林倩　邱　悦　王彦博　尚凡涛　王正宇　曹张钰　王悦礼　王文雪　赵希瑞　徐凤飞
杨权艺　陶慧丽　李亚洁　王昂昂　荀　瑞　王　倩　武晓楠　杨　方　赵玉宾　王祖璇
王　敏　李文谦　陈志昂　丰久涵　尹玉雯　高　田　陈秀敏　刘玲琳　刘　鑫　刘炳杰
曹晓萌　郭晓晗　王雨飞　杨雯茹　陈　焕　马颖颖　陈贵梅　盛　环　杨金红　岳文页
张新如　杨若彤　张雅妮　盛　爽　苑忠燕　马钰涵　曹　婷　李　娉　叶舒淇　李晓楠
赵　薇　张　慧　刘晓宇　邢毓雯　邵玉雪　杨子萱　王莺燕　吕宛秦　陈　泽　田颖艾
米　莹　陈晓华　邱子阳　孙慧杰　李　鑫　魏庆伟　高　慧　李玥新　戴书凝　任　腾
魏佳倩　李　琦　王　晶　李雨蔓　徐庆凤　王欣语　张莹莹　张淄临　黄欣冉　栾向阳
李秋洁　李青云　张迎旭　许梦晴　王　彪　钱　坤　王超峰　孙凯璇　曲琳琳　谢新悦
孙　磊　高　培　彭金秋　莫世杰　闫佳颖　郭冠婷　谢梦婷　穆文慧　周　景　任兆萍
轩辕明雪

国际教育交流学院(32 人)

胡钰清　武梅　李钦旭　周密　王婧珂　梁惠瑜　王忆　徐梦婕　李志颖　胡陈艳
王云霄　苏巧怡　李美佳　杨璐洁　刘晓彤　刘雨萌　牟玉颖　陶晨　王博雅　徐文进
胡闫妮　王琴　贾玉洁　徐子媛　赵雅方　方臻　顾佳欢　郝艳华　刘小萱　王佳黎
王子雪筱　秦曼禛

音乐舞蹈学院(35 人)

钟晴　路小瑶　罗婧　李超懿　张肖文　庞新月　柴子华　吴汝洁　周婷　顾馨云
熊阿顺　宗奔　董宇航　郝明亮　员嘉阳　王珊　郭金声　许志浩　赵静雨　邢继月
边程泽　龙开岚　郭姝君　姜嘉靖　刘伊璇　郑淅文　曾显娟　邢瀚中　谢郴莲　柳臣鹏
冯镜蓉　汤润　姚轲　武文馨　徐倩

数学与信息科学学院(107 人)

朱义九　韩艳艳　赵颖　殷玉涵　张富洁　姚颖　卢红　孔国强　翟瑞君　关程程
张皓涵　徐文青　郑嘉璇　孙飞鸿　李琦　孙启森　马永永　白云浩　张乃文　王霜
侯梦娇　范高辉　关悦　高文文　王璐阳　王雪粉　李彦叙　徐鑫　王宝娟　谷香月
刘文洁　朱晓　梁霄　付玲玲　杨春雨　刘聪　张静　马超越　周丛林　刘聪颖
赵雪燕　牛艺　罗辰　肖作培　孙宏　马晓旭　刘思琪　韩梦肖　何梦琦　柴一帆
郑雨琦　任言婷　李梦诗　李晓玲　王浩　姜帅勇　任欣欣　冯雨欣　刘慧敏　陆静
许晴　曹玉洁　李其泽　沈启强　王凌寒　袁晓燕　范玉叶　李超　薛梦宇　王艺潼
秦梦茹　韩增钊　李珊珊　张思齐　王如新　李春瑾　李雅琦　冯华媛　薛汝飞　杨忠超
王文敏　张梦婷　刘珂　王丽　生传香　房绍梅　赵哲　秦悦　张任鹏　贾艳朦
冯春龙　张一诺　徐杨洁　高颖　柳清芮　刘佳琳　荆欣悦　冯蕴婕　张旭　王冬梅
王亚冉　于晨欣　王雪　孔汇涵　季昊颖　金芯如　刘佳慧

光电信息科学技术学院(190 人)

张海燕　肖雅楠　刘文琪　耿燕燕　刘翔宇　徐艺璇　张玲　曹淇铜　雷倩男　史艳艳
于小程　王浩　王慧萍　丁一宁　张瑞珈　张明浩　狄瓒　高徐裕　寇庆康　贾亚飞
任锋　赵良杭　蒋新　蒲庆　解欣茹　林龙　朱光耀　郭晓萍　王晓蕾　胡东昆
苗传开　袁兴花　林永升　李泓余　夏伟昊　魏永辉　臧振宇　孟小童　李家华　杨修凡
黄金榜　马涵　赵阳　王猛　樊富浩　梁峥　王庆新　徐瑾　庄妍　王日涛
张艺潇　赵媛　高虞安　李凤博　张潇艺　王伟华　樊泽阳　王旭　孟建东　王兆猛
孙心如　郭玉　张瑜　李悦　李梦旭　王蒙蒙　张文静　董雪　姚田华　张彦
赵静　庄瑶　王建佳　武昊　袁永强　王天州　朱晨晨　金兴鲁　王文杰　张殿昌
王森　崔丽敏　邓先念　魏文龙　任泉臣　王富民　邢树东　刘超艺　王英潇　窦云奇
郭超群　魏代柏　梁星辉　田月临　李鸾　李梦甜　周敏　白晓磊　吕素素　栾舒媚
谷春霞　沈桂荣　郭元婷　周新月　李国苑　姚瑶　韩雪　王梦荻　刘羽　刘莉
许奇奇　李雪妮　谢政　孙圣虎　陈琳珊　李宏远　邱丽雪　石玉琨　吴吉花　蒋凌羽
李琪童　云硕　于舜尧　李雪　孙付安　王烁　何代菲　朱梦晗　原兴竹　严妍
房冰冰　吴天如　赵翔　李凯航　王志浩　王北辰　蒋喜全　杜国萃　李晴　曹瑞龙
王桂珍　孙建　梁蓓儿　刘少华　程林　李龙华　李佳慧　王军昊　徐宗昊　张晓宇
赵建华　李文轩　栗功业　刘畅　刘克硕　宋青龙　王婧　阎怡诺　林海洋　班训铭
靳名祥　姚志飞　尚文扬　郝广俊　刘玉　肖思荣　孙可心　李文豪　杨治国　任文龙
曹明慧　曲方旭　程星玉　褚心宇　董智超　伍云霄　牛顿　李建辉　岳成栋　刘乾龙
张苏亚　朱可心　李娜　张宾林　岳振北　梁美静　宋一博　宋昕颖　袁琛　杨沛茵

计算机与控制工程学院(182 人)

李硕 李玉晓 王文晋 张钦秀 黄蓉荣 张鑫 高广福 贾国进 张寒冬 商秋晨
徐鑫 王法通 颜丙壮 刘化东 夏桂坤 何定钦 王兴振 贾如杉 马春澎 张萌
姜玉涛 赵永杰 付梦凡 苗全胜 管新 王硕 孙得志 韩晓莉 杨红 李晨
冯坦 张琳 郝乐珍 潘慧敏 王金瑞 赵崇伟 李琳汐 白苗苗 黄潇慧 张翠平
李潇 徐潇雨 王长青 李哲 王硕 胡德杰 刘文平 李欣豪 张雨萌 杜晓鹏
胡春明 李维奇 李宗禹 孙晓虎 王文硕 赵训康 武传宝 于耀捷 杨金广 罗凯
柳占强 史艳鹏 邵利军 张姗姗 陈梓祥 赵金聚 逄亚蕾 陈昉曦 张海博 杨柳
尹炳斐 孙晓艺 张海霞 张维予 赵丽珠 孙晓雨 李文奇 张祥雨 王莹 卜令超
朱永政 吴晓雨 孟繁超 高倩倩 刘媛媛 杨子琳 杨伟佳 杜文蕾 李冠颖 黄东璇
张安冉 王晶 孟志鹏 刘广栋 马泊舟 宋佰安 王啸宇 王钦靖 崔爽锌 盖文杰
冯文洁 王新宇 孙远博 刘常昊 姜凯歌 孙灿 于赛赛 张雯雯 张建华 张习然
曹珈珲 钟行正 杜春明 阳芷涵 郭涛 李子怡 牟晓玉 刘志伟 黄鋆 曲敏
刘阳 胡春宁 李苗苗 刘志涵 张海龙 孙浩杰 徐波 王龙泰 李磊 王泽
方建海 李朝阳 孙广蔚 张业 张秩飞 郑云开 邹雪 朱崇润 张庆安 杨恩龙
侯玉亭 盛锡澳 房立安 何梓源 韩寿飞 魏琦洁 屠嘉辰 王浩宇 邢同宪 赵森
张潇誉 刘晶 赵熙辰 王宝鑫 陈浩 李星 武霄 于舰凯 逄琳琳 曲南欣
赵溪源 孙宗正 邵明峰 杨冉 渠鑫鑫 杨文博 晏浩然 褚福洲 张晓静 候婷
张晴 王玙涵 王硕 雷明威 刘目卓 李凯强 谭晶 贾凯文 居孝通 徐飞
徐梓凯 魏士尧

机电汽车工程学院(229 人)

杨鹏 刘伟平 陈雷 张风雨 王文硕 高瑛男 赵学宇 刘焕强 王政伟 王志强
王壮 宋方正 李海林 张书瑞 刘元荣 李旭 唐铭 关玉坤 张毓清 梁玉真
龙旭 李香兴 贾致远 贾宇轩 孙友福 王新港 慕银银 熊娅 李高绪 董文远
高爽 赵现成 张文康 方舒雄 张悦 张硕 黄静超 姜雪雯 赵树越 管依琳
李晓 刘全中 于圣欣 朱兰艳 邱晓楠 杨璐璐 马妍 李纪伟 刘凯丽 张理亿
王港港 胡文豪 张佩翔 赵佳 韩文涛 孙晨洋 李玉瑶 张玉壮 朱有志 王娇
邱瑞娟 杨淑超 陈芸 刘强 刘敏 牛张琪 万冠汝 李敏 赵文钰 陈泽浩
董伟 杨雨 庞广康 冯超 宋子昭 孙国徽 李晨 任霁瑶 彭俊昌 李健
邹宇 梁坤 庄斌 单镒梅 王博 马文敏 邢文琦 徐猛 王晨昭 董超
杨振涛 葛晓晖 张旗 易晖 王栋 徐国庆 韩智聪 韩维江 陈显久 闫兴旭
张可伦 王天友 张雪 许熙振 武望权 李悦阳 马卿 张乃健 李晓华 闫振磊
路泽民 曹庆昊 曹枫 李庆栋 马继超 刘亚欣 孟新月 刘宇 付凯悦 秦李芸
陈文琪 侯晓楠 任哲 闫魁 王春燕 孟可欣 叶飞 王明慧 郭勇 马草原
刘文雯 闫彩红 耿达 张艳玲 耿浩鹏 宋诗文 马志远 殷建彪 冯宗良 王帅
魏巍 王哲 朱孟琦 赵景鑫 王宏浩 李佳琪 郑紫薇 欧阳含笑 谷绪朋 邢广真
韩志峰 秦晓雨 徐樱桐 郭秀菊 郭皓宇 林增远 李文梅 郭梦杰 王龙 张迪
程法院 刘航辰 胡雨桐 徐一凡 李东澳 赵国庆 金传鑫 何建庆 初洋 姚佳俊
徐松松 卢志飞 成良国 王昭龙 柴会筝 姜文远 孙庆雨 王德硕 陈涛 胡顺铭
郑款 刘超孟 王正龙 韩涛 邱立博 孙家伟 耿昊 郭静 周心如 张静
朱华叶 杜鑫怡 徐泽轩 鹿奂芃 唐心颖 王雨洁 孙艺华 叶新国 陈国萃 于依依
李沂蔓 邵子意 刘强 王振坤 王振 李方国 袁悦龙 乔传龙 孙凯旋 康锡彪

孙微微 高世才 张云滔 张恒 王克健 张闯 魏彤彤 鲁中博 李洁 李奥舟
杜明博 郑兴振 赵雨荷 申欣 孙佳睿 任迪 张晓曼 廉京京 赵一鸣

土木工程学院(145 人)

邬蕙芳 王昭著 安浩 庞庆宏 彭操宇 陈显峰 谢雨彤 宋凤荣 宗西垒 王瑞
孔梦婷 郑书元 杨秀秀 张威 姜明月 赵凯 闫瑞 王维良 隋建浩 王锦霖
耿鲁欣 高玉刚 杨丽萍 刘丽佳 毛书怡 董慧 韩孟欣 李静 于晓晴 吴孟琳
王效壮 潘慧 肖淑颖 胡玉珠 张晓倩 张茹 郭梦岩 赵娜 文奕匀 杨若琪
齐昱琳 刘文婕 李建雪 荆诚 郑美娜 李嘉雯 靳政达 刘晓洁 王可敬 李致远
张笑寒 胡真上 钟俊鸿 马忠义 韩金川 刘怡君 郭磊磊 徐凯放 李志坤 李延飞
李文良 牟道靖 李琦 马晓玲 王萍 路蕉蕉 袁明浩 徐茂龙 李德硕 王孝炜
王岗 鹿洪香 吴雅欣 亓静凡 田一 吴敬轲 侯小雯 张艺琳 祝霖 赵涵锐
孙雨涵 张加跃 吴康 胡顺程 张竞文 迟尊浩 丁丽姿 陈秋颖 朱鑫 于长俊
曹心瑜 徐一鸣 郭昱成 杨金莲 林琪灵 燕勤业 刘昊 李纪纯 刘贤童 曹庆余
李翰墨 谢鹏飞 刘培 谷传阳 李荣魁 刘世龙 纪福宝 王伟胜 董运孺 徐勇琪
杨雨 侯超群 张瑶 李心雨 皮雪丽 郑晴 张洳豪 曹源 郑天君 陈学琦
李鑫 许怡然 张安乐 袁永乐 阴文静 郑月 闫若琳 李珊珊 康舒畅 张蕊
卜鹏升 邴孝慧 孔祥一 张新宏 祝帼眉 孙彩云 付晓娜 王金丛 王也 张瑞琪
李庆营 董鑫 何晓丽 朱曦 窦鸿宇

化学化工学院(176 人)

李姝慧 谢昕剑 桑立凤 张延婷 桑可潇 赵慧 张富凯 谷潇夏 王睿哲 袁圣玺
刘茹 李素云 方茂群 李栋 董传琦 李增倩 张晓晗 马爽 李红业 张婧雪
李洪超 冯冉冉 郭秀田 蒋慧 赵光任 陈楠 徐思佳 张小娇 刘燕芸 吉芳起
岳博文 尹凯鑫 刘佩瑶 程自豪 王成 王笑 蒋思思 张晓 李宗玲 薛飞扬
王莹 陈玮 刘浩 闫博雯 孟德胜 王冠军 生晓茹 刘佳 王丽梅 刘媛
张凤周 邱智鑫 朱慧丽 赵薇 邹慧敏 徐梦倩 吕汝月 贺彩玉 丁慧慧 周敏
王佰海 赵灵娥 吴胜友 张文雪 李婧 徐同辉 杜雪燕 李玉梅 李心慧 许光耀
王惠群 李伟 梁爽爽 于浩 韩玉霞 洪学壮 陈泽恒 王浩然 李志正 王秀明
汤洁 邢明芹 季晓钰 董泽霄 张玉婷 贾环环 张宏艳 万柏柏 齐昶霖 邓俊霞
辛天宇 王芳芳 宋志君 魏欣茹 张潇云 徐杉杉 李佳锟 王欣悦 陆琼 安珂欣
张庆超 耿红岩 郭蓉蓉 杨秋亚 闫洁 王媛媛 张少卿 勾秋颖 孙逍鹭 王立政
王蕾 蓝玲娣 王梦晨 王培佳 李姚姚 滕大鹏 巩汉炜 丁雪薇 董荣荣 彭倩
宋冠毅 周雪 徐晶 宫玉伟 陈欣如 韩斌 张西澳 曹嘉惠 赵飞 朱子涵
杨琳杰 庞佩琦 张乾晓 朱秀秀 张鹏飞 聂润雪 王磊 徐慧 尹修媛 王兴燕
李昱静 李宇婷 王晓玲 满英秀 李亚男 田欣欣 徐晴 王竹林 张赛美 张雄
程玉莹 封红瑞 冯澳 陈雪 冯园园 任文杰 辛海英 于俊杰 翟敏慧 孔甜甜
杨福临 吴霞 李新涛 葛佳佳 任姝晓 郭忠旭 李莹 梁仕美 张璐 刘芊灵
孙宝强 王新雨 李梦姣 宋丽娟 杜道航 李昀倬

生命科学学院(190 人)

魏青媛 刘兴祖 克洁 赵嘉璇 刘梦玉 李佳琳 王玥 刘妍秋 闫聪睿 周娟娟
王淑君 刘畅 王蓉 王强 杨紫倩 位迎雪 刘瑞瑞 王雅娴 杨博文 王金泓
孔令英 吴婷婷 卫一明 傅宗瑜 孙瑞彬 高梦舒 周洁 韩湘凝 许彦婷 韩汶均
谢文亮 陆明 谭亚娣 陶慧琳 梁启明 于晓晗 陈飞飞 马晓婷 王子锐 刘英俊

陈安琪　张世苗　周云娜　王艺娴　王海洁　杨东梅　袁若婷　纪雅雪　张文慧　李佳
庄乾飞　张冰如　耿亚奇　任雅琪　韩筱萱　陈玉敏　陈红　丑慧卿　付佳　李凤书
徐翠菊　王新钰　孙雅慧　马朝阳　刘颖　杨师英　孔丹丹　张玉蕾　李莉莉　陈鑫
邢玲玲　沈姿怡　袁方　韩毓　陈艳华　于瑶　庞爽　梁瑞娜　李晨睿　张颖
王涵　刘占圣　贺瑶　张润驰　王伟　任靖文　范秀杰　姜震　杨玉洁　刘震
郑琀予　李慧莹　梁钰舒　张丽丽　潘靖雯　王永嘉　胡乔　姜淑冉　张田田　韩姣
李霖　董婧睿　林璐瑶　韩琢玉　张薇　王贺　孙嘉艺　李靖靖　李嘉文　桑晓涵
张亚瑜　范月冉　董圣艳　刘娅　武晓莉　胡清华　张寓堙　王亚萌　承诺　王秋月
陈晓东　李卓群　张新飞　栗昕　吴仪　贾倩男　杨凯译　任雪婷　刘晓悦　史天娇
万雯思　燕敬旺　罗贞碟　孙惠灵　尹金桔　高文杰　郭光雯　李淑颖　李茂林　王佳影
乔白雪　魏传聪　翟晓桐　张梦楠　邓祥薇　黄应梅　宗学婧　陈敏　台宇航　孙小童
胡诺诺　刘志远　王艺茗　刘晓雨　郑晓　张帅艳　王丽倩　辛盛香　杨晓雪　武雨淙
刘洋　尤琪　李昕怡　朱玉娇　吴汉伟　卜天　代梦琦　杨千慧　尹树磊　李琛
刘馨雨　田雨　赵可心　吴伟　魏建宇　刘雨　丁梓莹　唐文心　王冰姿　陈知心
吴筱莛　吴新萍　范滨滨　房玺颖　郭嘉辉　孙玉玲　刘琢　李树敏　吕承缘　王雯雯

药学院(95 人)

冯晓　刘林月　李晨冰　唐丕玉　朱琳　吕瑞成　周丽君　王茹　刘菲　张咪
朱雯　孙梦桢　沈英杰　周娇　庞菲　孟令瑜　陈文玥　赵楠楠　王严　赵来恩
李琳钰　吴霞霞　袁书娟　吕芳麟　孙海菲　杨晓钰　刘雪纯　朱玉鹏　王恩慧　张梅
宋文浩　朱婧妍　徐梦彤　殷晴　梁美晨　陈雨　马梦馨　张慧茹　于学莲　郭欣茹
于海霞　朱雨欣　徐钰轩　王宇飞　张慧敏　崔林涵　邴立娟　杨丽　李萍萍　姚敏
张子惠　王文静　朱雨昕　张悦　孙浩　张子璇　王影　秦云鹏　沈玉美　韩晓冉
郭俊彦　邱倩倩　肖倩　薛云馨　郑慧莹　胡君　袁文华　孙静贤　李冰　于点
孟慧君　徐肖娜　张天天　王运婷　花绍峰　康立圆　黄淑慧　吴春琰　刘凯璇　王真
张瑜　潘梦雨　郝霖露　夏淑丽　张婉莹　王凯丽　陈晓倩　高欣　王倩倩　刘怡麟
李嘉文　赵文意　黄秋平　王瑞琪　吴秋红

海洋学院(199 人)

丛思璇　刘闰秋　侯丁荣　管英华　巩新宇　何园园　张哲　张理存　曹奇宏　郑浩聪
樊祐频　刘晓通　王彤辉　王修坡　王广哲　袁亚磊　陈永辉　殷世吉　赵宇　郭义宝
张坤　汤庆杰　李念　朱甲梁　赵庚炎　廖川　杨朝　杜俊琪　熊旭　葛言
陈元军　蒯昶皓　张啸　慕政　董宾　袁晓莹　程寒悦　司金帅　王晨光　陈勇志
于帅康　巩子恒　李航　郭彤彤　刘建东　葛保威　杨俊　王莹　韩豪　林思帆
孔梦迪　朱艳美　李欣怡　高智晓　任蓉　王金苹　路慧　岳亚欣　付强　贾梦园
孙雪婷　张晓蓉　李敏　张会其　赵文慧　刘洪果　刘肖茹　王宏宇　汤振彪　孙淑杰
吴大伟　任彦杰　王瑞　刘璐璐　颜逢缘　王悦　王帆　李玉婷　史亚蝶　赵芸娟
刘文虔　李洁　张慧　綦莹　李从跃　廖辉仪　张晓威　于鹏法　王贝贝　刘文成
朱超　李春照　池容晨　赵玉庆　武寅涵　张源　李海超　周洋　孙操　杨悦
刘成森　屈传博　郑羽含　张官达　林飞　张峰　曹志　贾红浩　华玉　袁志鑫
杜哲　蒋超　张兴龙　周乾　怀玉锃　肖永清　任占兆　尹程程　王秋芬　李妍欣
张力尹　王褚晓　管晓丽　孟文英　王威　李嘉乐　戚向红　王欣雨　李明勤　王西艳
王文文　王涛　曹自强　张力伟　韩瑞芳　尚文瑞　张金泽　聂可欣　苗润伟　刘萌雨
张欣　徐双凤　叶苗　李媛　徐天姮　赵文广　李世康　范学龙　曾超　郑国华

王心瑜　刘志刚　曹思雨　侯振行　廖龙辉　李子琰　庄　重　叶涵星　肖振江　刘汝帅
王子璇　邓国庆　周　浩　杨梦蕾　丁有为　高　强　付邦朝　于彬彬　逯新月　白　杨
杨宗瑞　彭　波　董　鹏　崔凯龙　任万聪　任慧敏　李同威　张　晴　姜良月　张荣涛
李子烨　王世达　梁瑞鹏　陈　彪　李　杰　邱欣欣　臧远蓉　张千慧　曹雯璟　段晨阳
孙淑娟　杨佳艺　刘银平　赵子斐　王从昌　孙婷婷　孙　妍　王璐瑶　王　泽

环境与材料工程学院(171 人)

孙尚省　贾玉珂　刘智睿　高　娜　高帅帅　乔田峰　刁明霞　王　娜　唐桂娇　赵小雨
孙　悦　尹云丽　李晓彤　段雪晴　张婷婷　葛　璠　孙　哲　王海波　杜涵梓　王富冉
张玉莹　母　丹　刘何俊　孙　露　陈凤仪　张　喆　司皓菲　李爽爽　刘友情　刘　严
刘朝晖　傅秋艳　董建霞　高振凤　于惟彬　陈彩霞　闫秉成　顾　颖　王宜乐　周昊政
张慧琳　刘　齐　赵薪薪　王曦颉　李　宁　蔡雅君　张煜慧　唐　璇　张家秀　贾程锦
宋　词　王文君　刘　珊　王玉琪　寇欣如　杨　宇　韩　凤　秦续鹏　万潇爽　宋云起
孙元杰　李　梅　陈　璇　王　涛　林栩冰　刘艳丽　于鹏飞　张婷婷　王明菊　冯莹莹
韩　睿　冯琳雅　夏玉瑾　韩翔茹　李向阳　张恒瑞　仲　梦　龚凯林　庞阳阳　徐　斌
赵镇东　刘　闯　王　芹　陈　洋　任瑞瑞　马云松　李东伟　梁　正　潘仕豪　张庆博
陈　倩　姚启聪　胡辰晨　徐玲玲　李青磊　焦文竞　孙露晗　江小弟　黄　隽　石盼盼
高　盟　刘延壮　黄凤琼　董学慧　赵晨琪　李艺伟　潘　彤　王嘉萱　安依雯　王文润泽
田　坤　吕致远　周瑞雪　朱姝霖　秦国艳　曲兆鹏　厉德慧　翟现阳　孙　浩　刘梦菡
赵以顺　崔维妍　杜光雪　李欣亚　刘鉴仪　李俊荣　赵苏宁　王　帅　徐紫玉　公一涵
李雯静　王　豫　田青柏　韩　超　田美慧　陈　硕　冷　雨　范文辉　张　琳　肖心雨
胡海怡　刘永琪　杨　洋　朱琳玮　权　杨　毛靖辉　施昊男　孙梦宇　谢振龙　栾昱杰
牟达丽　徐立宇　韩美旭　张亚萍　徐　昊　邢　蕾　岳梦晨　张　洁　张晶晶　邢佳惠
张婧瑶　李昕蔚　张嘉倩　韩　硕　刁辰潇　冯晓静　路　雪　李雪晴　付梦迪　张宇萱
孔令珂

建筑学院(80 人)

苏俊杰　李雪儿　张春春　张　瑞　黄之涵　刁晨阳　朱　超　张梓莹　葛效延　李　琳
程　慧　罗　敏　孔祥云　王　瑶　李燕飞　李婷婷　贺廉政　安晓倩　周少卿　孙英迪
任　苗　李秀月　鹿成龙　种天琪　胡雅琦　陈京祥　张兆鑫　刘雅琪　于潇洋　王泽蕙
吴雪婷　孙　硕　宋文彦　朱晓彤　赵雨柔　冯晗宵　王文静　王　璞　郭效菲　徐子怡
彭阳春　范　宁　郭玉洁　姚晨辉　马杨淼　刘炳慧　王云潇　朱有丽　王雨彤　宋　前
柴德亮　古培程　张炜东　杨秋晨　刘佳佳　刘鑫鑫　史国崇　张芙玉　闫非钒　卢世龙
崔玉萍　刘佳龙　杨　洋　吕丽媛　班琳琳　付　裕　罗　煜　杨晓琦　徐婷婷　张思宇
叶剑润　王雪卿　于璟瑶　吕汶君　李雅婧　杨柳青　高凯悦　张孝彩　刘婧怡　唐　壮

体育学院(58 人)

王晓美　栗春艳　刘　辉　陈建波　张友哲　刘艺钧　郑兴雪　于　涵　刘陵慧　李　蓉
张　露　郑金浩　王　涛　衣延然　魏茂杰　刘汝发　刘世龙　于昊冉　孙颖菲　沈奥峻
魏紫倩　温　雯　武　静　刘传红　夏浩峻　徐勇利　秦　钰　张逸飞　王楚然　刘天琪
苏亚君　李　阳　邹礼卉　宋柯达　戚泽丹　周　琪　孙丰傲　李玉琳　侯永顺　高文雨
苏亚男　李佳玉　栾晓艳　徐　琳　刘英爽　曹玉佳　刘　超　姜春雪　李　璇　时安祺
晁　鹏　高　枫　郝晓萌　刘　天　由雪艺　张　洋　孔祥宇　苏高诗凡

核装备与核工程学院(65 人)

尹欣欣　刘　雪　张艳婷　刘雪婷　孙滢超　王　雨　孙佳坤　杨　珊　高文杰　杨　捷

牛志园　陈娜娜　李伟雪　魏文洁　苏德程　王保宗　王　腾　田　静　李宇丹　董晓慧
张丽敏　安媛媛　吕秀秀　苗　玉　李文朝　孙志远　李守澳　赵炯星　华　琦　曹龙欢
冯光媛　杨如月　刘　康　刘　欢　展　悦　李雅琪　杨　磊　张雨琳　吴淑洁　王　振
赵　鑫　蔡　婷　徐梓浩　魏胜乾　卢正然　姜晚龙　李清宇　崔艳芳　单光悦　冯　睿
郭莹莹　朱先圆　徐　源　郭彦刚　刘兴帅　潘彩宗　杨晓晨　李　珊　王　菲　梁婉婉
张赢心　张澎湃　岳炜晔　刘林凤　贺光东

2. 2018—2019 学年优秀学生干部奖学金获奖名单

（共 657 人，每人奖励 500 元）

人文学院（36 人）

杨嫣然　黄晓君　鲍希娅　王文骄　刘洪洁　陈淑婷　刘长艳　王俊俊　孙均鑫　卢晓晨
薛天娇　赵夫琳　田明玉　李　慧　井　瑶　于昭琛　项在耿　郭家昌　陈心扬　牛付帅
祝银行　尚　薇　王凯丽　谢　好　潘依辰　陈晓旭　陈宇坤　鞠文静　王双双　梁媛媛
陈思璇　蔡澳宁　范晓阳　郝　晴　李汶燚　项雪婷

法学院（27 人）

臧曼亦　陈瑜中　周　航　张　冉　马毓文　高凌峰　陈禹洲　王海旭　于凯明　邵　辉
刘茹姣　杨　硕　潘萌萌　薛　瑾　宋秀君　刘子昊　郭　茹　王淑婷　王伟琦　牛　莉
倪　鹏　陈　林　张　茜　杜修硕　傅于说　程晓妍　于芳卉

外国语学院（30 人）

张路遥　张乃方　张樱之　陈　璠　王钰婷　张明睿　宋晓洁　徐　敏　毛　萌　麻世凤
申树礼　李　仪　叶　婷　张潇楠　田雅静　仪春芝　周月欣　刘甜昊　周紫晴　尹　迪
周新跃　张译文　黄赵薇　梅梦雅　王家欢　孟　真　李雅楠　赵梦娇　张玉树　刘春萌

经济管理学院（67 人）

白浚池　徐雪竹　张荷南　谭景耀　李雨晴　李晓媛　周志敏　张　敏　李金磊　高　冉
刘　洁　杨宇瑶　赵雪宜　张　敏　崔明月　贾文玉　陈　嘉　袁　雪　张雅洁　闫灿灿
马佳欣　刘芳平　于　琨　高明禹　尹东相　赵忠鸽　田新雷　汤思怡　冯建宁　管文卓
张善明　张广冉　杨惠瑾　赵玉奇　宋梦翔　吕　源　郑春燕　王保岩　温晨琪　邢丹丹
曹张钰　王正宇　赵希瑞　梁新悦　荀　瑞　丰久涵　田雪云　陈光俊　王绪欢　刘晓宇
叶舒淇　田颖艾　张　鹤　孙慧杰　杜　豪　王子豪　戴书凝　张淄临　许梦晴　张莹莹
王一鸣　张翊君　王超峰　彭金秋　王　刚　孙　磊　邹温泽

国际教育交流学院（9 人）

王歆宜　武　梅　高晴文　徐文进　王云霄　王　丽　刘小萱　梁惠瑜　赵雅方

音乐舞蹈学院（11 人）

钟　晴　王　艳　熊若瑜　徐　威　崔　卉　吴彩玲　郑淅文　韩　冰　冯镜蓉　汤　润
姚　轲

数学与信息科学学院（25 人）

韩艳艳　朱义九　马永永　李　颜　高文文　徐　鑫　滕嘉琪　马超越　孙　宏　朱晓娟
刘思琪　曲军浩　平　静　郭文慧　任欣欣　周　静　袁晓燕　许　晴　张皓琳　生传香
刘曙光　李春瑾　冯春龙　刘　洋　张雪凝

光电信息科学技术学院（45）

肖雅楠　耿燕燕　佘爱先　王西平　崔方正　李梦娇　林永升　朱晓勇　樊富浩　王庆新

徐　瑾　高虞安　王　旭　李　悦　王瑞腾　武　昊　刘乐康　厉　华　周　敏　梁龙城
刘　羽　许奇奇　彭　玲　李宏远　汲含驰　原兴竹　赵　翔　曹瑞龙　陶宇辰　栗功业
班训铭　苏恒毅　肖思荣　曲方旭　赵　润　杨沛茵　庄　妍　王晓蕾　付美玉　蒲　庆
樊泽阳　曲雨薇　刘学浩　梁星辉　孙心如

计算机与控制工程学院(38 人)

商秋晨　陈国庆　夏桂坤　贾仟国　马春澎　苗全胜　管　新　肖瑞丽　袁　帅　李琳汐
田长航　葛存强　田汝洲　李　爽　徐　蕾　安佰阳　宿文强　岳　明　卜令超　路广财
刘广栋　宋佰安　崔坤鑫　王梦瑶　曹珈珲　闫鹏翔　阳芷涵　刘召亮　马心怡　王　泽
张秩飞　宋浩文　刘永华　王宝鑫　杨文博　王玙涵　高寒琪　贾凯文

机电汽车工程学院(57 人)

宋方正　王孟磊　宋沅林　王政伟　宋承宇　孙友福　陈俊娟　李永训　孟　硕　李海林
龙　旭　张明阳　张　悦　赵树越　刘　伟　朱有志　张理亿　何明圆　万冠汝　李晓华
牟宗亮　黄乾坤　张可伦　路泽民　孙国涛　梁　坤　马　卿　李庆栋　徐国庆　安永辉
于　洋　夏馨卉　朱文第　马志远　魏　巍　徐樱桐　刘　寒　郭梦杰　张　龙　田　超
李　硕　王　雪　王昭龙　刘航辰　荣卫冲　姚佳俊　成良国　王树龙　李文梅　汤振泽
刘　烁　于依依　刘田雨　熊增贵　徐　凯　李淑平　安子辰

土木工程学院(36 人)

刘腾飞　乔顺东　王雪兰　李贵可　崔春雪　林文涛　翟　倩　董燕燕　王效壮　张学丽
孙仕源　李致远　钟俊鸿　胡尊国　黄修谱　李　祺　刘　旋　刘晓丽　陈艳琦　贺文慧
曹心瑜　曲茜茜　马金铭　刘　媛　燕勤业　陈学琦　杨　雨　郑　月　唐雨潇　刘壮壮
郑自君　吴抒航　聂圆圆　李德硕　侯小雯　张　瑶

化学化工学院(48 人)

桑可潇　桑立风　王新颖　韩雅瑞　王　嫣　张　俊　尹凯鑫　邱智鑫　薛飞扬　朱坤良
刘怡然　蓝文宁　孙逍鹭　吴　霞　马守骏　张玉婷　王秀明　李玉梅　陈泽恒　王梅姣
解祥琪　马计划　李　瑶　王培佳　焦文月　孙铭蔚　郝馨雨　张国禧　许　晴　曹亚楠
谢保振　李昱静　于　浩　杨　雪　王　旭　张潇云　解祥林　韩维芳　安珂欣　娄德伟
贾环环　徐子昊　柳晓玲　刘芊灵　张庆超　张文雪　乔静颖　刘　悦

生命科学学院(61 人)

周娟娟　张泽浩　殷　铭　刘　敏　杨　蕾　刘凯月　姜政飞　张玉蕾　张子宇　王紫璇
韩　毓　郁万博　李　雪　李慧莹　姜　震　崔凯雨　邵烁如　王永嘉　马韶琪　陈　宁
董恒赫　韩琢玉　裴文豪　董婧睿　姜庆伟　潘素伟　林树森　薛　晴　陈晓东　唐　佳
刘兴祖　王　蓉　王安宁　孙　倩　孙瑞彬　梁启明　赵雨欣　刘　敏　刘涵民　胡亚伟
刘子萌　马朝阳　陈艳华　李文竹　牛志伟　刘　震　姜淑冉　刘敬轩　于笑瀚　张寓埂
李卓群　王梦轩　程　翔　朱礼阳　刘志远　武雨淙　王明栋　尹树磊　闫新璐　丁梓莹
贾璐源

药学院(21 人)

周　娇　赵来恩　冯　晓　龙俊俊　杜华康　朱婧妍　郭欣茹　王　冉　张子惠　秦云鹏
袁文华　刘凯璇　汪艺玮　宋子业　刘仁杰　李泓瑶　李风晓　张振潇　依小涓　王玉琦
郭新杰

海洋学院(51 人)

侯丁荣　李宏悦　王永峰　王彤辉　胡雪杨　蒯昶皓　于帅康　于　森　葛保威　欧玉哲
梁　暖　杨志浩　任彦杰　李玉婷　王法涛　李春照　武寅涵　陈　晶　宋琪敏　沈学鑫

陆　强　郑羽含　徐微曦　夏金瑞　袁志鑫　顾少文　刘　畅　龙铁成　肖永清　逯焕杰
田　雨　李欣宇　李　宇　刘萌雨　黄仁善　朱子琳　曾　超　徐广赛　王心瑜　郑　超
苏乃圣　周怀龙　杨梦蕾　于彬彬　张希停　李同威　王世达　丁　浩　孙淑娟　杨宇童
王璐瑶

环境与材料工程学院(43人)

贾玉珂　孙　悦　高帅帅　孙尚省　刘智睿　胡　悦　付长利　王富冉　李亚杰　张子卓
邢玉冰　闫秉成　贾程锦　王曦颉　赵薪薪　张慧琳　张煜慧　王玉琪　郑盼盼　李　梅
王　涛　衣新悦　郭颖君　魏　聪　马云松　赵镇东　徐　斌　刘　闯　王瑞岩　黄　隽
潘　彤　毛惠萱　赵晨琪　李艺伟　郭翔宇　秦国艳　翟现阳　田青柏　徐紫玉　刘鉴仪
王任硕　韩英魁　刘怡岑

建筑学院(23人)

黄之涵　周少卿　王　清　于潇洋　冯晗宵　李　杨　张爽怡　陈静静　吕丽媛　付　裕
牛福荣　杨柳青　李　琳　安晓倩　王泽蕙　孙　硕　潘吟露　赵夏寒　王雨彤　张炜东
卢世龙　杨　洋　王奇齐

体育学院(14人)

张恒帅　张　露　许晓鹏　林祉彤　李世杰　夏浩峻　王楚然　邹礼卉　宋柯达　李佳玉
栾晓艳　刘　天　申　梅　代冠群

核装备与核工程学院(15人)

李子剑　杨　珊　窦小敏　孙佳坤　赵前程　张雨琳　董晓慧　王保宗　赵　迪　王　辰
彭伟欣　岳炜晔　蔡　婷　李清宇　曹梦圆

3. 2018—2019学年学习进步奖学金获奖名单

（共448人，每人奖励200元）

人文学院(37人)

石婧怡　肖新立　黄敬茹　牛咏玲　何坤衡　程瑞雪　孙　敏　田　梦　杨　阳　鞠文静
王　俊　张丽萍　王启朦　梁媛媛　于秀艳　田　欣　杨延东　钱昱利　王昊哲　王燕青
刘长艳　雷友萍　高莲莲　李林澧　晋淑华　刘　嵩　刘　娜　徐芙琪　褚晶晶　边一骄
杨聪枞　王　鑫　苏薪蕾　魏思蓉　张　愿　姜乃铃　鞠苗苗

法学院(22人)

刘子昊　黄迪迪　李金珂　赵金燕　李雪洁　张嘉琪　夏铭泽　周　妮　倪　鹏　陈学芳
李逸凡　李庚辰　谭莹娟　卿兆岚　杨　航　罗秋璨　谭　静　傅于说　唐　萌　孟鹏坤
张　弛　苏　昕

外国语学院(5人)

张怡欣　张乃方　谢舒安　褚贝贝　薛　静

经济管理学院(16人)

张曼琪　王昊宇　徐慧迪　续　莹　张　超　李晓清　张　敏　李金磊　刘　婷　牛科然
李富伟　潘建琪　段泓君　刘业睿　师悦晖　尚凡涛

国际教育交流学院(2人)

刘　笑　秦曼稹

音乐舞蹈学院(19人)

王　艳　张　叶　张　宇　郝一多　徐　威　董宇航　郭　帅　赵鑫长　马海霞　韩金珊

杨　懿　宗　奔　龙开岚　樊会森　谢郴莲　柳臣鹏　孔　琪　韩　冰　王　昊

数学与信息科学学院(16 人)

张晓婷　付玲玲　李彦叙　刘文洁　李　颜　徐　鑫　尹延兴　任言婷　郭文慧　王　浩
薛梦宇　李　超　李坤颖　申世敬　宋雯雯　宋晓娟

光电信息科学技术学院(60 人)

徐真真　纪　勇　刘双妮　郭　崇　张明浩　刘明浩　林　龙　卢中原　冯绍军　蒋　新
薛玉东　邹宇航　刘晓帆　朱晓勇　黄金榜　曲连杰　杨修凡　高迎贺　徐翔宇　段志新
马　涵　吕建辰　王　旭　田帅帅　李钦瑞　李园园　陈祥光　陈为正　李凤博　王　纯
王　旭　郑敬暄　毕榕熙　曹　坤　刘　蓉　张博文　庄　瑶　周政宽　张　彦　商智辉
朱浩玥　惠富豪　商子钰　杨　震　何小红　高翔宇　张树江　吕素素　殷　坦　贾志通
于美秀　韦小露　沈桂荣　李丕泽　杜亦琛　顾博言　陈琳珊　郭依珊　程绪瑞　高　雏

计算机与控制工程学院(12 人)

刘君岩　付梦凡　李欣豪　孙　灿　尹炳斐　张海霞　李宗俞　刘泽坤　胡春明　贺　琴
宋佰安　苏比伊努尔·安外尔

机电汽车工程学院(46 人)

贾宇轩　李章林　杜纪功　李永训　慕银银　张书瑞　刘伟平　熊　娅　姜雪雯　管依琳
谢玲玲　王　甜　李　晓　朱兰艳　张玉壮　李志国　马祥生　孙晨洋　张理亿　王港港
庞广康　吴业桥　张红敏　董　伟　万冠汝　张春苗　李　宁　薛鲁峰　杨泽琛　李宸阳
杨振涛　马　诚　闫振磊　李庆栋　单镒梅　司玉琳　李慧珂　裴静静　王英宇　王　帅
赵景鑫　朱孟琦　王　哲　李文然　张　钰　王胜男

土木工程学院(18 人)

闫　芳　肖淑颖　王效壮　郑美娜　李文良　黄修谱　路蕉蕉　王召阳　王　萍　吴抒航
陈年文　秦晓暄　孙雨涵　侯小雯　刘瑞轩　郑书元　张欣茹　张　威

化学化工学院(20 人)

张　俊　李增倩　焦晨阳　吕翔宇　李素云　沈玄哲　刘　浩　王　莹　薛飞扬　尹凯鑫
田　湘　齐文昊　董泽霄　吴　燕　葛佳佳　周澜鑫　刘孟玉　辛天宇　侯铭洋　赵　雪

生命科学学院(37 人)

冉颖乔　刘梦玉　王淑君　王　蓉　卓照欣　王子锐　初成龙　李梅杰　徐鑫才　王明哲
刘煜桐　陈　鑫　马晓慧　杨师英　张玉蕾　李冰儿　王宇涵　刘天坤　王行松　曹思琦
张　莹　刘占圣　潘靖雯　刘敬轩　江　姗　陈　宁　潘晓静　李靖靖　李嘉文　张亚瑜
董圣艳　韩　雪　赵　齐　杨　悦　郑迎宵　张寓埋　马培培

药学院(22 人)

赵来恩　周传铭　张海荣　魏民勤　杜华康　柯　瑞　宋文浩　王　鑫　郭江珊　刘　丹
滕伊洋　谢丽莉　杜　梅　侯晨阳　姚　敏　杜欣遥　许雨宁　王文静　钱　浩　肖　倩
韩晓冉　邱倩倩

海洋学院(55 人)

赵　莉　王武琴　唐　振　杨学凯　张　哲　王永峰　郑浩聪　郁卉璇　刘晓通　祁义鑫
赵　宇　景诗勇　安高彬　林艳昭　曹　宇　张浩然　陈玉春　欧玉哲　杨诗玉　郭冰玉
张雪娇　高智晓　崔培东　杜燕贞　张晓蓉　贾逸寒　刘肖茹　孙淑杰　任彦杰　颜逢缘
张园园　孙苹苹　李玉婷　刘文虔　李　洁　张　慧　高成乾　汪蔚然　展虹晓　李春照
沈学鑫　陆　强　周　洋　周　乾　许淦昌　张力尹　肖永清　王福栋　岳　丽　刘雪睿
张梦娇　王西艳　曹自强　张力伟　韩瑞芳

环境与材料工程学院(21 人)

高　娜　丁道亮　王富冉　季星帅　秦永浩　张子卓　刘何俊　郭秋燕　曹雪凤　曹　靓
毕劲松　狄玥彤　李　宁　庄　众　于鹏飞　赵信红　王　畅　马凯雯　王　浩　赵以顺
侯义嵩

建筑学院(22 人)

葛效延　康清海　高　赢　赵雨柔　曹健男　李梓菡　彭阳春　张春杰　刘　波　公鹏程
刘鑫鑫　姜　淇　黄国俊　阴阿倩　崔玉萍　张　瑞　李秀月　鹿成龙　孙英迪　石翱宇
叶剑润　高　畅

体育学院(14 人)

荆琛凯　王兆岩　李奕霖　朱浩然　柳晓惠　周一铭　万青林　孙敬宾　牟声宇　李逸凡
张　洋　殷旭升　周贤良　刘　超

核装备与核工程学院(4 人)

冯光媛　华　琦　张洪华　庄道明

4. 2018—2019 学年绿叶制药优秀奖学金获奖名单

（共 25 人，每人奖励 4000 元）

序号	姓名	学院	年级	专业
1	刘治萍	化学化工学院	2018 级	应用化学
2	王乾禧	化学化工学院	2018 级	化学工程与工艺
3	巩　攀	化学化工学院	2018 级	高分子材料与工程
4	殷　铭	生命科学学院	2016 级	食品质量与安全
5	邵烁如	生命科学学院	2017 级	生物工程
6	张　晗	生命科学学院	2018 级	生物技术
7	杨玉麒	海洋学院	2016 级	能源与动力工程
8	张雪娇	海洋学院	2016 级	海洋渔业
9	常　晓	海洋学院	2017 级	航海技术
10	任书宇	机电汽车工程学院	2016 级	测控技术与仪器
11	李志成	机电汽车工程学院	2017 级	车辆工程
12	王凯迪	机电汽车工程学院	2018 级	测控技术与仪器
13	梁静怡	药学院	2016 级	药学
14	龙怡青	药学院	2016 级	药学
15	高　琦	药学院	2016 级	制药工程
16	滕伊洋	药学院	2017 级	药学
17	安　琪	药学院	2017 级	药学
18	王静怡	药学院	2017 级	药学
19	李增敬	药学院	2017 级	制药工程
20	邹女杰	药学院	2018 级	药学
21	宋立群	药学院	2018 级	药学
22	庄美玉	药学院	2018 级	制药工程
23	史云菲	计算机与控制工程学院	2016 级	计算机科学与技术(卓越工程师)
24	薛　洋	计算机与控制工程学院	2017 级	计算机科学与技术(嵌入式)
25	冯美雯	计算机与控制工程学院	2018 级	计算机科学与技术(卓越工程师)

5. 2018—2019 学年绿叶制药创新奖学金获奖名单

（共17人，研究生每人奖励5000元，本科生每人奖励4000元）

序号	姓名	学院	年级	专业
1	黄桂艳(团队)	药学院	2016级	药学
2	刘彦君(团队)	药学院	2016级	药学
3	周传铭(团队)	药学院	2016级	药学
4	毕文敬(团队)	药学院	2016级	药学
5	郑　旭(团队)	药学院	2016级	药学
6	高银鹤(团队)	药学院	2016级	药学
7	张振潇(团队)	药学院	2017级	制药工程
8	赵钰萌(团队)	药学院	2017级	制药工程
9	翁卫钊	药学院	研究生2017级	药学
10	任倩文	药学院	研究生2017级	药学
11	魏　臣	海洋学院	2016级	轮机工程
12	杨　鹏	机电汽车工程学院	2016级	机械设计制造及其自动化
13	李晶晶	环境与材料工程学院	2016级	材料科学与工程(合作办学)
14	张佳琪	经济管理学院	2019级	会计学(金融外包方向)
15	王晓涵	生命科学学院	2017级	生物科学
16	刘　媛	土木工程学院	2018级	土木工程
17	曹　坤	光电信息科学技术学院	2017级	物联网工程(服务外包方向)

6. 2018—2019 学年绿叶制药社会实践奖学金获奖名单

（共10人，共奖励3万元）

序号	姓名	学院	获奖金额(元)
1	石文莹	药学院	3万
2	梁涪淮	药学院	
3	刘凯璇	药学院	
4	余　宇	药学院	
5	郑海涛	药学院	
6	张　宇	药学院	
7	郝霖露	药学院	
8	王绍鹏	药学院	
9	张潇文	药学院	
10	王金玉	药学院	

7. 2018—2019 学年圣凯奖学金获奖名单

（共 24 人，4 个集体。个人每人奖励 2000 元，集体各奖励 3000 元）

序号	姓名	学院	年级	专业
1	李汝琳	建筑学院	2016 级	建筑学
2	张梦迪	建筑学院	2017 级	环境设计
3	侯文哲	建筑学院	2018 级	环境设计
4	荆　萱	建筑学院	2018 级	建筑学
5	陈静静	建筑学院	2015 级	城乡规划
6	刘骐玮	建筑学院	2018 级	城乡规划
7	李梦晗	土木工程学院	2018 级	给排水工程
8	衣海菲	土木工程学院	2016 级	工程管理
9	林文涛	土木工程学院	2016 级	工程管理
10	肖之鸿	土木工程学院	2016 级	工程管理
11	洪怀浩	土木工程学院	2017 级	工程管理
12	吴抒航	土木工程学院	2017 级	工程管理
13	傅于说	法学院	2017 级	法学
14	郑凤娇	人文学院	2018 级	汉语言文学
15	徐伟程	体育学院	2018 级	运动训练
16	梁　爽	音乐舞蹈学院	2016 级	舞蹈编导
17	张皓琳	数学与信息科学学院	2017 级	统计学
18	尚振领	环境与材料工程学院	2017 级	材料科学与工程
19	张丽敏	核装备与核工程学院	2017 级	金属材料工程
20	杜昕晔	计算机与控制工程学院	2016 级	计算机科学与技术（嵌入式）
21	孔珂钰	经济管理学院	2018 级	会计学
22	占佳城	光电信息科学技术学院	2018 级	通信工程
23	高晴文	国际教育交流学院	2016 级	汉语国际教育
24	陈　霏	外国语学院	2018 级	韩语

序号	集体	学院
1	启明星团队	计算机与控制工程学院
2	三元光影影视制作协会	人文学院
3	土木工程学院青年志愿者协会	土木工程学院
4	建 154 班	建筑学院

8. 2018—2019 学年馨德奖学金获奖名单

（共 30 人，每人奖励 2000 元）

序号	姓名	学院	年级	专业
1	韩　梦	人文学院	2017 级	汉语言文学
2	杨嫣然	人文学院	2016 级	新闻学
3	张　冉	法学院	2018 级	知识产权
4	李梦晨	经济管理学院	2016 级	市场营销
5	朱姝洁	经济管理学院	2016 级	公共事业管理
6	唐玉馨	经济管理学院	2016 级	工商管理
7	郑婉睿	外国语学院	2017 级	英语
8	陈　琳	化学化工学院	2016 级	应用化学
9	杨　雪	化学化工学院	2017 级	应用化学
10	刘　畅	生命科学学院	2016 级	生物技术
11	王梦轩	生命科学学院	2018 级	生物科学
12	孙　豪	海洋学院	2016 级	海洋渔业
13	张小简	海洋学院	2018 级	能源与动力工程
14	杨轶璇	环境与材料工程学院	2016 级	环境科学与工程
15	王　琛	环境与材料工程学院	2017 级	环境科学与工程
16	刘欣宜	计算机与控制工程学院	2017 级	软件工程(校企)
17	牟晓瑜	计算机与控制工程学院	2017 级	计算机科学与技术(卓越工程师)
18	程　锦	光电信息科学技术学院	2016 级	电子信息科学与技术
19	宋永泽	光电信息科学技术学院	2017 级	物联网工程
20	刘荣康	机电汽车工程学院	2016 级	机械设计制造及其自动化
21	牟宗亮	机电汽车工程学院	2017 级	机械设计制造及其自动化
22	崔春雪	土木工程学院	2016 级	工程管理
23	董燕燕	土木工程学院	2016 级	给排水工程
24	李春颖	建筑学院	2018 级	城乡规划
25	王发涛	数学与信息科学学院	2017 级	统计学
26	王宇昕	药学院	2018 级	药学
27	王歆宜	国际教育交流学院	2016 级	汉语国际教育
28	张靖茹	体育学院	2018 级	休闲体育
29	熊若瑜	音乐舞蹈学院	2016 级	音乐学
30	董晓慧	核装备与核工程学院	2017 级	核工程与核技术

9. 2018—2019 学年金正环保优秀奖学金获奖名单

（共24人，每人奖励5000元）

序号	姓名	学院	年级	专业
1	李林澧	人文学院	2016 级	汉语言文学
2	陈　昱	法学院	2017 级	法学
3	王诗涵	经济管理学院	2017 级	会计学
4	温　馨	外国语学院	2016 级	日语
5	巩佳琦	生命科学学院	2017 级	食品科学与工程
6	王鑫媛	海洋学院	2017 级	水产养殖专业
7	赵曼淑	环境与材料工程学院	2017 级	环境科学与工程
8	张雪婷	计算机与控制工程学院	2018 级	计算机科学与技术(卓越工程师)
9	方春旺	光电信息科学技术学院	2017 级	电子信息科学与技术
10	陈艳琦	土木工程学院	2017 级	给排水工程
11	姜燕秋	数学与信息科学学院	2017 级	数学与应用数学
12	黄桂艳	药学院	2016 级	药学
13	张守鹏	化学化工学院	2016 级	高分子材料与工程
14	王文燕	化学化工学院	2016 级	化学工程与工艺
15	刘　鲁	化学化工学院	2016 级	应用化学
16	路　友	化学化工学院	2017 级	高分子材料与工程
17	贺小燕	化学化工学院	2017 级	化学工程与工艺
18	解祥琪	化学化工学院	2017 级	应用化学
19	候明昌	化学化工学院	研究生 2017 级	物理化学
20	迟宗卿	化学化工学院	研究生 2017 级	无机化学
21	徐佳佳	化学化工学院	研究生 2017 级	化学工程
22	徐　菊	化学化工学院	研究生 2017 级	应用化学
23	刘关喜	化学化工学院	研究生 2017 级	化学工程(专)
24	刘　琦	化学化工学院	研究生 2017 级	化学工程(专)

10. 2018—2019 学年金正环保创新奖学金获奖名单

（共12人，共奖励5万元）

序号	项目名称	负责人	学院
1	合成各种有机膦化合物的新方法	沈　建	化学化工学院
2	万华工业园内年产5.2万吨醋酸乙烯酯项目	张泮胜	化学化工学院
3	环境友好型高效抑制单宁扩散水性木器漆助剂	李　霞	化学化工学院
4	高性能环保织物固色剂	张有志	化学化工学院
5	高效可调 Anderson 型杂多酸负载光催化剂的制备及燃油脱硫性能研究	常洪莹	化学化工学院

续表

序号	项目名称	负责人	学院
6	化工单元仿真操作和分析、化工原理实验	孙金龙	化学化工学院
7	汽车顶棚内饰用水性聚氨酯的合成及施工过程设计	徐同辉	化学化工学院
8	应用于海绵城市建设的树脂混凝土排水管	谢美娟	化学化工学院
9	制备矩形锂离子电池正极材料 LiMnO.7FeO.3PO4	宋以俊	化学化工学院
10	仿蛙卵的空心金属碳化物作为锂硫电池的硫载体	张怀月	化学化工学院
11	采用毛细管区带电泳法检测食品中的纳他霉素的含量	李晓斌	化学化工学院
12	通过仿生方法提出了一种新颖且有效的 AODS 体系	迟明月	化学化工学院

11. 2018—2019 学年金正环保社会实践奖学金获奖名单

（共 15 个团队，共奖励 3 万元）

序号	项目名称	负责人	学院
1	津彩青春梦，化漾实践队	解祥林	化学化工学院
2	破毒行动队	郝馨雨	化学化工学院
3	水性树脂小队	杨新宇	化学化工学院
4	化为小队	张　雄	化学化工学院
5	“GC. Fashion”垃圾分类小队	常洪莹	化学化工学院
6	“沧海遗珠”实践小队	宋奎柱	化学化工学院
7	土发盐说社会实践小组	李少鹏	化学化工学院
8	西望桥公益组织	陈敏慧	化学化工学院
9	青漾・逢夏暑期支教及普通话调研推广小队	石晓雯	化学化工学院
10	护云之滇	孟云舒	化学化工学院
11	兽药检测调研队	封红瑞	化学化工学院
12	益启爱社会实践队	孟繁升	化学化工学院
13	青春夏乡实践队	徐琳盛	化学化工学院
14	“喜迎新中国成立 70 周年”烟台大学红色胶东宣讲团	解祥林	化学化工学院
15	隐形守护者实践团队	张　洁	化学化工学院

2019 年博士研究生国家奖学金获得者名单

（共 1 人，奖励 3 万元）

药学院（1 人）

郭　伟

2019年博士研究生学业奖学金获得者名单

（共3人，1人获得新生学业奖学金，奖励1万元；1人获得一等学业奖学金，奖励1.5万元；1人获得二等学业奖学金，奖励1万元）

新生学业奖学金 药学院（1人） 吕晓燕
优秀学业奖学金一等奖 药学院（1人） 贺秀婷
优秀学业奖学金二等奖 药学院（1人） 段嗣瑾

2019年硕士研究生国家奖学金获得者名单

（共34人，每人奖励2万元）

人文学院（1人）
韩德勋
法学院（2人）
彭诗淇 王振静
外国语学院（1人）
姜倩倩
经济管理学院（1人）
方蓓蓓
国际教育交流学院（1人）
刘　璐
数学与信息科学学院（1人）
李　娜
光电信息科学技术学院（2人）
姜佳良 刘建业
计算机与控制工程学院（2人）
冯国政 胡　颖
机电汽车工程学院（2人）
田　林 刘祯耀
土木工程学院（2人）
袁　辉 宋振宇
化学化工学院（5人）
候明昌 刘　琦 刘　秦 刘　浩 王少霞
生命科学学院（5人）
徐风娇 王　通 孙铭雪 张　政 白　雪
药学院（5人）
任倩文 汤胜男 王腾腾 翁卫钊 王恺奕
海洋学院（1人）
徐书童

环境与材料工程学院(2 人)

魏弘历　贾　芮

马克思主义学院(1 人)

穆　琛

2019 年硕士研究生学业奖学金获得者名单

(共 1498 人。一年级新生中 133 人获得一等奖,每人奖励 8000 元;307 人获得二等奖,每人奖励 5000 元;259 人获得三等奖,每人奖励 3000 元。二、三年级研究生中 115 人获得一等奖,每人奖励 1 万元;228 人获得二等奖,每人奖励 6000 元;456 人获得三等奖,每人奖励 4000 元)

新生学业奖学金一等奖

人文学院(5 人)

李佳琪　石法叶　王　静　张　娟　刘　佳

法学院(3 人)

张　颖　陶轶雯　赵　娣

外国语学院(4 人)

孙歆格　成　璐　赵美凤　李雅淇

经济管理学院(9 人)

刘　斌　孙承文　贾爱霞　卢玢文　王瑾珑　王仕瑶　王晓妍　王玉洁　刘悦婷

数学与信息科学学院(8 人)

宁兴田　王广仓　魏鹏飞　辛梦琦　徐　聪　张苏苏　张伟倩　朱本浩

光电信息科学技术学院(7 人)

刘兆武　潘　晨　王宏昕　王巍强　郭鑫宇　高　萌　尹千惠

计算机与控制工程学院(15 人)

陈　迪　黄其萌　张　琦　车佳颖　单林智　郝昱猛　李　嫚　李志慧　马咏莉　孙子策
郁传秀　徐仕东　于兆一　张雯婧　朱建豪

机电汽车工程学院(6 人)

闵晓晨　王鹏昊　徐东升　阎　旭　张国飞　郑　伟

土木工程学院(7 人)

范淑倩　梁　栋　刘倩倩　刘　洋　裴　玉　孙宝德　许　廒

化学化工学院(27 人)

傅亭鹤　林　浩　王晓斌　冷俊强　徐　汇　于鹏东　吴一桐　张风顺　付承彬　李政霖
刘志颖　李文忠　李荣昭　刘　超　王　帅　刘鹏飞　王笑笑　赵伟渲　王宜飞　原晓梅
孙卓群　宫丁丁　龙厚昂　刘　晴　刘　帅　王颜晓　姬德生

生命科学学院(12 人)

张瑶瑶　孟令辉　宋亚杰　孙庆辉　王　晨　王　罡　王郄田　温　欣　周小滇　朱晓东
李守峰　张文阐

药学院(14 人)

梁彦孜　刘兴华　于采薇　孙志洪　高　帅　于雅雯　李聪聪　苏林豫　陈道远　刘塑杰
王新悦　周　琳　吕亚男　李文静

海洋学院(2 人)

姜良龙　孙雅妮

环境与材料工程学院(14 人)

王　达　杨　晴　高　振　刘　进　吴梦迪　杨敬杰　于昕平　赵伟旭　高士哲　高忠帅
刘　晓　孙　静　王柯忠　张　明

新生学业奖学金二等奖

人文学院(20 人)

李国翠　李胜男　吴小宇　张　毅　赵梅娟　戴梦晨　邓　莎　贺　静　黄　瑞　李硕琳
邱　敏　荣　潇　苏雪桐　吴力圻　许景璐　杨　茜　杨鋆君　张丽燕　赵　宇　薛　瑞

法学院(32 人)

何梦茹　宋竹鑫　宋子康　汪　雪　武卓文　张　文　张耀军　甄文梅　周文娇　曹俊澎
曹伟民　杜小杰　高子莹　刘津彤　刘　康　刘圣洁　牛培杰　宋雅倩　孙敬伟　王柯鑫
王　坦　王玮琛　吴晓萌　吴晓彤　闫　姝　左香婷　崔　岩　单　元　李佳伟　刘劢哲
苗　壮　王　珊

外国语学院(10 人)

杜毛毛　石丽丽　朱晓琳　秦启家　车　宁　马彦宏　赵天翊　马瑜聪　边裕涵　王香玉

经济管理学院(38 人)

冯馨慧　辛德嵩　车瑾越　陈煜坤　郭　颖　韩　林　侯瑛璞　孔　蕾　刘国栋　刘译聪
吕明珠　马钰莹　王居然　王淑芹　王　燕　王　洋　王玉倩　徐　佩　张林清　张亚平
周启龙　曹怀宗　崔宏瑜　李俊锋　李曼丽　李若菡　刘　红　卢凡凡　邵威佳　孙江琪
唐欣欣　王子林　张钟允　赵　坤　车　宇　陈良威　林家利　刘春萌

国际教育交流学院(6 人)

邓春丽　符祖歌　郭　荟　郎博涵　刘　红　任恒迪

数学与信息科学学院(6 人)

程攀攀　高亚楠　管锡敏　史　琨　徐　灿　薛建秀

光电信息科学技术学院(3 人)

李恒达　姜富豪　孟令增

计算机与控制工程学院(13 人)

李润泽　李　波　王　冰　王　丹　郭志鹏　邢傲强　边　朔　韩双志　李磊涛　李　莉
苏凯祺　武　聪　赵立威

机电汽车工程学院(33 人)

李聪颖　刘兆财　杨欣盛　常容川　褚洪汇　方宝晟　冯居辉　管志新　黄　伟　刘国栋
刘宽宇　刘　咪　刘明华　刘淑敏　刘同昊　刘学峰　刘振峰　逯文强　吕伟杰　商　航
沈　岳　王明杰　王兴旺　王延杰　卫尚涛　吴宏蕊　武传祥　邢慧双　于晓康　张茂源
张云海　赵子杰　周帅至

土木工程学院(24 人)

黄　毓　卢龙玉　王小允　赵亚菲　崔常辉　高大涛　高　原　郝　梅　侯　洁　惠宝龙
李　冉　刘同帅　马金铠　闵　惠　宋国强　孙德勇　王　超　王建伟　王庆凡　王雪原
颜　荣　于晓铭　赵同国　朱国强

化学化工学院(27 人)

杨子璇　郑知晗　李怡筱　张晓琳　刘　娜　李启伟　黄　炎　刘锁伟　高照华　刘　威
李申芳　赵亚俐　王福帅　刘培艳　马海阔　宋华兴　徐　周　张　杰　曹晓雪　葛秀丽
王明英　李传鹏　王宪飞　辛莎莎　亓泠溪　乔云萍　刘　玉

生命科学学院(49 人)

崔晓颖　袁智鹏　陈凯丽　陈　昆　冯　磊　宫　阁　皇甫劭妍　康佳惠子　李　楠　李诗萌
李　翔　李　杨　刘焕龙　卢苏南　吕佳欣　苏　鑫　孙小彤　唐士茹　田　原　王锐莹
王汐月　王　芸　许士基　姚圣圣　于巧宁　赵彦璐　韩英杰　胡淑君　王智宇　冯　东
郭效辰　隋颖超　吴志宇　武玉倩　辛梦茹　邢　鑫　刘晓琳　孙浈育　孙晓玥　边兰星
褚　晶　李　琴　李若然　刘国华　刘庆玲　尚娟花　温授惠　许嫣然　张　磊

药学院(20 人)

李奕晓　刘圣洋　刘　雪　曹丽晓　贾李瑛　李　毅　刘美萱　李金洲　张　倩　孟　萍
王　宇　苏　颖　袁　梦　孙　倩　邢蓉蓉　孙可微　解雅茹　李晓丽　田付港　段　丽

海洋学院(5 人)

毕璐萍　李雯璐　张艺腾　王梦欣　王　帅

环境与材料工程学院(18 人)

孙桂红　吴　丹　崔小梅　李文鹏　李雪菁　蔡　伦　高雪鹏　韩　琦　雷　敏　刘司颖
刘　伟　商文硕　王　蔚　王源康　许　婷　杨朝霞　于子超　张啸林

马克思主义学院(3 人)

薛　健　张金鸣　郑慧萍

新生学业奖学金三等奖

人文学院(8 人)

范　卿　董　鑫　李佳彤　田韶华　岳雨薇　张　翼　钟　坤　朱瑞文

法学院(46 人)

董媛媛　郝玉琳　何　晴　侯　燕　姜甜甜　李博雅　刘　乐　鲁慧慧　王钧儒　吴　瑶
武景磊　章俊子　赵艺谦　姬一鸣　金雪婷　刘颖宜　王雪玲　张思雨　陈思雨　高　艳
高玉凤　耿文波　李兰兰　李梦婷　李　哲　梁秀冰　刘　涵　娄粮钰　任慧敏　任亚平
石婧琳　宋元哲　王博览　王春秋　王素亚　王宇飞　西国山　谢振华　薛迎春　杨　姣
杨梦瑶　尹中华　于　溪　战宝茹　张双双　周婧姝

外国语学院(10 人)

栾靖录　周　琪　曹嫚云　张　杰　孔　雨　陶恩白　许彩凤　禚添梦　付铃迪　朴晋成

经济管理学院(1 人)

王琳琳

国际教育交流学院(8 人)

陈建钦　何丽媛　华　山　李洋箔　卢一航　罗仁斌　孙有霞　战琨茹

光电信息科学技术学院(9 人)

刘文凤　王圣言　王　岩　钱　宏　邵建华　汪陇盼　王凯丽　肖洗意　崔英杰

计算机与控制工程学院(15 人)

庄晓栋　任宇佳　卢卓冉　袁梅雪　岳小琛　陈锦宇　顾美琪　解子奇　李　康　李永强
李　玉　荣梦君　盛　超　田志宏　王　岩

机电汽车工程学院(6 人)

孙键琳　赵文韬　周学超　贾炎冰　王　涛　张源麟

土木工程学院(16 人)

崔　亮　韩　笑　李白雪　刘　媛　任方云　张梦子　张　鹏　龚　卓　管焓宇　梅敬松
秦　麟　王其林　王　颖　夏小龙　张静峰　张玉洁

化学化工学院(13 人)

王金杰　吴　磊　孙艳斌　杨晴晴　李　静　王琦研　林朝阳　陈燕红　华　情　杜海龙
薛洪喜　廖晟恺　邢志浩

生命科学学院(47 人)

韩　垒　李炳志　李荣蓉　刘　苑　潘芸芸　宋　阳　秦　雨　袁　晨　艾国锋　韩静茹
贺晓丽　黄晨晨　李士杰　李思纯　李婉萌　李文康　李　响　林　江　刘嘉卓　王　蕾
于秋航　张传鑫　张婕妤　张雨晴　赵　静　郑　洁　朱慧敏　韩　钰　刘　琦　常贝贝
梁　潇　李　昕　孙　敏　周婧雯　吴秋堂　呼　瑶　李汝婷　李文嘉　王智宇　王　昊
李元鹏　王　矗　杜　崇　刘　明　田晓芹　武莉茹　徐文秀

药学院(50 人)

孙钰菲　谢群玲　王梦影　邱佳浩　李　欣　李　乐　李　柯　辛　敏　刘　佳　王璐琼
郭乘凤　徐代月　田莎莎　刘旭梅　曹　蕊　江志钦　任瑞银　章　琛　邹宗吉　范梅霞
戚君慧　王永海　张晓凡　王晓慧　刘　丽　栾明珠　杨　洋　刘雪村　牛帅帅　胡勇基
张新科　张加其　胡琪琪　田　森　应天昊　王道辉　唐一迪　黄文涛　李铭安　王　畅
张雨欣　翟雅洁　朱慧丽　张冰源　李　伟　钟丽娟　马　迪　张象金　常　洁　冯莹莹

海洋学院(4 人)

吕　静　林燕妮　王效昌　彭子睿

环境与材料工程学院(10 人)

李鑫健　司衍鑫　吴乐强　张鹏玲　朱若萌　姬广运　任　帅　王涵文　王　强　于海波

建筑学院(5 人)

韩兆鹏　姜坤汝　鲁旭旻　王靖磊　赵晓璇

马克思主义学院(11 人)

白文郁　毕晓洁　冯茹茹　李　蓉　刘臣臣　陶昱睿　田　源　王子钰　严珍珠　杨　航
张玮玲

优秀学业奖学金一等奖

人文学院(5 人)

杨　康　陈　婷　王晓杰　谈沪豫　姚　远

法学院(18 人)

王鑫涛　徐优萍　杨力郡　可　晓　潘昭成　张　珂　张晓杰　李静臻　王伟峰　赵建勋
何　晶　王乐斌　李昶郴　杨　晨　石文静　殷晓琳　张彦彦　周海燕

外国语学院(2 人)

常乐乐　迟亚梦

经济管理学院(5 人)

王　晨　王巧玲　徐冠清　倪甜甜　左啸文

国际教育交流学院(2 人)

孙梦媛　岳梓葳

数学与信息科学学院(2 人)

李宏博　张　星

光电信息科学技术学院(3 人)

沙凯悦　宋健强　钟　琦

计算机与控制工程学院(7 人)

王金迪　赵炳旭　刘　素　唐玉凯　杨文静　陈　阳　王中元

机电汽车工程学院(7 人)

王　博　张凯尧　李　林　李月琳　林建钢　时　莉　袁　超

土木工程学院(9 人)

田飞翔　李世宇　刘　璇　郭美虹　杨伟涛　陈　欣　刘志伟　刘　莹　陈　阳

化学化工学院(10 人)

沈　建　王瑞靖　迟明月　王福香　张怀月　迟宗卿　陈乃猛　徐　菊　刘关喜　李　钊

生命科学学院(20 人)

贾冰晨　王　宇　马丞博　沈　颖　王　瑜　艾春梅　付燕红　姜东琪　王　萍　李　锐
刘　洋　郑思凡　纪　璇　胡　苑　李治城　吴　阳　朱淑钧　郭晓雨　王珊珊　宋一岚

药学院(15 人)

刘梦娜　王炳杰　马术超　冀　凯　杨秀成　李　乔　王嘉珍　彭祥福　尚志豪　张雨沐
侯晓雅　唐冰颖　谢　鑫　丁炟之　吉文涛

海洋学院(2 人)

任晓强　徐　鑫

环境与材料工程学院(5 人)

邵钲杰　刘凯凯　国莉莉　郝璟珂　原国健

马克思主义学院(3 人)

栾启凤　李　杰　孙璐璐

优秀学业奖学金二等奖

人文学院(10 人)

侯春艳　毛雪莲　李雪松　于金莉　许　凯　王　裕　信福艳　高燕博　刘　畅　刘闰平

法学院(36 人)

商宝君　孙文倩　孙悦航　徐　聪　杨鹏宇　张鹤川　李如涛　令狐克军　倪若凡　任鹏宇
孙　禧　王欢欢　王学敏　陈辉辉　党　婕　徐　冉　杨　茹　张　晔　别寒露　杜鸿健
孙　巧　吴元爱　张　柏　李嘉栋　倪志超　王　贺　张　东　张红蕾　韩雪琳　黄蕾蕾
宋义红　孙　晨　徐　周　杨　程　杨明明　赵　帆

外国语学院(3 人)

石　倩　贾学鹏　张　雪

经济管理学院(11 人)

杨文静　李　馨　廉吉全　车　笑　高翠媛　吴珊珊　陈　乔　何欢欢　张永逸　纪静霞
孙晓君

国际教育交流学院(3 人)

陈霁婷　迟丹阳　高　鸽

数学与信息科学学院(5 人)

马海云　盖成鹏　蔡晓霞　崔雪玲　于　越

光电信息科学技术学院(5 人)

徐　杰　田园园　李　炜　包展恺　宋志超

计算机与控制工程学院(14 人)

信统昌　孔贺庆　于天佑　邹佳霖　鲍　迪　李爱娟　赵　敏　李丛丛　毕梦楠　吕　鹏
王　忠　陈栋梁　朱　萌　孔　儒

机电汽车工程学院(15 人)

陈麒麟　林本祥　王　恒　王昭政　邢玉琪　殷守民　孟　鑫　陈亚雷　陈英豪　代建军
刘　宾　刘宇航　田洪志　张　洁　张　哲

土木工程学院(18 人)

苏苗苗　葛子毅　窦国昆　钟汉林　闫田田　吴晓龙　唐元庆　戴家傲　司桂芳　李海波
赵万里　董金坤　秦　昊　王德美　苑兆迪　姜彩琳　张　雪　闫艺鑫

化学化工学院(20 人)

王大伟　李婧闻　高　强　杨　鹤　任春平　史亚琪　张　媛　李志恒　王　松　赵才德
王　婷　文嘉慧　滕　上　赵天琪　徐佳佳　袁　彤　李　颖　李　婷　高晓莹　宋　鹏

生命科学学院(40 人)

张义和　姜倩倩　尹启琳　刘恒旭　陈姗姗　韩宗博　宫子惠　牟晓璐　王兆龙　于素珍
洪　欣　刘　佳　孙思远　孙艳艳　万腾腾　相　悦　于爱洁　赵彦珺　王　燕　钱豪文
张鹏敏　薛　白　范民婷　董展廷　韩英杰　王　恒　孙　迪　刘丽文　冯清强　姬　恒
孙明真　唐春蕾　王　敏　薛　松　张东亮　吴筱林　闫令东　胡　慧　冯媛媛　宗亚奇

药学院(29 人)

韩俊萍　路　畅　尹苗苗　郭梦琦　张　磊　孔琳琳　邓建强　张　杰　李　新　李丹娜
刘茜茜　李硕硕　侯可赛　程紫婷　郭文娜　王炳华　王琳琳　李　敏　杨韵琦　步玉如
李　琳　王艳芳　袁　满　郑　爽　王丽楠　周莉英　孙　康　赵若琳　魏颖杰

海洋学院(4 人)

李　帅　宋　博　高　涵　魏烈群

环境与材料工程学院(10 人)

郑晓琳　葛凯明　周俊瑞　赵　宇　郑梦瑶　闫鑫升　叶倩文　路经纬　周光友　张鸿发

马克思主义学院(5 人)

董依含　王　佳　刘　楠　王　硕　杨　鹏

优秀学业奖学金三等奖

人文学院(21 人)

韩　伟　廉欣梅　王莎莎　车梦瑶　郭盛君　韩彤彤　李晨铭　沈　珺　王一鸣　于幼军
赵紫君　王大婷　亓　飞　朱　超　朱渊慧　陈　曦　程党晶　李　玫　彭　博　王诗雯
叶　玉

法学院(71 人)

陈鹤文　范大靖　刘湘辰　卢赛竹　吕艾颖　王　畅　王　颖　吴　昊　张　博　张　冬

张　帆　张秀明　董元亨　郭　芸　焦　越　李川平　李泰廷　李　悦　刘楠楠　刘艺星
聂淑慧　王海蓓　王　菁　于童斐　翟晓风　张中伟　蔡尔琪　陈　莹　董茹月　郭家琛
韩雪娇　李　萍　彭晶晶　宋　璇　苏亚东　奚灵洁　臧一帆　陈玫好　高　青　龚　雪
李泽康　刘曙东　刘　璇　滕玉霞　张禹婕　张玉彩　赵鲲洋　陈　振　郝智斌　何至渝
柳雨薇　宋　昱　于　群　袁琦琪　张振雨　艾科热木·买买提　高　丽　耿　直　贾家乐
李　明　刘　雨　吕　娟　马　睿　邱浩毓　沈显超　王　鸣　王新宇　王艳文　尤　希
原　轩　周亚平

外国语学院(6 人)

潘秀丽　程丽琦　郭树基　崔艳华　华　蕾　栾兆婷

经济管理学院(22 人)

刘　君　李　晗　李　帅　卜令营　陈　沫　侯　宏　马小菁　孙运兴　王媛婷　于　芳
张晓风　朱晓梦　樊东鑫　姜星伊　曲彦霖　孙芳翼　王　歆　魏丽华　于　阳　张　艳
盖　婧　刘　超

国际教育交流学院(6 人)

白泊涵　白　爽　孙嘉蔚　陶　然　徐天娇　薛晓风

数学与信息科学学院(9 人)

邵渝琪　杨　存　任　丽　王　琼　陈安静　马开法　胡庆義　周佳佳　娄玉芝

光电信息科学技术学院(11 人)

车潇华　刘　璐　赵艳磊　朱明雪　焦　浩　曹　宽　李起鑫　牟晓龙　李亚男　徐　斐
林云森

计算机与控制工程学院(29 人)

何新新　纪丽娜　鲍凯丽　岳文琦　石　芮　辛　睿　任子仪　成洪豪　江　珊　潘廷伟
姚　霞　王　坤　殷增轩　刘志骏　杜雪瑶　赵甜雨　魏　鑫　张硕硕　孙祖文　孔祥龙
张伟建　孙　潇　刘彤彤　吴胜男　刘天恩　孙海卫　李文明　宋玉龙　杨　睿

机电汽车工程学院(29 人)

刘盛翔　刘希宽　魏　杰　冯彦睿　焦磊磊　牟雪健　潘威凯　曲虹全　王玉宝　于汶阳
崔华飞　马兴会　孟庆恒　朱　功　陈长磊　郭　斌　李　明　曲春旭　孙　浩　孙路静
田元青　王　波　王浩然　王金忠　王立帮　王泽政　徐从旺　赵永涛　朱俊瑞

土木工程学院(35 人)

王少伟　于爱鑫　李　颖　陆　宁　丛静岚　刘玉霞　王晓晴　戚　林　王　珺　曹悦颖
张瑞丰　夏振民　郑书笛　高　康　王贵康　张忠杰　王　浩　陈　琦　钱百惠　赵　磊
张为祥　邹　瑶　王　焜　宋维国　张宇康　杜　岩　王培栋　王　宇　李志超　李　欣
寇　越　赵庆贺　李亚锦　赵云凯　张　俊

化学化工学院(40 人)

花晓月　聂　雯　杨翰林　徐翰涛　侯雪捷　赵　巍　冯莎莎　孙文星　孙大海　徐　灿
王　杰　王　晶　贺志娟　王　瑛　韩传喜　陈乐乐　曲舰飞　陆忠海　刘鹏云　高雪情
王少霞　王　健　候明昌　刘　秦　张　谦　张虎林　宋晨曦　周宇飞　蔡先磊　崔婷婷
刘　浩　刘　琦　王国梁　王　璐　孙晓业　魏范梅　邓　帅　刘　伟　袁　艳　丁　凡

生命科学学院(80 人)

任慧慧　于　潇　何勇鹏　侯翠英　贾梦淑　吕博敏　王小蓓　王园园　李铂阳　苗雪文
石　楷　邢义高　郑国栋　梁　满　王倩茜　曹晓敏　迟　馨　弟豆豆　王心悦　赵　慧
常甜甜　陈天荣　郭晓杰　何　萌　李懿宸　刘华政　曲亚男　孙艺轩　孙　莹　谭海广

王　晶　王新琦　王振东　许雅楠　赵　越　陈瑞霞　李施瑶　毕芸杰　申美容　王广飞
张　敏　闫泽文　李心怡　卢国柱　于晶超　刘　存　杨巧丽　田潇然　王庆玉　吕世鑫
贺　怡　张玉豪　吴紫云　孙　琪　刘恩宠　于　浩　臧　帆　霍　峥　贾梦黎　李　敏
梁月鑫　刘璞洁　桑浩然　王苗苗　袁菁翊　周家平　王玉璇　张　旭　郭丁预　卢钰博
台丹丹　赵秀荣　慕雪娇　任倩倩　韩晓蕾　王　镭　许　茜　高仕祺　汤圆强　张　璐

药学院(58 人)

郑晓丽　王　宇　王丽莹　房　蕾　王美灵　孙艺潇　石晓玉　王海娟　范辛辛　吴　锐
尹君婧　孟晓雨　尚康乐　崔晶晶　郭　燕　张倩倩　朱丽萌　许雯雯　韩　璐　王　臻
陈　筱　刘亚茹　苏超男　殷颖超　张　燕　岳　馨　姜　雪　李　婷　高　萌　钟　薇
曹玉成　梁菲菲　范艺千　王聪慧　李　文　蔡艳敏　杨　青　杜世豪　马　红　陈玉春
岳淑敏　郭晓娜　张庆然　李伊娜　李晓鹏　宋广凤　李彩红　高洪艳　王　娜　赵昕昱
欧阳奔　吕静文　赵喜珍　于　琪　郭世奇　刘书琪　李　鑫　刘　丽

海洋学院(7 人)

傅迎珺　谭　颖　王昕宇　王　媛　王　臻　张　哲　赵　伟

环境与材料工程学院(21 人)

杜　荣　路　昌　陈永明　董立伟　程姣姣　韩笑笑　荆　煜　李彩玮　林文文　柳佳良
任峻廷　王子恒　于宏洋　张晓慧　李天骄　王楚乔　崔方芳　娄景媛　张　昱　王小泽
刘　丰

马克思主义学院(11 人)

岑雪飞　高　晶　刘晓芳　吴楠筝　翟文静　朱敬玮　仇梦雪　初婉琳　胡慧琳　刘歆悦
温　欣

2019 年优秀研究生干部获奖者名单

（共 53 人，每人奖励 1000 元）

人文学院(4 人)

侯春艳　杨　康　豆中浩　王诗雯

法学院(12 人)

孙悦航　王鑫涛　王　颖　党　婕　李静臻　张　晔　孙　巧　王乐斌　张　柏　李昶郴
殷晓琳　周海燕

外国语学院(2 人)

潘秀丽　华　蕾

经济管理学院(4 人)

方蓓蓓　陈　乔　倪甜甜　纪静霞

国际教育交流学院(1 人)

刘　璐

数学与信息科学学院(1 人)

李明超

光电信息科学技术学院(3 人)

包展恺　李　炜　刘建业

计算机与控制工程学院(1 人)

孔贺庆

机电汽车工程学院(1人)

林本祥

土木工程学院(4人)

钟汉林　郭美虹　宋维国　李海波

化学化工学院(3人)

王少霞　李海莲　袁　彤

生命科学学院(6人)

张　政　姜倩倩　王园园　刘华政　刘　洋　孙铭雪

药学院(3人)

段嗣瑾　杨秀成　王炳杰

海洋学院(3人)

徐书童　傅迎珺　王　媛

环境与材料工程学院(2人)

陈永明　贾　芮

马克思主义学院(3人)

栾启凤　李　杰　初婉琳

2019年优秀研究生获奖者名单

(共116人)

人文学院(5人)

廉欣梅　郭盛君　赵紫君　许　凯　亓　飞

法学院(18人)

王鑫涛　王振静　王　颖　可　晓　令狐克军　王欢欢　张　珂　李静臻　彭诗淇　王伟峰

王乐斌　吴元爱　李昶郴　杨　晨　徐　周　殷晓琳　张彦彦　周海燕

外国语学院(2人)

姜倩倩　迟亚梦

经济管理学院(5人)

李　馨　孙芳翼　张永逸　纪静霞　左啸文

国际教育交流学院(2人)

孙梦媛　岳梓葳

数学与信息科学学院(2人)

李　娜　周佳佳

光电信息科学技术学院(3人)

刘建业　包展恺　田园园

计算机与控制工程学院(7人)

冯国政　胡　颖　李爱娟　王金迪　赵　敏　陈　阳　唐玉凯

机电汽车工程学院(7人)

冯彦睿　田　林　张凯尧　林本祥　陈麒麟　王昭政　刘祯耀

土木工程学院(9人)

陈　琦　赵万里　陈　欣　刘　莹　秦　昊　张　雪　刘　璇　王　珺　吴晓龙

化学化工学院(10人)

刘　秦　文嘉慧　陈乃猛　李　钊　刘关喜　高　强　沈　建　迟明月　孙大海　张怀月

生命科学学院(20人)

于　潇　王　宇　马丞博　沈　颖　牟晓璐　付燕红　洪　欣　孙艺轩　王振东　郭晓雨
张　旭　汤圆强　范民婷　胡　苑　孙　迪　王　恒　郑思凡　冯清强　薛　松　姬　恒

药学院(16人)

冀　凯　孔琳琳　刘梦娜　任倩文　翁卫钊　侯可赛　李　乔　杨秀成　李　新　彭祥福
王恺奕　汤胜男　郭梦琦　李硕硕　尚志豪　高　萌

海洋学院(2人)

李　帅　徐　鑫

环境与材料工程学院(5人)

李彩玮　邵钲杰　贾　芮　董立伟　魏弘历

马克思主义学院(3人)

董依含　吴楠筝　胡慧琳

2019年度勤工助学先进个人名单

人文学院(11人)

陈宗超　高思思　丁　悦　王文骄　马　赫　齐振国　李新月　孟婷婷　赵雪雨　王　薇
殷怡源

法学院(3人)

马晓萍　崔　畅　郭小伟

经济管理学院(7人)

张金龙　刘岩岩　闫思琪　陈志昂　高明燕　闫颢瀚　邢丹丹

外国语学院(10人)

王那贞　刘志强　赵九斌　宋逸嘉　管　慧　张　莹　刘　慧　沈子芹　张　霞　林香兰

化学化工学院(10人)

韩新建　虞人军　范鹏程　魏欣茹　郑　腾　肖　元　王立政　宋　宇　鄢娇妹　李　敏

生命科学学院(10人)

徐　杰　姜政飞　张丽丽　刘瑞瑞　杨　悦　郭明珠　王春丽　丁乔敏　刘永菊　韩　姣

海洋学院(6人)

王法涛　陈大量　朱龙庆　刘召法　尹英磊　周怀龙

环境与材料工程学院(7人)

崔庆良　张荣贵　孙菁苒　杨美岭　魏　聪　张金铭　黄之韬

计算机与控制工程学院(3人)

杜国庆　杨　柳　贾禄杨

光电信息科学技术学院(6人)

尹胜杰　王　玲　王希阳　王荣树　崔方正　李　鸾

机电汽车工程学院(8人)

王珊珊　王德成　魏　巍　薛鲁峰　安永辉　邢文琦　王　哲　魏新宇

土木工程学院(4 人)

段雪良　林　振　侯　帅　王青云

建筑学院(1 人)

张　新

数学与信息科学学院(4 人)

徐聪颖　平　静　周　静　卢　红

药学院(3 人)

李金枝　赵钰萌　黄　花

国际教育交流学院(1 人)

石超凡

体育学院(1 人)

刘　辉

音乐舞蹈学院(1 人)

程珂珂

核装备与核工程学院(1 人)

罗晶晶

2019 年度自强不息先进个人名单

人文学院(1 人)

井　瑶

法学院(1 人)

高思源

经管学院(1 人)

崔明月

外国语学院(1 人)

刘志强

化学化工学院(1 人)

艾仕利

生命科学学院(1 人)

贺学建

海洋学院(1 人)

王纪广

环境与材料工程学院(1 人)

杨方洁

计算机与控制工程学院(1 人)

房崇佳

光电信息科学技术学院(1 人)

田凯祥

机电汽车工程学院(1 人)

梁　搏

土木工程学院(1人)

段雪良

建筑学院(1人)

刘乾鑫

数学与信息科学学院(1人)

王　颖

药学院(1人)

李风晓

国际教育交流学院(1人)

张艳慧

体育学院(1人)

许晓鹏

音乐舞蹈学院(1人)

崔　卉

核装备与核工程学院(1人)

任　斌

2019年烟台大学优秀本科毕业论文(设计)名单

序号	学院	毕业论文(设计)题目	学生姓名	指导教师姓名
1	法学院(6)	论我国成年监护替代决定到协助决定的转型	赵　冬	张　龙
2		论商标侵权中混淆可能性的认定	石东秀	王超政
3		论气候难民的国际法保护	徐钰茗	王海英
4		浅析南宋朱熹的法律思想	王子瑜	孙季萍
5		防卫过当的认定	何志文	初炳东
6		科创板注册制实施机制与风险防范	李　娜	于永芹
7	人文学院(8)	“好＋V”的词汇化研究	张伟伟	赵巨源
8		穿越想象之后的抵达——试论《繁花》上海叙事的古典性与先锋性	孙雅星	董　晔
9		马丁·伊登和桑地亚哥硬汉精神的比较	申　良	薛　琳
10		主观性研究:社交媒体隐私问题之归因	刁卓达	王殿英
11		《庄子》与《山海经》大木意象之异同	郭　腾	兰　翠
12		论铁凝小说中的性别关系演变	张　翛	任现品
13		论王小波《黄金时代》中人物的生存状态	韩慧锦	张勤勇
14		新媒体环境下博物馆文化传播策略研究——以故宫文创为例	郭雅妮	李光柱
15	国际教育交流学院(2)	动宾式离合词带名词性宾语的位置现象研究	刘　敏	李　平
16		“X族”“X党”“X迷”“X客”四类派生词对比分析	王怡馨	亓文香

续表

序号	学院	毕业论文(设计)题目	学生姓名	指导教师姓名
17	化学化工学院(10)	若干含卤分子参与相互作用的理论研究	王延青	李庆忠
18		铜-可伐合金钎焊封接工艺探究	高　华	邹旭华 宗祥荣
19		含螺环结构环氧化合物的制备及性能研究	赵世坤	郑耀臣
20		医用注射器芯体的注塑模具设计	龚忠敏	苏红军
21		异丁烯选择性二聚工艺设计	丹少鹏	陈小平
22		二苯并二硫杂卟啉烯关键中间体噻吩[3,2-g]吲哚的合成与反应活性	陈　晨	李家柱
23		Ni_3S_2 分级纳米结构的制备及电化学性能研究	马　敏	崔洪涛
24		Nd-Co_3O_4 及 K 改性催化剂催化分解 N_2O	王　雪	徐秀峰
25		高活性含 Au 纳米催化剂的制备、表征及其催化应用	刘淑娴	林清泉 邹旭华
26		3 万吨/年粗环己醇生产工艺初步设计-2	赵伟渲	田　晖
27	环境与材料工程学院(10)	助剂对不饱和树脂基复合材料的性能影响	高忠帅	张新涛
28		纳米钒酸锰作为锂电负极材料的研究	赵致琳	张潇予
29		磁化浒苔基生物炭的制备及对水中 Cr(Ⅵ)去除效果研究	陈嘉诚	杨启霞
30		氧化钴微纳结构的制备及电化学性能研究	刘　鑫	周艳丽
31		某城镇排水管道的设计	孙春萌	张　鹏
32		Zr-Al-Co-Ag 非晶合金疏水表面的化学法制备及性能研究	陈梦莹	刘　丽
33		黄海聚球藻适应高光的功能基因多样性研究	展亚楠	林绍迎
34		几种凝胶溶剂对 AlON 注凝胶成型影响的研究	丁　蕾	孙学勤
35		高校实施大课制的节能潜力分析	王　洁	张晓龙
36		流场结构对钒电池性能影响的模拟设计研究	李长娟	尤东江
37	机电汽车工程学院(12)	苹果配重与装箱生产线设计	楚遵辉	王林平
38		全自动水分仪测控电路设计开发	李文博	王东兴
39		车身前防撞梁圆管内螺纹检测装置的设计	王　震	金权东
40		苹果套网生产线机械系统设计	葛利涵	王林平
41		基于 Solidworks 的铲雪车的结构设计	李洪涛	周玉兰
42		汽车牌照自动识别算法设计	张润泽	朱淑亮
43		工艺参数对螺纹成型的有限元分析	吴兆东	周　丽
44		六关节工业机器人的上下料仿真	孙海力	柴永生
45		桁架机器人设计与分析	靳晓波	李　峻
46		家用电动面条机设计	包晓成	张　磊
47		颅骨小孔的钻削性能研究	孔令武	李　岩
48		汽车油管端口成型过程分析与仿真	孙　瑞	王燕涛

续表

序号	学院	毕业论文(设计)题目	学生姓名	指导教师姓名
49	建筑学院(4)	矛盾性与复杂性——烟台市太平湾码头片区城市设计及建筑方案设计	庄　飞 高　翔	隋杰礼
50		矛盾性与复杂性——烟台市太平湾码头片区城市设计及建筑方案设计	王彬竹 董雪莹	张　巍
51		别“墅”一帜——庐山别墅书籍设计	何明浩	王　磊
52		莱阳市石河头村落景观改造设计	蹇木森 朱志爽 马　笑	李　辉
53	光电信息科学技术学院(10)	基于卷积神经网络的图片风格转移方法	周旭峰	王中训
54		激光混沌复用系统同步性能研究	张　念	晋　刚 穆鹏华
55		会聚偏振光干涉的仿真与实验	马永哲	王淑梅
56		数学物理方程傅氏级数解的收敛性	李路琦	李作宏
57		基于 javaweb 的网上医院预约挂号系统设计与实现	王永杰	薛　花
58		基于热光关联的显微成像研究	李清晨	曹德忠
59		QPSK 解调的 FPGA 实现	王　达	张振义
60		基于 Spring-boot 框架的政务信息共享交换平台资源管理系统的设计与实现	张鲁轩	张　炜
61		基于 Java 的智能图书信息查询管理系统	王小娟	高书霞
62		基于阿里云的海水水质自动检测上位机系统设计	钟林峰	贺鹏飞
63	核装备与核工程学院(5)	火电厂屏式再热器爆管失效分析	魏文芳	初瑞清
64		SiC 拉伸性能的分子动力学模拟研究	成钊意	杨坤杰
65		钛合金离子氮化及其电化学性能研究	吕振博	李　杨
66		单道脉冲分析器的优化设计	闫亚新	刘　燕
67		Zr-Al-Cu-Ag 非晶合金疏水表面在酸性溶液中的电化学法制备及性能研究	刘洪珍	赵相金
68	生命科学学院(9)	白菜细菌性软腐病新致病菌的生物学鉴定	薄紫荆	杜文晓
69		沙棘提取物对斑马鱼心肌损伤的保护作用研究	孙宴清	李　刚
70		岩藻黄质的稳态化与高效递送技术的研究	毕浩然	姜竹茂
71		迷迭香酸对 MPTP 所致斑马鱼神经损伤模型的保护作用	邸　妞	韩　冰
72		米曲霉固体发酵制备蛋白酶条件的优化	韩英杰	于　贞
73		红条毛肤石鳖铁矿化基因空间表达初探	齐亚平	刘传林
74		生物有机肥微生物筛选	杨崇瑶	赵振军
75		产壳聚糖酶菌株的筛选及培养条件研究	朱奕璇	温少红
76		表面增强拉曼光谱分析吡虫啉与亚胺硫磷的研究	张凯文	曹晓林

续表

序号	学院	毕业论文(设计)题目	学生姓名	指导教师姓名
77	药学院 (5)	多巴胺受体激动剂 R 对大鼠的抗炎作用及机制	刘子楷	傅风华
78		胖大海提取物中呋喃羧酸类化合物的抗炎活性研究	魏　爽	赵　烽
79		具有耐药逆转活性的奥克梯隆性皂苷衍生物的设计与合成	崔叶桐	杨刚强
80		基于成纤维细胞的纳米载体设计	于采薇	陈大全
81		年产 900 吨泰乐菌素发酵厂房的设计	陈　欢	姚　雷
82	数学与信息科学学院 (5)	群论方法解决两类组合问题	孔祥志	王　燕
83		循环群和交换群的等价刻画	毕凌霄	史江涛
84		黎曼 Zeta 函数的函数方程	李新宁	朱文斌
85		一类周期半群及其放大元素	班玉蝉	朱用文
86		基于采样的一类投影稀疏主成分分析方法	徐　聪	杨　旻
87	外国语学院 (5)	浅析韩国电影中的朝鲜族形象	李亚男	申慧玉
88		中国猫次元经济的现状及发展前景分析	高雅婷	盛美娟
89		关于中国旅客赴日爆买原因的研究	王文博	吕晓菁
90		基于衔接的英译汉机器翻译质量研究	成　璐	李中强
91		关于云集微店(在线个人零售服务平台)的实践报告	夏　冬	李晓晖
92	海洋学院 (10)	多孔介质内气液两相流动的 VOF 数值模拟	范凤仪	李淑哲
93		太阳能-热泵联合供热 TRNSYS 模拟与研究	兰元庆	刘　畅
94		青石斑鱼(♀)与蓝身大斑石斑鱼(♂)杂交后代的变态和骨骼发育过程	陈　帅	杜荣斌
95		芽孢杆菌对 TC18 钛合金腐蚀行为的影响研究	王　帅	赵晓栋
96		碳纤维加热器实验测试	张　晗	赵海波
97		硫化物胁迫对刺参幼参肠道组织生理损伤研究	张　晗	赵　业
98		光抑制下大叶藻转录组的生物信息学分析	杨　泽	钟鸣宇
99		天鹅湖沉积物中无机解磷菌的分布特征	陈佳爱	高　丽
100		海阳和烟台近岸口虾蛄群体的形态比较	孙东昱	王　蕾
101		酯类添加剂分子结构对摩擦学性能的影响规律研究	严业利	王维伟
102	土木工程学院 (8)	金帝大厦 A 栋办公公寓楼给排水设计	郝嘉慧	乔玲敏
103		滨州医学院 2 号教学楼建筑结构设计	赵亚菲	国　静
104		钢渣沥青混凝土材料设计与性能研究	贾智捷	万海峰
105		盛泉工业园 1 号办公楼建筑结构设计	杨　萌	樊海涛
106		多支点锚拉式支护结构设计与基坑施工组织设计	杨相杰	孙淑贤
107		四川省成都市金牛区排水工程设计	尹惠婕	刘玉灿
108		毓璜顶医院国际肿瘤医学中心管线综合优化	欧阳勤	陈　慧
109		基于动态全生命周期的被动式建筑综合评价	朱富丽	吴晶霞

续表

序号	学院	毕业论文(设计)题目	学生姓名	指导教师姓名
110	经济管理学院(17)	基于逻辑回归模型的伊利实业财务信息披露分析	李　瑶	李振杰
111		信息技术行业上市公司财务风险实证研究——以 14 家 A 股上市公司为例	邢文佳	周竹梅
112		债务约束下机构投资者持股对费用粘性的影响研究——以 A 股制造业上市公司为例	李佳佳	刘学文
113		贵州烟草产业生产效率及其影响因素研究	胡　宇	冯冠军
114		中小地区城市居民快餐消费行为研究	崔文静	谢　勤
115		顾客对体验式餐饮服务满意度的实证研究	宋　琦	张　涛
116		中国西部地区金融竞争力评价及其对地区经济发展的影响	方梦晶	王新娜
117		大批量定制下的服装供应链管理分析——以红领集团为例	赵吉青	李新军
118		基于托宾 Q 值公司资本结构与经营绩效关系分析	张延利	李振杰
119		进出口贸易对区域经济增长的影响分析——以山东省为例	单心雨	张东芳
120		民营企业总体税负的税务筹划实证分析	宋森磊	孙晓妍
121		“反向春运”:表现、成因及导引问题研究	鞠一格	崔占峰
122		中国人寿烟台分公司人员流失的原因及对策研究	吴　青	段润来
123		桓台县农民合作社发展探究	单　凯	王淑云
124		东阿阿胶股份有限公司的品牌战略研究	秦文泰	金　辉
125		房地产上市公司股权结构与公司绩效关系的实证研究	张雅洁	朱　捷
126		满意度视角的威海市民生发展探究	张宇婷	李　勇
127	音乐舞蹈学院(3)	甘肃省静宁县“阿阳民歌”调查报告	景莹莹	张　超
128		论《Autumn Leaves》的爵士钢琴演奏风格	孙琳沙	陈再峰
129		浅谈艺术歌曲《索尔维格之歌》的艺术特色及情感表达	崔意萌	邹淑珍
130	体育学院(3)	山东省青岛市公共体育服务供给侧现状调查	王军凯	姜　丽
131		全民建设运动普及率低的现象分析——邹平市好生社区居民调查	孙启鑫	刘宏骞
132		烟台大学学生体育锻炼习惯调查	王嫣然	张瑞萍
133	计算机与控制工程学院(11)	游戏对战平台设计与实现	鲁绍孝	卢云宏
134		车牌识别系统的设计与实现	张淑兴	刘殿通
135		基于强化学习的黑白棋的设计与实现	赵　前	王建华
136		基于深层子空间学习的人脸表情识别方法研究	张迎雪	宋　鹏
137		基于高斯混合模型的标签排序算法	闫科萍	王立宏
138		基于粗糙集的区间值信息系统特征选择研究	赵立威	张　楠
139		基于能力培养的 Online Judge 平台上的学习推荐系统	俎志昂	周世平
140		基于深度特征和 SVM 的遥感图像场景分类	刘　雨	徐金东
141		分布式 RPC 框架的设计和实现	杜承坤	毕远伟
142		新浪微博的数据获取及分析	王志扬	郭艳燕
143		倒立摆系统的模糊采样 H_∞ 控制设计	焦彤宇	杜贞斌

2019 届省级优秀毕业生名单

环境与材料工程学院(26 人)

本科生：

崔子宸　樊继森　范志远　付金焕　贾娟娟　刘晓钰　聂雪玉　邱艺敏　唐卫国　王奕萱
王晓婷　王　雪　高　振　刘军建　马雪松　孙菽含　王盈莉　许珂欣　杨馨婷　张　帆
张乐乐　赵华华　王　珏　张　娜　张　丽

研究生：

周少龙

外国语学院(14 人)

本科生：

马雪迪　邱凌钰　田　潇　纪参参　李雪薇　王文博　吴　迪　高晓涵　高雅婷　李雅淇
许云龙　杨福银　张　琦

研究生：

孟　阳

机电汽车工程学院(29 人)

本科生：

邓宏昌　李文博　曲宗珊　赵国飞　赵永铭　李洪涛　刘玉孟　鲁志鹏　咸丽蕊　郭立佳
刘　影　师宗辉　佟兴伟　张宇佳　包晓成　高恒上　李国志　李梦娇　刘　磊　刘如意
苗峰华　杨红坤　杨　庆　殷英杰　赵　阳　周　放　刘海川　刘鹏程

研究生：

尚鑫波

光电信息科学技术学院(24 人)

本科生：

毕晓鹏　连善彪　刘　振　邵利利　徐天运　张　念　宫葆蓥　李守闯　刘小栋　王霄凤
张雯涛　钟林峰　陈　晓　关云杰　李佳兴　李　莎　徐晓彤　赵　薇　冯龙呈　郝广路
许　朵　袁正赫　赵　莹

研究生：

杨修先

法学院(20 人)

本科生：

艾潇瑞　韩　超　李　好　刘紫萱　裴雪娇　王舒婷　修玲莉　徐程哲　殷伟超　张晓倩
常馨文　季荣梦　李晓雨　杨　览

研究生：

王艳茹　肖朦恺　沈云涛　张　瑞　康　乐　王亭玉

化学化工学院(26 人)

本科生：

贾明洁　李晓康　南婷婷　王明英　董灵玉　窦鑫桐　公衍民　郭志浩　黄　庆　黄晓彤
秦晨曦　孙子棋　王笑笑　杨慧明　张同华　黄高媛　李东晓　刘浩婕　刘　雪　祁有国
王淑婷　王　雪　王延青　杨文强

研究生：

张　鹏　董文博

土木工程学院(17 人)

本科生：

高　爽　侯慧敏　王小允　许　廒　董昕珺　贾晓晖　张晓丹　朱富丽　崔浩儒　戴国豪
杜胜权　井世强　王　涛　肖青龙　谢元彬　赵亚菲　朱敏杰

经济管理学院(51 人)

本科生：

陈　倩　李　峰　李红艳　李佳楠　孙　倩　孙雪纯　王庆浩　吴　青　徐　晴　赵吉青
鞠一格　李秀顺　樊　迪　耿莉梅　侯俊宏　雷诗妮　李祥宇　李星仪　刘玉玲　孟　婷
庞　燕　王　磊　徐芳菲　于　洋　张宇婷　张　云　陈浩然　付　晓　刘　洁　马　挺
邵雅琪　宋森磊　邢文佳　杨　光　苑其鑫　翟玉敏　孙承文　张美俞　张　文　竺可涵

专科生：

崔立杰　匡雅文　李　丹　李亚凡　刘承彦　杨文婧　张文婕　张永卓

研究生：

郭斯雨　韩　杰　赵立君

海洋学院(18 人)

本科生：

陈　莎　王　晨　王　梅　邢介婷　曹金盟　樊金波　冯建笑　李　斌　任可可　田朝元
王泽龙　陈禹田　杜春水　郭　尚　廖　琳　刘　村　杨　冉　程燕文　焦晓晓　滕若男
王梦然　张　晗　甘秋洁　王梦欣　徐文轩　尹　秀

研究生：

王雪艳　李希磊

国际教育交流学院(7 人)

本科生：

刘　敏　司君琪　王　彦　张一迪　赵静静　朱梦涵

研究生：

韩露亿

人文学院(20 人)

本科生：

高炳泽　姜　红　李晋阳　李笑霖　宁皓月　齐国梁　钱淑月　孙雅星　王　莲　王子淑
肖蝶蝶　张　脩　张伟伟　赵梅娟　蔡丽娜　邓刘星　郭晓莹　宋晨辉

研究生：

郗志新　毕孟森

核装备与核工程学院(11 人)

本科生：

成钊意　丁梦婷　马娇娇　孙　丽　闫亚新　李孟晓　李姿昕　薛文丽　展　冉　韩　婷
刘洪珍

数学与信息科学学院(12 人)

本科生：

聂华清　王　雪　徐　慧　赵世民　周　晴　葛君琰　李晓燕　王春荣　薛晓露　苏柳柳
袁　浩

研究生：

王大勇

计算机与控制工程学院(27 人)

本科生：

常　锐　何大冰　李　倩　李　潇　刘春彤　刘小楠　王惠惠　武连杰　张迎雪　常　轩
单林智　黄其萌　姬广熙　孟　圆　舒文超　王　旭　王翊臻　闫　安　闫科萍　袁永潇
张伟晶　李景禄　刘　春　庞燕茹　王　进　张永慧

研究生：

赵冠哲

建筑学院(8 人)

本科生：

何明浩　刘　菲　高艺博　秦鸿昕　王文强　王雅萍

研究生：

刘相如　王玉龙

生命科学学院(24 人)

本科生：

范婷婷　李冬青　王娅楠　王智宇　朱奕璇　曹　丽　李　毓　项娟娟　仲　蕾　陈　闯
齐亚平　吴子文　于美佳　陈德赟　韩兴梅　姜梦晴　聂　爽　刘红驿　刘　哲　杨如玉
张嘉杞

研究生：

郝　娜　高子飞　沈文俊

音乐舞蹈学院(7 人)

本科生：

霍钰杰　姬宇峰　宋鲁超　韩玉龙　陶　颖　王小桐　张禄梅

药学院(15 人)

本科生：

解雅茹　金雅晴　石文筠　谢　华　杨梦琛　张　琪　赵　艺　朱　慧　朱意攀　柳志诚
潘小涵　史晓雨

研究生：

吕晓燕　王凯丽　王学凯

体育学院(7 人)

本科生：

刁晨晨　韩绪龙　姜霁恒　刘　婧　谭苑昊　王嫣然　张文轩

2019 届校级优秀毕业生名单

人文学院(41 人)

本科生：

张　娟　宁思鸣　陈　喆　李　琳　杨梦妍　宋呈祥　张　玉　刘艺璇　江冠群　贺梦婷
郝思启　李晓媛　白明春　单　琳　张　通　郭　梦　熊辉源　崔文硕　张　聪　郭亚娣
姚武扬眉　申玉玲　郝媛媛　滕　云　董　月　周　宁　李　娜　程　前　张　洁　陈佳敏

杨安然　陈　昀　宋沫函　翟　梅　罗雪晴　杨茜茜

研究生：

孙金凤　张亚楠　周　楠　吴昳丽　李思雨

法学院(40人)

本科生：

苟金阳　展　兵　邹　怡　焦　旋　毕雪桐　徐钰茗　韩茌芏　马思敏　王馨琰　刘敬宇
丁诗雨　宫芊芊　隋阳旸　李亚楠　徐　毅　吴　迪　刘馨兰　黄宇熙　丁文静　邢　雷
米文雅　孙梓桐　赵悦如　齐苗苗　王瑜琪　周　佳　王真真　石东秀

研究生：

董雨鑫　田文婧　尚清清　李　蒙　毛金科　刘晓楠　崔文君　孙　悦　刘秋实　李雪颖
苏玫霖　宋天骐

经济管理学院(101人)

本科生：

郝欣敏　李　双　程林林　白家和　李　芳　孙晓丹　刘厚雨　王一舒　何　丽　方　慧
刘高顺　马大磊　王雪纯　齐梦楠　赵伟杰　杨桂萍　刘仰桂　方陈艺菲　原欣欣　宋一夫
贾爱霞　于亿亿　魏旭旸　陈晓媛　姜俊强　蒙　捷　方　晗　王晓颖　杨　茜　李　婷
黄叶飞　董俊花　田应椿　苏云迪　刘雅蕾　单　凯　童　雪　刘安琪　刘晓玉　付齐岳
王　珊　曲晓青　梁家菡　张　鹏　梁　虹　谢　静　田玉莹　刘晓倩　原晓露　胡真玉
李妍妍　李　敏　王永春　张春贺　石晓雯　黄美玲　师林林　连　芳　毛奕铭　郭艳芳
赵云佳　童　欣　刘　雨　李佳佳　高凯旋　张紫藤　刘延霞　任铜宵　李倩楠　张　彬
闫智琳　孟　琦　韩露露　魏　蕾　董　恒　宋俪慧　李　双　张银洁　宋　琦

研究生：

马文秀　张林琪　孙亚宁　孙丛丛　路亚川

专科生：

徐　婕　王正莅　陈昱增　王　涵　隋同彤　杜亚妮　解文欣　陈紫荆　杨志远　任　媛
汪佳佳　杨梦璇　庄星硕　于秉禾　朱佳绪　王　瑜　周炜栋

外国语学院(26人)

本科生：

姜巧丽　朱晓语　刘玲玲　边裕涵　李亚男　王香玉　孙歆格　宋李爽　张庆雪　孙海鹏
平　安　颜鑫同　韩丽璇　吕晓洁　郑　咪　陈雅新　王海潮　朱　晴　蔡梦迪　李　晓
张雨晨　熊婴格　黄　薇　李金凤　刘静茹　阚洪晓

化学化工学院(52人)

本科生：

朱守文　杨冬至　陈　浩　赵世坤　朱艳艳　李莹莹　赵良丹　田　雪　姚嘉帅　刘培艳
孙文文　宋华兴　孙卓群　韦彦玲　闫立秋　景雪璐　张萌萌　李　青　李　玲　王依香
王惠琳　李申芳　张宏伟　张芝芝　王　溪　唐祎玮　刘其鹏　肖嘉玉　杨倩倩　朱亚倩
刘　帅　王宪飞　刘新雨　魏旭松　霍国栋　伍成成　魏月月　王城喻　李萧萧　严桂俊
刘　佳　刘晓洁　颜　娜　朱玉洁　贾昭昭　金坤宇　张　鹭　董丞君　董梦娇

研究生：

张　爽　姜梦林　刘　阳

生命科学学院(51人)

本科生：

刘　阳　张惠苹　李晓楠　窦明德　苏兰凯　陈　宁　白雪连　杨　曼　丁　悦　章誉兴
李若然　王凤仪　杨林霏　于加武　亓筱涵　刘梦雪　张红秀　韩新花　刘　琳　王迎春
李　琴　李　雪　刘明辉　林丽秀　刘备备　杜后兴　林鹏程　胡佳琪　王　萌　李　乐
蔡世清　于蓓蓓　曹秭琦　毕浩然　马洪悦　邸　妞　刘梦晨　曲林姣　周琳卉　杜宝双
庞甲雷　赵美艳　陆羡垚　吴泉勇

研究生：

李梦琪　马伟伟　郭春静　李晓通　田家浩　许　程　柯婷玉娲

海洋学院(53人)

本科生：

谭　蓉　刘秀杰　任倩男　王洪浩　刘雅娴　李厚梅　许梦雨　丁丽君　王静如　郭雪莹
刘同威　韩光辉　李　珍　张　谦　张　瀚　张　旭　邓佩杰　刘明坤　张　坤　惠培鑫
李直兵　徐　衡　吴　杰　张博艺　刘雨茜　王　帅　高文翔　刘鑫龙　张　犇　王进京
郑洪祥　马　凯　李金光　张晓晨　魏佳倩　司林辉　刘顺娣　王　攀　张文鹤　杜优贤
李　壮　李　赫　刘梅婧梓　王文霞　芦美娜　冯迪迪　李全超　管　娟　李雯璐　王屿岑
马秀华　焦　冉

研究生：

王云峰

环境与材料工程学院(57人)

本科生：

郭雪丽　汤庆林　李艳艳　陈梦莹　张秀美　王　敏　庞海波　高红卫　王彬彬　侯德祥
孙瑜蔓　刘夏辉　高明月　徐金至　李茹月　程佳宁　刘晓梅　李长娟　盛　飞　孙　程
班飞飞　胡鑫冉　杜启哲　王　晓　张佳莉　侯学文　孙春萌　王　淇　王　洁　展亚楠
张雪莹　宋慧敏　朱见斌　侯娇云　张阳阳　梅　寒　崔付倩　杨朝霞　于　洋　谭玉冉
陈丽蓉　陈　红　耿冬梅　魏艳萍　徐文露　夏梦雪　衡蕊宁　高诗雯　蹇木森　朱　进
王永善　常慧荣　李秋月　韩晓霞　杨智敏　鲍晨宇　范丽莎

核装备与核工程学院(12人)

本科生：

刘　璇　王梦辉　苏咸利　谷　颖　刘　雪　王是淇　张明旭　魏玉婷　求梦程　方　圆
宫文娟　刘　宁

计算机与控制工程学院(60人)

本科生：

曾林波　张蓝蓝　邵先利　毛允飞　孙琦琦　倪　畅　俎志昂　郭　腾　陈和湘　张　颖
杨雅鑫　郗小艺　陈　哲　孟　晔　郗传秀　王丽坤　孙彦增　戴欣萍　于士盛　郑志坤
王明鉴　黄志强　曹令鑫　赵东亚　张晴晴　崔青青　王艺霖　于子娴　岳成艳　郭　辉
马艳艳　李　飞　武　聪　韩桂报　王佳宁　苏媛辉　李　嫚　马咏莉　王世界　陈　曦
江民杰　王泳钏　姜晓梅　耿　甜　张家朋　何信宇　赵歆妮　刘亚祺　赵紫衣　孙鹏飞
焦彤宇　郭超元　黄舒莹　邓梦菲　曾　勇　何学鑫

研究生：

陈曼如　尹继亮　陈　倩　孙　琳

光电信息科学技术学院(46人)

本科生：

李文亭　王长宏　陈　静　潘康路　孟令增　崔钱钱　张元月　闫科程　余韩梅　师　倩

陈　月　柳晓寒　张梦双　刘　琪　黄晓雨　杨玉杰　王子怡　毕振凤　东庆刚　段建飞
张　锐　刘亚蕊　崔　佳　李　敏　刘文鑫　靳　悦　王晴雯　杜莎莎　孙艳秋　张志聃
冯云霞　齐　力　张　玉　邢宪琴　刘　玮　王书松　刘赤县　鲁晓艳　马永哲　孙庆伟
逄京涵　于佳慧　胡春鑫　刘文硕

研究生：

方　璐　李和健

机电汽车工程学院(58 人)

本科生：

史孝峰　赵东晓　顾君杰　祝茂林　柳　佳　谢　晗　盖志豪　王付强　邢慧双　刘　勇
程长青　冷晓寒　张镇宇　马　玲　罗红富　刘玉柱　张若奇　薛　霞　路　瑶　张　彦
孔澍婷　钟慧敏　张国飞　宫丹丹　刘兆财　朱林龙　姚福兴　赵　康　管志新　孔令武
王建新　冯良琦　李文帅　王鹏昊　李鹏辉　杨文丽　潘　硕　曹士强　王延杰　张志帅
王　震　张永恒　马　浩　贾义威　李自浩　魏忠福　王耀锋　肖　康　郑　健　陶　春
杨博翰　闫晓彤　潘艳杰　柳梦雪　王雅丽　曹艳玲

研究生：

骆　凯　姜稀膑

土木工程学院(34 人)

本科生：

刘玉森　张晓慧　李　莹　郑　新　郝嘉慧　韩习习　刘同帅　简培塬　杨永红　蔡林阳
孙维娜　赵朝惠　刘　丹　周冉冉　张　楠　申利杰　王丽娜　李　欢　王海燕　温　倩
马　薇　孙宏远　种永健　刘　超　范增强　李聿金　李　琪　王　超　费迎红　郑　敏
刘祥宁　张德民　惠宝龙　贾博为

建筑学院(15 人)

本科生：

张露露　金吉祥　安新望　宫韵昭　游佳伟　傅婷婷　文素彬　王明主　冯　顺　黄　宁
刘　畅　李思新　付　俊

研究生：

乔　丹　童立强

数学与信息科学学院(19 人)

本科生：

彭艺芹　周士娟　赵双燕　段秀凤　张美玲　亓彩凤　宋佳玲　杨　慧　朱　丽　陈亚娜
祁俊海　刘滋滋　杨粟棋　高　琪　刘春雨　朱姗姗　鹿玉欣　陈晓娜　熊泽宇

药学院(29 人)

本科生：

李　雪　赵鹏翔　王玉卿　王艺晓　赵　夏　莫丽琼　李智超　刘子楷　朱雅楠　王　慧
李　欣　乔　震　张燕艳　张亚丽　张　梦　崔叶桐　吴　莹　咸晓莉　陈　欢　段　丽
许国秀　张芳平

研究生：

王明超　宋义娜　于月明　闫秀菊　楚留香　张敬真　黄亚楠

国际教育交流学院(11 人)

本科生：

霍娅楠　李明钰　周慧萌　班远红　胡诗瑜　余红媛　董婷婷

研究生：

赵子正　周文生　黄　爽　朱梦雅

音乐舞蹈学院(8人)

本科生：

张一凡　辛慧霖　高　威　周安欣　李文婷　段　龙　严羽婕　张心怡

体育学院(15人)

本科生：

臧加慧　王军凯　赵海娟　王琰琰　孙　杰　姜苏航　于　静　孙圣尧　霍英彬　门明月
吴亚萍　张文茵　孙美娜　姜艳艳　王　磊

2018年度十佳校园新媒体、优秀指导教师、优秀学生编辑、优秀原创作品名单

烟台大学2018年度十佳校园新媒体

10个微信公众号

烟大人
烟大学子
烟大青年
烟台大学经济管理学院
烟台大学法学青年
烟大计算机与控制工程学院
烟台大学机电汽车工程学院
烟大土木工程学院
生科青年
烟台大学外院团委

烟台大学2018年度校园新媒体优秀指导教师

丁晓丹　王　莹　王　睿　曲　季　孙世玉　周　昊　赵文辉　董　超　解　囡　蔺立杰

烟台大学2018年度校园新媒体优秀学生编辑

党委学生工作部(3人)

王嘉萱　栾崎萌　王双双

校团委(5人)

张思钰　侯春艳　孙艺玲　王源栋　黄　敏

校友工作办公室(5人)

郭盛君　何德莉　黄晓君　王诗雯　徐美娟

人文学院(5人)

曾繁洁　王双双　羊　帆　杨延东　李龙飞

法学院(5 人)
申宏瑶　孙艺杰　于芳卉　于婷婧　张　晔
外国语学院(5 人)
葛浩月　金　可　闵慧娟　温　馨　赵小倩
经济管理学院(5 人)
崔思琪　董　娜　刘一诺　韦启菲　谢凤君
音乐舞蹈学院(3 人)
黄　莎　李兴楠　郑入文
数学与信息科学学院(5 人)
王晓语　王　宁　王　颖　杨如蓓　于泽龙
光电信息科学技术学院(5 人)
吕建辰　云　硕　张舒源　张潇艺　周梓芳
化学化工学院(5 人)
郭秀田　贾环环　刘凌坤　王惠群　张　帆
生命科学学院(5 人)
董钰莹　韩琢玉　季　晨　潘素伟　张新飞
药学院(5 人)
刘富饶　吕旭成　王　珊　王紫颖　尹亚晴
计算机与控制工程学院(5 人)
张皓源　徐晓倩　李子豪　季廷雨　董富浩
机电汽车工程学院(5 人)
何超帅　岳　成　程彩虹　安永辉　欧阳含笑
土木工程学院(5 人)
张　湛　李晓思　刘　璇　武宇辰　赵　凯
海洋学院(5 人)
刘艺康　逯焕杰　任　蓉　尚安然　岳　丽
环境与材料工程学院(5 人)
冯亚康　管西蕾　李东伟　孙啸洋　赵晨琪
建筑学院(5 人)
高　畅　刘鹏程　潘呤露　相　莉　殷　朔
核装备与核工程学院(4 人)
李建辉　李琦琦　刘　源　朱述生
烟台大学新媒体中心(13 人)
梁家豪　张振兴　毕雪崴　陶钰萍　李梅杰　韩　烨　张　耕　王蓓蓓　曹新荣　阎薇宇
赵钰萌　于　瑶　王龙宇

烟台大学 2018 年度校园新媒体优秀原创作品

“烟大人”微信公众号：
《我和烟大的春天撞了个满怀》
《重磅！烟大校友邵洋洋博士在世界顶级期刊 *Nature* 上以第一作者发文!》

“烟大学子”微信公众号：

《军训采风|校领导看望军训教官和学员》

《@18 级新萌丨报告！我要上开学典礼》

“烟大青年”微信公众号：

《快来 pick 最具人气的方阵|校运会》

《青春榜样|当青春榜样遇上团代会，就是不一 YOUNG！》

“烟台大学人文学院”微信公众号：

《走近你，了解你，以党代会的名义！》

《捷报！人文学院党政工团 4×100 米接力赛夺冠！》

“烟台大学法学青年”微信公众号：

《迎新特辑家长篇|那些背影，你还记得吗？》

《烟二代的故事|我的校友父亲》

“烟台大学外院团委”微信公众号：

《外院 · 封面|听见你的声音》

《我和春天有个约定》

“烟台大学经济管理学院”微信公众号：

《新生才艺展倒计时|第五天：我们的故事，从相遇开始……》

《在经管，每一分钟都可以书写奇迹》

“烟台大学音乐舞蹈学院”微信公众号：

《舞你所舞　无问西东——153 舞编专业毕业晚会》

《音乐会快讯|祖国万岁——声乐教师专场音乐会》

“烟大数学人”微信公众号：

《【迎新特辑】烟大我来了|烟大数院“最”新生》

《聚焦党代会|做“不忘初心、牢记使命”的优秀数学人》

“烟台大学光电信息科学技术学院”微信公众号：

《大一萌新 VS 学长学姐，谁是最后赢家》

《近日港城东大街 100 号的故事》

“烟大化院”微信公众号：

《化院头条|考研倒计时，温暖进行时》

《迷彩服之恋|只是因为在人群中多看了你一眼……》

“生科青年”微信公众号：

《生命科学学院“怒放的生命 · 燚”主题晚会圆满落幕》

《生命科学学院活力迎新|我们所做的一切，都是为了你》

“烟大药苑”微信公众号：

《多幸运|三生有幸得遇你》

《上新了，烟大|上心了，药苑》

“烟大计算机与控制工程学院”微信公众号：

《党代会：“你好，互联网 +”》

《重磅推荐！烟大人必备的超燃小程序》

“烟台大学机电汽车工程学院”微信公众号：

《有人@你|WOW～“你镜头下的十月一”摄影展开始投票啦！》

《青春物语|魏荣：最美的青春，就是脚踏实地做自己喜欢的事》

“烟大土木工程学院”微信公众号：

《中秋|你看起来很特别》

《党代会×土木人|继往开来，与时俱进》

“烟台大学环境与材料工程学院”微信公众号：

《他们眼中的迎新(上)》

《环材故事|“光核环”三院联合运动会》

“筑匠 YTU”微信公众号：

《党代会|新蓝图唤起征程，微力量筑梦前行》

《晚安建馆|匆匆那年，我们的十八岁》

“烟台大学核装备与核工程学院”微信公众号：

《核学院|你的前世今生，我的一生所爱》

《“核”你对话|杨坤杰老师……来了》

“烟台大学”微信公众号：

《嘿，高考少年！我在烟大等风、等你、等未来》

《考研爱情故事：从烟大到人大，最浪漫的事是与你一起考研》

《三尺讲台，齐鲁竞技|他们是烟大“青椒”的实力担当!》

《还记得那年烟大三元湖畔的夏雨荷吗？来了!》

《“烟大欢迎你”不仅仅是嘴边的一句话，还有这满满的仪式感》

《官宣：万众期待的最美烟大秋色来了！把烟园的秋，锁在你我的故事里》

《杏花蒲叶发有时|北京大学、清华大学支援烟台大学建设纪录片官微首发》

《永不磨灭的印记|北京大学、清华大学支援烟台大学建设图片展全文发布》

《来看看烟台大学荣获的这项中国专利金奖的含金量有多高!》

《陪伴是最长情的告白|2018 烟大官微陪你一起走过的 365 个日日夜夜》

烟台大学 2019 届优秀创新创业毕业生名单

法学院(13 人)

马金铭　马清泉　朱子恒　牟诗远　李　好　李　松　李翰轩　俞晓雅　陆楷文　赵悦如
修玲莉　韩　超　苟金阳

经济管理学院(7 人)

王瑾珑　李秀顺　宋一夫　周一凡　原欣欣　郭祥琪　鞠一格

计算机与控制工程学院(1 人)

郭　超

机电汽车工程学院(3 人)

冷晓寒　张润泽　葛利涵

土木工程学院(2 人)

王兴波　乔　丹

烟台大学2019级学生军训获奖名单

2019级学生军训先进学院(8个)

机电汽车工程学院、计算机与控制工程学院、经济管理学院、光电信息科学技术学院、海洋学院、土木工程学院、人文学院、外国语学院

2019级学生军训分列式优胜方队(10个)

法学院方队、外国语学院方队、经济管理学院方队、海洋学院方队、人文学院方队、光电信息科学技术学院方队、化学化工学院方队、土木工程学院方队、药学院方队、国际教育交流学院方队

2019级学生军训歌咏比赛优胜队(6个)

音体国核方队、外国语学院方队、经济管理学院方队、海洋学院方队、人文学院方队、法学院方队

2019级学生军训会操优胜排(19个)

一　　排(外国语学院)
三　　排(药学院)
七　　排(经济管理学院)
十　　排(土木工程学院)
十 三 排(数学与信息科学学院)
十 五 排(机电汽车工程学院)
十 九 排(人文学院)
二十一排(音乐舞蹈学院)
二十三排(环境与材料工程学院)
二十六排(核装备与核工程学院)
二十九排(化学化工学院)
三十二排(生命科学学院)
三十四排(建筑学院)
三十五排(海洋学院)
三十九排(国际教育交流学院)
四十一排(法学院)
四十二排(体育学院)
四十六排(计算机与控制工程学院)
五 十 排(光电信息科学技术学院)

2019级学生军训内务优胜班(27个)

外国语学院:	外191-1	外191-4
药学院:	药191-4	
经济管理学院:	经199-2	经198-2
土木工程学院:	土192-2	土193-2
数学与信息科学学院:	数191-1	
机电汽车工程学院:	机191-4	机191-5
人文学院:	中191-1	中191-4
音乐舞蹈学院:	音191-2	
环境与材料工程学院:	材191-1	

核装备与核工程学院：　核 192－2
化学化工学院：　化 192－1
生命科学学院：　生 191－1
建筑学院：　建 193－2
海洋学院：　海 193－2　海 194
国际教育交流学院：　汉教 191－1
法学院：　法 193－1
体育学院：　体 192－1
计算机与控制工程学院：　计 191－1　计 191－2
光电信息科学技术学院：　光 196－1　光 194－1

2019 级学生军训优秀学员(165 名)

外国语学院(9 人)

朱梦琴　管鑫鑫　刘浩杰　孙　潇　高志杰　魏偲瑶　梁龙芳　周忠华　杨睿琪

药学院(5 人)

弭淑琦　王浩霖　王雅琦　刘文佳　李雅琳

经济管理学院(14 人)

王炫博　庞博公　段夕鹏　曹子洋　马进先　于影怡　葛　畅　蒋新涛　刘芙金　薛慧慧
张世龙　王学遥　田玉龙　赵文喆

土木工程学院(9 人)

何奕霖　赵洪宇　孙晓源　王韬懿　宋艳菲　郭　博　贾承辕　侯振浩　程云含

数学与信息科学学院(6 人)

牛　舒　郑子豪　丁　鹏　范媛媛　国美婷　韩孟言

机电汽车工程学院(13 人)

张宇恒　刘欣雨　王瑛玮　赵　曦　陈　星　罗佳宁　郭玉莹　王　志　于静泓　曹云昊
于仁政　孟丽娜　张文彬

人文学院(8 人)

炯　瑞　李文睿　刘宇馨　肖玉浩　邵雅婷　杨思佳　刘家璇　刘　龙

音乐舞蹈学院(3 人)

徐艺歌　董欣颖　高月娇

环境与材料工程学院(10 人)

孙宏宵　王晨楚　宋一川　常宇佳　汪明轩　闫世超　张伟奇　刘　超　鞠凡麒　方浩羽

核装备与核工程学院(5 人)

常　肖　任治方　匡慕清　李祖智　谢腾飞

化学化工学院(11 人)

张瑞麟　黄鹏飞　安桂璇　巨子尚　安秀喆　张凡庆　孙　维　吴艳秋　李世宽　朱秀娜
刘　爽

生命科学学院(10 人)

杨欣琦　黄媛媛　郭家旭　肖雅匀　纪明辉　林中雨　胡成浩　李逸成　宋善瑞　周　韬

建筑学院(5 人)

丁肇晗　程千惠　崔逢斌　隋若莹　于　颖

海洋学院(15 人)

伍莎莎　单洁雅　刘国泰　周玉龙　米纹龙　刘启铭　骆佳馨　张　洵　周星宇　任玉龙

李　冰　王怡强　王玉玉　王　硕　端仁杰

国际教育交流学院(2 人)

叶绵万　陈　艳

法学院(9 人)

童光帅　邵浩霖　唐铭远　卢　栋　孙　彧　陈新宇　张　乾　戴晟熔　陈新宇

体育学院(3 人)

宋新媛　李星岳　王新宇

计算机与控制工程学院(12 人)

刘博洋　杨博程　柴雪聪　张锡垚　王鲁泽　刘　敏　张　皓　李宜辰　陈玉宵　李立志
郭嘉程　邢　璐

光电信息科学技术学院(16 人)

董甜甜　李志鹏　李成业　任颂禹　魏肖杰　丁雅慧　李帛燊　张振基　刘开亮　李　瑞
郑毅之　邱　群　朱柏瑾　段熙桐　刘　硕　杜学坤

2019 级学生军训优秀教官(20 名)

李明阳　姬广允　孔凡星　安文强　马武松　李国豪　张　迪　李县伟　王利轩　胡新宇
马子文　魏飞飞　张　申　杨元豪　张德治　赵俊杰　刘畅畅　杜银行　吴舜阳　周　飞

2019 年基层就业先进个人名单

1. 2019 年志愿服务西部计划毕业生名单

姓名	性别	政治面貌	所在学院	工作岗位
尚清清	女	中共预备党员	法学院	新疆喀什基层公务员
方梦晶	女	共青团员	经济管理学院	西藏日喀则基层公务员
胡　宇	女	共青团员	经济管理学院	西藏日喀则基层公务员
王艳茹	女	中共党员	法学院	西藏日喀则基层公务员
剡星星	女	共青团员	人文学院	西藏日喀则基层公务员
张丽娟	女	共青团员	生命科学学院	西藏日喀则基层公务员

2. 2019 年志愿服务西部计划、山东计划名单

姓名	性别	政治面貌	所在学院	服务地区
纪芳宇	女	共青团员	经济管理学院	西藏自治区
罗红富	男	共青团员	机电汽车工程学院	西藏自治区
张成玉	女	共青团员	外国语学院	新疆生产建设兵团
孙　榆	女	共青团员	外国语学院	新疆生产建设兵团
刘　宵	男	共青团员	外国语学院	新疆生产建设兵团
梁春花	女	共青团员	外国语学院	新疆生产建设兵团
杨　雪	女	共青团员	外国语学院	新疆生产建设兵团
冯军祥	男	共青团员	外国语学院	新疆生产建设兵团
石　美	女	共青团员	人文学院	新疆生产建设兵团

续表

姓名	性别	政治面貌	所在学院	服务地区
刘艳庆	女	共青团员	光电信息科学技术学院	新疆生产建设兵团
程钦玉	女	共青团员	光电信息科学技术学院	新疆生产建设兵团
王秀金	男	共青团员	数学与信息科学学院	新疆生产建设兵团
王镱霖	女	共青团员	机电汽车工程学院	新疆生产建设兵团
左晓宇	女	群众	法学院	新疆生产建设兵团
梁继贤	男	共青团员	海洋学院	新疆维吾尔自治区
赵　磊	男	共青团员	国际教育交流学院	新疆维吾尔自治区
訾　辉	男	共青团员	光电信息科学技术学院	新疆维吾尔自治区
冯思慧	女	共青团员	人文学院	新疆维吾尔自治区
杨汐羽	女	共青团员	人文学院	新疆维吾尔自治区
郝思启	女	共青团员	人文学院	新疆维吾尔自治区
郭　梦	女	中共党员	人文学院	新疆维吾尔自治区
刘梦雨	女	共青团员	经济管理学院	新疆维吾尔自治区
高　畅	男	共青团员	机电汽车工程学院	新疆维吾尔自治区
童辉力	男	共青团员	计算机与控制工程学院	新疆维吾尔自治区
杨　恋	女	中共党员	经济管理学院	重庆
王一舒	女	共青团员	经济管理学院	重庆
安　蕾	女	共青团员	生命科学学院	重庆
张　鹭	女	共青团员	化学化工学院	重庆
王吉瑶	男	共青团员	环境与材料工程学院	重庆
王　瑞	男	共青团员	机电汽车工程学院	重庆
张富豪	男	共青团员	光电信息科学技术学院	重庆
李金泽	男	共青团员	人文学院	甘肃
苗　萌	男	共青团员	人文学院	山东
何丽平	女	共青团员	经济管理学院	新疆生产建设兵团地方项目

2019 年度大学生“三下乡”社会实践工作先进集体和个人名单

1. 2019 年度大学生“三下乡”社会实践工作先进单位(8 个)

计算机与控制工程学院　机电汽车工程学院　人文学院　数学与信息科学学院
经济管理学院　海洋学院　化学化工学院　环境与材料工程学院

2. 2019 年度大学生“三下乡”社会实践优秀团队(39 支)

法学院(2 支)

烟台大学厕改调研队

“律行逐光”普法支教调研队

光电信息科学技术学院(2 支)

“科技大棚,智慧果蔬”实践队

“禁毒防艾,你我同行”实践队

国际教育交流学院(1 支)

“追风筝的人”实践队

核装备与核工程学院(2 支)

“传承核精神,科普核知识”宣讲团

“烟翼西 E”暑期筑梦支教队

环境与材料工程学院(2 支)

“破冰行动”实践队

“赤梦芳华”实践队

化学化工学院(2 支)

“津彩中国梦,化漾青春行”实践队

破毒行动队

海洋学院(2 支)

“海牧之行”实践队

“晏海观澜”实践队

机电汽车工程学院(2 支)

“独翼无二”实践队

“链接未来”实践队

经济管理学院(2 支)

青春梦之队

“初终”实践队

计算机与控制工程学院(2 支)

“硕果”实践队

“情系润泽”实践队

建筑学院(2 支)

“筑梦桃源”实践队

烟台近代工业遗产调查与保护实践队

人文学院(2 支)

“语同声”暑期社会实践团队

“微亦足道”暑期社会实践团队

生命科学学院(2 支)

“筑梦长白”暑期社会实践队

“行知青年”暑期社会实践队

数学与信息科学学院(2 支)

烟台大学“数入微山”实践队

烟台大学11大队

土木工程学院(2支)

烟台大学“比目鱼”社会实践科技创新队

PPP助力乡村污水治理服务队

体育学院(1支)

红色足迹实践队

外国语学院(2支)

寻迹实践队

“秦时明月”实践队

药学院(2支)

烟台大学药学院“药乡行”爱心医疗服务团

烟台大学药学院“携手童行”志愿者服务队

音乐舞蹈学院(1支)

音乐舞蹈学院红色传人社会实践队

学生组织(4支)

烟台大学“挑战创未来”团队

烟台大学西部计划志愿者专项调研实践队

烟台大学“启梦”社会实践队

烟台大学“烟小团”实践队

3. 2019年度大学生“三下乡”社会实践优秀指导教师(35人)

法学院 孙世玉 陈 默

光电信息科学技术学院 郭 威 李 伟

国际教育交流学院 田英华 荆康宁

核装备与核工程学院 叶 梦 郁王白云

环境与材料工程学院 秦晓梅 苏 倩

化学化工学院 张 婷 张成友

海洋学院 唐安志 王屹堃

机电汽车工程学院 曲 季 李 岩

经济管理学院 徐小惠 张宗泽

计算机与控制工程学院 丁晓丹 宋健栋

建筑学院 王 骏

人文学院 侯朝洞 张莉敏

生命科学学院 曹 鹏 周慧焱

数学与信息科学学院 赵立芹 张 昊

土木工程学院 郑召典 崔淑梅

体育学院 刘晓婷

外国语学院 胡萌萌

音乐舞蹈学院 姜 杨 张 超

药学院 李孟秋 纪宝君

4.2019 年度大学生“三下乡”社会实践优秀学生(249 人)

法学院(12 人)

靳晓萱　姜　帆　师荣博　史晨志　于潇龙　何　晶　高雨婷　张　荔　朱丽萍　郭　亚
李佳乐　王　瑶

光电信息科学技术学院(20 人)

陈海东　宋　菻　张　昊　邵芳芳　朱孟甲　吴　昊　李　瑶　李建辉　曲方旭　王海洋
周　颖　王世帅　杜亦琛　张子豪　顾博言　曲雨薇　朱晨晨　王源栋　宋云鹏　王瑞新

国际教育交流学院(4 人)

林　枝　简　仪　曾　鑫　张怡瑄

海洋学院(20 人)

孔维新　逯焕杰　臧一凡　杨　昂　王奇奇　刘　畅　高文杰　邓凯泽　田　雨　刘伊艳
张泽辉　王焌郦　李　铎　刘明文　庞博元　刘　鑫　张　晴　张　硕　周怀龙　王子懿

核装备与核工程学院(2 人)

刘晓龙　李沐原

化学化工学院(20 人)

安珂欣　常洪莹　封红瑞　韩维芳　李少鹏　蔺　栩　孟繁升　孟云舒　邵润茜　石晓雯
宋奎柱　孙泽伟　王乾禧　吴一钒　杨新宇　翟世豪　张　雄　邹钰涵　郑云霞　王梅姣

环境与材料工程学院(15 人)

张玉恺　徐文杰　李浩哲　韩　超　昝金雨　于懿显　李艺伟　刘永琪　李欣亚　徐紫玉
王　润　郭泉林　李　赓　郭翔宇　於　放

机电汽车工程学院(26 人)

常明蕊　崔明月　杜丽娟　杜鑫怡　韩依辰　李淑平　李文鹏　李雯瑞　刘敬顺　刘　烁
刘田雨　刘宗昊　苗　全　秦绪文　孙　瑜　王　静　王凯迪　张　迪　张清德　张淑辰
唐心颖　赵天可　刘学泰　刘　毅　孙福洋　曾祥宇

经济管理学院(25 人)

付丽云　张一卓　邱　梅　杨蒙山　王　雪　梁亚男　闫　晴　张启旭　顾延硕　邢祥宇
张广冉　郑思璐　曹晓媛　田雪云　王海莹　曲琳琳　戴书凝　朱一谛　王泽玮　饶琪瑶
李　冰　王子豪　刘航宇　王　敏　郭亚亚

计算机与控制工程学院(18 人)

方建海　董英男　高寒琪　黄　鋆　李昊天　潘　晓　宋浩文　张　博　马心怡　闫靖宇
侯玉亭　朱崇润　李尚禹　王玙涵　胡海峰　张连伟　冯天禺　阳芷涵

建筑学院(3 人)

牛福荣　石翱宇　李春颖

人文学院(11 人)

何坤衡　蔡澳宁　赵家禾　张新俏　王昱淋　刘凌飞　张浩宇　陈心扬　李汶燚　郭黛娇
张思钰

生命科学学院(14 人)

张帅艳　王梦轩　林凯杰　宋均益　赵可心　敬程皓　孙增坤　孟晓彤　卢炳村　刘晓悦
张晓聪　巩佳琦　胡诺诺　郝雨菲

数学与信息科学学院(10 人)

李中浩　张雪凝　王　雪　杨慧捷　许真甄　王思颖　柳清芮　栾茗钧　王梦彤　牛梦洁

土木工程学院(15人)

王　月　王子浩　刘　媛　刘吉龙　郭晓雯　晏梓龙　杨　雨　迟志涵　赵发昂　张浩坤
孙继文　孙　雯　曹悦颖　夏潮曦　李纪纯

体育学院(8人)

林祉彤　刘　辉　张友哲　李　鹏　李世杰　杜世元　郑兴雪　付怀金

外国语学院(8人)

何丹雯　钟玉强　尹嘉雯　于　爽　邢鑫茹　周文静　陈　霏　谢忠菲

音乐舞蹈学院(6人)

崔　卉　苏雪晨　程珂珂　张　涵　高毓聪　龙开岚

药学院(12人)

张振潇　梁涪淮　刘凯璇　刘熠俊　郑海涛　张　宇　郝霖露　张俞浩　张潇文　王金玉
张婉莹　牛　翔

5. 2019年度大学生"三下乡"社会实践优秀论文(88篇)

一等奖(20篇)

法学院(1篇)

王乐斌　《蓝海牧场下海域使用权调研队调研报告》

光电信息科学技术学院(1篇)

杨沛茵　《重走革命线路,感受浓浓革命情》

国际教育交流学院(1篇)

万小刚　《"追风筝的人"社会实践队赴潍坊开展传统风筝文化传承与弘扬的调查报告》

核装备与核工程学院(1篇)

刘晓龙　《烟台大学"传承核精神,科普核知识"宣讲团赴济南、济宁、烟台、四川绵阳开展核科普宣讲调查报告》

环境与材料工程学院(1篇)

张玉恺　《烟台地区毒品预防教育及禁毒形势调研》

化学化工学院(2篇)

封红瑞　《鸡肉组织中四环素类兽药残留检测研究与分析》
刘治萍　《废弃贝壳制备CMA类融雪剂的可行性分析调研》

海洋学院(1篇)

徐　鑫　《"海牧之行"实践队赴清泉寨开展关于烟台水产捕捞从业人员转产转业现状及需求的调研报告》

机电汽车工程学院(1篇)

李文鹏　《关于一种用于生物防治的仿生扑翼飞行器解决果园鸟害问题以助力科技对接脱贫攻坚的应用可行性及产品完善的调查研究》

经济管理学院(1篇)

付丽云　《青春梦之队赴新、陇等地开展"一带一路"背景下沿线地区扶贫战略开展情况的调研》

计算机与控制工程学院(1篇)

刘晓倩　《初识支教甜与苦及感慨》

建筑学院(1篇)

牛福荣　《乡村振兴战略下旅游文化发展调研与对策分析——以南水桃林村为例》

人文学院(1篇)

何坤衡 《“语同声”社会实践团队赴聊城郑庄小学,浅析“国学推普”支教模式对郑庄地区文化脱贫现状的影响》

生命科学学院(1篇)

武雨淙 《缤纷实验　萌科学之芽》

数学与信息科学学院(1篇)

袁晓燕 《“数入微山”实践队赴滕州开展微山湖红色旅游未来发展现状的调研报告》

土木工程学院(1篇)

陈　欣 《“比目鱼”——基于revit的铝模板安全分析优化软件》

体育学院(1篇)

牛玉鹏 《烟大体院赴青岛莱西调研暑期社会实践》

外国语学院(1篇)

钟玉强 《寻迹实践队赴四川省阿坝藏族羌族自治州开展藏族唐卡艺术文化的现状与出路探索社会实践》

音乐舞蹈学院(1篇)

崔　卉 《“三下乡”暑期社会实践》

药学院(1篇)

张振潇 《关于鲁豫贫困村家庭医生签约服务制度的调查研究》

二等奖(28篇)

法学院(1篇)

周德龙 《烟台大学法学院暑期调研团就烟威地区垃圾分类问题调研报告》

光电信息科学技术学院(2篇)

张　昊 《“菇”往“经”来暑期社会实践队赴河南省驻马店市泌阳县科技支农的实践报告》

刘唐松 《529实践队赶赴海南“探索热带水果文化”社会实践》

国际教育交流学院(1篇)

李佳烨 《“民以食为天”实践队赴烟台青岛等地开展社区食堂调研调查报告》

海洋学院(2篇)

孔维新 《烟台大学海洋学院赴菏泽巨野县“逐梦之翼”支教队调查报告》

田　雨 《“晏海观澜”实践队赴威海开展航运业调研的调查报告》

核装备与核工程学院(1篇)

李沐原 《“烟翼西E”暑期筑梦支教队赴青海省海南藏族自治州贵南县开展留守儿童家庭访问调查报告》

化学化工学院(2篇)

于　淇 《烟台及威海市城市垃圾问题法律调研》

张赛美 《绿色乡村之烟台栖霞市占疃河现状调研及保护宣传》

环境与材料工程学院(2篇)

郭翔宇 《烟台市生活固体废弃物处理及可循环利用调研》

昝金雨 《献礼“新中国成立70周年”——对沂蒙红色文化的创新性弘扬及其所折射的时代价值的探索报告》

机电汽车工程学院(2篇)

崔明月 《菏泽市牡丹区爱心支教课堂优化措施》

韩依辰 《燃油报废汽车的回收与再利用现状及存在问题调研》

计算机与控制工程学院(2篇)

陈仁香 《捡起一片垃圾,还你一片蓝天》

张　淙　《硕果助农，你我在路上》

经济管理学院(3 篇)

邢祥宇　《“年少有为”实践团队赴河南通许县开展关于乡村医生的困境与可持续发展机制的调查研究》

郑思璐　《“初终”实践队赴山东省菏泽市开展面向精准扶贫的非遗产品提升及销售的乡村调研》

梁亚男　《“欣欣向农”实践团队赴徐州邳州市开展调研“1+1+1”联合模式，助力山东现代农业的调研》

人文学院(2 篇)

孟翱翔　《“六马仰秣”社会实践队在乡村振兴背景下赴德州枣庄地区关于齐鲁农村治理体系调研成果分析》

蔡澳宁　《“红映山东·擎动沂蒙”社会实践队以临沂、枣庄地区红色旅游区为例调研红色文化下的“红色”发展》

生命科学学院(2 篇)

刘小溪　《助农路上我们携手同行》

孙惠灵　《赴烟台各大小水库对其周边生态民生的调研活动》

数学与信息科学学院(2 篇)

李建新　《“11 大队”赴日照进行茶产业发展历程的调研报告》

贾艳朦　《“胜羽”实践队赴潍坊进行乡村经济转型的调研报告》

土木工程学院(1 篇)

曹悦颖　《PPP 助力乡村污水治理现状调研与分析》

体育学院(1 篇)

刘　辉　《“携手蓝天救援　我们在路上”暑期社会实践》

外国语学院(1 篇)

何丹雯　《“一带一路”背景下地域特色文化产品产业调研》

药学院(1 篇)

郑海涛　《家庭过期药品处理》

三等奖(40 篇)

法学院(2 篇)

王妙临　《分级诊疗制度下的患者权益保护调研队调研报告》

贾文豪　《刑事责任年龄调研队调研报告》

光电信息科学技术学院(2 篇)

宋永泽　《“物联网+”企业环保实践队赴潍坊开展企业环保新方法可行性探究调查报告》

邵　楠　《“一县一品蒙阴行，物互惠农蜜桃香”实践队赴临沂市蒙阴县桃墟镇开展蒙阴蜜桃种植和销售等方面调查报告》

国际教育交流学院(1 篇)

刘小萱　《“炬火沂蒙”实践队赴沂蒙革命老区开展调研调查报告》

海洋学院(3 篇)

马扶摇　《“海岛卫士”实践队赴养马岛开展垃圾分类处理系统的调研报告》

张　晴　《“薪火梨园”实践队赴菏泽开展戏曲调研调查报告》

王东雨　《“牧洋人”实践队赴清泉公司开展调研海洋牧场的实践报告》

核装备与核工程学院(1 篇)

王保宗　《“企心核力队”赴烟台、青岛、济南、潍坊等地开展金属材料专业和核工程与核技术专业毕业生就业环境、就业前景的调研报告》

化学化工学院(3 篇)

丁雪薇　《塑料生产流程和废料处理方式的反思及优化》

潘世云 《调查农村科学技术使用现状及推广农用 App 调研报告》
王乾禧 《垃圾分类我当先,城乡建设我奉献》

环境与材料工程学院(3 篇)

柯昱丞 《关于“一带一路”倡议下新疆的经济发展探究报告》
李浩哲 《关于探究柴油船转型电推船的环保效益以及全电化港口工程的推广——以长岛为例》
李欣亚 《献礼新中国七十周年,弘扬中国传统文化》

机电汽车工程学院(3 篇)

张淑辰 《助力贫困初中生成长》
袁　敏 《传统窑炉和现代科技窑炉的迭代发展及现代科技窑炉技术革新状况调研》
刘晓霞 《基于北斗差分定位技术的智能草坪养护机的新型草坪管理模式探索社会实践报告》

计算机与控制工程学院(3 篇)

周相泽 《“烟风朴素显真意,意动菏泽圆初心”每一段经历都是一次历练》
褚福洲 《展守护之翼,携梦想启航》
徐梦瑶 《种植家,社会进步的带领者》

经济管理学院(5 篇)

邵鹏赫 《“调浒离滩”实践队赴青岛市开展新旧动能转换背景下关于青岛浒苔利用的调研》
戴　正 《“F. I. S”调研队赴烟台某农业科技有限公司开展企业投融资现状调查报告》
张一卓 《“朝花夕拾”小分队赴天津市开展为垃圾分家,为城市减负——基于天津市和平区垃圾分类问题的调查研究》
王梦雪 《“绿色农光”实践队赴山东省泰安市开展关于农光互补模式的调查研究》
戴书凝 《GDRJZS 社会实践队就山东沿海城市展开“渔村振兴—生态海洋牧场综合体”调研》

人文学院(3 篇)

刘凌飞 《文化兴盛背景下,“山亭拾翠”社会实践团队赴枣庄市山亭区的持续性定点国学支教活动》
刘烁华 《“微亦足道”社会实践队赴延安地区关于红色文化传播与发展问题的思考》
潘晓琳 《“六马仰秣”社会实践队赴德州枣庄地区浅谈“乡村振兴”战略下基层党组织治理体系建设》

生命科学学院(3 篇)

吴筱莛 《暑期幼儿教师实习三十天实践总结》
陈钿钿 《只能分类回收以及资源再利用》
刘志远 《浣黄河之浊,卫文明之源》

数学与信息科学学院(3 篇)

逄羽菲 《格林实践队赴济南进行环保背景下乡镇企业的变化的调研报告》
董　政 《ytu-winner 实践队赴淄博进行文旅产业发展现状助力乡村脱贫攻坚的调研报告》
王思颖 《MSC-Adults 实践队赴烟台进行供给侧改革背景下苹果产业发展现状的调研报告》

土木工程学院(1 篇)

王可敬 《海洋“潜力股”:新型多功能装配式人工鱼礁》

体育学院(1 篇)

文　艺 《点燃星星之火　扬起梦想风帆探寻高校体育场馆》

外国语学院(1 篇)

初筱瀚 《献礼脱贫战,助推复兴梦——烟台大学合伙人调研队社会实践报告》

药学院(2 篇)

刘凯璇 《关爱基层工作者,为职业病发声》
刘熠俊 《修水县官坑村和吴坪村常见病防治与常用药使用》

毕业生名单

2019年本科毕业生名单

法学院

毕雪桐　曹佳伊　初新悦　苟金阳　郭家正　韩　超　季赣湘　姜明君　焦　旋　况安林
李德馨　李木子　李润桃　李　腾　李文光　梁梦怡　林郁葱　刘娅茹　刘艺轩　刘子平
吕松林　邱　果　司　露　宋理健　唐千茹　汪　健　王璐瑶　王晓辰　王永杰　王瑜卿
王子瑜　吴满英　修玲莉　徐程哲　徐　栋　徐钰茗　徐智慧　闫胤颖　颜超凡　杨　坤
杨兴远　于建欣　俞晓雅　展　兵　张凤君　张洪榕　张　茹　张雨施　张毓真　赵　冬
邹　怡　陈诗媛　程雨晴　丁诗雨　高　鹏　宫芊芊　郭思婉　郭雨杰　韩茳芏　何雨诺
何志文　贾淑杰　金　宬　金嘉豪　居晓梦　孔　婷　兰　楠　李翰轩　李嘉璐　李科旋
李瑞园　李　松　连亚楠　林　艳　刘佳轩　刘敬宇　刘淑梅　刘　政　栾晓芸　马清泉
马思敏　裴雪娇　秦玉晓　孙祺皓　孙　昭　田鑫宇　王　姣　王馨琰　魏　欣　文小丽
伍　燕　杨沁渝　殷伟超　詹凌锋　张　迪　张启旭　张晓倩　赵柄铧　赵方迪　钟子毅
周心语　朱　林　曹慧媛　常馨文　陈定澜　陈子学　崔慧娟　崔宇颖　董梦园　杜宗励
付　潮　宫晓琳　龚琨婷　黄裕婕　姜云桐　李　钧　李克难　李晓雨　李笑笑　李雨颖
刘雅妮　彭文艺　齐苗苗　石育玮　宋　梅　孙承伟　孙宗聪　王靖宇　王　睿　王瑜琪
王　宇　徐　凡　杨　璟　杨　洋　尹锶坤　于冬宸　张苎予　赵　荣　钟富诚　周晓天
庄璐诗　陈　尧　陈予希　董　鑫　韩　俊　何艳霞　黄　权　黄帅宇　霍燕飞　季荣梦
李梦晗　李晓怡　李晓宇　李亦婷　梁　宵　林　伊　刘　畅　刘金鼎　刘若君　刘奕君
马子乔　石东秀　宋名扬　苏　航　孙雅妮　谭喜宝　陶　铮　汪澍玉　王　威　王真真
修梦雨　薛　雪　杨可心　杨　览　杨　楠　杨婷婷　袁宇婷　张冬歌　张锦涛　张玉琳
周　佳　邹晨曦　艾潇瑞　曹景钦　狄　凡　丁志军　樊　琛　付　正　高加怡　郭小鹏
黄宇熙　景明东　李春晓　李　娜　李润虎　李天昊　李天舒　李亚楠　李耀天　刘彩虹
刘馨兰　刘逸飞　刘重鑫　刘紫萱　陆楷文　马金铭　冒旭磊　孟　锐　孟祥东　阮乐雨
石淑婷　隋阳旸　孙碧珣　田怀鑫　王丽园　王雅琪　王雨蝶　王元蓁　吴　迪　吴再阳
徐　毅　许　珂　杨静怡　张财腾　张　帆　张天朔　张雨婷　赵　倩　周靖雯　朱昱霜
翟瑞迪　丁文静　董雪敏　付景宜　宫文玉　管子诚　郝子涵　贾琳惠　李广旺　李　晗
李　好　李　炎　林新宇　凌晨歌　凌秋实　柳　寻　卢相男　吕　津　马瑜含　米文雅
牟诗远　穆常祯　彭婉钰　阮博菡　沈宣运　宋希颖　苏雅坤　孙凤阳　孙梓桐　王舒婷
肖　晗　谢旭敏　邢　雷　徐　达　徐慧婷　杨雅迪　于　瑶　袁坤杰　袁晓冉　张名一

张　娜 张潇鹤 张逸凡 张永泰 张子政 赵悦如 周中正 朱子恒 夏侯江南

光电信息科学技术学院

毕京瑞 毕伟杰 毕晓鹏 毕振凤 蔡炜敏 陈　静 陈　琦 陈　钱 陈　晓 陈　昕
陈　月 陈　月 陈泽坤 程　良 程博彦 程钦玉 程思羽 仇同韵 储　瑶 崔　佳
崔　雯 崔　越 崔成龙 崔钱钱 崔淑婷 戴振蓉 单明珠 刁泓汇 刁少丰 东庆刚
杜　岫 杜航宇 杜莎莎 杜万文 段会琳 段建飞 范传鑫 范伟强 范文成 冯龙呈
冯云霞 冯智凯 付　饶 付星运 甘欣朋 高　佳 高　璐 高　萌 高　猛 高晨峻
高浩然 高华抒 高江余 高文远 高欣宇 高一犇 耿安琦 耿晓玲 宫葆蓥 巩峻德
顾　宇 关云杰 郭　恒 郭宸旭 郭东帅 郭桓丞 郭佳旗 郭宽宽 郭隆杭 郭孟臻
郭鑫宇 国洪飞 韩　诚 韩晟宏 韩文生 韩亚男 韩永斌 郝广路 洪　迪 侯庚旺
胡　畔 胡春鑫 胡事鑫 华　淼 华　硕 华健喆 郇伟杰 黄成林 黄春鹏 黄晓雨
黄鑫松 黄亦鑫 黄勇正 霍能梦 贾友晨 江小倩 江鑫磊 姜　超 姜　新 姜铎壮
姜苓芳 蒋金霞 焦传根 金　昊 靳　悦 靳世强 荆茂成 阚新宇 雷纯庭 李　豪
李　凯 李　敏 李　瑞 李　森 李　莎 李　舒 李　爽 李　翔 李　雪 李　雪
李　喆 李宝东 李传奇 李光福 李海亮 李浩杰 李恒达 李红晨 李佳兴 李路琦
李岷朋 李朋飞 李启鹏 李清晨 李荣华 李守闯 李思亮 李文锐 李文亭 李晓凡
李晓鹏 李心宇 李新丹 李宣君 李一凡 李迎涛 李煜祺 李正前 连善彪 梁　旭
梁国庆 梁龙飞 林润民 林雅菲 林子豪 刘　邦 刘　琪 刘　上 刘　玮 刘　鑫
刘　洋 刘　越 刘　振 刘炳虎 刘炳文 刘超越 刘赤县 刘初阳 刘国斌 刘欢庆
刘金鹏 刘亮亮 刘盼望 刘莎莎 刘思敏 刘文硕 刘文鑫 刘小栋 刘晓君 刘亚宁
刘亚蕊 刘艳庆 刘宇博 刘兆武 刘政旭 刘忠祥 柳晓寒 卢　桐 卢乃祯 卢琪航
卢荣浩 鲁晓艳 陆一凡 罗浩琳 罗世雄 罗泰一 吕红蓉 吕宁宁 吕舒琦 马　静
马宝森 马路遥 马兴业 马永哲 马宇昊 毛　雪 么欣桐 孟令增 牟柏霖 穆雨青
倪　晶 聂志涛 聂子超 牛佳昕 牛鑫语 欧　荣 潘　晨 潘康路 逄　浩 逄京涵
裴　峰 齐　力 齐　伟 齐福鑫 齐雪银 秦博伦 秦晓彤 邱　淏 曲晓南 曲昱龙
任　磊 尚　涛 尚蕴浩 邵利利 邵衍淞 沈丹丹 沈道元 师　倩 时海洋 时文峰
史肖波 司书彬 佀同鑫 宋　丹 宋　莹 宋明富 宋秋燕 宋延浩 苏泽文 孙　聪
孙方元 孙国范 孙汉辉 孙皓东 孙康元 孙庆伟 孙晓鹏 孙艳秋 唐丽娇 唐令辉
陶　胜 陶媛媛 田婉鑫 田翼飞 田玉奇 王　彬 王　博 王　达 王　佳 王　君
王　庆 王　伟 王　岩 王　彦 王　洋 王　瑜 王　政 王晨辉 王春磊 王春阳
王冬晴 王寒松 王恒基 王怀栋 王吉哲 王金灿 王鲁晨 王宁宇 王启超 王晴雯
王睿涛 王世杰 王书松 王巍强 王文超 王文杰 王霄凤 王小娟 王晓涵 王晓倩
王兴锴 王旭东 王雪燕 王亚茹 王永川 王永杰 王永停 王玉全 王钰舒 王在政
王增科 王长宏 王兆宇 王珍珍 王子曦 王子怡 王梓锐 魏　然 魏　越 魏颖展
魏志昂 温晓通 文湘枫 吴　珂 吴　雪 吴春林 吴梦梦 吴倩倩 吴英哲 项文丽
谢玉冬 辛　兴 邢宪琴 熊洋怀 熊一浩 徐　麟 徐浩宇 徐静怡 徐盛世 徐天运
徐晓彤 徐艳芬 徐一冉 徐玉才 许　朵 薛钰杰 闫　强 闫科程 闫胜帅 羊文昊
杨　波 杨　俊 杨　涛 杨福琛 杨焕梅 杨立蕊 杨日华 杨师超 杨玉杰 杨增周
杨志晖 姚鑫城 姚宗伶 殷　瑞 尹千慧 尹秀珍 尤瑞松 于　波 于冬梅 于浩峰
于佳慧 于明凯 于庆壮 于天睿 余韩梅 袁　昊 袁学港 袁正赫 苑文颖 岳增旭
张　欢 张　环 张　可 张　蒙 张　念 张　宁 张　鹏 张　锐 张　硕 张　颖
张　宇 张　玉 张　哲 张成栋 张富豪 张怀康 张慧君 张继中 张金祺 张金燕

张晋铭 张凌霄 张鲁轩 张路生 张梦双 张鹏飞 张前超 张世钊 张文进 张文心
张雯涛 张晓慧 张晓领 张晓松 张元月 张媛媛 张哲浩 张振强 张志聃 张子祺
张宗耀 赵　杰 赵　薇 赵　阳 赵　莹 赵宝龙 赵昌业 赵贵成 赵巧静 赵舜尧
赵兴康 赵振刚 赵智晨 赵尊敬 钟　麟 钟林峰 钟肖寒 周　策 周　鑫 周　缘
周博茵 周家帆 周金鹏 周旭峰 周振兴 周子锦 周子凯 朱　葛 朱广文 朱文卿
朱壮壮 庄绪财 訾　辉 訾希栋 宗　程 宗成龙 邹　宇 邹菀华
阿什木巴依·阿不列提 杜广思远 木哈买提汗·阿得力 赛拉瓦尔·努尔买买提

国际教育交流学院

班远红 陈佳佳 陈玉环 董　倩 范玉琪 冯丽静 符祖歌 高雪梅 耿可可 谷　帆
郭　荟 霍娅楠 贾冬蕾 蒋巧凡 李姣姣 李明钰 李　卓 梁国卿 林丹妮 刘梦磊
刘　敏 刘文文 梅泽蕾 綦香玉 任恒迪 司君琪 宋艺萌 覃会芝 王甜甜 王　婷
王怡馨 王　颖 韦思芹 吴会茹 吴文秀 肖舒云 徐茂升 姚　兰 于　晴 张锦鹏
赵静静 赵启宇 周慧萌 周　璐 陈晓宇 崔艺玲 董婷婷 高寒冰 郝方茜 胡诗瑜
花瑞琴 康　扬 李若颖 李舒蓉 李小兰 李小囡 梁勇威 刘　红 刘佳蕾 刘琦咏
刘　赛 麦腾艳 齐嘉曼 任晓莹 任延超 邵　洁 宋安琪 谭　静 唐浩诚 陶韵竹
王　静 王　彦 王紫荆 徐　婷 徐晓静 余红媛 张彩凤 张弘弢 张静漪 张　琳
张曼玉 张明霜 张鹏辉 张喜雨 张一迪 张　雨 张震东 赵　磊 朱梦涵 陈昱增
成垚辰 冯志杰 高春华 高　宇 郜传文 郭可馨 虢忠涛 胡方琦 解晓晨 刘承彦
刘瀚璘 刘衍志 刘　勇 吕晓倩 马　杰 牟雪晴 尼凯琳 牛一帆 彭梦雨 乔　影
苏　瑶 孙珍妮 万姝妍 王朝霞 王德帅 王雪燕 王逸凡 王正莅 吴嘉宝 徐　婕
徐小涵 杨森博 于高达 张　擎 张泽刚 赵梦瑶 郑亚南 周鑫耀 朱照晖 陈灏栋
陈紫荆 丛　正 崔立杰 杜亚妮 管安琪 韩金洋 贺海媚 侯俊茹 侯晓云 侯玉超
解文欣 李成龙 李　丹 李宥辰 林　露 林依伦 刘映汐 毛蕴琪 曲晓洁 隋同彤
田昊霖 王福林 王　涵 王晓煦 王媛媛 王子妤 魏天宝 徐小涵 徐跃明 杨柳清
杨新帜 张春义 张　伟 张玉银 钟宛庭 成　睿 董家瑞 郭京锦 姜　梅 姜晓苹
匡雅文 雷钧天 李若潜 刘成汉 刘佳睿 栾　昊 吕晓桐 孟怡君 任　媛 盛满裕
孙彬瑜 谭　峰 汪佳佳 王　昶 王飞飞 王家锋 王　蕾 王瑞琪 徐云飞 杨梦璇
杨文婧 杨志远 于天晴 张焕雯 张艺馨 张瑜璇 周晓庆 庄星硕 宗俊铭 鲍星锟
陈　晨 董　源 高靖雅 郭译泽 胡楷文 贾虎明 金德源 李飞扬 李国梁 李骐宏
李云瑞 林雨桐 刘　斌 刘　臻 马小涵 苗粟华 申家宝 孙怡琳 唐　琪 王　彬
王翰儒 王家裕 王沛沛 王文涵 王业凯 王怡欣 王　玉 谢　添 徐祥宇 姚　欢
于秉禾 于晓楠 张永卓 张　羽 张玉孟 朱佳绪 朱　路 艾　双 程起睿 董浩然
杜翰坤 韩安琪 解晓琳 李美佳 李亚凡 李彦葳 李业霖 李仪璇 李泽鑫 李长旺
李贞辉 李铮林 刘　昊 刘紫萱 卢　颖 栾晓红 牟家正 孙晨晓 孙鸿儒 滕　夏
田纹辛 汪梦琦 王泉龙 王　瑜 王　喆 辛　鹏 于恒睿 张伟熠 张文婕 张晓彤
张雅雯 周炜栋 邹靖雯 皇甫牧笛

海洋学院

安佳琦 白　靖 鲍振通 毕璐萍 曹　贝 曹金盟 曾庆舟 常　鑫 常树玉 陈　浩
陈　奇 陈　莎 陈　帅 陈　响 陈洪祥 陈佳爱 陈禹田 陈珍珍 程　昊 程燕文
慈鹏浩 崔　玮 崔平泽 崔世豪 崔志锋 邓春禹 邓佩杰 丁　野 丁丽君 丁小同
丁雅馨 董　浩 董寅贵 杜春水 杜燕燕 杜以达 杜优贤 法作凯 樊金波 范凤仪
范兴华 封家豪 冯迪迪 冯建笑 冯文浩 伏振兴 付树森 甘秋洁 高　屹 高冬超

高文翔 高子凡 公洁 巩超 古中昱 管娟 管家树 郭锴 郭尚 郭炳隆
郭晋良 郭康劲 郭明惠 郭树鹏 郭雪莹 郭依剑 郭喻涵 韩晨 韩聪 韩富民
韩光辉 韩光民 韩婕妤 韩露露 韩天威 韩伟国 韩晓旭 韩新宇 何金帅 何文康
何卓敏 洪桃 侯升煌 侯文凯 侯铁仁 胡恒 胡强 胡点宇 胡东亮 胡鹏飞
胡仁菲 胡学成 胡梓华 扈炳敏 黄河 黄宝坤 黄俊文 黄良剑 黄世杰 黄丝宜
黄文杰 黄烨才 惠培鑫 贾迪 贾琳琳 贾宪宁 姜华 姜良龙 姜明宏 姜雪涵
姜志浩 焦冉 焦世佳 焦晓晓 焦禹泽 解静仪 解培通 居佩茹 孔祥辰 兰元庆
乐晓 雷扬 雷明坤 冷帅振 黎冠群 李斌 李登 李赫 李倩 李涛
李想 李迅 李媛 李珍 李壮 李斌斌 李冰清 李朝辉 李宸暘 李宸宇
李春龙 李东旭 李风玲 李逢山 李厚梅 李健榕 李金光 李金钊 李美帅 李明晖
李明强 李慕良 李全超 李思琪 李思锐 李天澍 李威捷 李文旭 李雯璐 李晓辉
李旭东 李友森 李雨露 李云霞 李泽洋 李增辉 李长宇 李直兵 李志华 梁继贤
廖琳 廖婕妤 廖苑冰 林森 林明宏 刘彬 刘超 刘超 刘村 刘港
刘江 刘凯 刘爽 刘祥 刘旭 刘洋 刘昌为 刘大岩 刘海明 刘华阳
刘加伟 刘景瑞 刘克宁 刘茂飞 刘明坤 刘明睿 刘鹏飞 刘珊珊 刘顺娣 刘同威
刘晓倩 刘鑫龙 刘兴松 刘秀芬 刘秀杰 刘旭阳 刘学艺 刘雅娴 刘毅峰 刘英杰
刘永全 刘雨茜 刘跃军 刘兆春 刘志强 刘智鹏 龙钎 娄乃元 卢鑫 卢立讯
卢艳冲 芦美娜 鲁易聪 陆承兴 陆河州 陆云鹏 路加 路德乐 罗永彬 骆建志
吕厚运 吕佳伟 吕金宝 吕忠伟 马犇 马凯 马帅 马硕 马小恩 马秀华
马英浩 毛国东 蒙延杰 孟鑫 孟耀 孟宇 孟祥家 宁汝君 潘华西 潘金富
庞天锋 庞永杰 裴思远 彭小荣 亓振锋 秦耕 邱一伟 曲玉玮 屈林勇 任采妮
任浩强 任可可 任倩男 任晓楠 荣晨光 桑盘南 商彦景 尚少伟 尚学伟 邵光帅
申恒龙 沈君旺 石礼科 甚萍 舒帅 司林辉 司现石 宋维 宋恩昽 宋慧丽
宋佳琦 宋明录 宋清华 宋舒琳 宋远柳 苏雪梅 苏忠德 孙锋 孙浩 孙浩
孙军 孙聪聪 孙丹丹 孙东昱 孙恩赐 孙吉坤 孙建文 孙同海 孙雅妮 孙以康
孙子静 孙宗波 覃慧妮 谭蓉 谭军伟 谭阳昱 汤丰源 唐停 唐存朋 唐运宁
滕翔 滕若男 田斌 田庆 田影 田朝元 田素根 田希欢 万其文 王超
王晨 王栋 王飞 王杰 王凯 王梅 王攀 王帅 王帅 王顺
王莹 王颖 王瑜 王震 王志 王德强 王方旭 王冠皓 王贵鑫 王豪志
王浩然 王宏波 王洪浩 王惠身 王佳铭 王进京 王静如 王钧庭 王梦美 王梦然
王梦欣 王铭钏 王巧欣 王庆元 王润生 王斯滕 王文霞 王文宇 王潇洒 王小梅
王英明 王永鑫 王永云 王勇杰 王屿岑 王元聪 王泽龙 王泽南 王增源 王长宇
王兆龙 王志昆 王中一 魏帮斌 魏佳倩 魏敬欣 魏新宇 文召杰 吴昊 吴杰
吴岳 吴宝有 吴天一 吴欣桐 吴泽春 武法伟 夏孟 夏仲达 夏壮壮 肖坤
肖坤 肖峰豪 肖业方 邢佯 邢介婷 徐超 徐衡 徐倩 徐晴 徐扬
徐如祥 徐淑涛 徐文轩 徐云飞 徐子明 许达 许崇芸 许梦雨 薛琳 薛玥
闫瑞雨 严鹏 严业利 颜壮壮 杨冉 杨晓 杨勇 杨泽 杨淳睿 杨福元
杨建康 杨鹏飞 杨起帆 杨庆坤 杨荣昌 杨挺然 杨银宝 杨梓阳 姚高 姚艺鸿
尹秀 尹凤凯 于港 于桐 于洋 于洋 于殿江 于洪伟 于雪婷 于中举
余鸿磊 禹楷 贠雪 袁春玲 袁新辉 岳成龙 臧娜 詹凤婕 张犇 张超
张晗 张晗 张瀚 张航 张辉 张坤 张明 张谦 张晓 张旭
张毅 张毅 张羽 张裕 张博艺 张晨俭 张传成 张福霞 张港复 张贵恒

张煌淮 张继宁 张嘉轶 张建康 张健楠 张俊杰 张峻铭 张克冲 张良义 张美超
张少飞 张文鹤 张文庆 张文勇 张西等 张晓晨 张鑫达 张鑫鑫 张艺腾 张雍良
张宇轩 张雨轩 张禹晗 张豫晋 张智勇 张子阳 章云健 赵　祥 赵根旺 赵继伟
赵家乐 赵培宇 赵友雄 赵振振 赵自强 甄　诚 郑爱玲 郑洪祥 郑建礼 周　飞
周盼林 周文秀 朱　青 朱　毅 朱浩然 朱清华 朱仁杰 朱昱丞 祝天斌 祝祥龙
左运利 刘梅婧梓

核装备与核工程学院

敖茂鑫 白　杰 包中旺 鲍晨宇 鲍子臻 蔡昭伟 曹若琪 常慧荣 陈　琛 陈兰欣
陈姗姗 陈赟同 陈兆群 陈志龙 成钊意 程　昊 程秋雨 崔步天 崔晓玫 翟丛伶
丁梦婷 丁友青 董欣宇 董子冉 窦坦坤 杜传盛 杜荣路 杜晓萌 段　磊 段佳君
范丽莎 方　圆 付　昊 高雪鹏 高振东 葛常超 宫涵宇 宫文娟 龚　倩 谷　颖
郭　彭 郭　杨 韩　婷 韩晓霞 何成鹏 何泽鑫 何兆如 侯　森 胡家锋 胡玉婷
黄世鑫 黄卫卫 姜　鑫 姜苏家 寇福峰 黎佩笑 李　海 李　俊 李　瑞 李　睿
李　森 李比诚 李城伟 李德元 李发明 李凤至 李浩炫 李璐娜 李孟晓 李秋月
李甜甜 李婷婷 李同江 李文蕾 李小双 李莹莹 李宇豪 李元宝 李姿昕 梁　轲
梁圣辉 刘　杰 刘　宁 刘　璇 刘　雪 刘博帅 刘灌钰 刘洪珍 刘金保 刘凌曦
刘盼梅 刘婷婷 刘雅倩 刘振鹏 路凯凯 吕梦霞 吕振博 马传真 马娇娇 孟晓敏
苗千三 苗祥淦 牛先伟 牛永恒 潘云龙 庞　婕 逄文晓 秦秀华 求梦程 曲　鑫
曲玺锦 任日亮 尚　冰 尚　晋 申　睿 施宇森 宋　飞 宋　欢 宋　健 宋　杰
宋　琨 宋　琦 宋　倩 宋　焱 宋家瑞 宋全剑 宋伟娜 苏　婵 苏咸利 孙　凯
孙　坤 孙　丽 孙春芳 孙贺涛 孙荣生 孙淑义 孙晓东 孙艳萍 覃　锋 谭安琪
提　唱 田　莉 王　晶 王　煦 王　雪 王二跃 王茂坤 王美懿 王梦辉 王盛权
王是淇 王亚宁 王奕博 王英帅 王永善 王振宇 王壮壮 王紫京 魏文芳 魏玉婷
巫江威 吴晓杰 肖　旭 肖芷青 邢义强 徐林霞 薛文丽 闫启辉 闫亚新 杨　健
杨　璐 杨　蕤 杨　森 杨洪新 杨民安 杨训硕 杨智敏 易文杰 应可璐 于　洋
袁　庆 岳修燕 昝悦娟 展　冉 张　冲 张　梦 张　蓉 张　蕊 张　肖 张　新
张　毅 张　越 张九匀 张林锋 张萌睿 张明旭 张晓乐 张学蒙 张泽中 赵　亮
赵　敏 赵耿茂 赵楷文 赵婉兵 赵晓泽 赵艺洁 赵玉杰 赵志浩 赵竹花 赵子炎
甄世才 周治全 周朱珑 朱　进 朱启勇

化学化工学院

安　宇 鲍明昊 毕　然 卞晓磊 卜一凡 蔡兆楠 曹　志 曹晓雪 车宏程 陈　晨
陈　庚 陈　浩 陈　鸿 陈　硕 陈　友 陈奥迪 陈春雨 陈富元 陈林杰 陈鹏辉
陈维卿 陈文清 陈翔宇 陈小涵 陈宗容 成文帅 程莉惠 崔静敏 戴文慧 丹少鹏
邓璐璐 邓麒昌 翟天宇 丁仕钰 丁一鸣 董　雯 董丞君 董灵玉 董梦娇 董文涵
董文淑 窦鑫桐 杜晓燕 段孝乐 段欣冉 范传扬 范陆湾 冯　敏 冯　莹 付　昊
傅双庆 傅亭鹤 高　华 高　清 高坚华 高凯龙 高钰琳 高长城 葛秀丽 公衍民
宫丁丁 宫纪祥 龚忠敏 巩　傲 谷慧萌 管其龙 郭　虹 郭德亮 郭范范 郭丰勇
郭逢普 郭俊呈 郭奕航 郭志浩 郭志铭 韩　静 韩舒迪 韩文龙 韩晓宇 韩玉凯
郝　昕 郝晓春 何金晖 何学慧 侯　阳 侯淑敏 胡雪阳 胡泽园 黄　娟 黄　梅
黄　庆 黄高媛 黄小芸 黄晓彤 霍国栋 姬德生 汲道仁 季鹏飞 季太敏 贾明洁
贾秋月 贾昭昭 江凌琛 蒋伟伟 金　龙 金坤宇 景雪璐 阚啸天 孔伟强 雷春青
冷俊强 李　栋 李　发 李　玲 李　猛 李　淼 李　娜 李　强 李　青 李　帅

李　燕　李炳佳　李辰昊　李传鹏　李春晓　李东晓　李福琳　李甫村　李光斌　李国政
李健新　李金哲　李经纬　李蒙蒙　李明芝　李齐天　李庆慧　李荣昭　李镕倩　李申芳
李文忠　李萧萧　李晓冬　李晓飞　李晓康　李新童　李莹莹　李宇超　李玉龙　李泽朕
李振东　李政霖　李卓辉　梁亚楠　林　浩　林　鑫　林端敬　刘　超　刘　佳　刘　凯
刘　琳　刘　宁　刘　鹏　刘　晴　刘　帅　刘　涛　刘　通　刘　威　刘　晓　刘　雪
刘　宇　刘　玉　刘丙奇　刘德鑫　刘浩婕　刘建新　刘鲁威　刘孟鑫　刘培艳　刘鹏飞
刘其鹏　刘庆华　刘少校　刘淑娴　刘桐豪　刘文宇　刘文雨　刘锡强　刘晓洁　刘新雨
刘学斌　刘勋聪　刘咏杭　刘雨秋　刘志峰　刘志颖　龙厚昂　娄智兴　鲁克彬　鹿　桂
伦国栋　罗海叶　吕宗序　马　敏　马　荣　马　壮　马驰名　马洪劭　马铭辛　毛谭一
梅　艳　孟　哲　孟晓茹　孟亚楠　南婷婷　聂丽娟　牛彦茹　彭洪刚　彭亚伟　戚树杰
亓泠溪　祁有国　乔云萍　秦晨曦　秦燕敏　秦自强　邱本盛　曲　斌　曲鹏涛　权紫荆
任　萌　任清心　任世民　任兴臻　桑静静　尚汝松　石常欣　史梦青　史明明　史巧慧
宋　超　宋　恩　宋　贺　宋　帅　宋传洋　宋华兴　宋美华　苏佳俊　苏俊珲　苏迎宾
孙　瑞　孙　正　孙成祥　孙刚超　孙慧丽　孙靖煜　孙明凯　孙淑鹏　孙文文　孙玉峰
孙卓群　孙子棋　汤申艺　唐城元　唐华清　唐祎玮　田　雪　田秋玉　田兆锋　汪朝宇
汪艳红　王　琛　王　迪　王　飞　王　刚　王　涵　王　寒　王　科　王　克　王　帅
王　帅　王　帅　王　烁　王　涛　王　溪　王　雪　王　莹　王　震　王安懋　王彬霞
王城喻　王福帅　王恒静　王宏鑫　王惠琳　王家俊　王克令　王磊灏　王立健　王明英
王日强　王若涛　王少晨　王淑坤　王淑婷　王素素　王廷聪　王维涛　王伟婷　王宪飞
王献奇　王小丽　王晓斌　王笑笑　王秀河　王秀梅　王亚铭　王延青　王颜晓　王依香
王宜飞　王逸飞　王英泽　王宇飞　王昱晨　王张卓　王志强　韦　栋　韦小换　韦彦玲
魏精博　魏丽莹　魏星瑶　魏旭松　魏月月　文思远　邬尔啸　吴　帅　吴　限　吴可心
吴新宇　吴秀萍　吴一桐　吴智尧　伍成成　武祥军　仙彩雲　肖嘉玉　肖胜玉　谢继贤
辛　镇　辛仕林　邢明霞　熊　静　徐　晨　徐　汇　徐　帅　徐　振　徐　周　徐春花
徐美奥　徐鹏程　徐召林　许冠军　许晓萍　许镇鑫　薛　琪　薛　正　延华键　闫冰倩
闫立秋　闫亚群　严桂俊　颜　娜　颜　童　杨　柳　杨　梦　杨　阳　杨成丽　杨冬至
杨慧明　杨建勋　杨敬俊　杨君栋　杨倩倩　杨文强　杨喆雪　姚嘉帅　尹　哲　尹帮奇
于　雯　于根伟　于国超　于鹏东　于小龙　袁　雯　袁钰祺　袁毓灿　原晓梅　臧祚恒
张　创　张　晗　张　航　张　昊　张　浩　张　浩　张　健　张　杰　张　鹭　张　梅
张　鹏　张　蕊　张　懿　张风顺　张海艳　张宏鸣　张宏伟　张洪昌　张金岳　张萌萌
张苗苗　张平华　张荣花　张瑞佳　张诗奇　张书琪　张淑莹　张思佳　张思敏　张同华
张西衡　张宪勇　张晓雨　张兴宇　张兴政　张益铭　张懿凡　张玉玮　张泽存　张振昊
张芝芝　赵　祥　赵　翔　赵　扬　赵谨臣　赵良丹　赵凝瑞　赵荣耀　赵世坤　赵伟渲
赵文涛　赵晓楠　赵雪雪　赵亚恒　赵亚俐　赵月超　赵志浩　赵志浩　赵自超　郑攻洲
郑明月　郑婷婷　钟明浩　周　涛　周　正　周广兴　周双军　周彦楠　朱　超　朱　孟
朱守文　朱姝娴　朱晓文　朱亚倩　朱艳艳　朱一凡　朱玉洁　宗轲宁
阿卜杜艾尼·麦麦提吐孙　欧阳玉庆　图尔荪阿依·尼加提

环境与材料工程学院

安　静　白路遥　班飞飞　鲍守春　毕　儒　边　玥　邴小杰　蔡　伦　蔡华丽　蔡鑫呈
曹茂榆　曾　柳　查显艳　柴　琳　陈　红　陈　洁　陈　松　陈　伟　陈　杨　陈成民
陈春玉　陈翠薇　陈大港　陈光学　陈家地　陈嘉诚　陈金进　陈进龙　陈丽蓉　陈梦莹
陈雪苗　陈泽鹏　陈子圣　成佳帅　程　宁　程佳宁　池晓慧　楚仕豪　褚崇阳　丛高翔

丛炫炫　崔付倩　崔佳钰　崔进喜　崔容基　崔世彬　崔岩涛　崔子宸　代　帆　翟玉莹
丁　蕾　董　琳　董瑞雪　董亚肖　董奕廷　杜婧瑜　杜启哲　杜延鑫　樊继森　范志远
冯丹丹　冯佳佳　冯立坤　付金焕　付延雯　盖梦奇　盖晓飞　高　畅　高　萍　高　骞
高　振　高宝鼎　高红卫　高丽娟　高明月　高士哲　高翼飞　高永红　高忠帅　葛玉航
耿丹丹　耿冬梅　巩安康　谷欣秀　官王超　郭　艳　郭雪丽　国　昊　韩　超　韩　浩
韩　琦　韩雪城　韩雪洋　韩志成　何　策　和德锐　贺长璐　洪霄颖　侯德祥　侯佳辰
侯娇云　侯学文　胡　超　胡常庆　胡鑫冉　黄　斌　黄维娜　姬　亮　籍同辉　贾　皓
贾　悦　贾娟娟　贾舒淇　姜金成　姜云朋　蒋　雄　蒋晨露　矫玉静　金　玥　金德港
荆　爽　井亚男　鞠　萍　鞠晓乐　孔　道　雷　敏　雷　鹏　李　干　李　昊　李　慧
李　敏　李　榕　李　帅　李　昕　李　雪　李淦泉　李昊峰　李柯锦　李情情　李庆敏
李茹月　李士润　李松林　李天真　李文辉　李文龙　李祥林　李翔宇　李晓曦　李艳艳
李依霖　李英剑　李迎雪　李莹红　李玥琛　李长娟　李镇泰　李志尚　李忠玉　梁建合
梁晓帅　梁新茹　廖洛城　林靖博　刘　超　刘　进　刘　磊　刘　鑫　刘　鑫　刘　彦
刘　洋　刘　岳　刘德营　刘军建　刘可望　刘司颖　刘文静　刘夏辉　刘祥茹　刘潇桦
刘晓钰　刘新源　刘兴源　刘雪子　刘元昊　刘源林　刘泽辉　刘子恒　龙　翔　卢亚磊
卢昱尧　陆　岸　鹿洋铭　罗　丹　罗　晓　骆露露　吕兴卓　马晨晨　马文哲　马雪松
梅　寒　梅景冠　孟　磊　孟令坤　慕林洋　聂雪玉　宁梦媛　宁庆芸　宁天宇　牛　腾
庞海波　彭明贵　亓如心　齐　滨　秦聪丽　秦伟雄　邱艺敏　屈　攀　任晓航　桑学汉
商文硕　商智超　盛　飞　盛　强　石　磊　石晓雯　时晨晨　司伟婷　司衍鲁　宋　帅
宋　晓　宋博伦　宋慧敏　宋吉升　宋庆蕊　宋士豪　宋晓蕾　宋自强　苏　冲　苏　杭
苏　强　隋梦丽　孙　程　孙　菊　孙　晓　孙　悦　孙春萌　孙东悦　孙健铭　孙丽凤
孙珑泉　孙菽含　孙象前　孙晓强　孙绪国　孙一鸣　孙瑜蔓　台康杰　谭　哲　谭玉冉
谭志豪　汤　瑞　汤庆林　唐辉武　唐卫国　滕梦媛　田　恬　田　野　田飞燕　田兆威
童晓蓉　王　辰　王　闯　王　达　王　迪　王　栋　王　洁　王　康　王　敏　王　鹏
王　淇　王　茜　王　然　王　习　王　潇　王　晓　王　雪　王　颖　王　喆　王彬彬
王博文　王琛琦　王传杰　王德坤　王荟杨　王吉瑶　王甲慧　王建龙　王锦涛　王旌芸
王靖雯　王君鸣　王楷铭　王丽娜　王利伟　王林一　王梦琪　王梦舟　王明凯　王明莉
王茜茜　王韶栋　王显振　王晓磊　王晓婷　王晓婷　王星宇　王兴杰　王雅娴　王一汀
王艺衡　王奕萱　王盈莉　王永恒　王雨彤　王玉才　王玉垒　王悦涵　王宗丽　隗晶慧
魏梦欣　魏文祥　魏艳萍　魏燕如　魏余锋　吴　思　吴曼茜　吴梦迪　吴琦磊　吴晓娜
武　晗　席居宇　夏晨皓　肖文晴　谢林生　辛　敏　徐金至　徐梦旭　徐文佳　徐文露
徐晓航　徐子安　徐梓耀　许　冉　许珈玮　许嘉诺　许珂欣　薛若童　阎心雨　杨　冲
杨　帆　杨　帆　杨　雪　杨朝霞　杨柳菁　杨敏钰　杨擎擎　杨寿宽　杨爽爽　杨天歌
杨笑然　杨馨婷　姚广美　尹　雅　尹树营　由祥飞　于　洋　于洪伟　于昕平　于永昕
於姝言　虞振国　袁明建　原宗昊　岳远隋　臧日飞　詹威武　展亚楠　战立准　张　帆
张　帆　张　赫　张　健　张　洁　张　凯　张　磊　张　丽　张　丽　张　琳　张　凝
张　倩　张　雪　张　颖　张春来　张春香　张椿檬　张海霞　张豪男　张宏立　张继文
张佳莉　张景鹏　张俊凯　张凯月　张乐乐　张黎明　张李琳　张萌戟　张庆钦　张珊珊
张姝雅　张硕桢　张天瑞　张天宇　张小涵　张晓彤　张啸林　张鑫梅　张秀美　张雪婷
张雪莹　张阳阳　张云平　张泽阳　张壮涛　赵华华　赵瑞莹　赵若涵　赵晓萌　赵兴雨
赵玉婵　赵圆圆　赵源远　赵致琳　赵滋彤　赵子豪　郑　旭　郑佳炜　郑云飞　钟贞腾
周　璇　周呈鑫　周楚辞　周明红　周倩男　周星羽　朱　悦　朱　震　朱贝贝　朱见斌

朱娇娇　朱凯丽　朱明洁

机电汽车工程学院

安家博　包晓成　卜冠方　蔡　皓　曹　瑾　曹承玲　曹立平　曹士强　曹淑娇　曹艳玲
曹永亮　曹玉明　曾　慧　柴　同　常容川　陈　浩　陈　雨　陈广宇　陈河林　陈恒祥
陈红坤　陈建良　陈倩倩　陈庆坤　陈晓雯　陈妍慧　陈一鑫　陈真彪　陈震前　程　凯
程　鑫　程继鹏　程相勋　程旭阳　程长青　初忠旭　楚遵辉　崔　越　崔超超　崔瑞康
崔特异　崔永虎　代建行　戴　宁　单方舟　邓宏昌　翟政林　刁俊伟　刁奎斌　丁吉瑞
丁召琦　窦文涛　杜海君　杜金迪　段明行　段元帅　范鹏程　范圣文　范正一　房瑞华
冯稷雨　冯居辉　冯良琦　冯世林　冯永康　符宝木　盖家伍　盖志豪　高　畅　高　琛
高　天　高　鑫　高存璋　高恒上　高其强　高伟森　高子琦　葛利涵　耿晓鹏　公维锋
宫丹丹　宫润东　巩伟鑫　古庆悦　顾光辉　顾君杰　管邦旭　管志新　郭　蕾　郭福兴
郭观琦　郭立佳　郭丽媛　郭庆轩　郭育铭　郭宗鸣　韩　梅　韩　泽　韩东峻　韩红丽
郝明轩　郝铭慧　郝文昌　贺　琦　贺啸宇　洪诗福　侯　文　胡田雨　胡晓滨　胡学星
胡玉珍　胡子豪　黄　永　黄海权　黄海燕　黄吉豪　黄耀飞　黄周鑫　嵇惠通　季官瑞
贾　浩　贾义威　姜　国　姜　琦　姜伯峰　姜嘉伟　姜润丰　姜文静　姜信礼　姜志晟
金　浩　靳晓波　鞠向民　隽明欣　阚晓情　康鹏飞　孔　朋　孔福裕　孔令武　孔澍婷
孔祥军　孔彦杰　冷晓寒　李　慧　李　可　李　彤　李　星　李　志　李传壮　李聪颖
李德斌　李福林　李富乐　李光玉　李国志　李浩坤　李洪涛　李候强　李佳怡　李建营
李健龙　李杰鹏　李鲁腾　李茂勇　李梦娇　李梦雨　李明超　李明雨　李明月　李钠钾
李培福　李培杰　李鹏辉　李启浩　李庆威　李仁飞　李胜杰　李树舜　李双良　李万春
李伟旭　李文博　李文丞　李文德　李文帅　李显培　李晓芝　李鑫浩　李星辉　李秀松
李旭东　李旭刚　李旭阳　李耀华　李逸豪　李玉民　李玉香　李长声　李自浩　栗　涛
连新杰　梁　鑫　梁业坤　梁忠伟　林礼涛　林明伟　刘　冲　刘　峰　刘　晗　刘　磊
刘　磊　刘　敏　刘　旗　刘　启　刘　帅　刘　朔　刘　伟　刘　洋　刘　影　刘　勇
刘　赟　刘国栋　刘海川　刘海东　刘家文　刘立上　刘美洋　刘鹏程　刘清华　刘如广
刘如意　刘三虎　刘淑敏　刘天龙　刘文超　刘小业　刘雪令　刘玉孟　刘玉柱　刘兆财
刘正阳　刘忠澳　刘作文　柳　佳　柳梦雪　龙启敬　娄帅元　鲁衍阳　鲁志鹏　鹿国良
路　瑶　栾鲁江　栾盛强　栾业晖　罗红富　罗剑琪　罗中元　吕彦江　吕怡凡　马　浩
马　玲　马　文　马平理　马卿林　马云腾　孟　博　苗峰华　磨夏梅　牛存志　牛嘉琳
牛永恒　潘　硕　潘飞革　潘艳杰　逄　鑫　逄格胜　裴翔宇　亓智慧　祁玲玉　秦清旺
秦文杰　曲宗珊　任大发　商　航　沈　岳　沈漠凡　师宗辉　施奕丞　石郴钰　石富康
石永帅　石泽铭　时郭庆　史孝峰　史亚龙　宋　琳　宋秉泽　宋博文　宋玘臻　宋士琳
宋晓鹏　宋玉强　苏德成　苏航正　隋江涛　隋晓政　孙　超　孙　峰　孙　瑞　孙　悦
孙辰宇　孙港宁　孙海力　孙经纬　孙培国　孙奇枫　孙贤涛　孙新宇　孙玉雪　邰旭东
谭　鹏　谭家麒　谭明彬　唐庆鑫　唐银才　陶　春　陶　辉　陶其锦　滕翔宇　田　庆
佟兴伟　汪哲宇　王　安　王　超　王　超　王　栋　王　刚　王　浩　王　浩　王　浩
王　琳　王　璐　王　宁　王　鹏　王　瑞　王　晓　王　筱　王　晔　王　真　王　震
王　正　王成龙　王成诺　王德庆　王付强　王国勇　王建龙　王建新　王楗乔　王俊南
王璐瑶　王梦菲　王鹏昊　王瑞丽　王仕超　王文宇　王新滨　王兴开　王兴旺　王雅丽
王延杰　王艳坤　王耀锋　王宜康　王镱霖　王英波　王永勤　王勇杰　王正毅　王志帅
王志忠　韦方舟　魏　晋　魏梦迪　魏忠福　吴海波　吴宏蕊　吴蒙原　吴新安　吴玉林
吴兆东　吴铮强　吴智伟　武　凯　武浩然　武雪刚　咸丽蕊　肖　康　肖文欣　谢　晗

邢慧双 胥　帅 徐　凯 徐桦坤 徐磊欣 徐鹏飞 徐雅洁 徐运开 徐振兴 许　奕

薛　霞 闫晓彤 阎　旭 杨　宁 杨　庆 杨博翰 杨红坤 杨华坤 杨靖雯 杨绍运

杨天奇 杨文丽 杨晓斌 杨欣盛 杨依景 杨长杰 杨志超 姚福兴 姚继伟 姚连杰

叶　凯 伊兆泽 殷英杰 尹俊鹏 尹姝屹 于　超 于　涵 于华翔 于晓成 于新鹏

于跃华 于湛平 于钊瀚 于志超 喻　杜 袁　斐 袁　港 岳　凯 岳胜杰 岳志伟

昝　宸 臧顺超 张　博 张　杰 张　克 张　磊 张　伦 张　璞 张　倩 张　睿

张　甜 张　鑫 张　星 张　彦 张安豪 张丙辉 张呈龙 张春晨 张国飞 张浩琳

张惠凯 张继辉 张金涛 张瑾钰 张亮亮 张茂源 张孟珂 张梦琳 张庆怀 张润泽

张若奇 张圣杰 张世超 张文君 张新雨 张兴斌 张亚慧 张亚男 张永恒 张宇佳

张钰晗 张云海 张泽堂 张泽中 张哲乾 张镇宇 张志帅 张中砥 张忠义 张子豪

张子学 张宗宇 赵　聪 赵　恒 赵　康 赵　阔 赵　旭 赵　阳 赵传康 赵东晓

赵国飞 赵静远 赵明成 赵浦森 赵庆凯 赵孝成 赵永铭 赵子杰 郑　健 郑　洁

郑　琳 郑书超 郑晓涵 钟慧敏 钟越美 周　放 周冠辰 周康康 周思捷 周长安

朱　宁 朱　帅 朱　鑫 朱冠宇 朱良钎 朱林龙 朱芍静 朱玟旭 祝茂林 邹方豪

左桂宇 左凯莉 左鹏程

计算机与控制工程学院

白晓娟 边　朔 边玉虎 卞翔宇 邴雪慧 蔡汝佳 曹　博 曹凤腾 曹令鑫 曾　勇

曾林波 曾文博 常　锐 常　轩 车佳颖 车金阳 陈　晨 陈　迪 陈　朋 陈　腾

陈　曦 陈　潇 陈　旭 陈　哲 陈传祯 陈光辉 陈航宇 陈和湘 陈立强 陈梦雪

陈鹏鹏 陈世平 陈文浩 陈晓琳 陈晓霞 陈效玉 程德泉 池保庆 崔凯兴 崔青青

崔晓笛 崔耀文 戴欣萍 单林智 邓梦菲 丁匀棋 董　雪 董凯琦 董秀金 杜承坤

杜心鹏 杜学信 方钰栋 房　斐 房　萍 冯勇升 高　超 高金艳 高乾罡 高玉杰

高玉桐 高志坤 谷建龙 郭　超 郭　辉 郭　坤 郭　腾 郭超元 郭恩胤 郭永恒

郭志鹏 韩代伟 韩桂报 韩鲁郑 韩双志 韩仲雅 郝贵龙 郝环宇 郝昱猛 何大冰

何信宇 何学鑫 何志宏 洪懂懂 侯　栋 侯晓宇 胡昌星 胡庆龙 胡馨月 胡钰海

胡兆琪 黄洁雨 黄金婵 黄金诚 黄其萌 黄青霞 黄舒莹 黄友铭 黄玉娇 黄远睿

黄志强 霍　健 姬广熙 吉秀丽 贾庆严 江民杰 姜　珊 姜向阳 姜孝龙 姜延锴

蒋晓玲 焦彤宇 金治国 莒茂瑜 孔祥涛 雷　雨 李　飞 李　玲 李　嫚 李　倩

李　睿 李　硕 李　潇 李　欣 李　鑫 李　星 李　旭 李　旬 李　钊 李德彪

李德坤 李富豪 李佳敏 李景禄 李坤贺 李磊涛 李良涵 李落才 李梦坤 李明洋

李培磊 李谦祥 李清恩 李善杰 李圣伟 李书领 李文鑫 李晓钰 李亚辉 李亚楠

李一波 李泽宇 李钊颖 李志慧 厉子舜 连昀泽 梁　金 梁　凯 梁杨智 廖香立

林　颖 林明城 林志鹏 林志文 刘　春 刘　欢 刘　磊 刘　磊 刘　丽 刘　倩

刘　朔 刘　涛 刘　文 刘　亚 刘　雨 刘　媛 刘　月 刘　云 刘博雅 刘昌锋

刘春彤 刘富家 刘光辉 刘金石 刘俊科 刘良欣 刘烈宏 刘默涵 刘苏莹 刘文杰

刘小楠 刘晓军 刘晓琪 刘欣平 刘亚祺 刘智慧 卢　璇 鲁佩钰 鲁绍孝 鹿文菲

鹿云扬 路亚丽 罗　震 吕方舟 吕文雅 吕志鹏 马　赛 马康泰 马文静 马艳艳

马咏莉 毛允飞 孟　晔 孟　圆 孟凡农 孟令康 孟令群 孟琪琪 牟清东 倪　畅

宁瑞淋 牛学硕 潘俊虎 泮春宇 庞燕茹 彭佳俊 彭友程 亓　娜 齐　星 綦　鹏

秦　超 秦　通 秦新颖 秦绪龙 邱　超 邱　凯 曲金科 曲蓬勃 曲志恒 任家锋

任乾鑫 任绪阳 尚　月 邵先利 邵钰恒 申鹏鹏 石　超 石永杰 史红浩 舒文超

宋　丹 宋堂忠 宋文超 宋文泰 宋雨静 宋玉梅 苏　航 苏媛辉 隋　超 隋文韬

隋溢凡　隋宗涛　孙超　孙超　孙淇　孙伟　孙佳茹　孙景超　孙丽玮　孙良卿
孙鹏飞　孙琦琦　孙启先　孙圣金　孙亚茹　孙彦增　孙子策　孙子晴　谈奔　覃松
覃芳芳　谭泽纯　汤善晔　唐浩　唐敏　唐悦　唐鸣泽　滕健　田甜　田艺
田鹏飞　田尚志　田思雨　田志伟　田壮壮　童辉力　万帅　王晨　王成　王丹
王迪　王帆　王淦　王宏　王进　王婧　王靖　王磊　王曼　王鹏
王鹏　王权　王蕊　王帅　王涛　王旭　王岩　王爱政　王德印　王德运
王海洋　王惠惠　王佳宁　王嘉玮　王靖淇　王俊锐　王力源　王丽坤　王美洁　王梦迪
王明慧　王明鉴　王沐晨　王世界　王文豪　王祥昀　王晓慧　王晓晴　王晓钰　王修文
王雪松　王艺霖　王译敏　王翊臻　王玙璠　王园园　王泽林　王照熙　王者健　王志扬
王智超　魏炜　魏瀚哲　魏俊祯　魏铭阳　魏秀云　吴敬超　吴万武　吴星辰　吴雨凡
吴兆瑞　吴兆宇　吴子旋　武聪　武昊　武连杰　郗传秀　郗小艺　席文静　夏炳荣
夏金洵　夏月航　肖雪　肖博文　谢凯迪　谢明杰　邢傲强　邢耀麟　修林栋　修士勇
徐聪　徐欢　徐健　徐睿　徐伟　徐欢乐　徐世清　徐仕东　徐伟康　徐泳涛
许琪　许扬　许袁熙　薛灵童　闫安　闫舒　闫科萍　闫子怡　颜炳华　杨驰
杨昊　杨乘翔　杨诗雨　杨天瑞　杨雅鑫　杨艳茹　杨友宁　杨育莹　姚志伟　叶脉
衣龙川　尹中浩　游明　于潼　于洋　于军洋　于士盛　于苏显　于兆一　于子娴
余航　袁乃正　袁永潇　岳成艳　臧新晓　张冰　张璨　张峰　张杰　张宁
张琦　张涛　张威　张溢　张颖　张展　张爱平　张晨昊　张呈弟　张高蕾
张瀚文　张珩瑞　张宏升　张建港　张锦焕　张蓝蓝　张丽颖　张明宇　张强强　张晴晴
张全伟　张瑞翔　张润亭　张士杰　张淑凡　张淑兴　张天择　张伟晶　张雯婧　张晓彤
张旭阳　张迎雪　张永慧　张毓桐　张云云　张志新　张壮壮　赵凯　赵前　赵程程
赵东亚　赵立威　赵连浩　赵玲玲　赵伟康　赵歆妮　赵鑫鑫　赵彦庆　赵永康　赵志君
赵子琳　赵紫衣　郑伟　郑茜雅　郑文宽　郑媛媛　郑志金　郑志坤　周传亮　周贵臣
周国亮　周文进　周义聪　朱海　朱冠臣　朱国华　朱建豪　祝宣江　庄家宾　庄子浩
邹晓琳　组志昂　东野升龙　麦麦提江·阿巴　翁阿力·加汗

建筑学院

安新望　白悦　常晓颖　陈睿　陈朔　陈洪莉　陈龙斌　陈致慧　崔夏雨　邓敏
丁志涵　董晴　董雪莹　窦文静　杜睿　杜鹏程　范静　范文旭　范知远　冯顺
付俊　傅婷婷　高丹　高翔　高诗雯　高艺博　郜海伦　宫韵昭　郭林芳　郭兴新
郭洋洋　何策　何明浩　贺婷婷　衡蕊宁　黄宁　黄梦华　黄小龙　黄燕博　霍婧琦
纪东鹏　贾彤　贾玉华　蹇木森　姜鹏斌　蒋方宇　金吉臣　金吉祥　李敏　李瑞
李帅　李想　李昕　李俊松　李思新　李松峰　李咏洁　李元皓　连昕　梁璐
刘畅　刘菲　刘鸿　刘泽　刘利敏　刘妹显　刘奇璐　刘秋怡　刘舒欢　刘贤琪
刘翔传　刘亚男　刘一宁　刘银芝　刘宇涵　刘宇琴　刘子群　罗春海　吕铭华　马笑
马士增　马雨桐　蒙航培　莫禹　牛玉伟　庞锋　齐鑫　秦鸿昕　任景璇　盛婕
盛紫豪　施承康　石超杰　宋婕　苏小萍　苏一凡　孙于婷　覃桂花　唐晨光　陶昱昊
王珏　王阳　王彬竹　王晨成　王春晓　王涵延　王昊天　王和鹏　王连康　王明主
王润吉　王世显　王文强　王新强　王雅萍　王延泽　王一帆　王一凡　王昭璇　韦悦
魏常亮　魏晓良　文素彬　吴坤　夏琰　夏梦雪　冼远亮　谢可欣　邢少康　徐大辉
徐晓楠　许鸣悦　许仕宜　闫玮　严枭浩　杨瑞　杨雯　杨邦锦　杨俊泽　杨素贤
姚景予　英超　游佳伟　原满　张静　张娜　张宁　张本鑫　张宸得　张佳玮
张家荣　张露露　张仕鑫　张翔宇　张学森　郑勇　郑丽钎　郑煜翔　周一洁　朱沛云

朱志爽 庄 飞

经济管理学院

艾礼姣 艾立玉 安成祥 安静晶 白 明 白家和 白家华 边宁宁 别克扎提·革命
蔡慧迪 蔡长杰 曹建军 曾 茜 曾令鹏 常 乐 常 钰 常家栋 陈 萍 陈 倩
陈 新 陈 悦 陈规南 陈浩然 陈红梅 陈佳慧 陈立群 陈良威 陈乾元 陈晓媛
陈亚男 陈延丽 陈永青 程林林 程雪晴 迟晓林 褚 敏 崔 健 崔文静 崔晓荟
崔旭慧 戴 迪 单 凯 单国柱 单心雨 邓辉南 翟桉萱 翟崇浩 翟梦霜 翟鑫雨
翟玉敏 邸 强 刁庆令 丁千洋 丁秋媛 丁为勇 丁亚楠 丁扬扬 董 恒 董 朔
董春雨 董俊花 董嗣祯 董泽宁 杜文祥 杜晓晴 杜亚嵋 杜叶青 杜雨欣 杜中莹
段 超 段舒榕 樊 迪 樊梦翔 方 晗 方 慧 方家芹 方梦晶 方志鹏 房 旭
冯 影 冯冰清 冯瑶瑶 符舒宁 付 晓 付齐岳 付秋颖 付思晗 高 杰 高 尚
高 翔 高 雪 高 月 高安琪 高加林 高京芃 高俊庆 高凯旋 高鲁新 高瑞环
高胜鑫 高钰晗 高月清 高振环 葛 军 耿莉梅 耿责宸 宫 丽 宫 欣 宫 宇
龚文雪 谷 钰 顾心怡 郭林兰 郭美燕 郭明燕 郭赛男 郭祥琪 郭新宇 郭雅楠
郭艳芳 韩 磊 韩 琪 韩 祥 韩爱朋 韩贵林 韩宏蕾 韩瑾凤 韩露露 韩梦娟
韩梦洋 韩姗姗 韩文静 韩晓雨 韩雅卿 韩亚男 郝欣敏 何 丽 何琛婕 何丽平
何晓荷 何颖颖 侯丹雯 侯俊宏 侯宛君 侯云龙 胡 迪 胡 鑫 胡 宇 胡茜茜
胡文文 胡泽宇 胡真玉 扈雯佳 黄健华 黄美玲 黄耀锟 黄叶飞 纪芳宇 贾爱霞
贾雯莉 贾祥瑞 贾晓玥 简 银 江霞玲 江旭纯 姜 静 姜 鑫 姜 真 姜晨诗
姜楚可 姜春雨 姜俊强 姜儒婷 姜文运 姜言涛 姜又文 姜昭君 蒋彩红 蒋小宇
焦守月 矫萌萌 金宛莹 金宗皓 靳晓雪 荆秀秀 鞠一格 康 伟 劳梅婷 雷 雨
雷诗妮 黎文杰 李 晨 李 丹 李 芳 李 峰 李 慧 李 晶 李 敬 李 凯
李 琳 李 敏 李 敏 李 娜 李 瑞 李 双 李 双 李 婷 李 桐 李 旭
李 暄 李 雪 李 岩 李 杨 李 洋 李 瑶 李 仪 李 悦 李爱卿 李滨江
李昌峰 李晨彤 李从业 李菲菲 李国玺 李红艳 李华健 李慧新 李佳佳 李佳楠
李佳思 李建龙 李金硕 李劲松 李俊涵 李开臣 李乐乐 李良晖 李林明 李凌云
李玫霖 李梦瑶 李倩楠 李藤瑶 李文婧 李文晓 李文钰 李祥宇 李想雨 李晓倩
李晓彤 李晓燕 李晓宇 李星仪 李秀顺 李娅娣 李妍妍 李一卉 李依仪 李雨倩
李雨霞 李媛媛 李长艳 李政耀 李子傲 李宗宇 栗良子 连 芳 梁 虹 梁家菡
梁书娣 梁兴连 林 蕾 林柏杨 林宇轩 刘 超 刘 晨 刘 钏 刘 洁 刘 晶
刘 静 刘 娜 刘 芊 刘 旭 刘 雨 刘安琪 刘春萌 刘大华 刘飞燕 刘福深
刘福运 刘高顺 刘厚雨 刘嘉桐 刘嘉章 刘君一 刘恺逢 刘力畅 刘梦霞 刘梦雨
刘清辉 刘瑞浩 刘申壮 刘仕伟 刘思利 刘小满 刘晓倩 刘晓玉 刘忻宜 刘雅蕾
刘延霞 刘彦宏 刘仰桂 刘屹沣 刘玉玲 刘育君 刘悦婷 刘泽华 刘卓林 刘子健
刘紫芩 卢金玲 陆心雅 路 洋 路金枝 栾莉莉 罗纪攀 吕 晶 吕 岩 吕昌龙
吕咸河 马 挺 马晨琛 马大磊 马金姮 马金莹 马蒙昕 马米沙 马新雨 马秀丽
毛昳蕊 毛苗苗 毛奕铭 毛永国 梅争艳 蒙 捷 孟 萍 孟 琦 孟 婷 孟昊瑄
孟一鸣 苗雨婷 明 月 明海飞 明子晴 莫楷韬 牟欣兰 宁福鑫 牛 垚 牛 哲
牛加良 牛竹竹 潘航宇 潘芷涵 庞 燕 彭舒悦 齐鲁帅 齐梦楠 齐效瑞 齐一蔚
谯亚辉 秦 斌 秦 岭 秦 爽 秦文泰 邱若琳 曲晓青 权依悦 任铜宵 任志成
沙明珠 商 琳 尚园园 邵雅琪 邵宇兰 沈 强 沈清泉 生文文 师良勇 师林林
师庆民 石琦玥 石晓雯 史安芹 史丹宇 史金铭 史梦营 史小艺 舒瑞景 宋 豪

宋萍　宋琦　宋虹洁　宋怀玉　宋俪慧　宋钦政　宋森磊　宋亭亭　宋鑫冉　宋一夫
宋英华　宋振儒　宋志豪　苏悦　苏翠华　苏舒悦　苏新萍　苏银梦　苏云迪　孙琪
孙倩　孙瑜　孙瑜　孙越　孙赟　孙辰争　孙承文　孙丰泽　孙浩杰　孙婧雅
孙可欣　孙巧萍　孙先峰　孙小雯　孙晓丹　孙雪纯　孙雪莉　孙志诚　孙宗鹏　谭思
谭常军　汤诚诚　汤彦婷　唐意帮　陶楚俏　陶喜姣　滕洁　滕雪君　田洁　田祥
田雪　田雨　田宫祺　田茂源　田文韬　田应椿　田玉莹　田长昊　田志龙　佟文娟
童欣　童雪　童延龙　王迪　王帆　王凡　王淦　王浩　王皓　王会
王静　王磊　王丽　王梅　王宁　王茜　王蕊　王珊　王帅　王彤
王彤　王昕　王馨　王雪　王言　王钰　王玥　王铮　王晨颖　王传威
王春利　王聪聪　王翠翠　王富荣　王广福　王虹燕　王慧萍　王佳丽　王建欣　王金恒
王瑾珑　王静怡　王俊守　王林琳　王琳琳　王庆浩　王珊珊　王仕瑶　王婷婷　王文静
王文清　王文璇　王喜影　王向秋　王潇婧　王潇梅　王潇娜　王晓楚　王晓菲　王晓芹
王晓彤　王晓雯　王晓颖　王心阳　王欣灵　王馨艺　王鑫源　王雪纯　王雪琪　王雅璐
王亚宁　王岩松　王一舒　王永春　王玉静　王玉婷　王钰凯　王昭华　王昭娟　王祯麟
王子乾　王子羽　韦桂篮　韦钰如　魏蕾　魏琪　魏翔　魏德欣　魏航平　魏晓嵩
魏旭旸　魏翾诺　魏莹蕙　温涛　温伯伦　温风英　温龙雪　温雪柔　吴静　吴凯
吴倩　吴青　吴硕　吴炜　吴玥　吴春彦　吴海旭　吴海洋　吴明兴　吴文歆
吴晓君　武飞龙　武海蛟　武亚琪　夏宇　夏凯琳　夏长清　肖泽旭　谢静　谢同森
辛若文　邢文佳　徐珂　徐晴　徐稳　徐从香　徐芳菲　徐慧琳　徐蒙莎　徐天航
徐王苗　徐小婷　徐雄姿　徐雪原　徐应心　徐永芳　许诺　许博玲　许锦熠　许孝威
许艳霞　薛源　亚力坤·赛帕尔　闫东旭　闫冬梅　闫佳祺　闫晓民　闫智琳　颜莉汶
杨光　杨宏　杨绘　杨恋　杨茜　杨洋　杨桂萍　杨加琪　杨婧怡　杨梦昕
杨世宇　杨思禹　杨愫蓉　杨晓艳　杨晓莹　杨亚婵　杨一傲　杨英杰　杨雨菁　杨运鑫
杨泽林　杨宗霖　姚佳欣　姚开严　叶扬华　乙咏一　易兰　殷介松　殷梅芳　殷媛鑫
尹玲　尹程程　尹佳雯　尹康妮　尹翊霖　游洋　于杨　于洋　于斌豪　于海鹏
于明含　于明玉　于明震　于润泽　于仕群　于亿亿　于逸群　俞文珊　袁俪文　袁另凤
袁小雨　袁晓芮　袁作涛　原晓露　原欣欣　苑其鑫　苑卓琪　岳冠宇　臧明豪　张彬
张晨　张贺　张辉　张慧　张蕾　张蒙　张南　张宁　张鹏　张琪
张彤　张文　张霞　张邢　张旭　张雪　张悦　张云　张安强　张晨阳
张成豪　张成杰　张成银　张春贺　张聪颖　张芳媛　张高丽　张瀚文　张昊天　张怀兵
张嘉芮　张洁洁　张俊男　张俊强　张峻豪　张美俞　张佩佩　张诗冉　张书源　张帅帅
张文豪　张文鹤　张文静　张文鹏　张文馨　张晓娜　张晓薇　张晓雨　张欣奕　张秀阳
张学政　张雪晗　张雅洁　张雅琦　张雅文　张延利　张耀阳　张银洁　张宇恒　张宇婷
张雨珊　张圆圆　张允鹏　张在强　张志扬　张紫藤　赵婧　赵璐　赵雯　赵旭
赵莹　赵春霞　赵吉青　赵建莹　赵盼盼　赵伟杰　赵纹纹　赵鑫磊　赵鑫茹　赵雅倩
赵艳磊　赵燕芳　赵一凡　赵云凤　赵云佳　赵振皓　郑蕾　郑鑫　郑广念　郑海娜
郑集瑞　郑孔萌　郑兰心　郑思敏　郑文静　郑文丽　周雯　周晓　周雪　周成成
周德帅　周绮欣　周一凡　周怡薇　周玉晨　周子力　朱琳　朱影　朱悦　朱津铭
朱润生　朱文慧　朱晓杰　朱雪榕　诸英　竺可涵　宗悦　宗秀丽　邹洁　邹珺伊
邹怡昀　祖仁敬　方陈艺菲　郭中宁昱　麦热姆妮萨·艾合麦提　颛孙文娜

人文学院

安仲媛　敖娜艳　白睿　白明春　柏晓芃　毕晓晨　卜祥杰　蔡丽娜　蔡思齐　曹洁

常昊　陈敏　陈昀　陈喆　陈佳敏　陈璐瑶　陈秋爽　陈瑞云　陈欣颖　陈亚辉
陈延威　程前　褚晴　崔文硕　崔宇晗　代紫丹　单琳　党文欣　邓刘星　翟梅
翟娜　刁博文　刁卓达　董琪　董月　董立强　杜虹霖　段玉花　房晴晴　房睿哲
冯慧珺　冯思慧　冯晓宇　符风芳　高菲　高琪　高雅　高炳泽　高秋苹　高双双
苟瑞鹏　郭娇　郭梦　郭腾　郭凯贤　郭琦琦　郭晓莹　郭雅妮　郭亚娣　国洁莹
韩雨　韩昊洋　韩慧锦　韩立娣　韩林宏　韩文辉　韩文倩　郝庆镇　郝思启　郝文新
郝元萍　郝媛媛　何佳顺　何莎莎　何田田　何梓豪　贺婧　贺梦婷　侯泉明　侯汝霞
胡秀平　胡玉洁　黄婷　黄坚航　黄孝俊　黄雪玲　霍怡洁　贾东窈　贾晓雨　贾于倩
贾越乔　江冠群　姜红　姜琼　金璐　金婷婷　荆慧　鞠培娟　孔德政　乐华翠
雷名花　冷欣娱　黎滔　李菲　李康　李琳　李琳　李娜　李娜　李培
李茜　李雪　李玉　李春英　李翠青　李金泽　李晋阳　李均刚　李林芳　李美莹
李梦滢　李苗秀　李明杰　李倩楠　李青松　李文超　李文慧　李晓奇　李晓彤　李晓媛
李笑霖　李秀雯　李学婧　李雪璨　李奕萱　李正鑫　林璐晓　刘欢　刘金　刘禄
刘鑫　刘颖　刘博伟　刘浩平　刘建燕　刘梦雪　刘明朵　刘倩倩　刘巧丽　刘新宇
刘雪娜　刘艺璇　刘誉遥　刘元强　柳悦　柳彦宏　栾晓璨　栾鑫滢　罗雪晴　罗叶瑶
吕佳宇　吕汶璟　麻新雨　马琳　马恩环　马继斌　马希国　马雅文　马亚雯　马娅琪
毛瑞清　苗萌　苗硕　苗春燕　莫文由　牟文婷　聂葵　宁皓月　宁思鸣　牛佳慧
牛良彤　彭璟　彭子溪　齐国梁　钱淑月　乔雪娇　区海妮　曲文姣　屈婧倬　屈璐慧
任卉　任可　任芳芳　任克瑜　荣毅　荣莹　阮代坤　剡星星　邵强　邵明浩
申良　申玉玲　石美　石法叶　舒庭庭　宋晨辉　宋呈祥　宋村耀　宋沫函　宋迎新
苏萌　隋堃　隋明玉　孙雪　孙国贺　孙鹏翔　孙启香　孙文丽　孙雅星　郜慧琳
谈明明　谭爱云　汤怡诗　汤苑苑　唐心逸　滕云　田晓晨　田园香　童星炜　王静
王莲　王群　王月　王海迪　王换弟　王明坤　王明月　王庆港　王彤彤　王伟敏
王晓艺　王云瑾　王云钦　王增圆　王子睿　王子淑　魏铭　魏小蔚　魏妍楠　吴琳
吴冰原　吴范艳　吴佳红　吴婧芸　吴天琪　吴怡霖　吴咏祺　伍文渊　武佳　肖蝶蝶
谢欣　熊辉源　熊志富　徐小涵　徐雪斐　徐志敏　徐治红　许苗　许梦缘　续远香
阳筱　杨兰　杨霞　杨阳　杨安然　杨积媛　杨柳叶　杨梦妍　杨茜茜　杨双荣
杨汐羽　杨瑛慧　于琦　于林平　于婷婷　余爱玲　余林家　虞琳　袁课　岳浩
岳婧祹　张聪　张洁　张洁　张娟　张娟　张楠　张通　张翛　张宇
张雨　张玉　张玉　张纯燕　张凤卉　张佳钰　张金鸣　张金焱　张敬辰　张蓝越
张鲁玉　张其庚　张芊芊　张庆硕　张伟伟　张文艺　张晓茜　张欣宇　张馨予　张雅文
张翼扬　张宇洋　张云琦　张钟文　张子宁　赵璐　赵梅娟　赵晓梅　赵亚俊　赵玉凤
郑佳明　郑璐瑶　郑雅蕾　钟秋洁　周宁　周宸羽　周连杰　周美杉　周夏静　周艳青
周智慧　朱欣　朱汉夫　朱晓玉　朱新杰　朱雪梅　朱英芝　朱滢璇　朱玉莹　朱志刚
庄潇　宗梓阳　邹萌　左婷　胡待海龙　姚武扬眉

生命科学学院

安蕾　安欣　白雪连　薄紫荆　保康　毕浩然　毕潇文　蔡世清　曹丽　曹明媚
曹晓晶　曹宜良　曹秭琦　曾金丽　茶凤仙　陈闯　陈凤　陈浩　陈杰　陈宁
陈宁　陈卓　陈安祥　陈德赟　陈佳榕　陈俊双　陈科阳　陈良越　陈柔昀　陈小雨
陈雅文　陈永凯　陈召政　程聪　程涵　程涛　池幸子　慈志敏　丛瑜　戴泽川
邸妞　丁悦　董奎奎　董小倩　董徐宽　窦明德　杜宝双　杜聪聪　杜后兴　范婷婷
范永胜　方雪晨　付安珍　高山　高旭　高艳　高慧智　高志杰　耿传帅　顾美琨

管姚 郭岩 郭安民 郭锦祥 郭艳利 哈晓宇 韩凯 韩双 韩昆明 韩新花
韩兴梅 韩亚宁 韩英杰 郝林林 郝钰滢 何猛 贺诗然 洪宗湘 侯晓玉 胡珂
胡继椿 胡佳琪 胡淑君 胡营营 黄婕 黄静 黄佳露 黄盼盼 黄尹伊 霍柯君
纪媛媛 江梦繁 姜迪 姜金良 姜璐瑶 姜梦晴 蒋超 蒋馨荷 蒋之琛 金科谚
金美玲 靳晓杰 孔令政 雷雯霞 黎鹏 黎哲熹 李丹 李栋 李洁 李乐
李淼 李奇 李琴 李晴 李冉 李柔 李婷 李雪 李扬 李毓
李冰倩 李聪聪 李冬青 李海雁 李航远 李鸿照 李金圆 李娟娟 李梦璐 李梦圆
李敏玲 李青林 李若然 李书杰 李泰松 李文琴 李文哲 李晓楠 李雪婷 李阳阳
李子煜 栗雪韫 廖维亨 林丽秀 林鹏程 林亚茹 蔺超 蔺佳伟 刘聪 刘蕾
刘琳 刘璐 刘鑫 刘阳 刘哲 刘备备 刘观森 刘国华 刘海坤 刘红驿
刘继聪 刘力铭 刘梦晨 刘梦雪 刘明辉 刘庆玲 刘润琪 刘若凡 刘鑫杰 刘秀洁
刘轶婷 刘迎春 刘咏霖 刘雨婷 刘远翔 陆羡垚 罗晓辉 吕建浩 吕思其 吕子恺
马宝彬 马聪玲 马富意 马洪悦 马敬峰 马永祥 麦书睿 梅丽亚 孟令辉
穆乃外尔·祖农 聂爽 潘欣彤 庞甲雷 庞梦迪 逄美倩 彭菲 彭志丹 平川
亓娜 亓筱涵 齐亚平 乔明航 秦浩 邱旭 曲林姣 任光亚 阮光仙 沙吉妮
山淼 邵伟 申鹏 沈雨欣 盛文程 施国涵 舒志艳 宋彬 宋鹏 宋丹丹
宋德瑞 宋璐瑶 宋亚杰 宋怡佳 苏晨 苏晶 苏敏 苏兰凯 隋佳宜 孙昶
孙成浩 孙会丽 孙启琦 孙青青 孙庆辉 孙维栋 孙文婷 孙雪颖 孙宴清 孙业梅
孙紫轩 谭荣 谭梦成 汤深 唐宇 唐启航 田雪琪 汪洋 汪文倩 王晨
王闯 王斐 王罡 王萌 王敏 王楠 王棋 王帅 王松 王滔
王颖 王宇 王百川 王晨曦 王春晓 王大鹏 王德祥 王凤仪 王继磊 王佳慧
王健超 王峻屿 王斓瑾 王鹏娜 王庆宇 王全州 王润之 王思路 王小童 王晓辉
王晓倩 王昕聪 王雅诗 王娅楠 王迎春 王钰淞 王志勇 王志远 王智宇 王姿烨
魏光彩 魏佳威 温萌 温欣 温以宝 温雨婷 吴娅 吴彩蜜 吴春梅 吴江琳
吴梦苑 吴泉勇 吴子文 夏寒 夏文潇 项娟娟 谢凡 辛宏霞 邢栢轶 熊彩霞
徐凯 徐颖 徐昭 徐博文 徐立言 徐晓茜 徐召坤 徐子美 许灿海 许锶及
许香钰 许嫣然 许展昭 薛淳清 杨帆 杨曼 杨苗 杨莹 杨崇瑶 杨丰旗
杨菁苑 杨林霏 杨如玉 杨文敏 姚春萌 叶心如 伊路 殷丽坤 尹娇 于涵
于航 于蓓蓓 于加武 于美佳 于淼淼 于明水 袁岚玉 张涵 张晶 张娟
张磊 张璐 张琪 张越 张栋洋 张红秀 张惠苹 张继行 张珈瑞 张嘉杞
张凯文 张丽娟 张曼妮 张明康 张墨林 张千波 张前程 张瑞佳 张天航 张停琳
张文阐 张文龙 张文睿 张文霞 张翔芝 张晓尘 张馨文 张瑶瑶 张永强 张宇祺
张雨琪 张原铭 张泽昕 章誉兴 赵娣 赵健 赵静 赵美艳 赵鹏程 赵维芝
赵永春 郑聪聪 郑家祥 郑楠楠 郑亚香 郑英明 钟一扬 仲蕾 仲俊洁 周格帆
周卉卉 周佳琪 周琳卉 周小浈 周雪蕊 周雁楠 朱晓东 朱奕璇 朱雨琪 庄静

数学与信息科学学院

班玉蝉 毕凌霄 曹晨晨 察兴丽 陈仁鑫 陈晓娜 陈亚娜 陈俣薇 陈悦颜 陈紫薇
储相红 崔浩 崔瑞雪 邓永杰 丁震宇 董药 董春旭 董诗宇 窦洁茹 杜泽
杜凌伟 段巧云 段秀凤 方兰 冯雷 高涵 高琪 高昕 高俊杰 高晓娇
葛君琰 耿甜 耿云哲 宫子豪 顾一航 郭金彦 郭文慧 韩嘉莉 韩馨婷 郝书文
何鲁豪 何婷婷 何勇杰 黄俊诚 姬晴 汲长江 纪玉清 冀家旺 江帅 姜晓梅
蒋春晖 敬丹 孔盛超 孔祥志 邝静怡 李航 李菁 李娜 李月 李爱霞

李海燕 李见玉 李鹏飞 李乾坤 李姗姗 李祥田 李晓燕 李欣忆 李新宇 李育恒
梁传真 刘 鹏 刘 琦 刘 源 刘春彤 刘春雨 刘福玲 刘桂合 刘红卫 刘丽媛
刘清华 刘天娇 刘文慧 刘文一 刘晓娟 刘欣欣 刘玉琦 刘滋滋 柳瑞旭 卢 斌
卢晓冉 鲁大钦 鹿玉欣 路晓萌 栾忠淑 马 雪 马 英 牟栋梁 聂华清 宁兴田
潘红梅 庞 格 彭 蕾 彭艺芹 亓彩凤 齐乐乐 祁俊海 任 梦 任雨萌 赛英晓
沈丹丹 师凯歌 史亚蕊 宋 慧 宋佳玲 宋雨萱 苏柳柳 孙 虹 孙 悦 孙洪斌
孙明悦 孙文恒 孙玉雯 谭士群 唐婷婷 唐玉辉 陶庚伟 王 惠 王 娜 王 雪
王 宇 王本钰 王春荣 王鸿儒 王焕凯 王俊杰 王丽娜 王露薇 王萌萌 王鹏辉
王荣荣 王霞光 王晓筱 王秀金 王绪龙 王永俏 王泳钏 王宇琪 王蕴涵 王兆晴
王子豪 王子晓 魏丹娜 魏鹏飞 魏书青 吴 桐 吴海龙 吴玉婷 夏道丹 肖钧文
辛梦琦 邢维仙 熊泽宇 徐 聪 徐 蝶 徐 慧 徐百灵 许新悦 薛晓露 闫 晗
闫凤英 杨 慧 杨 林 杨 敏 杨粟棋 杨晓晓 姚 越 叶虹宇 殷艺桐 于文浩
于文意 宇 航 袁 浩 袁芳杰 臧凯凯 张 丰 张 景 张 曼 张 娜 张 琦
张 彤 张 旺 张 宇 张安然 张传洁 张家朋 张美玲 张美霞 张明成 张苏苏
张新衡 张新龙 张新新 张雨驰 张月坤 张月磊 张芸芸 张政昊 张志伟 赵 超
赵 鹏 赵梦雪 赵梦真 赵世民 赵双燕 赵玉莹 周 迪 周 晴 周 雯 周士娟
周子涵 朱 丽 朱姗姗 古丽阿依木汗·艾沙 皇甫延成 美合日班·图尔荪妮娅孜

体育学院

蔡茜茜 曹 力 曹梦雪 陈 伟 程 乾 程加智 程立帅 迟泉泉 迟旭昊 崔新超
单 超 刁晨晨 范玉婧 方召玲 冯振爽 付奕凯 高 江 高天问 高泽宇 巩安哲
郭沛矗 韩佳帅 韩绪龙 霍英彬 汲慧捷 江洺萱 姜霁恒 姜若麟 姜苏航 姜艳艳
李 娜 李金伟 李润林 李世香 李亚南 李易航 梁思琦 刘 婧 刘柏成 刘凯华
刘丽泰 刘其铭 刘维铭 刘翔宇 刘晓飞 刘晓龙 刘志盛 柳怡辰 吕晓艺 马 金
马海镪 马振骐 马正阳 门明月 牟雪鹏 宁方一 牛天雨 潘琦臻 庞资凯 曲泽祥
屈文逸 沙京康 邵明阳 石鑫玉 时雪文 苏 笑 孙 杰 孙乐孔 孙令昊 孙美娜
孙启鑫 孙圣尧 孙婉清 孙子钧 谭苑昊 唐伟豪 佟 鑫 王 磊 王传涛 王春阳
王佳平 王景森 王军凯 王军帅 王俊杰 王坤蒙 王梦和 王瑞昊 王赛赛 王晓林
王嫣然 王琰琰 吴 森 吴亚萍 肖培培 谢立强 谢韦龙 徐 萌 徐慧哲 许 昌
杨 雨 杨超强 杨建斋 杨俊钰 杨庆卓 杨英杰 殷 睿 殷文超 尹 豹 游博淼
于 静 于昌民 于金卉 于世海 于晓颖 袁文杰 袁秀霞 原绍童 臧加慧 战艺伟
张 晓 张 毅 张传瑞 张高翔 张皓天 张家栋 张连杰 张少玲 张文轩 张文茵
张翔宇 张晓丽 张晓颖 张志宇 赵晨皓 赵国浩 赵海娟 赵庆洋 赵文佩 周 东
周成成 朱建学 朱叶青 庄守雯 陈曲明月 欧阳小霞

土木工程学院

蔡林阳 曹晓鹏 曾凡哲 曾子城 常明祥 常志远 车贵香 陈 玲 陈 伟 陈承昊
陈东杰 陈璐丝 陈祥彩 陈子婷 程 才 初 浩 初籽宇 崔 杰 崔浩儒 代珍兴
戴国豪 戴钧达 戴鹏城 单腾飞 邓朴方 丁红伟 董昕珺 杜庆灿 杜胜权 范城恺
范增强 方林佳 房玉立 费迎红 冯 彦 冯继富 冯自金 高 飞 高 爽 高忠原
葛同帅 耿 乐 郭登上 郭纪伟 郭真鸿 韩习习 韩辛辛 韩子川 郝慧民 郝嘉慧
何荣芳 贺长洲 洪辉林 侯 成 侯慧敏 侯世上 胡 盟 胡文浩 黄 浩 黄 金
黄彩凤 黄志爽 惠宝龙 季德祥 季天智 季宇鑫 贾博为 贾乾兹 贾晓晖 贾智捷
简培塬 姜梦坤 姜为京 姜晓腾 蒋青青 金龙龙 金晓晗 井世强 句 魁 孔丹丹

雷天宁 雷沅荣 李斌 李豪 李欢 李进 李俊 李麟 李琪 李莹
李恩鹏 李泓颖 李建国 李京涛 李凯旋 李梦璐 李瑞祥 李姝玥 李文杰 李昕玥
李欣欣 李兴华 李英健 李迎伟 李聿金 李泽俊 李增明 李振晓 李枝国 李卓展
梁静 林鑫 刘超 刘承 刘聪 刘丹 刘根 刘杰 刘硕 刘停
刘洋 刘业 刘颖 刘从会 刘恒荣 刘宏文 刘洪丽 刘倩倩 刘世凯 刘同庆
刘同帅 刘武权 刘祥宁 刘玉森 刘长远 刘志龙 刘志强 刘子骁 娄明 卢龙玉
鲁宁宁 鹿子鸣 罗洪龙 罗智勇 吕相何 马健 马兰 马薇 马梓萱 毛沛东
卯宇 孟祥飞 苗志航 母雪珂 欧阳勤 庞丽阳 裴玉 彭秋瑜 钱佳佳 乔智健
秦燕 曲超 屈浩龙 邵磊 申利杰 沈濮阳 沈亚蒙 石宸宇 石宏伟 史继康
宋硕 宋美荣 宋文清 宋雨璇 苏天扬 孙开 孙文 孙宝德 孙宏远 孙竞翔
孙倩倩 孙钦健 孙绍钧 孙叔畅 孙素云 孙维娜 孙晓丽 孙艳瑞 唐凯 唐爱玲
唐春晓 唐皓理 唐行雨 滕媛铭 田桂永 汪以旺 王兵 王超 王迪 王磊
王硕 王涛 王雄 王旭 王一 王博通 王成名 王楚贤 王恩旭 王光友
王海燕 王慧平 王建立 王建伟 王静伊 王凯波 王凯旋 王丽娜 王荣菲 王如林
王天宇 王文豪 王小平 王小允 王新宁 王兴波 王雪莉 王依婷 王治昊 韦舒译
魏剑波 魏瑞娟 魏有利 魏志鹏 温倩 文兵 吴孟 吴玲雪 吴文元 吴显美
奚家城 夏寿锋 咸家欣 肖瑛 肖红晨 肖纪凡 肖青龙 谢恩 谢腾腾 谢元彬
辛梓豪 邢秋雨 熊英朋 徐瑞 徐海昆 徐金菊 徐坤祥 徐伟杰 徐洋洋 徐涌帅
许赓 闫军 闫德隆 严伟荣 杨超 杨超 杨萌 杨帅 杨煜 杨成贵
杨立庄 杨相杰 杨新怡 杨轶婷 杨瑛俊 杨永红 杨玉萍 杨志嵩 姚爽爽 尹惠婕
尹莎莎 于涛 于琛屹 于良成 于叶滨 于英晓 于增水 张超 张驰 张瑾
张静 张楠 张宁 张任 张拓 张涛 张旭 张勇 张昱 张悦
张奥林 张宸硕 张德民 张海强 张汉帮 张金鹏 张军航 张凯强 张鹏程 张晓丹
张晓慧 张晓林 张莹莹 张元豪 张云海 张兆坤 张宗辉 张祖荣 仉宏洋 赵朝惠
赵福洋 赵胜前 赵同国 赵玄玄 赵亚菲 赵钰洁 郑敏 郑新 郑煜 郑洪伟
郑宜栋 郑子重 种永健 周冉 周满旭 周冉冉 周晓伟 周晓文 朱方俊 朱富丽
朱国强 朱瀚翔 朱嘉琪 朱敏杰 朱淑强 朱恕立 朱学明 朱英豪 朱泽帅 禚泽华
左晗 MAN笑玉

外国语学院

包晓宁 边裕涵 卜春德 蔡梦迪 曹香玉 车志晨 陈辰 陈华 陈雨 陈震
陈春华 陈柳池 陈思婕 陈温怡 陈文采 陈文颖 陈雪莹 陈雅新 陈志伟 成璐
程越 迟海悦 迟会倩 迟明慧 储晶晶 崔畅 崔向倩 丁慧娟 丁艺琳 窦金鑫
段玉强 范文娟 方媛 房丽丽 房美玲 房雪娇 冯文 冯佳馨 冯军祥 付玉玲
甘琴心 高婷 高玮 高晓涵 高雅婷 葛雯君 巩雪 郭敏 郭鑫 郭睿智
韩旭 韩丽璇 韩文秋 和志华 侯方慧 侯路垚 华美玲 郇爱霞 黄婧 黄薇
黄美玲 纪参参 贾梦婷 姜敏 姜巧丽 姜宜锋 蒋一鸣 金秋延 巨微 阚洪晓
阚景新 冷晓冬 黎诗 李慧 李婷 李晓 李笑 李妍 李勇 李承智
李洪瑛 李佳静 李金凤 李梦迪 李梦雨 李培培 李若楠 李淑明 李婷婷 李伟伟
李小帆 李晓庆 李欣遥 李雪梦 李雪薇 李雅淇 李亚男 李盈洁 李允琴 李子涵
梁春花 梁钰哲 林雨和 刘君 刘琪 刘婷 刘宵 刘璇 刘雨 刘超越
刘华宇 刘加涛 刘静茹 刘玲玲 刘睿琳 刘希婧 刘晓冉 罗锦倩 吕晓洁 马倩
马静怡 马守梅 马文新 马雪迪 马瑜聪 马照旋 马真娟 梅蓉蓉 聂闯 宁鲁晓

潘月　庞玉娇　彭福珍　平安　齐姗姗　钱晓雨　秦亚倩　邱凌钰　任秀丽　任珠莹
邵磊　史鹏飞　史蕊蕊　史新暄　宋吉祥　宋李爽　宋青雲　宋晓杨　孙珊　孙榆
孙悦　孙海鹏　孙歆格　孙正恕　田潇　王琦　王琴　王海潮　王红月　王茹丹
王若男　王世聪　王世豪　王亭婷　王文博　王香玉　王晓丽　王晓倩　王艳萍　王怡璇
王英男　王玉洁　王元瑜　王云飞　韦宇　魏小越　温斯文　吴迪　吴琪　吴祥艳
武文杰　夏冬　夏修崧　夏雨菡　熊璎格　徐菲　徐菲　徐爽　徐雨　徐博劲
徐嘉琪　徐芹超　徐文秀　徐子晴　徐子稀　许丽莹　许睦晗　许若梅　许昕宇　许云龙
颜鑫同　杨凡　杨琨　杨雪　杨福银　杨化琼　杨金良　杨月怡　尤培远　于淼
于蕊　于馨　俞晨婷　苑雪梅　臧钰　张红　张琦　张青　张雪　张宇
张卓　张成玉　张红梅　张嘉芸　张丽虹　张丽萍　张庆雪　张晓杰　张晓琳　张笑妍
张雨晨　张志超　赵静　赵婷　赵瑶　赵嘉宁　赵江枫　赵挪亚　赵晓宇　赵雪莉
赵雨虹　赵玉蕊　郑咪　郑海静　钟西萍　周卉　周俊　周婧婷　周志豪　朱晴
朱本浩　朱晓语　朱璇凝　朱悦滨　宗文宇

药学院

安行思　曹文秀　车通　陈杭　陈欢　陈海坤　陈思孝　陈霞云　程怀玉　崔越
崔叶桐　邓蕊　丁牛　董献壬　董星辰　段丽　段嘉欣　范存刚　房梦珂　封奕羽
盖晓丹　高飞　高举　高帅　高玮　高朝辉　高鹏程　巩钊　郭磊　韩武效
何琴　侯加珍　胡开丽　黄丕英　黄益苗　黄语斐　黄玉婷　纪文明　解雅茹　金雅晴
康家兴　孔垂彩　冷明洋　李鹤　李培　李欣　李雪　李雪　李媛　李宝玉
李聪聪　李洁文　李龙孝　李妙蓉　李文静　李文莉　李文祥　李晓丽　李昕颖　李云云
李智超　李中岩　梁瑱　梁彦孜　廖雨　林茜芝　林强豪　刘晨　刘颉　刘璐
刘雪　刘勇　刘倩倩　刘赛利　刘思齐　刘塑杰　刘鑫磊　刘莹莹　刘玉雯　刘月瑞
刘子楷　刘宗宸　柳志诚　卢毅　鹿文秋　罗焱　吕乐阳　吕丽君　吕梦婷　吕新越
吕亚男　马晨　孟令旺　米玉辉　秘英琳　莫丽琼　牟丰玉　倪丽娜　欧阳丹　潘景明
潘俊宇　潘小涵　庞凯　庞靖怡　乔震　曲悦　石好宇　石文筠　史珊珊　史晓雨
宋心怡　宋以凡　苏翌　苏叶星　孙丹　孙皓　孙博文　孙号号　孙瑞宾　孙彦莉
孙迎香　孙玉洁　孙志洪　田硕　田恩铭　田付港　田广聪　田亚楠　王达　王慧
王倩　王仪　王超琦　王昊东　王佳慧　王兰欣　王凌艳　王留霞　王璐琪　王梅芬
王美惠　王梦园　王启明　王姝廷　王树超　王文良　王萧萧　王新悦　王艺晓　王玉会
王玉卿　魏爽　魏建娜　温授惠　吴莹　吴秀玲　吴玉佳　吴振英　夏林涛　咸晓莉
谢华　谢基有　徐微　徐景伟　徐境辰　徐玉梦　许犇　许爽　许国秀　颜涵
杨光　杨利　杨馨　杨馥榕　杨江湖　杨景景　杨可心　杨梦琛　杨子婷　叶晨晨
尹梦月　于珊　于采薇　于佳宁　于鹏超　于翔琳　于雅雯　于扬扬　袁静婷　袁玉倩
岳光　张萌　张梦　张敏　张琪　张硕　张雪　张艺　张震　张芳平
张明强　张倩倩　张晴晴　张天宇　张望舒　张伟龙　张玮育　张亚丽　张岩松　张雁容
张燕艳　张媛琳　赵琦　赵夏　赵艺　赵建媛　赵鹏翔　赵雪苗　郑倩倩　钟鑫
钟滕超　周琳　周理想　周云霄　朱慧　朱晨玮　朱雅楠　朱意攀　宗雨婷　张仪思远

音乐舞蹈学院

毕洁柳　陈晨　陈典　陈丽文　陈琳筠　陈一睿　崔鹏　崔意萌　代苡宁　当子草
翟佳慧　窦燚　杜诗文　杜永涛　段龙　段贺真　冯雪　高茜　高硕　高威
宫爱萍　郭卿　韩玉龙　何睿　侯宇　霍钰杰　姬宇峰　吉陈飞　贾荣　姜子超
焦月　解安楠　景莹莹　李慧　李国栋　李海铃　李嘉茵　李静文　李文婷　李镞珂

李宜蔓　李哲宇　刘　畅　刘　娉　刘丞沅　刘春歌　刘明月　刘鸣宇　刘绍祖　刘小芳
刘晓波　刘绪媛　刘瑛俏　柳亚男　卢　杨　路云珑　罗　婕　罗　馨　罗超强　罗雅方
罗越媚　吕晓敏　麻万星　马浩然　马坚伯　马一夫　庞志宁　渠金金　渠舒艺　帅柯名
宋鲁超　孙　萍　孙琳沙　孙钰涵　唐　歌　唐文慧　陶　颖　田学栋　王　佳　王　珏
王佳璨　王静雯　王帅彬　王小刚　王小桐　王志强　蔚　栋　文　淘　文凯欣　武钰洪
项　婷　谢　菡　辛慧霖　熊一丹　徐　芸　徐艳芬　许　可　许戈雨　严唯嘉　严羽婕
杨　帆　杨　珊　杨　洋　杨宏宇　杨婷玉　杨文慧　易梦恬　游馨仪　于静怡　于梦姝
于雅倩　元凯玲　袁素莹　岳桐羽　张　丽　张　龙　张　雪　张金乾　张禄梅　张明珠
张帅帅　张心怡　张一凡　赵　琳　赵令一　赵祥如　周安欣　周智敏

2019 年毕业研究生名单

马克思主义学院

崔鹏飞　刘　伟　刘艳红　马小晴　王伟光　吴昳丽　郗志新　许雪荣　张　娟　张文靖
张　雪　赵松林

人文学院

王　洁　朱柯瑾　何　瑶　王怡宁　李思雨　丁芳昫　毕孟森　宋为为　张椿荟　王　妍
王哲义　陈　炎　张亚楠　赵晗宇　赵彤彤　曹　雯　卜祥剑　姚青青　刘禹含　郭珂瑄
王晨曦

法学院

刘媛媛　王亭玉　王　佳　曹慧洁　林　玉　苏玫霖　李香庭　柯友乐　许伟伟　康　乐
宋天骐　江　姗　李雪颖　张亚丽　薛迎新　时　诚　郝建美　狄　航　徐利丽　贾燕丽
许小姣　张瑞康　李丽莉　陈明宇　郑　佳　李　蕾　梁娅文　王维荣　张　奇　龚晓琳
宋婉琪　陈　锐　王　迪　李建策　李广武　韩　伟　张丽伟　卢　欢　王艳茹　张　礼
原　禄　孔岳东　王靖喆　黄梓赫　王文慧　曹　宁　王　帅　尚清清　刘春贵　杜　童
吴宇飞　俞婷婷　孙　悦　杜佳阳　徐豪杰　沈云涛　巴　彤　张小权　吴　斌　郝玉楠
王春慧　刘　杉　张　瑞　周新新　左晓宇　靖　景　丛凯文　张　培　王善文　刘春双
张　磊　王　毅　刘婷钰　庞巧月　李爱爽　刘晓楠　程文静　李　岩　王曰岗　宋卓锦
冯天伟　张　慧　孙文娟　孙振涛　刘　冲　陈　浩　王珍珍　丁　洋　臧萌萌　张金琳
张　涛　刘新宇　王　桢　刘秋叶　王煜斐　张　磊　孙田坤　司　芳　张正文　马晓强
伊　猛　刘文娟　卫　娜　张　磊　李　伟　王伟利　杨淑明　李开伟　陈　皓　董雨鑫
石海峰　彭志月　刘　洋　朱　凯　王　涛　赵亚菲　徐　潇　任　妍　周结伟　李　仲
李　燕　李文娟　吕兆可　时永伟　王元秋　刘发强　贾晓珊　吴　敏　房娇娇　孙文燕
王　强　张丝雨　刘　杰　马　红　尹岩龙　李　蒙　汤茗宇　吕文明　程　瑞　王振明
张　涛　杜文秀　肖朦恺　熊琰琰　崔文君　范思维　夏菲菲　王潇涵　王　丽　田文婧
王　晴　李沛艺　于晓晓　李　义　于冉冉　宫照霄　刘秋实　刘吉强　葛亚军　宋维霞
王　辰　毛金科　张东霞　李明蔚　丁彦瑞　俞　曦　苗　珂　聂娇娇　杜金珍　吕秀芝

柴　萌 刘　洋 马志文 宋城承 王荣群 杨真真

外国语学院

杨雅君 孟程程 孙金凤 周　楠 张　真 马弋淼 刘　恋 邱天丽 栾少琰 曹　雯
陈梦梦 孟　阳 崔睿全 赵　辉 郜纳咪 邓燕红 张歆斐 王春蕾 高　原 王建强

经济管理学院

张秋敏 许　航 吕莎莎 郭鹏丽 马文秀 郑清兰 张林琪 宋　爽 宋江娜 辛香君
李书会 杜　宪 李志杰 王　侨 孙圣华 张春萍 刘玉海 黄易贤 王丰华 王海霞
张一民 徐怀远 刘雯雯 路亚川 张秋霞 赵立君 范　桔 王　辉 李亚楠 刘　强
王笑月 孙日源 孙　恰 张　铭 徐锡聪 程　菁 庄　苑 周国鲲 梁　群 孙亚宁
乔　洋 赵　锦 朱光耀 陈玉佳 饶明真 冯　威 李　惠 郭晓丹 刘晓涵 李　欣
刘亦男 张煜琳 许　可 崔晓莹 高斐斐 耿婷婷 郭斯雨 郭晓宇 韩　杰 姜丰琪
蔺佩佩 刘　豪 孙丛丛 王　策 王少杰 张峰瑞 张书鹏 赵世豪 王　娜 辛静静
张雅芝 包文英 冯世钧 高　达 宋雨林 王　亢 王雪丽 张　建

国际教育交流学院

金正恩 陶　锦 刘函妤 黄　爽 蔡明霞 赵子正 王鲁兴 王梦南 周秋晗 李珊珊
李　凡 薛一茗 韩露亿 宋云颢 宋美雪 闫梦田 周文生 朱梦雅 郭　玮 王君方
马佳玲 刘　迪 李　悦 Saruul Altankhuyag(光明) 那斯佳

数学与信息科学学院

陈　倩 丁晓虹 胡　月 李　成 李洪伟 林艳雪 刘　新 潘执政 王大勇 王　玲
张　蕾

光电信息科学技术学院

马骏骅 曲小雪 史荣乐 杨　松 杨修先 郑婷婷 韩蕊蕊 李　珂 孙　琳 习　漾
陈　晨 董艳芳 方　璐 刘巧利 盛校粼 石泽琼 王　瑞 张　硕

化学化工学院

董文博 高崇阳 高芳芳 郭　香 景　超 李和健 李　静 刘　阳 王　冠 王焱明
尹伟光 张婧如 张　爽 赵兴祥 赵玉华 郭郑彤 韩雪娟 黄俊晓 李燕红 彭　爽
曲文圆 石　敏 孙进超 孙璐璐 田敬浩 田晓娟 修显凯 张　鹏 姜梦林 刘琦琦
刘　潇 马海云 孙乐晶 葛淑华 侯瑞婷 刘　梦

生命科学学院

刁海平 姜夕雷 李希磊 李媛媛 王儒晓 董俏言 高子飞 林　哲 刘　庆 刘　振
沈文俊 石晓冰 王　欢 王尧清 张　伟 张一鸣 马伟伟 陶传云 王建波 王书亚
赵　昕 邵逸文 孙复康 韦　瑶 张彩凤 赵昔龙 苗崔钰 张　凯 初美静 慈琰雨
盖中帅 孙　蕊 王安妮 薛　敏 尹　砾 周　杨 林　霞 宁　爽 赵剑宇 崔文娟
单　静 董丽萍 关利娟 郭春静 郭怀涛 侯师城 侯　岩 柯婷玉娲 李明洁 李晓通
刘嘉元 刘　婕 宋增健 田惠丽 田家浩 王　奔 王竞国 王钦钦 王运智 许　程
杨宝雨 元　博 张　静 赵　艳 朱　青 郝　娜 李梦琪 宋明霞 郑伟云 于　江
刘文国 宋海涛

药学院

张春燕(博士) 李瑶瑶 冯帅帅 衣雪雪 黄　蕊 安　红 安　双 楚留香 董莉娜
葛敏敏 胡　凤 黄亚楠 李芳芳 李金丰 李楠楠 刘　攀 刘　烨 卢永颖 吕晓燕
宋义娜 孙合园 孙佳利 孙　丽 王朝明 王凯丽 王　磊 王林林 王梦迪 王　宁
王戎博 王瑞英 王　晓 王学凯 王　震 闫秀菊 于月明 张敬真 张凯迪 丁渝新

房效娟　韩　瑞　雷　蕾　林晓鸣　刘　畅　刘　悦　刘　智　柳亚男　倪敬轩　邵明莎
王　菁　王明超　王　雪　王　瑶　魏慧慧　谢园园　许　茜　杨华娇　杨倩文　张伟伟
张　欣　赵明玉　赵艳梅　赵紫燕　朱容蝶　刘　宇　韩　兵　矫春丽　吕怀友　刘金虎
刘玉静

计算机与控制工程学院

孙　志　夏　金　岳　昊　陈曼如　迟忠旸　屈庆涛　尚传启　魏　桐　许　晓　杨美姣
尹继亮　张　咪　赵冠哲　仲兆琳

机电汽车工程学院

范克顺　寇建阁　李祥龙　罗　昆　张树丽　柴远辉　邓文杰　高　璐　郭　瑞　姜稀膑
李少鹏　刘　源　骆　凯　牟玲龙　祁金柱　尚鑫波　宋　佳　王　彬　王俊达　王　磊
岳艳丽　武玉慧　赵大鹏

土木工程学院

高　雷　刘茂康　刘相如　刘昕旭　苏　醒　童立强　王秀颀　张　帝　张彦新　周志新
卜令昆　厉立兵　刘克忠　刘文平　刘正飞　乔　丹　邱　翔　任泽民　万　晶　王凤梅
王玉龙　王云隆　谢天宇　徐　锋　徐　洁　许　超　杨春蕾　赵若尘　王忠阳

海洋学院

李楚禹　李春芝　李科震　刘　博　陶腾州　王雪艳　王云峰　吴　霖　杨陆飞　张文斌
梁广津　李伟伟　李海州

环境与材料工程学院

代国宾　李　睿　刘晓梅　王　琦　王小宁　李梦梦　戚安金　韩叶虎　刘广斌　王　萍
王诗珍　周少龙　朱宜杰　徐双杰

2019 年毕业留学生名单

NATALIE DANIELLE CLINE	珂琳	美国
ORION MANTIONE-HOLMES	欧阳河	美国
KIM DOHEE	金度希	韩国
NA HYUNCHUL	罗铉喆	韩国
PARK TAELIM	朴太林	韩国
KWAK JIN	郭真	韩国
PARK YOUNGHEE	朴英姬	韩国
SHIN CHANGHA	辛苍夏	韩国
CHO BONG SUN	曹奉鲜	韩国
BALTABAYEVA DANA	达娜	哈萨克斯坦
ZHANDARBEK ARUZHAN	阿路珊	哈萨克斯坦
RUSLANOVA KUNDYZ	昆达斯	哈萨克斯坦
JANZAKOV TIMUR	提玛	哈萨克斯坦

ZHAKUPBAYEV ALTYNBEK 别克 哈萨克斯坦
MYNBAYEV RAUAN 拉万 哈萨克斯坦
ISMANOVA ARAILYM 阿莉文 哈萨克斯坦
FEDOTOVA EKATERINA 嘎佳 俄罗斯联邦
SURKAEVA DARIA 达莎 俄罗斯联邦
KOKORINA ANASTASIIA 苏雯 俄罗斯联邦

2019 年毕业生升学信息

序号	姓名	学院	专业	升学类型	升学学校
1	修玲莉	法学院	法学	本升硕	中国政法大学
2	徐钰茗	法学院	法学	本升硕	中国人民大学
3	况安林	法学院	法学	本升硕	云南财经大学
4	刘艺轩	法学院	法学	本升硕	北京大学
5	刘娅茹	法学院	法学	本升硕	西北政法大学
6	宋理健	法学院	法学	本升硕	苏州大学
7	刘　政	法学院	法学	本升硕	中国海洋大学
8	金　宬	法学院	法学	本升硕	中国传媒大学
9	赵方迪	法学院	法学	本升硕	上海海事大学
10	朱　林	法学院	法学	本升硕	上海海事大学
11	文小丽	法学院	法学	本升硕	贵州大学
12	李耀天	法学院	法学	本升硕	中国海洋大学
13	孙碧珣	法学院	法学	本升硕	山东大学
14	徐　毅	法学院	法学	本升硕	中央民族大学
15	刘馨兰	法学院	法学	本升硕	复旦大学
16	刘紫萱	法学院	法学	本升硕	国际关系学院
17	黄宇熙	法学院	法学	本升硕	上海海事大学
18	李　炎	法学院	法学	本升硕	西北政法大学
19	林新宇	法学院	法学	本升硕	中央财经大学
20	翟瑞迪	法学院	法学	本升硕	大连海事大学
21	贾琳惠	法学院	法学	本升硕	山东大学
22	李　好	法学院	法学	本升硕	对外经济贸易大学
23	彭婉钰	法学院	法学	本升硕	吉林大学

续表

序号	姓名	学院	专业	升学类型	升学学校
24	凌秋实	法学院	法学	本升硕	大连理工大学
25	常馨文	法学院	知识产权	本升硕	上海交通大学
26	王瑜琪	法学院	知识产权	本升硕	上海海事大学
27	杨　璟	法学院	知识产权	本升硕	中国政法大学
28	尹锶坤	法学院	知识产权	本升硕	对外经济贸易大学
29	李晓雨	法学院	知识产权	本升硕	北京外国语大学
30	李亦婷	法学院	知识产权	本升硕	上海师范大学
31	霍燕飞	法学院	知识产权	本升硕	北京科技大学
32	刘　畅	法学院	知识产权	本升硕	天津工业大学
33	李梦晗	法学院	知识产权	本升硕	辽宁师范大学
34	石东秀	法学院	知识产权	本升硕	上海对外经贸大学
35	季荣梦	法学院	知识产权	本升硕	北京理工大学
36	孙雅妮	法学院	知识产权	本升硕	中国政法大学
37	李爱爽	法学院	法律(法学)	硕升博	中南财经政法大学
38	孙　悦	法学院	法律(非法学)	硕升博	南京大学
39	宋天骐	法学院	法学	硕升博	吉林大学
40	柯友乐	法学院	法学	硕升博	中南财经政法大学
41	王　佳	法学院	法学	硕升博	东南大学
42	时　诚	法学院	法学	硕升博	西南政法大学
43	高　萌	光电信息科学技术学院	电子信息科学与技术	本升硕	烟台大学
44	徐天运	光电信息科学技术学院	电子信息科学与技术	本升硕	吉林大学
45	王长宏	光电信息科学技术学院	电子信息科学与技术	本升硕	西安电子科技大学
46	侯庚旺	光电信息科学技术学院	电子信息科学与技术	本升硕	郑州大学
47	王旭东	光电信息科学技术学院	电子信息科学与技术	本升硕	西安工业大学
48	周金鹏	光电信息科学技术学院	电子信息科学与技术	本升硕	北京工业大学
49	孟令增	光电信息科学技术学院	电子信息科学与技术	本升硕	烟台大学
50	张　念	光电信息科学技术学院	电子信息科学与技术	本升硕	西安电子科技大学
51	毕晓鹏	光电信息科学技术学院	电子信息科学与技术	本升硕	西安电子科技大学
52	赵　杰	光电信息科学技术学院	电子信息科学与技术	本升硕	北京建筑大学
53	余韩梅	光电信息科学技术学院	通信工程	本升硕	云南大学
54	高欣宇	光电信息科学技术学院	通信工程	本升硕	燕山大学
55	郭宽宽	光电信息科学技术学院	通信工程	本升硕	天津工业大学
56	张元月	光电信息科学技术学院	通信工程	本升硕	三峡大学
57	毛　雪	光电信息科学技术学院	通信工程	本升硕	辽宁工程技术大学
58	张雯涛	光电信息科学技术学院	通信工程	本升硕	上海工程技术大学

续表

序号	姓名	学院	专业	升学类型	升学学校
59	闫科程	光电信息科学技术学院	通信工程	本升硕	电子科技大学
60	韩亚男	光电信息科学技术学院	通信工程	本升硕	山东科技大学
61	么欣桐	光电信息科学技术学院	通信工程	本升硕	南京邮电大学
62	师　倩	光电信息科学技术学院	通信工程	本升硕	电子科技大学
63	陈　月	光电信息科学技术学院	通信工程	本升硕	北京信息科技大学
64	柳晓寒	光电信息科学技术学院	通信工程	本升硕	南京邮电大学
65	高　猛	光电信息科学技术学院	通信工程	本升硕	郑州大学
66	李恒达	光电信息科学技术学院	通信工程	本升硕	烟台大学
67	李心宇	光电信息科学技术学院	通信工程	本升硕	昆明理工大学
68	刘　越	光电信息科学技术学院	通信工程	本升硕	北京邮电大学
69	杨玉杰	光电信息科学技术学院	通信工程	本升硕	山东大学(威海)
70	王霄凤	光电信息科学技术学院	通信工程	本升硕	聊城大学
71	王　岩	光电信息科学技术学院	通信工程	本升硕	云南大学
72	刘　琪	光电信息科学技术学院	通信工程	本升硕	西安邮电大学
73	黄成林	光电信息科学技术学院	通信工程	本升硕	北京邮电大学
74	张　宁	光电信息科学技术学院	通信工程	本升硕	河北工业大学
75	毕振凤	光电信息科学技术学院	通信工程	本升硕	南京邮电大学
76	李光福	光电信息科学技术学院	通信工程	本升硕	齐鲁工业大学
77	郭桓丞	光电信息科学技术学院	通信工程	本升硕	西安电子科技大学
78	刘小栋	光电信息科学技术学院	通信工程	本升硕	西安电子科技大学
79	尹千慧	光电信息科学技术学院	通信工程	本升硕	烟台大学
80	王子怡	光电信息科学技术学院	通信工程	本升硕	河海大学
81	徐晓彤	光电信息科学技术学院	物联网工程	本升硕	中国海洋大学
82	王晴雯	光电信息科学技术学院	物联网工程	本升硕	大连海事大学
83	郭鑫宇	光电信息科学技术学院	物联网工程	本升硕	烟台大学
84	张志聃	光电信息科学技术学院	物联网工程	本升硕	宁波大学
85	梁龙飞	光电信息科学技术学院	物联网工程	本升硕	中国传媒大学
86	薛钰杰	光电信息科学技术学院	物联网工程	本升硕	云南大学
87	顾　宇	光电信息科学技术学院	物联网工程	本升硕	山东大学
88	刘国斌	光电信息科学技术学院	物联网工程	本升硕	山东工商学院
89	周旭峰	光电信息科学技术学院	物联网工程	本升硕	西安电子科技大学
90	冯云霞	光电信息科学技术学院	物联网工程	本升硕	西安电子科技大学
91	关云杰	光电信息科学技术学院	物联网工程	本升硕	西安电子科技大学
92	高浩然	光电信息科学技术学院	物联网工程	本升硕	东华大学
93	杜莎莎	光电信息科学技术学院	物联网工程	本升硕	大连海事大学

续表

序号	姓名	学院	专业	升学类型	升学学校
94	韩文生	光电信息科学技术学院	物联网工程	本升硕	南京邮电大学
95	刘亚蕊	光电信息科学技术学院	物联网工程	本升硕	上海海洋大学
96	刘宇博	光电信息科学技术学院	物联网工程	本升硕	青岛科技大学
97	赵　薇	光电信息科学技术学院	物联网工程	本升硕	青岛大学
98	吕宁宁	光电信息科学技术学院	物联网工程	本升硕	中国石油大学(北京)
99	张哲浩	光电信息科学技术学院	物联网工程	本升硕	西南交通大学
100	于大睿	光电信息科学技术学院	物联网工程	本升硕	湖北大学
101	王文杰	光电信息科学技术学院	物联网工程	本升硕	中国石油大学(北京)
102	李　莎	光电信息科学技术学院	物联网工程	本升硕	中央民族大学
103	尚蕴浩	光电信息科学技术学院	物联网工程	本升硕	河海大学
104	郭隆杭	光电信息科学技术学院	物联网工程	本升硕	北京工业大学
105	姚鑫城	光电信息科学技术学院	应用物理学	本升硕	兰州大学
106	袁正赫	光电信息科学技术学院	应用物理学	本升硕	吉林大学
107	林子豪	光电信息科学技术学院	应用物理学	本升硕	中国石油大学(华东)
108	刘炳文	光电信息科学技术学院	应用物理学	本升硕	河北大学
109	赵贵成	光电信息科学技术学院	应用物理学	本升硕	北京工业大学
110	齐福鑫	光电信息科学技术学院	应用物理学	本升硕	北京工业大学
111	邢宪琴	光电信息科学技术学院	应用物理学	本升硕	中国人民大学
112	倪　晶	光电信息科学技术学院	应用物理学	本升硕	上海大学
113	齐　力	光电信息科学技术学院	应用物理学	本升硕	中国科学院力学研究所
114	潘　晨	光电信息科学技术学院	应用物理学	本升硕	烟台大学
115	赵　莹	光电信息科学技术学院	应用物理学	本升硕	大连理工大学
116	范文成	光电信息科学技术学院	应用物理学	本升硕	上海大学
117	张晓慧	光电信息科学技术学院	应用物理学	本升硕	中国人民大学
118	刘　玮	光电信息科学技术学院	应用物理学	本升硕	安徽大学
119	陈　月	光电信息科学技术学院	应用物理学	本升硕	吉林大学
120	项文丽	光电信息科学技术学院	应用物理学	本升硕	中国石油大学(北京)
121	冯龙呈	光电信息科学技术学院	应用物理学	本升硕	南京大学
122	马永哲	光电信息科学技术学院	应用物理学	本升硕	华东师范大学
123	刁泓汇	光电信息科学技术学院	应用物理学	本升硕	青岛大学
124	鲁晓艳	光电信息科学技术学院	应用物理学	本升硕	青海师范大学
125	洪　迪	光电信息科学技术学院	应用物理学	本升硕	中国石油大学(华东)
126	尤瑞松	光电信息科学技术学院	应用物理学	本升硕	山东大学(威海)
127	孙庆伟	光电信息科学技术学院	应用物理学	本升硕	大连理工大学
128	于佳慧	光电信息科学技术学院	应用物理学	本升硕	上海大学

续表

序号	姓名	学院	专业	升学类型	升学学校
129	吴梦梦	光电信息科学技术学院	应用物理学	本升硕	南京航空航天大学
130	赵巧静	光电信息科学技术学院	应用物理学	本升硕	山东理工大学
131	许　朵	光电信息科学技术学院	应用物理学	本升硕	中国人民大学
132	梁国庆	光电信息科学技术学院	应用物理学	本升硕	苏州大学
133	李文锐	光电信息科学技术学院	应用物理学	本升硕	北京科技大学
134	尹秀珍	光电信息科学技术学院	应用物理学	本升硕	北京理工大学
135	李清晨	光电信息科学技术学院	应用物理学	本升硕	中国科学技术大学
136	王怀栋	光电信息科学技术学院	应用物理学	本升硕	中国海洋大学
137	刘兆武	光电信息科学技术学院	应用物理学	本升硕	烟台大学
138	崔淑婷	光电信息科学技术学院	应用物理学	本升硕	中国计量大学
139	胡春鑫	光电信息科学技术学院	应用物理学	本升硕	河北工业大学
140	王春磊	光电信息科学技术学院	应用物理学	本升硕	北京工业大学
141	郝广路	光电信息科学技术学院	应用物理学	本升硕	哈尔滨工业大学
142	王巍强	光电信息科学技术学院	应用物理学	本升硕	烟台大学
143	杨修先	光电信息科学技术学院	物理学	硕升博	北京理工大学
144	王　婷	国际教育交流学院	汉语国际教育	本升硕	暨南大学
145	刘梦磊	国际教育交流学院	汉语国际教育	本升硕	厦门大学
146	郭　荟	国际教育交流学院	汉语国际教育	本升硕	烟台大学
147	任恒迪	国际教育交流学院	汉语国际教育	本升硕	烟台大学
148	霍娅楠	国际教育交流学院	汉语国际教育	本升硕	对外经济贸易大学
149	王怡馨	国际教育交流学院	汉语国际教育	本升硕	华中科技大学
150	李明钰	国际教育交流学院	汉语国际教育	本升硕	暨南大学
151	司君琪	国际教育交流学院	汉语国际教育	本升硕	北京外国语大学
152	刘　敏	国际教育交流学院	汉语国际教育	本升硕	南京师范大学
153	符祖歌	国际教育交流学院	汉语国际教育	本升硕	烟台大学
154	周慧萌	国际教育交流学院	汉语国际教育	本升硕	中国传媒大学
155	徐茂升	国际教育交流学院	汉语国际教育	本升硕	中国社会科学院大学
156	覃会芝	国际教育交流学院	汉语国际教育	本升硕	暨南大学
157	陈晓宇	国际教育交流学院	汉语国际教育	本升硕	苏州大学
158	张一迪	国际教育交流学院	汉语国际教育	本升硕	中国人民大学
159	康　扬	国际教育交流学院	汉语国际教育	本升硕	云南大学
160	王　彦	国际教育交流学院	汉语国际教育	本升硕	贵州大学
161	张明霜	国际教育交流学院	汉语国际教育	本升硕	四川大学
162	徐　婷	国际教育交流学院	汉语国际教育	本升硕	南开大学
163	宋安琪	国际教育交流学院	汉语国际教育	本升硕	北京语言大学

续表

序号	姓名	学院	专业	升学类型	升学学校
164	刘　红	国际教育交流学院	汉语国际教育	本升硕	烟台大学
165	任延超	国际教育交流学院	汉语国际教育	本升硕	华中师范大学
166	李小囡	国际教育交流学院	汉语国际教育	本升硕	北京语言大学
167	董婷婷	国际教育交流学院	汉语国际教育	本升硕	中山大学
168	徐　倩	海洋学院	海洋渔业科学与技术	本升硕	青岛大学
169	王　莹	海洋学院	海洋渔业科学与技术	本升硕	中国科学院海洋研究所
170	王洪浩	海洋学院	海洋渔业科学与技术	本升硕	上海海洋大学
171	赵　祥	海洋学院	海洋渔业科学与技术	本升硕	中国海洋大学
172	陈　莎	海洋学院	海洋渔业科学与技术	本升硕	上海海洋大学
173	谭　蓉	海洋学院	海洋渔业科学与技术	本升硕	中国海洋大学
174	李　倩	海洋学院	海洋渔业科学与技术	本升硕	中国海洋大学
175	刘　旭	海洋学院	海洋渔业科学与技术	本升硕	中国海洋大学
176	韩　晨	海洋学院	海洋渔业科学与技术	本升硕	中国海洋大学
177	宋远柳	海洋学院	海洋渔业科学与技术	本升硕	中国海洋大学
178	王　帅	海洋学院	海洋渔业科学与技术	本升硕	烟台大学
179	路　加	海洋学院	海洋渔业科学与技术	本升硕	中国海洋大学
180	王增源	海洋学院	海洋渔业科学与技术	本升硕	中国海洋大学
181	孙以康	海洋学院	海洋渔业科学与技术	本升硕	上海海洋大学
182	郭雪莹	海洋学院	海洋渔业科学与技术	本升硕	宁波大学
183	张雨轩	海洋学院	海洋渔业科学与技术	本升硕	上海海洋大学
184	李厚梅	海洋学院	海洋渔业科学与技术	本升硕	宁波大学
185	王　晨	海洋学院	海洋渔业科学与技术	本升硕	中国海洋大学
186	丁丽君	海洋学院	海洋渔业科学与技术	本升硕	中国海洋大学
187	公　洁	海洋学院	海洋渔业科学与技术	本升硕	南京农业大学
188	孙雅妮	海洋学院	海洋渔业科学与技术	本升硕	烟台大学
189	李美帅	海洋学院	海洋渔业科学与技术	本升硕	上海海洋大学
190	任采妮	海洋学院	海洋渔业科学与技术	本升硕	上海海洋大学
191	付树森	海洋学院	海洋渔业科学与技术	本升硕	上海海洋大学
192	毕璐萍	海洋学院	海洋渔业科学与技术	本升硕	烟台大学
193	于洪伟	海洋学院	海洋渔业科学与技术	本升硕	中国海洋大学
194	张　晗	海洋学院	海洋渔业科学与技术	本升硕	中国科学院大学
195	邢介婷	海洋学院	海洋渔业科学与技术	本升硕	厦门大学
196	臧　娜	海洋学院	海洋渔业科学与技术	本升硕	上海海洋大学
197	陈　奇	海洋学院	海洋渔业科学与技术	本升硕	中国海洋大学
198	刘大岩	海洋学院	航海技术	本升硕	中国石油大学(华东)

续表

序号	姓名	学院	专业	升学类型	升学学校
199	冷帅振	海洋学院	航海技术	本升硕	武汉理工大学
200	朱清华	海洋学院	航海技术	本升硕	上海海事大学
201	张　瀚	海洋学院	航海技术	本升硕	南京航空航天大学
202	王　震	海洋学院	航海技术	本升硕	山东体育学院
203	田　影	海洋学院	航海技术	本升硕	大连理工大学
204	董寅贵	海洋学院	航海技术	本升硕	大连海事大学
205	娄乃元	海洋学院	航海技术	本升硕	上海海事大学
206	刘兆春	海洋学院	航海技术	本升硕	大连海事大学
207	孟　耀	海洋学院	航海技术	本升硕	大连海事大学
208	王泽龙	海洋学院	航海技术	本升硕	大连海事大学
209	李直兵	海洋学院	轮机工程	本升硕	哈尔滨工程大学
210	张博艺	海洋学院	轮机工程	本升硕	哈尔滨工程大学
211	雷　扬	海洋学院	轮机工程	本升硕	武汉理工大学
212	何金帅	海洋学院	轮机工程	本升硕	武汉理工大学
213	袁新辉	海洋学院	轮机工程	本升硕	大连海事大学
214	卢立讯	海洋学院	轮机工程	本升硕	大连海事大学
215	杨　冉	海洋学院	轮机工程	本升硕	北京工业大学
216	胡东亮	海洋学院	轮机工程	本升硕	武汉理工大学
217	赵振振	海洋学院	轮机工程	本升硕	华中科技大学
218	张　犇	海洋学院	轮机工程	本升硕	哈尔滨工程大学
219	尚少伟	海洋学院	轮机工程	本升硕	大连海事大学
220	侯铁仁	海洋学院	轮机工程	本升硕	武汉理工大学
221	刘鑫龙	海洋学院	轮机工程	本升硕	大连海事大学
222	周盼林	海洋学院	轮机工程	本升硕	武汉理工大学
223	朱仁杰	海洋学院	轮机工程	本升硕	武汉理工大学
224	廖　琳	海洋学院	轮机工程	本升硕	武汉理工大学
225	肖业方	海洋学院	轮机工程	本升硕	武汉理工大学
226	荣晨光	海洋学院	轮机工程	本升硕	武汉理工大学
227	李金光	海洋学院	轮机工程	本升硕	天津大学
228	张晓晨	海洋学院	轮机工程	本升硕	大连理工大学
229	李志华	海洋学院	轮机工程	本升硕	武汉理工大学
230	陈禹田	海洋学院	轮机工程	本升硕	哈尔滨工程大学
231	姚艺鸿	海洋学院	轮机工程	本升硕	上海海事大学
232	申恒龙	海洋学院	轮机工程	本升硕	大连海事大学
233	马　凯	海洋学院	轮机工程	本升硕	哈尔滨工程大学

续表

序号	姓名	学院	专业	升学类型	升学学校
234	司林辉	海洋学院	能源与动力工程	本升硕	华北电力大学(保定)
235	王梦然	海洋学院	能源与动力工程	本升硕	中南大学
236	田素根	海洋学院	能源与动力工程	本升硕	青岛科技大学
237	滕若男	海洋学院	能源与动力工程	本升硕	北京工业大学
238	张文鹤	海洋学院	能源与动力工程	本升硕	重庆大学
239	杜以达	海洋学院	能源与动力工程	本升硕	东北大学
240	刘华阳	海洋学院	能源与动力工程	本升硕	天津商业大学
241	王　攀	海洋学院	能源与动力工程	本升硕	河南理工大学
242	孙子静	海洋学院	能源与动力工程	本升硕	上海电力学院
243	王元聪	海洋学院	能源与动力工程	本升硕	北京工业大学
244	刘　彬	海洋学院	能源与动力工程	本升硕	沈阳化工大学
245	李天澍	海洋学院	能源与动力工程	本升硕	兰州理工大学
246	亓振锋	海洋学院	能源与动力工程	本升硕	天津商业大学
247	魏佳倩	海洋学院	能源与动力工程	本升硕	上海电力学院
248	刘顺娣	海洋学院	能源与动力工程	本升硕	东北大学
249	杜优贤	海洋学院	能源与动力工程	本升硕	天津商业大学
250	张　晗	海洋学院	能源与动力工程	本升硕	山东大学
251	路德乐	海洋学院	能源与动力工程	本升硕	江苏大学
252	刘晓倩	海洋学院	能源与动力工程	本升硕	江苏科技大学
253	王　栋	海洋学院	能源与动力工程	本升硕	安徽工业大学
254	李　壮	海洋学院	能源与动力工程	本升硕	重庆大学
255	张文庆	海洋学院	能源与动力工程	本升硕	天津商业大学
256	徐　扬	海洋学院	能源与动力工程	本升硕	青岛科技大学
257	范凤仪	海洋学院	能源与动力工程	本升硕	江苏大学
258	冯文浩	海洋学院	能源与动力工程	本升硕	江苏大学
259	王方旭	海洋学院	能源与动力工程	本升硕	天津商业大学
260	甘秋洁	海洋学院	水产养殖学	本升硕	中国海洋大学
261	韩婕妤	海洋学院	水产养殖学	本升硕	江南大学
262	管　娟	海洋学院	水产养殖学	本升硕	云南大学
263	刘　爽	海洋学院	水产养殖学	本升硕	南京大学
264	王梦美	海洋学院	水产养殖学	本升硕	宁波大学
265	韩露露	海洋学院	水产养殖学	本升硕	安徽大学
266	杨　泽	海洋学院	水产养殖学	本升硕	中国海洋大学
267	张　裕	海洋学院	水产养殖学	本升硕	中国海洋大学
268	尹　秀	海洋学院	水产养殖学	本升硕	中国海洋大学

续表

序号	姓名	学院	专业	升学类型	升学学校
269	芦美娜	海洋学院	水产养殖学	本升硕	中国海洋大学
270	李　想	海洋学院	水产养殖学	本升硕	山东师范大学
271	姜良龙	海洋学院	水产养殖学	本升硕	烟台大学
272	王　颖	海洋学院	水产养殖学	本升硕	南京农业大学
273	李云霞	海洋学院	水产养殖学	本升硕	中国海洋大学
274	杨梓阳	海洋学院	水产养殖学	本升硕	中国科学院海洋研究所
275	刘　洋	海洋学院	水产养殖学	本升硕	大连海洋大学
276	张建康	海洋学院	水产养殖学	本升硕	华中农业大学
277	马秀华	海洋学院	水产养殖学	本升硕	中国海洋大学
278	宋慧丽	海洋学院	水产养殖学	本升硕	中国海洋大学
279	崔　玮	海洋学院	水产养殖学	本升硕	中国科学院海洋研究所
280	杨福元	海洋学院	水产养殖学	本升硕	上海海洋大学
281	张美超	海洋学院	水产养殖学	本升硕	上海海洋大学
282	王巧欣	海洋学院	水产养殖学	本升硕	上海海洋大学
283	焦　冉	海洋学院	水产养殖学	本升硕	华中师范大学
284	张艺腾	海洋学院	水产养殖学	本升硕	烟台大学
285	于殿江	海洋学院	水产养殖学	本升硕	上海海洋大学
286	徐文轩	海洋学院	水产养殖学	本升硕	中国海洋大学
287	李明晖	海洋学院	水产养殖学	本升硕	中国农业科学院研究生院
288	王梦欣	海洋学院	水产养殖学	本升硕	烟台大学
289	陈　帅	海洋学院	水产养殖学	本升硕	上海海洋大学
290	王屿岑	海洋学院	水产养殖学	本升硕	华东师范大学
291	李雯璐	海洋学院	水产养殖学	本升硕	烟台大学
292	王雪艳	海洋学院	海洋科学	硕升博	中国科学院水生生物研究所
293	王云峰	海洋学院	海洋科学	硕升博	中国海洋大学
294	刘　璇	核装备与核工程学院	核工程与核技术	本升硕	兰州大学
295	陈兆群	核装备与核工程学院	核工程与核技术	本升硕	南京航空航天大学
296	王振宇	核装备与核工程学院	核工程与核技术	本升硕	华北电力大学
297	孙淑义	核装备与核工程学院	核工程与核技术	本升硕	兰州大学
298	逄文晓	核装备与核工程学院	核工程与核技术	本升硕	南京航空航天大学
299	闫亚新	核装备与核工程学院	核工程与核技术	本升硕	杭州电子科技大学
300	苏咸利	核装备与核工程学院	核工程与核技术	本升硕	中山大学
301	应可璐	核装备与核工程学院	核工程与核技术	本升硕	中国辐射防护研究院
302	谷　颖	核装备与核工程学院	核工程与核技术	本升硕	华北电力大学
303	刘　宁	核装备与核工程学院	核工程与核技术	本升硕	兰州大学

续表

序号	姓名	学院	专业	升学类型	升学学校
304	张晓乐	核装备与核工程学院	核工程与核技术	本升硕	兰州大学
305	魏玉婷	核装备与核工程学院	核工程与核技术	本升硕	兰州大学
306	孙贺涛	核装备与核工程学院	核工程与核技术	本升硕	哈尔滨工程大学
307	孙　丽	核装备与核工程学院	核工程与核技术	本升硕	北京师范大学
308	宋　飞	核装备与核工程学院	核工程与核技术	本升硕	成都理工大学
309	路凯凯	核装备与核工程学院	核工程与核技术	本升硕	南京航空航天大学
310	丁梦婷	核装备与核工程学院	核工程与核技术	本升硕	中国科学院上海应用物理研究所
311	方　圆	核装备与核工程学院	核工程与核技术	本升硕	华北电力大学
312	刘灌钰	核装备与核工程学院	核工程与核技术	本升硕	华北电力大学
313	成钊意	核装备与核工程学院	核工程与核技术	本升硕	中科院近代物理研究所
314	鲍子臻	核装备与核工程学院	核工程与核技术	本升硕	中国辐射防护研究院
315	邢义强	核装备与核工程学院	核工程与核技术	本升硕	东华理工大学
316	曹若琪	核装备与核工程学院	核工程与核技术	本升硕	苏州大学
317	求梦程	核装备与核工程学院	核工程与核技术	本升硕	南京航空航天大学
318	王美懿	核装备与核工程学院	核工程与核技术	本升硕	南京航空航天大学
319	宋伟娜	核装备与核工程学院	核工程与核技术	本升硕	中国原子能科学研究院
320	苗祥淦	核装备与核工程学院	核工程与核技术	本升硕	核工业西南物理研究院
321	崔步天	核装备与核工程学院	核工程与核技术	本升硕	核工业西南物理研究院
322	杨洪新	核装备与核工程学院	核工程与核技术	本升硕	华北电力大学
323	张明旭	核装备与核工程学院	核工程与核技术	本升硕	兰州大学
324	宫文娟	核装备与核工程学院	核工程与核技术	本升硕	四川大学
325	李浩炫	核装备与核工程学院	核工程与核技术	本升硕	成都理工大学
326	姜苏家	核装备与核工程学院	金属材料工程	本升硕	中国科学技术大学
327	李同江	核装备与核工程学院	金属材料工程	本升硕	厦门大学
328	常慧荣	核装备与核工程学院	金属材料工程	本升硕	北京科技大学
329	李孟晓	核装备与核工程学院	金属材料工程	本升硕	北京航空航天大学
330	杨民安	核装备与核工程学院	金属材料工程	本升硕	北京科技大学
331	展　冉	核装备与核工程学院	金属材料工程	本升硕	北京科技大学
332	李　海	核装备与核工程学院	金属材料工程	本升硕	海南大学
333	李小双	核装备与核工程学院	金属材料工程	本升硕	中国石油大学(华东)
334	黄卫卫	核装备与核工程学院	金属材料工程	本升硕	北京科技大学
335	朱　进	核装备与核工程学院	金属材料工程	本升硕	北京科技大学
336	张萌睿	核装备与核工程学院	金属材料工程	本升硕	东北大学
337	王永善	核装备与核工程学院	金属材料工程	本升硕	北京科技大学

续表

序号	姓名	学院	专业	升学类型	升学学校
338	李秋月	核装备与核工程学院	金属材料工程	本升硕	青岛大学
339	李莹莹	核装备与核工程学院	金属材料工程	本升硕	天津大学
340	李德元	核装备与核工程学院	金属材料工程	本升硕	山东大学
341	刘　杰	核装备与核工程学院	金属材料工程	本升硕	东北大学
342	李　睿	核装备与核工程学院	金属材料工程	本升硕	北京科技大学
343	高雪鹏	核装备与核工程学院	金属材料工程	本升硕	烟台大学
344	刘婷婷	核装备与核工程学院	金属材料工程	本升硕	北京科技大学
345	孟晓敏	核装备与核工程学院	金属材料工程	本升硕	青岛大学
346	朱启勇	核装备与核工程学院	金属材料工程	本升硕	东北大学
347	韩　婷	核装备与核工程学院	金属材料工程	本升硕	哈尔滨工业大学
348	刘金保	核装备与核工程学院	金属材料工程	本升硕	烟台大学
349	刘洪珍	核装备与核工程学院	金属材料工程	本升硕	北京科技大学
350	王壮壮	核装备与核工程学院	金属材料工程	本升硕	天津大学
351	杨智敏	核装备与核工程学院	金属材料工程	本升硕	北京科技大学
352	李　瑞	核装备与核工程学院	金属材料工程	本升硕	北京科技大学
353	马传真	核装备与核工程学院	金属材料工程	本升硕	北京科技大学
354	提　唱	核装备与核工程学院	金属材料工程	本升硕	北京科技大学
355	何兆如	核装备与核工程学院	金属材料工程	本升硕	上海材料研究所
356	吕振博	核装备与核工程学院	金属材料工程	本升硕	北京科技大学
357	李文蕾	核装备与核工程学院	金属材料工程	本升硕	贵州大学
358	梁圣辉	核装备与核工程学院	金属材料工程	本升硕	北京科技大学
359	胡家锋	核装备与核工程学院	金属材料工程	本升硕	东北大学
360	宋　琦	核装备与核工程学院	金属材料工程	本升硕	北京科技大学
361	李　俊	核装备与核工程学院	金属材料工程	本升硕	西南交通大学
362	刘盼梅	核装备与核工程学院	金属材料工程	本升硕	天津大学
363	何成鹏	核装备与核工程学院	金属材料工程	本升硕	中国石油大学(华东)
364	牛先伟	核装备与核工程学院	金属材料工程	本升硕	中国石油大学(华东)
365	赵　亮	核装备与核工程学院	金属材料工程	本升硕	中国矿业大学
366	程秋雨	核装备与核工程学院	金属材料工程	本升硕	北京科技大学
367	鲍晨宇	核装备与核工程学院	金属材料工程	本升硕	中国海洋大学
368	段　磊	核装备与核工程学院	金属材料工程	本升硕	东北大学
369	张　肖	核装备与核工程学院	金属材料工程	本升硕	北京科技大学
370	薛文丽	核装备与核工程学院	金属材料工程	本升硕	北京科技大学
371	胡玉婷	核装备与核工程学院	金属材料工程	本升硕	哈尔滨工程大学
372	范丽莎	核装备与核工程学院	金属材料工程	本升硕	华东理工大学

续表

序号	姓名	学院	专业	升学类型	升学学校
373	李姿昕	核装备与核工程学院	金属材料工程	本升硕	北京科技大学
374	翟丛伶	核装备与核工程学院	金属材料工程	本升硕	北京工业大学
375	汪朝宇	化学化工学院	高分子材料与工程	本升硕	贵州大学
376	李晓康	化学化工学院	高分子材料与工程	本升硕	中国石油大学(北京)
377	张兴宇	化学化工学院	高分子材料与工程	本升硕	青岛大学
378	南婷婷	化学化工学院	高分子材料与工程	本升硕	青岛科技大学
379	邓璐璐	化学化工学院	高分子材料与工程	本升硕	贵州大学
380	赵月超	化学化工学院	高分子材料与工程	本升硕	武汉理工大学
381	赵谨臣	化学化工学院	高分子材料与工程	本升硕	河北工业大学
382	苏迎宾	化学化工学院	高分子材料与工程	本升硕	青岛大学
383	张　创	化学化工学院	高分子材料与工程	本升硕	山东科技大学
384	朱艳艳	化学化工学院	高分子材料与工程	本升硕	北京化工大学
385	赵世坤	化学化工学院	高分子材料与工程	本升硕	北京化工大学
386	徐　帅	化学化工学院	高分子材料与工程	本升硕	陕西科技大学
387	吴一桐	化学化工学院	高分子材料与工程	本升硕	烟台大学
388	王福帅	化学化工学院	高分子材料与工程	本升硕	烟台大学
389	傅亭鹤	化学化工学院	高分子材料与工程	本升硕	烟台大学
390	李　强	化学化工学院	高分子材料与工程	本升硕	东华大学
391	朱守文	化学化工学院	高分子材料与工程	本升硕	苏州大学
392	张凤顺	化学化工学院	高分子材料与工程	本升硕	烟台大学
393	杨冬至	化学化工学院	高分子材料与工程	本升硕	南开大学
394	郭丰勇	化学化工学院	高分子材料与工程	本升硕	北京化工大学
395	刘文宇	化学化工学院	高分子材料与工程	本升硕	哈尔滨工程大学
396	田　雪	化学化工学院	高分子材料与工程	本升硕	北京化工大学
397	张　懿	化学化工学院	高分子材料与工程	本升硕	中国石油大学(华东)
398	尹帮奇	化学化工学院	高分子材料与工程	本升硕	北京化工大学
399	贾明洁	化学化工学院	高分子材料与工程	本升硕	上海师范大学
400	周双军	化学化工学院	高分子材料与工程	本升硕	延边大学
401	王明英	化学化工学院	高分子材料与工程	本升硕	烟台大学
402	刘咏杭	化学化工学院	高分子材料与工程	本升硕	上海工程技术大学
403	李莹莹	化学化工学院	高分子材料与工程	本升硕	苏州大学
404	曹晓雪	化学化工学院	高分子材料与工程	本升硕	烟台大学
405	李传鹏	化学化工学院	高分子材料与工程	本升硕	烟台大学
406	孙　瑞	化学化工学院	高分子材料与工程	本升硕	贵州大学
407	李　淼	化学化工学院	高分子材料与工程	本升硕	广州大学

续表

序号	姓名	学院	专业	升学类型	升学学校
408	姚嘉帅	化学化工学院	高分子材料与工程	本升硕	北京化工大学
409	吴可心	化学化工学院	高分子材料与工程	本升硕	中国石油大学(北京)
410	刘勋聪	化学化工学院	高分子材料与工程	本升硕	青岛科技大学
411	徐　汇	化学化工学院	高分子材料与工程	本升硕	烟台大学
412	于鹏东	化学化工学院	高分子材料与工程	本升硕	烟台大学
413	王亚铭	化学化工学院	化学工程与工艺	本升硕	南京林业大学
414	韦彦玲	化学化工学院	化学工程与工艺	本升硕	贵州大学
415	刘　玉	化学化工学院	化学工程与工艺	本升硕	烟台大学
416	曹　志	化学化工学院	化学工程与工艺	本升硕	南京大学
417	张同华	化学化工学院	化学工程与工艺	本升硕	中国矿业大学
418	李玉龙	化学化工学院	化学工程与工艺	本升硕	河南理工大学
419	陈林杰	化学化工学院	化学工程与工艺	本升硕	浙江工业大学
420	刘学斌	化学化工学院	化学工程与工艺	本升硕	中国石油大学(华东)
421	刘　鹏	化学化工学院	化学工程与工艺	本升硕	河北工业大学
422	闫立秋	化学化工学院	化学工程与工艺	本升硕	北京化工大学
423	张萌萌	化学化工学院	化学工程与工艺	本升硕	中国石油大学(华东)
424	陈文清	化学化工学院	化学工程与工艺	本升硕	中国科学院大学
425	谢继贤	化学化工学院	化学工程与工艺	本升硕	南京工业大学
426	景雪璐	化学化工学院	化学工程与工艺	本升硕	中国石油大学(华东)
427	王宜飞	化学化工学院	化学工程与工艺	本升硕	烟台大学
428	王克令	化学化工学院	化学工程与工艺	本升硕	北京工业大学
429	李　栋	化学化工学院	化学工程与工艺	本升硕	青岛科技大学
430	徐　晨	化学化工学院	化学工程与工艺	本升硕	伊犁师范学院
431	刘培艳	化学化工学院	化学工程与工艺	本升硕	烟台大学
432	蔡兆楠	化学化工学院	化学工程与工艺	本升硕	河北工业大学
433	王颜晓	化学化工学院	化学工程与工艺	本升硕	烟台大学
434	刘　琳	化学化工学院	化学工程与工艺	本升硕	河北工业大学
435	徐　周	化学化工学院	化学工程与工艺	本升硕	烟台大学
436	杨慧明	化学化工学院	化学工程与工艺	本升硕	浙江大学
437	李　玲	化学化工学院	化学工程与工艺	本升硕	济南大学
438	王　帅	化学化工学院	化学工程与工艺	本升硕	济南大学
439	李　猛	化学化工学院	化学工程与工艺	本升硕	江南大学
440	孙文文	化学化工学院	化学工程与工艺	本升硕	中国矿业大学(北京)
441	刘鹏飞	化学化工学院	化学工程与工艺	本升硕	烟台大学
442	张　杰	化学化工学院	化学工程与工艺	本升硕	烟台大学

续表

序号	姓名	学院	专业	升学类型	升学学校
443	郭逢普	化学化工学院	化学工程与工艺	本升硕	中国石油大学(华东)
444	窦鑫桐	化学化工学院	化学工程与工艺	本升硕	中国石油大学(北京)
445	李　青	化学化工学院	化学工程与工艺	本升硕	中国石油大学(华东)
446	刘建新	化学化工学院	化学工程与工艺	本升硕	中国石油大学(华东)
447	吴新宇	化学化工学院	化学工程与工艺	本升硕	西南大学
448	孙慧丽	化学化工学院	化学工程与工艺	本升硕	北京理工大学
449	刘少校	化学化工学院	化学工程与工艺	本升硕	中国海洋大学
450	乔云萍	化学化工学院	化学工程与工艺	本升硕	烟台大学
451	黄　梅	化学化工学院	化学工程与工艺	本升硕	浙江工业大学
452	宋华兴	化学化工学院	化学工程与工艺	本升硕	烟台大学
453	张芝芝	化学化工学院	化学工程与工艺	本升硕	中国科学院兰州化学物理研究所
454	张海艳	化学化工学院	化学工程与工艺	本升硕	天津科技大学
455	张平华	化学化工学院	化学工程与工艺	本升硕	中国石油大学(北京)
456	李申芳	化学化工学院	化学工程与工艺	本升硕	烟台大学
457	黄　庆	化学化工学院	化学工程与工艺	本升硕	北京化工大学
458	桑静静	化学化工学院	化学工程与工艺	本升硕	南京林业大学
459	朱姝娴	化学化工学院	化学工程与工艺	本升硕	江西师范大学
460	王惠琳	化学化工学院	化学工程与工艺	本升硕	中国石油大学(北京)
461	张宏伟	化学化工学院	化学工程与工艺	本升硕	华东理工大学
462	肖胜玉	化学化工学院	化学工程与工艺	本升硕	中国石油大学(华东)
463	刘　宁	化学化工学院	化学工程与工艺	本升硕	北京化工大学
464	李泽朕	化学化工学院	化学工程与工艺	本升硕	华侨大学
465	史梦青	化学化工学院	化学工程与工艺	本升硕	北京化工大学
466	翟天宇	化学化工学院	化学工程与工艺	本升硕	北京化工大学
467	秦燕敏	化学化工学院	化学工程与工艺	本升硕	广西大学
468	仙彩雲	化学化工学院	化学工程与工艺	本升硕	福州大学
469	赵伟渲	化学化工学院	化学工程与工艺	本升硕	烟台大学
470	张思佳	化学化工学院	化学工程与工艺	本升硕	南京理工大学
471	秦晨曦	化学化工学院	化学工程与工艺	本升硕	中国科学院兰州化学物理研究所
472	郭志浩	化学化工学院	化学工程与工艺	本升硕	中国石油大学(华东)
473	宋传洋	化学化工学院	化学工程与工艺	本升硕	中国石油大学(北京)
474	尚汝松	化学化工学院	化学工程与工艺	本升硕	北京化工大学
475	谷慧萌	化学化工学院	化学工程与工艺	本升硕	北京化工大学
476	董灵玉	化学化工学院	化学工程与工艺	本升硕	大连理工大学
477	刘　超	化学化工学院	化学工程与工艺	本升硕	烟台大学

续表

序号	姓名	学院	专业	升学类型	升学学校
478	毕　然	化学化工学院	化学工程与工艺	本升硕	北京化工大学
479	张　晗	化学化工学院	化学工程与工艺	本升硕	昆明理工大学
480	孟晓茹	化学化工学院	化学工程与工艺	本升硕	山东科技大学
481	刘　威	化学化工学院	化学工程与工艺	本升硕	烟台大学
482	李荣昭	化学化工学院	化学工程与工艺	本升硕	烟台大学
483	肖嘉玉	化学化工学院	化学工程与工艺	本升硕	四川大学
484	张淑莹	化学化工学院	化学工程与工艺	本升硕	中国石油大学(北京)
485	王　帅	化学化工学院	化学工程与工艺	本升硕	烟台大学
486	宋美华	化学化工学院	化学工程与工艺	本升硕	天津工业大学
487	高　华	化学化工学院	化学工程与工艺	本升硕	大连理工大学
488	公衍民	化学化工学院	化学工程与工艺	本升硕	南京工业大学
489	唐祎玮	化学化工学院	化学工程与工艺	本升硕	北京化工大学
490	刘其鹏	化学化工学院	化学工程与工艺	本升硕	北京化工大学
491	王彬霞	化学化工学院	化学工程与工艺	本升硕	北京化工大学
492	李新童	化学化工学院	化学工程与工艺	本升硕	华东师范大学
493	王　溪	化学化工学院	化学工程与工艺	本升硕	中国科学院大学
494	姬德生	化学化工学院	化学工程与工艺	本升硕	烟台大学
495	陈　鸿	化学化工学院	化学工程与工艺	本升硕	贵州大学
496	王宪飞	化学化工学院	化学工程与工艺	本升硕	烟台大学
497	刘　帅	化学化工学院	化学工程与工艺	本升硕	烟台大学
498	丹少鹏	化学化工学院	化学工程与工艺	本升硕	太原理工大学
499	宫丁丁	化学化工学院	化学工程与工艺	本升硕	烟台大学
500	郭德亮	化学化工学院	化学工程与工艺	本升硕	石河子大学
501	龙厚昂	化学化工学院	化学工程与工艺	本升硕	烟台大学
502	孙卓群	化学化工学院	化学工程与工艺	本升硕	烟台大学
503	王笑笑	化学化工学院	化学工程与工艺	本升硕	烟台大学
504	许冠军	化学化工学院	化学工程与工艺	本升硕	中国石油大学(华东)
505	张苗苗	化学化工学院	化学工程与工艺	本升硕	石河子大学
506	刘　晴	化学化工学院	化学工程与工艺	本升硕	烟台大学
507	原晓梅	化学化工学院	化学工程与工艺	本升硕	烟台大学
508	邬尔啸	化学化工学院	应用化学	本升硕	中国科学院大学
509	杨　梦	化学化工学院	应用化学	本升硕	云南师范大学
510	刘志颖	化学化工学院	应用化学	本升硕	烟台大学
511	王小丽	化学化工学院	应用化学	本升硕	上海大学
512	刘孟鑫	化学化工学院	应用化学	本升硕	广西大学

续表

序号	姓名	学院	专业	升学类型	升学学校
513	杨文强	化学化工学院	应用化学	本升硕	中科院大连化学物理研究所
514	权紫荆	化学化工学院	应用化学	本升硕	吉林大学
515	陈　友	化学化工学院	应用化学	本升硕	吉林大学
516	伍成成	化学化工学院	应用化学	本升硕	兰州大学
517	阚啸天	化学化工学院	应用化学	本升硕	扬州大学
518	王淑坤	化学化工学院	应用化学	本升硕	中国石油大学(华东)
519	何金晖	化学化工学院	应用化学	本升硕	南京工业大学
520	孔伟强	化学化工学院	应用化学	本升硕	华侨大学
521	欧阳玉庆	化学化工学院	应用化学	本升硕	中国石油大学(华东)
522	魏月月	化学化工学院	应用化学	本升硕	兰州大学
523	鲁克彬	化学化工学院	应用化学	本升硕	中国石油大学(华东)
524	李萧萧	化学化工学院	应用化学	本升硕	青岛科技大学
525	崔静敏	化学化工学院	应用化学	本升硕	中国科学院大学
526	刘　佳	化学化工学院	应用化学	本升硕	华南师范大学
527	李东晓	化学化工学院	应用化学	本升硕	中国科学院大学
528	王晓斌	化学化工学院	应用化学	本升硕	烟台大学
529	范陆湾	化学化工学院	应用化学	本升硕	辽宁石油化工大学
530	张　浩	化学化工学院	应用化学	本升硕	聊城大学
531	赵　翔	化学化工学院	应用化学	本升硕	华侨大学
532	亓泠溪	化学化工学院	应用化学	本升硕	烟台大学
533	曲鹏涛	化学化工学院	应用化学	本升硕	中国人民解放军军事科学院
534	严桂俊	化学化工学院	应用化学	本升硕	天津大学
535	彭洪刚	化学化工学院	应用化学	本升硕	哈尔滨工业大学
536	颜　童	化学化工学院	应用化学	本升硕	西安交通大学
537	陈小涵	化学化工学院	应用化学	本升硕	浙江大学
538	陈　晨	化学化工学院	应用化学	本升硕	华东理工大学
539	葛秀丽	化学化工学院	应用化学	本升硕	烟台大学
540	任　萌	化学化工学院	应用化学	本升硕	华东理工大学
541	贾昭昭	化学化工学院	应用化学	本升硕	上海大学
542	周　正	化学化工学院	应用化学	本升硕	鲁东大学
543	赵亚恒	化学化工学院	应用化学	本升硕	温州大学
544	冷俊强	化学化工学院	应用化学	本升硕	烟台大学
545	王　雪	化学化工学院	应用化学	本升硕	大连理工大学
546	祁有国	化学化工学院	应用化学	本升硕	东华大学
547	李辰昊	化学化工学院	应用化学	本升硕	山东大学

续表

序号	姓名	学院	专业	升学类型	升学学校
548	傅双庆	化学化工学院	应用化学	本升硕	河北大学
549	李明芝	化学化工学院	应用化学	本升硕	中科院大连化学物理研究所
550	刘晓洁	化学化工学院	应用化学	本升硕	福州大学
551	李庆慧	化学化工学院	应用化学	本升硕	中国科学院兰州化学物理研究所
552	袁毓灿	化学化工学院	应用化学	本升硕	青岛科技大学
553	蒋伟伟	化学化工学院	应用化学	本升硕	中国矿业大学(北京)
554	侯淑敏	化学化工学院	应用化学	本升硕	青岛大学
555	刘新雨	化学化工学院	应用化学	本升硕	中国科学院成都有机化学研究所
556	黄高媛	化学化工学院	应用化学	本升硕	东南大学
557	李文忠	化学化工学院	应用化学	本升硕	烟台大学
558	金坤宇	化学化工学院	应用化学	本升硕	上海大学
559	王延青	化学化工学院	应用化学	本升硕	上海工程技术大学
560	董丞君	化学化工学院	应用化学	本升硕	华东理工大学
561	周　涛	化学化工学院	应用化学	本升硕	中国石油大学(华东)
562	林　浩	化学化工学院	应用化学	本升硕	烟台大学
563	许晓萍	化学化工学院	应用化学	本升硕	广西大学
564	郭俊呈	化学化工学院	应用化学	本升硕	中国海洋大学
565	朱一凡	化学化工学院	应用化学	本升硕	中国石油大学(华东)
566	赵亚俐	化学化工学院	应用化学	本升硕	烟台大学
567	李政霖	化学化工学院	应用化学	本升硕	烟台大学
568	郭　香	化学化工学院	化学	硕升博	中国科学院大学
569	刘　阳	化学化工学院	化学	硕升博	中科院生态环境中心
570	王　冠	化学化工学院	化学	硕升博	中国地质大学(武汉)
571	李燕红	化学化工学院	化学工程与技术	硕升博	中国科学院海岸带研究所
572	詹威武	环境与材料工程学院	材料科学与工程	本升硕	苏州大学
573	陈成民	环境与材料工程学院	材料科学与工程	本升硕	合肥工业大学
574	王玉才	环境与材料工程学院	材料科学与工程	本升硕	华东理工大学
575	周倩男	环境与材料工程学院	材料科学与工程	本升硕	青岛科技大学
576	赵兴雨	环境与材料工程学院	材料科学与工程	本升硕	中国石油大学(华东)
577	汤庆林	环境与材料工程学院	材料科学与工程	本升硕	青岛大学
578	朱凯丽	环境与材料工程学院	材料科学与工程	本升硕	济南大学
579	陈　洁	环境与材料工程学院	材料科学与工程	本升硕	中国石油大学(华东)
580	刘子恒	环境与材料工程学院	材料科学与工程	本升硕	东北大学
581	黄　斌	环境与材料工程学院	材料科学与工程	本升硕	北京科技大学

续表

序号	姓名	学院	专业	升学类型	升学学校
582	宋士豪	环境与材料工程学院	材料科学与工程	本升硕	北京科技大学
583	李情情	环境与材料工程学院	材料科学与工程	本升硕	东华大学
584	高忠帅	环境与材料工程学院	材料科学与工程	本升硕	烟台大学
585	高永红	环境与材料工程学院	材料科学与工程	本升硕	北京科技大学
586	宋庆蕊	环境与材料工程学院	材料科学与工程	本升硕	北京第二外国语学院
587	牛　腾	环境与材料工程学院	材料科学与工程	本升硕	济南大学
588	胡常庆	环境与材料工程学院	材料科学与工程	本升硕	济南大学
589	程佳宁	环境与材料工程学院	材料科学与工程	本升硕	河北工业大学
590	卢亚磊	环境与材料工程学院	材料科学与工程	本升硕	武汉理工大学
591	朱娇娇	环境与材料工程学院	材料科学与工程	本升硕	北京化工大学
592	王奕萱	环境与材料工程学院	材料科学与工程	本升硕	华东理工大学
593	张春来	环境与材料工程学院	材料科学与工程	本升硕	北京工业大学
594	郭　艳	环境与材料工程学院	材料科学与工程	本升硕	北京科技大学
595	龙　翔	环境与材料工程学院	材料科学与工程	本升硕	贵州大学
596	谷欣秀	环境与材料工程学院	材料科学与工程	本升硕	中国石油大学(华东)
597	朱贝贝	环境与材料工程学院	材料科学与工程	本升硕	郑州大学
598	王传杰	环境与材料工程学院	材料科学与工程	本升硕	济南大学
599	张啸林	环境与材料工程学院	材料科学与工程	本升硕	烟台大学
600	王德坤	环境与材料工程学院	材料科学与工程	本升硕	北京科技大学
601	李艳艳	环境与材料工程学院	材料科学与工程	本升硕	北京工业大学
602	李志尚	环境与材料工程学院	材料科学与工程	本升硕	北京科技大学
603	张　丽	环境与材料工程学院	材料科学与工程	本升硕	北京科技大学
604	孟令坤	环境与材料工程学院	材料科学与工程	本升硕	西安理工大学
605	梁建合	环境与材料工程学院	材料科学与工程	本升硕	重庆大学
606	杨　雪	环境与材料工程学院	材料科学与工程	本升硕	中国石油大学(华东)
607	王　敏	环境与材料工程学院	材料科学与工程	本升硕	哈尔滨工业大学
608	杜延鑫	环境与材料工程学院	材料科学与工程	本升硕	大连理工大学
609	商文硕	环境与材料工程学院	材料科学与工程	本升硕	烟台大学
610	刘泽辉	环境与材料工程学院	材料科学与工程	本升硕	昆明理工大学
611	彭明贵	环境与材料工程学院	材料科学与工程	本升硕	深圳大学
612	廖洛城	环境与材料工程学院	材料科学与工程	本升硕	湘潭大学
613	王　达	环境与材料工程学院	材料科学与工程	本升硕	烟台大学
614	贾娟娟	环境与材料工程学院	材料科学与工程	本升硕	中国石油大学(华东)
615	葛玉航	环境与材料工程学院	材料科学与工程	本升硕	中国石油大学(华东)
616	席居宇	环境与材料工程学院	材料科学与工程	本升硕	重庆大学

续表

序号	姓名	学院	专业	升学类型	升学学校
617	滕梦媛	环境与材料工程学院	材料科学与工程	本升硕	齐鲁工业大学
618	宋博伦	环境与材料工程学院	材料科学与工程	本升硕	沈阳化工大学
619	唐卫国	环境与材料工程学院	材料科学与工程	本升硕	天津大学
620	陈光学	环境与材料工程学院	材料科学与工程	本升硕	中国石油大学(华东)
621	罗　丹	环境与材料工程学院	材料科学与工程	本升硕	贵州大学
622	荆　爽	环境与材料工程学院	材料科学与工程	本升硕	南京工业大学
623	时晨晨	环境与材料工程学院	材料科学与工程	本升硕	北京科技大学
624	赵晓萌	环境与材料工程学院	材料科学与工程	本升硕	湖南大学
625	王茜茜	环境与材料工程学院	材料科学与工程	本升硕	贵州大学
626	王永恒	环境与材料工程学院	材料科学与工程	本升硕	昆明理工大学
627	任晓航	环境与材料工程学院	材料科学与工程	本升硕	浙江工业大学
628	侯德祥	环境与材料工程学院	材料科学与工程	本升硕	上海大学
629	范志远	环境与材料工程学院	材料科学与工程	本升硕	武汉理工大学
630	张　赫	环境与材料工程学院	材料科学与工程	本升硕	吉林大学
631	高红卫	环境与材料工程学院	材料科学与工程	本升硕	北京航空航天大学
632	袁明建	环境与材料工程学院	材料科学与工程	本升硕	武汉理工大学
633	庞海波	环境与材料工程学院	材料科学与工程	本升硕	武汉理工大学
634	许　冉	环境与材料工程学院	材料科学与工程	本升硕	齐鲁工业大学
635	高明月	环境与材料工程学院	材料科学与工程	本升硕	南开大学
636	张　颖	环境与材料工程学院	材料科学与工程	本升硕	烟台大学
637	商智超	环境与材料工程学院	材料科学与工程	本升硕	中国矿业大学
638	李天真	环境与材料工程学院	环保设备工程	本升硕	上海大学
639	孙　程	环境与材料工程学院	环保设备工程	本升硕	中国海洋大学
640	杨寿宽	环境与材料工程学院	环保设备工程	本升硕	上海大学
641	李　帅	环境与材料工程学院	环保设备工程	本升硕	中国海洋大学
642	盛　飞	环境与材料工程学院	环保设备工程	本升硕	厦门大学
643	王晓婷	环境与材料工程学院	环保设备工程	本升硕	贵州大学
644	鲍守春	环境与材料工程学院	环保设备工程	本升硕	青岛大学
645	查显艳	环境与材料工程学院	环保设备工程	本升硕	湘潭大学
646	蔡　伦	环境与材料工程学院	环保设备工程	本升硕	烟台大学
647	隗晶慧	环境与材料工程学院	环保设备工程	本升硕	北京科技大学
648	王明凯	环境与材料工程学院	环保设备工程	本升硕	上海大学
649	吴晓娜	环境与材料工程学院	环保设备工程	本升硕	贵州师范大学
650	秦聪丽	环境与材料工程学院	环境科学与工程	本升硕	山东大学
651	孙　悦	环境与材料工程学院	环境科学与工程	本升硕	中国矿业大学

续表

序号	姓名	学院	专业	升学类型	升学学校
652	展亚楠	环境与材料工程学院	环境科学与工程	本升硕	山东大学
653	孙　晓	环境与材料工程学院	环境科学与工程	本升硕	昆明理工大学
654	宋慧敏	环境与材料工程学院	环境科学与工程	本升硕	中国石油大学(华东)
655	宋　帅	环境与材料工程学院	环境科学与工程	本升硕	大连海事大学
656	侯学文	环境与材料工程学院	环境科学与工程	本升硕	北京科技大学
657	张雪莹	环境与材料工程学院	环境科学与工程	本升硕	暨南大学
658	王　淇	环境与材料工程学院	环境科学与工程	本升硕	大连海事大学
659	赵子豪	环境与材料工程学院	环境科学与工程	本升硕	南京理工大学
660	梁新茹	环境与材料工程学院	环境科学与工程	本升硕	兰州交通大学
661	王　晓	环境与材料工程学院	环境科学与工程	本升硕	山东大学
662	李　雪	环境与材料工程学院	环境科学与工程	本升硕	内蒙古大学
663	张春香	环境与材料工程学院	环境科学与工程	本升硕	大连理工大学
664	王　习	环境与材料工程学院	环境科学与工程	本升硕	华东师范大学
665	杜启哲	环境与材料工程学院	环境科学与工程	本升硕	湘潭大学
666	韩雪洋	环境与材料工程学院	环境科学与工程	本升硕	四川农业大学
667	王丽娜	环境与材料工程学院	环境科学与工程	本升硕	内蒙古大学
668	孙菽含	环境与材料工程学院	环境科学与工程	本升硕	北京林业大学
669	刘军建	环境与材料工程学院	环境科学与工程	本升硕	南开大学
670	于昕平	环境与材料工程学院	环境科学与工程	本升硕	烟台大学
671	韩　琦	环境与材料工程学院	环境科学与工程	本升硕	烟台大学
672	王　潇	环境与材料工程学院	环境科学与工程	本升硕	五邑大学
673	魏燕如	环境与材料工程学院	环境科学与工程	本升硕	长安大学
674	刘　进	环境与材料工程学院	环境科学与工程	本升硕	烟台大学
675	刘可望	环境与材料工程学院	环境科学与工程	本升硕	大连海事大学
676	赵若涵	环境与材料工程学院	环境科学与工程	本升硕	贵州大学
677	杨馨婷	环境与材料工程学院	环境科学与工程	本升硕	云南大学
678	马雪松	环境与材料工程学院	环境科学与工程	本升硕	山东大学
679	崔付倩	环境与材料工程学院	环境科学与工程	本升硕	北京工业大学
680	程　宁	环境与材料工程学院	环境科学与工程	本升硕	贵州大学
681	杨朝霞	环境与材料工程学院	环境科学与工程	本升硕	烟台大学
682	徐文露	环境与材料工程学院	环境科学与工程	本升硕	武汉理工大学
683	李　昕	环境与材料工程学院	环境科学与工程	本升硕	上海理工大学
684	苏　杭	环境与材料工程学院	环境科学与工程	本升硕	暨南大学
685	雷　敏	环境与材料工程学院	环境科学与工程	本升硕	烟台大学
686	吴梦迪	环境与材料工程学院	环境科学与工程	本升硕	烟台大学

续表

序号	姓名	学院	专业	升学类型	升学学校
687	许珈玮	环境与材料工程学院	环境科学与工程	本升硕	昆明理工大学
688	张阳阳	环境与材料工程学院	环境科学与工程	本升硕	厦门大学
689	侯娇云	环境与材料工程学院	环境科学与工程	本升硕	山东科技大学
690	朱见斌	环境与材料工程学院	环境科学与工程	本升硕	中国海洋大学
691	刘司颖	环境与材料工程学院	环境科学与工程	本升硕	烟台大学
692	高　振	环境与材料工程学院	环境科学与工程	本升硕	烟台大学
693	高士哲	环境与材料工程学院	环境科学与工程	本升硕	烟台大学
694	赵华华	环境与材料工程学院	环境科学与工程	本升硕	西安建筑科技大学
695	韩叶虎	环境与材料工程学院	材料工程	硕升博	中国科学技术大学
696	王小宁	环境与材料工程学院	材料科学与工程	硕升博	中国石油大学(华东)
697	赵东晓	机电汽车工程学院	测控技术与仪器	本升硕	南昌航空大学
698	李培杰	机电汽车工程学院	测控技术与仪器	本升硕	杭州电子科技大学
699	张浩琳	机电汽车工程学院	测控技术与仪器	本升硕	青岛大学
700	尹姝呓	机电汽车工程学院	测控技术与仪器	本升硕	昆明理工大学
701	李聪颖	机电汽车工程学院	测控技术与仪器	本升硕	烟台大学
702	于钊瀚	机电汽车工程学院	测控技术与仪器	本升硕	青岛大学
703	陈倩倩	机电汽车工程学院	测控技术与仪器	本升硕	东北大学
704	邹方豪	机电汽车工程学院	测控技术与仪器	本升硕	山东理工大学
705	宋　琳	机电汽车工程学院	测控技术与仪器	本升硕	北京工业大学
706	马平理	机电汽车工程学院	测控技术与仪器	本升硕	东北大学
707	赵国飞	机电汽车工程学院	测控技术与仪器	本升硕	大连海事大学
708	史孝峰	机电汽车工程学院	测控技术与仪器	本升硕	东北大学
709	顾君杰	机电汽车工程学院	测控技术与仪器	本升硕	华东理工大学
710	戴　宁	机电汽车工程学院	测控技术与仪器	本升硕	大连理工大学
711	谢　晗	机电汽车工程学院	测控技术与仪器	本升硕	贵州大学
712	邢慧双	机电汽车工程学院	测控技术与仪器	本升硕	烟台大学
713	杨长杰	机电汽车工程学院	测控技术与仪器	本升硕	燕山大学
714	李玉香	机电汽车工程学院	测控技术与仪器	本升硕	东北大学
715	张文君	机电汽车工程学院	测控技术与仪器	本升硕	山东大学
716	曲宗珊	机电汽车工程学院	测控技术与仪器	本升硕	东北大学
717	岳　凯	机电汽车工程学院	测控技术与仪器	本升硕	浙江工业大学
718	陈　雨	机电汽车工程学院	测控技术与仪器	本升硕	合肥工业大学
719	程　鑫	机电汽车工程学院	测控技术与仪器	本升硕	南京师范大学
720	赵永铭	机电汽车工程学院	测控技术与仪器	本升硕	北京理工大学
721	王付强	机电汽车工程学院	测控技术与仪器	本升硕	东北大学

续表

序号	姓名	学院	专业	升学类型	升学学校
722	刘　帅	机电汽车工程学院	车辆工程	本升硕	大连理工大学
723	谭家麒	机电汽车工程学院	车辆工程	本升硕	广西大学
724	刘　磊	机电汽车工程学院	车辆工程	本升硕	北京科技大学
725	唐银才	机电汽车工程学院	车辆工程	本升硕	北京科技大学
726	王成诺	机电汽车工程学院	车辆工程	本升硕	山东建筑大学
727	孙海力	机电汽车工程学院	车辆工程	本升硕	上海理工大学
728	张镇宇	机电汽车工程学院	车辆工程	本升硕	重庆大学
729	杨晓斌	机电汽车工程学院	车辆工程	本升硕	青岛大学
730	冯世林	机电汽车工程学院	车辆工程	本升硕	西安理工大学
731	李胜杰	机电汽车工程学院	车辆工程	本升硕	西南交通大学
732	刘淑敏	机电汽车工程学院	车辆工程	本升硕	烟台大学
733	赵　阔	机电汽车工程学院	车辆工程	本升硕	新疆大学
734	沈漠凡	机电汽车工程学院	车辆工程	本升硕	景德镇陶瓷大学
735	赵子杰	机电汽车工程学院	车辆工程	本升硕	烟台大学
736	刘　勇	机电汽车工程学院	车辆工程	本升硕	北京建筑大学
737	刘海东	机电汽车工程学院	车辆工程	本升硕	上海理工大学
738	鲁志鹏	机电汽车工程学院	车辆工程	本升硕	东北林业大学
739	刘国栋	机电汽车工程学院	车辆工程	本升硕	烟台大学
740	程长青	机电汽车工程学院	车辆工程	本升硕	大连理工大学
741	冯居辉	机电汽车工程学院	车辆工程	本升硕	烟台大学
742	郑　洁	机电汽车工程学院	车辆工程	本升硕	中国矿业大学
743	古庆悦	机电汽车工程学院	车辆工程	本升硕	佳木斯大学
744	刘雪令	机电汽车工程学院	车辆工程	本升硕	中央民族大学
745	张国飞	机电汽车工程学院	车辆工程	本升硕	烟台大学
746	郭立佳	机电汽车工程学院	车辆工程	本升硕	北京工业大学
747	张　彦	机电汽车工程学院	车辆工程	本升硕	北京工业大学
748	刘　影	机电汽车工程学院	车辆工程	本升硕	吉林大学
749	赵静远	机电汽车工程学院	车辆工程	本升硕	济南大学
750	阎　旭	机电汽车工程学院	车辆工程	本升硕	烟台大学
751	赵　阳	机电汽车工程学院	机械设计制造及其自动化	本升硕	东北大学
752	赵　康	机电汽车工程学院	机械设计制造及其自动化	本升硕	北京理工大学
753	赵　聪	机电汽车工程学院	机械设计制造及其自动化	本升硕	大连理工大学
754	孔　朋	机电汽车工程学院	机械设计制造及其自动化	本升硕	大连理工大学
755	刘兆财	机电汽车工程学院	机械设计制造及其自动化	本升硕	烟台大学
756	管志新	机电汽车工程学院	机械设计制造及其自动化	本升硕	烟台大学

续表

序号	姓名	学院	专业	升学类型	升学学校
757	王兴旺	机电汽车工程学院	机械设计制造及其自动化	本升硕	烟台大学
758	王　刚	机电汽车工程学院	机械设计制造及其自动化	本升硕	北京科技大学
759	周长安	机电汽车工程学院	机械设计制造及其自动化	本升硕	大连理工大学
760	李显培	机电汽车工程学院	机械设计制造及其自动化	本升硕	长安大学
761	吴宏蕊	机电汽车工程学院	机械设计制造及其自动化	本升硕	烟台大学
762	杨　宁	机电汽车工程学院	机械设计制造及其自动化	本升硕	南京理工大学
763	杨　庆	机电汽车工程学院	机械设计制造及其自动化	本升硕	东北大学
764	李鹏辉	机电汽车工程学院	机械设计制造及其自动化	本升硕	大连理工大学
765	柴　同	机电汽车工程学院	机械设计制造及其自动化	本升硕	新疆大学
766	张丙辉	机电汽车工程学院	机械设计制造及其自动化	本升硕	中国石油大学(华东)
767	徐磊欣	机电汽车工程学院	机械设计制造及其自动化	本升硕	北京石油化工学院
768	王建新	机电汽车工程学院	机械设计制造及其自动化	本升硕	东北大学
769	王勇杰	机电汽车工程学院	机械设计制造及其自动化	本升硕	大连海事大学
770	王鹏昊	机电汽车工程学院	机械设计制造及其自动化	本升硕	烟台大学
771	石泽铭	机电汽车工程学院	机械设计制造及其自动化	本升硕	苏州大学
772	秦清旺	机电汽车工程学院	机械设计制造及其自动化	本升硕	上海海洋大学
773	张志帅	机电汽车工程学院	机械设计制造及其自动化	本升硕	燕山大学
774	潘　硕	机电汽车工程学院	机械设计制造及其自动化	本升硕	宁波大学
775	栗　涛	机电汽车工程学院	机械设计制造及其自动化	本升硕	河海大学
776	杨文丽	机电汽车工程学院	机械设计制造及其自动化	本升硕	南京航空航天大学
777	王　浩	机电汽车工程学院	机械设计制造及其自动化	本升硕	燕山大学
778	王延杰	机电汽车工程学院	机械设计制造及其自动化	本升硕	烟台大学
779	苏德成	机电汽车工程学院	机械设计制造及其自动化	本升硕	北京化工大学
780	常容川	机电汽车工程学院	机械设计制造及其自动化	本升硕	烟台大学
781	朱玫旭	机电汽车工程学院	机械设计制造及其自动化	本升硕	大连理工大学
782	于跃华	机电汽车工程学院	机械设计制造及其自动化	本升硕	山东理工大学
783	宋士琳	机电汽车工程学院	机械设计制造及其自动化	本升硕	大连工业大学
784	沈　岳	机电汽车工程学院	机械设计制造及其自动化	本升硕	烟台大学
785	肖　康	机电汽车工程学院	机械设计制造及其自动化	本升硕	山东建筑大学
786	张云海	机电汽车工程学院	机械设计制造及其自动化	本升硕	烟台大学
787	包晓成	机电汽车工程学院	机械设计制造及其自动化	本升硕	山东大学(威海)
788	高恒上	机电汽车工程学院	机械设计制造及其自动化	本升硕	东北大学
789	刘立上	机电汽车工程学院	机械设计制造及其自动化	本升硕	上海理工大学
790	张世超	机电汽车工程学院	机械设计制造及其自动化	本升硕	山东建筑大学
791	高存璋	机电汽车工程学院	机械设计制造及其自动化	本升硕	中科院沈阳自动化研究所

续表

序号	姓名	学院	专业	升学类型	升学学校
792	黄　永	机电汽车工程学院	机械设计制造及其自动化	本升硕	新疆大学
793	商　航	机电汽车工程学院	机械设计制造及其自动化	本升硕	烟台大学
794	张宗宇	机电汽车工程学院	机械设计制造及其自动化	本升硕	江苏大学
795	孔祥军	机电汽车工程学院	机械设计制造及其自动化	本升硕	北京工业大学
796	苗峰华	机电汽车工程学院	机械设计制造及其自动化	本升硕	中国石油大学(华东)
797	王仕超	机电汽车工程学院	机械设计制造及其自动化	本升硕	中国石油大学(华东)
798	柳梦雪	机电汽车工程学院	机械设计制造及其自动化	本升硕	中国石油大学(华东)
799	陶　春	机电汽车工程学院	机械设计制造及其自动化	本升硕	西南交通大学
800	汪哲宇	机电汽车工程学院	机械设计制造及其自动化	本升硕	大连海事大学
801	杨欣盛	机电汽车工程学院	机械设计制造及其自动化	本升硕	烟台大学
802	吴海波	机电汽车工程学院	机械设计制造及其自动化	本升硕	合肥工业大学
803	潘艳杰	机电汽车工程学院	机械设计制造及其自动化	本升硕	北京工业大学
804	姜稀膑	机电汽车工程学院	机械工程	硕升博	北京科技大学
805	刘　源	机电汽车工程学院	机械工程	硕升博	中国科学院大学
806	张树丽	机电汽车工程学院	机械制造及其自动化	硕升博	机械科学研究总院
807	张　威	计算机与控制工程学院	计算机科学与技术	本升硕	东华大学
808	郭志鹏	计算机与控制工程学院	计算机科学与技术	本升硕	烟台大学
809	梁　金	计算机与控制工程学院	计算机科学与技术	本升硕	北京航空航天大学
810	李富豪	计算机与控制工程学院	计算机科学与技术	本升硕	青岛大学
811	毛允飞	计算机与控制工程学院	计算机科学与技术	本升硕	北京工业大学
812	邱　超	计算机与控制工程学院	计算机科学与技术	本升硕	南昌大学
813	王泽林	计算机与控制工程学院	计算机科学与技术	本升硕	西北工业大学
814	俎志昂	计算机与控制工程学院	计算机科学与技术	本升硕	华东师范大学
815	李　甸	计算机与控制工程学院	计算机科学与技术	本升硕	西南交通大学
816	李　倩	计算机与控制工程学院	计算机科学与技术	本升硕	北京科技大学
817	张迎雪	计算机与控制工程学院	计算机科学与技术	本升硕	华东理工大学
818	房　萍	计算机与控制工程学院	计算机科学与技术	本升硕	天津外国语大学
819	庄子浩	计算机与控制工程学院	计算机科学与技术	本升硕	中国石油大学(华东)
820	倪　畅	计算机与控制工程学院	计算机科学与技术	本升硕	上海大学
821	吴子旋	计算机与控制工程学院	计算机科学与技术	本升硕	福建农林大学
822	邢傲强	计算机与控制工程学院	计算机科学与技术	本升硕	烟台大学
823	廖香立	计算机与控制工程学院	计算机科学与技术	本升硕	重庆邮电大学
824	张　琦	计算机与控制工程学院	计算机科学与技术	本升硕	烟台大学
825	孟　晔	计算机与控制工程学院	计算机科学与技术	本升硕	山东师范大学
826	陈　迪	计算机与控制工程学院	计算机科学与技术	本升硕	烟台大学

续表

序号	姓名	学院	专业	升学类型	升学学校
827	杨雅鑫	计算机与控制工程学院	计算机科学与技术	本升硕	华北电力大学
828	路亚丽	计算机与控制工程学院	计算机科学与技术	本升硕	西安电子科技大学
829	何大冰	计算机与控制工程学院	计算机科学与技术	本升硕	华北电力大学
830	常　锐	计算机与控制工程学院	计算机科学与技术	本升硕	东北林业大学
831	车佳颖	计算机与控制工程学院	计算机科学与技术	本升硕	烟台大学
832	张雯婧	计算机与控制工程学院	计算机科学与技术	本升硕	烟台大学
833	孙子策	计算机与控制工程学院	计算机科学与技术	本升硕	烟台大学
834	王靖淇	计算机与控制工程学院	计算机科学与技术	本升硕	北京理工大学
835	朱建豪	计算机与控制工程学院	计算机科学与技术	本升硕	烟台大学
836	边　朔	计算机与控制工程学院	计算机科学与技术	本升硕	烟台大学
837	郗传秀	计算机与控制工程学院	计算机科学与技术	本升硕	烟台大学
838	孙彦增	计算机与控制工程学院	软件工程	本升硕	山东大学
839	赵立威	计算机与控制工程学院	软件工程	本升硕	烟台大学
840	修士勇	计算机与控制工程学院	软件工程	本升硕	中国海洋大学
841	徐仕东	计算机与控制工程学院	软件工程	本升硕	烟台大学
842	孟　圆	计算机与控制工程学院	软件工程	本升硕	内蒙古大学
843	刘　欢	计算机与控制工程学院	软件工程	本升硕	中国人民大学
844	戴欣萍	计算机与控制工程学院	软件工程	本升硕	中国石油大学(北京)
845	崔凯兴	计算机与控制工程学院	软件工程	本升硕	中科院沈阳计算技术研究所
846	刘智慧	计算机与控制工程学院	软件工程	本升硕	北京工业大学
847	牛学硕	计算机与控制工程学院	软件工程	本升硕	大连理工大学
848	李圣伟	计算机与控制工程学院	软件工程	本升硕	山东大学
849	高　超	计算机与控制工程学院	软件工程	本升硕	中国海洋大学
850	黄志强	计算机与控制工程学院	软件工程	本升硕	西北工业大学
851	李亚楠	计算机与控制工程学院	软件工程	本升硕	北京工业大学
852	郑志坤	计算机与控制工程学院	软件工程	本升硕	大连民族大学
853	邢耀麟	计算机与控制工程学院	软件工程	本升硕	大连民族大学
854	王明鉴	计算机与控制工程学院	软件工程	本升硕	中国科学技术大学
855	赵鑫鑫	计算机与控制工程学院	软件工程	本升硕	中国石油大学(北京)
856	王　岩	计算机与控制工程学院	软件工程	本升硕	南京航空航天大学
857	陈　潇	计算机与控制工程学院	软件工程	本升硕	北京工业大学
858	姬广熙	计算机与控制工程学院	软件工程	本升硕	天津大学
859	曹令鑫	计算机与控制工程学院	软件工程	本升硕	山东大学
860	张建港	计算机与控制工程学院	软件工程	本升硕	江南大学
861	刘　月	计算机与控制工程学院	软件工程	本升硕	河北工业大学

续表

序号	姓名	学院	专业	升学类型	升学学校
862	赵　前	计算机与控制工程学院	软件工程	本升硕	华东师范大学
863	闫科萍	计算机与控制工程学院	软件工程	本升硕	华东师范大学
864	郝昱猛	计算机与控制工程学院	软件工程	本升硕	烟台大学
865	吴敬超	计算机与控制工程学院	软件工程	本升硕	华中师范大学
866	张瀚文	计算机与控制工程学院	软件工程	本升硕	重庆邮电大学
867	舒文超	计算机与控制工程学院	软件工程	本升硕	北京工业大学
868	于子娴	计算机与控制工程学院	软件工程	本升硕	天津理工大学
869	孙　超	计算机与控制工程学院	软件工程	本升硕	齐鲁工业大学
870	刘　云	计算机与控制工程学院	软件工程	本升硕	北京航空航天大学
871	郭永恒	计算机与控制工程学院	软件工程	本升硕	华东师范大学
872	韩双志	计算机与控制工程学院	软件工程	本升硕	烟台大学
873	蔡汝佳	计算机与控制工程学院	软件工程	本升硕	复旦大学
874	刘　涛	计算机与控制工程学院	软件工程	本升硕	北京交通大学
875	李德坤	计算机与控制工程学院	软件工程	本升硕	华北电力大学
876	孙亚茹	计算机与控制工程学院	软件工程	本升硕	北京工业大学
877	张晴晴	计算机与控制工程学院	软件工程	本升硕	北京航空航天大学
878	陈　旭	计算机与控制工程学院	软件工程	本升硕	山东大学
879	王艺霖	计算机与控制工程学院	软件工程	本升硕	山东大学
880	徐　聪	计算机与控制工程学院	软件工程	本升硕	曲阜师范大学
881	陈传祯	计算机与控制工程学院	软件工程	本升硕	哈尔滨工程大学
882	李　飞	计算机与控制工程学院	软件工程	本升硕	西北师范大学
883	岳成艳	计算机与控制工程学院	软件工程	本升硕	中国海洋大学
884	李　硕	计算机与控制工程学院	软件工程	本升硕	大连理工大学
885	张天择	计算机与控制工程学院	软件工程	本升硕	中国海洋大学
886	李　旭	计算机与控制工程学院	软件工程	本升硕	福州大学
887	田　甜	计算机与控制工程学院	软件工程	本升硕	山东师范大学
888	谭泽纯	计算机与控制工程学院	软件工程	本升硕	华东师范大学
889	李磊涛	计算机与控制工程学院	软件工程	本升硕	烟台大学
890	刘金石	计算机与控制工程学院	软件工程	本升硕	青岛大学
891	张志新	计算机与控制工程学院	软件工程	本升硕	中国传媒大学
892	武　聪	计算机与控制工程学院	软件工程	本升硕	烟台大学
893	单林智	计算机与控制工程学院	软件工程	本升硕	烟台大学
894	杨友宁	计算机与控制工程学院	软件工程	本升硕	中北大学
895	魏瀚哲	计算机与控制工程学院	软件工程	本升硕	西北大学
896	郭　坤	计算机与控制工程学院	软件工程	本升硕	青岛理工大学

续表

序号	姓名	学院	专业	升学类型	升学学校
897	陈效玉	计算机与控制工程学院	软件工程	本升硕	鲁东大学
898	王沐晨	计算机与控制工程学院	软件工程	本升硕	齐鲁工业大学
899	黄其萌	计算机与控制工程学院	软件工程	本升硕	烟台大学
900	王翊臻	计算机与控制工程学院	软件工程	本升硕	青岛大学
901	于兆一	计算机与控制工程学院	软件工程	本升硕	烟台大学
902	王世界	计算机与控制工程学院	软件工程	本升硕	青岛科技大学
903	崔晓笛	计算机与控制工程学院	软件工程	本升硕	西北大学
904	李志慧	计算机与控制工程学院	软件工程	本升硕	烟台大学
905	李　嫚	计算机与控制工程学院	软件工程	本升硕	烟台大学
906	马咏莉	计算机与控制工程学院	软件工程	本升硕	烟台大学
907	庄家宾	计算机与控制工程学院	自动化	本升硕	北京工业大学
908	王　帆	计算机与控制工程学院	自动化	本升硕	昆明理工大学
909	周文进	计算机与控制工程学院	自动化	本升硕	昆明理工大学
910	林志鹏	计算机与控制工程学院	自动化	本升硕	杭州电子科技大学
911	宋堂忠	计算机与控制工程学院	自动化	本升硕	东北大学
912	杜学信	计算机与控制工程学院	自动化	本升硕	北京工业大学
913	刘亚祺	计算机与控制工程学院	自动化	本升硕	燕山大学
914	孙鹏飞	计算机与控制工程学院	自动化	本升硕	哈尔滨工程大学
915	张士杰	计算机与控制工程学院	自动化	本升硕	福州大学
916	李文鑫	计算机与控制工程学院	自动化	本升硕	华北电力大学(保定)
917	王　进	计算机与控制工程学院	自动化	本升硕	山东大学
918	张淑兴	计算机与控制工程学院	自动化	本升硕	西北工业大学
919	刘　春	计算机与控制工程学院	自动化	本升硕	华南理工大学
920	黄洁雨	计算机与控制工程学院	自动化	本升硕	南京理工大学
921	黄金诚	计算机与控制工程学院	自动化	本升硕	杭州电子科技大学
922	郑　伟	计算机与控制工程学院	自动化	本升硕	沈阳理工大学
923	曾　勇	计算机与控制工程学院	自动化	本升硕	华东理工大学
924	雷　雨	计算机与控制工程学院	自动化	本升硕	山东建筑大学
925	王　涛	计算机与控制工程学院	自动化	本升硕	燕山大学
926	邓梦菲	计算机与控制工程学院	自动化	本升硕	北京交通大学
927	焦彤宇	计算机与控制工程学院	自动化	本升硕	北京邮电大学
928	牟清东	计算机与控制工程学院	自动化	本升硕	北京信息科技大学
929	张永慧	计算机与控制工程学院	自动化	本升硕	北京工业大学
930	王文豪	计算机与控制工程学院	自动化	本升硕	东北大学
931	庞燕茹	计算机与控制工程学院	自动化	本升硕	北京交通大学

续表

序号	姓名	学院	专业	升学类型	升学学校
932	徐世清	计算机与控制工程学院	自动化	本升硕	东北大学
933	刘贤琪	建筑学院	环境设计	本升硕	西安建筑科技大学
934	刘利敏	建筑学院	建筑学	本升硕	大连理工大学
935	苏一凡	建筑学院	建筑学	本升硕	中央美术学院
936	徐大辉	建筑学院	建筑学	本升硕	北京建筑大学
937	刘亚男	建筑学院	建筑学	本升硕	大连理工大学
938	张　宁	建筑学院	建筑学	本升硕	华中科技大学
939	安新望	建筑学院	建筑学	本升硕	北京建筑大学
940	王世显	建筑学院	建筑学	本升硕	山东建筑大学
941	张露露	建筑学院	建筑学	本升硕	华中科技大学
942	陈洪莉	建筑学院	建筑学	本升硕	北京建筑大学
943	秦鸿昕	建筑学院	建筑学	本升硕	北京建筑大学
944	范　静	建筑学院	建筑学	本升硕	华南理工大学
945	郭林芳	建筑学院	建筑学	本升硕	北京科技大学
946	王彬竹	建筑学院	建筑学	本升硕	哈尔滨工业大学
947	冯　顺	建筑学院	建筑学	本升硕	山东建筑大学
948	傅婷婷	建筑学院	建筑学	本升硕	南京大学
949	许鸣悦	建筑学院	建筑学	本升硕	北京交通大学
950	王明主	建筑学院	建筑学	本升硕	湖南大学
951	谢可欣	建筑学院	建筑学	本升硕	北京交通大学
952	王新强	建筑学院	建筑学	本升硕	南京大学
953	杨素贤	建筑学院	建筑学	本升硕	华中科技大学
954	陈　睿	建筑学院	视觉传达设计	本升硕	湖州师范学院
955	刘　鸿	建筑学院	视觉传达设计	本升硕	南京艺术学院
956	韦　悦	建筑学院	视觉传达设计	本升硕	辽宁科技大学
957	白家和	经济管理学院	工商管理	本升硕	贵州财经大学
958	刘春萌	经济管理学院	工商管理	本升硕	烟台大学
959	程林林	经济管理学院	工商管理	本升硕	吉林大学
960	郝欣敏	经济管理学院	工商管理	本升硕	华南师范大学
961	李　芳	经济管理学院	工商管理	本升硕	山东财经大学
962	李　双	经济管理学院	工商管理	本升硕	暨南大学
963	杜晓晴	经济管理学院	工商管理	本升硕	上海对外经贸大学
964	孙　倩	经济管理学院	工商管理	本升硕	南京师范大学
965	王　蕊	经济管理学院	工商管理	本升硕	山东农业大学
966	赵吉青	经济管理学院	工商管理	本升硕	东北财经大学

续表

序号	姓名	学院	专业	升学类型	升学学校
967	姜楚可	经济管理学院	工商管理	本升硕	沈阳理工大学
968	方陈艺菲	经济管理学院	工商管理	本升硕	北京印刷学院
969	王昭娟	经济管理学院	工商管理	本升硕	甘肃政法学院
970	张文鹤	经济管理学院	工商管理	本升硕	首都经济贸易大学
971	刘仰桂	经济管理学院	工商管理	本升硕	大连海事大学
972	齐梦楠	经济管理学院	工商管理	本升硕	东北大学
973	王　迪	经济管理学院	工商管理	本升硕	山东财经大学
974	鞠一格	经济管理学院	公共事业管理	本升硕	河北大学
975	赵一凡	经济管理学院	公共事业管理	本升硕	山东师范大学
976	胡　鑫	经济管理学院	公共事业管理	本升硕	华东师范大学
977	于亿亿	经济管理学院	公共事业管理	本升硕	华中师范大学
978	李　旭	经济管理学院	公共事业管理	本升硕	甘肃农业大学
979	刘紫芩	经济管理学院	公共事业管理	本升硕	华中师范大学
980	王瑾珑	经济管理学院	公共事业管理	本升硕	烟台大学
981	贾爱霞	经济管理学院	公共事业管理	本升硕	烟台大学
982	俞文珊	经济管理学院	国际经济与贸易	本升硕	西南政法大学
983	徐芳菲	经济管理学院	国际经济与贸易	本升硕	上海政法学院
984	雷诗妮	经济管理学院	国际经济与贸易	本升硕	中南大学
985	刘玉玲	经济管理学院	国际经济与贸易	本升硕	中南财经政法大学
986	杨　茜	经济管理学院	国际经济与贸易	本升硕	中央民族大学
987	方　晗	经济管理学院	国际经济与贸易	本升硕	南京财经大学
988	葛　军	经济管理学院	国际经济与贸易	本升硕	桂林电子科技大学
989	陈永青	经济管理学院	国际经济与贸易	本升硕	青岛科技大学
990	郑广念	经济管理学院	国际经济与贸易	本升硕	上海理工大学
991	李想雨	经济管理学院	国际经济与贸易	本升硕	东北财经大学
992	杨愫蓉	经济管理学院	国际经济与贸易	本升硕	中央戏剧学院
993	苏云迪	经济管理学院	国际经济与贸易	本升硕	云南大学
994	李媛媛	经济管理学院	国际经济与贸易	本升硕	中国人民大学
995	袁另凤	经济管理学院	国际经济与贸易	本升硕	陕西科技大学
996	樊　迪	经济管理学院	国际经济与贸易	本升硕	中国传媒大学
997	张聪颖	经济管理学院	国际经济与贸易	本升硕	南京师范大学
998	董春雨	经济管理学院	国际经济与贸易	本升硕	东北财经大学
999	赵　婧	经济管理学院	国际经济与贸易	本升硕	武汉理工大学
1000	王　帆	经济管理学院	国际经济与贸易	本升硕	东北财经大学
1001	闫冬梅	经济管理学院	国际经济与贸易	本升硕	山东财经大学

续表

序号	姓名	学院	专业	升学类型	升学学校
1002	杨亚婵	经济管理学院	国际经济与贸易	本升硕	天津财经大学
1003	吕昌龙	经济管理学院	国际经济与贸易	本升硕	云南大学
1004	吴　硕	经济管理学院	国际经济与贸易	本升硕	广西民族大学
1005	颜莉汶	经济管理学院	国际经济与贸易	本升硕	山东大学
1006	王仕瑶	经济管理学院	国际经济与贸易	本升硕	烟台大学
1007	付思晗	经济管理学院	国际经济与贸易	本升硕	烟台大学
1008	刘彦宏	经济管理学院	国际经济与贸易	本升硕	天津职业技术师范大学
1009	田文韬	经济管理学院	会计学	本升硕	东北财经大学
1010	明子晴	经济管理学院	会计学	本升硕	上海国家会计学院
1011	刘悦婷	经济管理学院	会计学	本升硕	烟台大学
1012	马　挺	经济管理学院	会计学	本升硕	北京林业大学
1013	宋森磊	经济管理学院	会计学	本升硕	财政部财政科学研究所
1014	田　洁	经济管理学院	会计学	本升硕	南京师范大学
1015	赵云佳	经济管理学院	会计学	本升硕	河北经贸大学
1016	宋　萍	经济管理学院	会计学	本升硕	山东财经大学
1017	陈良威	经济管理学院	会计学	本升硕	烟台大学
1018	陈佳慧	经济管理学院	会计学	本升硕	上海海事大学
1019	付　晓	经济管理学院	会计学	本升硕	山东财经大学
1020	李佳佳	经济管理学院	会计学	本升硕	河北工业大学
1021	李　慧	经济管理学院	会计学	本升硕	山东工商学院
1022	张晓娜	经济管理学院	会计学	本升硕	济南大学
1023	乙咏一	经济管理学院	会计学	本升硕	桂林理工大学
1024	杜叶青	经济管理学院	会计学	本升硕	山东财经大学
1025	张　邢	经济管理学院	会计学	本升硕	青岛科技大学
1026	程雪晴	经济管理学院	会计学	本升硕	中国石油大学(华东)
1027	高京芃	经济管理学院	会计学	本升硕	北京工商大学
1028	许　诺	经济管理学院	会计学	本升硕	中国石油大学(华东)
1029	韩贵林	经济管理学院	会计学	本升硕	上海师范大学
1030	王　宁	经济管理学院	会计学	本升硕	河南财经政法大学
1031	王亚宁	经济管理学院	市场营销	本升硕	合肥工业大学
1032	孙承文	经济管理学院	市场营销	本升硕	烟台大学
1033	张银洁	经济管理学院	市场营销	本升硕	山东理工大学
1034	许　航	经济管理学院	国民经济学	硕升博	西北农林科技大学
1035	宁思鸣	人文学院	汉语言文学	本升硕	中国海洋大学
1036	张　脩	人文学院	汉语言文学	本升硕	中央民族大学

续表

序号	姓名	学院	专业	升学类型	升学学校
1037	孙雅星	人文学院	汉语言文学	本升硕	南京大学
1038	肖蝶蝶	人文学院	汉语言文学	本升硕	云南民族大学
1039	张敬辰	人文学院	汉语言文学	本升硕	江苏师范大学
1040	韩慧锦	人文学院	汉语言文学	本升硕	青岛大学
1041	李晋阳	人文学院	汉语言文学	本升硕	国防科技大学
1042	张纯燕	人文学院	汉语言文学	本升硕	北京语言大学
1043	张晓茜	人文学院	汉语言文学	本升硕	青岛大学
1044	孙启香	人文学院	汉语言文学	本升硕	江苏师范大学
1045	李　培	人文学院	汉语言文学	本升硕	北京语言大学
1046	吕汶璟	人文学院	汉语言文学	本升硕	阜阳师范学院
1047	江冠群	人文学院	汉语言文学	本升硕	中国社会科学院大学
1048	何田田	人文学院	汉语言文学	本升硕	中国矿业大学
1049	张　娟	人文学院	汉语言文学	本升硕	烟台大学
1050	贾东窈	人文学院	汉语言文学	本升硕	上海社会科学院
1051	武　佳	人文学院	汉语言文学	本升硕	吉林大学
1052	张伟伟	人文学院	汉语言文学	本升硕	北京语言大学
1053	余林家	人文学院	汉语言文学	本升硕	西南大学
1054	张金鸣	人文学院	汉语言文学	本升硕	烟台大学
1055	孙国贺	人文学院	汉语言文学	本升硕	首都师范大学
1056	赵梅娟	人文学院	汉语言文学	本升硕	烟台大学
1057	牛良彤	人文学院	汉语言文学	本升硕	中国传媒大学
1058	单　琳	人文学院	汉语言文学	本升硕	吉林大学
1059	石法叶	人文学院	汉语言文学	本升硕	烟台大学
1060	朱玉莹	人文学院	汉语言文学	本升硕	吉林师范大学
1061	鞠培娟	人文学院	汉语言文学	本升硕	上海师范大学
1062	王　静	人文学院	汉语言文学	本升硕	烟台大学
1063	苗春燕	人文学院	汉语言文学	本升硕	华中师范大学
1064	张　聪	人文学院	汉语言文学	本升硕	上海财经大学
1065	马继斌	人文学院	汉语言文学	本升硕	上海师范大学
1066	李翠青	人文学院	汉语言文学	本升硕	安徽大学
1067	谭爱云	人文学院	汉语言文学	本升硕	北京语言大学
1068	雷名花	人文学院	汉语言文学	本升硕	西南政法大学
1069	毕晓晨	人文学院	汉语言文学	本升硕	东北师范大学
1070	滕　云	人文学院	汉语言文学	本升硕	中国社会科学院大学
1071	屈璐慧	人文学院	汉语言文学	本升硕	华南师范大学

续表

序号	姓名	学院	专业	升学类型	升学学校
1072	邓刘星	人文学院	新闻学	本升硕	云南大学
1073	张　洁	人文学院	新闻学	本升硕	广西大学
1074	郭雅妮	人文学院	新闻学	本升硕	四川大学
1075	马　琳	人文学院	新闻学	本升硕	河北大学
1076	陈　昀	人文学院	新闻学	本升硕	郑州大学
1077	冯晓宇	人文学院	新闻学	本升硕	中央民族大学
1078	庄　潇	人文学院	新闻学	本升硕	上海大学
1079	朱柯瑾	人文学院	中国语言文学	硕升博	山东大学
1080	王娅楠	生命科学学院	生物工程	本升硕	大连理工大学
1081	刘　阳	生命科学学院	生物工程	本升硕	中国石油大学(华东)
1082	王智宇	生命科学学院	生物工程	本升硕	烟台大学
1083	胡淑君	生命科学学院	生物工程	本升硕	烟台大学
1084	许灿海	生命科学学院	生物工程	本升硕	云南大学
1085	窦明德	生命科学学院	生物工程	本升硕	江南大学
1086	韩英杰	生命科学学院	生物工程	本升硕	烟台大学
1087	薛淳清	生命科学学院	生物工程	本升硕	中国海洋大学
1088	王佳慧	生命科学学院	生物工程	本升硕	北京服装学院
1089	苏兰凯	生命科学学院	生物工程	本升硕	天津大学
1090	廖维亨	生命科学学院	生物工程	本升硕	复旦大学
1091	孙启琦	生命科学学院	生物工程	本升硕	南开大学
1092	刘　蕾	生命科学学院	生物工程	本升硕	海南大学
1093	何　猛	生命科学学院	生物工程	本升硕	浙江工业大学
1094	孙宴清	生命科学学院	生物工程	本升硕	天津科技大学
1095	白雪连	生命科学学院	生物工程	本升硕	山西大学
1096	吴春梅	生命科学学院	生物工程	本升硕	宁波大学
1097	范永胜	生命科学学院	生物工程	本升硕	上海师范大学
1098	杨　曼	生命科学学院	生物工程	本升硕	重庆大学
1099	郑英明	生命科学学院	生物工程	本升硕	上海大学
1100	赵　娣	生命科学学院	生物工程	本升硕	烟台大学
1101	范婷婷	生命科学学院	生物工程	本升硕	上海交通大学
1102	庄　静	生命科学学院	生物工程	本升硕	大连理工大学
1103	汪文倩	生命科学学院	生物工程	本升硕	天津科技大学
1104	李冬青	生命科学学院	生物工程	本升硕	天津大学
1105	李娟娟	生命科学学院	生物技术	本升硕	兰州大学
1106	魏光彩	生命科学学院	生物技术	本升硕	山东师范大学

续表

序号	姓名	学院	专业	升学类型	升学学校
1107	栗雪韫	生命科学学院	生物技术	本升硕	苏州大学
1108	蔺　超	生命科学学院	生物技术	本升硕	广西师范大学
1109	陈良越	生命科学学院	生物技术	本升硕	宁夏大学
1110	曹　丽	生命科学学院	生物技术	本升硕	东北林业大学
1111	王姿烨	生命科学学院	生物技术	本升硕	华南农业大学
1112	薄紫荆	生命科学学院	生物技术	本升硕	首都师范大学
1113	章誉兴	生命科学学院	生物技术	本升硕	云南大学
1114	李书杰	生命科学学院	生物技术	本升硕	山东大学
1115	李　柔	生命科学学院	生物技术	本升硕	贵州大学
1116	张　磊	生命科学学院	生物技术	本升硕	烟台大学
1117	金美玲	生命科学学院	生物技术	本升硕	昆明理工大学
1118	王志远	生命科学学院	生物技术	本升硕	辽宁大学
1119	苏　敏	生命科学学院	生物技术	本升硕	西北师范大学
1120	吴梦苑	生命科学学院	生物技术	本升硕	厦门大学
1121	许嫣然	生命科学学院	生物技术	本升硕	烟台大学
1122	张天航	生命科学学院	生物技术	本升硕	青岛大学
1123	李泰松	生命科学学院	生物技术	本升硕	汕头大学
1124	郑聪聪	生命科学学院	生物技术	本升硕	山东农业大学
1125	李若然	生命科学学院	生物技术	本升硕	烟台大学
1126	韩　双	生命科学学院	生物技术	本升硕	西南大学
1127	宋　鹏	生命科学学院	生物技术	本升硕	苏州大学
1128	李　毓	生命科学学院	生物技术	本升硕	南京大学
1129	项娟娟	生命科学学院	生物技术	本升硕	中山大学
1130	王迎春	生命科学学院	生物科学	本升硕	首都师范大学
1131	刘庆玲	生命科学学院	生物科学	本升硕	烟台大学
1132	刘远翔	生命科学学院	生物科学	本升硕	山东大学
1133	张红秀	生命科学学院	生物科学	本升硕	中国海洋大学
1134	刘梦雪	生命科学学院	生物科学	本升硕	西北农林科技大学
1135	刘　琳	生命科学学院	生物科学	本升硕	中国农业大学
1136	刘秀洁	生命科学学院	生物科学	本升硕	山东大学
1137	张文霞	生命科学学院	生物科学	本升硕	武汉大学
1138	周格帆	生命科学学院	生物科学	本升硕	南京农业大学
1139	陈召政	生命科学学院	生物科学	本升硕	苏州大学
1140	温　萌	生命科学学院	生物科学	本升硕	中南财经政法大学
1141	刘国华	生命科学学院	生物科学	本升硕	烟台大学

续表

序号	姓名	学院	专业	升学类型	升学学校
1142	胡　珂	生命科学学院	生物科学	本升硕	四川大学
1143	黎　鹏	生命科学学院	生物科学	本升硕	福建农林大学
1144	张翔芝	生命科学学院	生物科学	本升硕	福州大学
1145	夏文潇	生命科学学院	生物科学	本升硕	南京农业大学
1146	李　琴	生命科学学院	生物科学	本升硕	烟台大学
1147	高　山	生命科学学院	生物科学	本升硕	华中农业大学
1148	林丽秀	生命科学学院	生物科学	本升硕	首都师范大学
1149	隋佳宜	生命科学学院	生物科学	本升硕	大连理工大学
1150	金科谚	生命科学学院	生物科学	本升硕	山东大学
1151	吴子文	生命科学学院	生物科学	本升硕	山东师范大学
1152	尹　娇	生命科学学院	生物科学	本升硕	苏州大学
1153	聂　爽	生命科学学院	食品科学与工程	本升硕	烟台大学
1154	黄盼盼	生命科学学院	食品科学与工程	本升硕	天津科技大学
1155	林鹏程	生命科学学院	食品科学与工程	本升硕	南京农业大学
1156	保　康	生命科学学院	食品科学与工程	本升硕	云南大学
1157	王晓辉	生命科学学院	食品科学与工程	本升硕	福建农林大学
1158	吴泉勇	生命科学学院	食品科学与工程	本升硕	南昌大学
1159	陈柔昀	生命科学学院	食品科学与工程	本升硕	福建农林大学
1160	胡佳琪	生命科学学院	食品科学与工程	本升硕	南昌大学
1161	周佳琪	生命科学学院	食品科学与工程	本升硕	大连理工大学
1162	郭安民	生命科学学院	食品科学与工程	本升硕	山东农业大学
1163	张文阐	生命科学学院	食品科学与工程	本升硕	烟台大学
1164	梅丽亚	生命科学学院	食品科学与工程	本升硕	江南大学
1165	郑楠楠	生命科学学院	食品科学与工程	本升硕	中国石油大学(华东)
1166	张　涵	生命科学学院	食品科学与工程	本升硕	中国农业大学
1167	杨菁苑	生命科学学院	食品科学与工程	本升硕	青岛大学
1168	王　松	生命科学学院	食品科学与工程	本升硕	上海海洋大学
1169	张停琳	生命科学学院	食品科学与工程	本升硕	东华大学
1170	王百川	生命科学学院	食品科学与工程	本升硕	南昌大学
1171	李　乐	生命科学学院	食品科学与工程	本升硕	江南大学
1172	蔡世清	生命科学学院	食品科学与工程	本升硕	东北农业大学
1173	杜聪聪	生命科学学院	食品科学与工程	本升硕	西南大学
1174	孟令辉	生命科学学院	食品科学与工程	本升硕	烟台大学
1175	陈　宁	生命科学学院	食品科学与工程	本升硕	南昌大学
1176	王晓倩	生命科学学院	食品科学与工程	本升硕	江南大学

续表

序号	姓名	学院	专业	升学类型	升学学校
1177	苏　晨	生命科学学院	食品科学与工程	本升硕	北京工商大学
1178	朱雨琪	生命科学学院	食品科学与工程	本升硕	五邑大学
1179	杨　帆	生命科学学院	食品科学与工程	本升硕	中国海洋大学
1180	池幸子	生命科学学院	食品科学与工程	本升硕	华南农业大学
1181	王　罡	生命科学学院	食品科学与工程	本升硕	烟台大学
1182	庞梦迪	生命科学学院	食品科学与工程	本升硕	北京交通大学
1183	黄佳露	生命科学学院	食品科学与工程	本升硕	江南大学
1184	李航远	生命科学学院	食品质量与安全	本升硕	中国农业大学
1185	杨文敏	生命科学学院	食品质量与安全	本升硕	南京农业大学
1186	姜　迪	生命科学学院	食品质量与安全	本升硕	济南大学
1187	徐　昭	生命科学学院	食品质量与安全	本升硕	青岛大学
1188	王　晨	生命科学学院	食品质量与安全	本升硕	烟台大学
1189	丛　瑜	生命科学学院	食品质量与安全	本升硕	中国海洋大学
1190	邸　妞	生命科学学院	食品质量与安全	本升硕	武汉大学
1191	马洪悦	生命科学学院	食品质量与安全	本升硕	华东理工大学
1192	孙庆辉	生命科学学院	食品质量与安全	本升硕	烟台大学
1193	刘　哲	生命科学学院	食品质量与安全	本升硕	中国科学院大学
1194	宋亚杰	生命科学学院	食品质量与安全	本升硕	烟台大学
1195	毕浩然	生命科学学院	食品质量与安全	本升硕	南昌大学
1196	韩亚宁	生命科学学院	食品质量与安全	本升硕	中国石油大学(华东)
1197	孙会丽	生命科学学院	食品质量与安全	本升硕	北京工商大学
1198	陈永凯	生命科学学院	食品质量与安全	本升硕	中国农业科学院研究生院
1199	袁岚玉	生命科学学院	食品质量与安全	本升硕	华中农业大学
1200	王峻屿	生命科学学院	食品质量与安全	本升硕	中国海洋大学
1201	郝林林	生命科学学院	食品质量与安全	本升硕	东北农业大学
1202	赵美艳	生命科学学院	食品质量与安全	本升硕	上海海洋大学
1203	曲林姣	生命科学学院	食品质量与安全	本升硕	中国石油大学(华东)
1204	周琳卉	生命科学学院	食品质量与安全	本升硕	浙江工业大学
1205	仲俊洁	生命科学学院	食品质量与安全	本升硕	中国石油大学(华东)
1206	孙业梅	生命科学学院	食品质量与安全	本升硕	江苏大学
1207	张嘉杞	生命科学学院	食品质量与安全	本升硕	浙江工商大学
1208	庞甲雷	生命科学学院	食品质量与安全	本升硕	中国海洋大学
1209	温　欣	生命科学学院	食品质量与安全	本升硕	烟台大学
1210	杜宝双	生命科学学院	食品质量与安全	本升硕	江南大学
1211	张瑶瑶	生命科学学院	食品质量与安全	本升硕	烟台大学

续表

序号	姓名	学院	专业	升学类型	升学学校
1212	周小浈	生命科学学院	食品质量与安全	本升硕	烟台大学
1213	纪媛媛	生命科学学院	食品质量与安全	本升硕	中国海洋大学
1214	朱晓东	生命科学学院	食品质量与安全	本升硕	烟台大学
1215	付安珍	生命科学学院	食品质量与安全	本升硕	河北农业大学
1216	李雪婷	生命科学学院	食品质量与安全	本升硕	上海大学
1217	王儒晓	生命科学学院	海洋生物学	硕升博	南京师范大学
1218	张一鸣	生命科学学院	生物学	硕升博	中国人民解放军军事科学院
1219	杨宝雨	生命科学学院	食品加工与安全	硕升博	东北农业大学
1220	盖中帅	生命科学学院	园艺	硕升博	塔里木大学
1221	于文浩	数学与信息科学学院	数学与应用数学	本升硕	中国科学院大学
1222	闫凤英	数学与信息科学学院	数学与应用数学	本升硕	山东工商学院
1223	王　雪	数学与信息科学学院	数学与应用数学	本升硕	首都经济贸易大学
1224	赵双燕	数学与信息科学学院	数学与应用数学	本升硕	山东师范大学
1225	宁兴田	数学与信息科学学院	数学与应用数学	本升硕	烟台大学
1226	刘欣欣	数学与信息科学学院	数学与应用数学	本升硕	天津财经大学
1227	张新龙	数学与信息科学学院	数学与应用数学	本升硕	大连理工大学
1228	李　月	数学与信息科学学院	数学与应用数学	本升硕	曲阜师范大学
1229	周子涵	数学与信息科学学院	数学与应用数学	本升硕	东北财经大学
1230	姚　越	数学与信息科学学院	数学与应用数学	本升硕	华北电力大学
1231	王永俏	数学与信息科学学院	数学与应用数学	本升硕	东北财经大学
1232	孙文恒	数学与信息科学学院	数学与应用数学	本升硕	鲁东大学
1233	李新宁	数学与信息科学学院	数学与应用数学	本升硕	山东工商学院
1234	张美玲	数学与信息科学学院	数学与应用数学	本升硕	大连理工大学
1235	任　梦	数学与信息科学学院	数学与应用数学	本升硕	西北大学
1236	徐　慧	数学与信息科学学院	数学与应用数学	本升硕	华中科技大学
1237	祁俊海	数学与信息科学学院	数学与应用数学	本升硕	山东大学
1238	宋雨萱	数学与信息科学学院	数学与应用数学	本升硕	北京工业大学
1239	纪玉清	数学与信息科学学院	数学与应用数学	本升硕	山东理工大学
1240	陈亚娜	数学与信息科学学院	数学与应用数学	本升硕	北京工业大学
1241	张　彤	数学与信息科学学院	数学与应用数学	本升硕	云南民族大学
1242	张安然	数学与信息科学学院	数学与应用数学	本升硕	华中师范大学
1243	殷艺桐	数学与信息科学学院	数学与应用数学	本升硕	中国矿业大学(北京)
1244	赵世民	数学与信息科学学院	数学与应用数学	本升硕	南京理工大学
1245	杨粟棋	数学与信息科学学院	数学与应用数学	本升硕	北京工业大学
1246	朱　丽	数学与信息科学学院	数学与应用数学	本升硕	暨南大学

续表

序号	姓名	学院	专业	升学类型	升学学校
1247	窦洁茹	数学与信息科学学院	统计学	本升硕	东北大学
1248	袁芳杰	数学与信息科学学院	统计学	本升硕	天津财经大学
1249	耿云哲	数学与信息科学学院	统计学	本升硕	东北财经大学
1250	王晓筱	数学与信息科学学院	统计学	本升硕	燕山大学
1251	马　雪	数学与信息科学学院	统计学	本升硕	郑州大学
1252	董春旭	数学与信息科学学院	统计学	本升硕	吉林财经大学
1253	王春荣	数学与信息科学学院	统计学	本升硕	青岛大学
1254	魏鹏飞	数学与信息科学学院	统计学	本升硕	烟台大学
1255	江　帅	数学与信息科学学院	统计学	本升硕	东北师范大学
1256	李育恒	数学与信息科学学院	统计学	本升硕	华侨大学
1257	许新悦	数学与信息科学学院	统计学	本升硕	首都师范大学
1258	齐乐乐	数学与信息科学学院	统计学	本升硕	大连理工大学
1259	赵梦真	数学与信息科学学院	统计学	本升硕	曲阜师范大学
1260	徐　聪	数学与信息科学学院	统计学	本升硕	烟台大学
1261	王霞光	数学与信息科学学院	统计学	本升硕	东北财经大学
1262	熊泽宇	数学与信息科学学院	统计学	本升硕	湖北工业大学
1263	李　菁	数学与信息科学学院	统计学	本升硕	东北财经大学
1264	葛君琰	数学与信息科学学院	统计学	本升硕	中国石油大学(华东)
1265	方　兰	数学与信息科学学院	统计学	本升硕	西北大学
1266	薛晓露	数学与信息科学学院	统计学	本升硕	山东师范大学
1267	鹿玉欣	数学与信息科学学院	统计学	本升硕	山东大学
1268	刘清华	数学与信息科学学院	统计学	本升硕	苏州大学
1269	何婷婷	数学与信息科学学院	统计学	本升硕	华南师范大学
1270	张苏苏	数学与信息科学学院	信息与计算科学	本升硕	烟台大学
1271	李乾坤	数学与信息科学学院	信息与计算科学	本升硕	湖南商学院
1272	袁　浩	数学与信息科学学院	信息与计算科学	本升硕	济南大学
1273	察兴丽	数学与信息科学学院	信息与计算科学	本升硕	新疆大学
1274	辛梦琦	数学与信息科学学院	信息与计算科学	本升硕	烟台大学
1275	古丽阿依木汗·艾沙	数学与信息科学学院	信息与计算科学	本升硕	江西理工大学
1276	崔　浩	数学与信息科学学院	信息与计算科学	本升硕	东北大学
1277	郭金彦	数学与信息科学学院	信息与计算科学	本升硕	东北农业大学
1278	张　景	数学与信息科学学院	信息与计算科学	本升硕	辽宁师范大学
1279	张家朋	数学与信息科学学院	信息与计算科学	本升硕	东北大学
1280	姜晓梅	数学与信息科学学院	信息与计算科学	本升硕	山东师范大学

续表

序号	姓名	学院	专业	升学类型	升学学校
1281	唐玉辉	数学与信息科学学院	信息与计算科学	本升硕	山东工商学院
1282	耿　甜	数学与信息科学学院	信息与计算科学	本升硕	东北大学
1283	魏丹娜	数学与信息科学学院	信息与计算科学	本升硕	大连海事大学
1284	任雨萌	数学与信息科学学院	信息与计算科学	本升硕	北京林业大学
1285	汲长江	数学与信息科学学院	信息与计算科学	本升硕	山东大学
1286	王大勇	数学与信息科学学院	数学	硕升博	河海大学
1287	林艳雪	数学与信息科学学院	数学	硕升博	中国海洋大学
1288	张家栋	体育学院	运动训练	本升硕	山东师范大学
1289	谭苑昊	体育学院	运动训练	本升硕	新疆师范大学
1290	李　娜	体育学院	运动训练	本升硕	新疆师范大学
1291	王嫣然	体育学院	运动训练	本升硕	山西大学
1292	臧加慧	体育学院	运动训练	本升硕	新疆师范大学
1293	孙宝德	土木工程学院	给排水科学与工程	本升硕	烟台大学
1294	孙素云	土木工程学院	给排水科学与工程	本升硕	天津城建大学
1295	许　廒	土木工程学院	给排水科学与工程	本升硕	烟台大学
1296	庞丽阳	土木工程学院	给排水科学与工程	本升硕	北京语言大学
1297	刘　业	土木工程学院	给排水科学与工程	本升硕	华东理工大学
1298	裴　玉	土木工程学院	给排水科学与工程	本升硕	烟台大学
1299	张云海	土木工程学院	给排水科学与工程	本升硕	山东建筑大学
1300	陈东杰	土木工程学院	给排水科学与工程	本升硕	南京工业大学
1301	吴玲雪	土木工程学院	给排水科学与工程	本升硕	青岛理工大学
1302	孙绍钧	土木工程学院	给排水科学与工程	本升硕	济南大学
1303	马　兰	土木工程学院	给排水科学与工程	本升硕	山东建筑大学
1304	张晓慧	土木工程学院	给排水科学与工程	本升硕	济南大学
1305	张鹏程	土木工程学院	给排水科学与工程	本升硕	长安大学
1306	高　飞	土木工程学院	给排水科学与工程	本升硕	北京建筑大学
1307	赵钰洁	土木工程学院	给排水科学与工程	本升硕	中国地质大学(北京)
1308	刘同帅	土木工程学院	给排水科学与工程	本升硕	烟台大学
1309	王慧平	土木工程学院	给排水科学与工程	本升硕	北京工业大学
1310	姚爽爽	土木工程学院	给排水科学与工程	本升硕	武汉理工大学
1311	孙　开	土木工程学院	给排水科学与工程	本升硕	石河子大学
1312	郑　新	土木工程学院	给排水科学与工程	本升硕	南昌大学
1313	赵玄玄	土木工程学院	给排水科学与工程	本升硕	天津城建大学
1314	田桂永	土木工程学院	给排水科学与工程	本升硕	西安建筑科技大学
1315	陈　玲	土木工程学院	给排水科学与工程	本升硕	沈阳建筑大学

续表

序号	姓名	学院	专业	升学类型	升学学校
1316	赵同国	土木工程学院	给排水科学与工程	本升硕	烟台大学
1317	彭秋瑜	土木工程学院	给排水科学与工程	本升硕	中国海洋大学
1318	李欣欣	土木工程学院	给排水科学与工程	本升硕	济南大学
1319	杨立庄	土木工程学院	给排水科学与工程	本升硕	南京工业大学
1320	周　冉	土木工程学院	给排水科学与工程	本升硕	山东建筑大学
1321	冯自金	土木工程学院	给排水科学与工程	本升硕	青岛理工大学
1322	高　爽	土木工程学院	给排水科学与工程	本升硕	重庆大学
1323	魏剑波	土木工程学院	给排水科学与工程	本升硕	上海理工大学
1324	张　静	土木工程学院	给排水科学与工程	本升硕	南京工业大学
1325	乔智健	土木工程学院	给排水科学与工程	本升硕	河北工业大学
1326	张凯强	土木工程学院	给排水科学与工程	本升硕	烟台大学
1327	滕媛铭	土木工程学院	给排水科学与工程	本升硕	河北工业大学
1328	王小允	土木工程学院	给排水科学与工程	本升硕	烟台大学
1329	杨瑛俊	土木工程学院	给排水科学与工程	本升硕	河北工业大学
1330	韩习习	土木工程学院	给排水科学与工程	本升硕	青岛理工大学
1331	李　欢	土木工程学院	工程管理	本升硕	太原科技大学
1332	蔡林阳	土木工程学院	工程管理	本升硕	华北理工大学
1333	杨　煜	土木工程学院	工程管理	本升硕	青岛理工大学
1334	孙维娜	土木工程学院	工程管理	本升硕	内蒙古科技大学
1335	姜梦坤	土木工程学院	工程管理	本升硕	中国地质大学(武汉)
1336	李　进	土木工程学院	工程管理	本升硕	中国矿业大学
1337	张军航	土木工程学院	工程管理	本升硕	中国海洋大学
1338	吴　孟	土木工程学院	工程管理	本升硕	华侨大学
1339	母雪珂	土木工程学院	工程管理	本升硕	中国矿业大学(北京)
1340	张兆坤	土木工程学院	工程管理	本升硕	南京工业大学
1341	刘倩倩	土木工程学院	工程管理	本升硕	烟台大学
1342	徐洋洋	土木工程学院	工程管理	本升硕	青岛理工大学
1343	王丽娜	土木工程学院	工程管理	本升硕	中国石油大学(华东)
1344	王　迪	土木工程学院	工程管理	本升硕	青岛理工大学
1345	王依婷	土木工程学院	工程管理	本升硕	青岛理工大学
1346	陈璐丝	土木工程学院	工程管理	本升硕	南昌航空大学
1347	孙宏远	土木工程学院	土木工程	本升硕	中国石油大学(华东)
1348	鲁宁宁	土木工程学院	土木工程	本升硕	兰州交通大学
1349	刘从会	土木工程学院	土木工程	本升硕	北京工业大学
1350	周晓伟	土木工程学院	土木工程	本升硕	长安大学

续表

序号	姓名	学院	专业	升学类型	升学学校
1351	刘　超	土木工程学院	土木工程	本升硕	青岛理工大学
1352	谢元彬	土木工程学院	土木工程	本升硕	青岛理工大学
1353	戴国豪	土木工程学院	土木工程	本升硕	河海大学
1354	种永健	土木工程学院	土木工程	本升硕	北京交通大学
1355	杨志嵩	土木工程学院	土木工程	本升硕	中国海洋大学
1356	杜胜权	土木工程学院	土木工程	本升硕	北京工业大学
1357	赵亚菲	土木工程学院	土木工程	本升硕	烟台大学
1358	魏志鹏	土木工程学院	土木工程	本升硕	青岛理工大学
1359	王　超	土木工程学院	土木工程	本升硕	烟台大学
1360	王建伟	土木工程学院	土木工程	本升硕	烟台大学
1361	卢龙玉	土木工程学院	土木工程	本升硕	烟台大学
1362	王　涛	土木工程学院	土木工程	本升硕	沈阳建筑大学
1363	杨相杰	土木工程学院	土木工程	本升硕	大连理工大学
1364	鹿子鸣	土木工程学院	土木工程	本升硕	天津大学
1365	赵胜前	土木工程学院	土木工程	本升硕	长安大学
1366	朱敏杰	土木工程学院	土木工程	本升硕	浙江工业大学
1367	郝慧民	土木工程学院	土木工程	本升硕	青岛理工大学
1368	黄志爽	土木工程学院	土木工程	本升硕	深圳大学
1369	王　硕	土木工程学院	土木工程	本升硕	长安大学
1370	惠宝龙	土木工程学院	土木工程	本升硕	烟台大学
1371	韩子川	土木工程学院	土木工程	本升硕	中国石油大学(华东)
1372	句　魁	土木工程学院	土木工程	本升硕	中国矿业大学(北京)
1373	马　薇	土木工程学院	土木工程	本升硕	昆明理工大学
1374	徐涌帅	土木工程学院	土木工程	本升硕	山东建筑大学
1375	张德民	土木工程学院	土木工程	本升硕	天津大学
1376	厉立兵	土木工程学院	建筑与土木工程	硕升博	南京水利科学研究院
1377	苏　醒	土木工程学院	土木工程	硕升博	沈阳建筑大学
1378	高　雷	土木工程学院	土木工程	硕升博	南京航空航天大学
1379	王世豪	外国语学院	朝鲜语	本升硕	山东大学(威海)
1380	边裕涵	外国语学院	朝鲜语	本升硕	烟台大学
1381	刘　君	外国语学院	朝鲜语	本升硕	大连外国语大学
1382	田　潇	外国语学院	朝鲜语	本升硕	山东大学(威海)
1383	周志豪	外国语学院	朝鲜语	本升硕	烟台大学
1384	孙歆格	外国语学院	朝鲜语	本升硕	烟台大学
1385	王香玉	外国语学院	朝鲜语	本升硕	烟台大学

续表

序号	姓名	学院	专业	升学类型	升学学校
1386	王世聪	外国语学院	朝鲜语	本升硕	天津外国语大学
1387	李雪梦	外国语学院	日语	本升硕	中国海洋大学
1388	孙正恕	外国语学院	日语	本升硕	大连海事大学
1389	刘晓冉	外国语学院	日语	本升硕	中国社会科学院大学
1390	陈温怡	外国语学院	日语	本升硕	华东政法大学
1391	朱本浩	外国语学院	日语	本升硕	烟台大学
1392	颜鑫同	外国语学院	英语	本升硕	山东大学
1393	张　琦	外国语学院	英语	本升硕	中国矿业大学(北京)
1394	韩丽璇	外国语学院	英语	本升硕	辽宁大学
1395	许若梅	外国语学院	英语	本升硕	首都师范大学
1396	黄　婧	外国语学院	英语	本升硕	广西大学
1397	李雅淇	外国语学院	英语	本升硕	烟台大学
1398	徐子晴	外国语学院	英语	本升硕	北京外国语大学
1399	成　璐	外国语学院	英语	本升硕	烟台大学
1400	冷晓冬	外国语学院	英语	本升硕	东北大学
1401	李晓庆	外国语学院	英语	本升硕	上海理工大学
1402	姜　敏	外国语学院	英语	本升硕	山东大学
1403	马　倩	外国语学院	英语	本升硕	宁夏大学
1404	陈雅新	外国语学院	英语	本升硕	南京理工大学
1405	朱　晴	外国语学院	英语	本升硕	暨南大学
1406	徐嘉琪	外国语学院	英语	本升硕	北京师范大学
1407	王　琦	外国语学院	英语	本升硕	湘潭大学
1408	杨　凡	外国语学院	英语	本升硕	兰州理工大学
1409	邵　磊	外国语学院	英语	本升硕	南京理工大学
1410	李梦迪	外国语学院	英语	本升硕	兰州交通大学
1411	高晓涵	外国语学院	英语	本升硕	浙江理工大学
1412	蔡梦迪	外国语学院	英语	本升硕	中国海洋大学
1413	刘　琪	外国语学院	英语	本升硕	武汉工程大学
1414	张雨晨	外国语学院	英语	本升硕	厦门大学
1415	钟西萍	外国语学院	英语	本升硕	南昌航空大学
1416	郑海静	外国语学院	英语	本升硕	北京理工大学
1417	周　俊	外国语学院	英语	本升硕	山东师范大学
1418	杨福银	外国语学院	英语	本升硕	南京师范大学
1419	阚洪晓	外国语学院	英语	本升硕	南昌大学
1420	王艳萍	外国语学院	英语	本升硕	中国矿业大学(北京)

续表

序号	姓名	学院	专业	升学类型	升学学校
1421	马瑜聪	外国语学院	英语	本升硕	烟台大学
1422	张丽虹	外国语学院	英语	本升硕	四川外国语大学
1423	石文筠	药学院	药学	本升硕	北京中医药大学
1424	李　雪	药学院	药学	本升硕	蚌埠医学院
1425	纪文明	药学院	药学	本升硕	北京协和医学院(清华大学医学部)
1426	吕亚男	药学院	药学	本升硕	烟台大学
1427	崔　越	药学院	药学	本升硕	中国科学院上海药物研究所
1428	李　雪	药学院	药学	本升硕	山东大学
1429	吕新越	药学院	药学	本升硕	中国医药工业研究总院
1430	孙志洪	药学院	药学	本升硕	烟台大学
1431	田付港	药学院	药学	本升硕	烟台大学
1432	于雅雯	药学院	药学	本升硕	烟台大学
1433	周　琳	药学院	药学	本升硕	烟台大学
1434	张伟龙	药学院	药学	本升硕	上海中医药大学
1435	宋心怡	药学院	药学	本升硕	北京大学
1436	丁　牛	药学院	药学	本升硕	中国医科大学
1437	高　帅	药学院	药学	本升硕	烟台大学
1438	吴玉佳	药学院	药学	本升硕	遵义医学院
1439	魏　爽	药学院	药学	本升硕	南京中医药大学
1440	田恩铭	药学院	药学	本升硕	复旦大学
1441	谢　华	药学院	药学	本升硕	华南师范大学
1442	徐境辰	药学院	药学	本升硕	南京医科大学
1443	米玉辉	药学院	药学	本升硕	南京中医药大学
1444	邓　蕊	药学院	药学	本升硕	广东药科大学
1445	李　媛	药学院	药学	本升硕	中国药科大学
1446	孟令旺	药学院	药学	本升硕	湖北科技学院
1447	刘鑫磊	药学院	药学	本升硕	中国食品药品检定研究院
1448	张雁容	药学院	药学	本升硕	中国药科大学
1449	王艺晓	药学院	药学	本升硕	中国科学院大学
1450	王玉卿	药学院	药学	本升硕	沈阳药科大学
1451	莫丽琼	药学院	药学	本升硕	中国药科大学
1452	李智超	药学院	药学	本升硕	广西师范大学
1453	赵　夏	药学院	药学	本升硕	沈阳药科大学
1454	董星辰	药学院	药学	本升硕	南京中医药大学
1455	王新悦	药学院	药学	本升硕	烟台大学
1456	田　硕	药学院	药学	本升硕	武汉大学

续表

序号	姓名	学院	专业	升学类型	升学学校
1457	尹梦月	药学院	药学	本升硕	山东大学
1458	杨　馨	药学院	药学	本升硕	中国人民解放军军事科学院
1459	解雅茹	药学院	药学	本升硕	烟台大学
1460	颜　涵	药学院	药学	本升硕	中国医科大学
1461	曲　悦	药学院	药学	本升硕	北京协和医学院(清华大学医学部)
1462	刘赛利	药学院	药学	本升硕	中南大学
1463	李洁文	药学院	药学	本升硕	中国医科大学
1464	金雅晴	药学院	药学	本升硕	中国人民解放军军事科学院
1465	刘子楷	药学院	药学	本升硕	上海交通大学
1466	李龙孝	药学院	药学	本升硕	沈阳药科大学
1467	朱雅楠	药学院	药学	本升硕	上海交通大学
1468	刘　勇	药学院	药学	本升硕	浙江工业大学
1469	孙彦莉	药学院	药学	本升硕	中国医科大学
1470	胡开丽	药学院	药学	本升硕	浙江大学
1471	李晓丽	药学院	药学	本升硕	烟台大学
1472	李云云	药学院	药学	本升硕	贵州大学
1473	于采薇	药学院	药学	本升硕	烟台大学
1474	秘英琳	药学院	药学	本升硕	中国医药工业研究总院
1475	李文静	药学院	药学	本升硕	烟台大学
1476	张　琪	药学院	药学	本升硕	山东大学
1477	杨馥榕	药学院	药学	本升硕	南开大学
1478	陈霞云	药学院	药学	本升硕	广州医科大学
1479	崔叶桐	药学院	药学	本升硕	南开大学
1480	朱意攀	药学院	药学	本升硕	南开大学
1481	李　鹤	药学院	药学	本升硕	中国科学院北京基因组研究所
1482	赵　艺	药学院	药学	本升硕	北京中医药大学
1483	黄丕英	药学院	药学	本升硕	北京协和医学院(清华大学医学部)
1484	程怀玉	药学院	药学	本升硕	暨南大学
1485	杨子婷	药学院	药学	本升硕	中国医科大学
1486	乔　震	药学院	药学	本升硕	苏州大学
1487	袁静婷	药学院	药学	本升硕	南开大学
1488	刘　雪	药学院	药学	本升硕	烟台大学
1489	王　慧	药学院	药学	本升硕	上海交通大学

续表

序号	姓名	学院	专业	升学类型	升学学校
1490	于鹏超	药学院	药学	本升硕	常州大学
1491	夏林涛	药学院	药学	本升硕	中国医药工业研究总院
1492	王姝廷	药学院	药学	本升硕	北京协和医学院(清华大学医学部)
1493	张亚丽	药学院	药学	本升硕	上海交通大学
1494	陈海坤	药学院	药学	本升硕	兰州大学
1495	李聪聪	药学院	药学	本升硕	烟台大学
1496	李　欣	药学院	药学	本升硕	沈阳药科大学
1497	张　梦	药学院	药学	本升硕	苏州大学
1498	温授惠	药学院	药学	本升硕	烟台大学
1499	王　倩	药学院	药学	本升硕	潍坊医学院
1500	倪丽娜	药学院	药学	本升硕	天津医科大学
1501	刘塑杰	药学院	药学	本升硕	烟台大学
1502	段　丽	药学院	制药工程	本升硕	烟台大学
1503	石好宇	药学院	制药工程	本升硕	北京中医药大学
1504	张芳平	药学院	制药工程	本升硕	郑州大学
1505	孙　丹	药学院	制药工程	本升硕	南京中医药大学
1506	杨景景	药学院	制药工程	本升硕	沈阳药科大学
1507	王兰欣	药学院	制药工程	本升硕	南昌大学
1508	潘小涵	药学院	制药工程	本升硕	淮海工学院
1509	梁彦孜	药学院	制药工程	本升硕	烟台大学
1510	葛敏敏	药学院	药学	硕升博	北京协和医学院(清华大学医学部)
1511	吕晓燕	药学院	药学	硕升博	烟台大学
1512	王朝明	药学院	药学	硕升博	中国海洋大学
1513	王凯丽	药学院	药学	硕升博	中国药科大学
1514	王学凯	药学院	药学	硕升博	北京协和医学院(清华大学医学部)
1515	于月明	药学院	药学	硕升博	中国海洋大学
1516	倪敬轩	药学院	药学	硕升博	中国海洋大学
1517	王　菁	药学院	药学	硕升博	复旦大学
1518	高　威	音乐舞蹈学院	舞蹈编导	本升硕	山东艺术学院
1519	袁素莹	音乐舞蹈学院	舞蹈编导	本升硕	西北师范大学
1520	刘明月	音乐舞蹈学院	音乐表演	本升硕	青岛大学
1521	唐　歌	音乐舞蹈学院	音乐表演	本升硕	山东师范大学
1522	张　雪	音乐舞蹈学院	音乐学	本升硕	曲阜师范大学

烟台大学 2019 年大事记

2019 年度学校十大新闻事件

1. 烟台大学深入开展“不忘初心、牢记使命”主题教育；

2. 山东省教育厅与烟台市人民政府签约共建烟台大学；

3.《烟台大学高质量发展实施意见》出台，启动实施“九项工程”；

4. 烟台大学学科建设核心指标取得重要突破；

5. 烟台大学举行“礼敬国旗、歌唱祖国”——庆祝中华人民共和国成立 70 周年升旗仪式；

6. 烟台大学开展庆祝建校 35 周年文化工程建设，烟大形象宣传语、烟大精神表述语等文化建设成果相继出炉；

7. 烟台大学深化产教融合办学特色，校地校企合作亮点频出；

8. 烟台大学实施“孺子牛”教育服务年限荣誉激励计划；

9. 烟台大学团委荣膺“全国五四红旗团委”；

10. 烟大学子在各类学科竞赛舞台上绽放异彩。

1 月

7—8 日，郭善利、邓昌亮、宋中民、郝曙光与教务处、学生工作处等负责同志到期末考场巡视。

8 日，学校与烟台药物研究所在办公楼 437 会议室举行战略合作协议签订仪式。校长郭善利、烟台药物研究所所长李亚平参加仪式。郝曙光主持。

9 日，经学校研究决定，成立烟台大学新时代妇女发展理论研究所，挂靠妇女工作委员会。成立烟台大学教育软件研究所，挂靠工程实训中心。成立烟台大学 - 赛分科技生物制药分离和纯化技术开发中心，挂靠化学化工学院。

10 日，聊城大学党委书记马春林、副校长徐昌然一行到校调研。学校领导张伟、郭善利、张殿臣、邓昌亮、宋中民、周胜良、郝曙光、王强等与客人座谈。

2018 年度教学单位目标考核中期点评会在逸夫厅召开。教务处、社科(科技)处、人事处、研究生处和学生工作处分别对各教学单位在本科教学、科研与服务地方、师资队伍建设、研究生教育、学生工作等五方面工作进行中期点评。学校领导郭善利、张殿臣、邓昌亮、宋中民、郝曙光、王强出席会议。张殿臣主持。

11 日，烟台市校地合作第二次联席会议在育秀大楼 316 会议室召开。烟台市委书记张术平主持会议并讲话，市委副书记、代市长陈飞，市委常委、组织部部长于涛，市委常委、秘书长于松柏，市委常委、宣传部部长、高校工委书记于永信等出席会议。会议研究解决高校人才建设、办学用地、学校升格等问题，通报烟台市 2018 年以来的工作情况和 2019 年工作打算。烟台大学、鲁东大学、山东工商学院、滨州医学院、山东中医药高等专科学校负责同志在会上发言。

学校在综合楼六楼中厅会议室召开党委全委(扩大)会议。党委书记张伟代表党委常委会向大会报告学校2018年工作,部署2019年工作任务。校长郭善利就做好寒假工作进行安排。党委副书记张殿臣主持会议。

学校在办公楼435会议室召开纪委全委会,总结2018年学校纪检工作,研讨2019年工作计划,部署二级单位党组织书记述责述廉和评议工作。纪委书记周胜良主持。

14日,学校召开2018年度二级单位党组织书记抓党建、履行全面从严治党责任述职评议和向纪委全委会述责述廉评议会议。30个二级单位党组织书记分别述职、述责、述廉。全体校领导参加会议。张伟做点评讲话,张殿臣主持会议。

16日,山东省人力资源和社会保障厅副厅级干部侯复东一行到校看望慰问中国工程院院士温俊峰。校长郭善利、副校长孙祥斌一同慰问。

党委书记张伟在育秀大楼316会议室主持召开学校党委理论中心组2019年第一次集体学习。

18日,英国朴茨茅斯大学校长格雷厄姆·加尔布雷斯教授,副校长克里斯·张教授等一行5人到校访问。烟台大学校长郭善利、副校长宋中民会见代表团。双方在教师访学类别、形式及绩效等方面达成共识。

学校化学学科首次进入ESI全球前1%。

20日,山东省人民政府决定,任命李合亮为烟台大学副校长。

21日,党委书记张伟主持召开2018年度党委领导班子民主生活会,学校党委领导班子成员参加会议。省委第三十四督导组到会指导。

29日,学校在育秀大楼316会议室召开离退休人员学校工作情况通报会。张伟出席会议并讲话,孙祥斌主持会议。

本月

学校三校科技园备案为2018年度第二批山东省科技企业孵化器。

2月

2日,党委书记张伟、校长郭善利等看望中国工程院院士温俊峰。

学校在于维纮学术交流中心举行2019年春节茶话会。

12日,药学院李小鹏教授入选烟台市2018年高质量发展总结表彰大会"十佳创新人才"。药学院特聘教授、绿叶制药集团全球研发总裁李又欣获"十佳创新人才"称号。

17日,驻烟省政协委员、烟台大学党委书记张伟在济南山东会堂接受新锐大众、闪电新闻、YMG等多家媒体记者专访。

21—22日,学校2019年工作研讨会在逸夫厅召开。会议主题为:全面贯彻落实全国、全省教育大会精神,坚持立德树人,提升学科内涵建设水平,提高人才培养质量和管理服务效能,切实加强执行力建设,加快高水平大学建设步伐。学校领导张伟、郭善利、张殿臣、孙祥斌、邓昌亮、宋中民、周胜良、郝曙光、王强、李合亮出席,张伟讲话。宋中民、郝曙光分别围绕"落实立德树人根本任务,全面提升本科教育质量""凝心聚力,求真务实,努力实现学科建设新突破"发言。郭善利做总结讲话。

22日,省委第十三巡视组向烟台大学党委反馈巡视情况。省委巡视工作领导小组成员明春德主持召开向烟台大学党委书记张伟的反馈会议,出席向烟台大学党委领导班子反馈巡视情况会议,对抓好巡视整改工作提出要求。明春德向张伟传达了省委书记刘家义关于巡视工作的讲话精神,省委第十三巡视组组长李震球代表省委巡视组分别向张伟和烟台大学党委反馈了巡视情况。张伟主持向领导班子反馈会议并就做好巡视整改工作做表态发言。省委第十三巡视组副组长宋明杰及有关同志,省纪委省监委监督检查室有关同志,烟台大学党委领导班子成员出席会议;有关方面负责同志列席会议。

美国西俄勒冈大学副校长杨能强一行到校访问,烟台大学副校长宋中民会见客人。

中国高等教育学会发布2014—2018年全国高校学科竞赛排行榜,学校位列全国第194位,山东省内排名第14位。

26日,张平华、孙利芹教授参加山东省科学技术协会第九次代表大会。张平华当选省科协九届委员会常务委员。

27日,郭善利、邓昌亮、王强等到15号、16号学生公寓和实验中心工地现场办公。

28日,全国学校安全工作电视电话会议在育秀大楼316会议室设立分会场，张伟、郭善利、王强出席会议。

本月

校团委再次获评“山东省红旗团委”。

3月

1日，学校在逸夫厅召开党风廉政建设工作会议。党委书记张伟出席会议并讲话，党委副书记、校长郭善利主持会议，校领导张殿臣、孙祥斌、宋中民、周胜良、郝曙光、王强、李合亮出席会议。

6日，经校党委常委会研究决定，中共烟台大学纪律检查委员会办公室变更为正处级。

8日，学校在办公楼435会议室召开纪委全委会，纪委委员、校纪委机关全体纪检监察干部参会，纪委书记周胜良主持会议并讲话。

9日，烟台大学“思源致远 · 携手奋进”校友座谈会在济南举行。校党委书记张伟，校长郭善利与20余位在济校友代表座谈。副校长孙祥斌主持会议。

11日，烟台市人大常委会主任王晓敏一行到校调研，党委书记张伟、校长郭善利等陪同调研。

12日，学校在逸夫厅召开巡视整改工作落实推进会，全力以赴抓好各项整改落实工作。全校副处级以上干部参加会议，党委书记张伟讲话，校长郭善利主持会议。

13日，学校印发《烟台大学硕士研究生招生名额分配办法》《烟台大学本科毕业论文（设计）学术不端行为认定与处理办法（试行）》。

14日，抗肿瘤蛋白质药物国家工程实验室副主任、烟台普罗吉医药公司董事长常国栋先生一行到校洽谈校企合作，双方就合作事宜交换意见。党委书记张伟、副校长李合亮，学校办公室、服务地方办公室、化学化工学院、生命科学学院相关负责人和教师代表参加座谈会。

台湾世新大学两岸事务处王正平处长率团一行3人到校访问，烟台大学副校长宋中民会见访问团。

教育部学校规划建设发展中心副主任邬国强一行就烟台大学开发区科教园区规划建设等有关问题到校考察交流。邬国强对烟台大学开发区科教园区可行性研究论证、校园整体规划、学科专业集群、项目科学管理等方面工作提出具体意见与建议。学校领导张伟、郭善利、邓昌亮、郝曙光、李合亮出席交流会。

烟台市校地共青团共建第一次联席会议在育秀大楼316会议室召开。会议审议通过《烟台市校地共青团共建实施方案》《烟台市2019年校地共青团共建工作要点》。学校党委书记张伟、团省委副书记李子元共同为烟台大学校地共青团共建工作室揭牌。

15日，学校印发《烟台大学绩效工资实施意见（试行）》《烟台大学离退休人员补贴实施办法》。

19日，学校2019年党建和思想政治工作会议在综合楼六楼中厅召开。党委书记张伟讲话，党委副书记张殿臣对学校2019年党建和思想政治工作进行部署安排。全体校领导出席会议，党委副书记、校长郭善利主持会议。

山东交通学院党委书记孙秀丽一行到校调研。烟台大学党委书记张伟、党委副书记张殿臣、副校长孙祥斌会见客人。双方围绕组织、党建、文明单位创建等工作进行交流。

20日，学校出台《烟台大学关于进一步加强实验室安全管理工作的意见》。

21日，学校新增智能科学与技术、生物制药两个专业。

23日，后勤管理处获2018年度全国教育后勤系统信息宣传工作先进单位。

25日，党委书记张伟在育秀大楼316会议室主持召开巡视整改工作调度会，校领导郭善利、张殿臣、孙祥斌、邓昌亮、宋中民、周胜良、王强、李合亮出席会议，巡视整改落实责任部门主要负责人参加会议。

意大利米兰ACME美术学院校长彼特罗 · 普利彼得 · 普拉托（Pietro Previde Prato）一行到校访问，烟台大学校长郭善利、副校长宋中民会见代表团。双方就师生交流、合作办学等具体事项进行交流。

27日，学校印发《烟台大学专业技术职务评价经费收支管理办法》。

28日，学校第三轮“第一书记”帮包工作结束。

本月

计算机与控制工程学院15名本科生组成的三支代表队获世界大学生超级计算机竞赛（Student

Supercomputer Challenge，简称 ASC）全球二等奖。

4 月

1 日，学校党委印发《中共烟台大学委员会关于学院党委（党总支）组织员任用和管理工作暂行办法》《烟台大学干部挂职管理办法（试行）》《烟台大学突发敏感舆情处置工作办法》。

2 日，党委书记张伟主持召开学校领导班子巡视整改专题民主生活会，校党委领导班子成员参加会议。山东省委组织部干部五处二级调研员陈玉平到会指导。

党委书记张伟在育秀大楼 316 会议室主持召开学校党委理论中心组第二次集体学习。

聊城大学党委统战部部长刘法力一行到校考察交流统战工作、台港澳工作、少数民族学生教育管理工作。烟台大学副校长孙祥斌出席座谈交流。

澳大利亚中文教师联合会主席李复新博士一行到校访问，副校长宋中民会见客人。

3 日，学校与烟台市心理康复医院签订合作协议，双方将围绕精神卫生知识普及、师资培训、心理危机转介与诊疗、科研合作及资源平台共享等方面开展合作。

4 日，烟台大学第七届教职工代表大会暨第八届工会会员代表大会第二次会议在逸夫厅召开。大会听取并审议校长工作报告、工会工作报告，审议财务工作报告、烟台大学学术委员会 2018 年度报告、烟台大学“十三五”发展规划中期评估报告、烟台大学七届一次教代会提案工作及七届二次教代会提案征集情况报告、烟台大学 2018 年度工会经费使用情况报告、烟台大学 2018 年度教职工福利费使用情况报告。大会审议并表决通过烟台大学章程修正案、烟台大学教职工住宅出售办法。听取烟台大学开发区科教园区筹建情况说明。张伟做总结讲话，孙祥斌、郭善利先后主持会议。校领导周胜良、王强、李合亮出席会议。大会正式代表、特邀代表和列席代表 200 余人参加会议。

6 日，烟台大学第五届海洋文化节开幕式在致道厅举行，副校长邓昌亮出席活动。

8 日，吉林大学副校长郑伟涛一行到校调研。烟台大学校领导郭善利、孙祥斌、郝曙光会见客人。

9 日，学校召开 2019 年招生宣传工作部署会，布置学校 2019 年招生宣传工作。副校长宋中民主持会议并讲话。

10 日，学校在逸夫厅召开 2019 年就业工作会议。党委副书记张殿臣宣读《烟台大学关于表彰奖励 2018 年就业工作先进集体的决定》。学校领导为获得 2018 年“就业优秀奖”“就业进步奖”“考研优胜奖”和“就业工作贡献奖”的就业先进集体颁奖。校长郭善利做总结讲话。副校长邓昌亮主持会议。

学校印发《烟台大学教育服务新旧动能转换专业对接产业项目建设管理办法》《烟台大学教职工住宅出售办法》《烟台大学“课程思政”改革实施方案》《烟台大学规范津贴补贴发放的管理规定》《烟台大学本科专业认证管理办法（试行）》。

11 日，烟台市人才工作办公室主任王本华一行到校调研高层次人才工作。副校长孙祥斌出席座谈会。

12 日，学校党委印发《烟台大学网络意识形态工作责任制实施细则》。

13 日，学校 2019 届毕业生人才精准对接专场招聘会在千米文化长廊举行。校领导郭善利、张殿臣、邓昌亮到场指导。

15 日，学校召开“第一书记”座谈会。党委书记张伟、副书记张殿臣出席。学校选派的第三轮“第一书记”，第四轮“第一书记”等参加座谈。

17 日，中共烟台市委财经委员会办公室副主任胡一兵到校洽商校地合作事宜。副校长李合亮出席座谈会。

青岛大学纪委书记贾洪江一行到校调研交流纪检监察工作，纪委书记周胜良出席座谈会。

烟台大学“我和我的祖国”快闪视频在升腾广场拍摄，向中华人民共和国 70 华诞献礼，向母校建校 35 周年献礼。

19 日，温俊峰院士 90 周岁生日到来之际，校长郭善利、党委副书记张殿臣代表学校师生到家中看望并送上生日祝福。

21，枣庄学院党委书记曹胜强一行到校调研。校党委书记张伟会见客人。

23 日，以“山海毓秀、书香润德”为主题的烟台大学第十六届读书节开幕。烟台市委宣传部副部长李波，烟台大学党委书记张伟，副校长孙祥斌、王强出席开幕式。

纪念五四运动100周年驻烟高校学生主题书画联展在承先图书馆开幕。校领导张伟、张殿臣、孙祥斌、邓昌亮、王强等出席开幕式并观看展览。

24日,校长郭善利到化153班和化173班,以交流互动的方式给同学们上主题为“卓越为梦想,同心致远方”的思政课。

学校印发《烟台大学学生高水平学术成果奖励办法》。

25日,第三轮建筑学专业教育评估动员大会暨工作部署会在建筑学院一楼会议室召开。郭善利、宋中民出席会议。

烟台大学“谠言直声”宪法宣讲团首场宣讲报告会在韶乐厅举行。

26日,山东省司法厅普法与依法治理处副处长李传华,山东省教育厅政策法规处副处长夏贞鹏,山东省教育厅政策法规处副处长宋立平一行到校,就学校宪法教育工作开展情况进行调研。副校长郝曙光参加调研。

26—28日,由经管学院陈佳胜、迟淑敏和邱子阳3名同学组成的代表队获“第十届(2019)全国高等院校企业竞争模拟大赛全国总决赛”国家级特等奖。

27日,纪念五四运动100周年暨“青春心向党·建功新时代”特别主题团日活动在胶东(烟台)党性教育基地杨子荣纪念馆举行,党委书记张伟寄语广大团员青年。

学校代表队以2小时38分20秒的成绩获“2019第七届耐克高校精英马拉松公路接力跑总决赛”邀请组亚军,晋级参加2020年全国总决赛。

烟台大学上海校友会成立大会在上海青松城大酒店举行。校长郭善利、副校长孙祥斌等出席成立大会。

30日,山东省海洋局姜清春副局长一行在烟台市海洋发展和渔业局李传强局长陪同下,到校调研山东省智慧海洋研究院建设情况。校长郭善利、副校长郝曙光参加调研。

本月

烟台大学区域海绵城市提升改造工程全面启动。

学校34位教师入选2019—2022年山东省本科教育教学指导委员会。其中4人任主任委员,3人任副主任委员,1人任秘书长。

学校获2018年度省属高校绩效考核优秀等次。

5月

4日,紫光集团联席总裁、新华三集团总裁兼CEO于英涛在烟台市副市长张代令、烟台高新区工委书记于东陪同下,到校交流校所城产融合发展。党委书记张伟,副校长宋中民、郝曙光会见客人。

《光明日报》刊发马克思主义学院院长李国栋的署名文章《站稳三尺讲台育人心》。

校团委获评“全国五四红旗团委”。

7日,山东省大数据局副局长顾卫东一行到校访问。党委书记张伟、副校长宋中民会见客人。

学校在综合楼中厅会议室召开本科教学审核评估整改落实工作部署会暨省教指委委员会。郭善利出席会议,宋中民主持会议。

8日,《烟台日报》“发力科技创新·助力新旧动能转换”专栏刊发《“科技创新要拧成一股绳”烟台大学两项目分获国家专利金奖及省科技奖》的报道。

聊城大学党委常委、副校长白成林一行到校调研。校领导张伟、郭善利、王强、李合亮会见客人。

机电汽车工程学院赴台交换生黄辉在台湾宜兰大学举办跨越海峡两岸的非物质文化遗产东昌府木版年画展,宜兰大学校长吴柏青、国际及两岸事务长程安邦参观并体验年画制作。

10日,党委书记张伟在育秀大楼316会议室主持召开学校党委理论中心组第三次集体学习。

学校印发《烟台大学关于开展“基础管理规范年”活动的实施方案》。

11日,“青春心向党·建功新时代”烟台大学纪念五四运动100周年暨共青团工作表彰大会在大学生活动中心举行。

13日,全国政协委员、清华大学教授、抗肿瘤蛋白质药物国家工程实验室主任罗永章应邀到校访问,并做客烟台大学第282期“两校名师讲堂”。学校领导张殿臣、李合亮会见客人并出席座谈会。罗永章做题为“生命科学的基础研究、成果转化与大众健康”的学术报告。

14日,副校长李合亮一行赴烟台德邦科技有限公司考察、洽商校企合作事宜。

烟台大学“三元之光”校友大讲堂第二期报告会在韶乐厅举行，土木工程学院 1995 级校友翟长海做题为“青年科技人员成长的体会和思考”的专题报告。郝曙光出席报告会并为翟长海颁发烟台大学客座教授聘书。

省教育厅高等教育对外开放管理工作第五调研组组长、山东大学国际学生学者中心主任刘明利等一行 4 人到校，对高等教育对外开放管理工作进行调研。副校长宋中民等参加调研。

14—15 日，党委书记张伟、纪委书记周胜良到枣庄市山亭区走访调研，慰问学校在当地挂职的 4 位“第一书记”。山亭区区长王庆丰、区委副书记王虎等陪同调研。

15—17 日，以中国中元国际工程有限公司教授级高级建筑师丁建任组长，大连理工大学范悦教授、浙江大学徐雷教授、中国建筑东北设计研究院有限公司教授级高级建筑师赵成中为成员的专家组，对烟台大学建筑学专业进行为期 3 天的专业教育评估考察。校长郭善利、副校长宋中民等参加评估座谈。

16—17 日，2019 年春季运动会在体育场举行。学校领导张伟、郭善利、邓昌亮、宋中民、周胜良、郝曙光、王强、李合亮等出席开幕式。校长郭善利宣布运动会开幕。副校长、校体育运动委员会主任邓昌亮致开幕词。

17 日，全省高校绿化与景观建设分会一届二次常务理事会议在学校召开。副校长王强到会致辞。

学校获评“2018—2019 年度山东教育政务新媒体先进单位”。

21 日，世界知识产权组织中国区顾问、上海市知识产权局原局长吕国强教授应邀到校做“WIPO 全球服务体系和知识产权国际保护”学术讲座。副校长孙祥斌会见吕国强教授并颁发烟台大学客座教授聘书。

22 日，重庆文理学院院长黄伟九、副院长漆新贵一行到校访问。校长郭善利、副校长宋中民会见客人。

张伟、邓昌亮一行赴京看望学校首任党委书记、常务副校长杜建寰。

学校印发《烟台大学校园门禁管理及收费办法》《烟台大学公务用车管理使用办法》《烟台大学本科教学质量提升计划》《烟台大学本科生课程考核管理办法(试行)》《烟台大学本科双学位与辅修第二专业管理办法(修订)》《烟台大学优秀本科毕业论文(设计)评选办法(修订)》《烟台大学全校通选课管理规定(修订)》《烟台大学教师教学工作条例(修订)》《烟台大学教学事故认定及处理办法(修订)》《烟台大学教务员工作职责(修订)》《烟台大学横向科研项目管理办法(试行)》《烟台大学知识产权管理办法(修订)》《烟台大学科研成果奖评审办法》《烟台大学仪器设备损坏丢失赔偿办法》《烟台大学低值品管理办法(修订)》《烟台大学大型精密贵重仪器设备维修管理办法(修订)》《烟台大学政府采购履约验收管理暂行办法》《烟台大学招标采购实施细则(修订)》《烟台大学实验试剂采购管理暂行办法》《烟台大学教学科研人员因公临时出国管理办法实施细则》《烟台大学公寓管理办法(试行)》《烟台大学食堂管理办法(试行)》《烟台大学水电暖管理办法(试行)》《烟台大学基础设施维修管理办法(试行)》《烟台大学教职工考勤管理规定》《烟台大学教职工进修学习管理办法(修订)》《烟台大学规范劳动用工管理暂行办法》《烟台大学教职工年度考核办法(试行)》《烟台大学人才工作专员管理办法(试行)》《烟台大学学士学位授予办法》。

22—23 日，党委书记张伟、副校长邓昌亮一行分别与清华大学、中科院过程工程研究所和新华三集团洽商推进有关合作事宜。

23 日，校团委举办“青春不停步，永远跟党走”2019 届毕业生团员主题团课。团省委副书记刘少华一行在党委副书记张殿臣等陪同下观摩团课。

学校在致道厅举行党校学习会，青岛大学原党委书记、校长范跃进教授应邀做题为“贯彻高质量发展要求必须深化认识的几个问题”的辅导报告。校领导、全校副科级及以上干部、师生党员代表共 300 余人参加报告会。郭善利主持报告会。

23—24 日，由学校承办的山东省高等教育管理科学研究会高校离退休工作委员会 2019 年年会在烟台召开。校长郭善利、副校长孙祥斌出席开幕式。

24 日，学校在逸夫厅召开 2019 年安全工作会议。全体校领导出席会议，党委书记张伟主持。

山东农业大学党委副书记杨天梅一行到校调

研。副校长邓昌亮会见客人。

学校党委印发《烟台大学优秀共产党员、优秀党务工作者、先进基层党组织评选表彰办法》《烟台大学纪检机关处理举报工作办法（试行）》《烟台大学廉政风险重点部位和关键环节监督管理工作办法》。

25 日，塔里木大学校长张传辉一行到校访问，校长郭善利会见客人。

学校获"第十届'蓝桥杯'全国软件和信息技术专业人才大赛"软件类 C/C + + 程序设计大学 B 组特等奖。

26 日，法学院毕潇潇、外国语学院李霞获山东省第六届高校教师教学比赛一等奖，光电信息科学技术学院隋晨红获三等奖，数学与信息科学学院李斐获优秀奖。

学校代表队获"第十二届山东省大学生结构设计竞赛"二等奖。

学校代表队获"2019 年山东省大学生排球锦标赛暨第十四届全国学生运动会山东排球项目选拔赛"冠军。

28 日，学校在办公楼 201 会议室召开文明校园建设工作调度会。党委副书记、学校精神文明建设委员会副主任委员张殿臣出席并讲话。

学校召开信息公开工作推进会。张殿臣主持会议并讲话。

29 日，学校党建工作推进会在办公楼 201 会议室召开。党委书记张伟出席会议，党委副书记张殿臣主持会议。

经校党委常委会研究决定，党委组织部增设组织员工作办公室，正科级；党委统战部增设党派科；妇女工作委员会设立办公室，正科级。学校办公室增设信息科；科技处增设国防科技科；财务处内设机构调整为稽核科、会计核算科、综合计划科、内控绩效科、收费管理科、会计服务中心、资金结算中心，均为正科级；后勤管理处增设经营管理服务中心，正科级；人才工作办公室增设考核科。

学校印发《烟台大学外宾接待管理办法》《烟台大学内部审计工作规定（试行）》《烟台大学经济实体审计实施办法（试行）》《烟台大学中层领导干部经济责任审计实施办法（修订）》《烟台大学建设工程项目跟踪审计实施办法（修订）》。

30 日，校领导张伟、王强实地调研校园安全工作。

新西兰坎特伯雷大学 Paula Jameson 受聘学校特聘教授。校长郭善利出席仪式。

学校获第"十六届'挑战杯'山东省大学生课外学术科技作品竞赛"特等奖 4 项，一等奖 4 项。

本月

学校申报的山东省低功耗光电检测智能终端工程实验室获批山东省工程实验室。

学校 3 支参赛队获 2019 美国（国际）大学生数学建模竞赛国际一等奖，2 支参赛队获国际二等奖。

学校被评为全省"平安校园标杆学校"。

党委统战部、党委学工部、马克思主义学院联合申报的"新时代大学生民族团结进步教育体系建构研究"获批 2019 年度山东省统战理论政策研究重点课题。

学校完成 2018 年度学位点动态调整工作。撤销中国史、考古学与博物馆学两个硕士学位授权点，增列环境科学与工程、机械工程两个硕士学位一级学科授权点。原工程硕士计算机技术领域对应调整为电子信息专业学位类别，原机械工程领域调整为机械专业学位类别，原化学工程和材料工程领域调整为材料与化工专业学位类别，原建筑与土木工程领域调整为土木水利专业学位类别，原生物工程调整为生物与医药专业学位类别。

6 月

2 日，学校参评的汉语国际教育硕士、翻译硕士、新闻与传播硕士、药学硕士 4 个专业学位授权点通过国家专项评估。

4 日，新华三集团副总裁、技术战略部总裁刘新民一行到校洽商校企合作事宜。郭善利、宋中民、李合亮会见刘新民一行。

5 日，学校在育秀大楼 316 会议室召开 2019 年重点工作推进会。校领导张伟、郭善利、邓昌亮、宋中民、周胜良、郝曙光、王强、李合亮出席会议。

莱山区副区长李清溪一行到校调研科技人才合作工作。副校长李合亮参加座谈。

6 日，学校党委印发《关于进一步加强和改进新闻宣传工作的实施意见》。

7 日，学校在综合楼 624 会议室召开宣传工作会议。党委书记张伟、副校长邓昌亮、纪委书记周

胜良出席会议,党委副书记张殿臣主持会议。

10 日,校领导郭善利、宋中民、郝曙光到建筑馆参观建筑学院毕业设计展览。

11 日,学校 2019 届校友理事会成立大会在逸夫厅举行。校长郭善利出席大会,副校长孙祥斌主持大会。

“校长,我想对您说”2019 届毕业生座谈会在育秀大楼 316 会议室举行。郭善利、邓昌亮、宋中民、王强出席座谈会。

学校在育秀大楼 316 会议室召开 2019 届研究生毕业生座谈会。郝曙光、李合亮出席座谈会。

12 日,统战委员培训班开班仪式在育秀大楼 316 会议室举行。党委书记张伟出席开班仪式并做动员讲话,副校长孙祥斌主持开班式。

学校印发《烟台大学优秀创新创业毕业生奖励暂行办法》《烟台大学来华留学生突发事件应急处置预案(试行)》《烟台大学来华留学生违纪处分办法(试行)》《烟台大学来华留学生奖励实施办法(试行)》。

12—14 日,校长郭善利、副校长郝曙光等一行 5 人赴武汉大学和武汉理工大学考察调研。

12—15 日,学校承办的山东省高等教育管理科学研究会档案管理专业委员会 2019 年年会暨学术研讨会在烟台召开。中国人民大学原常务副校长、一级教授冯惠玲,山东省教育厅办公室副主任李苏,山东省档案馆经济科技档案业务处一级调研员袁俊玲,山东省高等教育管理科学研究会秘书长宋惠国出席会议。党委副书记张殿臣出席开幕式并致辞。

13 日,烟台广播电视台原副台长、胶东在线网站总编辑邓兆安向学校捐赠新闻作品集《登攀》。党委书记张伟代表学校接受捐赠,并向邓兆安颁发捐赠证书。党委副书记张殿臣等出席捐赠仪式。

广西壮族自治区市级学生资助管理干部一行到校交流学生资助工作,副校长邓昌亮出席座谈会。

德国亚琛工业大学国际学院院长海尔穆特 · 丁格博士,机械学院副院长贝恩德 · 马科特博士,德国艾瑞教育集团、德国北莱茵埃克斯投资有限公司等一行 8 人在烟台市投资促进中心负责人陪同下到校访问。副校长王强会见客人。

14 日, 2019 届毕业生党员大会在弘毅厅举行。党委书记张伟为 2019 届毕业生党员讲授题为“不忘初心、牢记使命、砥砺奋斗、共创未来,做新时代合格的共产党员”的专题党课。邓昌亮主持。

学校在育秀大楼 316 会议室召开 “烟大精神”座谈会,离退休教师代表、机关部门代表、专家学者代表等参加座谈,共同研讨烟大精神的具体内涵和表述语。张殿臣主持会议。

团中央宣传部传播处副处长钟亚楠到校做“认真学习贯彻习近平总书记在纪念五四运动 100 周年大会上的重要讲话精神,深入贯彻落实习近平总书记关于青年工作的重要思想”的专题报告。

15 日,体育学院学生羽毛球队获“银和怡海”杯山东省大学生羽毛球锦标赛丙组团体第一;体育学院轮滑球队获山东省第一届学生轮滑锦标赛冠军。

16 日,听取校友们对“烟大精神”见解和建议的校友座谈会在育秀大楼 316 会议室举行。校领导张伟、郭善利参加座谈会。孙祥斌主持。

烟台大学第十六届读书节在弘毅厅落幕。校领导郭善利、张殿臣、邓昌亮等出席闭幕式。

17—18 日,以青岛大学副校长孔伟金为组长的本科教学审核评估专家组到校开展专项检查。烟台大学本科教学工作审核评估整改落实情况汇报会和专项检查反馈会先后在育秀大楼 316 会议室召开,校长郭善利、党委书记张伟分别参加,副校长宋中民主持会议。

18 日,学校党建“示范创建和质量创优”“双带头人”教师党支部书记工作室培育创建工作座谈会在办公楼 437 会议室召开。党委副书记张殿臣出席会议。

18 日,韩国檀国大学代理总长鱼镇愚教授率团到校参加两校合作办学项目学生的毕业典礼暨学位授予仪式。校长郭善利出席。郭善利和鱼镇愚分别为毕业生颁发学位证书,行拨穗礼。

19 日,学校党委理论中心组在育秀大楼 316 会议室进行第四次集体学习。党委书记张伟主持。

19 日,以济南大学副校长刘宗明为组长的省教育厅学校安全工作专项检查组,对烟台大学消防安全、实验室安全等进行专项检查。副校长王强陪同检查。

20 日,2019 届研究生毕业典礼暨学位授予仪式举行。学校领导张伟、郭善利、张殿臣、孙祥斌、邓昌亮、宋中民、周胜良、郝曙光、王强、李合亮出席。校长郭善利讲话，为毕业研究生颁发学位证书、拨正流苏并合影留念。党委副书记张殿臣宣读授予优秀毕业生的决定，副校长孙祥斌宣读学位授予决定，副校长郝曙光主持。

学校党委出台《烟台大学关于全面加强和改进思想政治理论课建设的实施意见》。

21 日，2019 届本科生毕业典礼暨学位授予仪式在大学生活动中心举行。校领导张伟、郭善利、张殿臣、孙祥斌、邓昌亮、宋中民、周胜良、郝曙光、王强、李合亮出席。校长郭善利讲话，副校长邓昌亮主持。学校领导为毕业生逐一颁发学位证书、拨正流苏并合影留念。

团省委副书记李子元一行 5 人到校调研共青团工作。副校长邓昌亮参加座谈。

党委书记张伟为学校办公室党支部讲授“不忘初心、牢记使命”主题党课。

26 日，经学校研究决定，成立“烟台大学阅读与心灵成长研究中心”，挂靠图书馆。

学校印发《烟台大学来华留学学历生招生和教学管理的规定(试行)》。

27 日，中国教育学会会长、北京师范大学原校长钟秉林教授为全校副科级及以上干部做题为“迎接新的挑战，实现内涵式发展”的专题报告。党委书记张伟主持报告会。

28 日，烟台大学党员干部党性教育基地在胶东革命纪念馆揭牌。党委副书记张殿臣、烟台市委组织部副部长柏华煜参加仪式。张殿臣和柏华煜先后致辞，共同签署《共建协议书》并为基地揭牌。

28—29 日，清华大学土木水利学院党委书记方东平一行到校进行党建与学术交流，学校党委书记张伟、副校长郝曙光会见客人。

本月

毕可志教授被授予烟台市“优秀市人大代表”称号。

学校参评的汉语国际教育硕士、翻译硕士、新闻与传播硕士、药学硕士四个专业学位授权点通过国家专项评估。

学校获批在上海进行本科招生资格。

药学院党总支入选山东党建工作标杆院系培育创建单位，药学院教工党支部、外国语学院教工大外党支部入选山东党建工作样板支部培育创建单位，化学化工学院教工应化党支部入选山东高校“双带头人”教师党支部书记工作室培育创建单位，共获批建设经费 35 万元。

烟台大学和北京大学联合举办的定量生物学 2019 年会在东山宾馆召开，中外专家和学者近 300 人参会。校长郭善利、副校长李合亮参加开幕式。

7 月

1 日，学校庆祝中国共产党成立 98 周年暨党建工作表彰大会在弘毅厅召开。校领导张伟、郭善利、张殿臣、孙祥斌、邓昌亮、宋中民、周胜良、郝曙光、王强、李合亮出席。

2 日，烟台市新兴产业发展推进中心副主任张洁非、烟台核电研发中心常务副主任喻向东一行到校考察交流。校长郭善利、副校长宋中民会见客人。

校学术委员会换届选举大会在逸夫厅举行。党委副书记张殿臣受张伟书记委托发表讲话，副校长孙祥斌主持会议并受郭善利校长委托，对校学术委员会委员候选人和选举大会代表产生的程序及大会的选举要求做说明。会议差额选举产生 44 名新一届校学术委员会委员。

3 日，学校党委理论中心组在育秀大楼 316 会议室进行第五次集体学习。传达中共中央关于印发《习近平新时代中国特色社会主义思想学习纲要》的通知。党委副书记张殿臣主持。

3—8 日，学校“新时代本科教学管理与创新”专题研修班在四川大学全国干部教育培训基地进行。校领导郭善利、孙祥斌、宋中民、郝曙光、李合亮等 45 名干部参加为期 6 天的集中培训。

5—7 日，由烟台大学、山东大学联合承办的中国工业与应用数学学会油水资源数值方法 2019 年学术研讨会在烟台大学召开。副校长王强出席并致辞。

7 日，2019 年青年学者泰山国际论坛烟台大学分论坛在育秀大楼 316 会议室举行。副校长邓昌亮等出席。

8 日，学校新一届学术委员会第一次全体会议在办公楼 201 会议室举行。会议选举郭善利为新一届学术委员会主任委员，郝曙光、王海英、张全胜、周新刚为副主任委员，聘任郝曙光兼任本届校

学术委员会秘书长。

9 日,德州学院党委书记刘文烈一行到校调研。校领导张伟、孙祥斌、邓昌亮会见客人。

10 日,山亭区委副书记邹安德一行到校交流“第一书记”工作。党委副书记张殿臣会见客人。

学校召开党委全委(扩大)会议,梳理总结上半年工作进展情况,部署安排下半年工作任务,并对做好暑期有关工作提出明确要求。党委书记张伟代表党委常委会向大会报告工作。党委副书记张殿臣主持会议。

11 日,新华三副总裁、技术战略部总裁刘新民一行到校洽商合作共建事宜。校长郭善利会见客人,副校长宋中民、李合亮主持召开工作推进座谈会。

12 日,学校在育秀大楼 316 会议室召开智慧校园校企共建座谈会。中国移动通信集团山东有限公司烟台分公司副总经理唐明娜、中国农业银行烟台分行副行长李杰,校长郭善利、副校长宋中民出席座谈会。

14 日,土木工程学院 96 级校友、国家钢结构工程技术研究中心副主任、中冶建筑研究总院有限公司钢结构事业部总经理、中国钢结构协会房屋建筑钢结构分会长王月栋到校走访。党委书记张伟、副校长王强会见客人。

15 日,经学校研究决定,成立“烟台大学精准材料高等研究院”。

学校印发《烟台大学外籍专家聘用管理办法(试行)》《烟台大学研究生科技创新基金项目管理办法》。

16 日,由中国植物学会主办、山东植物学会和烟台大学承办的首届全国生物教育与科普工作会议在莱山区海悦大厦召开。中国植物学会副理事长黄宏文研究员、巩志忠教授,山东植物学会理事长、山东师范大学赵遵田教授等近 200 人参会。烟台大学校长郭善利出席并致辞。

17 日,中国科学院过程工程研究所战略研讨会暨合作签约仪式在烟台举行,中科院过程工程研究所所长、中科院绿色过程制造创新研究院院长张锁江院士,绿色过程制造创新研究院副院长陈运法,山东省科技厅外国专家局局长张祝秀,烟台市副市长张代令,烟台大学副校长李合亮出席会议。李合亮代表学校与中科院过程工程研究所签署战略合作协议,双方将共建“山东绿色制造研究院”。

大小新闻 4.0 上线仪式暨烟台大学—大小新闻融媒体实践基地揭牌仪式在烟台日报社举行。党委副书记张殿臣出席仪式并致辞。

18 日,核装备与核工程学院成立一周年大会暨发展论坛在综合楼六楼中厅会议室召开。校长郭善利出席。

20 日,山东师范大学副校长王洪禹一行到校调研。副校长孙祥斌会见客人。

23 日,副校长郝曙光一行 7 人到中国极地研究中心洽商合作事宜。

24—26 日,学校推荐的 17 个项目获“建行杯”第五届山东省“互联网 +”大学生创新创业大赛金奖 2 项、银奖 7 项、铜奖 3 项。

25—30 日,环境与材料工程学院、核装备与核工程学院的 3 名学生获“第八届全国大学生金相技能大赛”二等奖 1 项、三等奖 2 项。

26—28 日,由烟台大学承办的第十届全国量子成像学术会议在烟台东山宾馆召开,40 多所高校及科研院所的 150 余名专家学者参会。副校长郝曙光出席开幕式并致辞。

29—30 日,由烟台大学承办的中国土木工程学会《混凝土结构耐久性设计与施工指南》编写组第二次会议在学校召开。副校长郝曙光出席会议并讲话。

本月

在最新公布的软科世界一流学科排名中,烟台大学数学学科位列世界 301—400 档位,国内 34—57 档位,省属高校前三强。

建筑学专业通过全国高等学校建筑学专业教育评估,合格有效期为 4 年,自 2019 年 5 月起至 2023 年 5 月止。

学校确定郭颖飞创作的 051410 号作品“我向海而生,你为梦而来”为烟台大学形象宣传用语。

学校获批 5 项 2019 年国家社科基金年度项目和青年项目。

8 月

1 日,化学化工学院承办的“烟台大学 2019 化学化工高端论坛”在育秀大楼 316 会议室举行。

2 日,山东省教育厅与烟台市人民政府共建烟台大学签约仪式在烟台东山宾馆举行。省委教育工委常务副书记、省教育厅党组书记、厅长邓云锋，烟台市委书记张术平，省委教育工委委员、省教育厅党组成员、副厅长白皓，烟台市委常委、宣传部部长于永信，烟台市副市长崔宗涛，烟台市政府副秘书长张焕伟，烟台大学党委书记张伟、校长郭善利等出席。于永信主持签约仪式，崔宗涛、白皓代表双方签署合作备忘录。

3—9 日，党委书记张伟、副校长邓昌亮带领学校有关部门负责同志赴青海、甘肃等地走访困难生家庭，看望西部计划志愿者。

4—21 日，国家自然科学基金委资助的“高能量高精度下检验标准模型和寻找新物理”理论物理前沿暑期讲习班在烟台大学举办。

5 日，党委书记张伟、副校长邓昌亮赴青海省海南藏族自治州贵南县、贵德县走访慰问学校“烟翼西 E”青海支教队。

8 日，由教育部高等学校数学类专业教学指导委员会主办、高等教育出版社协办、烟台大学承办的教育部高等学校数学类专业教学指导委员会 2019 年暑期工作会议暨全国高校数学学科院系主任联席会在烟台召开。中国科学院院士、教育部高等学校数学类专业教学指导委员会主任、北京航空航天大学教授郑志明，山东省教育厅副厅长白皓，烟台大学党委书记张伟等近 300 人参会。烟台大学副校长宋中民主持会议。

邱盛尧教授的“能源自给可移动坐底式智慧网箱平台建设与高效绿色养殖技术研究与示范”项目获山东省农业重大应用技术创新项目立项，支持经费 200 万元。

15—19 日，烟台大学“不忘初心、牢记使命”暑期干部专题培训班在北京大学举行。学校领导张伟、张殿臣、邓昌亮、周胜良、王强等参加为期 5 天的集中培训。党委书记张伟做动员讲话，党委副书记张殿臣做总结讲话。

21 日，化学化工学院承办第二十一届山东省高校化学化工学院院长、书记会议暨山东省化工类教学指导委员会第一次会议。党委书记张伟、副校长王强等 170 余人出席会议。

22 日，烟台大学“不忘初心、牢记使命”干部专题培训总结交流暨新学期工作部署会在逸夫厅召开。学校领导张伟、郭善利、张殿臣、孙祥斌、邓昌亮、宋中民、周胜良、郝曙光、王强、李合亮出席，党委副书记张殿臣主持。

“分子药理和药物评价”教育部重点实验室第一届学术委员会第四次会议在烟台召开。11 名重点实验室学术委员会委员出席会议，校长郭善利到会致辞。

23 日，烟台大学—钢铁研究总院合作交流研讨会在烟台大学召开。钢铁研究总院高温所副所长、北京钢研高纳科技股份有限公司副总经理、博士生导师张继，烟台大学校长郭善利、副校长孙祥斌等 30 余人参加会议。

27 日，省委批准，周胜良同志任山东省监察委员会驻烟台大学监察专员。

28 日，郭善利、邓昌亮、王强到学校各基本建设工地了解项目进展情况，现场解决存在的问题。

29 日，副校长李合亮一行 5 人赴福山区考察调研。福山区区长李金涛、副区长罗玉辉等参加调研和交流。

30 日，2019 级研究生开学典礼在弘毅厅举行。全体校领导出席，副校长郝曙光主持。

校长郭善利在办公楼 201 会议室主持召开 2020 年预算编制工作部署会。

学校印发《烟台大学校办产业管理办法实施细则(试行)》。

31 日，2019 级新生报到。张伟、郭善利、邓昌亮、王强到南校区迎新现场看望新同学。

本月

学校获评烟台市文明校园。

烟台大学牵头承担，联合山东师范大学和山东康健藜麦农业科技有限公司共同申报的“耐盐藜麦品种(系)的选育与配套关键技术研发和示范应用”项目获“2019 年度山东省‘渤海粮仓’科技示范工程升级版项目”立项。郭善利教授为项目负责人。

学校获批 15 项山东省重点研发计划(公益性科技攻关)项目和 32 项山东省自然科学基金项目。

学校承办《中国科学：化学》2019 年全体编委会议。

学校 2019 年面向 30 个省(直辖市、自治区)投放招生计划，涉及除自主招生批次外的本科提前批、本科普通批、国家专项本科批、本科一批、本科二批等各批次，共计录取本科生 7343 名，录取边防

军人子女预科生 82 名。

数学与信息科学学院王雪、经济管理学院宋一夫获评 2018 年度“中国大学生自强之星”。

9 月

2 日，2019 级学生开学典礼暨军训动员大会在体育场举行。学校领导张伟、郭善利、张殿臣、孙祥斌、邓昌亮、宋中民、周胜良、郝曙光、李合亮，武警烟台支队政委刘忠祥等出席。党委副书记张殿臣主持。党委书记张伟为军训团授旗。校长郭善利发表题为“执好学之楫　扬梦想风帆”的讲话。

军事科学院世界军事研究部原副部长罗援将军受邀在弘毅厅做题为“周边安全环境及软实力建设”主题报告。山东航天电子技术研究所专家学者、烟台大学师生代表 700 余人听取报告。

山东省教育厅在烟台大学建立教育立法咨询服务基地。

4 日，党委书记张伟在育秀大楼 316 会议室主持学校党委理论中心组第六次集体学习。马克思主义学院院长李国栋做题为“牢记立德树人根本任务，实现全员全程全方位育人”的辅导报告。

山东青年政治学院副院长李玉英一行到校调研图书馆建设情况。副校长宋中民会见客人。

9 日，学校在南校区举行 2019 级 7300 余名新生防震避险和消防疏散逃生演练。副校长邓昌亮、王强等参加演练，邓昌亮担任演练总指挥。

9—10 日，生命科学学院承办的“烟台大学生命科学高端论坛”举行。党委书记张伟、校长郭善利分别会见参会专家。

9—12 日，副校长王强对全校所有实验室进行安全检查和集中排查，对实验室危险废物进行专项检查。

10 日，2019 年教师节庆祝大会在逸夫厅举行。学校领导张伟、郭善利、张殿臣、孙祥斌、邓昌亮、宋中民、周胜良、王强出席，校长郭善利主持，党委书记张伟讲话。党委副书记张殿臣宣读《关于向在教育服务岗位工作满 30 年、在烟台大学教育服务岗位工作满 20 年的教师和教育工作者颁发“孺子牛”荣誉纪念奖章的决定》，学校领导向荣誉称号获得者颁发荣誉纪念奖章。会议表彰了获得“2019 年山东省优秀教师”荣誉称号的吴昭景教授，张伟向吴昭景颁发荣誉证书。

11 日，学校人才工作领导小组会议在办公楼 201 会议室召开。全体校领导出席会议，副校长孙祥斌主持。

学校纪委组织近两年来 60 余名新提拔的处级干部参观烟台市廉政教育基地，校纪委书记周胜良参加活动。

12 日，烟台大学“不忘初心、牢记使命”主题教育工作会议在逸夫厅召开。省委主题教育第十二巡回指导组组长潘振文出席会议并讲话，党委书记张伟做动员讲话，校长郭善利主持会议。学校副处级以上党员干部、各基层党支部书记参加会议。

学校在体育场举行 2019 级学生军训总结表彰大会。学校领导张伟、郭善利、张殿臣、孙祥斌、邓昌亮、宋中民、周胜良、王强、李合亮，武警烟台支队领导，军训工作领导小组全体成员出席大会。党委副书记张殿臣主持。党委书记张伟向承训部队赠送锦旗。校长郭善利为 2019 级新生军训团颁奖。副校长孙祥斌宣读《烟台大学关于表彰 2019 级学生军训先进集体及个人的决定》。副校长、军训工作领导小组组长邓昌亮做总结讲话。

14 日，机电汽车工程学院 iCan 车队获“2019 中国汽车工程学会巴哈大赛”襄阳站本科组优秀奖、年度总成绩三等奖。

15 日，2019 年迎新生文艺晚会在体育场举行。校领导张伟、郭善利、邓昌亮、宋中民、王强以及有关部门、各学院负责人与 2019 级全体新生观看演出。

16—17 日，汤森路透中国高级顾问万跃华研究馆员应邀到校做题为“ESI 热点论文、高被引论文发表技巧”“一流学科建设与如何推进 ESI 全球前 1% ”两场专题报告。校长郭善利参加座谈，100 多人参加报告会。

17 日，烟台大学“不忘初心、牢记使命”主题教育培训会议在育秀大楼 316 会议室召开。党委书记、学校主题教育领导小组组长张伟出席会议并讲话，党委副书记、学校主题教育领导小组副组长张殿臣主持，党委常委、纪委书记、学校主题教育领导小组副组长周胜良宣读学校主题教育领导小组及有关工作机构安排。

山东省 2019 年度实验室危险废物专项检查组到校进行现场检查。检查汇报会在办公楼 435 会议室召开，副校长宋中民出席。

18 日，学校党委理论中心组在育秀大楼 316 会议室进行“不忘初心、牢记使命”主题教育第一次集中学习研讨暨 2019 年第七次集体学习。党委书记张伟主持，学校党委委员、纪委委员、二级单位党组织书记参加学习，省委第十二巡回指导组副组长唐德才等列席。

学校印发《烟台大学因公临时出国(境)管理办法》。

19 日，全国地方综合大学财务论坛暨中国教育会计学会地方综合大学分会六届四次年会在烟台大学召开，中国教育会计学会地方综合大学分会会长赵明扬、烟台大学校长郭善利、河北环境工程学院副校长张静、中国教育会计学会地方综合大学分会秘书长钟希余出席开幕式。

山东教育电视台以“师生配成为大学生创业新模式”为题对学校“师生共创 学科交叉”大学生创新创业教育新模式进行专题报道。

20 日，烟台大学牵头举办的“深化产教融合、服务新旧动能转换校企合作对接会”在烟台皇冠假日酒店召开。山东省教育厅副厅长白皓、省国资委省管企业监事会主席柳树公、烟台大学党委书记张伟等参加会议。烟台市副市长张代令、新华三集团联席总裁王景颇和烟台大学校长郭善利分别代表烟台市人民政府、新华三集团和烟台大学签署战略合作框架协议。

20—22 日，“第二届大学生实验技能暨创新创业大赛”在烟台大学举行。全国 15 所高校近 200 名师生参加。

21 日，山东管理学院副院长邹坤萍一行到校调研。副校长宋中民会见客人。

21—23 日，“烟台大学 2019 黄金催化专题研讨会”在育秀大楼举行。副校长王强致欢迎词。

22 日，教育部高等学校社会科学发展研究中心、高等学校中国共产党革命精神与文化资源研究中心、烟台大学联合举办的“红色文化资源育人研讨会暨新一批中国共产党革命精神系列读本出版座谈会”在烟台大学召开。教育部社科中心主任、《中国高校社会科学》杂志总编辑王炳林，烟台大学校长郭善利，中央党史和文献研究院第七研究部宣教处副处长张东明，中共党史出版社副总编辑吴江等出席座谈会。教育部社科中心副主任储新宇主持座谈会开幕式。

23 日，学校党委班子围绕加强党的政治建设、全面从严治党、坚定理想信念、牢记宗旨性质、勇于担当作为、强化政治纪律和政治规矩、提升党性修养、廉洁自律等 8 个专题开始为期 5 天的集中学习研讨。

24 日，迎接新中国成立 70 周年校园安全稳定工作部署会议在办公楼 201 会议室召开，校长郭善利出席并讲话，副校长王强主持会议。

25 日，烟台市校地合作第三次联席会议在东山宾馆举行。会议听取校地合作第二次联席会议及张术平教师节走访座谈议定有关事项落实情况、省市共建烟台大学合作协议推进落实情况的汇报，校地双方代表围绕供给侧、需求侧交流发言。市委书记张术平出席会议并讲话，市领导于涛、于松柏、于永信、崔宗涛出席会议，烟台市各有关区县和部门主要负责同志及驻烟高校党政主要负责同志参加会议。烟台大学校长郭善利、龙口市委书记韩世军、南山集团总裁程仁策分别代表烟台大学、龙口市、山东裕龙石化有限公司签署战略合作框架协议。

28 日，烟台大学 2019 年化学节在青春广场开幕。

30 日，党委书记张伟到机电汽车工程学院、环境与材料工程学院调研指导“不忘初心、牢记使命”主题教育。

经校党委常委会研究决定，撤销中国共产党烟台大学校办产业管理办公室支部委员会。

10 月

1 日，庆祝中华人民共和国成立 70 周年升国旗仪式在国旗广场举行。学校领导张伟、郭善利、孙祥斌、邓昌亮、宋中民、郝曙光、王强和师生 2000 余人参加。

环境与材料工程学院徐惠忠教授作为教师代表，受邀参加国庆阅兵观礼。

9 日，学校“不忘初心、牢记使命”主题教育工作推进会在育秀大楼 316 会议室召开。党委书记、学校主题教育领导小组组长张伟出席会议并讲话，党委副书记、学校主题教育领导小组副组长张殿臣主持，党委常委、纪委书记、学校主题教育领导小组

副组长周胜良传达中央、省委有关会议精神。

学校领导张伟、郭善利、张殿臣、周胜良等调研高水平虚拟仿真大型实训设备。

山东省第十六届大学生科技文化艺术节书画篆刻大赛在承先图书馆举行。

9—14 日，由山东省学校体育协会主办的 2019 年山东省大学生田径锦标赛在青岛国信体育场举行，学校派出的 3 名教练员和 15 名学生运动员获“2019 年山东省大学生田径锦标赛”甲组和丙组冠军 5 项、亚军 1 项、季军 5 项。

10 日，音乐舞蹈学院两支合唱团获山东省“我和我的祖国”合唱大赛青年组银奖和铜奖。

11 日，庆祝新中国成立 70 周年、建校 35 周年教职工文艺演出“牢记使命勇担当，我们走在大路上”在弘毅厅举办。郭善利、张殿臣、孙祥斌等观看演出。

学校党委理论中心组在育秀大楼 316 会议室进行第八次集体学习。党委副书记张殿臣主持。

学校印发《烟台大学实验室危险废物处置实施细则（试行）》。

11—13 日，由中国药学会主办，烟台大学等联合承办的第十三届中国药物制剂大会在烟台举行。中国药学会理事长孙咸泽，烟台市委常委、常务副市长王中，烟台大学校长郭善利，绿叶生命科学集团董事局主席刘殿波等出席大会开幕式并致辞。

13 日，法学院 2018 级本科生陈禹洲以全省第二名的成绩获第四届全国学生“学宪法　讲宪法”活动山东赛区知识竞赛决赛一等奖。

14 日，第四届全国学生“学宪法　讲宪法”活动山东赛区高校组决赛在烟台大学举办。山东省委教育工委委员、省教育厅副厅长戴龙成，烟台大学校长郭善利、副校长邓昌亮等观摩比赛。烟台大学法学院 2017 级学生傅于说以第一名的成绩获山东赛区演讲比赛决赛高校组特等奖。

15 日，学校两委委员赴胶东红色文化陈列馆进行党委理论中心组第九次集体学习，接受革命传统教育，引导广大党员干部牢记初心使命、传承红色基因。

16 日，在建校 35 周年之际，烟雨亭在湖心岛落成。学校党委书记张伟、校长郭善利，清泉寨党委书记张恒传、党委副书记张恒佳共同为“烟雨亭”匾额揭牌，学校党委副书记张殿臣，副校长邓昌亮、王强等参加活动。

17 日，烟台南山学院党委书记刘新生一行到校调研。党委书记张伟、党委副书记张殿臣会见客人。双方围绕思政队伍建设、学科建设、思政青年教师培养等方面进行交流探讨。

学校在综合楼 624 室举办建校 35 周年学团系统师生茶话会，学校领导张伟、郭善利、邓昌亮等参加。

经校党委常委会研究决定，撤销纪委办公室、纪委纪律检查室，撤销监察处。成立省监委驻烟台大学监察专员办公室，与烟台大学纪委合署办公。纪委（监察专员办公室）下设综合处（正处级）、案件管理室（副处级）、纪检监察室（副处级）。纪委（监察专员办公室）综合处内设秘书科、宣教科。

18 日，由郭善利教授等牵头的 2019 年度山东省“渤海粮仓”科技示范工程升级版项目“耐盐藜麦品种（系）的选育与配套关键技术研发和示范应用”启动会在东营市黄河三角洲农高区召开。

李庆忠教授入选英国皇家化学会发布的 2018TOP1%“高被引作者名单”。

19 日，第七届全国高校法律援助组织研讨会暨“庆祝新中国成立七十周年”公益普法成果展在逸夫厅举行。

19—20 日，“不忘初心、牢记使命”烟台市高校团干部培训班在学校举办。副校长邓昌亮、共青团烟台市委书记李桂勋参加开班仪式并讲话。

生命科学学院选派的 4 支代表团队获“第七届山东省大学生医药生物技术技能大赛”一等奖 2 项、二等奖 2 项、优秀壁报奖 1 项。

21 日，教育部全国学生资助管理中心高校处处长喻小明一行 6 人到学校调研学生资助工作。校长郭善利、副校长邓昌亮等参加座谈。

23 日，烟台大学与韩国木浦大学第 29 届中韩学术研讨会开幕式在育秀大楼 316 会议室举行。烟台大学副校长宋中民出席开幕式。会议期间，烟台大学校长郭善利会见木浦大学代表团。

24 日，山东省人力资源和社会保障厅副厅长侯复东一行到校看望慰问中国工程院院士温俊峰。党委书记张伟、校长郭善利等一同看望。

“永不磨灭的印记——北京大学、清华大学支援烟台大学建设历程”展揭幕仪式在承先图书馆举行。党委书记张伟、校长郭善利为展览揭幕。

25 日，学校领导张伟、孙祥斌、周胜良、王强到承先图书馆参观“庆祝新中国成立70周年暨烟台大学建校35周年教工书画摄影展”。

副校长李合亮一行赴海阳市调研校地合作事宜。海阳市委书记刘宏涛、副书记吴德柱、副市长梁景俊出席调研座谈。

25—27日,生命科学学院派出的代表队获“山东省大学生生物学大赛”一等奖2项,二等奖3项;获“山东省大学生生物实验技能大赛”一等奖2项,二等奖5项,三等奖5项。

26日,学校承办第三届“泰山杯”山东省高校日语演讲大赛,副校长王强出席开幕式并致辞。外国语学院2017级学生陈瑶以第一名的成绩获特等奖,教师赵佳舒获优秀指导教师特等奖。

26—27日,学校“伊丽莎白”代表队获第44届ICPC国际大学生程序设计竞赛亚洲区域赛(南京站)金牌。

27日,学校4支参赛队伍获“2019中国智能机器人格斗大赛”国家一等奖3项、二等奖1项,“YTU－肩扛希望队”夺得格斗大赛仿人自主格斗组冠军。

27日—11月3日,党委副书记张殿臣率团访问新西兰坎特伯雷大学、怀卡托大学、中部理工学院和澳大利亚纽卡斯尔大学、新英格兰大学。

28日,台湾海洋大学校长张清风教授到校访问,校长郭善利、副校长宋中民会见来宾。

澳大利亚新英格兰大学法学院院长迈克尔·亚当斯教授一行到校访问,与法学院签署双方联合培养博士项目协议。

学校党委出台《烟台大学高质量发展实施意见》。

学校印发《〈烟台大学人才引进与管理实施办法〉补充规定》。

29日,党委书记张伟,副校长孙祥斌、李合亮一行赴山东航天电子技术研究所走访调研。山东航天电子技术研究所党委书记李林、副书记张术鹏等参加调研座谈。

30日,清华大学科研院科技开发部主任、与企业合作委员会秘书长张虎博士到校访问。党委书记张伟会见客人,校长郭善利、副校长李合亮参加会谈。

在中国(烟台)核能安全暨2019核电产业链高峰论坛开幕式上,烟台市委常委、常务副市长王中,全国政协常委、中国核学会理事长王寿君,国家市场监督管理总局计量司副司长杜跃军,山东省能源局局长栾健,山东省市场监督管理局副局长贾峰,烟台大学校长郭善利等为烟台大学核电技能培训中心揭牌。

国家人力资源和社会保障部工资福利司司长李秀山一行到校调研高校绩效工资分配、高层次人才激励机制和科技成果转化奖励落实情况,省人力资源和社会保障厅副厅长房波等陪同调研。

31日,学校领导班子在育秀大楼316会议室召开“不忘初心、牢记使命”主题教育调研成果交流会,党委书记张伟主持会议。山东省委主题教育第十二巡回指导组副组长唐德才等到会指导。张伟、郭善利、孙祥斌、邓昌亮、宋中民、周胜良、王强、李合亮分别交流了调研工作开展情况。张伟做总结讲话。

学校在办公楼201会议室召开青年博士教师座谈会。党委书记张伟、校长郭善利出席会议。副校长孙祥斌主持。

中国(烟台)核能安全暨2019核电产业链高峰论坛“烟台院士行”活动在烟台大学启动。院士于俊崇和陈念念、国家核电专家委专家付满昌、清华大学教授付林等参观烟台大学校史展厅及药学院实验室。校长郭善利陪同参观。

本月

光电信息科学技术学院参赛队获“山东省第十一届大学生科技节物理科技创新大赛”省级一等奖1项、二等奖2项、三等奖1项。

“烟大精神”表述语正式确定为“海纳百川,敢为人先”。

学校获“第十二届全国三维数字化创新设计大赛山东赛区选拔赛”特等奖1项、一等奖2项、二等奖3项、三等奖1项。

11月

1日,学校在致道厅召开第十届本科教学工作会议,学校领导与师生代表330余人参加会议。副校长宋中民做题为“立足新时代,开启新征程,打造一流本科教育”的工作报告。会议表彰了两年来在教学工作中取得突出成绩的团队和个人。校长郭善利做总结讲话。

2—3日,学校4支队伍获“第六届‘欧姆龙杯’自动化控制应用设计大赛全国总决赛”特等奖1

项、一等奖2项、二等奖1项。其中,“三元锦鲤队”在创新创意赛项中以第一名的成绩夺得特等奖。

5日,烟台大学·枣庄统一战线同心共建签约暨烟台大学党外知识分子“爱国奋斗建功立业”实践基地揭牌仪式在枣庄市山亭区举行。校党委书记张伟,副校长孙祥斌,枣庄市委常委、宣传部部长、政法委书记李爱杰等出席仪式。双方签署了《烟台大学·枣庄统一战线同心共建协议书》,学校向山亭区捐赠爱心助学物资。

张伟、孙祥斌一行到枣庄市山亭区“第一书记”帮包村调研。

学校党委理论中心组在育秀大楼316会议室进行第十次集体学习。校长郭善利主持。莱山区委常委、副区长、中央党校聂文婷副教授做题为“中国共产党的奋斗历程和初心使命”的辅导报告。

学校在育秀大楼316会议室召开龙口市—烟台大学校地合作对接会议。龙口市委副书记、市长吕波,市委常委、副市长金成波,烟台大学校长郭善利,副校长宋中民、李合亮等出席会议。党委副书记张殿臣主持。

德尔福科技亚太区研发中心政务事务总监、德尔福柴油系统(烟台)有限公司董事会秘书田丰一行到校洽商合作。

6日,省委教育工委副书记,省教育厅副厅长、党组副书记冯继康一行到校调研人才队伍建设及思想政治教育工作。党委书记张伟、校长郭善利、副校长孙祥斌出席汇报会。党委副书记张殿臣主持会议。

山东省教育厅美育评价专家组一行四人到校进行美育工作现场考察和评价。校长郭善利出席见面会并致辞。副校长宋中民汇报学校美育工作情况,副校长邓昌亮主持。

大学生思想政治大讲堂暨2019级班级学生干部培训班开班仪式在学校逸夫厅举行。校长郭善利以“坚定理想信念,做新时代的有为青年”为题为学生干部讲了第一课,副校长邓昌亮出席。

学校印发《烟台大学哲学社会科学学术著作出版基金管理办法(试行)》《烟台大学关于规范差旅伙食费和市内交通费收交管理有关事项》。

7日,党委书记张伟在育秀大楼316会议室讲授题为“筑牢思想政治工作生命线,落实立德树人根本任务”的主题教育专题党课,省委第十二巡回指导组副组长唐德才出席,学校党委委员、纪委委员,各二级单位党组织书记参加学习,党委副书记张殿臣主持。

校长郭善利在育秀大楼316会议室讲授“不忘初心、牢记使命”主题教育专题党课,机关各部处室、各直属单位主要负责人以及各学院(部)院长(主任)参加学习。

7—13日,学校获“第十六届‘挑战杯’全国大学生课外学术科技作品竞赛终审决赛”国赛二等奖1项,三等奖2项。

8日,党委书记张伟在育秀大楼316会议室主持召开校领导班子对照党章党规找差距专题会议。山东省委主题教育第十二巡回指导组副组长唐德才等到会指导。张伟、张殿臣、孙祥斌、邓昌亮、宋中民、周胜良、王强、李合亮分别做对照发言。张伟做总结讲话。

9日,“山东省2019年高校毕业生集中招聘活动暨烟台大学2020届毕业生供需见面会”在学校千米文化长廊举办。山东省公共就业和人才服务中心就业服务处王奇伟、烟台市人力资源和社会保障局副局长于腾;学校党委书记张伟,党委副书记张殿臣,副校长孙祥斌、邓昌亮等到现场了解招聘情况。

10日,海洋学院选派的代表队获“第二届全国大学生船舶能源与动力创新大赛决赛”设计赛一等奖1项、二等奖2项、优秀奖1项,获技能赛二等奖2项。

10—14日,郭善利校长应邀率团访问东华大学、中原大学和世新大学等台湾高校和台湾优势产业对外合作委员会。

12日,学校“不忘初心、牢记使命”主题教育工作推进会在育秀大楼316会议室召开。会议传达中央巡回督导组来校督导调研有关情况,学习全省高校“不忘初心、牢记使命”主题教育工作会议精神,安排部署下一步工作。

14日,“学身边榜样、悟初心使命”先进事迹报告会在逸夫厅启动,张伟出席并讲话,孙祥斌主持。

16日,学校冰球队获“‘战马杯’2019中国首届大学生冰球锦标赛”第四名。

18日,学校“悦动烟火”健美操啦啦操队获“第十五届中国大学生健康活力大赛暨中国大学生健美操、校园健身操舞锦标赛”普通院校A组中国大学生中级校园健美操项目第一名。

19 日，张新光教授入选科睿唯安（Clarivate Analytics）发布的数学领域 2019 年度“高被引科学家”名单。

20 日，学校党建工作推进会在办公楼 201 会议室召开。党委副书记张殿臣出席会议。

东方蓝天钛金科技有限公司总经理王肇宇等一行 8 人到校洽谈合作。副校长李合亮会见客人。

学校决定成立“烟台大学生命与健康大数据中心”，挂靠生命科学学院；成立“烟台大学体育科学研究所”，挂靠体育教学部。

22 日，“儒学名家高校行”报告会在逸夫厅举行。南京大学博士研究生导师、江苏省儒学学会常务副会长李承贵教授为学校师生做题为“儒学——提升生活的智慧”的报告。党委副书记张殿臣主持报告会。

23 日，学校代表队获“第四届（2019）全国工商企业管理技能大赛现场总决赛”特等奖。

24 日，学习贯彻党的十九届四中全会精神省委宣讲团成员、山东政法学院党委书记李玉福到校，围绕“学习贯彻党的十九届四中全会精神，坚持和完善中国特色社会主义制度，推进国家治理体系和治理能力现代化”做宣讲报告。党委书记张伟主持，副科级以上干部和师生代表参加报告会。

学校获“‘中联重科’杯第五届全国大学生智能农业装备创新大赛”国家二等奖 1 项、优秀奖 2 项。

学校参赛代表队获“首届全国大学生水产技能大赛”特等奖 1 项、一等奖 3 项、二等奖 2 项。

29 日，学校党委理论中心组在育秀大楼 316 会议室举行十九届四中全会精神专题研讨。党委书记张伟主持。

学校在育秀大楼 316 会议室召开服务地方工作调度推进会议。张伟、郭善利出席会议并讲话，李合亮主持。

第二届中华优秀传统文化节在弘毅厅开幕。党委副书记张殿臣出席开幕式并致辞。

30 日，学校男子篮球队获“第二十二届 CUBA 中国大学生篮球联赛基层赛（山东赛区）比赛”甲组季军。

本月

学校获“2019 年全国大学生数学建模竞赛”国家一等奖 1 项、二等奖 1 项，获山东省一等奖 6 项、二等奖 16 项、三等奖 8 项。

保卫处杨乃军同志获评“山东省 119 消防奖”先进个人。

12 月

2 日，学校获“山东省第六届‘超星杯’高校教师信息化教学比赛”一等奖 2 项、优秀奖 1 项。

3 日，烟台市民政局副局长王欣培为“烟台大学慈善义工管理中心”等 4 个新成立的义工组织授牌。

经校党委常委会研究决定，国际教育交流学院设立留学生工作办公室，撤销教学管理科。

学校党委印发《烟台大学干部选拔任用工作实施办法》《烟台大学选聘青年教师担任辅导员工作方案（试行）》。

3—4 日，清华大学费维扬院士与刘铮教授到校，现场指导科研创新平台建设与发展，并做客“两校名师讲堂”。校长郭善利、副校长李合亮等参加相关活动。

4 日，学校获评山东高校“教育新闻宣传先进单位”，校报编辑部陈颖同志获“高校教育新闻宣传先进个人”称号。

音乐舞蹈学院女生合唱团获“2019 年山东省大学生合唱艺术节决赛”专业组一等奖。

学校印发《烟台大学服务收入分配办法（试行）》《烟台大学学分制收费管理暂行办法（修订）》《烟台大学人才引进奖励办法（试行）》。

5 日，党委书记张伟、副校长王强到祥隆社区开展“双报到”工作并进行实地调研。

“学身边榜样、悟初心使命”先进事迹第二场报告会在逸夫厅举行，党委副书记张殿臣主持。

学校在致道厅举办一流本科课程建设专题讲座，邀请吉林大学教授、博士生导师、教学名师张汉壮教授做题为“以立德树人为目标的一流课程建设与实践”的专题讲座。

8 日，第四次学生代表大会在致道厅召开。校领导郭善利、邓昌亮出席会议。会议审议并通过第三届学生会工作报告、《烟台大学学生会章程（修正案）》和烟台大学第四次学生代表大会常任代表建议名单，选举并产生由田新雷、闫新宇、李文谦、徐子昊、黄敬茹 5 名同学组成的新一届学生会主席团。

北京燕化集联光电技术有限公司与烟台大学

校企合作签约暨“云基奖学金”捐赠仪式在办公楼435会议室举行。北京燕化集联光电技术有限公司副总经理陈中汉，副校长邓昌亮出席仪式并致辞。双方签署了《烟台大学—北京燕化集联光电技术有限公司战略合作框架协议》《“云基奖学金”捐赠协议书》《烟台大学实习基地建设协议书》。

8—15日，党委书记张伟率团访问瑞典梅拉达伦大学、厄勒布鲁大学和德国不来梅应用技术大学、特里尔应用技术大学。

15日，烟台大学—佐治亚理工大学合作交流研讨会在综合楼617会议室召开。美国佐治亚理工大学教授李默和英国伯明翰大学博士生导师蔡彪等30余人参加会议。

18日，台湾中国文物协会、台湾优势产业对外合作委员会主席王新力一行7人到校访问。党委书记张伟、校长郭善利会见客人。

学校印发《烟台大学结业生返校进修考试违纪处理办法(试行)》《烟台大学学术会议资助管理办法(试行)》。

19日，2018—2019学年奖学金颁奖典礼在弘毅厅举行。学校领导张伟、郭善利、张殿臣、孙祥斌、邓昌亮、宋中民、周胜良、王强、李合亮出席，共700余人参加典礼。绿叶制药集团人力资源与行政总监刘晓梅、山东圣凯建筑设计咨询有限公司工会主席白宪国、馨德奖学金设立者修先刚、金正环保科技有限公司副总裁傅进玉等社会类奖学金设立代表受邀出席。校领导和嘉宾为各类奖学金获得者、先进班集体、社会实践优秀团队代表颁奖并合影。校长郭善利致辞。

20日，学校入选“2019年度山东最佳社会声誉高校”榜单，官方微信公众号入选“2019年度山东最具影响力高校政务新媒体榜”榜单。

学校党委印发《中国共产党烟台大学基层组织工作实施细则(试行)》《烟台大学2019—2022年干部教育培训规划》，出台《关于进一步激励干部担当作为建设高素质干部队伍的实施意见》。

21日，由山东省教育厅主办、烟台大学分子药理和药物评价教育部重点实验室承办的泰山学术系列论坛——“疾病的调控机制及创新药物设计与发现”专题在烟台东山宾馆举行。20余名知名专家参加本次论坛。校长郭善利出席论坛开幕式并致辞。

24日，澳门、烟台两地高校青年学生对话交流会在育秀大楼316会议室举行。澳门高校学生会骨干国情考察团一行29人到校开展对话交流并参观学校。

25日，学校新一届学生会主席团、学生常任代表、研究生会主席团座谈会在育秀大楼316会议室召开，校领导张伟、张殿臣、邓昌亮等参加座谈。

学校党委印发《关于坚持和完善党委领导下的校长负责制、健全党委全委会、党委常委会和校长办公会议事规则的实施办法(修订)》。

26日，聊城大学校长王昭风一行到校考察。校领导张伟、郭善利、孙祥斌、宋中民、郝曙光、李合亮分别会见客人并座谈。双方就人事分配制度改革，高层次人才引进及培养，师资队伍建设与管理，学科建设和科研平台建设等进行探讨。

27日，学校在致道厅召开2019年学科建设会。会议主题为“凝心聚力　协同推进　开创学科建设新局面”。党委书记张伟做会议主旨讲话，副校长郝曙光做学科建设工作报告。校长郭善利做总结发言。全体校领导、校学术委员会委员、校学科建设委员会委员等近300人参加会议。

29日，枣庄学院党委书记曹胜强、校长李东一行到校考察交流。党委书记张伟，校长郭善利，副校长宋中民、郝曙光、李合亮会见客人。郭善利、李东代表两校签订《烟台大学—枣庄学院战略合作协议》。

30日，学校在于维纮学术交流中心举办2019年优秀青年教师辅导员入职仪式暨学团系统新年茶话会，学校领导张伟、郭善利、张殿臣、孙祥斌、邓昌亮等参加。

本月

学校获评2019年“山东省高校学生公寓管理工作先进单位”。

学校获2019年“全国暑期社会实践活动优秀单位”称号。

学校代表队获第五届中国“互联网+”大学生创新创业大赛主赛道、青年红色筑梦之旅赛道、国际赛道3项铜奖。

文件目录

2019 年校党委党字文件目录

发文字号	文件名称
烟大党字〔2019〕1 号	关于王吉法同志因私出国的备案报告
烟大党字〔2019〕2 号	中共烟台大学委员会关于党委领导班子 2018 年度民主生活会方案的报告
烟大党字〔2019〕3 号	中共烟台大学委员会关于召开 2018 年度民主生活会情况的报告
烟大党字〔2019〕4 号	关于领导班子成员分工调整情况的备案报告的报告
烟大党字〔2019〕5 号	中共烟台大学委员会关于合作共建山东省新材料、高端装备与先进制造大科学中心的请示
烟大党字〔2019〕6 号	中共烟台大学委员会关于人事管理工作专项检查的自查报告
烟大党字〔2019〕7 号	中共烟台大学委员会关于全省“担当作为、狠抓落实”工作动员大会贯彻落实情况的报告
烟大党字〔2019〕8 号	中共烟台大学委员会呈送《中共烟台大学委员会关于落实省委第十三巡视组意识形态工作专项检查反馈意见的整改方案》的报告
烟大党字〔2019〕9 号	中共烟台大学委员会关于召开巡视整改专题民主生活会情况的报告
烟大党字〔2019〕10 号	中共烟台大学委员会关于郭善利、郝曙光、王强同志正式任职的请示
烟大党字〔2019〕11 号	中共烟台大学委员会关于郝曙光同志率团赴西班牙、法国访问的报告
烟大党字〔2019〕12 号	中共烟台大学委员会关于省委第十三巡视组意识形态工作专项检查反馈意见整改落实情况的报告
烟大党字〔2019〕13 号	中共烟台大学委员会关于省委第十三巡视组反馈意见整改落实情况的报告
烟大党字〔2019〕14 号	中共烟台大学委员会关于孙祥斌同志率团赴香港访问的报告
烟大党字〔2019〕15 号	中共烟台大学委员会关于恳请中共烟台市委支持省市共建烟台大学的请示
烟大党字〔2019〕16 号	中共烟台大学委员会关于申报第二届烟台市文明校园的报告
烟大党字〔2019〕17 号	烟台大学党委关于烟台市优秀党务工作者、先进基层党组织推荐情况的报告
烟大党字〔2019〕18 号	中共烟台大学委员会关于选人用人工作整改情况的报告
烟大党字〔2019〕19 号	中共烟台大学委员会关于全省干部队伍建设专题调研初步人选推荐情况的报告
烟大党字〔2019〕20 号	中共烟台大学委员会关于落实省委巡视工作领导小组对部分省属高校党委开展巡视情况即知即改工作的报告

续表

发文字号	文件名称
烟大党字〔2019〕21 号	烟台大学关于协办《中国科学:化学》2019 年编委会的报告
烟大党字〔2019〕22 号	中共烟台大学委员会关于 2019 年上半年意识形态工作情况的报告(山东省委宣传部)
烟大党字〔2019〕23 号	烟台大学关于承办教育部高等学校数学类专业教学指导委员会 2019 年暑期工作会议暨全国高校数学学科院系主任联席会的报告
烟大党字〔2019〕24 号	中共烟台大学委员会关于纪检监察内设机构设置专职人员编制和领导职数核定的方案
烟大党字〔2019〕25 号	中共烟台大学委员会关于罗援将军来校做讲座的报告
烟大党字〔2019〕26 号	中共烟台大学委员会关于持续做好巡视整改落实工作的报告
烟大党字〔2019〕27 号	烟台大学创建第二届省级文明校园自查报告
烟大党字〔2019〕28 号	中共烟台大学委员会关于“不忘初心、牢记使命”主题教育整改落实情况的报告
烟大党字〔2019〕29 号	中共烟台大学委员会关于“不忘初心、牢记使命”主题教育专项政治情况的报告
烟大党字〔2019〕30 号	中共烟台大学委员会关于落实全面从严治党主体责任情况的报告
烟大党字〔2019〕31 号	中共烟台大学委员会关于召开“不忘初心、牢记使命”专题民主生活会的报告
烟大党字〔2019〕32 号	中共烟台大学委员会关于召开“不忘初心、牢记使命”专题民主生活会的报告
烟大党字〔2019〕33 号	中共烟台大学委员会关于持续做好巡视整改落实工作的报告
烟大党字〔2019〕34 号	中共烟台大学委员会关于 2019 年下半年意识形态工作情况的报告
烟大党字〔2019〕35 号	中共烟台大学委员会关于 2019 年下半年意识形态工作情况的报告
烟大党字〔2019〕36 号	中共烟台大学委员会关于 2019 年下半年意识形态工作情况的报告
烟大党字〔2019〕37 号	烟台大学关于创建烟台市文明单位的复查报告

2019 年校党委党发文件目录

发文字号	文件名称
烟大党发〔2019〕1 号	关于印发《烟台大学 2018 年工作总结和 2019 年工作要点》的通知
烟大党发〔2019〕2 号	关于印发《烟台大学“孺子牛”教育服务年限荣誉激励计划实施方案》的通知
烟大党发〔2019〕3 号	关于给予白世俊同志党内严重警告处分的决定
烟大党发〔2019〕4 号	关于给予李进莉同志撤销党内职务处分的决定
烟大党发〔2019〕5 号	关于给予杨滨同志党内严重警告处分的决定
烟大党发〔2019〕6 号	关于给予陈义保同志党内严重警告处分的决定
烟大党发〔2019〕7 号	关于给予于涛同志党内警告处分的决定
烟大党发〔2019〕8 号	关于给予张仕祯同志党内警告处分的决定
烟大党发〔2019〕9 号	关于给予任汇江同志党内严重警告处分的决定

续表

发文字号	文件名称
烟大党发〔2019〕10 号	关于给予朱兴同志党内警告处分的决定
烟大党发〔2019〕11 号	关于给予王焕辉同志党内警告处分的决定
烟大党发〔2019〕12 号	中共烟台大学委员会关于调整校领导分工的通知
烟大党发〔2019〕13 号	关于印发《烟台大学“强学习、提站位、深反思、促整改”专题教育活动实施方案》的通知
烟大党发〔2019〕14 号	关于印发明春德、李震球、张伟同志在巡视烟台大学党委反馈会议上讲话的通知
烟大党发〔2019〕15 号	关于中共烟台大学纪律检查委员会内设机构调整的通知
烟大党发〔2019〕16 号	关于印发《中共烟台大学委员会关于落实省委第十三巡视组反馈意见的整改方案》和《巡视组反馈意见整改落实工作台账》的通知
烟大党发〔2019〕17 号	印发《中共烟台大学委员会关于落实省委第十三巡视组意识形态工作专项检查反馈意见的整改方案》和《意识形态专项巡视整改落实工作台账》的通知
烟大党发〔2019〕18 号	关于印发《烟台大学 2019 年党建和思想政治工作要点》的通知
烟大党发〔2019〕19 号	中共烟台大学委员会关于调整校领导分工的通知
烟大党发〔2019〕20 号	关于印发《中共烟台大学委员会关于学院党委(党总支)组织员任用和管理工作暂行办法》的通知
烟大党发〔2019〕21 号	关于印发《烟台大学干部挂职管理办法(试行)》的通知
烟大党发〔2019〕22 号	关于印发《烟台大学突发敏感舆情处置工作办法》的通知
烟大党发〔2019〕23 号	关于印发《烟台大学网络意识形态工作责任制实施细则》的通知
烟大党发〔2019〕24 号	关于表彰奖励 2018 年单位目标考核获奖单位的决定
烟大党发〔2019〕25 号	关于给予卫兆明同志党内警告处分的决定
烟大党发〔2019〕26 号	关于给予徐阳同志党内警告处分的决定
烟大党发〔2019〕27 号	关于加强和改进深入基层联系学生工作的意见
烟大党发〔2019〕28 号	关于印发《烟台大学优秀共产党员、优秀党务工作者、先进基层党组织评选表彰办法》的通知
烟大党发〔2019〕29 号	中共烟台大学委员会关于调整有关内设机构的通知
烟大党发〔2019〕30 号	关于印发《烟台大学纪检机关处理举报工作办法(试行)》的通知
烟大党发〔2019〕31 号	关于印发《烟台大学廉政风险重点部位和关键环节监督管理工作办法》的通知
烟大党发〔2019〕32 号	关于表彰 2018 年度烟台大学“红旗团委”和“优秀青年工作者”的决定
烟大党发〔2019〕33 号	关于给予赵小兵开除党籍处分的决定
烟大党发〔2019〕34 号	印发《关于进一步加强和改进新闻宣传工作的实施意见》的通知
烟大党发〔2019〕35 号	关于表彰 2018 年度十佳校园新媒体、优秀指导教师、优秀学生编辑、优秀原创作品的决定
烟大党发〔2019〕36 号	关于表彰烟台大学优秀通讯员的决定
烟大党发〔2019〕37 号	中共烟台大学委员会关于巡视整改进展情况的通报
烟大党发〔2019〕38 号	烟台大学关于全面加强和改进思想政治理论课建设的实施意见
烟大党发〔2019〕39 号	关于给予韩昌卫同志诫勉处理的决定
烟大党发〔2019〕40 号	关于表彰优秀共产党员、优秀党务工作者、先进基层党组织的决定

续表

发文字号	文件名称
烟大党发〔2019〕41 号	印发《中共烟台大学委员会关于开展“不忘初心、牢记使命”主题教育的工作方案》的通知
烟大党发〔2019〕42 号	中共烟台大学委员会关于撤销有关党组织的通知
烟大党发〔2019〕43 号	关于调整纪检监察机构的通知
烟大党发〔2019〕44 号	烟台大学高质量发展实施意见
烟大党发〔2019〕45 号	关于给予谭罼同志党内严重警告处分的决定
烟大党发〔2019〕46 号	关于印发《烟台大学干部选拔任用工作实施办法》的通知
烟大党发〔2019〕47 号	关于印发《烟台大学选聘青年教师担任辅导员工作方案(试行)》的通知
烟大党发〔2019〕48 号	关于印发《中国共产党烟台大学基层组织工作实施细则(试行)》的通知
烟大党发〔2019〕49 号	中共烟台大学委员会关于进一步激励干部担当作为建设高素质干部队伍的实施意见
烟大党发〔2019〕50 号	印发《关于坚持和完善党委领导下的校长负责制、健全党委全委会、常委会和校长办公会议事规则的实施办法(修订)》的通知
烟大党发〔2019〕51 号	关于印发《烟台大学 2019—2022 年干部教育培训规划》的通知

2019 年校行政校字文件目录

发文字号	文件名称
烟大校字〔2019〕1 号	烟台大学关于编报 2019 年“二上”部门预算的请示
烟大校字〔2019〕2 号	烟台大学关于申报 2019 年“二上”预算专项经费的请示
烟大校字〔2019〕3 号	烟台大学关于推荐 2019—2022 年山东省本科教育教学指导委员会委员的请示
烟大校字〔2019〕4 号	烟台大学关于 2018 年专项资金使用情况的报告
烟大校字〔2019〕5 号	烟台大学关于编报 2018 年决算报表的报告
烟大校字〔2019〕6 号	烟台大学关于人事管理工作专项检查的自查报告
烟大校字〔2019〕7 号	烟台大学关于 2018 年度绩效考核的报告
烟大校字〔2019〕8 号	烟台大学关于申请变更国库集中支付业务电子印章的请示
烟大校字〔2019〕9 号	烟台大学关于中央财政支持地方高校改革发展资金 2019—2021 年三年支出规划的请示
烟大校字〔2019〕10 号	烟台大学关于申请审批铁姆肯基金会赞助活动的请示
烟大校字〔2019〕11 号	烟台大学关于主办“定量生物学:细胞与胚胎中的动态信号传导”国际会议的请示
烟大校字〔2019〕12 号	烟台大学 2018 年度省级优秀学生、优秀学生干部和先进班集体评选工作报告
烟大校字〔2019〕13 号	烟台大学关于报送学生资助工作自查情况的报告
烟大校字〔2019〕14 号	烟台大学关于开立一般存款账户的请示
烟大校字〔2019〕15 号	烟台大学关于 2019 年招生计划的请示

续表

发文字号	文件名称
烟大校字〔2019〕16 号	烟台大学 2018 年公开招聘工作人员（第四批）的备案报告
烟大校字〔2019〕17 号	烟台大学关于 2018 年度中央支持地方高校改革发展资金绩效的自评报告
烟大校字〔2019〕18 号	关于编报 2018 年企业财务决算报表的报告
烟大校字〔2019〕19 号	烟台大学关于烟台大学原党委书记崔明德同志、原校长房绍坤同志任期经济责任履行情况审计查出问题整改情况的报告
烟大校字〔2019〕20 号	烟台大学关于报送 2019 年公开招聘工作人员实施方案的报告
烟大校字〔2019〕21 号	关于返回烟台大学已交土地出让金的请示
烟大校字〔2019〕22 号	烟台大学关于呈报省部共建协同创新中心申报材料的报告
烟大校字〔2019〕23 号	烟台大学关于 2018 年公开招聘工作人员（第五批）的备案报告
烟大校字〔2019〕24 号	烟台大学关于继续执行学分制收费的请示
烟大校字〔2019〕25 号	烟台大学关于申报 2019 年国家级、省级大学生创新创业训练计划立项项目的报告
烟大校字〔2019〕26 号	烟台大学关于派遣学生赴台湾世新大学研修的请示
烟大校字〔2019〕27 号	烟台大学关于派遣学生赴台湾静宜大学研修的请示
烟大校字〔2019〕28 号	烟台大学关于停止举办枫叶国际商学院的请示
烟大校字〔2019〕29 号	烟台大学 2019 年公开招聘工作人员（第一批）的备案报告
烟大校字〔2019〕30 号	烟台大学关于申报 2019 年“支持地方高校改革发展资金”项目的请示
烟大校字〔2019〕31 号	烟台大学关于派遣学生赴台湾东华大学研修的请示
烟大校字〔2019〕32 号	关于呈送《烟台大学继续教育发展年度报告》的报告（带红头）
烟大校字〔2019〕33 号	烟台大学关于派员赴台湾进行学术交流的请示
烟大校字〔2019〕34 号	烟台大学关于报送 2019 年秋季赴台湾交换交流学生的请示
烟大校字〔2019〕35 号	烟台大学关于武器装备科研生产单位三级保密资格现场审查的整改报告
烟大校字〔2019〕36 号	烟台大学关于呈报教育部工程研究中心申报材料的报告
烟大校字〔2019〕37 号	烟台大学关于 2019 届毕业生就业工作的报告
烟大校字〔2019〕38 号	烟台大学关于变更国库集中支付业务电子印章的请示
烟大校字〔2019〕39 号	烟台大学关于 2019 年夏季成人高等教育学历证书电子注册工作自查情况的报告
烟大校字〔2019〕40 号	烟台大学关于恳请山东省教育厅与烟台市人民政府共建烟台大学的请示
烟大校字〔2019〕41 号	烟台大学关于人员控制总量各类人员数量结构备案的请示
烟大校字〔2019〕42 号	烟台大学关于承办 2019 年山东省高校毕业生就业集中招聘活动的请示
烟大校字〔2019〕43 号	烟台大学关于派遣学生赴台湾佛光大学研修的请示
烟大校字〔2019〕44 号	烟台大学关于派遣学生赴台湾宜兰大学研修的请示
烟大校字〔2019〕45 号	烟台大学关于派遣学生赴台湾东吴大学研修的请示
烟大校字〔2019〕46 号	烟台大学关于派遣学生赴台湾中原大学研修的请示
烟大校字〔2019〕47 号	烟台大学关于派员赴台湾进行学术交流的请示
烟大校字〔2019〕48 号	烟台大学 2019 年“青年优秀人才引进计划”公开招聘工作人员（第一批）的备案报告
烟大校字〔2019〕49 号	烟台大学 2019 年公开招聘工作人员（第二批）的备案报告

续表

发文字号	文件名称
烟大校字〔2019〕50 号	烟台大学关于“材料科学与工程专业”中外合作办学本科教育项目延期的请示
烟大校字〔2019〕51 号	烟台大学关于协办《中国科学:化学》2019 年编委会的报告(山东省教育厅)
烟大校字〔2019〕52 号	烟台大学关于派遣教师赴台湾世新大学培训的请示
烟大校字〔2019〕53 号	烟台大学关于承办教育部高等学校数学类专业教学指导委员会 2019 年暑期工作会议暨全国高校数学学科院系主任联席会的请示
烟大校字〔2019〕54 号	烟台大学关于两名吸毒留学生处理情况的报告
烟大校字〔2019〕55 号	烟台大学关于 2019 年公开招聘工作人员的备案报告
烟大校字〔2019〕56 号	烟台大学关于来华留学管理工作有关情况的报告
烟大校字〔2019〕57 号	烟台大学关于派员赴台湾进行学术交流的请示
烟大校字〔2019〕58 号	烟台大学关于招收来华留学生调查情况的报告
烟大校字〔2019〕59 号	烟台大学关于有关房产出租审批的请示
烟大校字〔2019〕60 号	烟台大学关于 2019 年“青年优秀人才引进计划”公开招聘工作人员(第二批)的备案报告
烟大校字〔2019〕61 号	烟台大学关于 2019 年公开招聘工作人员(第三批)的备案报告
烟大校字〔2019〕62 号	烟台大学关于报送 2019 年公开招聘工作人员实施方案的报告
烟大校字〔2019〕63 号	烟台大学关于报送 2019 年“青年优秀人才引进计划”公开招聘工作人员实施方案的报告
烟大校字〔2019〕64 号	烟台大学关于报送 2020 年基本建设投资计划的报告
烟大校字〔2019〕65 号	烟台大学关于报送 2019 年省预算内投资计划自查报告的报告
烟大校字〔2019〕66 号	烟台大学关于承办“亚洲管理科学与应用国际学术会议(ACMSA)”的请示
烟大校字〔2019〕67 号	烟台大学关于落实《山东省教育厅关于进一步规范学分制收费行为的紧急通知》的报告
烟大校字〔2019〕68 号	烟台大学关于增设新专业的请示
烟大校字〔2019〕69 号	烟台大学关于承办“亚洲管理科学与应用国际学术会议(ACMSA)”的请示
烟大校字〔2019〕70 号	烟台大学 2019 年“青年优秀人才引进计划”公开招聘工作人员的备案报告
烟大校字〔2019〕71 号	烟台大学 2019 年公开招聘工作人员的备案报告
烟大校字〔2019〕72 号	烟台大学关于修改《烟台大学章程》的请示
烟大校字〔2019〕73 号	烟台大学关于编报 2020 年“一上”部门预算的请示
烟大校字〔2019〕74 号	烟台大学关于申报 2020 年专项经费的请示
烟大校字〔2019〕75 号	烟台大学关于申报 2020—2022 年中期财政规划的请示
烟大校字〔2019〕76 号	烟台大学关于与意大利诺瓦拉 ACME 美术学院合作举办环境设计专业本科教育项目的请示
烟大校字〔2019〕77 号	烟台大学关于派团赴台湾进行学术交流的请示
烟大校字〔2019〕78 号	烟台大学关于变更国库集中支付业务电子印章的请示
烟大校字〔2019〕79 号	烟台大学关于派员随团赴台湾进行项目研讨的请示
烟大校字〔2019〕80 号	烟台大学关于派团赴台湾进行学术交流的请示
烟大校字〔2019〕81 号	烟台大学 2019 年公开招聘工作人员的备案报告
烟大校字〔2019〕82 号	烟台大学 2019 年“青年优秀人才引进计划”公开招聘工作人员的备案报告

续表

发文字号	文件名称
烟大校字〔2019〕83 号	烟台大学关于主办“多彩校招”山东省 2019 年高校毕业生集中招聘活动的总结报告
烟大校字〔2019〕84 号	烟台大学关于派员赴台湾地区进行访问的请示
烟大校字〔2019〕85 号	烟台大学关于申报优秀对台交流项目的请示
烟大校字〔2019〕86 号	烟台大学 2019 年公开招聘工作人员的备案报告
烟大校字〔2019〕87 号	烟台大学 2019 年“青年优秀人才引进计划”公开招聘工作人员的备案报告
烟大校字〔2019〕88 号	烟台大学关于恳请协调解决烟台大学开发区科教园区土地指标的请示
烟大校字〔2019〕89 号	烟台大学关于“人才引进”项目贷款的请示

2019 年校行政校发文件目录

发文字号	文件名称
烟大校发〔2019〕1 号	关于给予徐一力等 904 名同学表彰奖励的决定
烟大校发〔2019〕2 号	关于给予李进莉同志降低岗位等级处分的决定
烟大校发〔2019〕3 号	关于授予夏尚文等同志“烟台大学先进实验教学管理人员”荣誉称号的决定
烟大校发〔2019〕4 号	关于下达 2019 年度财务预算指标的通知
烟大校发〔2019〕5 号	关于印发《烟台大学 2019 年硕士研究生复试录取工作方案》的通知
烟大校发〔2019〕6 号	关于给予王广东同志警告处分的决定
烟大校发〔2019〕7 号	关于印发《烟台大学硕士研究生招生名额分配办法》的通知
烟大校发〔2019〕8 号	关于印发《烟台大学绩效工资实施意见(试行)》《烟台大学离退休人员补贴实施办法》的通知
烟大校发〔2019〕9 号	关于对王清文等人严重教学事故的处理决定
烟大校发〔2019〕10 号	关于表彰第二届“烟台大学教学质量奖”获奖者的决定
烟大校发〔2019〕11 号	烟台大学关于进一步加强实验室安全管理工作的意见
烟大校发〔2019〕12 号	关于印发《烟台大学本科毕业论文(设计)学术不端行为认定与处理办法(试行)》的通知
烟大校发〔2019〕13 号	关于表彰奖励 2018 年就业工作先进集体的决定
烟大校发〔2019〕14 号	关于印发《烟台大学专业技术职务评价经费收支管理办法》的通知
烟大校发〔2019〕15 号	关于印发《烟台大学教育服务新旧动能转换专业对接产业项目建设管理办法》的通知
烟大校发〔2019〕16 号	关于印发《烟台大学教职工住宅出售办法》的通知
烟大校发〔2019〕17 号	关于印发《烟台大学“课程思政”改革实施方案》的通知
烟大校发〔2019〕18 号	关于印发《烟台大学规范津贴补贴发放的管理规定》的通知
烟大校发〔2019〕19 号	关于聘任刘悦林等同志专业技术职务的通知

续表

发文字号	文件名称
烟大校发〔2019〕20 号	关于印发《烟台大学本科专业认证管理办法(试行)》的通知
烟大校发〔2019〕21 号	关于表彰 2019 届优秀毕业生的决定
烟大校发〔2019〕22 号	关于表彰 2019 年烟台大学“十大优秀学生”的决定
烟大校发〔2019〕23 号	关于印发《烟台大学学生高水平学术成果奖励办法》的通知
烟大校发〔2019〕24 号	关于印发《烟台大学关于开展“基础管理规范年”活动的实施方案》的通知
烟大校发〔2019〕25 号	关于给予任汇江同志警告处分的决定
烟大校发〔2019〕26 号	关于给予杨滨同志警告处分的决定
烟大校发〔2019〕27 号	关于印发《烟台大学校园门禁管理及收费办法》的通知
烟大校发〔2019〕28 号	关于调整有关内设机构的通知
烟大校发〔2019〕29 号	关于印发《烟台大学公务用车管理使用办法》的通知
烟大校发〔2019〕30 号	关于印发《烟台大学本科教学质量提升计划》的通知
烟大校发〔2019〕31 号	关于印发《烟台大学本科生课程考核管理办法(试行)》等 4 个文件的通知
烟大校发〔2019〕32 号	关于印发《烟台大学教师教学工作条例(修订)》等 3 个文件的通知
烟大校发〔2019〕33 号	关于印发《烟台大学横向科研项目管理办法(试行)》等 3 个文件的通知
烟大校发〔2019〕34 号	关于印发《烟台大学仪器设备损坏丢失赔偿办法》等 6 个文件的通知
烟大校发〔2019〕35 号	关于印发《烟台大学教学科研人员因公临时出国管理办法实施细则》的通知
烟大校发〔2019〕36 号	关于印发《烟台大学外宾接待管理办法》的通知
烟大校发〔2019〕37 号	关于给予海洋学院通报批评的决定
烟大校发〔2019〕38 号	关于印发《烟台大学公寓管理办法(试行)》等 4 个文件的通知
烟大校发〔2019〕39 号	关于印发《烟台大学优秀创新创业毕业生奖励暂行办法》的通知
烟大校发〔2019〕40 号	关于印发《烟台大学教职工考勤管理规定》的通知
烟大校发〔2019〕41 号	关于印发《烟台大学教职工进修学习管理办法(修订)》的通知
烟大校发〔2019〕42 号	关于印发《烟台大学规范劳动用工管理暂行办法》的通知
烟大校发〔2019〕43 号	关于印发《烟台大学教职工年度考核办法(试行)》的通知
烟大校发〔2019〕44 号	关于印发《烟台大学人才工作专员管理办法(试行)》的通知
烟大校发〔2019〕45 号	关于印发《烟台大学公开招聘经费管理办法》的通知
烟大校发〔2019〕46 号	烟台大学关于表彰奖励 2019 届优秀创新创业毕业生的决定
烟大校发〔2019〕47 号	烟台大学关于表彰奖励 2019 年基层就业先进个人的决定
烟大校发〔2019〕48 号	关于印发《烟台大学学士学位授予办法》的通知
烟大校发〔2019〕49 号	关于印发《烟台大学内部审计工作规定(试行)》等 4 个文件的通知
烟大校发〔2019〕50 号	关于表彰 2019 年烟台大学优秀本科毕业论文(设计)的决定
烟大校发〔2019〕51 号	关于印发《烟台大学来华留学学历生招生和教学管理的规定(试行)》的通知
烟大校发〔2019〕52 号	关于公布新一届校学术委员会(2019—2023)委员名单的通知
烟大校发〔2019〕53 号	关于印发《烟台大学来华留学生突发事件应急处置预案(试行)》等 3 个文件的通知
烟大校发〔2019〕54 号	烟台大学关于颁发 2019 年优秀科研成果奖的决定

续表

发文字号	文件名称
烟大校发〔2019〕55 号	关于印发《烟台大学外籍专家聘用管理办法(试行)》的通知
烟大校发〔2019〕56 号	烟台大学关于 2019 年招生录取工作的意见
烟大校发〔2019〕57 号	关于聘任周丽等同志职务的通知
烟大校发〔2019〕58 号	关于印发《烟台大学校办产业管理办法实施细则(试行)》的通知
烟大校发〔2019〕59 号	关于聘任李小鹏同志职务的通知
烟大校发〔2019〕60 号	关于印发《烟台大学研究生科技创新基金项目管理办法》的通知
烟大校发〔2019〕61 号	关于给予姜振超同志降低岗位等级处分的决定
烟大校发〔2019〕62 号	关于向在教育服务岗位工作满 30 年、在烟台大学教育服务岗位工作满 20 年的教师和教育工作者颁发"孺子牛"荣誉纪念奖章的决定
烟大校发〔2019〕63 号	烟台大学关于表彰 2019 级学生军训先进集体及个人的决定
烟大校发〔2019〕64 号	关于对吴春雪严重教学事故的处理决定
烟大校发〔2019〕65 号	关于对吴小妮严重教学事故的处理决定
烟大校发〔2019〕66 号	关于聘任李合亮同志专业技术二级岗位的通知
烟大校发〔2019〕67 号	关于印发《烟台大学实验室危险废物处置实施细则(试行)》的通知
烟大校发〔2019〕68 号	关于表彰第一届"烟台大学教学优秀奖"获奖教师的决定
烟大校发〔2019〕69 号	关于公布新一届校学术委员会(2019—2023)各专门委员会委员名单的通知
烟大校发〔2019〕70 号	关于印发《烟台大学因公临时出国(境)管理办法》的通知
烟大校发〔2019〕71 号	关于解除胡贵清同志警告处分的决定
烟大校发〔2019〕72 号	关于解除李清同志警告处分的决定
烟大校发〔2019〕73 号	关于解除王广东同志警告处分的决定
烟大校发〔2019〕74 号	关于解除张明熙同志警告处分的决定
烟大校发〔2019〕75 号	关于印发《烟台大学哲学社会科学学术著作出版基金管理办法(试行)》的通知
烟大校发〔2019〕76 号	烟台大学关于 2020 版本科专业人才培养方案修订的指导性意见
烟大校发〔2019〕77 号	关于印发《烟台大学关于规范差旅伙食费和市内交通费收交管理有关事项》的通知
烟大校发〔2019〕78 号	关于解除杨滨同志警告处分的决定
烟大校发〔2019〕79 号	关于解除任汇江同志警告处分的决定
烟大校发〔2019〕80 号	关于印发《烟台大学人才引进与管理实施办法补充规定》的通知
烟大校发〔2019〕81 号	关于调整国际教育交流学院内设机构的通知
烟大校发〔2019〕82 号	关于印发《烟台大学 2020 年硕士研究生招生考试自命题工作实施办法》的通知
烟大校发〔2019〕83 号	关于给予谭翚同志降低岗位等级处分的决定
烟大校发〔2019〕84 号	关于颁发 2018—2019 学年奖学金的决定
烟大校发〔2019〕85 号	烟台大学关于颁发 2019 年研究生奖学金的决定

续表

发文字号	文件名称
烟大校发〔2019〕86号	关于表彰2018—2019学年"先进班集体"的决定
烟大校发〔2019〕87号	关于表彰烟台大学2019年度"自强不息先进个人""勤工助学先进个人"的决定
烟大校发〔2019〕88号	关于印发《烟台大学服务收入分配办法(试行)》的通知
烟大校发〔2019〕89号	关于印发《烟台大学学分制收费管理暂行办法(修订)》的通知
烟大校发〔2019〕90号	关于表彰烟台大学2019年度大学生"三下乡"社会实践工作先进集体和个人的决定
烟大校发〔2019〕91号	关于印发《烟台大学结业生返校进修考试违纪处理办法(试行)》的通知
烟大校发〔2019〕92号	关于印发《烟台大学学术会议资助管理办法(试行)》的通知
烟大校发〔2019〕93号	关于印发《烟台大学人才引进奖励办法(试行)》的通知

2019年学校办公室办字文件目录

发文字号	文件名称
烟大办字〔2019〕1号	关于成立烟台大学新时代妇女发展理论研究所的通知
烟大办字〔2019〕2号	关于成立烟台大学教育软件研究所的通知
烟大办字〔2019〕3号	关于成立烟台大学政府会计制度实施工作领导小组的通知
烟大办字〔2019〕4号	关于成立烟台大学—赛分科技生物制药分离和纯化技术开发中心的通知
烟大办字〔2019〕5号	关于调整烟台大学巡视整改工作领导小组的通知
烟大办字〔2019〕6号	关于成立烟台大学阅读与心灵成长研究中心的通知
烟大办字〔2019〕7号	关于调整成立有关议事协调机构的通知
烟大办字〔2019〕8号	关于成立烟台大学精准材料高等研究院的通知
烟大办字〔2019〕9号	关于成立烟台大学"不忘初心、牢记使命"主题教育领导小组及有关工作机构的通知
烟大办字〔2019〕10号	关于调整校学术委员会委员的通知
烟大办字〔2019〕11号	关于调整和成立有关机构的通知
烟大办字〔2019〕12号	关于成立有关科研机构的通知
烟大办字〔2019〕13号	关于成立有关机构的通知
烟大办字〔2019〕14号	关于张尚洲同志任职的通知
烟大办字〔2019〕15号	关于调整和成立有关机构的通知

2019 年学校办公室办发文件目录

发文字号	文件名称
烟大办发〔2019〕1 号	转发《烟台大学工会经费收支管理实施细则(试行)》的通知
烟大办发〔2019〕2 号	转发《烟台大学基层分工会经费收支管理办法(试行)》的通知
烟大办发〔2019〕3 号	转发《烟台大学政府会计制度实施工作分工》的通知
烟大办发〔2019〕4 号	转发《烟台大学党员组织关系管理办法(试行)》的通知
烟大办发〔2019〕5 号	转发《烟台大学哲学社会科学报告会、研讨会、讲座、论坛管理办法(修订)》的通知
烟大办发〔2019〕6 号	转发《烟台大学课堂教学管理规范》的通知
烟大办发〔2019〕7 号	印发《烟台大学年鉴管理办法(试行)》的通知
烟大办发〔2019〕8 号	转发《烟台大学教材建设管理办法》等 3 个文件的通知
烟大办发〔2019〕9 号	转发《烟台大学基层党组织“对标争先”建设计划实施方案》的通知
烟大办发〔2019〕10 号	转发《烟台大学关于在全校教师中深入开展“四个自信”教育实践活动的实施方案》的通知
烟大办发〔2019〕11 号	关于规范加班餐工作的通知
烟大办发〔2019〕12 号	印发《烟台大学机要文件管理办法(试行)》的通知
烟大办发〔2019〕13 号	转发《2019 年上半年学校党建工作进展情况报告》的通知
烟大办发〔2019〕14 号	关于持续深入贯彻落实习近平总书记重要指示批示精神的若干举措
烟大办发〔2019〕15 号	关于做好 2019 年工作总结和 2020 年工作计划的通知
烟大办发〔2019〕16 号	转发《烟台大学“党员先锋示范计划”实施方案》的通知
烟大办发〔2019〕17 号	关于启用烟台大学档案证明专用章的通知
烟大办发〔2019〕18 号	关于启用中国共产党烟台大学纪律检查委员会(监察专员办公室)综合处印章的通知

附　录

烟台大学2019年本科生课程目录

课程号	课程名	课程号	课程名
党委学生工作部（学生工作处）（5门）			
101200022	生涯规划与就业创业指导(2)	661010011	军事理论
105100012	大学生学业规划与职业发展	101000051	大学生心理健康教育
105100022	大学生就业创业指导		
法学院（142门）			
050101001	形式逻辑	050101004	宪法学
050201002	民法学（二）（物权）	050201005	知识产权法学
050201004	民事诉讼法学	050202003	刑事诉讼法学
050202001	刑法学（一）（总论）	050203001	行政法学
050202002	刑法学（二）（分论）	050204003	国际私法
050204001	国际法学	050205004	劳动与社会保障法学
050204002	国际经济法	050302003	证据法学
050205001	经济法学	050303003	中国法律思想史
050301001	婚姻家庭继承法	050303004	西方法律思想史
050302002	外国刑法	050304001	国际贸易法
050302004	刑事侦查学	050306001	英美法概论
050303001	行政救济法	050306003	英美契约法
050306002	英美刑事法	051010031	国际经济法
050306004	英美侵权法	053002001	宪法学
050500001	毕业论文	053003101	民法总论
051010011	行政法	053003205	美国刑事诉讼法（CJ252）
053003102	民事诉讼法学	053003604	地理信息地图学和空间信息学导论（CJ245）

续表

课程号	课程名	课程号	课程名
053003202	刑事诉讼法	053003607	刑事司法伦理与领导能力(CJ219)
053003203	犯罪学(CJ450)	053004011	环境与自然资源保护法
053003204	罪犯改造学(CJ453)	053006001	美国宪法
053003501	商法学	053006003	现场勘查学
053003601	刑事司法导论(CJ213)	053007001	海商法
053003606	警察和社区(CJ331)	510203501	经济法学
053004001	物权法	510204101	知识产权英语
053004007	国际经济法	510204103	婚姻家庭继承法
053004008	国际私法	510204501	劳动与社会保障法学
053005003	证据法学	510205302	西方法律思想史
053006002	美国刑法	522113011	民法学(一)(总论)
053006005	刑事侦查学	522123071	国际经济法学
053006006	英美侵权法	522133021	研究方法(CJ327)
510202003	知识产权概论	522313021	民法学(三)(债法总论+侵权法)
510203104	民事诉讼法学	523113031	票据法
510203302	行政法学	523113041	保险法
510203401	国际法学	523123021	国际知识产权法
510203601	著作权法	523123031	商业秘密与反不正当竞争法
510203602	专利法	524113031	法医学
510203603	商标法	524113041	监狱法
510204301	中国法制史	524113051	证券法
510206001	毕业论文	524123041	保险法
522113031	中国法制史	524123081	法律英语
522113041	商法学(总论、公司法、破产法)	525117008	学年论文
522123061	法理学	525117012	案例研习竞赛
522133011	司法调查学(CJ321)	525117013	案例研习竞赛
523113011	合同法	525117014	学年论文
523123051	合同法	525117051	民法案例研习(一)
523133011	行政救济法	525117081	民事诉讼法案例研习
524113011	人权法	525117106	模拟法庭
524113021	法律方法	525117107	国际法模拟法庭
524123051	消费者权益保护法	525117111	知识产权模拟法庭
524133011	法学研究与论文写作方法	525117121	诊所法律教育
524133021	律师实务	525117161	大学英语读写(1-1)
525114041	专业实习	525117162	大学英语听说(1-1)

续表

课程号	课程名	课程号	课程名
525117021	法学研究方法与论文写作方法	525117201	学年论文
525117061	民法案例研习(二)	525117203	知识产权信息检索
525117071	刑法案例研习	525117211	知识产权案例研习
525117101	律师实务	525117301	宪法学
525117103	刑事审判实务	525117302	民法学(三)(债权)
525117209	民法案例研习	525117406	专利信息检索分析
525117303	行政法学	525117407	专利运营实务
525117304	商法学	525117408	专利代理实务
525117405	专利法学	525118001	行政法学
525118002	商法学	525118101	大学英语文学(LIT104)(一)
525118201	大学英语(公共演讲 COM111)(一)	525118102	大学英语文学(LIT104)(二)
525118202	大学英语(公共演讲 COM111)(二)	525118121	债法(合同法+侵权法)
525118301	大学英语写作(一)(LING115)	525118122	知识产权法
525124021	专业实习	525118131	英美法律文献导读(法律英语)●★
525134011	毕业论文	525317162	大学英语听说(1-3)
525217161	大学英语读写(1-2)	541117012	大学英语 Y1-1(阅读和写作)
525217162	大学英语听说(1-2)	541117022	大学英语 Y1-1 口语及听力
541217012	大学英语 Y1-2(阅读和写作)	050101002	法学导论(含社会主义法治理念)
541217022	大学英语 Y1-2 口语及听力	050101003	法理学
海洋学院(212 门)			
602010031	水产动物疾病学	602010201	航海技术导论
602010141	轮机工程材料	602010211	船舶货运
602010231	传热学	602010281	普通生态学
602010311	航海气象与海洋学	602010301	船舶原理
602110011	电工电子学	602110001	专业导论
602110041	能源工程概论	602110012	工程图学(1)
602110091	航海英语阅读	602110051	轮机工程专业导论
602110111	船舶值班与避碰	602110081	电工电子学(航海)
602110121	航海仪器	602110131	GMDSS 通信设备与业务
602110161	海洋浮游生物与饵料生物培养	602110141	船舶安全管理
602110191	渔业资源与渔场学	602110151	水产动物营养学
602110301	生物化学	602110281	细胞生物学
602110311	普通生物学	602110291	组织胚胎学
602110341	海洋科学导论	602110321	海洋功能区划学

续表

课程号	课程名	课程号	课程名
602110351	海洋环境化学	602110331	普通动物学
602110361	海洋浮游生物学	602110382	工程图学(1)
602110371	海洋资源学	602110411	船舶电气设备与系统
602110392	船舶柴油机(一)	602110431	轮机维护与修理
602110402	船舶辅机(一)	602110441	燃烧学
602110451	生物化学	602210392	船舶柴油机(二)
602210012	工程图学(2)	602210402	船舶辅机(二)
602210012j	工程图学上机	603010011	鱼类增养殖学
602210072	轮机英语阅读(二)	603010021	海洋生物技术
602210261	船舶辅机(二)	603010101	食品分析与检验
602210382	工程图学(2)	603010181	船舶防污染技术
602210382j	工程图学(2)上机	603110001	制冷压缩机
603010141	轮机自动化	603110011	食品冷藏工艺及冷链技术
603010241	GMDSS 通信英语	603110101	轮机化学
603010271	制冷装置设计	603110131	工程图学
603010301	空气调节	603110141	船舶导航雷达
603010311	空调工程设计	603110151	船舶操纵
603110021	专业英语	603110171	航海英语听力与会话
603110031	冷库建筑	603110321	水产生物遗传育种学
603110041	制冷空调工程制图	603110361	渔业水域环境调查监测与评价
603110041j	制冷空调工程制图上机	603110371	水产动物病原生物学
603110111	航海概论	603110511	动物生理学
603110181	船舶信号与 VHF 通信	603110661	渔业法规与渔政管理
603110211	GMDSS 英语听力与会话	603110711	渔业资源与渔场学
603110311	特种海产动物养殖学	603110761	底栖生物学
603110331	水产饲料学	603110801	细胞生物学
603110381	水产动物免疫学	603110851	养殖生物学
603110401	水产药物与药理学	603110861	水生动物疾病学
603110481	渔业资源评估与管理	603110951	机舱资源管理
603110501	水产饲料学	603110981	电子海图显示与信息系统
603110781	海洋生物学	604010311	空调工程课程设计
603110811	植物生物学	604010321	毕业综合实习
603110931	单片机原理及应用	604010501	压缩机拆装实训
604010021	水产动物苗种繁育实习	604010511	制冷空调系统运行实习
604010041	水产养殖综合实习	604010521	制冷空调新产品开发专项技能训练

续表

课程号	课程名	课程号	课程名
604010051	毕业论文	604010531	制冷空调供热系统设计训练
604010081	海洋渔业科学与技术生产实习	604010541	制冷空调控制系统维修
604010091	海洋渔业科学与技术毕业实习	604110071	保安与反海盗技术
604010101	毕业论文	604110111	海洋功能区划
604010191	轮机模拟器训练	604110121	蓝色经济与海洋文化
604010211	毕业综合实习	604110151	蓝色经济与海洋文化
604010221	毕业设计、论文	604110161	观赏水生生物养殖
604010231	机械设计基础课程设计	604110241	游泳训练
604010301	制冷装置课程设计	604110271	动力工程概论
604010551	专业顶岗训练	605110001	流体热工综合实验
604110041	文献检索与科技论文写作	605110021	制冷空调综合实验
604110081	海运经济地理	605110031	生产实习
604110171	冷库建筑	605110051	柴油机拆装实验
604110251	机械制造基础	605110061	辅机拆装实验
605110101	金工综合训练 1	605110071	动力设备操作实验
605110161	GMDSS 综合实验	605110081	船舶电气设备管理与工艺实验
605110171	船舶货运综合实验	605110091	船舶电气与自动控制训练
605110221	毕业实习及毕业论文	605110131	机舱资源管理实操
605110231	生物学实验	605110141	雷达操作与应用
605110251	水产动物疾病综合实验	605110151	航海学综合实验
605110331	工程图学测绘	605110181	ECDIS 综合实验
605110451	动物学实验	605110191	航海仪器使用
605110461	海洋环境化学综合实验	605110201	船舶操纵、避碰与 BRM
605110481	海滨无脊椎动物与生态实习	605110211	航海英语会话与评估
605110602	航海学综合实验(1)	605110241	组织胚胎学综合实验
605210111	金工综合训练 2	605110261	海洋生物技术与分子生物学综合实验
605310121	金工综合训练 3	605110271	海藻栽培学实习
772010021	分析化学(水产养殖)	605110351	轮机英语听力与会话实训
772010031	分析化学实验	605110441	海洋科学见习
772010061	生物统计学	605110571	海洋科学创业创新教育
772010151	微生物学	605110631	船舶避碰实验
772010171	动物生理学	605110681	航海适任证书强化训练
772010331	机械设计基础	605110721	航海技术创新创业教育
772010341	工程热力学与传热学	605110761	轮机适任考试强化训练
772010351	工程流体力学	605110821	轮机创新创业专题

续表

课程号	课程名	课程号	课程名
772010361	液压与气压传动	605110891	压缩机拆装大实验
772010581	船舶结构与设备	605210602	航海学综合实验(2)
772010661	流体力学泵与风机	772010051	生物化学实验
772010671	金属工艺学	772010061j	生物统计学上机
772010711	热工测试技术	772010131	水环境化学
772010771	换热器原理与设计	772010141	水环境化学综合实验
772010811	分析化学	772010161	微生物学实验
772110022	航海学(1)	772010681	工程热力学
773010051	海洋浮游生物学实验	772010721	控制理论
773010071	甲壳动物增养殖学	772010731	制冷原理与设备
773010411	轮机概论	772011261	鱼类学实验
773010721	小型制冷装置	772210022	航海学(2)
773010751	制冷空调自动化	773010061	贝类增养殖学
773011281	渔业增养殖学与设施渔业	773010081	海藻栽培学
773011551	制冷与空调技术	773010771	供热工程
774010081	船舶认识实习	773010781	建筑给排水
774010151	船舶教学实习	774010071	机械设计基础课程设计
774010241	毕业论文及设计	774010181	专业认识实习
774210013	水手工艺训练(1-2)	774010201	换热器课程设计
602010021	水产养殖导论	774010371	海洋环境调查实习
602010081	鱼类学	774110013	水手工艺训练(1-1)
602010121	工程力学 A	774310013	水手工艺训练(1-3)
工程实训中心(11 门)			
291000031	工程实践(C)	295117041	工程实践训练
291000052	电工电子基础训练	295117061	陶艺工程训练
291000081	工程实践基础	291000021	工程实践(B)
291000091	先进制造实践	291000051	电工电子工程训练
295117021	工程实践基础	295117011	工程通识教育
295117031	工程综合实践		
核装备与核工程学院(89 门)			
132010431	核信息获取与处理	745150211	电子电路课程设计
132010441	原子核物理	132010401	核电子学
133010131	核电站工程导论	132010411	核辐射测量
133010371	核技术及应用	133010341	核测量仪器
133010391	环境辐射监测与评价	133010351	核电厂系统与设备

续表

课程号	课程名	课程号	课程名
133010411	加速器原理	133010381	核医学与放射治疗技术
134010051	辐射防护课程设计	133010541	反应堆物理分析
134010151	核电子学课程设计	133010671	放射化学基础
572100051	辐射防护与保健物理	572100031	核工程与核技术专业导论
573100201	环境工程导论	573100131	辐射剂量学
575100011	传热学课程设计	573100161	核安全与管理
741120434	材料科学基础实验	574100081	蒙特卡罗方法及应用
741120782	计算机绘图	741120011	专业导论
741221094	物理化学(下)	741120425	Introduction of Materials
742020441	材料成形原理	741120445	材料工程基础实验
742020451	热处理原理与工艺	741120455	材料分析测试实验
742120071	材料科学基础	741120793	机械设计基础(含设计 16 学时)
742150051	数字电路	741121093	物理化学(上)
742150061	复变函数与积分变换	742020081	材料工程基础
742150071	数理方程	742020211	材料分析测试方法
742151031	简明电路分析基础	742020391	无机与分析化学
742151151	量子力学基础	742020762	工程图学
743020411	现代表面工程	742020765	工程力学
743020431	纳米材料	742021131	材料性能学
743020461	铸造工艺学(含设计)	742151011	高级语言程序设计
743020481	模具设计与制造	742151011j	高级语言程序设计上机
743020501	材料失效诊断预测	742151021	原子物理学
743020541	金属材料成形缺陷	742151041	简明模拟电子技术
743020551	无损检测技术	743020361	现代仪器分析
743020561	理化检验技术	743020491	材料成形设备
743020761	企业管理	743020768	海洋工程材料
743021171	金属材料焊接	743020769	新能源材料
743021201	金属腐蚀与防护	743021191	加工成形专业实验
743120586	塑性成形工艺	743021231	涂料与涂装
743120596	电化学原理	743021241	表面工程专业实验
743120774	创新创业教育	743150101	工程热力学
743150091	传热学	744020770	文献检索与科技论文写作
743151081	流体力学	744020772	金属加工工艺设计
744020501	计算机在材料中的应用训练	744150161	单片机原理与应用
744020631	生产实习	745120627	材料检测专业实验

续表

课程号	课程名	课程号	课程名
744020661	毕业设计(论文)	745150141	专业实习
744020701	专业实习	745150181	专业认知实习
744120606	复合材料概论	745150221	计算机编程课程设计
745120616	金属成形与检测综合实验	745150231	单片机应用课程设计
745150121	毕业设计		
化学化工学院(149 门)			
691500115	化工制图与 CAD	694013042	认识实习
691500115j	化工制图与 CAD 上机	694013061	高分子材料与工程课程设计
691500116	化工制图与 CAD	694013071	生产实习
691500116j	化工制图与 CAD 上机	694211062	应用化学综合实验(下)
692010021	分析化学	695011018	毕业论文
692010051	分析化学	695011031	化工原理
692011021	元素无机化学	695011044	物理化学实验
692011084	仪器分析及实验	695012018	毕业论文(设计)
692012056	化工分离过程	695012020	毕业论文(设计)
692012066	化工分离过程	695012028	化工仿真实训
692012071	化工原理	695013018	毕业论文(设计)
692013011	高分子化学	695013028	高分子仿真及实训
692013016	高分子化学	695014002	化工工程设计
692017032	有机化学	695015006	化工工程设计实践
692111032	有机化学(1)	695111402	无机与分析综合实验
692111034	有机化学(1)	695211394	有机化学实验(下)
692112012	化工原理(上)	692010011	普通化学原理
692211012	有机化学(2)	692010031	化学导论
692211022	物理化学(2)	692010041	绿色化学
692211042	物理化学(2)	692010061	物理化学
692312012	化工原理(上)	692011011	结构化学
693011011	催化基础	692011031	仪器分析
693011091	天然产物化学	692011041	应用化学专业英语
693011111	有机合成化学	692011081	仪器分析
693011116	有机合成化学	692011092	无机化学
693011121	有机波谱分析	692011093	无机化学
693011161	表面与胶体化学	692012025	化学反应工程
693012031	化工仪表与自动化	692012031	化工热力学
693012046	化工英语阅读	692012041	化工设备

续表

课程号	课程名	课程号	课程名
693012051	化工技术经济	692013015	高分子材料研究方法
693012056	化工工程设计	692013021	高分子物理
693012056j	化工工程设计上机	692013031	聚合物流变学
693012065	化工软件及应用	692013041	聚合物加工原理
693012065j	化工软件及应用上机	692013045	聚合物制备工程
693012066	化工软件及应用	692013051	聚合工程设备
693012066j	化工软件及应用上机	692111012	有机化学(1)
693012071	化工工艺学	692111022	物理化学(1)
693012081	化工过程分析与合成(双语)	692111042	物理化学(1)
693012116	精细化工工艺学	692211032	有机化学(2)
693012131	工业催化基础	692211034	有机化学(2)
693012271	文献检索与科技论文写作	692212012	化工原理(下)
6930130106	高分子科学与材料基础	692412012	化工原理(下)
693013036	高分子工厂设计	693011171	计算化学导论
693013036j	高分子工厂设计上机	693012021	化工传递过程
693013046	高分子软件及应用	693012111	精细化工工艺学
693013046j	高分子软件及应用上机	693012227	化工进展
693013051	功能高分子材料	693012231	化工安全与环保
693013086	聚合物成型模具	693012261	化工节能技术
693013101	聚合物基复合材料	6930130107	高分子科学与材料基础
693013116	高分子材料加工助剂	693013141	聚合物改性原理与方法
693013121	聚合物合成工艺学	693013161	文献检索与科技论文写作
693013157	纳米材料与技术	693013237	高分子合成新方法
693013211	环境友好高分子材料	693111235	化学安全与环保
693111226	化学软件应用技术	693111277	有机合成实验
693111226j	化学软件应用技术上机	693111296	化学分离方法
693111246	化学进展	693111357	催化材料实验
693111286	现代工业分析	693213077	聚合物成型工艺(下)
693111306	环境监测	694011011	普通化学实验
693111316	食品药物分析	694011031	有机化学实验
693111336	环境化学	694011111	普通化学实验
693111356	催化材料制备技术	694011131	有机化学实验
693113066	高分子材料与工程专业外语	694012021	化工原理实验
693113076	聚合物成型工艺(上)	694012041	生产实习
694011021	分析化学实验	694012091	化学工程实验

续表

课程号	课程名	课程号	课程名
694011041	物理化学实验	694013017	涂料与黏合剂
694011051	仪器分析实验	694013021	高分子物理实验
694011121	分析化学实验	694013072	生产实习
694011141	物理化学实验	694013081	高分子材料与工程实验
694011151	仪器分析实验	694013157	高分子材料进展
694012031	化工课程设计	694111062	应用化学综合实验(上)
694012048	毕业实习	694111377	能源化学
694012061	认识实习	695011041	无机化学实验
694012101	化工原理实验	695011067	工业分析实验
694013011	高分子化学实验	695012027	化工总控实训
695111383	有机化学实验(上)		
环境与材料工程学院(172 门)			
231018051	工程力学	823000671	环境工程设计概论
594090011	流体力学实验	823010151	无机非金属材料工艺学
611100434	材料科学基础实验	823010241	建筑功能材料工艺学
611100782	计算机绘图	823010281	复合材料学
611211094	物理化学(下)	823010731	安全工程概论
612010061	流体力学与流体机械	823010771	清洁生产
612010151	环境生态学	823010781	节能技术
612010231	材料工程测试方法	823010831	地学基础
612010794	环境学	824000271	环境生态学实习
612010818	环境工程土建施工	824000281	环境影响评价实习
612010891	化工原理	824010501	计算机在材料中的应用训练
612010941	化学热力学	611100011	专业导论
612110064	实验设计与数据处理	611100025	Introduction of Environment
612110064j	实验设计与数据处理上机课	611100035	管网与泵站
612150232j	计算机模拟设计基础上机课	611100413	物理化学
612150244	机械设计基础	611100425	Introduction of Materials
612160664	专业外语	611100445	材料工程基础实验
612160674	材料科学与工程基础	611100455	材料分析测试实验
612160716	复合材料学	611100793	机械设计基础(含设计 16 学时)
612160726	功能纤维材料	611111093	物理化学(上)
612160736	合成纤维	612010031	环境微生物
612260634	基础韩国语(B)	612010041	环境微生物实验
612460634	基础韩国语(D)	612010051	环境工程仪表及自动化

续表

课程号	课程名	课程号	课程名
613010071	化工工艺学概论	612010211	材料分析测试方法
613010181	环境规划与管理	612010751	环境经济学
613010261	无机材料物理化学	612010762	工程图学
613010341	建筑围护材料工艺学	612010765	工程力学
613010351	建筑装饰材料	612010901	高分子化学
613010381	高分子材料学	612010911	工业分析化学
613010795	碳市场与碳交易	612010943	流体力学
613010796	生态工程学	612100861	复合材料加工
613010819	环保设备制造工艺学	612110053	环境化学
613010822	环境影响评价	612150253	环境微生物
613010833	大气污染控制工程	612150993	工程力学
613010833s	大气污染控制工程实验	612160634	基础韩国语(A)
613100774	创新创业教育	612160685	材料分析测试方法
613110076	水污染控制工程	612160707	材料概论
613110096	环境遥感与地理信息系统(含上机16学时)	612161053	工程图学与计算机绘图(含32学时上机课)
613110096j	环境遥感与地理信息系统上机课	612161103	自然科学概论
613110114	地学基础	612161113	材料概论
613110114s	地学基础实习	612360634	基础韩国语(C)
613110126	土壤侵蚀原理	613010191	环境水文学
613120466	无机材料热工过程与设备	613010321	建筑材料质量控制与检测(含实验16学时)
613120476	岩相学	613010768	海洋工程材料
613120486	新型无机材料与制备技术	613010769	新能源材料
613120506	土木工程材料	613010799	水土保持工程学
613120516	高分子材料	613010800	环境土壤学
613120526	混凝土制品工艺学	613010807	环境标准与环境体系认证
613120536	复合材料表界面	613010823	钢结构设计
613120546	高分子科学基础	613010834	固体废物处理与处置
613120556	先进树脂基复合材料	613010834s	固体废物处理与处置实验
613120566	功能复合材料	613110087	物理性污染控制
613150276	水污染控制工程与设备设计	613110105	环境法学
613151044	工程材料与腐蚀防护	613120497	半导体材料
614010611	专业实习	613150285	大气污染控制工程与设备设计
614010631	生产实习	613150297	固体废物处理处置与设备设计
614010641	化工工艺学概论课程实习	613150315	金属材料热处理与焊接
614010651	环境工程课程设计	613151005	环保设备制造工艺学

续表

课程号	课程名	课程号	课程名
614010661	毕业设计(论文)	614010770	文献检索与科技论文写作
614010701	专业实习	614150327	物理性污染控制
614010711	材料制备测试综合实验	615110225	环境土壤学实验
614010829	生产实习	615150365	大气污染控制工程与设备设计实验
615110182	专业认识实习	615150377	固体废物处理处置与设备设计实验
615110196	环境安全工程课程设计	615150407	固体废物处理处置与设备设计课程设计
615110206	环境规划课程设计	615151025	大气污染控制工程与设备设计课程设计
615110216	土壤侵蚀原理实验	615160754	韩国语听力(A)
615150344	机械设计基础课程设计	615160764	韩国语口语(A)
615150356	水污染控制工程与设备设计实验	615360754	韩国语听力(C)
615150386	水污染控制工程与设备设计课程设计	615360764	韩国语口语(C)
615150396	大气污染控制工程与设备设计课程设计	821000011	环境监测
615260754	韩国语听力(B)	822000021	环境工程学
615260764	韩国语口语(B)	822010081	材料工程基础
615460754	韩国语听力(D)	822010121	工程图学与计算机绘图(含上机16学时)
615460764	韩国语口语(D)	822010121j	工程图学与计算机绘图上机
821000771	材料化学	822010161	无机与分析化学
821001031	环境监测	822010391	无机与分析化学
821001111	水污染控制工程实验	822011131	材料性能学
822010031	有机化学	822011411	环境工程原理
822010041	物理化学	823010201	无机非金属材料专业实验
822010651	仪器分析(含实验16学时)	823010261	新型建材专业实验
822010701	环境监测实验	823010301	复合材料工艺及设备
822010721	测量学(含实验16学时)	823010321	复合材料专业实验
822011291	有机化学	823010761	环境工程学实验
822110071	材料科学基础	823010791	职业安全与卫生
823000181	粉体工程与设备	823010811	水资源与水环境
823000431	纳米材料	824010531	工厂工艺设计
机电汽车工程学院(177门)			
232000911	工程光学	565220524	机械工程材料和互换性技术测量实践2
233000421	工程力学(二)	565415021	汽车设计与研发
561020071	工程制图	232000141	液压与气压传动
561020101	工程制图	561020081	机械设计基础
561110021	工程图学C	561110031	工程图学D
561110021j	工程图学C上机	562010051	程序设计基础

续表

课程号	课程名	课程号	课程名
562010041	单片机原理与应用	562010051j	程序设计基础上机
562010061	机械制造技术基础	562010141	机制专业导论
562012111	单片机原理与应用	562012191	测控专业导论
562014061	汽车制造工艺学	562110012	工程图学(1－1)
562110042	理论力学	562110013	机械工程材料
562110044	电工电子技术 1	562110033	材料力学
562110181	机械制造工艺学	562110055	控制工程基础
562112021	模拟电子技术	562110065	精密机械制造工程
562112041	精密测控与系统	562112031	数字电子技术
562112051	电机原理与拖动	562115021	汽车电子控制技术
562114021	汽车理论	562115031	汽车设计
562120024	机械设计	562120013	机械原理
562120124	自动控制理论	562120023	电路与磁路
562120411	工程力学	562120032	电工电子技术(商务)1
562120424	汽车发动机构造	562120045	汽车构造
562120434	汽车底盘构造	562120055	电力电子技术
562130054	精密机械与仪器设计	562120087	汽车电子控制技术
562140032	工程力学	562120135	信号分析与处理
562210021	工程图学 2	562120145	传感器与检测技术
562220032	电工电子技术(商务)2	562120455	汽车理论与发动机原理
563010021	机电传动控制	562120475	汽车营销
563010061	精密与超精密加工	562120485	车辆保险与理赔
563010521	工程力学选讲	562140021	工程图学(含测绘)B
563010531	流体力学	562150041	汽车商务导论
563010661	材料成型的质量控制工程	562210044	电工电子技术 2
563012021	电子测量技术	563010031	可编程控制器
563012031	控制仪表及装置	563010051	机械 CAD/CAM
563012061	机电系统设计	563010051j	机械 CAD/CAM 上机
563012071	工厂电气控制技术	563010071	特种加工技术
563014091	专用车辆结构与设计	563010621	技术经济分析与生产管理
563014581	机械工程测试技术	563010641	焊装夹具设计
563110121	冲压工艺与模具设计	563010671	模具寿命与材料
563110131	塑料模具设计与制造	563012041	智能仪器设计基础
563110151	单片机原理与应用	563012051	虚拟仪器
563110181	先进制造技术	563012081	流体传动与控制

续表

课程号	课程名	课程号	课程名
563110191	数控技术	563012091	计算机控制技术
563110211	机械系统设计	563012541	微机原理与接口技术
563110231	现代人机工程学	563014511	汽车专业英语
563110701	程序设计基础	563110066	冲压工艺与模具设计
563110701j	程序设计基础上机	563110096	工业造型设计
563110751	MasterCAM 应用	563110101	自动化制造系统
563110751j	MasterCAM 应用上机	563110111	CAE 应用基础
563110761	ANSYS 有限元分析	563110111j	CAE 应用基础上机
563110761j	ANSYS 有限元分析上机	563110135	机械优化设计
563114051	汽车检测与故障诊断	563110201	工业造型设计
563114071	汽车运用工程	563110241	有限元方法
563120165	液压与气压传动	563110691	科技英语(机制)
563120292	汽车文化	563110741	科技史及科技创新
563150111	车辆评估与交易	563112011	光电检测技术
564010021	机械设计课程设计	563112021	电力拖动自动控制系统
564010031	生产实习	563115021	汽车发动机原理
564010061	专业调研、毕业实习	563115081	新能源汽车技术
564010071	毕业设计(论文)	563120186	单片机原理与应用
564012041	单片机原理与接口技术课程设计	563120225	汽车结构有限元
564012051	专业实习	563120555	汽车车身结构与制造工艺
564012071	毕业实习	563120753	汽车商务法律基础
564012081	毕业设计(论文)	563215032	电工电子技术(1-2)
564014021	汽车构造拆装与实习驾驶	564010041	工艺课程设计
564014031	认识实习	564010051	先进制造技术综合实验
564110054	UG 三维设计	564012031	电子技术课程设计
564110064	CATIA 三维设计	564012091	计算机语言课程设计
564110074	ProE 三维设计	564012101	电子焊装工艺实习
564120302	面向对象的程序设计	564014011	汽车制造工艺课程设计
564120374	汽车振动	564110013	二维、三维 CAD
564150221	VB 程序设计基础	564110101	机械系统设计课程设计
564150221j	VB 程序设计基础上机	564110165	传感器与检测技术
565010121	互换性与测量技术	564115011	车辆工程专业导论
565110012	力学实验 1	564120325	Matlab 语言
565110025	电工电子技术与控制工程实践 1	564120653	商务礼仪
565110043	机械原理与设计实践 1	565110111	模具设计课程设计

续表

课程号	课程名	课程号	课程名
565110112	工程图学测绘	565115031	汽车设计课程设计
565115011	生产实习	565120435	电路 CAD 技术综合训练
565115061	单片机原理与应用课程设计	565120465	汽车理论与汽车电子控制实践
565120034	工程力学光学实验 1	565120495	汽车营销和车辆保险理赔实践
565120045	精密仪器与电力电子实验 1	565120745	汽车营销实践
565120175	机械制造技术与液压气压传动实验 1	565120765	汽车设计与研发 1
565120444	汽车构造实践	565150201	销售业务岗位实习
565150211	服务管理岗位轮岗实习	565210012	力学实验 2
565210034	机械原理与设计实验 2	565210025	电工电子技术与控制工程实践 2
565210043	机械原理与设计实践 2	565220045	精密仪器与电力电子实验 2
565210044	专业基础实验 2(互换性)	565220065	信号分析与传感器实验
565215021	汽车设计与研发	565315021	汽车设计与研发
565220034	工程力学光学实验 2		
计算机与控制工程学院(256 门)			
252010011	离散数学	584115491	动漫与游戏开发技术
252010341	操作系统	584115491j	动漫与游戏开发技术上机
252010341j	操作系统上机	585100011	大学计算机基础
252010371	计算机网络	585100011j	大学计算机基础上机
252010371j	计算机网络上机	585115201	汇编语言课程设计
252010401	软件项目管理	585115241	软件开发综合课程设计
252010431	数据库系统原理及应用	585115541	程序设计实训 2
252010431j	数据库系统原理及应用上机	585115561	软件工程课程设计
252010441	软件设计与体系结构	585115571	计算机系统原理与维护
252010441j	软件设计与体系结构上机	585115601	软件系统综合实训
253000891	数据挖掘	585115651	C/S 结构项目实训
253010081	嵌入式系统设计	585115661	B/S 结构项目实训
253010301	人工智能导论	585115681	毕业设计:大型项目综合项目实训
253010321	智能控制	585115871	微机原理及应用课程设计
253010631	统一建模语言 UML	585115901	计算机控制课程设计
253010631j	统一建模语言 UML 上机	585217042	英语听力/口语(1-4)
253010641	Linux 环境布署与开发	251010021	程序设计基础
253010641j	Linux 环境布署与开发上机	251010021j	程序设计基础上机
254000931	数字逻辑课程设计	252010211	现代控制理论
254000951	程序设计课程设计	253010172	可编程控制器原理及应用
254001041	数据结构课程设计	253010331	控制理论综合

续表

课程号	课程名	课程号	课程名
254010011	程序设计基础课程设计	253010351	过程控制
254010051	操作系统课程设计	254000991	专业实习
254010101	毕业设计	254001001	计算机组成原理课程设计
254010211	数据库实训	254010111	认识实习
254010221	数据结构与 OOP 课程设计	254010131	电子工艺实习
581115941	多媒体课件制作	254010141	模拟电子技术课程设计
581115941j	多媒体课件制作上机	254010151	生产实习
581115951	单片机原理与应用	254010171	数据库系统原理课程设计
582010051	数据库系统原理及应用	581010011	计算机应用技术基础(C)
582010051j	数据库系统原理及应用上机	581010011j	计算机应用技术基础(C)上机
582010141	数字电子技术	581010021	计算机应用技术基础(VB)
582010251j	C#语言程序设计上机	581010021j	计算机应用技术基础(VB)上机
582010251m	C#语言程序设计	581010031	计算机应用技术基础(Access)
582011011	单片机原理及应用	581010031j	计算机应用技术基础(Access)上机
582011051	C++程序设计	581117941	现代教育技术
582011051j	C++程序设计上机	581117941j	现代教育技术上机
582011061	嵌入式软件开发	582010071	编译原理
582011061j	嵌入式软件开发上机	582010071j	编译原理上机
582011071	无线网络技术	582010081	软件工程
582011081	物联网工程	582010081j	软件工程上机
582011091	Java 程序设计	582010091	计算机网络
582011091j	Java 程序设计上机	582010121	学科导论(自动化)
582011111	Android 高级开发	582010151	模拟电子技术
582011131	ARM 体系结构与编程	582010211	编译原理
582011141	嵌入式 Linux 系统部署与驱动开发	582010211j	编译原理上机
582100011	大学计算机基础	582010291	软件工程概论
582100011j	大学计算机基础上机	582010291j	软件工程概论上机
582110032	IT 英语(1-1)	582010331j	Java 语言程序设计上机
582110042	商务英语(1-1)	582010331r	Java 语言程序设计
582110073	工程师素质拓展(1-1)	582010351	离散数学
582115011	电路与模拟电子技术	582010381	数据结构 I
582115041	汇编语言程序设计	582011021	嵌入式系统原理与接口技术
582115041j	汇编语言程序设计上机	582011121	Linux 高级开发
582115051	数字逻辑	582110012	程序设计基础(1-1)
582115091	软件工程概论	582110012j	程序设计基础(1)上机

续表

课程号	课程名	课程号	课程名
582115091j	软件工程概论上机	582110014	英语听力/口语(1－1)
582115331	计算机原理	582110052	英语写作(1－1)
582115701	微机原理及应用	582115021	专业导论(计算机)
582115721	自动控制原理	582115061	计算机组成原理
582115741	计算机控制系统	582115071	数据结构
582115751	检测技术及控制仪表	582115071j	数据结构上机
582117021	电路原理	582115081	微机原理与接口技术
582117151	编译原理	582115311	专业导论(软件工程)
582117171	微机原理与接口技术	582115711	电机与拖动基础
582117221	数字逻辑	582115731	电力电子技术
582117231	操作系统基础	582116011	算法设计基础
582117231j	操作系统基础上机	582116011j	算法设计基础上机
582210014	英语听力/口语(1－2)	582116021	面向对象方法学
582210033	初级日语(1－2)	582116021j	面向对象方法学上机
582210052	英语写作(1－2)	582116031	计算机组成与体系结构
582210073	工程师素质拓展(1－2)	582116041	软件设计与体系结构
582215032	程序设计基础(1－2)	582116041j	软件设计与体系结构上机
582215032j	程序设计基础(1－2)上机	582117031	软件项目管理
582215322	程序设计基础(1－2)	582117031j	软件项目管理上机
582215322j	程序设计基础(1－2)上机	582117131	数据结构
582310073	工程师素质拓展(1－3)	582117141	计算机组成原理
583010261	网络编程与 JSP 技术	582117161	计算机网络
583010261j	网络编程与 JSP 技术上机	582117161j	计算机网络上机
583010371	专业外语(自动化)	582117181	面向对象程序设计
583010401	信号与系统分析	582117181j	面向对象程序设计上机
583010541j	基于 Java 的 Web 开发技术上机	582117211	程序设计基础
583010541r	基于 Java 的 Web 开发技术	582117211j	程序设计基础上机
583011031	专业英语	582118011	学科导论(智能科学与技术)
583115101	JAVA 语言程序设计	582210032	IT 英语(1－2)
583115101j	JAVA 语言程序设计上机	582210042	商务英语(1－2)
583115111	算法设计与分析	583010231	软件设计与体系结构
583115111j	算法设计与分析上机	583010231j	软件设计与体系结构上机
583115131	手机移动开发技术	583010441	统一建模语言 UML
583115131j	手机移动开发技术上机	583010441j	统一建模语言 UML 上机
583115141	Oracle 数据库技术	583010481	软件过程管理

续表

课程号	课程名	课程号	课程名
583115141j	Oracle 数据库技术上机	583115391	人机交互技术
583115151	Web 开发技术	583115391j	人机交互技术上机
583115151j	Web 开发技术上机	583115401	移动互联网概论
583115361	软件需求分析	583115431	网站前端技术
583115361j	软件需求分析上机	583115431j	网站前端技术上机
583115381	软件质量保证与测试	583115621	Java 框架技术
583115381j	软件质量保证与测试上机	583115621j	Java 框架技术上机
583115411	Android 开发技术基础	583115771	控制系统仿真
583115411j	Android 开发技术基础上机	583115801	组态软件技术及应用
583115441	网络编程与 JSP 技术	583115821	运动控制技术
583115441j	网络编程与 JSP 技术上机	583115831	工厂电气控制
583115451	Oracle 数据库技术	583116051	软件需求工程
583115451j	Oracle 数据库技术上机	583117011	数值分析
583115461	JavaEE 与中间件技术	583117011j	数值分析上机
583115461j	JavaEE 与中间件技术上机	583117071	Android 开发基础
583115471	并行计算技术	583117071j	Android 开发基础上机
583115471j	并行计算技术上机	584010261	专业认识实习
583115761	计算机网络与通信	584011051	嵌入式系统原理与接口技术课程设计
583115811	集散控制与现场总线	584011081	Android 开发基础课程设计
583115931	网络工程与安全	584011111	Linux 高级开发课程设计
583115931j	网络工程与安全上机	584011141	嵌入式系统综合项目开发实践
583116061	嵌入式程序设计	584011171	Android 综合项目企业实训
583116071	编译原理	584115301	. NET 开发技术
583116071j	编译原理上机	585115211	计算机网络课程设计
584010011	程序设计项目实训	585115221	软件系统建模实训
584010081	数字电子技术课程设计	585115251	专业技能综合实训 1
584010111	毕业设计	585115521	专业认知实习
584010192	检测技术与控制仪表课程设计	585115531	程序设计实训 1
584011061	物联网工程课程设计	585115551	JAVA 程序设计实训
584011071	Java 程序设计课程设计	585115591	软件设计与体系结构课程设计
584011091	Android 高级开发课程设计	585115611	专业技能实训
584011121	ARM 体系结构与编程课程设计	585115641	软件开发流程
584011131	嵌入式 Linux 系统部署与驱动开发课程设计	585115671	企业级项目实训
584115171	计算机学科前沿技术	585115881	可编程控制器原理及应用课程设计
584115181	计算机图形学	585115891	过程控制或运动控制技术课程设计

续表

课程号	课程名	课程号	课程名
584115481	.NET 开发技术	585115911	专业综合设计
584115481j	.NET 开发技术上机	585217041	英语听力/口语(1-3)
建筑学院(173 门)			
273010241	中国古典园林	272010081	中国古代建筑史
642010191	外国近现代建筑史	642010121	专业英语
642010211	城市设计原理	642010171	城市规划原理
642011021	中外美术史	642010201	中国近现代建筑史
642013071	动画技术	642010231	居住区规划原理
642013091	现代设计史	642014061	景观设计原理
642014041	人体工程学	642014071	室内设计原理
642014051	表现技法	642014121	中外建筑史
642014101	环境心理学	642100031	环境设计概论
642014131	建筑构造与结构	642100051	建筑小环境设计
642014141	小型建筑设计	642100061	居住空间室内设计
642100041	设计制图与识图	642100071	平面与色彩构成
642100081	空间构成	642110011	建筑材料
642100091	版式设计	642110012	建筑数学 1
642110081	建筑设计原理(6)	642110013	造型基础(1-1)
642120051	装饰图案	642110021	建筑构造(1)
642130041	城市规划管理与法规	642110022	建筑物理 1
642130061	外国城市建设史	642110031	建筑设计原理(5)
642130101	城市基础设施规划	642110032	建筑设计基础(1)
642130121	城市环境与生态学	642110034	建筑设计 1
642130131	城市规划实务	642110041	场地设计原理
642200022	环境设计基础二	642110051	建筑师业务知识
642210022	建筑物理 2	642110102	建筑学导论(1-1)
642210032	建筑设计基础(2)	642111014	建筑设计原理(1)
642210034	建筑设计 2	642111024	建筑设计(1)
642210102	建筑学导论(1-2)	642120031	图形技术
642211014	建筑设计原理(2)	642120091	标志设计
642211024	建筑设计(2)	642130011	城乡规划概论
642230032	城市道路与交通(2)	642130021	城市经济学
642230072	城市规划原理(2)	642130032	城市道路与交通(1)
642230092	规划设计(2)	642130051	中国城市建设史
642411014	建筑设计原理(4)	642130072	城市规划原理(1)

续表

课程号	课程名	课程号	课程名
642411024	建筑设计(4)	642130081	风景园林规划与设计原理
643010011	综合材料表现 1	642130092	规划设计(1)
643010351	外国城市建设史	642130151	场地设计原理
643010361	当代建筑理论专题	642200012	环境设计基础一
643010401	中国传统民居	642311014	建筑设计原理(3)
643012181	城市绿地系统规划	642311024	建筑设计(3)
643014011	办公空间设计	643010321	居住区规划设计
643014061	商业空间设计	643010371	建筑评论
643014071	展示设计	643010381	建筑大木作
643024031	环境设施设计	643011131	景观设计师实务
643024051	园林工程	643011171	装饰材料与构造
643024061	景观保护与改造设计	643011281	图形设计
643100011	住区景观设计	643012051	滨水景观规划设计
643100031	中国古典园林史	643012151	风景资源学
643100051	园林花卉与树木学	643012171	中国古典园林艺术
643100071	室内设计程序与方法	643014031	室内照明与色彩
643100101	室内环境心理学	643014041	餐饮空间设计
643100111	家具设计	643014101	室内设计师实务
643100171	摄影	643024041	广场景观设计
643110021	建筑设计(5)	643024081	城市公园设计
643110061	建筑设计方法	643100041	西方园林史
643110131	信息设计(2)	643100061	园林植物配置与应用
643110141	建筑数学(3)	643100091	中外家具艺术
643120051	品牌样本设计	643100121	空间改造设计专题
643120141	数字界面设计 1	643100131	娱乐空间设计
643130021	遥感技术应用	643100141	酒店设计
643130041	区域规划概论	643100151	室内空间结构设计
643130061	社会调查研究方法	643100181	字体设计
643210012	建筑数学(2)	643100191	品牌样本设计
643430012	规划设计(4)	643100221	品牌形象设计 1
644010021	建筑遗产调研与测绘	643110011	住宅建筑设计
644010041	毕业设计与调研	643110051	建筑构造(2)
644010331	毕业设计	643110071	绿色建筑设计原理
644011071	毕业设计调研	643110081	绿色建筑技术
644011081	测绘实习	643110121	信息设计(1)

续表

课程号	课程名	课程号	课程名
644011091	美术实习	643130031	地理信息系统(GIS)
644011121	环境设计采风	643130071	村镇规划与建设
644011201	色彩	643330012	规划设计(3)
644011221	计算机辅助设计 1	644011061	快题设计周
644100051	摄影	644011111	计算机辅助设计 2
644100061	书法	644011131	环境设计实习
644100071	传统手工艺	644011191	素描
645110051	建筑施工与工地参观实习	644011211	模型制作
645110061	设计工具 2 – 建筑模型	644100011	特殊人群室内空间设计专题
645110091	设计工具 5 – 建筑数字化进阶	644100081	美术创作
645110101	设计工具 6 – 计算机模拟与分析	645110031	建筑参观实习
645110111	设计工具 7 – 快速表现	645110041	建筑认识实习
645110121	设计工具 8 – 快速设计	645110071	设计工具 3 – 建筑钢笔画
645110141	建筑物理实验(2)	645110081	设计工具 4 – 建筑数字化基础
645110171	造型基础(2)	645110131	建筑物理实验(1)
645110191	设计工具 1 – 建筑图学	645110151	设计院生产实习
645110251	美术写生实习	645110161	造型基础(1)
645120021	设计实践 2	645110181	造型基础(3)
645130021	城市认识实习	645130011	城市参观实习
272010061	环境心理学		
教务处(125 门)			
101000021	公益劳动	moocc057	透过性别看世界
101000031	社会实践	moocc058	中药学
664000161	知识产权法	moocc059	女生穿搭技巧
664000181	自然辩证法	moocs001	葡萄酒的那些事儿
664000271	食品营养学	moocs002	上大学,不迷茫
664000361	生命伦理学	moocs003	走近水族
664000861	大学音乐鉴赏	moocs004	创践——大学生创新创业实务
664000871	造型艺术欣赏	moocs005	学问海鲜
664001301	考古学概论	moocs006	教师口语艺术
664006881	阅读红楼梦	moocs007	教你成为歌唱高手
665000261	中华诗词阅读和欣赏	moocs008	服饰搭配艺术(山东联盟)
665000282	现代社交礼仪	moocs009	急救在身边
665003121	男(女)生乒乓球	moocs010	食全·食美
665003351	大学书法	moocz036	艺术与审美

续表

课程号	课程名	课程号	课程名
665004771	英语演讲理论与实践	moocz043	沟通心理学
665004991	病原与健康	moocz045	个人理财
665005051	日本和美国教育概况	moocz046	演讲与口才
665005691	幸福的方法	moocz052	走进故宫
665005731	哲学与人生	moocz055	食品安全
665005761	GeneralChemistry	moocz064	北大荒文学地图
665006341	车船发动机漫谈	moocz066	解密黄帝内经
665006391	爱情心理学	moocz067	丝绸之路漫谈
665006471	分析仪器电路维护	moocz068	伦理与礼仪
665006481	轮滑(室外体育)	moocz069	KnowBeforeYouGo:趣谈"一带一路"国家
665006732	资治通鉴人物个性及命运(两晋)	moocz070	公共关系与人际交往能力
665006741	探秘海洋生物	moocz071	新时代新思想前沿热点
665007021	陶艺制作	moocz072	行书教程
665007041	淑女学堂	moocz073	美学与人生
665007091	文学电影技法研究	moocz074	孙子兵法中的思维智慧
665008031	完善人格训练	moocz075	品三国,论领导艺术
665008061	工业系统概论	moocz076	幸福在哪里
665008071	植物探秘	moocz077	驻颜有术
665008151	趣味数学史	moocz079	完美着装
665008171	证券投资学	moocz080	英文电影鉴赏
665008181	区块链与数字货币入门	moocz081	英语口语直通车
665008191	创业学概论	moocz082	关爱生命——急救与自救技能
665008221	Photoshop 图像处理	moocz083	中医药与中华传统文化
665008251	环境与健康	101000081	大学生艾滋病防控知识
665008271	全国计算机等级考试二级 C 语言程序设计	101500031	马克思主义与当代中国社会实践
665008301	创新思维提高与游戏训练	665005031	探秘生命
665008311	三维 CAD 建模与设计 - SolidWorks	665008361	创新思维提高与游戏训练
666006351	军用核能技术初探	665008401	兵器王国之战舰
moocb007	食品营养学	665008461	法语入门
moocb013	唐诗宋词导读	665008471	写意花鸟画欣赏与实践
moocb014	影像技术	665008511	移动应用网页设计与制作
moocc007	宋崇导演教你拍摄微电影	moocc005	从草根到殿堂:流行音乐导论
moocc013	人生与人心	moocc008	移动互联网时代的信息安全与防护
moocc014	幸福心理学	moocc018	大学启示录:如何读大学?
moocc041	如何高效学习	moocc026	魅力科学

续表

课程号	课程名	课程号	课程名
moocc043	舌尖上的植物学	moocc038	创新思维训练
moocc044	中国古典小说巅峰:四大名著鉴赏	moocc060	大数据算法
moocc045	走近大诗人	moocc061	百年风流人物:曾国藩
moocc046	中华诗词之美	moocc062	形象管理
moocc047	微表情识别·读脸读心	moocc063	创业人生
moocc048	大学生创业基础	moocc064	突发事件及自救互救
moocc049	人工智能与信息社会	moocc065	中国古代技术
moocc050	科幻中的物理学	moocz006	敦煌的艺术
moocc051	《时间简史》导读	moocz048	秀出你风采——PPT 创意动画
moocc052	中国文化:复兴古典同济天下	moocz051	中国古典诗词中的品格与修养
moocc053	《周易》的奥秘	moocz084	地球历史及其生命的奥秘
moocc054	恋爱心理学	moocz085	神话传说故事与中国文化
moocc055	电影与幸福感	moocz086	微电影创作
moocc056	文化地理		
经济管理学院(278 门)			
072000101	财政学	534013111	雏鹰拓展训练
072000821	国际贸易实务	534013131	职场英语高级
072001001	会计学原理	534013141	基础会计手工账实训
072010021	微观经济学	534013151	金融综合实训
072010041	会计学原理	534014011	统计软件分析与应用
072010051	统计学原理	534014301	课程实习
072010151	西方经济学	534015301	公务员考试模拟训练
072011011	人力资源管理	534015311	文献检索与论文写作
072011041	管理信息系统	534017021	金融服务综合实训(2)
072011041j	管理信息系统上机	534122012	国际交流英语(一)
072011051	质量管理	534213012	飞鹰拓展训练(2)
072012011	国际贸易	534313313	金融服务综合实训 3
072012021	国际金融	535111041	物流计划管理实训
072012061	外贸函电	535111061	物流数据信息处理分析
072012071	国际经济合作	535111091	雏鹰拓展训练
072013031	会计信息系统	535114051	雏鹰拓展训练
072013031j	会计信息系统上机	535211022	飞鹰拓展训练(2)
072014011	市场营销学	535214062	飞鹰拓展训练(2)
072014021	市场调查与预测	562150171	汽车市场调研与预测
073001441	证券投资学	562150251	会计学基础

续表

课程号	课程名	课程号	课程名
073010011	中级经济学	563120624	消费心理学
073010041	货币银行学	563120634	商务谈判
073011041	证券投资学	565120644	消费心理学和商务谈判实践
073011061	公共关系学	072001151	公共政策学
073011121	采购管理	072010031	宏观经济学
073011131	特许经营管理	072010061	管理学原理
073012041	国际电子商务	072010071	财务管理
073012041j	国际电子商务上机	072010101	货币银行学
073012071	经贸英语口语	072010141	财务管理
073013011	金融企业会计	072012081	中国对外经贸
073013041	财务分析	072013051	财务管理
073013101	会计理论	073011021	专业外语
073015051	社会保障学	073011511	物流外包实践模拟
073015061	市政学	073012011	国际服务贸易
074000081	毕业实习(市场营销)	073012031	国际商务谈判
074010011	认识实习	073012081	金融市场学
074010051	毕业实习	073014071	国际市场营销学
074010131	营销方案设计	073015011	专业外语
074010151	社会调查	073015031	物业管理学
074010171	专业实践	074000171	学年论文
531113012	中级财务会计(1－1)	531110121	经济学原理
531113012j	中级财务会计(1－1)上机	531110131	会计学原理
531213012	中级财务会计(1－2)	531110141	统计学原理
531213012j	中级财务会计(1－2)上机	531111011	人力资源管理
532011011	生产与运作管理	531111011j	人力资源管理上机
532011311	物流管理	532010011	政治经济学
532011311j	物流管理上机	532011021	技术经济
532011321	企业战略管理	532011031	管理定量分析
532012031	物流管理	532012011	世界经济概论
532012321	报关报检业务	532012311	国际经济学
532012341	计量经济学	532013311	成本会计
532012351	国际结算	532013311j	成本会计上机
532012351j	国际结算	532014021	服务营销学
532012361	国际市场营销学	532014041	营销策划
532012361j	国际市场营销学上机	532015321	公共政策学

续表

课程号	课程名	课程号	课程名
532012371	外贸函电	532015361	公共工程项目管理
532012371j	外贸函电上机	532016301	专业导论
532012381	计量经济学	532111021	生产与运作管理
532012721	国际商务谈判	532111021j	生产与运作管理上机
532013011	审计学	532111201	管理学原理
532013011j	审计学上机	532111501	组织行为学
532013301	管理会计	532112011	国际贸易实务(双语)
532013301j	管理会计上机	532112011j	国际贸易实务(双语)(上机)
532013341	财务管理	532112021	计量经济学
532013341j	财务管理上机	532112021j	计量经济学(上机)
532014011	消费者行为学	532114611	跨境电商导论
532014031	销售管理	532114611j	跨境电商导论(上机)
532015301	公共组织财务管理	532122021	宏观经济学
532015311	公共事业管理概论	532122031	管理学原理
532015351	非政府组织管理	532122081	世界经济概论
532100141	货币金融学	532123021	税务会计
532111011	创新管理	532123021j	税务会计上机
532111011j	创新管理实践	532213472	中级财务会计(1-2)
532111511	投资管理	533010301	经济学
532111521	企业文化	533010311	经济学专题
532113472	中级财务会计(1-1)	533011021	企业战略管理
532115331	行政管理学	533011051	管理心理学
532122011	微观经济学(Microeconomics)	533011101	企业战略管理
532122041	会计学原理(AccountingPrinciples)	533011361	创业管理
532123011	成本会计	533011391	管理学专题
532123041	财务管理	533012021	全球公司战略(双语)
532123041j	财务管理上机	533012181	金融服务外包
532633306	职业素质与英语训练6	533012351	国外经贸文献导读
533011041	公共关系学	533013121	财务管理
533011081	供应链管理	533013311	内部控制
533011301	管理学	533013331	税务会计
533011331	组织行为学	533013331j	税务会计上机
533011351	变革与创新管理	533013341	Excel 在会计中的应用
533011401	经济预测与决策	533013341j	Excel 在会计中的应用上机
533011421	运输与配送管理	533013351	企业沙盘模拟经营

续表

课程号	课程名	课程号	课程名
533012041	国际金融	533013351j	企业沙盘模拟经营上机
533012321	期货交易	533014031	广告策划与管理
533012361	现代物流(双语)	533014061	营销专题讲座
533012371	国际物流	533014311	客户关系管理
533012391	报关报检业务	533015321	农村政策学
533012391j	报关报检业务上机	533015381	土地资源管理学
533012741	投资银行学	533111331	组织行为学
533013011	高级财务会计	533111331j	组织行为学(上机)
533013041	ERP 原理与应用	533111341	运筹学
533013041j	ERP 原理及应用(上机)	533111341j	运筹学(上机)
533013061	西方会计学(双语)	533111501	消费者行为学
533013321	税务会计	533111511	财务管理
533013321j	税务会计上机	533111531	风险管理
533013361	学科竞赛	533111541	沟通管理
533013361j	学科竞赛上机	533111581	物流管理
533014021	商务谈判	533111591	创新创业管理
533014041	国际商务	533112011	现代物流(双语)
533014091	品牌管理	533112011j	现代物流(双语)(上机)
533014321	市场营销学	533114012	营销英语(1-1)
533015011	农村与区域发展专题	533114051	国际市场营销
533015021	管理文秘	533114601	网络营销
533015051	社会学概论	533114601j	网络营销上机
533015301	社区管理学	533114651	跨境电商数据化管理
533015311	经济法	533114651j	跨境电商数据化管理(上机)
533015351	经济法	533122011	国际经济学(InternationalEconomics)
533015361	公共治理专题	534012301	国际商务实践模拟
533015371	国家公务员制度	534012321	国际商务模拟实验
533015391	领导科学	534013081	初级会计实验
533100141	创新创业管理	534013121	职场英语中级
533100141j	创新创业管理(实践)	534013311	企业综合实训
533111491	机械制造技术基础	534014021	营销模拟实验
533111551	网络营销	534014311	营销方案设计
533111561	大数据应用	534015321	电子政务实验
533111571	商务礼仪	534111011	市场调查与预测
533112021	电子商务	534111081	企业物流运营规划

续表

课程号	课程名	课程号	课程名
533112021j	电子商务上机	534111081j	企业物流运营规划(上机)
533112041	商务英语听说	534113012	飞鹰拓展训练(1)
533114071	国际市场营销	534113022	雄鹰拓展训练(1)
533114621	职场英语	534222012	国际交流英语(二)
533114621j	职场英语(上机)	535111031	物流通识
533114641	海外商贸平台搭建和运营	535111051	精益物流管理
533114641j	海外商贸平台搭建和运营(上机)	535111071	会计实训(物流方向)
533214012	营销英语(1-2)	535112021	文献检索与论文写作
534010011	毕业论文或调查报告	535114062	飞鹰拓展训练(1)
534011011	综合实验(ERP 实验)	535114072	雄鹰拓展训练(1)
534011311	物流外包综合实训(2)	535211012	飞鹰拓展训练(1)
534012311	认识实习	535211032	雄鹰拓展训练(1)
534013051	会计综合实验	562150241	市场营销学
534013101	初级会计实验	563150261	管理学基础
马克思主义学院(8 门)			
101000011	形势与政策	511500031	毛泽东思想和中国特色社会主义理论体系概论
511500021	马克思主义基本原理	011010021	中国近现代史纲要
711000021	中国近现代史纲要	711000031	马克思主义基本原理概论
711000011	思想道德修养与法律基础	711000041	毛泽东思想和中国特色社会主义理论体系概论
生命科学学院(138 门)			
231018091	工程制图	704110031	微生物学实验
702050041	发酵工艺学原理	704110061	分子生物学实验
702050061	计算机应用技术	704110114	生物多样性实习
702050062j	计算机应用技术上机	704110116	植物生物学实验
702050071	生物工程设备	704110121	毕业论文
702100011	植物生物学	704110123	基础生物学实验(1-1)
702100321	食品分析(含仪器分析)	704300011	食品毒理学实验
702100381	食品工厂设计课程设计	704300015	食品毒理学实验
702110012	基础生物学(1)	704300035	认识实习
702110022	生物化学(1)	704300055	毕业论文
702110041	分子生物学	704400061	毕业论文(设计)
702110071	神经生物学	705050111	毕业论文
702110081	计算机在生命科学中的应用	705140011	基因工程实验

续表

课程号	课程名	课程号	课程名
702110081j	计算机在生命科学中的应用上机	702050011	生物工程专业导论
702110091	微生物学	702050031	生物化学工程
702150012	生物化学(1)	702050051	生化分离技术
702200001	食品机械与设备	702100151	人体与动物生理学
702220021	基因工程	702100301	微生物学
702220041	动物细胞工程	702100311	食品工艺学
702300204	食品毒理学	702100371	食品化学与分析实验
703050091	代谢发酵控制	702100372	食品化学与分析实验
703050101	生物制药工艺学	702100401	生产实习
703050111	发酵实验技术与设计	702100411	食品质量与安全专业导论
703050131	酶工程	702100421	食品工艺综合实验
703050141	工业发酵分析	702105111	生物制药专业概论
703050151	海洋微生物学	702110011	生命科学导论
703050161	海洋生化工程技术	702110021	细胞生物学
703050191	生物制药技术	702110031	遗传学
703050211	生物药品分析	702110121	生态学
703050221	药理学概论	702210012	基础生物学(2)
703050231	药学概论	702210022	生物化学(2)
703050251	海洋生物资源开发与利用	702220011	生物化学基础
703050801	生物制药工艺学	702250012	生物化学(2)
703100002	食品标准与法规	702400001	食品机械与设备
703100141	食品酶学	702400003	食品化学
703100151	人体与动物生理学	702400005	食品科学与工程专业导论
703100161	食品安全学	703050011	生物学基础
703100171	预防医学	703050051	生物工程专业英语
703100181	食品理化检测	703050081	细胞培养工程
703100221	食品检疫学	703100001	专业英语与论文写作
703100251	食品工厂设计	703100131	食品安全性概论
703100261	乳品科学与技术	703100211	食品免疫学
703100271	酿造酒工艺学	703100241	专业英语与论文写作
703100281	粮油加工工艺学	703100421	计算机在食品科学中的应用
703100291	果蔬加工工艺学	703100421j	计算机在食品科学中的应用上机
703100391	食品安全学综合实验	703100811	普通生物学
703110011	生命伦理学	703110101	蛋白质与酶化学
703110021	植物生理学	703220061	植物生物技术

续表

课程号	课程名	课程号	课程名
703110031	动物生理学	703400111	食品添加剂
703110041	生物统计学	703400120	食品营养学
703110071	科研技能课	704050091	生产毕业实习
703110091	免疫学基础	704050101	生物工程设备课程设计
703110141	食品分析	704050121	生物工程与工艺综合实验
703110191	病毒学	704100331	水产品加工工艺学
703110251	海洋生物学	704100341	果蔬保鲜学
703130011	生物信息学	704110041	细胞生物学实验
703220021	动物发育生物学	704110052	遗传学实验
703400001	食品添加剂	704110071	生物科学综合实验
703400011	食品生物技术	704110081	生物科学综合实验Ⅱ
703400101	肉制品工艺学	704110111	生物科学生产实习
703400109	果蔬保鲜学	704110117	动物生物学实验
703400114	食品生物技术	704110124	基础生物学实验(1-2)
703400121	食品毒理学	704220011	生物技术生产实习
703400122	食品质量管理学	704400001	社会实践
70350101	化工制图与 CAD	704400011	食品工艺综合实验
70350101j	化工制图与 CAD 上机	705050071	生物工程开发与设计
704050081	认识实习	705050141	发酵工程综合实验
704100361	科研训练	705050151	海洋生化综合实验
704110021	生物化学实验	705050161	生物制药综合实验
数学与信息科学学院(115 门)			
111010011	高等数学(四)	634170071j	数理统计上机
111010021	线性代数	634170081	随机过程
111010031	概率论与数理统计	634170081j	随机过程上机
111017021	线性代数	634170131	数学建模
111210012	高等数学(一)(1-2)	634170131j	数学建模上机
111210022	高等数学(二)(1-2)	635170011	随机过程上机
112010081	实变函数	635270012	数学分析(1-2)实验
113010051	近世代数	635270022	高等代数(1-2)实验
113010071	拓扑学	111010141	复变函数与积分变换
113010091	图论	111017031	概率论与数理统计
113010271	贝叶斯统计	111110012	高等数学(一)(1-1)
113010571	拓扑学	111110022	高等数学(二)(1-1)
113010851	贝叶斯统计	112010141	复变函数与积分变换

续表

课程号	课程名	课程号	课程名
114010021	毕业实习	112010181	常微分方程
114010071	毕业论文	113010141	数理方程
631200022	高等数学(三)(1-2)	113010561	数理方程
632100081	复变函数	631100012	高等数学(三)(1-1)
632170051	C 语言基础	632100031	解析几何
632170051j	C 语言基础上机	632100131	数据结构
632170071	数理统计	632100131j	数据结构上机
632170071j	数理统计上机	632170013	数学分析(1-1)
632170091	数学建模	632170022	高等代数(1-1)
632170091j	数学建模上机	632170061	概率论基础
632170101	统计软件	632170081	运筹学
632170101j	统计软件上机	632370013	数学分析(1-3)
632170111	计算方法	633100091	泛函分析
632170111j	计算方法上机	633100131	时间序列分析
632270013	数学分析(1-2)	633100131j	时间序列分析上机
632270022	高等代数(1-2)	633170011	数学实验
633100041	数值代数	633170011j	数学实验上机
633100041j	数值代数上机	633170021	数据分析
633100051	数据库及其应用	633170021j	数据分析上机
633100051j	数据库及其应用上机	633170041	Java 程序设计
633100061	统计软件	633170041j	Java 程序设计上机
633100061j	统计软件上机	633170071	多元统计分析
633100171	微分方程数值解法	633170071j	多元统计分析上机
633100171j	微分方程数值解法上机	633170081	应用回归分析
633100181	应用回归分析	633170081j	应用回归分析上机
633100181j	应用回归分析上机	634100101	管理信息系统
633100201	抽样调查	634100101j	管理信息系统上机
633100221	高级程序设计	634100131	泛函分析
633100221j	高级程序设计上机	634100241	高等代数选讲
633170051	数理统计	634170011	Java 程序设计
633170051j	数理统计上机	634170011j	Java 程序设计上机
633170061	随机过程	634170061	数据分析
634100051	数据库及其应用	634170061j	数据分析上机
634100051j	数据库及其应用上机	634170091	多元统计分析
634100061	数值代数	634170091j	多元统计分析上机

续表

课程号	课程名	课程号	课程名
634100061j	数值代数上机	634170121	数据结构
634100171	高级程序设计	634170121j	数据结构上机
634100171j	高级程序设计上机	635170012	数学分析(1-1)实验
634100181	微分方程数值解法	635170022	高等代数(1-1)实验
634100181j	微分方程数值解上机	635170041	数学科学导论
634100201	抽样调查	635170061	概率论基础实验
634100211	应用回归分析	635170071	数学实验
634100211j	应用回归分析上机	635170071j	数学实验上机
634170021	实变函数	635170081	运筹学实验
634170071	数理统计		
体育学院(41门)			
331210014	体育(1-2)	682010681	排球普修
331410014	体育(1-4)	682010691	足球普修
682010141	学校体育学	682010701	健美操普修
682010161	体育绘图	682010791	羽毛球普修
682010611	运动生理学	682110632	训练课1(田径、篮球)
682010651	体操	682110642	训练课3(田径、篮球)
682120021	体育心理学	682120011	体育概论
682120041	运动生理学	682120031	健康教育学
682120081	休闲体育概论	682120061	运动解剖学
682120241	武术	682120131	休闲体育项目策划与组织
682120251	体操	682120161	体育统计学
682210632	训练课2(田径、篮球)	682120191	田径
684010811	武术专选	682120201	篮球
684010821	排球专选	682120211	排球
684120511	体育舞蹈	682120221	足球
684120661	健身指导理论与实践	684010091	运动生物力学
331110014	体育(1-1)	684010351	运动处方理论与应用
331310014	体育(1-3)	684010371	运动营养学
682010021	体育学导论	684120461	水上运动
682010041	运动解剖学	684120521	体能训练
682010671	武术普修		
土木工程学院(210门)			
591020011	运筹学	592010101	流体力学
591020031	会计学原理	592010111	混凝土结构原理

续表

课程号	课程名	课程号	课程名
592010041	理论力学	592010211	建设法规
592010071	工程地质	592020111	经济学原理
592010081	荷载与结构设计方法	592020121	工程经济学
592010091	土力学	592020151	建设与经济法规
592020061	结构力学 B	592030021	工程制图与 cad 基础
592020071	土力学与基础工程	592110021	画法几何与工程制图
592020131	工程项目管理	592110071	基础工程
592030121	专业外语	592110081	土木工程试验
592110041	工程测量	592110151	建筑设备
592110052	结构力学(1－1)	592110161	土木工程概论
592110061	专业外语	592110181	材料力学
592110091	环境保护与建筑节能	592120011	工程管理导论
592110101	建设项目策划与管理	592120051	工程力学
592110111	钢结构设计原理	592120081	钢结构
592110121	工程结构抗震设计原理	592120121	工程制图
592110131	土木工程施工Ⅰ	592120151	土木工程材料(Ⅱ)
592110141	工程经济	592120161	工程造价管理
592110171	土木工程材料(I)	592120171	建筑设备
592110192	结构力学(1)	592120201	混凝土结构
592120021	管理学原理	592130011	工程力学
592120111	工程合同管理与法律制度	592130051	水文学与水文地质学
592120131	工程测量	592130081	给水排水管网系统
592120141	房屋建筑学(II)	592130111	水工程仪表与控制
592130021	工程测量	592130121	给排水科学与工程概论
592130031	水力学	592130131	建筑给水排水工程
592130041	水分析化学	592130142	水质工程学(1－1)
592130061	水处理生物学	592170011	工程制图
592130071	水泵与水泵站	592170041	建筑力学(上)
592130101	水资源利用与保护	592170061	物业管理理论与实务
592170021	基础会计	592170091	钢结构与识图
592170031	建筑设计原理	592210192	结构力学(2)
592170051	建筑力学(下)	592210192j	结构力学上机
592170071	混凝土结构与砌体结构	593000011	文献检索
592230142	水质工程学(1－2)	593010041	现代混凝土技术
593000021	房地产经营与开发	593021021	安装工程计量与计价

续表

课程号	课程名	课程号	课程名
593010071	土木工程前沿	593021031	房地产估价
593010081	建设监理概论	593021041	建设工程成本管理
593020011	工程管理信息系统	593021051	建设项目融资
593020131	工程管理专业英语	593022051	建设工程监理
593021011	建筑工程计量与计价	593022061	物业管理概论
593021061	建设工程定额原理	593022071	工程质量与安全管理
593022011	国际工程管理	593030061	土木工程导论
593030021	环境评价概论	593030111	水工程施工
593030051	微污染水源饮用水处理	593032031	消防工程
593032011	高层建筑给排水工程	593111021	砌体结构
593032021	房屋建筑学(Ⅲ)	593111041	工程造价 A
593111031	建筑结构设计	593111041j	工程造价 A 上机
593112021	道路勘测设计	593111051	钢结构设计
593112041	桥梁工程 1	593111061	土木工程施工Ⅱ
593112091	建筑构造 B	593111071	路桥工程概论
593113031	建筑构造 C	593111091	房屋建筑学Ⅰ
593113041	隧道工程	593112051	桥梁工程 2
593113051	基坑工程	593112061	工程造价 B
593121011	土木工程施工技术(二)	593112071	桥梁施工
593121021	建筑信息模型(BIM)概论	593112101	路基路面工程
593130011	区域给排水与水处理工程	593113011	岩石力学
593130021	给排水节能技术	593113021	工程造价 C
593130031	水工艺设备基础	593113061	地下结构设计
593130051	通风与空调工程	593113071	地下工程施工技术
594010031	工程地质实习	593113101	岩土工程勘察
594010041	毕业实习	593121031	建筑电工实务
594010071	基础工程课程设计	593121041	项目管理软件及应用(含上机 16 学时)
594010091	毕业(论文)设计	593121051	工程造价软件及应用(含 16 学时上机)
594012021	路桥工程生产实习	593130041	供热工程
594020021	认识实习	594000021	科技创新
594020091	建筑工程计量与计价课程设计(造价管理方向)	594011051	建筑工程施工组织课程设计
594020111	毕业实习	594013021	地下工程课程设计
594020121	毕业设计(论文)	594020051	项目可行性研究课程设计
594030011	认识实习	594020081	土木工程施工组织课程设计

续表

课程号	课程名	课程号	课程名
594030021	测量实习	594030071	建筑给水排水课程设计
594030061	生产实习	594110051	工程结构计算机辅助设计(含上机12学时)
594030101	毕业(论文)设计	594110061	桥梁基础与墩台
594110021	道路材料	594110081	交通工程
594110031	地基处理	594110101	桥涵水文(建议道桥方向必选)
594113041	隧道工程课程设计	594110131	岩土工程测试技术
594120031	建筑识图	594110201	建筑设备
595110011	土木工程制图与CAD	594120011	环境保护与建筑节能
595110031	认识实习	595110012	开放实验(1-1)
595110061	测量实习	595110041	钢筋混凝土肋梁楼盖设计
595111011	建筑工程生产实习	595111041	钢结构设计原理课程设计
595111031	单层工业厂房设计	595111051	工程估价课程设计
595112021	桥梁工程课程设计	595111061	房屋建筑学课程设计
595112101	道路勘测设计课程设计	595112011	路基路面工程课程设计
595113011	岩土工程生产实习	595112031	路桥工程施工组织与概预算课程设计
595113021	基坑工程课程设计	595112051	桥梁施工课程设计
595120031	工程测量实习	595112061	路基路面工程课程设计
595120071	生产实习	595113031	岩土工程施工组织课程设计
595120121	会计学原理课程设计	595120011	工程力学实验
595120131	建筑构造课程设计	595120041	工程制图设计与CAD绘图
595121011	土木工程施工技术课程设计(项目管理方向)	595120061	混凝土结构课程设计
595130021	水分析化学实验	595120081	工程招投标课程设计
595130031	水力学实验	595120091	项目管理实训
595130041	水质工程学实验	595120101	房地产估价课程设计
595130051	毕业实习	595121021	工程项目管理课程设计
595130052	水质工程学(Ⅰ)课程设计	595121031	物业管理课程设计
595130071	水泵与水泵站课程设计	595122011	安装工程计量与计价课程设计
595170001	建筑设计原理课程设计	595130011	工程力学实验
595170011	基础会计实训	595130012	开放实验(1-1)
595170021	混凝土结构与砌体结构课程设计	595130081	给水排水管网系统设计
642010161	建筑结构与选型	595130092	水质工程学实验(1-1)
705160021	水处理生物学实验	595170031	物业管理理论与实务课程设计
272010131	建筑力学	595230052	水质工程学(Ⅱ)课程设计
591010021	工程化学	642110061	建筑经济

续表

课程号	课程名	课程号	课程名
外国语学院(241 门)			
031210034	大学俄语(1-2)	545417054	跨文化交际(提高课)
031210044	大学日语(1-2)	545417214	大学英语读写(春高)4
031410034	大学俄语(1-4)	546100131	日本礼仪文化
031410044	大学日语(1-4)	031110034	大学俄语(1-1)
541200013	大学英语读写 II	031110044	大学日语(1-1)
541217014	大学英语读写 II	031310034	大学俄语(1-3)
541217113	大学英语读写(艺体)2	031310044	大学日语(1-3)
541300013	大学英语读写 III	541117014	大学英语读写 I
541317014	大学英语读写 III	541117113	大学英语读写(艺体)1
541400013	大学英语写作(提高课)	541317113	大学英语读写(艺体)3
541400023	英汉互译理论与实践(提高课)	542010041	英语语法
541400033	商务英语(提高课)	542010061	语言与文化
542010021	英语国家概况	542010081	语言学概论
542010121	美国文学史及选读	542011121	美国文学史
542010211	汉英翻译	542011201	笔译基础:英译汉
542010531	商务日语	542011401	高级日语听力
542011151	学术论文写作	542011431	日本文学史
542011161	中国传统文化	542011441	日本概况
542011411	日语语法	542011451	论文选读和写作
542017001	跨文化交际	542012141	国际贸易理论与实务
542100012	朝鲜语视听说 1	542012451	学术论文写作
542100121	初级日语阅读	542100011	专业导论
542110022	二外(法语)(1)	542101424	日语会话(1)
542110032	二外(德语)(1)	542108001	朝鲜语读写 1
542110042	二外(日语)(1)	542110013	高级英语(1)
542110842	朝鲜文学史 1	542110072	英国文学史及选读(1)
542110932	翻译(1)	542110082	英语阅读(1)
542111412	日语写作(1)	54211024	英语基础写作 1
542117011	语言服务与创新创业	542110404	基础日语(1)
542117031	日语写作 1	542110632	高级朝鲜语(1)
542201424	日语会话(2)	542110742	朝鲜语写作(1)
542208001	朝鲜语读写 2	542110802	初级朝鲜语(1)
542210013	高级英语(2)	542110812	中级朝鲜语(1)
542210072	英国文学史及选读(2)	542111114	基础英语 1

续表

课程号	课程名	课程号	课程名
542210082	英语阅读(2)	542111402	日语翻译(1)
54221024	英语基础写作 2	542111414	日语听力(1)
542210404	基础日语(2)	542112413	高级日语(1)
542210632	高级朝鲜语(2)	542117004	综合英语 1
542210742	朝鲜语写作(2)	542117012	英语高级写作 1
542210802	初级朝鲜语(2)	542117021	日语阅读(1)
542210812	中级朝鲜语(2)	542117024	英语写作 1
542211114	基础英语 2	542117041	日语翻译(1)
542211402	日语翻译(2)	542117101	高级日语
542211414	日语听力(2)	542117404	基础日语(1)
542212403	高级日语(2)	542200012	朝鲜语视听说 2
542217004	综合英语 2	542210022	二外(法语)(2)
542217021	日语阅读(2)	542210032	二外(德语)(2)
542217024	英语写作 2	542210042	二外(日语)(2)
542217041	日语翻译(2)	542210842	朝鲜文学史(2)
542217404	基础日语(2)	542210932	翻译(2)
542401424	日语会话(4)	542211412	日语写作(2)
542410404	基础日语(4)	542217031	日语写作 2
542411114	基础英语 4	542301424	日语会话(3)
542411414	日语听力(4)	542310013	高级英语(3)
542417004	综合英语 4	542310404	基础日语(3)
542417404	基础日语(4)	542311114	基础英语 3
543010011	英语语言学	542311414	日语听力(3)
543010021	英美现代主义文学	542312403	高级日语(3)
543010041	经济学导论	542317004	综合英语 3
543010071	商务英语翻译	542317404	基础日语(3)
543010081	国际商务文化与礼仪	543010061	市场营销学
543010091	商务英语口译	543010201	文学翻译
543010111	英汉对比语言学	543010301	英汉习语与民俗文化
543010211	旅游翻译	543010421	英语经典戏剧赏析
543010251	翻译批评与赏析	543010431	商务与管理沟通
543010271	英文报刊选读	543010441	商务模拟实训
543010411	英语经典诗歌赏析	543010481	计算机辅助翻译
543010511	日本历史	543010551	中日跨文化交际
543010521	日本文学经典选读	543010561	经贸日语

续表

课程号	课程名	课程号	课程名
543010591	日本民俗	543010631	日语口译
543010971	韩国传统文化	543010821	中朝关系史
543011481	日本文化概论	543010831	商务朝鲜语 1
543011501	日语报刊选读	543010881	朝鲜语概论
543017102	英汉互译(笔译)	543010901	口译理论与实践
543017104	英国文学史及选读	543010911	韩国语报刊选读
543019481	计算机辅助翻译	543011351	英语小说赏析
543021471	英汉口译实践	543011461	日语语言学
543100021	朝鲜语语法	543011471	日语古典文法
543100031	韩国企业文化	543011911	朝鲜语报刊选读
543100041	商务口译	543011931	朝鲜－韩国概况
543110571	日本企业经营学	543017101	英语词汇学
543116022	高级英语口语(1)	543017103	英汉口译理论与实践
543117041	时事韩国语	543017105	美国文学史及选读
543200032	实战朝鲜语(2)	543017106	商务英语翻译与写作
543210022	高级英语口语(2)	543020441	学术论文写作
543217022	高级英语口语 2	543100121	高级日语阅读
543217032	高级英语听力 2	543110521	日本文学经典选读
543310012	二外(日语)(3)	543110581	旅游日语
543310022	二外(德语)(3)	543110621	高级日语会话
543310032	二外(法语)(3)	543117022	高级英语口语 1
544010031	毕业论文	543117032	高级英语听力 1
544010041	毕业实习	543117121	韩国语多媒体应用
544010051	技能拓展 1	543410022	二外(德语)(4)
544010061	技能拓展 2	544010011	英语语音训练及拓展
544010521	日本国情语言实践(2)	544011031	商务英语阅读与写作
544010881	毕业实习	544011081	高级英语测试
544010891	毕业论文	544100033	朝鲜语演讲技巧(1)
544011061	西方思想经典导读	544100121	旅游朝鲜语
544011511	日本国情语言实践	544117011	听歌学朝鲜语
544011561	毕业实习	544117021	英语新闻写作
544011571	毕业论文	544117031	体育英语
544117041	计算机辅助语言学习入门	544117061	物流管理
544200033	朝鲜语演讲技巧(2)	544117161	“一带一路”国家文化概览
545117011	基础英语测试	544300033	朝鲜语演讲技巧(3)

续表

课程号	课程名	课程号	课程名
545117043	朝鲜语听力 1	545010121	商务英语听说
5452000014	朝鲜语会话(2)	545017011	英语语音
545200012	韩国语视听(2)	545017012	英语测试
545210084	英语听力(2)	5451000014	朝鲜语会话(1)
545217001	日语视听说 2	545110084	英语听力(1)
545217002	日语会话(2)	545117001	日语视听说 1
545217024	大学英语听说 II	545117002	日语会话(1)
545217092	英语口语(2)	545117024	大学英语听说 I
545217123	大学英语听说(艺体)2	545117032	实战朝鲜语 1
545317024	大学英语听说 III	545117041	经典文学作品与表演
545317043	朝鲜语听力 3	545117092	英语口语(1)
5454000014	朝鲜语会话(4)	545117123	大学英语听说(艺体)1
545410084	英语听力(4)	545217043	朝鲜语听力 2
545417014	大学英语写作(提高课)	5453000014	朝鲜语会话(3)
545417024	英汉互译理论与实践(提高课)	545310084	英语听力(3)
545417034	商务英语(提高课)	545317123	大学英语听说(艺体)3
545417044	跨文化交际(提高课)		
人文学院(176 门)			
012010031	语言学概论	924010021	毕业实习
012010061	外国文学史	924010031	毕业论文
012010111	中国古代文论	012000021	中国文化史
012010131	美学概论	012010011	现代汉语
012010171	实用汉语修辞	012010021	写作
012010181	中国古典文献学	012010081	比较文学
012011041	经济学原理	012010121	马克思主义文论
012011131	新闻编辑	012011010	新闻学专业导论
012011251	英语新闻阅读	012011031	人类学原理
012110013	中国古代文学史(1-1)	012011191	新闻摄影
012110022	古代汉语(1)	012011211	网络传播原理与应用
012210013	中国古代文学史(1-2)	012011241	新闻专业英语听说
013010011	普通逻辑学	012210022	古代汉语(2)
013010081	公共关系学	012310013	中国古代文学史(1-3)
013010091	社会学概论	013010031	社会学概论
013010151	训诂学专题	013010131	新闻采访与写作
013010172	汉语语法研究	013010141	影视欣赏与评论

续表

课程号	课程名	课程号	课程名
013010201	言语交际概论	013010161	音韵学专题
013010301	俄苏文学专题	013010181	汉语言与文化
013010341	《礼记》研究	013010191	汉字研究
013010411	明清小说研究	013010281	西方现代文学专题
013010591	诸子研究	013010311	美国文学专题
013010611	秘书学概论	013010381	唐诗研究
013011061	新闻策划	013010401	古代戏曲研究
013012061	公共关系学	013010501	民俗学
014010021	学年论文	013010571	宋词研究
014010041	毕业论文	013011031	体育新闻报道
014011061	毕业论文	013011041	法制新闻报道
511100011	中国传统文化	013011051	新闻精品分析
511100021	应用写作	013011071	广告创意与表现
512110021	外国文学作品选	013011141	电视画面与解说词
512110071	中文工具书应用	013012011	财经新闻报道
512110121	汉语史专题	013012031	报纸编辑与制作
512110243	写作实训	013012041	杂志编辑与制作
512110271	学年论文	512110011	中国文学作品选
512110281	专业实习	512110062	中国现当代文学史
512118021	新闻学原理	512110081	中国文化史
512118031	中国新闻史	512110091	外国文化史
512120011	政治与国际传播	512110111	民间文学
512120051	外国新闻史	512110261	文学概论
512120071	媒介伦理与法规	512120021	新闻学原理
512120081	音视频节目制作	512120031	传播学原理
512120101	大众文化研究	512120041	中国新闻史
512120111	新媒体导论	512120061	马克思主义新闻思想
512120241	新闻专业大实习	512120091	媒介经营与管理
512120251	舆论与社会心理	512120121	融合新闻
512172001	传播学原理(上)	512120281	新闻采访与写作
512172011	广播电视新闻	512120291	新闻评论
512210062	中国现当代文学史	512171001	汉语言文学专业创新创业
512310243	写作实训	512210243	写作实训
513110131	文学批评理论与实践	513110161	中外经典影片赏析与评论
513110141	普通逻辑学	513118091	编剧、脚本创作

续表

课程号	课程名	课程号	课程名
513110151	中国现当代小说研究与评论	513120131	大众媒介研究方法论
513110171	东方文学	513120161	纪录片创作
513110181	文化哲学	513120171	电视新闻制作
513110191	《诗经》精读	513120181	三维动画制作与赏析
513110201	《孙子兵法》精读	513120201	广告创意与表现
513110251	普通话与汉语表达技巧	513120261	数据新闻学
513120191	广告学概论	513172021	电视栏目评析
513120271	新闻摄影	513172031	消费者行为与品牌传播
515100021	应用写作	514110221	海外华人文学研究
515172011	新闻专业小实习	514110231	20 世纪中国女性文学研究
672010041	外国文学	672010031	中国现当代文学
672100031	教育学	672010081	语言学概论
672100041	对外汉语教学法	672010091	逻辑学
672100051	应用语言学	672010121	外国文化
672110013	中国古代文学(1－1)	672100024	英语口语 1－1
672200024	英语口语 1－2	672100081	教育心理学
672310013	中国古代文学(1－3)	672210013	中国古代文学(1－2)
672400024	英语口语 1－4	672300024	英语口语 1－3
673010051	汉语语法研究	673010091	第二外语
673010081	汉语词汇研究	673010101	语用学
673010161	中外文化交流史	673010181	行政管理学
673010221	儒道思想研究	673010201	语言要素教学(一)
673210012	综合英语(1－2)	673100011	中外语言学史
674000021	朗诵与表达	673110012	综合英语(1－1)
674000031	中国民歌	674000051	社科文献检索与论文写作
674000041	语言学名著导读	674000061	汉外语言对比
674010001	社会实践	674000071	汉字与文化
674010041	专业实习	674100031	普通话技能训练
674100051	中国民俗	675100071	专业创新训练
6751GS401	毕业实习	675200662	中华才艺训练(1－1)
675200672	中华才艺训练(1－2)	922010051	中国文化通论
922110042	古代汉语(1－1)	922010131	第二语言教学概论
922210032	现代汉语(1－2)	922110032	现代汉语(1－1)
923010121	对外汉语教学系列专题	922210042	古代汉语(1－2)
923010171	商务英语	923010071	语音学
923010401	跨文化交际概论	923010191	应用文写作

续表

课程号	课程名	课程号	课程名
光电信息科学技术学院(132 门)			
131010011	普通物理实验	573100281	自动控制原理
131110012	普通物理(1-1)	131210012	普通物理(1-2)
132010041	电磁学	132010021	力学
132010081	算法与数据结构	132010031	热学
132010081j	算法与数据结构上机	132010051	光学
132010101	电路分析基础	132010071	高级语言程序设计
132010131	嵌入式操作系统	132010071j	高级语言程序设计上机
132010131j	嵌入式操作系统上机	132010091	微机原理与接口技术
132010151	近代物理实验	132010191	量子力学
132010161	理论力学	132010251	信号与系统
132010181	电动力学	132010341	高频电子电路
132010201	固体物理	132010351	模拟电子技术
132010211	数理方程	132010381	电子信息科学与技术专业导论
132010261	通信原理	132010391	通信工程专业导论
132010271	数字信号处理	132010461	简明模拟电子技术
132010321	数字电路	132010471	应用物理专业导论
132010331	复变函数与积分变换	132010501	物联网工程专业导论
132010451	数据通信与计算机网络	132010531	Linux 操作系统应用
132010481	热力学与统计物理	132010531j	Linux 操作系统应用上机
132010521	Web 客户端编程技术一	133010021	材料物理
132010521j	Web 客户端编程技术一上机	133010061	结构与物性
132010541	面向对象基础与 Java 语言	133010081	量子力学专题
132010541j	面向对象基础与 Java 语言上机	133010111	现代光学设计
132010561	Oracle 数据库应用	133010311	信息理论与编码
132010561j	Oracle 数据库应用上机	133010431	现代通信原理
132010581	JSP 程序设计	133010471	专业英语
132010581j	JSP 程序设计上机	133010531	感测技术
132010591	struts 轻量级框架及应用	133010611	量子计算与量子通信
132010591j	struts 轻量级框架及应用上机	133010641	EDA 技术与应用
132010601	中兴职业认证	133010691	激光光谱学
132010611	通信工程设计	133010871	移动通信基础
133010011	半导体物理	134010161	通信工程课程设计
133010041	激光原理	134010181	专业实习
133010071	纳米科学与技术	134010231	生产实习
133010261	嵌入式系统原理及应用	134010241	单片机应用课程设计

续表

课程号	课程名	课程号	课程名
133010321	信息与通信新技术讲座	134010251	物联网课程设计
133010361	数字图像处理	134010271	Web 前端专业课程设计
133010571	无线通信与移动通信技术	134010281	Android 手机课程设计
133010591	面向对象程序设计	134010291	Web 后台开发课程设计
133010591j	面向对象程序设计上机	134010301	Oracle 应用课程设计
133010601	可编程逻辑器件	571200022	普通物理(二)(1-2)
133010631	前沿科学讲座	572100071	原子物理学
133010731	科技文献检索	572100111	MATLAB 程序设计及应用
133010771	DSP 原理及应用	572100111j	MATLAB 程序设计及应用上机
133010791	JAVA 语言与数据库应用	572100121	单片机原理与应用
133010791j	JAVA 语言与数据库应用上机	572100171	计算物理
133010801	Android 手机应用开发技术基础	572100201	数据通信与计算机网络
133010801j	Android 手机应用开发技术基础上机	572100211	无线传感器网络原理与应用
133010811	英语口语	572100221	移动互联网技术概论
133010821	phpweb 程序设计入门	573100031	RFID 与 ZigBee 技术
133010821j	phpweb 程序设计入门上机	573100081	MATLAB 语言
133010831	软件工程	573100081j	MATLAB 语言上机
133010841	无线通信新技术讲座	573100101	材料物理
133010861	3G/4G 移动通信技术	573100121	RFID 技术
134010111	毕业设计	573100151	光通信技术
134010131	电子产品课程设计	573100241	数据库原理与应用
134010141	电子电路课程设计	573100241j	数据库原理与应用上机
134010261	嵌入式应用课程设计	573100261	物理光学
571100011	电工电子学(B)	573100271	现代交换技术与网络通信
571100012	普通物理(一)(1-1)	574100111	微波技术
571100022	普通物理(二)(1-1)	574100141	专业英语
571200012	普通物理(一)(1-2)	575100031	普通物理实验(Ⅱ)
572100131	电磁场与电磁波	575100131	计算机编程课程设计
572100141	简明电路分析基础	575100151	通信系统建模与仿真课程设计
573100011	电器控制与 PLC 应用	575100171	现代光学课程设计
573100221	计算机在物理中的应用	575100221	专业认知实习
药学院(61 门)			
222010031	生物化学	625100731	生产实习
222010081	药剂学	625100741	毕业论文
222010091	天然药物化学	222010021	有机化学实验
222010101	微生物学与免疫学	222010041	人体解剖生理学

续表

课程号	课程名	课程号	课程名
222010151	药剂学实验	222010051	药理学
222010161	天然药物化学实验	222010061	药物化学
222110012	有机化学(1－1)	222010071	药物分析
223010151	药物设计	222010111	导论
223010381	药学文献检索	222010121	药理学实验
223010391	生物统计学	222010131	药物化学实验
223010571	药物合成反应	222010141	药物分析实验
612100740	环境与安全工程	222010201	药物分析
622100012	分析化学(1－1)	222210012	有机化学(1－2)
622100121	生物化学	224010051	企业实践
622100141	制药工艺学	622100021	生药学
622100201	固体制剂综合实验	622100031	药事管理学
622100441	微生物与免疫学实验	622100161	药物分离工程
622100751	制药工程与工艺学实验	622100431	人体解剖生理学实验
622100761	制药设备与车间设计	622100451	生药学实验
623100271	中药学	622200012	分析化学(1－2)
623100281	体内药物分析	623100041	生物药剂学与药物动力学
623100291	中药分析	623100051	有机化合物波谱解析
623100301	临床医学概论	623100061	药用高分子材料学
623100321	基因工程基础	623100241	生物制药学(双语)
623100331	病理学	623100311	细胞生物学
623100341	药物毒理学	623100351	临床药物治疗学
624100361	药用植物学	623100491	人体解剖生理学
624100601	微生物学	624100381	药学英语
625100231	生产实习	624100401	有机化合物波谱解析
625100461	毕业实习	624100421	国际贸易
625100471	毕业论文		
音乐舞蹈学院(155 门)			
372010021	艺术概论	372210012	中国音乐史与名作赏析(1－2)
372204004	视唱练耳(1－2)	372304004	视唱练耳(1－3)
372204012	基本乐理(1－2)	373010051	舞蹈教学法
372204022	和声(1－2)	373010071	山东民歌
372204032	音乐作品分析(1－2)	373010121	器乐演奏的理论与实践
372210022	中国民族音乐(1－2)	373010141	20 世纪西方音乐概论
372210032	西方音乐史与名作赏析(1－2)	373010181	民族音乐学概论

续表

课程号	课程名	课程号	课程名
372404004	视唱练耳(1-4)	373010191	西方音乐的风格与体裁
373010081	山东戏曲	373010211	音乐教育心理学
373010131	音乐专业英语	373010221	奥尔夫教学法
652104076	舞蹈编导(1-1)	373104161	意大利语语音
652105011	舞蹈概论	652101012	音乐基础理论(1-1)
652110051	歌曲写作	652104072	社会舞蹈学科理论(1-1)
652110071	音乐美学	652104073	舞蹈素材(1-1)
652110204	舞台教学实践(1-1)	652104077	教学剧目(1-1)
652201012	音乐基础理论(1-2)	652104191	配器基础
652204072	社会舞蹈学科理论(1-2)	652104221	复调基础
652204073	舞蹈素材(1-2)	652104282	舞蹈音乐欣赏与分析(1-1)
652204077	教学剧目(1-2)	652106011	舞蹈经典剧目创作分析
652206012	舞蹈技术技巧(1-2)	652106012	舞蹈技术技巧(1-1)
652206018	舞蹈基础能力(1-2)	652106018	舞蹈基础能力(1-1)
652210012	中外舞蹈史及作品鉴赏(1-2)	652110012	中外舞蹈史及作品鉴赏(1-1)
652210044	合唱与合唱指挥(1-2)	652110031	外国民族音乐
652210102	音乐教学论(1-2)	652110044	合唱与合唱指挥(1-1)
652210208	舞台教学实践(1-2)	652110061	钢琴即兴伴奏
652260264	民舞素材(1-2)	652110102	音乐教学论(1-1)
652260362	芭蕾基训(1-2)	652110208	舞台教学实践(1-1)
652260364	古典舞基训、身韵素材(1-2)	652160264	民舞素材(1-1)
652260862	现代舞基训(1-2)	652160362	芭蕾基训(1-1)
652304076	舞蹈编导(1-3)	652160364	古典舞基训、身韵素材(1-1)
652404077	教学剧目(1-4)	652160862	现代舞基训(1-1)
652406018	舞蹈基础能力(1-4)	652204076	舞蹈编导(1-2)
652410044	合唱与合唱指挥(1-4)	652204282	舞蹈音乐欣赏与分析(1-2)
652460264	民舞素材(1-4)	652210204	舞台教学实践(1-2)
652460364	古典舞基训、身韵素材(1-4)	652304073	舞蹈素材(1-3)
652504076	舞蹈编导(1-5)	652304077	教学剧目(1-3)
652604077	教学剧目(1-6)	652306018	舞蹈基础能力(1-3)
652606018	舞蹈基础能力(1-6)	652310044	合唱与合唱指挥(1-3)
652804008	专业主科(1-8)	652310208	舞台教学实践(1-3)
652806018	舞蹈基础能力(1-8)	652360264	民舞素材(1-3)
653010201	器乐艺术史	652360364	古典舞基训、身韵素材(1-3)
653010321	节奏与打击乐基础训练	652404076	舞蹈编导(1-4)

续表

课程号	课程名	课程号	课程名
653104081	歌剧欣赏	652504077	教学剧目(1-5)
653204008	主科(1-2)	652506018	舞蹈基础能力(1-5)
653220012	声乐基础(1-2)	652604076	舞蹈编导(1-6)
653220014	钢琴基础(1-2)	652704077	教学剧目(1-7)
653220034	器乐基础(1-2)	652706018	舞蹈基础能力(1-7)
653404008	主科(1-4)	653104008	主科(1-1)
653420012	声乐基础(1-4)	653110041	管弦乐总谱分析
653420014	钢琴基础(1-4)	653114101	形体训练
653420034	器乐基础(1-4)	653120012	声乐基础(1-1)
653604008	主科(1-6)	653120014	钢琴基础(1-1)
653804008	主科(1-8)	653120034	器乐基础(1-1)
654104076	舞蹈排练(1-1)	653304008	主科(1-3)
654110071	毕业音乐会	653320012	声乐基础(1-3)
654110081	毕业论文(设计)	653320014	钢琴基础(1-3)
654110111	毕业专场舞蹈晚会	653320034	器乐基础(1-3)
654110202	钢琴教学与实践(1-1)	653504008	主科(1-5)
654204002	表演课(1-2)	653704008	主科(1-7)
654210018	艺术实践(1-2)	654104002	表演课(1-1)
654210042	语言正音(1-2)	654104011	和声分析
654214002	群众舞蹈作品赏析(1-2)	654104231	中国少数民族音乐
654304076	舞蹈排练(1-3)	654110018	艺术实践(1-1)
654310204	民族管弦乐排练(1-3)	654110042	语言正音(1-1)
654310214	西洋管弦乐排练(1-3)	654110091	教育实习
654410018	艺术实践(1-4)	654114002	群众舞蹈作品赏析(1-1)
654504076	舞蹈排练(1-5)	654114231	舞剧赏析
654610018	艺术实践(1-6)	654120101	实习
654810018	艺术实践(1-8)	654204076	舞蹈排练(1-2)
372010011	音乐学导论	654210202	钢琴教学与实践(1-2)
372104004	视唱练耳(1-1)	654310018	艺术实践(1-3)
372104012	基本乐理(1-1)	654404076	舞蹈排练(1-4)
372104022	和声(1-1)	654410204	民族管弦乐排练(1-4)
372104032	音乐作品分析(1-1)	654410214	西洋管弦乐排练(1-4)
372104041	论文写作	654510018	艺术实践(1-5)
372110012	中国音乐史与名作赏析(1-1)	654604076	舞蹈排练(1-6)
372110022	中国民族音乐(1-1)	654710018	艺术实践(1-7)
372110032	西方音乐史与名作赏析(1-1)		

烟台大学 2018—2019 学年本科教学质量报告

目 录

第一部分 本科教育基本情况

一、本科人才培养目标与服务面向

注重本科教育基础性与灵活性的统一,强调统一要求与促进个性发展相结合,加强学生实践能力的培养,注重科学教育与人文教育的融合。

人才培养目标:以立德树人为根本,培养德智体美劳全面发展,具有坚定的理想信念和社会责任感,专业基础扎实、实践能力强,富有创新精神和国际视野的高素质应用性人才。

服务面向:立足烟台、服务山东、面向全国。

二、本科专业设置

现有 66 个本科专业,涵盖文、理、工、法、农、医、经济、管理、教育、艺术 10 个学科门类,形成了理工结合、文理渗透、优势互补、结构优化、特色明显的本科专业格局。2019 年有 58 个本科专业进行招生,其中汉语言专业只招收留学生。(具体招生的专业目录见表 1)

通过加强专业发展重要环节的综合改革,促进人才培养水平的整体提升,形成教育观念先进、改革成效显著、特色更加鲜明的专业点。

表 1 2019 年普通本科招生专业

学科门类	专业数目	专 业 名 称
工学	29	材料科学与工程、测控技术与仪器、车辆工程、城乡规划、电子信息科学与技术、高分子材料与工程、给排水科学与工程、航海技术、核工程与核技术、化学工程与工艺、环保设备工程、环境科学与工程、机械设计制造及其自动化、计算机科学与技术、建筑学、金属材料工程、轮机工程、能源与动力工程、软件工程、生物工程、生物制药、食品科学与工程、食品质量与安全、通信工程、土木工程、物联网工程、制药工程、智能科学与技术、自动化
理学	7	海洋科学、生物科学、数学与应用数学、统计学、信息与计算科学、应用化学、应用物理学
法学	2	法学、知识产权
管理学	4	工程管理、工商管理、会计学、市场营销

续表

学科门类	专业数目	专 业 名 称
文学	7	朝鲜语、汉语国际教育、汉语言、汉语言文学、日语、新闻学、英语
经济学	2	国际经济与贸易、投资学
农学	1	水产养殖学
艺术学	3	环境设计、舞蹈编导、音乐学
医学	1	药学
教育学	2	休闲体育、运动训练
合计	58	

三、生源情况

继续加大优质生源拓展力度,新增在上海市的本科招生计划,生源省份扩展至30个省(自治区、直辖市)。积极开展全方位多层次招生宣传,大力推动专业院系开展专业宣传工作,确保生源质量,为本科教育教学和人才培养提供生源保障。2019年实际录取7343名,实际报到7217名。

2019年,在山西、湖南等20多个省份文科或理科录取分数线超过当地一本线(或自主招生线),其中四川文科录取位次较去年提高1万多名,理科录取位次较去年提高近5万名。其余省份中的北京、江苏等多个省份的录取分数也与当地一本线分差进一步缩小,其中湖北理科录取位次较去年提高近2万名。

在山东省内高招生源竞争日趋激烈的严峻形势下,本校生源继续保持稳中有升的态势。2019年,在山东省共录取夏季高考本科生5276人。从首次投档录取情况看,普通类专业文科最高分596分,超过省自主招生线54分;最低分556分,超过省自主招生线14分。普通类专业理科最高分588分,超过省自主招生线74分;最低分524分,超过省自主招生线10分。合作办学类专业首次投档录取中,中外合作办学类专业文科最低分558分,理科最低分472分,校企合作办学类专业文科最低分536分,理科最低分489分。

目前,学校有本科生28823人,预科生72人,留学生211人,硕士研究生1886人,博士研究生26人,函授生6618人,全日制在校生30892人,折合在校生32984人,本科生占全日制在校生总数的92.91%,目前有国外全日制在校本科生70人。

第二部分　师资与教学条件

现有中国工程院院士1人,“长江学者奖励计划”特聘教授1人,国家“万人计划”入选者2人,首届全国百名教学名师1人,“新世纪百千万人才工程”国家级人选1人,国家文化名家暨“四个一批”人才工程1人,山东省“一事一议”顶尖人才2人,享受国务院政府特殊津贴专家12人,全国优秀教师2人,教育部新世纪优秀人才支持计划人选4人。“泰山学者”24人,山东省外专“双百”计划(团队)2人,山东省有突出贡献的中青年专家12人,山东省杰出青年基金获得者3人,山东省属高校联合青年基金获得者6人,齐鲁文化英才1人,山东省高等学校首席专家5名,山东省青创引育计划团队5个,国家级教学名师1人,山东省省级教学名师8人,烟台市“双百”计划特聘专家11人,烟台市有突出贡献的中青年专家5人。

现建设有国家级教学团队1个,省部级教学团队3个,黄大年式教师团队1个。首批获得山东省高等学校优势学科人才团队培育计划项目。

一、师资情况

1. 师资数量与结构

现有专任教师1399人,外聘教师334人,折合教师总数为1566人,外聘教师与专任教师人数之比为0.24∶1。按折合学生数32984计算,生师比为21.06。

专任教师中,“双师型”教师366人,占专任教师的比例为26.16%;具有高级职称的专任教师749人,占专任教师的比例为53.54%;具有研究生学位(硕士和博士)的专任教师1199人,占专任教

师的比例为85.70%；具有博士学位的专任教师736人，占专任教师的比例为52.61%。（见表2）

表2 专任教师队伍结构情况

项目			专任教师		外聘教师	
			数量	比例(%)	数量	比例(%)
总计			1399		334	
职称	教授		187	13.37	39	11.68
	副教授		461	32.95	18	5.39
	讲师		535	38.24	17	5.09
	助教		13	0.93	0	0.00
	其他正高级		13	0.93	126	37.72
	其他副高级		88	6.29	68	20.36
	其他中级		51	3.65	29	8.68
	其他初级		2	0.14	1	0.30
	未评级		49	3.5	36	10.78
学位	博士		736	52.61	144	43.11
	硕士		463	33.10	89	26.65
	学士		162	11.58	99	29.64
	无学位		38	2.72	2	0.6
年龄	35岁及以下		296	21.16	41	12.28
	36~45岁		520	37.17	130	38.92
	46~55岁		466	33.31	111	33.23
	56岁及以上		117	8.36	52	15.57
学缘	本校		181	12.94	0	0.00
	外校	境内	1142	81.63	0	0.00
		境外	76	5.43	0	0.00

2. 师资队伍建设情况

积极加强教师国际间的交流，采取“走出去”和“请进来”的双向开放策略，有计划地选派教师到国外进修、访问、讲学、开展合作研究。依托省访学项目平台，通过国家留学基金委、山东省教育厅等渠道为教师争取更多公派出国留学机会。除省财政资助外，学校自筹经费访学项目，对超过半年的研修项目均有相应资助。

贯彻落实《烟台大学人才引进与管理实施办法》，加大有境外学习或工作经历的人才引进力度，大力引进国（境）外先进教育理念、优质教育资源，对不同层次引进人才的待遇均做了大幅提高。在“引智”方面，聘用2名境外非华裔高端专家，入选山东省“外专双百计划”；除语言外教，还积极引进专业外教，在法学院、药学院、数学与信息科学学院、音乐舞蹈学院及环境与工程学院反响良好。

自2018年起逐步推行在全系列设置正高级职务，不断完善教师考评体系，按教学岗、科研岗、教学科研岗进行分类考核，探索实施省级以上教学人才优先评审高级职务，对服务地方经济、科技成果转化突出人员优先考虑晋升。将教学业绩突出的教师聘用在较高岗位上，单独制定考核条件，突出教学中心地位；增加对教学为主型高级职称岗位的聘任，对教学业绩与效果差的教师在职称评审时实行教学“一票否决”，逐步改变以往重科研、轻教学的评审导向。

实施烟台大学师资队伍优先工程，确立了“人才队伍结构更加优化、汇聚较多数量的高层次人才、培育优秀人才团队、创建良好人才发展环境”的发展目标，通过实施“152”人才工程、学科特区计划、人才特聘计划、平台拓展计划、稳定人才计划、中青年教师能力和国际化水平提升计划、分类施策计划、人才保障计划等，合理规划师资队伍数量和结构，加大投入，加强高水平师资的引进与培养，推动师资队伍水平的整体提升。

3. 教师发展与服务情况

多措并举大力提升教师教学能力，搭建教师全面发展的平台。出台了《烟台大学课程思政实施方案》，建设22门课程思政示范课，充分挖掘思想政治教育元素，构建全员、全过程、全方位育人新格局。修订了《烟台大学教师教学工作条例》，出台了《烟台大学课堂教学管理规范》等文件，规范教学管理，充分发挥教师的主导作用、课堂的主阵地作用。出台文件、开放教学培训研讨厅，全力支持教师教学培训研讨工作，进一步提升教师教学能力，创造良好的教育教学交流氛围。

组织教师参加岗前培训，完成培训要求。承担山东省岗前培训笔试考试考点工作，36所学校1300余人次的青年教师到烟台大学参加考试。对56名新入职教师实施助教培养，组织58名青年教师参加山东省岗前面授培训，外派教师短期培训120余人次。面向中青年教师举办系列专题培训，提高信息化教学能力，推行混合式教学改革，受益200余人。

精心组织各类教学比赛,提升教师教学水平。组织青年教师参加“首届全国高校混合式教学设计创新大赛”并获得全国二等奖1项。在山东省第六届“超星杯”高校教师教学比赛中,2人获得一等奖,1人获得三等奖,4人获得优秀奖;在山东省第六届“超星杯”高校教师信息化教学比赛中,2个团队进入决赛并获得一等奖,1个团队获得优秀奖,实现新的突破。

二、教师教学投入

加大教学工作投入力度,在政策、资金、权重占比方面给予教学更多倾斜,通过大学文化建设、校园环境建设、教学成果展示等营造浓厚氛围,提高教师从教乐教的主动性、积极性。

坚持教授、副教授为本科生上课的基本制度。学校共有教授216人,其中专任教师中有教授187人,在2018—2019学年承担本科教学的教授有185人,主讲本科课程的教授比例为85.65%。本学年学校共开出本科课程(公共课和必修课)2836门、6305门次,主讲教师人均开出课程2门以上,教授、副教授讲授本科课程共1567门,占课程总门数的55.25%,授课的总门次为2879门次,占课程总门次数的45.66%。其中教授承担授课的课程门数为392,占总课程门数的13.82%;授课的课程门次数为592,占开课总门次的9.39%。副教授承担授课的课程门数为1175,占总课程门数的41.43%;授课的课程门次数为2287,占开课总门次的36.27%。

2018—2019学年,学校9位国家级、省级教学名师全部为本科生上课,都担任所授课程的主讲。

三、教学经费投入

严格执行《烟台大学预算管理办法》《烟台大学关于建立健全院(系)财务管理制度的意见》(试行)、《烟台大学教学专项经费管理体制改革暂行规定》等财务管理制度,坚持统筹兼顾、重点建设原则,统筹调度资金,优化支出结构。保证教学经费优先投入,及时、足额到位,专款专用,最大限度满足教学经费开支需求,为提高教学质量提供财力保障。教学经费总额持续增长,分配合理,使用效益高。

继续加大对本科教学的投入,严格预算管理,合理分配教学经费,保障日常教学经费的正常使用。逐步加大教学辅助设施的建设,改善教学科研空间、设备、网络与信息化建设等基础条件。逐步打破学院之间的壁垒,提高资源共享度。进一步拓宽经费来源渠道,增强自身造血功能。利用高校在科技创新、智力支撑、咨询服务等方面的优势,搭建科技成果转化平台,提高创新成果转化效益,以贡献求支持,以服务求发展,争取政府部门及企业更多支持。采取联合共建实验室和校外实践教学基地等形式,进一步拓宽产教融合校企合作渠道,引入社会力量办学,合作培养社会急需的高素质应用型人才。

自2017年起,每年增加高水平应用型立项建设专业群(自筹)经费1400万元,给予7个高水平应用型立项建设专业群每个200万元建设经费,全力支持本科教学工作与教学改革不断深化。按照略高于往年年度预算指标的原则,每年下达400万元教学专项经费指标,用于新的教学专项经费管理改革的实施。

2018年,教学科研仪器设备资产总值46535.52万元,生均教学科研仪器设备值14108.38元,新增教学科研仪器设备值5866.91万元。学校教学日常运行支出11102万元,生均3851.79元;教学经费总额17338万元,教学改革与建设专项经费总额6236万元,实验经费336万元,生均116.57元;实习经费162万元,生均56.21元。

四、教学基本设施

教学行政用房面积为28.68万平方米,生均9.72平方米;实验室、实习场所面积为14.01万平方米,生均实验、实习场所面积4.52平方米。现有教室259间,座位数28825个,面积70020平方米,其中智慧教室面积576平方米。语音室28间,多媒体教室175间,建设有沉浸式直播互动教室1间,研讨型教室1间,微课慕课制作室2间。实验室、实习基地、运动场及体育设施齐备,能够满足教学需求。

表 3　教学行政用房面积(平方米)

教学科研及辅助用房	教室	图书馆	实验室实习场所	专用科研用房	体育馆	会堂面积	行政用房
286834	70020	42583	140141	24215	7780	2095	14690

对教学科研仪器设备采用“统一领导,归口管理,分级负责,责任到人”的管理方式,合理配置。

1. 图书资源

现有承先和逸夫两个图书馆,总面积 4.23 万平方米,阅览室座位数 4280 个,图书馆拥有纸质图书 2436365 册,当年新增 77068 册,生均纸质图书 73.86 册。引进电子图书 607 万余册,电子期刊 21 万余册,购置 Elsevier 的 Science Direct、omson Reuters 的 Web of Science、Springer SLCC、Westlaw、中国知网等中外知名科技文献数据库 87 个。年均借还书总量 14.94 万册,接待阅览读者 75 万人次,数据库全年使用量达 2220 万次,期刊论文全文下载量达到 245 万篇。图书馆实现无线网络全覆盖。

表 4　图书资源一览表

图书馆数量(个)	阅览室座位数(个)	纸质图书总量(册)	纸质期刊数量(份)	纸质期刊种类(种)	电子期刊(册)	电子图书(册数)
2	4280	2436365	2224	2159	219228	6079966

图书馆采取了一系列措施来提高现有图书资料的利用率和文献保障率。一是增加借还书时间和阅览时间。图书馆在中午、周末、节假日、寒暑假都安排人员值班开放借还书。2018 年图书流通量 149380 本次,本科生均图书流通量 4.82 本次,电子资源访问量 6189.74 万次。二是使用 Calis 和 Cashl、盈科千信群为全校读者提供文献传递服务和馆际互借服务。通过使用爱迪科森公司的软件实现了驻烟三所高校图书馆馆际互借功能,开始了真正意义上的资源共享。三是拓宽资源收集渠道,将网上免费的资源和开放存取(OA)资源收集、整理,提供给全校读者使用。

2. 体育教学条件

现有室外田径场 2 个,足球场 2 个,篮球场 32 个,排球场 20 个,网球场 10 个,手球场 1 个,轮滑场 2 个,总面积 65136 平方米;室内羽毛球、乒乓球、瑜伽、跆拳道、散打、健身房等运动场地 24 个,总面积 6825 平方米。体育设施基本满足了学生上课、课外体育锻炼和学生社团活动的需要。开设了篮球、排球、足球、网球、乒乓球、跆拳道、散打等 15 项必修体育教学项目及足球、乒乓球等体育选修项目,形成了包括体育课程教学、群众体育、运动竞赛三位一体的完整教学体系,面向全体学生,贯穿育人全程,有效地促进了学生身体、心理和社会适应能力协调发展。

3. 实验教学设施

按照“支撑教学、服务科研、规范管理、促进共享”的要求,加强实验室建设和管理,建设经费优先投向公共基础实验教学和专业认证实验室,2018—2019 学年,总计投入 6466.71 万元用于实验室改造、实验仪器设备更新,投入 600 万元完成车辆工程实验室建设、音乐舞蹈学院实验室改造、物理实验中心改造、公共外语教学平台升级改造等工程;新购置教学仪器设备 3106 台(套),其中具有综合性和创新性的仪器设备总值占 60% 以上。加快推进综合实验中心建设,建筑面积 37382.96 平方米的实验中心主体已完工。完成工程力学实验中心小型结构实验室、实验中心内部使用功能细化调整和二次装修论证,优化完善大型仪器共享中心建设规划。

现有国家实验教学示范中心 1 个,国家级虚拟仿真实验教学中心 1 个,国家级虚拟仿真实验项目 1 个;省级实验教学中心 3 个,省级骨干学科实验中心 19 个。基础、专业实验室 138 个,省部级以上实验室及科研基地 27 个,1 个国家级创新创业基地。校外实习、实训基地 407 处,当年接纳学生总数 27856 人。

“焊接工业机器人虚拟仿真实验教学项目”成功入选首批国家级机械类虚拟仿真实验项目。项目组织采取机电汽车工程学院主导,专业机器人公司和教育咨询公司等社会企业共建。秉承虚拟与现实相结合、能实不虚的理念,通过提供工业级仿真软件、工业机器人实体实验室,将虚拟教学模块和专业训练模块结合起来,创造沉浸式3D互动教学虚拟环境。坚持边学边做,虚拟仿真,改单向为交互式教学,让学生感受更真实丰富的实验过程,理解实验现象的综合性与复杂性,提高学生的综合设计和探究式学习能力。2018—2019学年,项目承担教学人时数2376,参与学生数297人。

表5 实验教学示范中心一览表

序号	实验教学中心名称	对应服务的学科
1	药学实验教学示范中心(国家级)	药学
2	生物学实验教学示范中心(省部级)	生物工程、生物学、食品科学与工程
3	文科综合教学实训中心(省部级)	法学、新闻传播学、统计学、工商管理、公共管理、音乐与舞蹈学、设计学、外国语言文学、数学、应用经济学、中国语言文学
4	工程力学实验教学示范中心(省部级)	土木工程、管理科学与工程、机械工程
5	工程力学虚拟仿真实验教学中心(国家级)	土木工程、管理科学与工程、机械工程

表6 省部级实验室和科研基地一览表

序号	实验室和科研基地名称	类别
1	国家民委民族理论政策研究基地	省级人文社会科学重点研究基地
2	新型制剂与生物技术药物研究	省部级设置的研究所(院、中心)
3	应用法学研究中心	省级人文社会科学重点研究基地
4	化工新材料制造工程	省级重点实验室
5	光信息与光功能材料	省级重点实验室
6	数据科学与智能技术	省级重点实验室
7	海产品质量与安全检测	省级重点实验室
8	药物筛选与新型制剂	省级重点实验室
9	山东省知识产权软科学研究基地	省级人文社会科学重点研究基地
10	山东省中匈黄金工业应用合作研究中心	省部级设置的研究所(院、中心)
11	山东省化学工程与过程重点实验室	省级重点实验室
12	分子药理和药物评价教育部重点实验室	教育部重点实验室
13	山东省农产品物流工程技术研究中心	省部级设置的研究所(院、中心)
14	山东省干细胞工程技术研究中心	省部级设置的研究所(院、中心)
15	山东省天然药物工程技术研究中心	省部级设置的研究所(院、中心)
16	山东省功能食品工程技术研究中心	省部级设置的研究所(院、中心)
17	山东省黄金工程技术研究中心	省部级设置的研究所(院、中心)
18	山东省石化轻烃综合利用工程技术研究中心	省部级设置的研究所(院、中心)
19	东部沿海地区民族问题研究中心	省级人文科学重点研究基地
20	地方立法研究服务基地	省级人文科学重点研究基地

续表

序号	实验室和科研基地名称	类别
21	烟台大学法治研究中心	省级人文科学重点研究基地
22	轻烃资源化综合利用	省部级设置的研究所(院、中心)
23	现代海水养殖与食品加工质量安全控制	省部级设置的研究所(院、中心)
24	山东省民族问题研究中心	省部级设置的研究所(院、中心)
25	山东省低功耗光电检测智能终端工程实验室	省级重点实验室
26	山东省化工新材料绿色制造工程技术研究中心	省部设置的研究所(院、中心)
27	“高端海洋工程装备智能技术”	省级2011协同创新中心

4.校园信息化建设

加强校园网络信息化建设,提高数字校园信息化水平。2018年,投入1200多万元用于校园无线网络建设,2018年9月,实现无线网络对校园全面覆盖。目前学校校园网主干带宽达到10000Mbps,校园网出口带宽8450Mbps,网络接入信息点数量16680个,电子邮件系统用户数1226个,管理信息系统数据总量260.5GB,信息化工作人员19人。

投入15万元采购VPN设备,方便全校教工在公网环境下访问校园内的教务系统、科研系统、校购数据库等教学科研资源。投入55万元升级了校园安全监控系统,提高了学校教学科研区域的监控覆盖率,充分保证了教学科研环境的安全性。

第三部分　教学建设与改革

一、教学建设情况

1.专业建设

紧密对接国家和省、市重点发展战略及区域经济社会发展需求,不断深化本科专业供给侧改革,完善专业动态调整机制。停招公共事业管理、生物技术等专业,新增投资学、休闲体育、生物制药、智能科学与技术4个专业,本科专业数达66个,专业结构更加优化。

2018年,获批3个山东省教育服务新旧动能转换专业对接产业项目,涵盖14个专业,每年获得省财政3600万元的资金支持,立项数量位居省属高校前列。2019年,有13个专业被省教育厅推荐申报国家级一流本科专业建设点。2018年,与台海集团共建核装备与核工程学院,2019年,与荣昌制药合作共建生物制药专业。

出台省内高校首个本科专业认证管理办法,确立了专业认证工作的目标,制定了专业认证工作的规划及保障措施。目前,土木工程专业已通过国际实质等效工程教育认证;建筑学专业通过全国高等学校建筑学专业教育评估;车辆工程专业自评报告已通过评审,等待专家进校审核;软件工程等13个专业已提交认证申请。

2.课程建设

根据专业培养目标的要求,广泛征求企业用人单位的意见,不断优化课程体系和课程内容。加强课程建设,适时将最新科学研究成果融入教学内容,合理构建和优化知识结构。

加大课程建设力度,重视精品课程建设。截至目前,共建有省级以上精品课程35门,校级精品课程66门;国家级线上一流课程1门,国家级精品资源共享课程1门,国家级双语教学示范课程1门,“教育部英特尔精品课程”1门。20门课程上线山东省高等学校在线开放课程平台,3门课程成功上线东西部高校课程共享联盟平台。积极探索课程建设与信息技术日常融合的有效途径,制定新一轮课程建设规划,积极推进在线课程建设。拓展优秀课程资源共享机制,引入一批优质在线课程,通过在线学习、翻转课堂、混合式教学,师生共同探索云时代柔性学习的新方式。制定《烟台大学在线课程建设管理办法》,引导青年教师开展在线学习,主动参与建设微课、慕课等课程,提高信息化教学水平。2018年以来参加在线课程设计专题培训、现代教育技术培训等各类培训教师达到2000余人次。

建设一批以MOOC为代表的课程应用与教学服务相融通的优质在线开放课程,实现高等教育领域内的优质资源和稀缺资源的共建共享。支持具有学科专业优势和现代教育技术优势的学院，结合山东省教育厅实施全面学分制的要求，弥补教学资源紧张、上课时间冲突等客观存在的问题。在双学位教育课程中建设共享课，对受众量大、面广且重修率较高的公共课和专业核心课程，建设适合网络传播和教学活动的内容质量高、教学效果好的在线开放课程。建设校内“清华教育在线”网络综合平台，构建泛在学习的网络环境，分批建设了120门在线课程，供校内混合教学改革应用。同时，积极上线山东省课程联盟平台。

教育部公布的2018年801门国家精品在线开放课程中，山东省属高校仅有3门入选，烟台大学的“葡萄酒的那些事儿”成功入选。“葡萄酒的那些事儿”是具有烟台地域特色的全国共享课，选课高校累计300余所，选课人数超过5万人。

3. 教材建设

坚持多措并举，大力加强教材建设。重新修订了《烟台大学教材建设管理办法》，启动教材建设立项，鼓励和支持学术造诣深、教学经验丰富的教学名师和高水平专家编写教材，力争出版国家级规划教材；充分利用教材建设基金，积极开展教材研究、教材评审等活动。近两年共出版优秀自编教材36部。

严格规范教材的选用，推动中国特色社会主义理论体系进课堂。重新修订了《烟台大学教材选用管理办法》，按照教育部要求，相关课程必须使用“马工程”教材，其他课程优先选用近三年出版的国家级规划教材、“面向21世纪课程教材”、各专业教指委推荐教材、省部级以上的获奖教材，自编教材须严格按程序审核通过后方可选用。目前相关课程已全部使用“马工程”教材，其他课程中，公共基础课、专业基础课、专业主干课程选用近三年出版的优秀教材达到90%以上，专业课达70%以上。

二、教学研究与改革

学校始终重视并不断深化教学研究与改革，将其贯穿于人才培养工作全过程和各环节。

1. 坚持聚焦人才培养中的关键问题开展立项建设工作。在2018年度山东省本科教改项目的评选中，学校申报的8个项目全部获批，在全省财政经费资助的50个重点项目中，学校的2项重点项目均获资助。

深入学习贯彻全国高校思想政治工作会议和新时代全国高等学校本科教育工作会议精神，加强人才培养全过程的思想政治教育，充分发挥课堂教学主渠道在高校思想政治工作中的作用，坚持价值引领、能力培养和知识传授有机融合，学校组织了2019年烟台大学“课程思政”教学改革研究项目专项立项工作，共有26项课题予以立项。

2. 2018年12月，房绍坤教授主持完成的教学成果荣获国家教学成果二等奖，实现了建校35年来国家级教学成果奖的历史性突破，标志着学校的教育教学水平达到了新高度。这是坚持不懈抓教育教学、不断进行理论与实践探索的结果，也是高度重视人才培养、狠抓专业内涵建设、努力提升人才培养质量的集中体现。

3. 2018年，烟台大学3位教师入选新一届教育部高等学校教学指导委员会。2019年，有34位教师入选新一届山东省本科教育教学指导委员会，其中主任委员4人，副主任委员3人，秘书长1人，入选委员数量实现重大突破，对学校的教学及其研究工作产生了重要的促进作用。

4. 完善协同育人机制，推动校企、校地、校所及校校的深度合作，建立产教融合、协同育人的人才培养模式，把创新创业教育及实践教学贯穿于人才培养的全过程。2018年获批教育部产学合作协同育人项目57项。

三、课堂教学

1. 持续加大课程资源建设力度，坚持课程引入与自主建设相结合，先后引入200余门次共享课程，自主建设120门校内在线课程，前两批58门已经验收通过。自建慕课“上大学，不迷茫”“葡萄酒的那些事儿”“走近水族”成功上线东西部高校课程共享联盟平台。目前，3门课程共计700余所学校选课，选课总人数36.8万人次。

2. 加大信息技术与教育教学的深度融合，构建成熟的环境配套服务体系。在多媒体教室实现了教师“刷卡上课，拔卡下课”，启用了沉浸式直播互动教室、微课慕课创作室。在线课程应用的过程中，2018年平台总访问量达300万次，实现了时时可学，处处可学，人人可学，促进了教育教学改革和教育模式创新。

3. 出台《烟台大学课堂教学管理规范》，发挥课堂教学主渠道作用，不断强化课堂第一责任人意识。坚持立德树人，以学生发展为中心，充分调动

师生积极性,把思政教育融入教学全过程,形成教书育人长效机制,构建全员、全过程、全方位育人格局。

四、实验实践教学

1. 实验教学

充分利用实验教学管理系统对实验教学进行信息化管理,督促指导全校实验课程按照项目化进行排课和管理,加强对实验教学的全程化监控;继续实施实验室开放项目,学校每年划拨 20 万专项经费,在全校范围内筛选 120 项实验室开放项目进行资助和实施,极大提升了实验室的利用率和实验室开放水平,学生的实验动手能力和实践水平得到很大的锻炼和提高,实验教学效果得到有效提升。

2. 实践教学

积极加强与企事业单位的合作,建立稳固的实践教学基地。抓住烟台市"创新驱动发展战略"机遇,利用烟台市提供的对接平台,建立与全市资源、产业及经济社会发展需求精准对接机制,开展与地方企事业单位的深度交流与合作,大力推行每个专业至少要有一个固定的、深度合作的企业;为各专业建立专业对口、数量充足、长期稳定的合作实习实践基地;在实习种类上采用定岗实习与"模拟"实习相结合的方式,在实习环节上积极采用虚拟环境实习与真实环境实习相结合的实习方式,加强校内的"沙盘认知实习""计算机仿真实习"等模拟实习环境建设;在全校专业中推行使用"校友邦大学生实习实践平台",加强实习的过程管理。

大学生学科竞赛是学校实践教学体系的重要组成部分,对于培养学生创新精神与实践能力具有重要意义。2018—2019 学年,学校、学院和各相关职能部门高度重视和支持大学生学科竞赛,多措并举,投入专项经费,为学生搭建了展示自我、实现理想的舞台,不断提高全校师生参与学科竞赛的主动性,竞赛关注度、参与面和成绩等呈现出喜人的局面。2018—2019 学年共组织参加了中国"互联网+"大学生创新创业大赛、美国(国际)大学生数学建模竞赛、国际大学生 iCAN 创新创业大赛、"西门子杯"中国智能制造挑战赛、全国大学生节能减排竞赛等近百项省级以上比赛,涵盖了所有学院。2018—2019 年在各项学科竞赛中获国际级奖项 11 项,国家级奖项 115 项,省级奖项 468 项。

3. 创新创业教育

采取积极有效的措施加强创新创业教育。颁布实施《创业教育实施方案》《大学生创业园管理暂行办法》等规范性文件,引导学生创新创业。将"生涯规划与就业创业指导"设置为必修课,并在专业课程中设置了创新学分。完成占地面积 1000 余平方米大学生创业园建设,创业项目涉及电子商务、网站设计开发与维护、物联网等行业。设立创新创业教育实践基地(平台)2 个,其中高校实践育人创新创业基地 1 个,大学生创业园 1 个。开设创新创业教育课程 13 门,开设职业生涯规划及就业指导课程 3 门。

2018—2019 学年共开展创业培训项目 34 项,开展创新创业讲座 60 次,设立创新创业奖学金 20.1 万元,投入创新创业专项资金 480 万元,参与创新创业训练项目全日制本科在校学生 665 人,参与创新创业训练竞赛全日制本科在校学生 13462 人,在校学生创业项目 12 项。有创新创业教育专职教师 40 人,就业指导专职教师 45 人,创新创业教育兼职导师 157 人,组织教师创新创业专项培训 23 场次,参与创新创业专项培训的教师达 426 人次。

抓好"挑战杯"、"创青春"创业大赛、"互联网+"大赛等常规性工作。第五届中国"互联网+"大学生创新创业大赛获省级金奖 2 项、银奖 7 项、铜奖 3 项,国家级铜奖 3 项;第十六届"挑战杯"大学生课外学术科技作品竞赛获省级特等奖 4 项、一等奖 4 项,获国家级二等奖 1 项、三等奖 2 项,均取得了该项赛事最好成绩。继续强化对"大学生创新创业训练项目"的培育,2019 年共立项建设国家级大学生创新创业训练项目 10 项,省级 26 项,学校划拨专项对获批项目足额资助。

五、毕业论文(设计)

毕业论文是高校人才培养计划的重要组成部分和本科教学过程中重要的实践教学环节。学校出台了《烟台大学本科毕业论文(设计)学术不端行为认定与处理办法(试行)》,强化指导教师责任,严肃处理学生学术不端行为;加强毕业论文过程管理,在全校继续使用"毕业论文管理系统",严格毕业论文(设计)开题、中期检查、答辩程序;用"中国知网论文检测系统"对全校所有本科生毕业论文进行重合率检测,严格实行论文抽检制度,确保本科毕业生论文(设计)质量。为提高学生的科学研究等综合能力,要求各学院提高论文选题中来自实践课题等相关领域的比例;2019 届毕业论文中有 2580 篇来自教师的科研(含企业院所课题),占全校论文总数的 38.2%。

2019 届毕业生的综合训练课题为 6655 个,其中在实验、实习、工程实践和社会调查等社会实践中完成数为 6042 个,完成比例为 90.79%。参与指导学生毕业综合训练的校内指导教师 913 人,每名教师平均指导毕业生 9.02 人。2019 届毕业论文(设计)共评选出 143 篇校级优秀学士学位论文(设计),2018 届的毕业论文(设计)有 17 篇被评为省级优秀学士学位论文。

六、第二课堂情况

坚持第二课堂与第一课堂的紧密融合,发挥第二课堂在人才培养中的重要作用。以激发学生的主体性与创造性为目标,以提升学生能力、素质为宗旨,形成了以"大学生理论武装""大学生课外科技活动""社会实践、志愿服务""校园文化活动"为主要内容的第二课堂育人体系。加强大学生理论社团和班团支部大学生学习阵地建设,引导大学生自学马克思主义中国化最新成果,推动大学生思想政治教育工作扎实有效开展。以"三下乡"社会实践活动为平台,抓好实践服务,促进知行结合,不断深化实践育人工作体系。以科技创新基金项目为基础,抓好创新创业,促进良好学风,不断深化服务育人工作体系。以特色凝练和质量提升为指引,抓好文体活动,促进品牌建设,不断深化文化育人工作体系。

现有校级学生社团 58 个、院级学生社团 71 个,社团会员 1.8 万余人。广泛开展丰富多样的校园文化活动,拓宽学生素质拓展平台。坚持规范化建设、内涵式发展,走高品位、新视野、多领域的道路,把握文体活动的育人作用。对各类文体活动实行项目化建设,形成了"社团文化节""社团成果展"等一系列品牌活动,成为学生涵养道德、开阔视野、启迪智慧的良好平台。

以大学生创新实践基地、大学生创业园为平台,以挑战杯、创青春等一系列创新实践活动为载体,有效地补充、延伸了第一课堂,在提高和强化学生的学习兴趣、实践能力、创新精神、团队意识、创业能力等方面取得了良好效果。科技创新工作不断探索规律,提升效率,形成了"一基金、两赛事、三重点"的工作体系。科技创新工作的具体载体为"两赛一基金"——"挑战杯""创青春"两项赛事和"烟台大学大学生科技创新基金"。通过基金的资助培育,以赛事为导向,孵化优势课题,圈定种子项目,精细打磨提升。社会实践、基金立项、科创赛事——三大素质拓展重点工作一体化布局,精准引导转化,逐渐形成了学生科创项目启蒙于社会实践活动,成长于科技基金项目,收获于科技创新赛事的循环成长、渐进提升的培育体系。2019 年"挑战杯"大学生课外学术科技作品竞赛中,获国家级二等奖 1 项,国家级三等奖 2 项,山东省特等奖 4 项、一等奖 4 项、二等奖 1 项、三等奖 3 项,学校被评为优秀组织单位并首次捧得"优胜杯";2017 年度科技创新基金项目结题 163 项,发表论文 98 篇。2018 年"创青春"全国大学生创业大赛中,获省级银奖 4 项、铜奖 6 项;2018 年度科技创新基金项目收到立项申请 374 项,其中成功立项 305 项。

烟台大学获评 2018 年大中专学生志愿者暑期"三下乡"社会实践活动全国优秀单位、省级优秀单位。2019 年暑期,学校共组建各级各类社会实践团队 851 支,逾万名师生参加,其中国家级、省级重点服务团队 7 支、校级重点团队 35 支、院级重点团队 216 支,有 60 余支团队入围全国、全省各类社会实践专项计划。呈现出学习实践能力强、组织运行活力佳、调查研究主题实,宣传展示效应广等特点。

第四部分 专业培养能力

一、人才培养方案

2019 年启动了 2020 版人才培养方案的修订工作。根据《教育部关于深化本科教育教学改革,全面提高人才培养质量的意见》,通过广泛调研以及对《普通高等学校本科专业类教学质量国家标准》和专业认证要求的认真研究,制定出台了《烟台大学关于 2020 版本科专业人才培养方案修订的指导性意见》(烟大校发〔2019〕76 号)。进一步科学定位学校的人才培养目标,突出强调"全面发展、理想信念、基础扎实、创新精神、国际视野"。坚持"理工结合、文理渗透",牢固树立"以学生为中心"的人才培养理念,坚持育人为本、德育为先,坚持达成"五度"、保障质量,坚持注重基础、强化能力,坚持以学生为中心、个性化培养,坚持产教融合、协同育人。严格对标,强化标准与质量意识;追求卓越,促

进专业特色发展；强化实践，提升学生创新精神与实践能力；严控学时学分，增加课程难度。要求各专业要围绕应用型人才的培养目标，明确课程与培养标准的对应关系，按照知识、能力、素质结构的内在联系和教育教学规律，构建了有5个平台和14个模块、必修与选修课程、理论与实践课程合理配置的课程体系，有力保障了人才培养目标的实现。

二、人才培养模式

以复合型、高素质、应用型作为人才培养目标，探索多样化人才培养模式。

1. 理工结合，文理渗透。为培养全面发展的复合型、应用型人才，要求所有专业都要开设“高等数学”和“中华传统文化”课程，同时提供了自然科学类、人文社科类、经济管理类、公共艺术类4个课程模块供学生修读。每个学生要在自己所学专业科类外的其他3个模块的每个模块修读最少2学分，整个平台每个学生至少修满8学分。

2. 产教融合，协同育人。打破“围栏”，与用人单位、科研机构、政府协同培养，合作各方共同研究制定人才培养目标和培养方案，设置相应的课程，或者由合作方来校讲课，或者学生去合作方实地实践学习，实现学校与社会的零对接；为课程改革、师资配置和“双师型教师”培养、实习基地、实验条件等方面提供保障。与校外机构深度合作，共建学院与专业。与台海集团签约共建烟台大学核装备与核工程学院，与台海玛努尔核电设备有限公司共建山东省核电特种金属材料重点实验室。2019年，与烟台市政府、清华紫光、新华三集团三方共建烟台大学新华三数字创新学院，与荣昌制药、冰轮集团等知名企业共建生物制药专业、能源与动力工程专业；与荣昌制药、南山集团、招金集团联合申报并获批了3处省制造业创新中心；与中国移动、东方电子、通用汽车合作，联合烟台市70余家企业组建了烟台市物联网行业协会。

3. 深化学分制改革，个性化人才培养。进一步深化学分制改革，在学生全面发展的基础上，因材施教，尊重学生，注重学生个性发挥，扩大学生的学习自主权，促进学生多元发展。构建以“学”为中心的课程体系，设置与学生个性化发展相适应的选修课程，实施跨年级跨专业自由选课，提高选修课的比例，选修课占比不低于25%。以专业培养方案规定的基本修业年限为参考，实行弹性修业年限，允许学生提前或者延期毕业。

4. 中外合作，人才培养国际化。现有法学及材料科学与工程2个专业分别与美国、韩国相关学校联合开展合作办学，实现三分之一的课程为外方课程，由外方教授课。还开设了国际经济与贸易专业全英语授课实验班，与英国朴茨茅斯大学达成协议，学生可自愿前往学习深造。中外合作办学及实验班的开设，对学校的国际化整体氛围产生积极影响。

三、师德师风建设

弘扬高尚师德、潜心立德树人。2018年9月，开展多层面“尊师重教 礼敬课堂”活动，话师恩、送祝福，在“孺子牛”石前和南门国旗广场摆放“老师您好！”大型字牌，营造尊师重教的环境氛围。烟台市委书记张术平来校走访慰问教师，做专题报告。烟大师生通过广播、电视、网络等媒介收听收看2018年全国教育大会新闻播报，认真学习领会习近平总书记在全国教育大会上的讲话。

2018年下半年，组织评选2017—2018年度师德标兵和师德建设先进单位，举办庆祝教师节暨师德建设表彰大会。做好新入职教师的师德培训，举办新时代高校教师师德师风专题讲座。组织开展《新时代高校教师职业行为十项准则》《教育部关于高校教师师德失范行为处理的指导意见》宣传教育。将师德评价一票否决制落实到人才引进、职称评审、岗位评聘、年度考核、评奖评优等各个方面。

2018年12月，出台《烟台大学“孺子牛”教育服务年限荣誉激励计划实施方案》，确定在每年教师节期间，对在烟台大学从事教育服务满20年教师和教育工作者、包括并不限于为烟台大学从事教育服务满30年教师和教育工作者等三类群体颁发荣誉纪念奖章和徽章。组织新入职教师集体宣誓，举办教师座谈会和事迹报告会，不断培育和弘扬以“孺子牛”为象征的烟大教师精神与教师文化。

为深入了解学校教职工的思想状况，切实提高教职工思想政治工作和师德师风建设工作的针对性、实效性，2019年4月9日至19日，对全校教职工思想状况进行了一次随机问卷调查，撰写完成了《烟台大学教职工思想状况调查分析报告》，引导广大教师更好地担负起学生健康成长指导者和引路人的责任。

四、学风建设

加强学风建设，引导学生自主学习。按照《烟台大学学风建设方案》的要求，继续完善学风建设长效机制，营造良好的学习氛围，形成优良学风。构建符合学生学习需求的课程体系和学习模式，激发学习兴趣，学生成才自觉性和学习内驱动力不断增强，学习成效持续提高。

1. 以宣传教育为先导，为培养优良学风提供精神动力

(1)通过学生座谈会、教师座谈会、随机访谈、问卷调查等方式，广泛征求师生对学风建设的意见建议，形成问题清单，建立整改台账，督导工作落实。

(2)开展好每学年的“学风建设月”活动，聚焦解决教师课堂教学秩序维护、学生学习动力激发等方面的问题，进一步促进学风建设。

(3)每学期考试前，开展“诚信考试”主题教育活动，加强考试纪律宣讲和典型事例警示教育，引导学生诚信对待考试。诚信教育活动做到经常化、常态化。

(4)把抓好学生党员、学生干部的学风建设作为重要切入点，发挥学生组织自我教育、自我管理、自我服务的功能，形成你追我赶、相互促进、共建良好学风的局面。

(5)注重营造崇尚优良学风的良好环境，发挥榜样典型的示范引领作用。评选“十大优秀学生”“十佳班集体”“先进班集体”，继续举办“烟蕴风华”奖学金颁奖典礼，大力宣传涌现出的学习典型，用先进事迹激励形成良好学习风气。

2. 以学业指导为载体，为培养优良学风提供指导支持

(1)根据不同年级的不同学习特点进行分类指导，以大学生学业规划网为平台，帮助学生确定一个清晰、具体的通过努力可以实现的学业目标，引导学生朝着这个目标努力，提升学习动力。

(2)开设职业生涯规划课程，帮助学生清晰认识专业和职业发展方向，确立个人发展目标，拟定职业规划，明确学习目的。

(3)各学院设计制作专业教育方案，多层次、多角度地开展专业认知教育，使学生了解专业特点、人才培养目标、未来就业方向和职业方向，增强学生专业认同度，激发学生专业学习的积极性。将该方案作为新生入学教育的必要内容。

(4)坚持解决思想问题与解决实际问题相结合，为因各种原因导致学习精力不足、成绩较差的学生建立档案，有针对性地进行帮扶。

3. 以管理服务为手段，为培养优良学风提供有力保障

(1)加强学生的日常管理服务，严格落实学业预警制度，畅通学生信息沟通渠道，及时发现问题、解决问题。

(2)加强学生对行为准则、管理规定的学习，使学生的行为规范外化于行，内化于心，逐步养成良好的生活习惯、学习习惯、文明礼仪习惯。

(3)落实辅导员召开年级大会、谈心谈话、深入宿舍课堂等制度，及时了解学生学习状况和思想动态，解决学生在学习和生活中遇到的困难。

(4)严格执行学生请销假制度，做好各假期后学生返校情况统计通报工作。对迟到、早退、旷课等现象，及时发现并进行批评教育，对于屡教不改者给予通报或纪律处分。

(5)开展“文明自习，拒绝占座”活动，消除学生占座现象，杜绝学习资源浪费。

(6)加强宿舍管理，教育引导学生增强安全意识和自律意识，热爱劳动、尊重劳动，营造安全整洁的宿舍学习生活环境，发挥公寓育人作用。引导帮助学生养成良好的作息习惯，合理使用网络，重点做好沉迷网络游戏学生的教育转化工作。

4. 以文化活动为抓手，采取有效措施培养优良学风

(1)开展烟台大学读书节等学习类校园文化活动，引导学生利用课余时间多读书、读好书，激发学生学习、思考的热情。

(2)举办“两校名师讲堂”“学术报告”“校友论坛”等，帮助学生树立正确的学习观、成才观，促进学生从“要我学”向“我要学”的转变。

(3)积极组织和发动学生参加“互联网+”大学生创新创业大赛、“挑战杯”大学生课外学术科技作品竞赛、“创青春”大学生创业大赛、山东省大学生科技创新大赛等相关赛事，深化创新创业理念，营造创新创业浓厚氛围。

(4)创建“一院一品”学院学生工作特色，推进各学院创建具有自身特色的学生工作品牌，提升思想政治工作品牌化、精细化、体系化建设，实现学院学生工作各具特色，各有亮点。

(5)打造“一院一赛”品牌项目,结合学院专业特色,组织学生至少开展一项专业性学科竞赛,实现学科竞赛与专业教育相融合,创新创业竞赛与学科竞赛相辅相成,着力培养学生专业能力。

第五部分 质量保障体系

学校始终把教学质量放在核心位置。1987 年开始实行教学检查制和领导听课制;1990 年以问卷形式开展学生评教;1992 年成立教学质量检查组,把教学检查列为常规教学活动;2003 年成立教学督导与评价中心,全面负责学校教学督导与评价工作;2005 年构建了校、院二级教学督导与评价体制,创造性地开展教学督导与评价的各项工作,内容日趋丰富,方法日趋先进。

一、人才培养中心地位

坚守人才培养的根本使命,把抓好本科教学工作当作提高人才培养质量的重点和关键,放在学校整体工作的中心位置,努力形成支持教学、服务教学、抓好教学的整体合力。

1. 定期召开教学工作会议。2019 年召开了第十届教学工作会议,认真贯彻落实全国和全省教育大会精神,坚持以立德树人为根本,以“四个回归”为基本遵循,抓住机遇,迎接挑战,加快建设高水平本科教育。继续坚持内涵式发展,做好本科人才培养的顶层设计;坚持以学生为中心,全面提升人才培养质量;坚持以教学为中心,全面提升教育教学水平。学校发布了《烟台大学高质量发展实施意见》,确定实施本科质量提升工程,把思政教育贯穿人才培养全过程;深化教学改革,打造一流本科教育;加强专业内涵建设,打造一流本科专业;优化教学环境,汇聚一流教学资源;完善评价激励机制,建设一流师资队伍;加强实践教学和“双创”教育,提升学科竞赛水平;深化产教融合,完善协同育人机制;加强教学督导与评价,完善教学质量监控体系;加强国际合作与交流,开拓国际化视野。

2. 制定并实施了《烟台大学教师教学荣誉工程实施办法(试行)》,设立教师教学荣誉系列奖项,纳入教师教学业绩,按教学业绩给予奖励。2019 年 3 月,评选出第二届教学质量奖获得者 150 人。

3. 提高教学项目和教学获奖在职称评聘、岗位津贴、评优评先等方面的权重,实现教学科研平行发展。在新一轮岗位聘任中,设置了教学型教授、教学型副教授岗位,单独制定考核条件,将教学业绩突出的教师聘用在较高岗位上。3 位老师在山东省高校青年教师教学比赛中获一等奖,学校立即研究决定给予副教授待遇。

二、校领导高度重视教学工作

从 2017 年秋季学期开始,形成了每学期开学第一天全部校领导进课堂,学期中随机抽查的常规性听课制度。出台《校领导联系学院工作细则(试行)》,对指导联系学院教学工作进行了详细规定。党委常委会、校长办公会定期研究教学问题。

每学期(含“五一”“十一”假期后)开学第一天,全体校领导听新学期本科生的第一堂课,现场了解开学后教学运行状态;每学期中全体校领导进课堂听思想政治理论课,继续坚持“校领导全部听思政课、听全部思政课、听全部思政教师的课”,推进思想政治理论课的教学改革,不断增强教学的吸引力、说服力、感染力,增进学生的理论认同、政治认同、情感认同;每学期期末考试周,全体校领导随机实地巡视考场,查看考场监控视频,对考试秩序、考场设施环境、监考教师履行监考职责及学生遵守考试纪律等情况进行检查和指导。2018—2019 学年,校领导听课达到 70 学时。

三、质量保障体系建设

坚持以提高教学质量为核心,以培养高素质人才为目标,把教学过程的各个环节、各个相关部门的活动与职能合理组织起来,形成一个任务、职责、权限明确,能相互协调、相互促进的有机整体。进一步扩大第三方评价范围,对学校人才培养各环节进行全过程、全方位评价。把质量保障从教学过程扩展到人才培养全过程,把质量保障的着力点从监控扩展到质量跟踪和改进,把质量保障的因素从核心因素扩展到影响教学质量的一切因素,强化质量监控体系中质量目标、质量标准、信息收集、分析、评价、反馈、调控改进等核心环节的联系,真正实现本科教学质量保障体系的闭环运行。建立健全教学基本状态数据常态监测制度,充分发挥教学基本状态数据库的分析和预警功能。

四、质量控制及改进

1. 修订并完善督评专家工作制度,扩大督评队伍

2018 年修订的《烟台大学教学督导与评价专

家工作条例》,进一步明确了院(部)级督评专家的工作职责与工作内容,充分发挥二级督导的作用;给予院(部)级督评专家补充教学工作量的支持,充分调动院(部)及督评专家的工作积极性。组建了第七届本科教学督评专家队伍,校级督评专家由原来的38人增加到57人,院(部)级督评专家队伍将达到151人,全校本科教学督评专家队伍达到208人。

2. 提高评教工作科学化水平,增强评教结果实效性

加大学生评教工作宣传力度,提高学生评教积极性和可信度,提高评教结果的区分度。对学生评教数据进行纠偏处理,保证评教结果的有效性。明确评教结果作为教师岗位聘任、职称晋升、绩效发放、评奖评优等工作的重要参考。

遵循质、量并行的原则,评价教师的教学工作,确定不同岗位教师应达到的教学效果和应完成的基本课堂学时及基本教学工作量。合理运用评教评学结果,实施教师教学荣誉工程,把教师的课堂教学效果评价作为一项重要的评选指标。

3. 进一步加强了课堂教学巡视工作,有效地监督教学全过程

坚持每学期开学第一周及"五一""十一"长假后第一周的教学秩序巡视工作全覆盖,有效保证了新学期教学的良好开端及小长假后正常的教学秩序;增加了教学秩序抽查环节,实现了对课堂教学秩序的全过程监控。

4. 通过多渠道深入课堂听课,有效监控教风与学风

全校各级党政管理干部牢固树立教学工作中心地位的观念,认真落实《烟台大学关于党政管理干部听课的规定》,深入课堂了解教学状况,解决教学过程中存在的问题。2018—2019学年内,学校中层领导听课达到856学时。

校级督评专家始终坚持每学期有计划的听课。重点听学生评教成绩低、新入职以及青年教师的课,帮助他们查找问题、分析原因,积极改进;全面听审核后的全校选修课,实现对通选课的有效监控;进行随机听课,了解和把握全校课堂教学的总体情况。

院(部)级督评专家将对本单位的教师所开课程听课全覆盖,以有效监控教风与学风,更加准确公正地对教师教学做出评价。2018—2019学年内学校督导听课达到3270学时。

5. 通过专项抽查,加强了对实验教学过程的监督

每学期对全校的实验教学情况进行专项抽查,检查实验教学的准备、教学过程、教学效果。通过抽查,加强了对实验课的过程管理,促使实验教学更加规范化。

6. 重视教学数据常态化采集,着力构建长效机制

构建教学基本状态数据库,对所有能反映教学基本状态的数据进行定期采集监测和分析处理,实现对关键办学指标的预警,及时发现问题、解决问题,促进教育教学质量稳步提升,并形成常态化机制。完善毕业生就业信息,持续跟踪毕业生就业发展情况,扩大第三方评价范围,认真听取校外专家建议,形成反馈和改进的长效机制。

五、推进专业认证

全面开展、积极推进工程教育专业认证工作,以实现工科专业毕业生能达到行业认可的既定质量标准,实现工程教育的国际化认可,为学校的人才培养注入活力,带动学校整体教育质量的提升,实现国际实质等效。2018年,有3个专业提交认证申请,其中车辆工程专业获得受理,认证专家组计划2020年5月来学校进行实地考察。2019年,有13个工科类专业已提交认证申请。

土木工程专业于2017年通过住建部高等教育土木工程专业评估委员会的认证,合格有效期为6年;建筑学专业于2019年5月通过了全国高等学校建筑学专业教育评估委员会的认证,合格有效期为4年;航海技术、轮机工程两个专业均达到了国家海事主管机关关于海船船员三副三管适任证书的考试要求及烟台大学船员教育和培训质量管理体系的要求。

第六部分　学生发展

一、学生指导与服务情况

学校围绕立德树人根本任务,通过毕业生就业工作指导中心、学生资助管理中心、大学生心理健康教育指导中心等组织机构,为学生的成长与发展提供指导和服务。全校现有专职学生工作人员115

人,有24人持有心理咨询师资格证书,65人获得就业指导师、生涯规划指导师、创业指导师等资格证书。学校构建了包括辅导员、班级导师、导师助理、学生骨干在内的学生指导和服务队伍,修订完善了学生工作考核评价指标体系和辅导员队伍建设的相关文件,建立辅导员、班级导师考核评价机制,采取学习警示、学生奖励、奖助学金评审、违纪处分等一系列制度措施,对学生的教育引导、管理和服务行为进行规范和约束。

1. 突出价值引领,稳步提升思想政治教育质量和水平

扎实开展主题教育活动和主题班会,优化线上线下思想政治教育方式方法,营造良好的育人氛围,进一步增强了思政工作的吸引力和感染力,取得良好的效果。创新校园精品文化品牌,打造具有鲜明烟大特色的开学典礼、毕业典礼、"烟蕴风华"奖学金颁奖典礼等活动,提升校园文化水平,发挥文化育人作用。创建"一院一品"学院学生工作特色,推进建设各具学院自身特色的学生工作品牌和大学生思想政治教育精品项目。

2. 学生资助体系完善、管理规范,服务学生成长成才

将"育人"理念融入"助人"工作,建立了"奖、助、贷、勤、补、免、缓、借"八位一体的资助保障体系,以"认定标准化、资助精细化、管理规范化、育人全程化"为工作宗旨,贴心为学生服务。学校资助工作领导重视、制度完善、操作规范、落实有力、富有成效,确保了"不让一个学生因家庭经济困难而失学"。

修订完善了《烟台大学家庭经济困难学生认定实施办法》等10项制度,目前共有各类资助管理文件22项,使本专科生奖、助、贷、补、免、勤等各项资助工作都有章可循、有据可查。以规范完善制度为基础,以内审员培训和内部审核为切入点,以各项奖助学金评审发放零差错为主线,以落实好建档立卡等重大困难学生教育扶贫政策为重点,建立了日常运行机制、质量预警机制、内部审核纠错机制,提升了资助人员的业务能力和学生资助管理质量,提高了资助工作规范化、标准化水平。

抓住新生入学、毕业生离校、奖助学金评选、自强不息先进个人评选等重要时间节点,做好资助宣传,选树先进典型,开展以"爱心传递"为主题的资助育人系列活动,提升资助育人效能。学校"爱心传递"主题育人活动被评为省级优秀工作案例,1名学生被评为全省"爱心之星"优秀学生。2018年,为36264人次学生发放各类奖助学金、临时困难补助、学费减免、勤工助学工资共计5291.09万元;为2997人次学生办理各类信用助学贷款2200.65万元。评选"自强不息"先进个人19名,评选勤工助学先进个人97名。学校被评为"山东省百佳学生资助工作单位"。

3. 心理健康教育工作协同化,构建"4+N"心理育人格局

围绕立德树人根本任务,初步建成了以学校和学生为中心,内外联动,横纵结合的心理健康教育模式。在校内,以心理健康教育指导中心为纽带,围绕三级工作网络建立了"4+N"工作体系,形成了协同心理育人大思政格局。加强学校中心、学院二级心理辅导站和班级三级教育网络建设。派出2位专职教师参加国家注册心理咨询师系统培训;面向辅导员组织4次心理健康教育专题培训;引入全国高校心理委员工作平台开展班级心理委员培训。举办以"筑梦青春,追梦成长"为主题的教育实践活动,共举办烟台大学第一届"大学生朋辈心理辅导技能大赛"等校级活动23项,院级活动40余项。教学改革项目获批山东高校大学生心理健康教育研究课题立项。开展2019级本科学生心理健康测查,施测率达100%;提升心理咨询服务能力,本年度接待个体咨询400余例。开设"生死思考""人际交往"两个主题的团体辅导34次,服务学生300余人次。充分发掘校外心理健康教育资源,初步建成家校合作、校地合作、校企合作、校医合作、校校合作平台。学校与烟台市心理康复医院结成"医校结合"心理健康服务共建单位;作为专家单位,参与烟台市社会心理服务体系建设工作;持续推进与企业共建的"烟台大学学生心理健康素质提升计划",中心硬件建设基本完成;学校应邀在山东省大学生心理健康教育专委会2019年年会上做专题报告,介绍了烟台大学心理健康教育的亮点与特色。

二、应届毕业本科生情况

1. 学生学业成绩及综合素质表现

2018—2019学年,烟台大学的全国大学英语四级、六级考试通过率分别为69.26%、23.53%,考研率为25.24%。学生在各项学科竞赛、创新技能竞

赛中获国际级奖励17项、国家级奖励312项、省部级奖励653项。2018—2019学年,3965名同学获得校级奖学金,1069名学生分别获得国家、省政府等各类奖学金。1名学生获山东高校十大优秀学生提名奖,15名学生被评为省级优秀学生干部,30名学生被评为省级优秀学生,373名学生被评为省级优秀毕业生。学生年均参加社会公益活动、志愿者活动达2.5万余人。

健全家校联系机制,加强和改进深入基层联系学生工作,定期召开学生代表座谈会,开展学生思想状况问卷调查。结果显示,当前在校大学生思想主流积极、健康、向上、进取,绝大多数学生在重大理论问题上具有鲜明的政治立场,自觉拥护党的路线、方针和政策,积极践行社会主义核心价值观,密切关注国内外时事热点,自觉维护国家核心利益和社会和谐稳定,普遍拥有正确的人生价值取向、坚定的理想信念、高尚的道德追求、高度的文化自信心。学生对学校落实立德树人根本任务的各项工作高度认可,充分肯定辅导员和教师教书育人工作,积极参与学校建设,为学校发展建言献策,绝大部分学生在校园学习生活中拥有较好的体验感、幸福感和归属感。

2. 体质健康标准测试

学校重视体育教育工作,认真贯彻落实《全国普通高等学校体育课程教学指导纲要》,全面实施《学生体质健康标准》。体育教学部严格按照教育部、山东省教育厅关于《学生体质健康标准》的相关要求,部署、执行体质测试。测试内容包括:身高体重、肺活量、坐位体前屈、立定跳远、50米跑、引体向上(男生)、一分钟仰卧起坐(女生)和男生1000米跑、女生800米跑。2018—2019学年,在校本科生26630人参加体质测试,24170人测试合格,体质测试达标率90.76%,其中2019届毕业生有6015人参加体质测试,测试合格5448人,体质测试达标率90.57%。

3. 毕业、学位授予情况

2019届本科生6714人,其中毕业5883人,总体毕业率为87.62%;授予学位5881人,学位总体授予率为99.97%。

表7 2019届本科生分专业毕业情况(统计时间截至2019年8月31日)

序号	专业名称	校内专业名称	应届毕业生数	应届生中未按时毕业数	毕业率(%)	学位授予数	学位授予率(%)
1	机械设计制造及其自动化	机械设计制造及其自动化(春季高考)	27	14	65.85	27	100
2	土木工程	土木工程	139	43	76.37	139	100
3	建筑学	建筑学	60	21	74.07	60	100
4	计算机科学与技术	计算机科学与技术	37	10	78.72	37	100
5	音乐表演	音乐表演	32	11	74.42	32	100
6	金属材料工程	金属材料工程	119	15	88.81	118	99.16
7	舞蹈编导	舞蹈编导	22	5	81.48	22	100
8	车辆工程	车辆工程(卓越工程师)	28	2	93.33	28	100
9	物联网工程	物联网工程(服务外包方向)	67	16	80.72	67	100
10	计算机科学与技术	计算机科学与技术(嵌入式方向)	69	19	78.41	69	100
11	工商管理	工商管理(物流外包方向)	73	14	83.91	73	100
12	给排水科学与工程	给排水科学与工程	71	17	80.68	71	100
13	通信工程	通信工程(移动通信方向)	70	17	80.46	70	100

续表

序号	专业名称	校内专业名称	应届毕业生数	应届生中未按时毕业数	毕业率（%）	学位授予数	学位授予率（%）
14	核工程与核技术	核工程与核技术	64	18	78.05	64	100
15	英语	英语	123	5	96.09	123	100
16	软件工程	软件工程	75	16	82.42	75	100
17	生物科学	生物科学	64	15	81.01	64	100
18	软件工程	软件工程(软件外包方向)	85	4	95.51	85	100
19	会计学	会计学(金融外包方向)	81	7	92.05	81	100
20	应用化学	应用化学	146	21	87.43	146	100
21	国际经济与贸易	国际经济与贸易(金融外包方向)	84	8	91.3	84	100
22	日语	日语	58	2	96.67	58	100
23	物联网工程	物联网工程	38	15	71.7	38	100
24	信息与计算科学	信息与计算科学	35	11	76.09	35	100
25	高分子材料与工程	高分子材料与工程	77	10	88.51	77	100
26	化学工程与工艺	化学工程与工艺(卓越工程师)	29	2	93.55	29	100
27	机械设计制造及其自动化	机械设计制造及其自动化	206	33	86.19	206	100
28	音乐学	音乐学	47	15	75.81	47	100
29	能源与动力工程	能源与动力工程(卓越工程师)	35	6	85.37	35	100
30	运动训练	运动训练	128	19	87.07	128	100
31	自动化	自动化	79	10	88.76	79	100
32	朝鲜语	朝鲜语	63	5	92.65	63	100
33	生物工程	生物工程	76	12	86.36	76	100
34	海洋渔业科学与技术	海洋渔业科学与技术	74	13	85.06	74	100
35	统计学	统计学	82	11	88.17	82	100
36	化学工程与工艺	化学工程与工艺	130	12	91.55	130	100
37	电子信息科学与技术	电子信息科学与技术(春季高考)	36	7	83.72	36	100
38	应用物理学	应用物理学	87	11	88.78	87	100
39	法学	法学(卓越法律人才)	96	6	94.12	96	100
40	工程管理	工程管理	79	11	87.78	79	100
41	食品科学与工程	食品科学与工程	74	13	85.06	74	100
42	汉语国际教育	汉语国际教育	83	7	92.22	83	100
43	药学	药学	176	7	96.17	176	100
44	食品质量与安全	食品质量与安全	82	5	94.25	82	100
45	制药工程	制药工程(卓越工程师)	46	3	93.88	46	100

续表

序号	专业名称	校内专业名称	应届毕业生数	应届生中未按时毕业数	毕业率（%）	学位授予数	学位授予率（%）
46	轮机工程	轮机工程	108	27	80	108	100
47	能源与动力工程	能源与动力工程	42	9	82.35	42	100
48	材料科学与工程	材料科学与工程	125	9	93.28	125	100
49	化学工程与工艺	化学工程与工艺(3+2)	60	0	100	60	100
50	环境科学与工程	环境科学与工程(春季高考)	58	25	69.88	58	100
51	航海技术	航海技术	108	26	80.6	107	99.07
52	国际经济与贸易	国际经济与贸易(3+2)	72	0	100	72	100
53	汉语言文学	汉语言文学	251	12	95.44	251	100
54	水产养殖学	水产养殖学	76	4	95	76	100
55	测控技术与仪器	测控技术与仪器	83	6	93.26	83	100
56	环境设计	环境设计	42	6	87.5	42	100
57	环保设备工程	环保设备工程	38	6	86.36	38	100
58	车辆工程	车辆工程(汽车商务方向)	86	7	92.47	86	100
59	视觉传达设计	视觉传达设计	34	4	89.47	34	100
60	知识产权	知识产权	73	8	90.12	73	100
61	计算机科学与技术	计算机科学与技术(卓越工程师)	42	4	91.3	42	100
62	数学与应用数学	数学与应用数学	82	8	91.11	82	100
63	环境科学与工程	环境科学与工程	105	16	86.78	105	100
64	通信工程	通信工程	45	9	83.33	45	100
65	生物技术	生物技术	68	14	82.93	68	100
66	软件工程	软件工程(贯通培养3+2)	65	0	100	65	100
67	工商管理	工商管理	95	9	91.35	95	100
68	会计学	会计学	102	11	90.27	102	100
69	车辆工程	车辆工程	50	14	78.12	50	100
70	法学	法学(中外合作办学)	93	4	95.88	93	100
71	市场营销	市场营销(春季高考)	77	7	91.67	77	100
72	电子信息科学与技术	电子信息科学与技术	46	6	88.46	46	100
73	国际经济与贸易	国际经济与贸易	97	19	83.62	97	100
74	公共事业管理	公共事业管理	44	2	95.65	44	100
75	新闻学	新闻学	91	2	97.85	91	100
76	材料科学与工程	材料科学与工程(中外合作办学)	73	13	84.88	73	100

三、就业与发展情况

1. 就业情况

烟台大学成立了以校长任主任的就业工作指导委员会，各学院也成立了就业工作领导小组，形成了“学校统筹、部门牵头、学院落实、目标考核”的毕业生就业工作机制。不断健全就业保障、就业指导、就业服务和就业帮扶四个体系，在稳定就业率的基础上，着力提升就业质量，努力实现毕业生更高质量和更充分就业。毕业生就业地域以山东省内为主，省外就业所占比例较小。共有 3733 名 2018 届毕业生在山东省内就业，占已就业毕业生总数的 74.22%。其中，学校所在地烟台接收毕业生人数最多，占已就业毕业生总数的 33.43%；到济南、青岛、潍坊等市就业的毕业生比例也相对较高，都超过 5%。到省外就业的毕业生人数共占 25.78%。

2. 攻读研究生情况

结合 2017 版人才培养方案和“目标牵引式”学业规划方案，积极引导学生做好自我认知、专业认知，鼓励更多学生考研深造。为本科生提供良好的、有针对性的考研指导服务，在课程复习、选择院校、调剂志愿、经验交流等方面有成熟的指导方法和服务体系。2018 年应届本科毕业生中有 1342 名考取研究生，考研率为 20.69%。2019 年应届本科毕业生中有 1485 名考取研究生，考研率为 25.24%。

3. 社会用人单位对毕业生的评价

加强与用人单位的交流与合作，掌握用人单位对学校教学、就业等工作的意见和建议，及时了解毕业生在步入工作岗位以后的工作态度、专业技能、专业对口度、适应工作程度和工作业绩等情况，有针对性地推进和加强学校的教育教学改革。学校开展了 2019 年用人单位对 2018 届毕业生的满意度调查，向 155 家用人单位发放《烟台大学 2019 年用人单位满意度调查问卷》，用人单位包含企业、事业单位等，涵盖工业、零售业、信息传输业、交通运输业等各大行业。调查主要涉及用人单位对录用毕业生的综合素质、录用的主要渠道、录用时考虑的主要因素、对学校人才培养的总体评价等，问卷回收率达 100%。调查结果显示，用人单位对烟台大学毕业生满意度达 98.7%。

第七部分　特色发展

一、依靠名校援建，不断提高办学水平

烟台大学由北京大学、清华大学共同援建，成立了“北大、清华支援烟台大学建设委员会”，把支援烟大纳入长期工作计划。在两校多年的援建指导下，烟台大学以教育教学改革为核心的综合改革、以科技创新工程为支撑的学科科研、以强化考核为重点的人才队伍建设、以改善民生为抓手的服务管理等各项工作都得到快速发展。北大、清华两校名师讲堂已举办 260 余期，烟大师生在自己的校园里就能够得到大师的教诲。

2018 年 11 月 17 日，北京大学、清华大学支援烟台大学建设委员会第十三次会议在烟台召开，会议以“聚焦山东省新旧动能转换重大工程建设，持续提升烟台大学学科建设水平，推动校地校企深度融合，助力区域经济社会发展”为主题，北京大学、清华大学与烟台大学签订了系列合作协议和意向书，与会专家围绕高水平大学建设进行了研讨。

建校以来，在各级党委、政府的关怀以及海内外各界人士的支持下，经过全体师生员工的不懈努力，烟台大学已成为一所学科门类比较齐全、本科教育基础扎实、研究生教育快速发展、科研实力不断增强、服务社会水平显著提高的省属重点综合性大学。

二、探索校企联合，创新人才培养模式

烟台大学坚持在实践产教融合过程中开拓进取，不断推进校地、校企合作与产教融合，推动校地校企共建学院、共建园区、共建专业、共建平台、共建产业联盟，多种模式持续深化产教融合。与用人单位、科研机构、政府协同培养，合作双方共同研究制定人才培养目标及培养方案，设置相应的课程，合作方来校讲课，学生去合作方实地实践学习，实现学校与社会的零对接，为课程改革、师资配置和培养、实习基地、实验条件等方面提供保障。

药学院在开创了校企一体化办学的新模式基础上，不断进取，取得良好发展。2018 年，药学学科获“山东省一流学科”建设立项。

烟台大学与台海集团共建烟台大学核装备与核工程学院，与台海玛努尔核电设备有限公司共建山东省核电特种金属材料重点实验室。核工程与

核技术专业是目前省内唯一核工程类本科专业，2018年成功引进海外特聘专家江亮教授，并获批山东省“一事一议”顶尖人才项目，投入团队建设经费1亿元。学院与企业联合承担了山东省重大科技创新工程项目，助力烟台打造千亿级核装备产业集群。

2019年，烟台大学与烟台经济技术开发区正式签署共建烟台大学开发区科教园区实施协议，科教园区占地1200亩、建筑面积50余万平方米。学校围绕开发区高端化工、医养健康、先进制造、现代海洋等主导产业，布局化学化工、生物食品、海洋科学、机械工程等学科群，借助开发区区位和产业优势，迅速实现教育链、人才链与产业链、创新链的融合，促进学校和开发区龙头企业的联合科技研发、成果转化等工作，推进学校与地方产学研用深度融合，彰显办学特色。目前，科教园区已进入规划建设阶段。

学校陆续与荣昌制药、冰轮集团等知名企业达成合作协议，共建生物制药专业、能源与动力工程专业等，着力推进专业与企业精准对接。生物制药专业已于2019年开始招生，首批招录本科生96名。

学校与荣昌制药、南山集团、招金集团联合申报并获批了3处省制造业创新中心；与中国移动、东方电子、通用汽车等联合烟台市70余家企业组建了烟台市物联网行业协会，采用公司+产业联盟的方式，搭建优质平台为服务地方新旧动能转换提供持续支撑。

仅2019年上半年，学校就与杰瑞集团、德邦科技、中科院过程工程研究所等知名企业、科研院所签署合作共建协议10余份，产教融合、校企合作的版图进一步扩大。依托烟台大学建设的山东智慧海洋研究院、山东半岛蓝色经济研究院、中韩(烟台)产业园发展研究中心、烟台大学人工智能研究院等多个共建智库与平台逐项落地落实，产教良性互动的发展格局已初步形成，地方发展需求侧与高校人才、智力供给侧紧密合作的关系进一步加强。

三、加强国际交流，拓宽师生视野

学校目前已与26个国家和地区的100余所院校和学术机构建立了友好合作关系，与美国、英国、加拿大、白俄罗斯、韩国、澳大利亚、新西兰等国家和中国台湾地区的友好院校开展本科、硕士、博士层次的联合培养项目。

1.师资国际化

加强国际间教师的交流，采取“走出去”和“请进来”的双向开放策略，有计划地选派教师到国外进修、访问、讲学、开展合作研究，同时邀请国外专家、教师到中国来讲学和学术交流。2018—2019学年，共派出三个月以上访学、进修、攻读学位教师21人，包括国家留学基金委公派出国留学人员4人、省政府公派出国留学人员7人、校际交流项目10人。派出短期因公临时出国(境)教师77人次。派出5名教师赴中国台湾地区高校研修，参加“高校教师研究方法研习营”。聘请外籍教师53人次，其中语言类外教31人次、非语言类外教22人次。另聘请短期境外专家7人。建成英国朴茨茅斯大学烟台大学教师访学基地，每学期选派3人前往访学。

2.学生国际化

与美国、英国、法国、德国、新西兰、加拿大、瑞士、日本、韩国共9个国家以及中国台湾地区的38所友好院校开展校际学生交流。设有英国朴茨茅斯大学预科项目和韩国留学项目。承担中国政府奖学金留学生的招生和培养任务。响应国家“一带一路”倡议，开辟中亚和东南亚生源市场。积极开展汉语国际推广工作，2018—2019学年派出11名志愿者赴国外从事汉语教学工作，招收长期生与学历生共392人次(其中硕士生8人)。

新签学生交流协议10个，开展“3+1”和“2+2”双学位项目、本硕连读项目、一年制及短期研修项目、夏令营等；派出学习实习研修学生475人次；加大项目推广力度，建立“烟大国际”微信公众号，深入学院开展项目宣讲10次。

3.课程国际化

经济管理学院开设全英文授课的国际经济与贸易专业，与英国朴茨茅斯大学签署“3+1”双学位协议，对接外方三个专业，外方选派骨干教师来校授课，实现学生构成、师资构成、学习经历的国际化。

4.开展中外合作办学

积极引进国外优质教育资源，扩大中外合作办学的领域和规模。学校分别与韩国檀国大学、美国西俄勒冈大学合作举办材料科学与工程本科专业、法学本科专业中外合作办学项目。申请上报建筑

学院与意大利 ACME 美术学院合作举办环境设计本科专业合作办学项目。

5. 校所城产融合

依托烟台市外侨办，推进与匈牙利米什克尔茨大学、挪威斯塔万格大学的合作。学校选派足球队代表烟台市赴俄罗斯参加友城杯友谊赛，选派 12 名师生参与烟台市环太平洋公园建设。

协调烟台市台办，举办“烟台大学首届海峡两岸大学生齐鲁文化夏令营”。烟大和台湾宜兰大学、东吴大学师生约 30 人参加，台媒和山东媒体给予广泛报道，取得积极的交流效果。

四、强化教学过程管理，完善教学质量保障体系

建立了比较完善的本科教学评价体系和教学督导评价机制。把教师是课堂第一责任人的要求纳入对教师和各教学单位的考核内容，教学督导与评价工作制度化、经常化和专门化，促进了教学质量和办学水平的提高。

坚持“全面质量管理”的管理思想和“以人为本”的教育理念，以提高教学质量为核心，以培养高素质人才为目标，按照背景保障、输入保障、过程保障和结果保障的思路，把教学过程的各个环节、各个相关部门的活动与职能合理组织起来，形成了一个任务、职责、权限明确，能相互协调、相互促进的有机整体。对已有的工作文件、制度、标准等进行梳理，按照质量标准纲要的要求，构建了一套完善的教学质量保证体系文件，实现教学质量的闭环管理。

第八部分　需要解决的问题

一、教学经费投入力度有待加大

1. 原因分析

（1）现有办学体制下，学校经费主要依靠财政拨款和学生学费收入，随着工资和社会保障制度改革，人员刚性费用支出增加。（2）随着高等教育教学改革的不断深入，全面学分制下的基础教学设施需求量逐渐加大，高级应用型人才的培养需要不断加大对原有教学设施的升级换代或增设扩容。（3）教学经费使用存在重申请、轻过程管理的现象，资金使用效益评价考核机制有待健全，资金使用监管力度有待加强。

2. 拟解决办法或改进措施

（1）充分利用学校自身优势，积极争取中央和山东省的各项建设基金，增加政府投入；广泛吸收和利用社会各类优良资金，校地校企共建教学科研实验室，缓解教学资源相对紧张的状况。（2）改革现有人事考核及评聘制度，创建节约型校园，降低行政性经费支出，逐步增加教学经费的投入总额和比例。（3）进一步完善经费的预算管理、过程管理，采取适当的奖惩措施，切实提高经费的使用效益。

二、实验教学师资队伍数量不足，管理欠规范

1. 原因分析

（1）实验教学师资队伍性质、角色定位不够明确，未放在与教师同等的主体地位。（2）在编制总量有限的情况下，学校把主要精力放在补充专任教师上，忽视了实验教学师资队伍建设，自然减员也进入高峰期。（3）实验教学师资队伍建设缺乏整体规划，教育行政部门对实验教学师资队伍的构成没有基本要求，编制没有基本指标，提高没有基本渠道。

2. 拟解决办法或改进措施

（1）确立正确的政策导向，调整高校人才结构。抓住高校人事制度改革的契机，制定相应的优惠政策，提高实验教学师资的地位。（2）重视队伍建设，提高整体素质。每年拿出专门计划用于引进和培养实验教学人才，专兼职人员相结合，不断优化实验教学师资队伍的学历结构。（3）不断提高管理水平，建立有效的激励机制。制定实验教学师资队伍工作考评制度，奖优罚劣，奖勤罚懒，开创实验室工作人员积极向上、开拓进取、努力向上的新局面。

三、教师发展与服务工作仍需加强

1. 原因分析

（1）对教师主体地位的认识仍需提高，管理理念和服务意识有待加强。（2）学校办学经费不充裕，支持教师专业发展的经费投入相对不足。（3）争取地方政府支持的工作做得不够，教师生活中遇到的问题不能得到妥善解决，影响教师教学精力投入。

2. 拟解决办法或改进措施

（1）创新管理模式，强化以人为本。要理解教师，尊重教师，服务教师，明确教师的主体地位；加强与地方政府的沟通交流，创造良好的工作环境，为教师解决工作、生活方面的后顾之忧。（2）建立

教师继续教育长效机制，引导教师与时俱进，不断进行教学方法、手段和内容的改革与更新；有针对性地开展专题和专项培训工作，开展青年教师教学能力培养和教学基本功训练，帮助青年教师成长，不断提高教学能力和水平。(3)多种渠道筹措经费，加大投入力度。设立教师发展专项经费，加强对教师发展的支持，为教师发展提供更好的平台。

附：

1. 烟台大学2018—2019学年本科教学质量报告核心支撑数据一览表

序号	数据指标名称	数据	备注
1－1	本科生人数	28823	
1－2	折合在校生人数	32984	
1－3	全日制在校生人数	30892	
1－4	本科生占全日制在校生总数的比例	93.3%	
2－1	专任教师数量	1399	分专业教师数量及结构见附表1、2、3、4
2－2	外聘教师数量	334	
2－3	具有高级职称的专任教师比例	53.54%	
2－4	具有博士学位的专任教师比例	52.61%	
2－5	具有硕士学位的专任教师比例	33.10%	
3－1	全校本科专业总数(国标专业)	66	
3－2	当年本科招生专业总数(国标专业)	58	
3－3	当年新增专业(国标专业)	2	生物制药、智能科学与技术
3－4	当年停招专业(国标专业)	9	公共事业管理、海洋渔业科学与技术、生物技术、市场营销、视觉传达设计、音乐表演、电子信息工程、环境科学、环境工程
4	生师比	21.06	分专业生师比见附表1
5	生均教学科研仪器设备值(万元)	1.41	
6	当年新增教学科研仪器设备值(万元)	5866.91	
7	生均纸质图书数(册)	73.86	
8	电子期刊(册)	219228	
9－1	生均教学行政用房(m^2)	9.76	
9－2	生均实验室面积(m^2)	1.53	
10	生均本科教学日常运行支出(元)	3851.79	
11	本科专项教学经费(万元)	6236	
12	生均本科实验经费(元)	116.57	

续表

序号	数据指标名称	数据	备注
13	生均本科实习经费(元)	56.21	
14	全校开设课程总门数	2836	
15	实践教学学分占总学分比例(人才培养方案中)	30.88%	分专业实践教学学分占总学分比例见附表5
16	选修课学分占总学分比例(人才培养方案中)	21.81%	分专业选修课学分占总学分比例见附表5
17	主讲本科课程的教授占教授总数的比例(不含讲座)	85.65%	分专业主讲本科课程的教授占教授总数的比例见附表6
18	教授授本科课程占总课程数的比例	13.82%	分专业教授授本科课程占总课程数的比例见附表6
19	实践教学和实习实训基地	407	分专业实践教学和实习实训基地见附表7
20	应届本科生毕业率	87.62%	分专业应届本科生毕业率见附表8
21	应届本科生学位授予率	99.97%	分专业应届本科生毕业率见附表8
22	体质测试达标率	90.76%	分专业体质测试达标率见附表8
23	学生学习满意度	86.10%	
24	用人单位对毕业生满意度	98.70%	

说明:

1. 本报告及本表所涉数据全部来源于学校2018年秋季学期在教育部高等教育质量监测国家数据平台填报的教学基本状态数据。

2. 有关数据的统计口径和统计方式参照《教育部关于印发〈普通高等学校基本办学条件指标(试行)的通知〉》(教发[2004]2号)、《教育部关于开展普通高等学校本科教学工作合格评估的通知》(教高厅[2011]2号)和"高等教育质量监测国家数据平台数据填报指南"。在统计时间上,分为时期数和时点数,时期数又分为自然年度和学年度。本报告的财务、科研信息按自然年度统计汇总;教学信息按学年度统计汇总。在校生数、教职工数、占地面积、固定资产总值等的统计时点为本自然年度9月30日。

3. 学生学习满意度调查方法:

烟大学生每学年初会利用烟台大学大学生学业规划网站对自己的学年学业进行在线规划,并在学年末对自己一学年的表现进行在线自我评价,规划和自我评价情况都由网站后台系统进行统计汇总。学业规划网站2018—2019学年后台"学生自我评价结果统计"的数据显示,在"进步非常明显""有进步""维持原样""有退步"4种选项中,77.9%的学生认为自己的成绩进步情况为"进步非常明显"和"有进步"。在"自我表现是否满意""非常满意""满意""不满意"3种选项中,86.1%的学生认为自己在本学年中的表现为"非常满意"和"满意"。

4. 用人单位对毕业生满意度调查方法:

学校毕业生就业工作指导中心开展了2019年用人单位对2018届毕业生的满意度调查,向155家用人单位发放《烟台大学2019年用人单位满意度调查问卷》,用人单位性质包含企业、事业单位等,涵盖工业、零售业、信息传输业、交通运输业等各大行业。调查主要涉及用人单位对录用毕业生的综合素质、录用的主要渠道、录用时考虑的主要因素、对学校人才培养的总体评价等,问卷回收率达100%。调查结果显示,用人单位对我校毕业生满意度达98.7%。

5. 上述单项数据并非教学质量指标,不可用于教学质量的评估比较。

2. 各专业教师数量及生师比一览表

序号	专业代码	专业名称	专业教师总数	本科学生数	专业生师比
1	080401	材料科学与工程	29	970	33.45
2	080301	测控技术与仪器	20	446	22.30
3	050209	朝鲜语	11	305	27.73
4	080207	车辆工程	17	829	48.76
5	082802	城乡规划	6	172	28.67
6	080714T	电子信息科学与技术	28	415	14.82
7	030101K	法学	44	1028	23.36
8	080407	高分子材料与工程	15	522	34.80
9	081003	给排水科学与工程	14	414	29.57
10	120103	工程管理	12	516	43.00
11	120201K	工商管理	17	756	44.47
12	120401	公共事业管理	4	96	24.00
13	020401	国际经济与贸易	13	819	63.00
14	070701	海洋科学	13	296	22.77
15	050103	汉语国际教育	20	403	20.15
16	050101	汉语言文学	39	1158	29.69
17	081803K	航海技术	18	556	30.89
18	082201	核工程与核技术	13	314	24.15
19	081301	化学工程与工艺	41	805	19.63
20	082505T	环保设备工程	10	150	15.00
21	082501	环境科学与工程	20	671	33.55
22	130503	环境设计	26	332	12.77
23	120203K	会计学	12	808	67.33
24	080202	机械设计制造及其自动化	36	1192	33.11
25	080901	计算机科学与技术	35	713	20.37
26	082801	建筑学	39	362	9.28
27	080405	金属材料工程	15	484	32.27
28	081804K	轮机工程	21	572	27.24
29	080501	能源与动力工程	15	410	27.33
30	050207	日语	11	196	17.82
31	080902	软件工程	22	909	41.32
32	083001	生物工程	22	391	17.77
33	071002	生物技术	6	279	46.50
34	071001	生物科学	30	386	12.87
35	083002T	生物制药	5	99	19.80

续表

序号	专业代码	专业名称	专业教师总数	本科学生数	专业生师比
36	082701	食品科学与工程	22	391	17.77
37	082702	食品质量与安全	7	450	64.29
38	120202	市场营销	6	421	70.17
39	070101	数学与应用数学	39	492	12.62
40	090601	水产养殖学	20	377	18.85
41	080703	通信工程	17	605	35.59
42	071201	统计学	22	419	19.05
43	020304	投资学	9	192	21.33
44	081001	土木工程	42	802	19.10
45	130206	舞蹈编导	7	154	22.00
46	080905	物联网工程	11	548	49.82
47	050301	新闻学	18	436	24.22
48	070102	信息与计算科学	16	205	12.81
49	040207T	休闲体育	6	78	13.00
50	100701	药学	37	770	20.81
51	130202	音乐学	36	396	11.00
52	050201	英语	36	598	16.61
53	070302	应用化学	66	680	10.30
54	070202	应用物理学	26	462	17.77
55	040202K	运动训练	7	525	75.00
56	030102T	知识产权	11	217	19.73
57	081302	制药工程	13	200	15.38
58	080907T	智能科学与技术	9	97	10.78
59	080801	自动化	19	485	25.53

3. 各专业教师职称结构一览表

序号	专业代码	专业名称	总数	教授	副教授	讲师	助教	其他正高级	其他副高级	其他中级	其他初级	未评级
1	080401	材料科学与工程	29	9	7	11	0	0	0	0	0	2
2	080301	测控技术与仪器	20	2	6	12	0	0	0	0	0	0
3	050209	朝鲜语	11	2	1	7	0	0	0	0	0	1
4	080207	车辆工程	17	1	10	6	0	0	0	0	0	0
5	082802	城乡规划	6	0	1	2	3	0	0	0	0	0
6	080714T	电子信息科学与技术	28	4	12	11	0	0	0	1	0	0
7	030101K	法学	44	18	13	13	0	0	0	0	0	0

续表

序号	专业代码	专业名称	总数	教授	副教授	讲师	助教	其他正高级	其他副高级	其他中级	其他初级	未评级
8	080407	高分子材料与工程	15	3	4	7	0	0	0	1	0	0
9	081003	给排水科学与工程	14	1	4	4	0	1	0	2	0	2
10	120103	工程管理	12	1	5	5	0	0	0	1	0	0
11	120201K	工商管理	17	6	5	6	0	0	0	0	0	0
12	120401	公共事业管理	4	2	1	1	0	0	0	0	0	0
13	020401	国际经济与贸易	13	1	5	6	0	0	0	0	0	1
14	070701	海洋科学	13	2	3	8	0	0	0	0	0	0
15	050103	汉语国际教育	20	1	8	11	0	0	0	0	0	0
16	050101	汉语言文学	39	5	19	9	0	0	0	1	0	5
17	081803K	航海技术	18	0	5	9	0	0	1	2	0	1
18	082201	核工程与核技术	13	2	1	9	0	0	1	0	0	0
19	081301	化学工程与工艺	41	8	8	12	0	1	4	6	0	2
20	082505T	环保设备工程	10	1	4	4	0	0	1	0	0	0
21	082501	环境科学与工程	20	3	11	3	0	0	1	0	0	2
22	130503	环境设计	26	0	7	19	0	0	0	0	0	0
23	120203K	会计学	12	1	5	6	0	0	0	0	0	0
24	080202	机械设计制造及其自动化	36	6	14	12	0	0	1	1	0	2
25	080901	计算机科学与技术	35	4	9	12	0	0	5	5	0	0
26	082801	建筑学	39	5	8	19	0	3	1	2	0	1
27	080405	金属材料工程	15	2	5	2	0	0	3	1	0	2
28	081804K	轮机工程	21	0	1	12	1	0	2	5	0	0
29	080501	能源与动力工程	15	1	5	8	0	0	0	1	0	0
30	050207	日语	11	0	4	7	0	0	0	0	0	0
31	080902	软件工程	22	3	8	11	0	0	0	0	0	0
32	083001	生物工程	22	4	9	6	0	0	3	0	0	0
33	071002	生物技术	6	0	0	5	0	0	0	0	1	0
34	071001	生物科学	30	4	15	3	0	0	5	2	0	1
35	083002T	生物制药	5	0	1	3	0	0	1	0	0	0
36	082701	食品科学与工程	22	3	10	5	1	0	3	0	0	0
37	082702	食品质量与安全	7	1	3	1	0	0	1	1	0	0
38	120202	市场营销	6	0	3	3	0	0	0	0	0	0
39	070101	数学与应用数学	39	12	15	5	0	0	0	1	0	6
40	090601	水产养殖学	20	5	5	9	0	1	0	0	0	0
41	080703	通信工程	17	1	6	7	0	0	1	2	0	0

续表

序号	专业代码	专业名称	总数	教授	副教授	讲师	助教	其他正高级	其他副高级	其他中级	其他初级	未评级
42	071201	统计学	22	1	8	13	0	0	0	0	0	0
43	020304	投资学	9	1	6	2	0	0	0	0	0	0
44	081001	土木工程	42	9	12	12	0	0	5	3	0	1
45	130206	舞蹈编导	7	0	1	5	0	0	0	0	0	1
46	080905	物联网工程	11	0	3	7	0	0	0	1	0	0
47	050301	新闻学	18	0	9	7	0	0	0	0	0	2
48	070102	信息与计算科学	16	1	4	8	0	0	1	1	0	1
49	040207T	休闲体育	6	1	3	0	1	0	1	0	0	0
50	100701	药学	37	10	13	5	0	0	1	6	0	2
51	130202	音乐学	36	2	6	25	1	0	1	0	0	1
52	050201	英语	36	4	12	19	0	0	0	0	0	1
53	070302	应用化学	66	11	21	16	0	0	10	7	1	0
54	070202	应用物理学	26	7	12	7	0	0	0	0	0	0
55	040202K	运动训练	7	2	3	2	0	0	0	0	0	0
56	030102T	知识产权	11	3	5	2	0	0	0	0	1	0
57	081302	制药工程	13	3	8	2	0	0	0	0	0	0
58	080907T	智能科学与技术	9	3	2	4	0	0	0	0	0	0
59	080801	自动化	19	2	8	8	0	0	0	1	0	0

4. 各专业教师学位结构一览表

序号	专业代码	专业名称	总数	博士	硕士学士	无学位
1	080401	材料科学与工程	29	24	5	0
2	080301	测控技术与仪器	20	12	8	0
3	050209	朝鲜语	11	7	4	0
4	080207	车辆工程	17	11	6	0
5	082802	城乡规划	6	1	4	1
6	080714T	电子信息科学与技术	28	21	6	1
7	030101K	法学	44	29	15	0
8	080407	高分子材料与工程	15	10	5	0
9	081003	给排水科学与工程	14	11	3	0
10	120103	工程管理	12	6	6	0
11	120201K	工商管理	17	12	5	0
12	120401	公共事业管理	4	4	0	0
13	020401	国际经济与贸易	13	6	7	0

续表

序号	专业代码	专业名称	总数	博士	硕士学士	无学位
14	070701	海洋科学	13	9	4	0
15	050103	汉语国际教育	20	11	9	0
16	050101	汉语言文学	39	28	11	0
17	081803K	航海技术	18	0	15	3
18	082201	核工程与核技术	13	11	2	0
19	081301	化学工程与工艺	41	31	9	1
20	082505T	环保设备工程	10	8	2	0
21	082501	环境科学与工程	20	17	3	0
22	130503	环境设计	26	2	24	0
23	120203K	会计学	12	3	9	0
24	080202	机械设计制造及其自动化	36	23	13	0
25	080901	计算机科学与技术	35	16	18	1
26	082801	建筑学	39	12	27	0
27	080405	金属材料工程	15	15	0	0
28	081804K	轮机工程	21	3	18	0
29	080501	能源与动力工程	15	7	6	2
30	050207	日语	11	2	9	0
31	080902	软件工程	22	8	14	0
32	083001	生物工程	22	15	6	1
33	071002	生物技术	6	5	1	0
34	071001	生物科学	30	25	4	1
35	083002T	生物制药	5	4	1	0
36	082701	食品科学与工程	22	15	7	0
37	082702	食品质量与安全	7	4	3	0
38	120202	市场营销	6	4	2	0
39	070101	数学与应用数学	39	32	7	0
40	090601	水产养殖学	20	10	9	1
41	080703	通信工程	17	9	7	1
42	071201	统计学	22	11	11	0
43	020304	投资学	9	9	0	0
44	081001	土木工程	42	32	7	3
45	130206	舞蹈编导	7	0	6	1
46	080905	物联网工程	11	5	6	0
47	050301	新闻学	18	11	7	0
48	070102	信息与计算科学	16	9	7	0

续表

序号	专业代码	专业名称	总数	博士	硕士学士	无学位
49	040207T	休闲体育	6	2	3	1
50	100701	药学	37	36	1	0
51	130202	音乐学	36	3	32	1
52	050201	英语	36	10	25	1
53	070302	应用化学	66	37	24	5
54	070202	应用物理学	26	24	2	0
55	040202K	运动训练	7	1	6	0
56	030102T	知识产权	11	8	3	0
57	081302	制药工程	13	12	1	0
58	080907T	智能科学与技术	9	8	1	0
59	080801	自动化	19	9	10	0

5. 各专业教师年龄结构一览表

序号	专业代码	专业名称	总数	35 岁及以下	36—45 岁	46—55 岁	56 岁及以上
1	080401	材料科学与工程	29	11	10	7	1
2	080301	测控技术与仪器	20	5	8	5	2
3	050209	朝鲜语	11	2	6	1	2
4	080207	车辆工程	17	4	7	4	2
5	082802	城乡规划	6	5	0	0	1
6	080714T	电子信息科学与技术	28	7	11	9	1
7	030101K	法学	44	5	19	18	2
8	080407	高分子材料与工程	15	3	6	5	1
9	081003	给排水科学与工程	14	9	3	2	0
10	120103	工程管理	12	1	4	5	2
11	120201K	工商管理	17	3	4	7	3
12	120401	公共事业管理	4	1	1	2	0
13	020401	国际经济与贸易	13	3	3	6	1
14	070701	海洋科学	13	6	4	3	0
15	050103	汉语国际教育	20	2	15	2	1
16	050101	汉语言文学	39	6	18	13	2
17	081803K	航海技术	18	2	6	8	2
18	082201	核工程与核技术	13	4	7	1	1
19	081301	化学工程与工艺	41	15	9	9	8
20	082505T	环保设备工程	10	1	4	4	1

续表

序号	专业代码	专业名称	总数	35岁及以下	36—45岁	46—55岁	56岁及以上
21	082501	环境科学与工程	20	5	7	8	0
22	130503	环境设计	26	4	18	4	0
23	120203K	会计学	12	0	8	4	0
24	080202	机械设计制造及其自动化	36	9	9	15	3
25	080901	计算机科学与技术	35	7	12	13	3
26	082801	建筑学	39	8	15	13	3
27	080405	金属材料工程	15	2	9	4	0
28	081804K	轮机工程	21	4	8	7	2
29	080501	能源与动力工程	15	3	4	4	4
30	050207	日语	11	0	6	5	0
31	080902	软件工程	22	3	7	11	1
32	083001	生物工程	22	2	8	11	1
33	071002	生物技术	6	6	0	0	0
34	071001	生物科学	30	1	15	13	1
35	083002T	生物制药	5	1	2	2	0
36	082701	食品科学与工程	22	5	6	9	2
37	082702	食品质量与安全	7	2	1	4	0
38	120202	市场营销	6	0	5	1	0
39	070101	数学与应用数学	39	7	18	10	4
40	090601	水产养殖学	20	4	2	9	5
41	080703	通信工程	17	3	7	6	1
42	071201	统计学	22	5	11	5	1
43	020304	投资学	9	1	4	4	0
44	081001	土木工程	42	8	16	14	4
45	130206	舞蹈编导	7	5	2	0	0
46	080905	物联网工程	11	5	4	2	0
47	050301	新闻学	18	4	9	5	0
48	070102	信息与计算科学	16	5	4	6	1
49	040207T	休闲体育	6	2	0	2	2
50	100701	药学	37	13	13	9	2
51	130202	音乐学	36	12	19	5	0
52	050201	英语	36	3	16	15	2
53	070302	应用化学	66	21	14	23	8
54	070202	应用物理学	26	8	8	9	1
55	040202K	运动训练	7	2	2	1	2

续表

序号	专业代码	专业名称	总数	35 岁及以下	36—45 岁	46—55 岁	56 岁及以上
56	030102T	知识产权	11	1	5	4	1
57	081302	制药工程	13	1	7	4	1
58	080907T	智能科学与技术	9	4	2	1	2
59	080801	自动化	19	3	5	9	2

6. 各专业学分比例情况一览表

序号	校内专业代码	校内专业名称	实践教学学分占总学分的比例	选修课学分占总学分的比例
1	080401	材料科学与工程	32.55%	18.05%
2	080401ZW	材料科学与工程(中外合作办学)	29.86%	12.60%
3	080301	测控技术与仪器	31.40%	15.10%
4	080301GT2	测控技术与仪器(3+2)	26.20%	33.80%
5	050209	朝鲜语	23.75%	21.25%
6	080207	车辆工程	34.62%	26.63%
7	080207XQ	车辆工程(汽车商务方向)	34.32%	25.15%
8	080207ZY	车辆工程(卓越工程师)	37.64%	24.71%
9	082802	城乡规划	33.30%	16.20%
10	080714T	电子信息科学与技术	31.66%	23.67%
11	080714TCG	电子信息科学与技术(春季高考)	32.84%	23.67%
12	030101KZW	法学(中外合作办学)	21.34%	21.34%
13	030101KZY	法学(卓越法律人才)	32.93%	26.22%
14	080407	高分子材料与工程	32.30%	26.70%
15	081003	给排水科学与工程	31.40%	14.80%
16	120103	工程管理	31.36%	15.38%
17	120103GT4	工程管理(3+4)	32.65%	7%
18	120103CG	工程管理(春季高考)	29.43%	8.71%
19	120201K	工商管理	28.05%	25.61%
20	120201KXQ	工商管理(物流外包方向)	35.37%	15.85%
21	120401	公共事业管理	23.17%	24.39%
22	020401	国际经济与贸易	26.22%	22.87%
23	020401GT2	国际经济与贸易(3+2)	29.85%	28.81%
24	020401XQ	国际经济与贸易(金融外包方向)	25.00%	22.81%
25	020401SY	国际经济与贸易实验班	26.22%	22.87%
26	070701	海洋科学	32%	21.40%
27	090602	海洋渔业科学与技术	32.20%	21.40%

续表

序号	校内专业代码	校内专业名称	实践教学学分占总学分的比例	选修课学分占总学分的比例
28	050103	汉语国际教育	24.40%	29.30%
29	050101	汉语言文学	25%	25.61%
30	081803K	航海技术	32.40%	25.42%
31	082201	核工程与核技术	31.10%	23.40%
32	081301	化学工程与工艺	31.07%	26.04%
33	081301GT2	化学工程与工艺(3+2)	28.23%	45.16%
34	081301ZY	化学工程与工艺(卓越工程师)	31.61%	24.72%
35	082505T	环保设备工程	33.90%	22.70%
36	082501	环境科学与工程	32.70%	14.20%
37	082501CG	环境科学与工程(春季高考)	32.70%	14.20%
38	130503	环境设计	29.88%	29.88%
39	120203K	会计学	26.83%	25%
40	120203KXQ	会计学(金融外包方向)	32.32%	18.90%
41	080202	机械设计制造及其自动化	35.60%	25.50%
42	080202CG	机械设计制造及其自动化(春季高考)	21.94%	25.71%
43	080901	计算机科学与技术	32.84%	27.22%
44	080901XQ	计算机科学与技术(嵌入式方向)	33.10%	31.40%
45	080901ZY	计算机科学与技术(卓越工程师)	34.91%	25.45%
46	082801	建筑学	36.76%	12.25%
47	080405	金属材料工程	32.55%	17.46%
48	081804K	轮机工程	33.50%	21.20%
49	080501	能源与动力工程	34.30%	20.10%
50	080501ZY	能源与动力工程(卓越工程师)	33.70%	21%
51	050207	日语	23.20%	19.50%
52	080902	软件工程	35.50%	27.81%
53	080902CG	软件工程(春季高考)	29.80%	28%
54	080902GT2	软件工程(贯通培养3+2)	24%	38%
55	080902XQ	软件工程(软件外包方向)	33.20%	25.20%
56	083001	生物工程	33.43%	11.24%
57	071002	生物技术	34.32%	19.53%
58	071001	生物科学	33.70%	20.10%
59	083002T	生物制药	33.14%	26.63%

续表

序号	校内专业代码	校内专业名称	实践教学学分占总学分的比例	选修课学分占总学分的比例
60	082701	食品科学与工程	32%	22%
61	082702	食品质量与安全	31.40%	25.40%
62	082702GT2	食品质量与安全(3+2)	30%	23.70%
63	120202	市场营销	26.83%	25%
64	120202CG	市场营销(春季高考)	28.66%	28.35%
65	120202XQ	市场营销(跨境电子商务)	31.10%	21.04%
66	130502	视觉传达设计	29.20%	28%
67	070101	数学与应用数学	31.10%	21.30%
68	090601	水产养殖学	31.70%	22%
69	090601CG	水产养殖学(春季高考)	26.79%	17.75%
70	080703	通信工程	31.95%	21.30%
71	080703XQ	通信工程(移动通信方向)	32.25%	17.75%
72	071201	统计学	31.10%	24.30%
73	020304	投资学	25%	23.80%
74	081001	土木工程	31.42%	22.35%
75	130206	舞蹈编导	28.12%	13.75%
76	080905	物联网工程	32.80%	18.00%
77	080905XQ	物联网工程(服务外包方向)	33.91%	16.23%
78	050301	新闻学	32.90%	26.80%
79	070102	信息与计算科学	31.10%	19.50%
80	040207T	休闲体育	51.83%	32.93%
81	100701	药学	32.55%	13.61%
82	130201	音乐表演	18.87%	31.45%
83	130202	音乐学	26.87%	25%
84	050201	英语	21.30%	25%
85	070302	应用化学	31%	24.40%
86	070202	应用物理学	31.10%	23.40%
87	040202K	运动训练	50.61%	28.96%
88	030102T	知识产权	32.93%	25.61%
89	081302ZY	制药工程(卓越工程师)	33.14%	12.40%
90	080907T	智能科学与技术	30.77%	25.74%
91	080801	自动化	32.84%	21.01%
92	080801CG	自动化(春季高考)	27.70%	17.78%

7. 各专业教授上课情况一览表

序号	专业代码	专业名称	主讲本科课程的本专业教授占本专业教授总数的比例	教授讲授本专业课程占本专业课程总数的比例
1	080401	材料科学与工程	100.00%	40.74%
2	080301	测控技术与仪器	50.00%	9.52%
3	050209	朝鲜语	100.00%	20.00%
4	080207	车辆工程	100.00%	0.00%
5	082802	城乡规划	—	3.51%
6	080714T	电子信息科学与技术	100.00%	8.89%
7	030101K	法学	94.44%	40.82%
8	080407	高分子材料与工程	100.00%	11.11%
9	081003	给排水科学与工程	100.00%	4.88%
10	120103	工程管理	100.00%	6.35%
11	120201K	工商管理	66.67%	25.00%
12	120401	公共事业管理	50.00%	21.43%
13	020401	国际经济与贸易	100.00%	16.67%
14	070701	海洋科学	100.00%	16.67%
15	050103	汉语国际教育	100.00%	5.66%
16	050101	汉语言文学	100.00%	10.17%
17	081803K	航海技术	—	0.00%
18	082201	核工程与核技术	100.00%	9.68%
19	081301	化学工程与工艺	87.50%	21.74%
20	082505T	环保设备工程	100.00%	16.67%
21	082501	环境科学与工程	66.67%	13.56%
22	130503	环境设计	—	1.59%
23	120203K	会计学	100.00%	5.26%
24	080202	机械设计制造及其自动化	83.33%	22.22%
25	080901	计算机科学与技术	75.00%	28.26%
26	082801	建筑学	80.00%	7.69%
27	080405	金属材料工程	100.00%	13.33%
28	081804K	轮机工程	—	0.00%
29	080501	能源与动力工程	100.00%	3.03%
30	050207	日语	—	0.00%
31	080902	软件工程	100.00%	17.95%
32	083001	生物工程	100.00%	30.77%
33	071002	生物技术	100.00%	18.60%
34	071001	生物科学	100.00%	18.60%

续表

序号	专业代码	专业名称	主讲本科课程的本专业教授占本专业教授总数的比例	教授讲授本专业课程占本专业课程总数的比例
35	083002T	生物制药	—	—
36	082701	食品科学与工程	100.00%	20.00%
37	082702	食品质量与安全	100.00%	20.69%
38	120202	市场营销	—	0.00%
39	070101	数学与应用数学	91.67%	28.26%
40	090601	水产养殖学	100.00%	12.50%
41	080703	通信工程	100.00%	9.30%
42	071201	统计学	100.00%	22.00%
43	020304	投资学	100.00%	0.00%
44	081001	土木工程	100.00%	24.32%
45	130206	舞蹈编导	—	0.00%
46	080905	物联网工程	—	2.33%
47	050301	新闻学	100.00%	6.12%
48	070102	信息与计算科学	100.00%	11.67%
49	040207T	休闲体育	100.00%	0.00%
50	100701	药学	90.00%	45.45%
51	130202	音乐学	50.00%	9.46%
52	050201	英语	100.00%	15.91%
53	070302	应用化学	90.91%	20.00%
54	070202	应用物理学	100.00%	20.45%
55	040202K	运动训练	100.00%	8.16%
56	030102T	知识产权	100.00%	14.29%
57	081302	制药工程	100.00%	37.93%
58	080907T	智能科学与技术	66.67%	—
59	080801	自动化	100.00%	14.29%

8. 各专业实践教学及实习实训基地情况一览表

序号	校内专业代码	校内专业名称	实践教学及实习实训基地数量
1	080401	材料科学与工程	3
2	080301	测控技术与仪器	3
3	050209	朝鲜语	1
4	080207	车辆工程	10
5	080714T	电子信息科学与技术	5
6	080714TCG	电子信息科学与技术(春季高考)	1

续表

序号	校内专业代码	校内专业名称	实践教学及实习实训基地数量
7	030101KZY	法学(卓越法律人才)	60
8	080407	高分子材料与工程	7
9	081003	给排水科学与工程	22
10	120103	工程管理	27
11	120201K	工商管理	6
12	120401	公共事业管理	4
13	020401	国际经济与贸易	8
14	070701	海洋科学	2
15	090602	海洋渔业科学与技术	13
16	050103	汉语国际教育	3
17	050101	汉语言文学	5
18	081803K	航海技术	1
19	082201	核工程与核技术	8
20	081301	化学工程与工艺	6
21	081301GT2	化学工程与工艺(3+2)	1
22	081301ZY	化学工程与工艺(卓越工程师)	1
23	082505T	环保设备工程	4
24	082501	环境科学与工程	4
25	130503	环境设计	7
26	120203K	会计学	7
27	080202	机械设计制造及其自动化	26
28	080901	计算机科学与技术	13
29	082801	建筑学	27
30	080405	金属材料工程	4
31	081804K	轮机工程	12
32	080501	能源与动力工程	4
33	080501ZY	能源与动力工程(卓越工程师)	4
34	050207	日语	1
35	080902	软件工程	11
36	083001	生物工程	12
37	071002	生物技术	6
38	071001	生物科学	9
39	082701	食品科学与工程	12
40	082702	食品质量与安全	12
41	120202	市场营销	5

续表

序号	校内专业代码	校内专业名称	实践教学及实习实训基地数量
42	070101	数学与应用数学	1
43	090601	水产养殖学	13
44	080703	通信工程	6
45	080703XQ	通信工程(移动通信方向)	1
46	071201	统计学	1
47	081001	土木工程	30
48	130206	舞蹈编导	10
49	080905	物联网工程	2
50	080905XQ	物联网工程(服务外包方向)	1
51	050301	新闻学	16
52	070102	信息与计算科学	1
53	100701	药学	2
54	130201	音乐表演	10
55	130202	音乐学	10
56	050201	英语	7
57	070302	应用化学	5
58	070202	应用物理学	2
59	040202K	运动训练	11
60	030102T	知识产权	66
61	081302ZY	制药工程(卓越工程师)	16
62	080801	自动化	6

9. 各专业毕业生毕业情况一览表

序号	校内专业代码	校内专业名称	毕业率	学位授予率	体质达标率
1	080401	材料科学与工程	93.28%	100.00%	93.27%
2	080401ZW	材料科学与工程(中外合作办学)	84.88%	100.00%	81.98%
3	080301	测控技术与仪器	93.26%	100.00%	94.95%
4	080301GT2	测控技术与仪器(3+2)	–	–	78.26%
5	050209	朝鲜语	92.65%	100.00%	88.24%
6	080207	车辆工程	78.12%	100.00%	93.45%
7	080207XQ	车辆工程(汽车商务方向)	92.47%	100.00%	93.27%
8	080207XQ	车辆工程(卓越工程师)	93.33%	100.00%	91.57%
9	082802	城乡规划	–	–	92.31%
10	080714T	电子信息科学与技术	88.46%	100.00%	89.44%

续表

序号	校内专业代码	校内专业名称	毕业率	学位授予率	体质达标率
11	080714TCG	电子信息科学与技术(春季高考)	83.72%	100.00%	93.02%
12	030101KZW	法学(中外合作办学)	95.88%	100.00%	82.50%
13	030101KZY	法学(卓越法律人才)	94.12%	100.00%	89.20%
14	080407	高分子材料与工程	88.51%	100.00%	92.65%
15	081003	给排水科学与工程	80.68%	100.00%	93.00%
16	120103	工程管理	87.78%	100.00%	93.57%
17	120103GT4	工程管理(3+4)	-	-	77.78%
18	120201K	工商管理	91.35%	100.00%	94.01%
19	120201KXQ	工商管理(物流外包方向)	83.91%	100.00%	91.32%
20	120401	公共事业管理	95.65%	100.00%	88.97%
21	020401	国际经济与贸易	83.62%	100.00%	91.93%
22	020401GT2	国际经济与贸易(3+2)	100.00%	100.00%	93.10%
23	020401XQ	国际经济与贸易(金融外包方向)	91.30%	100.00%	91.43%
24	070701	海洋科学	-	-	92.12%
25	090602	海洋渔业科学与技术	85.06%	100.00%	94.18%
26	050103	汉语国际教育	92.22%	100.00%	91.56%
27	050101	汉语言文学	95.44%	100.00%	93.50%
28	081803K	航海技术	80.60%	99.07%	89.31%
29	082201	核工程与核技术	78.05%	100.00%	83.75%
30	081301	化学工程与工艺	91.55%	100.00%	94.39%
31	081301GT2	化学工程与工艺(3+2)	100.00%	100.00%	46.09%
32	081301ZY	化学工程与工艺(卓越工程师)	93.55%	100.00%	96.77%
33	082505T	环保设备工程	86.36%	100.00%	91.50%
34	082501	环境科学与工程	86.78%	100.00%	94.69%
35	082501CG	环境科学与工程(春季高考)	69.88%	100.00%	93.16%
36	130503	环境设计	87.50%	100.00%	83.28%
37	120203K	会计学	90.27%	100.00%	92.76%
38	120203KXQ	会计学(金融外包方向)	92.05%	100.00%	92.54%
39	080202	机械设计制造及其自动化	86.19%	100.00%	89.83%
40	080202CG	机械设计制造及其自动化(春季高考)	65.85%	100.00%	78.38%
41	080901	计算机科学与技术	78.72%	100.00%	87.29%
42	080901XQ	计算机科学与技术(嵌入式方向)	78.41%	100.00%	88.19%

续表

序号	校内专业代码	校内专业名称	毕业率	学位授予率	体质达标率
43	080901ZY	计算机科学与技术(卓越工程师)	91.30%	100.00%	87.11%
44	082801	建筑学	74.07%	100.00%	93.90%
45	080405	金属材料工程	88.81%	99.16%	91.34%
46	081804K	轮机工程	80.00%	100.00%	88.45%
47	080501	能源与动力工程	82.35%	100.00%	89.67%
48	080501ZY	能源与动力工程(卓越工程师)	85.37%	100.00%	95.21%
49	050207	日语	96.67%	100.00%	90.24%
50	080902	软件工程	82.42%	100.00%	89.49%
51	080902GT2	软件工程(贯通培养 3+2)	100.00%	100.00%	56.16%
52	080902XQ	软件工程(软件外包方向)	95.51%	100.00%	91.99%
53	083001	生物工程	86.36%	100.00%	93.05%
54	071002	生物技术	82.93%	100.00%	92.24%
55	071001	生物科学	81.01%	100.00%	91.36%
56	082701	食品科学与工程	85.06%	100.00%	94.50%
57	082702	食品质量与安全	94.25%	100.00%	93.33%
58	120202	市场营销	–	–	89.57%
59	120202CG	市场营销(春季高考)	91.67%	100.00%	92.62%
60	120202XQ	市场营销(跨境电子商务)	–	–	94.64%
61	130502	视觉传达设计	89.47%	100.00%	94.74%
62	070101	数学与应用数学	91.11%	100.00%	91.59%
63	090601	水产养殖学	95.00%	100.00%	93.59%
64	080703	通信工程	83.33%	100.00%	89.54%
65	080703XQ	通信工程(移动通信方向)	80.46%	100.00%	87.13%
66	071201	统计学	88.17%	100.00%	94.81%
67	020304	投资学	–	–	89.01%
68	081001	土木工程	76.37%	100.00%	89.53%
69	130206	舞蹈编导	81.48%	100.00%	98.62%
70	080905	物联网工程	71.70%	100.00%	89.93%
71	080905XQ	物联网工程(服务外包方向)	80.72%	100.00%	84.86%
72	050301	新闻学	97.85%	100.00%	91.75%
73	070102	信息与计算科学	76.09%	100.00%	88.50%
74	100701	药学	96.17%	100.00%	94.38%
75	130201	音乐表演	74.42%	100.00%	70.27%
76	130202	音乐学	75.81%	100.00%	84.87%

续表

序号	校内专业代码	校内专业名称	毕业率	学位授予率	体质达标率
77	050201	英语	96.09%	100.00%	95.91%
78	070302	应用化学	87.43%	100.00%	92.49%
79	070202	应用物理学	88.78%	100.00%	88.97%
80	040202K	运动训练	87.07%	100.00%	–
81	030102T	知识产权	90.12%	100.00%	90.00%
82	081302ZY	制药工程(卓越工程师)	93.88%	100.00%	94.42%
83	080801	自动化	88.76%	100.00%	90.05%

烟台大学2018—2019学年春季学期研究生课程目录

课程号	课程名	开课院系	总学时	学分	周学时
Y52013003	实践环节(教学、科研社会实践及学术活动)	法学院	18	1	1
Y52032202	法社会学	法学院	54	3	3
Y52032203	比较法学	法学院	54	3	3
Y52032403	犯罪学	法学院	54	3	3
Y52032503	合同法	法学院	54	3	3
Y52032702	市场规制法专题	法学院	54	3	3
Y52032703	宏观调控法专题	法学院	54	3	3
Y52032802	环境法专题	法学院	36	2	2
Y52032803	资源法专题	法学院	36	2	2
Y52032804	能源法专题	法学院	36	2	2
Y52032903	国际法原理专题	法学院	54	3	3
Y52051008	知识产权法	法学院	36	2	2
Y52052002	西方法哲学流派	法学院	36	2	2
Y52052010	保险法专题	法学院	36	2	2
Y52052013	侵权法	法学院	36	2	2
Y52052020	刑法各论	法学院	36	2	2
Y52052022	监狱法	法学院	36	2	2
Y52052023	刑事政策学	法学院	36	2	2
Y52052027	国际投资法专题	法学院	36	2	2
Y52052030	金融法专题	法学院	36	2	2
Y52052036	专业外语	法学院	36	2	2

续表

课程号	课程名	开课院系	总学时	学分	周学时
Y52052040	亲属与继承法	法学院	36	2	2
Y52052041	行政审判实务	法学院	36	2	2
Y52053031	证券与房地产法	法学院	36	2	2
Y5212016	学位论文(法硕)	法学院	180	10	10
Y52121015	实务实习(法本、法硕必修实务)	法学院	72	4	4
Y52121017	学位论文(法本法硕)	法学院	90	5	5
Y52122006	民事诉讼法(法硕)	法学院	54	3	3
Y52122031	民法与民事诉讼原理与实务	法学院	72	4	4
Y52122032	刑法与刑事诉讼原理与实务	法学院	72	4	4
Y52122033	行政法与行政诉讼原理与实务	法学院	54	3	3
Y52123005	法律方法	法学院	36	2	2
Y52131004	知识产权法专题	法学院	36	2	2
Y52132001	外国法制史(法硕推选)	法学院	36	2	2
Y52132004	经济法专题	法学院	36	2	2
Y52132005	证据法专题	法学院	36	2	2
Y52132006	环境资源法学(法硕推选)	法学院	36	2	2
Y52132008	环境资源法专题	法学院	36	2	2
Y52133008	法律方法(法硕推选)	法学院	36	2	2
Y52133009	专业英语(法硕推选)	法学院	36	2	2
Y52152001	知识产权管理	法学院	36	2	2
Y52152004	知识产权英语	法学院	36	2	2
Y52152005	专利法专题	法学院	36	2	2
Y52152006	商业秘密与反不正当竞争法	法学院	36	2	2
Y52322001	民事诉讼法学	法学院	36	2	2
Y52322002	刑事诉讼法学	法学院	36	2	2
Y52322003	经济法	法学院	54	3	3
Y52332001	证据法学	法学院	36	2	2
Y52751024	环境与自然资源法	法学院	36	2	2
Y52312001	学术规范与论文写作	法学院	18	1	1
Y57024001	实践环节	光电信息科学技术学院	36	2	2
Y57032004	量子场论(1)	光电信息科学技术学院	54	3	3
Y57032005	粒子物理	光电信息科学技术学院	54	3	3
Y57032006	凝聚态理论	光电信息科学技术学院	54	3	3
Y57032007	凝聚态物理实验方法	光电信息科学技术学院	54	3	3
Y57032008	量子光学	光电信息科学技术学院	54	3	3

续表

课程号	课程名	开课院系	总学时	学分	周学时
Y57032009	高等物理光学	光电信息科学技术学院	54	3	3
Y57032028	固体物理实验	光电信息科学技术学院	54	3	3
Y57032029	时间序列分析	光电信息科学技术学院	54	3	3
Y57032030	自适应信号处理与现代谱估计	光电信息科学技术学院	54	3	3
Y57032031	电子材料与器件原理	光电信息科学技术学院	54	3	3
Y57032050	现代信号处理(双语)	光电信息科学技术学院	54	3	3
Y57052001	半导体器件研究进展系列讲座	光电信息科学技术学院	18	1	1
Y57052002	低维和薄膜物理	光电信息科学技术学院	36	2	2
Y57052003	CMOS 集成电路设计原理	光电信息科学技术学院	36	2	2
Y57052005	光电子学	光电信息科学技术学院	18	1	1
Y57052006	太阳能电池研究进展系列讲座	光电信息科学技术学院	18	1	1
Y57052007	信号检测与估值专题讲座	光电信息科学技术学院	18	1	1
Y57052008	DSP 系统结构原理与应用	光电信息科学技术学院	36	2	2
Y57052012	计算材料科学	光电信息科学技术学院	54	3	3
Y57052013	独立分量分析理论与应用(双语)	光电信息科学技术学院	36	2	2
Y57052015	材料与器件物理学	光电信息科学技术学院	54	3	3
Y57052019	计算方法	光电信息科学技术学院	36	2	2
Y57052020	粒子物理前沿讲座(双语)	光电信息科学技术学院	18	1	1
Y57052021	凝聚态物理前沿讲座(双语)	光电信息科学技术学院	18	1	1
Y57052022	光物理前沿讲座(双语)	光电信息科学技术学院	18	1	1
Y57052040	嵌入式系统开发系列讲座	光电信息科学技术学院	18	1	1
Y57052041	数字图像处理系列讲座	光电信息科学技术学院	18	1	1
Y57132048	现代通信原理	光电信息科学技术学院	54	3	3
Y57152050	人工神经网络及其应用	光电信息科学技术学院	36	2	2
Y57022001	学术规范与论文写作	光电信息科学技术学院	18	1	1
Y60021002	海洋环境化学	海洋学院	54	3	3
Y60031019	海洋生态学	海洋学院	36	2	2
Y60032009	渔业资源评估	海洋学院	36	2	2
Y60032011	渔业资源学	海洋学院	36	2	2
Y60022008	学术规范与论文写作	海洋学院	18	1	1
Y69052503	杂环化学	化学化工学院	36	2	2
Y69010001	实践环节	化学化工学院	36	2	2
Y69010002	专业实践	化学化工学院	108	6	6
Y69010003	学术活动	化学化工学院	18	1	1
Y69010004	学术训练	化学化工学院	18	1	1

续表

课程号	课程名	开课院系	总学时	学分	周学时
Y69032003	流体混合工程	化学化工学院	36	2	2
Y69032502	纳米材料化学	化学化工学院	36	2	2
Y69032504	立体有机化学	化学化工学院	36	2	2
Y69032505	化学信息学	化学化工学院	36	2	2
Y69032506	量子化学计算方法	化学化工学院	36	2	2
Y69032507	高分子材料改性	化学化工学院	36	2	2
Y69032508	功能高分子	化学化工学院	36	2	2
Y69032509	有机合成化学	化学化工学院	36	2	2
Y69052001	科研方法论	化学化工学院	18	1	1
Y69052005	催化新材料与反应	化学化工学院	36	2	2
Y69052010	绿色化学与工艺	化学化工学院	36	2	2
Y69052017	皮革化学品	化学化工学院	36	2	2
Y69052020	新型制革技术与绿色制革工艺	化学化工学院	36	2	2
Y69052505	高等有机合成实验	化学化工学院	36	2	2
Y69052507	发光分析	化学化工学院	36	2	2
Y69052510	分子光谱学	化学化工学院	36	2	2
Y69052511	催化研究方法	化学化工学院	36	2	2
Y69052514	聚合物分子工程	化学化工学院	36	2	2
Y69052516	多相聚合物材料的制备	化学化工学院	36	2	2
Y69052517	高效毛细管电泳及应用	化学化工学院	36	2	2
Y69052518	X 射线分析技术	化学化工学院	36	2	2
Y69210305	化学动力学	化学化工学院	36	2	2
Y69210315	高等反应工程	化学化工学院	36	2	2
Y69210316	高等分离工程	化学化工学院	36	2	2
Y69510308	高等物理化学	化学化工学院	36	2	2
Y69510309	聚合物表面与界面科学	化学化工学院	36	2	2
Y69520002	化工过程开发与工程设计	化学化工学院	36	2	2
Y69520003	化工新材料(双语教学)	化学化工学院	36	2	2
Y69520004	功能分子与高分子材料	化学化工学院	36	2	2
Y69520005	专业外语	化学化工学院	18	1	1
Y69110001	学术规范与论文写作	化学化工学院	18	1	1
Y69110002	信息检索与知识产权	化学化工学院	18	1	1
Y61020001	实践环节	环境与材料工程学院	36	2	2
Y61051002	先进材料成形技术及理论	环境与材料工程学院	36	2	2
Y61052008	现代功能材料	环境与材料工程学院	36	2	2

续表

课程号	课程名	开课院系	总学时	学分	周学时
Y61052014	新型胶凝材料	环境与材料工程学院	36	2	2
Y61052019	新材料进展	环境与材料工程学院	18	1	1
Y61052020	纳米材料与技术	环境与材料工程学院	36	2	2
Y61052021	复合材料学	环境与材料工程学院	36	2	2
Y61052022	材料加工过程控制	环境与材料工程学院	18	1	1
Y61061001	材料成型原理	环境与材料工程学院	18	0	1
Y61121007	土壤污染与修复	环境与材料工程学院	36	2	2
Y61132003	海岸环境与工程	环境与材料工程学院	36	2	2
Y61152005	清洁生产技术与评估	环境与材料工程学院	36	2	2
Y61152015	环境生物地球化学	环境与材料工程学院	36	2	2
Y61152021	生态学原理与应用	环境与材料工程学院	18	1	1
Y61153003	环境遥感与信息技术	环境与材料工程学院	18	1	1
Y61220001	实践环节	环境与材料工程学院	144	8	8
Y61252011	计算科学在材料工程中的应用	环境与材料工程学院	36	2	2
Y61012002	学术规范与论文写作	环境与材料工程学院	18	1	1
Y61012003	信息检索与知识产权	环境与材料工程学院	18	1	1
231018081	机械制造工艺学	机电汽车工程学院	54	3	3
Y56021001	实践环节	机电汽车工程学院	18	1	1
Y56220001	工程伦理	机电汽车工程学院	18	1	1
Y56520003	汽车系统动力学	机电汽车工程学院	18	1	1
Y56520004	转子动力学	机电汽车工程学院	18	1	1
Y56520005	高等流体力学	机电汽车工程学院	18	1	1
Y56520006	计算机图形学	机电汽车工程学院	36	2	2
Y56520007	机器人学	机电汽车工程学院	36	2	2
Y56520008	工业控制装置	机电汽车工程学院	36	2	2
Y56520009	矩阵分析	机电汽车工程学院	36	2	2
Y56520010	数学物理方程	机电汽车工程学院	36	2	2
Y56520011	高等传热学	机电汽车工程学院	36	2	2
Y56520012	运动控制技术	机电汽车工程学院	36	2	2
Y56520013	信号与系统	机电汽车工程学院	36	2	2
Y56520014	现代 CAE 技术	机电汽车工程学院	36	2	2
Y56610003	机械制造技术基础	机电汽车工程学院	36	0	2
Y56610005	机械制造工艺学	机电汽车工程学院	36	0	2
Y56710001	实践环节(学硕)	机电汽车工程学院	36	2	2
Y56720001	实践环节(专硕)	机电汽车工程学院	144	8	8

续表

课程号	课程名	开课院系	总学时	学分	周学时
Y56120001	学术规范与论文写作	机电汽车工程学院	18	1	1
Y56120002	信息检索与知识产权	机电汽车工程学院	18	1	1
Y58211007	实践环节	计算机与控制工程学院	144	8	8
Y58211008	实践环节	计算机与控制工程学院	36	2	2
Y58511005	机器学习	计算机与控制工程学院	36	2	2
Y58511011	物联网理论与技术	计算机与控制工程学院	36	2	2
Y58512009	面向对象方法学	计算机与控制工程学院	36	2	2
Y58612003	离散数学	计算机与控制工程学院	18	0	1
Y58612004	数据库原理	计算机与控制工程学院	72	0	4
Y58110001	学术规范与论文写作	计算机与控制工程学院	18	1	1
Y58110002	信息检索与知识产权	计算机与控制工程学院	18	1	1
Y58211005	高级人工智能	计算机与控制工程学院	54	3	3
Y53210105	现代农业创新与乡村振兴战略	经济管理学院	36	2	2
Y53210108	农产品市场营销	经济管理学院	36	2	2
Y53210111	农村公共管理	经济管理学院	36	2	2
Y53510115	农产品物流管理	经济管理学院	36	2	2
Y53510119	经济统计与计量方法	经济管理学院	18	1	1
Y53510121	农业技术传播与沟通	经济管理学院	18	1	1
Y53310041	财务管理理论与实务	经济管理学院	36	2	2
Y53310062	组织创新	经济管理学院	36	2	2
Y53510007	绩效管理	经济管理学院	36	2	2
Y53510054	计量经济学	经济管理学院	36	2	2
Y53510092	社会责任会计研究	经济管理学院	36	2	2
Y53510097	文献导读(双语)	经济管理学院	18	1	1
Y53110099	学术规范与论文写作	经济管理学院	18	1	1
Y53110100	信息检索与知识产权	经济管理学院	18	1	1
Y77777777	马克思主义与社会科学方法论(在职)	经济管理学院	18	1	1
Y71310001	中国民族关系史通论	马克思主义学院	36	2	2
Y71310002	中国东北跨界民族与地缘政治研究	马克思主义学院	36	2	2
Y71510001	中国历代民族思想与政策专题研究	马克思主义学院	36	2	2
Y71510004	当代东亚跨界民族问题专题研究	马克思主义学院	36	2	2
Y71510019	中国民族宗教文化专题研究	马克思主义学院	36	2	2
Y71510020	中国近代以来的边疆和民族问题专题	马克思主义学院	36	2	2
Y71110014	学术规范与论文写作	马克思主义学院	18	1	1
Y51210029	媒介经营与管理	人文学院	36	2	2

续表

课程号	课程名	开课院系	总学时	学分	周学时
Y51310012	先秦两汉原典精读	人文学院	36	2	2
Y51310013	考古发现与上古文明史研究	人文学院	36	2	2
Y51310028	先秦两汉魏晋南北朝文学专题	人文学院	36	2	2
Y51310029	唐宋文学专题	人文学院	36	2	2
Y51310030	中国戏曲史专题	人文学院	36	2	2
Y51310031	中国现当代文学专题	人文学院	36	2	2
Y51310032	中国当代文学思潮	人文学院	36	2	2
Y51310033	当代文学理论与批评	人文学院	36	2	2
Y51310034	文艺学理论前沿	人文学院	36	2	2
Y51310036	西方美学史	人文学院	36	2	2
Y51310038	文学典籍的整理与研究	人文学院	36	2	2
Y51510050	汉唐民族关系思想史	人文学院	36	2	2
Y51510053	中国民族文化史	人文学院	36	2	2
Y51510065	唐宋诗论研究	人文学院	36	2	2
Y51510076	深度报道实践	人文学院	36	2	2
Y51510077	高级新闻评论	人文学院	36	2	2
Y51510078	高级新闻编辑	人文学院	36	2	2
Y51510079	媒介产品开发与运营	人文学院	36	2	2
Y51510080	公共关系传播	人文学院	36	2	2
Y51510081	大数据与舆情分析	人文学院	36	2	2
Y51510084	视觉文化研究	人文学院	36	2	2
Y67211007	汉语语言要素教学(词汇)	人文学院	18	1	1
Y67211009	汉语语言要素教学(语法)	人文学院	18	1	1
Y67411005	汉语教学测试与评估	人文学院	18	1	1
Y67411009	汉语词汇语义研究	人文学院	18	1	1
Y67421005	中华传统才艺(一)	人文学院	18	1	1
Y67421007	国学经典导读	人文学院	18	1	1
Y67500001	学术训练	人文学院	18	1	1
Y67500002	学术活动	人文学院	18	1	1
Y67520003	中国思想史	人文学院	36	2	2
Y51110006	学术规范与论文写作	人文学院	18	1	1
Y51110007	信息检索与知识产权	人文学院	18	1	1
Y67210002	第二语言习得	人文学院	36	2	2
Y70511114	海洋天然产物分离技术	生命科学学院	36	2	2
Y70511115	食品毒理评价	生命科学学院	36	2	2

续表

课程号	课程名	开课院系	总学时	学分	周学时
Y70512041	食品感官评价方法	生命科学学院	18	1	1
Y70513029	专业外语	生命科学学院	36	2	2
703110321	海洋生物活性物质	生命科学学院	36	2	2
Y70313010	现代细胞生物学	生命科学学院	36	2	2
Y70313012	高级植物生理学	生命科学学院	36	2	2
Y70313013	植物发育生物学	生命科学学院	36	2	2
Y70313014	现代微生物学	生命科学学院	36	2	2
Y70313015	分子免疫学	生命科学学院	36	2	2
Y70313016	藻类光合作用	生命科学学院	36	2	2
Y70313017	生物信息学	生命科学学院	36	2	2
Y70313018	分子病毒学	生命科学学院	36	2	2
Y70511113	分子营养学专题	生命科学学院	36	2	2
Y70511116	肉品加工技术专题	生命科学学院	36	2	2
Y70511313	作物病虫害综合防治	生命科学学院	36	2	2
Y70511410	作物研究专题报告	生命科学学院	18	1	1
Y70511411	作物良种示范推广与技术服务	生命科学学院	18	1	1
Y70511414	园艺商品学	生命科学学院	18	1	1
Y70511501	出口果品植物保护技术	生命科学学院	36	2	2
Y70511503	植物保护新技术进展	生命科学学院	36	2	2
Y70511504	植物保护学原理	生命科学学院	36	2	2
Y70511508	果树病虫害的主要种类及防治方法	生命科学学院	36	2	2
Y70511512	植物检疫学	生命科学学院	18	1	1
Y70511705	园艺产品安全生产	生命科学学院	36	2	2
Y70512013	食品添加剂专题	生命科学学院	18	1	1
Y70512032	肉品科学研究进展	生命科学学院	36	2	2
Y70512035	功能食品评价原理及方法	生命科学学院	36	2	2
Y70512036	食品生物技术 *	生命科学学院	36	2	2
Y70513011	天然产物化学	生命科学学院	36	2	2
Y70513023	海洋生物活性物质	生命科学学院	36	2	2
Y70513026	专业实验技术	生命科学学院	36	2	2
Y70513028	海洋生物资源综合利用	生命科学学院	36	2	2
Y70514010	基因工程原理	生命科学学院	36	2	2
Y70514021	实验方法设计 * *	生命科学学院	36	2	2
Y70514030	生物化工学科前沿进展 * *	生命科学学院	36	2	2
Y70110001	学术规范与论文写作	生命科学学院	18	1	1

续表

课程号	课程名	开课院系	总学时	学分	周学时
Y70110002	信息检索与知识产权	生命科学学院	18	1	1
Y70211308	作物育种及种子生产理论与技术 *	生命科学学院	36	2	2
Y70211309	作物高产栽培理论与实践	生命科学学院	36	2	2
Y70211310	园艺学进展 *	生命科学学院	36	2	2
Y70211311	园艺植物育种与良种繁育学	生命科学学院	18	1	1
Y70211312	园艺植物栽培与生态	生命科学学院	18	2	1
Y70211313	园艺产品采后处理与营销	生命科学学院	18	1	1
Y70211412	生物工程实验设计 * *	生命科学学院	36	2	2
Y70211504	农业生物安全	生命科学学院	36	2	2
Y70211508	植物有害生物鉴定与监测	生命科学学院	36	2	2
Y70211510	植物有害生物综合治理 *	生命科学学院	36	2	2
Y70211511	植物保护技术与应用	生命科学学院	36	2	2
Y70211512	农药管理与应用案例 * *	生命科学学院	36	2	2
Y70211704	设施园艺工程技术	生命科学学院	36	2	2
Y70212008	食品专业英语	生命科学学院	36	2	2
Y70214009	现代生物工程 * *	生命科学学院	36	2	2
Y70214010	高等生化分离工程	生命科学学院	36	2	2
Y70511305	植物生物技术	生命科学学院	18	1	1
Y70511405	农业可持续发展概论	生命科学学院	18	1	1
Y63320002	有限群	数学与信息科学学院	54	3	3
Y63320003	有限元方法	数学与信息科学学院	36	2	2
Y63320004	有限体积元方法	数学与信息科学学院	36	2	2
Y63320005	非线性泛函分析	数学与信息科学学院	36	2	2
Y63320006	线性偏微分方程	数学与信息科学学院	36	2	2
Y63320008	最优控制理论	数学与信息科学学院	54	3	3
Y63430001	实践环节	数学与信息科学学院	36	2	2
Y63520020	最优控制理论	数学与信息科学学院	54	3	3
Y63520022	椭圆问题的有限元方法	数学与信息科学学院	54	3	3
Y63520025	非线性系统理论	数学与信息科学学院	54	3	3
Y63610003	图论	数学与信息科学学院	36	2	2
Y63610008	置换群和群表示	数学与信息科学学院	36	2	2
Y63610012	随机过程基础	数学与信息科学学院	36	2	2
Y63610014	机电系统控制理论	数学与信息科学学院	54	3	3
Y63520013	线性偏微分方程	数学与信息科学学院	54	2	3
Y15022002	生化反应器原理与设计	土木工程学院	54	3	3

续表

课程号	课程名	开课院系	总学时	学分	周学时
Y15022003	现代材料测试与表征技术	土木工程学院	36	2	2
Y15022005	桩基工程	土木工程学院	18	1	1
Y15022007	给排水管网设计与建模	土木工程学院	36	2	2
Y15022008	建筑设备设计及 BIM 应用	土木工程学院	36	2	2
Y15022009	有限元分析	土木工程学院	36	2	2
Y15022010	建筑设计(二)	土木工程学院	72	4	4
Y15031010	当代建筑师的理论与作品评述	土木工程学院	54	3	3
Y15032001	建筑结构耗能减震设计原理	土木工程学院	36	2	2
Y15032003	隧道工程	土木工程学院	36	2	2
Y15032004	岩土工程测试技术	土木工程学院	18	1	1
Y15032007	建筑给排水理论与技术	土木工程学院	36	2	2
Y15032008	工程结构可靠度	土木工程学院	18	1	1
Y15032010	道路桥梁新材料与施工技术	土木工程学院	27	1.5	1.5
Y15032013	水泥化学与化学外加剂	土木工程学院	27	1.5	1.5
Y15032014	国际工程承包	土木工程学院	36	2	2
Y15032015	BIM 技术及工程应用	土木工程学院	36	2	2
Y15032017	新能源及可再生能源利用技术	土木工程学院	36	2	2
Y15032020	地基处理技术	土木工程学院	18	1	1
Y15032021	科技方法论	土木工程学院	18	1	1
Y59031001	高等混凝土结构理论	土木工程学院	36	2	2
Y59031002	高等钢结构理论	土木工程学院	36	2	2
Y59031005	高等土力学	土木工程学院	36	2	2
Y59031007	高等岩石力学	土木工程学院	36	2	2
Y59051005	水泥混凝土结构与性能	土木工程学院	36	2	2
Y59051017	高层建筑结构	土木工程学院	36	2	2
Y59051024	科技方法论	土木工程学院	36	2	2
Y59051038	现代项目管理	土木工程学院	36	2	2
Y59051039	土木工程施工技术前沿	土木工程学院	36	2	2
Y59221001	现代建筑设计理论	土木工程学院	54	3	3
Y59251007	建筑规范	土木工程学院	36	2	2
Y15012001	学术规范与论文写作	土木工程学院	18	1	1
Y15012002	信息检索与知识产权	土木工程学院	18	1	1
033001111	欧洲文学史	外国语学院	36	2	2
Y54120001	第二外国语(日语)	外国语学院	72	4	4
Y54131105	欧美文学史(学位)	外国语学院	36	2	2

续表

课程号	课程名	开课院系	总学时	学分	周学时
Y54131106	英语文学经典导读(学位)	外国语学院	36	2	2
Y54131202	二语习得	外国语学院	36	2	2
Y54131203	语言与文化	外国语学院	36	2	2
Y54151109	20 世纪美国小说(修)	外国语学院	36	2	2
Y54151110	莎士比亚与英国戏剧	外国语学院	36	2	2
Y54151112	语言与文化	外国语学院	36	2	2
Y54151115	英语诗歌	外国语学院	36	2	2
Y54151204	语用学	外国语学院	36	2	2
Y54151208	外语教学与测试	外国语学院	36	2	2
Y54151215	语料库语言学	外国语学院	36	2	2
Y54151218	欧美文学史	外国语学院	36	2	2
Y54151301	韩国语语法理论研究	外国语学院	36	2	2
Y54151303	韩国影视文化研究	外国语学院	36	2	2
Y62042014	立体化学	药学院	36	2	2
Y62041001	药用高分子材料	药学院	36	2	2
Y62042013	计算机辅助药物设计	药学院	36	2	2
Y62042015	天然产物结构化学	药学院	36	2	2
Y62042016	药物临床评价	药学院	36	2	2
Y62061004	药剂学	药学院	18	0	1

烟台大学 2019—2020 学年秋季学期研究生课程目录

课程号	课程名	开课院系	总学时	学分	周学时
Y52051035	中国法制史专题	法学院	36	2	2
Y52053026	国际贸易法专题	法学院	36	2	2
050500002	专业实习	法学院	108	6	6
Y52021001	法学理论精要	法学院	54	3	3
Y52031009	商标法专题	法学院	36	2	2
Y52031010	经济法基础理论专题	法学院	54	3	3
Y52031101	中国传统法律文化	法学院	36	2	2
Y52031111	知识产权法原理(学硕知产专业)	法学院	54	3	3
Y52031201	法理学专题	法学院	54	3	3
Y52031303	中国宪法	法学院	54	3	3

续表

课程号	课程名	开课院系	总学时	学分	周学时
Y52031304	中国行政法	法学院	36	2	2
Y52031401	刑法总论	法学院	54	3	3
Y52031402	外国刑法	法学院	54	3	3
Y52031501	民法总论	法学院	54	3	3
Y52031502	物权法	法学院	54	3	3
Y52031601	刑事诉讼法专题	法学院	36	2	2
Y52031602	行政诉讼法专题	法学院	36	2	2
Y52031801	环境资源法总论	法学院	54	3	3
Y52031901	国际经济法专题	法学院	54	3	3
Y52031902	国际私法	法学院	54	3	3
Y52051001	中国社会主义法治理论	法学院	36	2	2
Y52051008	知识产权法	法学院	36	2	2
Y52051036	行政救济法专题	法学院	36	2	2
Y52052006	现代英美法理学	法学院	36	2	2
Y52052020	刑法各论	法学院	36	2	2
Y52052021	英美刑法理论	法学院	36	2	2
Y52052022	监狱法	法学院	36	2	2
Y52052028	公司与破产法	法学院	36	2	2
Y52052034	劳动法与社会保障法学	法学院	36	2	2
Y52053004	外国法学名著选读	法学院	36	2	2
Y52053006	宪法判例研究	法学院	36	2	2
Y52053011	比较民法	法学院	36	2	2
Y52053036	英美法研究	法学院	18	1	1
Y52061008	国际法学(补修)	法学院	18	0	1
Y52061015	劳动与社会保障法学(补修)	法学院	36	0	2
Y52062003	行政法学(补修)	法学院	18	0	1
Y52062004	民事诉讼法(补修)	法学院	18	0	1
Y52122032	刑法与刑事诉讼原理与实务	法学院	72	4	4
Y52123006	模拟法庭	法学院	54	3	3
Y52123007	法律谈判	法学院	36	2	2
Y52123012	法律文书写作	法学院	36	2	2
Y52123016	学术训练	法学院	18	1	1
Y52123017	学术活动	法学院	18	1	1
Y52131001	宪法学专题	法学院	36	2	2
Y52131002	法理学专题	法学院	36	2	2

续表

课程号	课程名	开课院系	总学时	学分	周学时
Y52131003	法律职业伦理	法学院	36	2	2
Y52131004	知识产权法专题	法学院	36	2	2
Y52132003	国际法专题	法学院	36	2	2
Y52133009	专业英语(法硕推选)	法学院	36	2	2
Y52133018	商法学	法学院	36	2	2
Y52151006	商标法专题	法学院	36	2	2
Y52153001	国际经济法学	法学院	36	2	2
Y52153002	国际私法	法学院	36	2	2
Y52321002	宪法学	法学院	36	2	2
Y52321003	民法学	法学院	72	4	4
Y52321004	刑法学	法学院	72	4	4
Y52322002	刑事诉讼法学	法学院	36	2	2
Y52322004	法理学	法学院	36	2	2
Y52323001	中国法制史	法学院	36	2	2
Y52323002	行政法与行政诉讼法	法学院	36	2	2
Y52323003	国际法	法学院	36	2	2
Y52323004	知识产权模拟法庭	法学院	54	3	3
Y52323006	法律与知识产权信息检索	法学院	36	2	2
YF0110001	中国特色社会主义理论与实践研究	法学院	36	2	2
YF0122001	第一外国语	法学院	36	2	2
Y57021002	高等量子力学	光电信息科学技术学院	54	3	3
Y57021003	群论	光电信息科学技术学院	54	3	3
Y57021025	专业数学	光电信息科学技术学院	54	3	3
Y57021027	高等光电系统与信号处理	光电信息科学技术学院	54	3	3
Y57021050	信息论	光电信息科学技术学院	54	3	3
Y57051016	信息光学	光电信息科学技术学院	54	3	3
Y57051036	音频数字信号处理	光电信息科学技术学院	36	2	2
Y57051038	数据融合技术与应用	光电信息科学技术学院	36	2	2
Y57051039	信号与信息处理系统仿真及应用	光电信息科学技术学院	36	2	2
Y57053010	量子场论(2)	光电信息科学技术学院	54	3	3
Y57053014	介观物理	光电信息科学技术学院	54	3	3
Y57053015	粒子物理专题(双语)	光电信息科学技术学院	54	3	3
Y57053016	量子色动力学(双语)	光电信息科学技术学院	54	3	3
Y57053017	光电图像的获取与分析	光电信息科学技术学院	54	3	3
Y57053018	傅里叶变换光谱及应用	光电信息科学技术学院	54	3	3

续表

课程号	课程名	开课院系	总学时	学分	周学时
Y57061020	量子力学	光电信息科学技术学院	18	0	1
Y57061022	固体物理	光电信息科学技术学院	18	0	1
Y57061042	数字信号处理	光电信息科学技术学院	18	0	1
Y57121045	随机过程及应用	光电信息科学技术学院	54	3	3
Y57162000	通信原理	光电信息科学技术学院	54	0	3
Y57221059	FPGA 设计与应用	光电信息科学技术学院	36	2	2
Y60021003	高级海洋生物学	海洋学院	54	3	3
Y60031018	高级海水化学	海洋学院	36	2	2
Y60051001	海洋学研究进展	海洋学院	18	1	1
Y60052028	学科前沿系列讲座	海洋学院	18	1	1
Y60251108	水产动物疾病学	海洋学院	36	2	2
Y60252109	遗传育种学	海洋学院	36	2	2
Y60253112	海洋生物技术	海洋学院	36	2	2
Y60022001	高级生物统计学	海洋学院	54	3	3
Y60032003	海洋有机化学	海洋学院	36	2	2
Y69021002	催化原理	化学化工学院	54	3	3
Y69021003	固体表面化学	化学化工学院	54	3	3
Y69021501	量子化学	化学化工学院	54	3	3
Y69021502	高等无机化学	化学化工学院	54	3	3
Y69021503	高等有机化学	化学化工学院	54	3	3
Y69021504	现代光谱分析	化学化工学院	54	3	3
Y69021505	现代色谱分析	化学化工学院	54	3	3
Y69021506	聚合物的结构与性能	化学化工学院	54	3	3
Y69031002	催化剂制备化学	化学化工学院	36	2	2
Y69031502	电分析化学	化学化工学院	36	2	2
Y69031503	高分子合成化学	化学化工学院	36	2	2
Y69051501	元素有机化学	化学化工学院	36	2	2
Y69051504	聚合物反应加工	化学化工学院	36	2	2
Y69210304	有机结构分析	化学化工学院	36	2	2
Y69210314	高等化工热力学	化学化工学院	36	2	2
Y69210317	化工传递过程	化学化工学院	36	2	2
Y69510307	高分子材料现代研究方法	化学化工学院	36	2	2
Y69510315	现代化工进展	化学化工学院	36	2	2
Y69520001	化工过程模拟	化学化工学院	36	2	2
Y61020001	实践环节	环境与材料工程学院	36	2	2

续表

课程号	课程名	开课院系	总学时	学分	周学时
Y61021001	固体物理	环境与材料工程学院	36	2	2
Y61021002	材料现代分析测试技术	环境与材料工程学院	36	2	2
Y61022001	固体化学	环境与材料工程学院	36	2	2
Y61031001	材料强韧化理论与设计	环境与材料工程学院	36	2	2
Y61031002	材料表面与界面	环境与材料工程学院	36	2	2
Y61032001	晶体学	环境与材料工程学院	36	2	2
Y61062002	材料性能学	环境与材料工程学院	36	0	2
Y61121001	污染生态学	环境与材料工程学院	36	2	2
Y61121002	环境地学	环境与材料工程学院	36	2	2
Y61121005	现代环境生物技术与工程	环境与材料工程学院	36	2	2
Y61121006	环境污染控制技术与工程	环境与材料工程学院	36	2	2
Y61151001	现代环境监测与分析技术	环境与材料工程学院	18	1	1
Y61152018	海洋灾害学	环境与材料工程学院	36	2	2
Y61220001	实践环节	环境与材料工程学院	144	8	8
Y61221002	材料物理化学	环境与材料工程学院	36	2	2
Y61252012	材料失效分析	环境与材料工程学院	36	2	2
Y56022003	实践环节	机电汽车工程学院	108	6	6
Y56210001	数值分析	机电汽车工程学院	36	2	2
Y56210002	弹塑性力学	机电汽车工程学院	36	2	2
Y56210003	机械振动	机电汽车工程学院	36	2	2
Y56210004	机械测试技术	机电汽车工程学院	36	2	2
Y56210005	机电控制工程	机电汽车工程学院	36	2	2
Y56710001	实践环节(学硕)	机电汽车工程学院	36	2	2
Y56720001	实践环节(专硕)	机电汽车工程学院	144	8	8
Y58211002	最优化方法	计算机与控制工程学院	54	3	3
Y58211007	实践环节	计算机与控制工程学院	144	8	8
Y58211008	实践环节	计算机与控制工程学院	36	2	2
Y58612003	离散数学	计算机与控制工程学院	18	0	1
Y58211005	高级人工智能	计算机与控制工程学院	54	3	3
Y58212004	数据挖掘与知识发现	计算机与控制工程学院	54	3	3
Y58212005	软件开发技术	计算机与控制工程学院	54	3	3
Y58213004	算法分析与设计	计算机与控制工程学院	54	3	3
Y64210001	建筑设计理论	建筑学院	36	2	2
Y64210002	建筑师职业实务与实践	建筑学院	18	1	1
Y64210003	建筑设计专题一	建筑学院	54	3	3

续表

课程号	课程名	开课院系	总学时	学分	周学时
Y64210004	建筑设计专题二	建筑学院	54	3	3
Y64210005	城市与建筑遗产保护学	建筑学院	36	2	2
Y64210006	城市设计理论与方法	建筑学院	36	2	2
Y64510001	建筑学学科理论前沿	建筑学院	18	1	1
Y64510002	建筑师作品及思想研究	建筑学院	18	1	1
Y64510003	建筑评论	建筑学院	18	1	1
Y64510008	地域环境与建筑	建筑学院	36	2	2
Y64510009	建筑节能设计研究	建筑学院	36	2	2
Y64110001	学术规范与论文写作	建筑学院	18	1	1
Y53510106	农村金融理论与实践	经济管理学院	18	1	1
Y53210106	农业发展理论与实践	经济管理学院	36	2	2
Y53210107	现代管理学	经济管理学院	36	2	2
Y53210109	管理研究方法	经济管理学院	36	2	2
Y53210110	农村社会学	经济管理学院	36	2	2
Y53210112	农村发展规划	经济管理学院	36	2	2
Y53210113	农村社会调查理论与方法	经济管理学院	36	2	2
Y53510105	农村经济与社会发展	经济管理学院	18	1	1
Y53510111	农村发展案例分析	经济管理学院	36	2	2
Y53510117	农村合作经济理论与实践	经济管理学院	36	2	2
Y53210004	中级经济学	经济管理学院	54	3	3
Y53210005	中级西方经济学	经济管理学院	54	3	3
Y53210006	统计方法与计量经济学	经济管理学院	54	3	3
Y53210007	社会主义经济理论与实践	经济管理学院	54	3	3
Y53310031	人力资源开发与管理	经济管理学院	36	2	2
Y53310040	财务会计理论与实务	经济管理学院	36	2	2
Y53310042	社会实践(学硕)	经济管理学院	36	2	2
Y53310049	管理研究方法	经济管理学院	54	3	3
Y53310063	物流与供应链管理	经济管理学院	36	2	2
Y53310064	项目管理	经济管理学院	36	2	2
Y53510002	最优化方法	经济管理学院	36	2	2
Y53510032	产业经济学	经济管理学院	36	2	2
Y53510039	知识管理专题	经济管理学院	36	2	2
Y53510094	会计信息数据挖掘	经济管理学院	36	2	2
Y53510096	博弈论	经济管理学院	18	1	1
Y66666666	基础英语(在职)	经济管理学院	72	2	4

续表

课程号	课程名	开课院系	总学时	学分	周学时
Y77777777	马克思主义与社会科学方法论(在职)	经济管理学院	18	1	1
Y88888888	中国特色社会主义理论与实践研究(在职)	经济管理学院	36	2	2
Y71210011	中国少数民族史概论	马克思主义学院	54	3	3
Y71210012	民族学通论	马克思主义学院	54	3	3
Y71210013	民族学人类学理论与方法	马克思主义学院	36	2	2
Y71210015	马克思主义民族理论与意识形态研究	马克思主义学院	36	2	2
Y71510002	中国朝鲜族史研究	马克思主义学院	36	2	2
Y71510016	民族学理论与方法论	马克思主义学院	36	2	2
Y71610001	中国古代史	马克思主义学院	36	0	2
Y71610002	世界近现代史	马克思主义学院	36	0	2
Y71610101	中国史	马克思主义学院	36	0	2
Y71610102	世界史	马克思主义学院	36	0	2
Y00110001	中国特色社会主义理论与实践研究	马克思主义学院	36	2	2
Y00110003	自然辩证法概论	马克思主义学院	18	1	1
Y00110002	马克思主义与社会科学方法论	马克思主义学院	18	1	1
Y51210025	学术训练	人文学院	18	1	1
Y51210026	学术活动	人文学院	18	1	1
Y51210003	文学经典研读	人文学院	54	3	3
Y51210004	文论经典研读	人文学院	54	3	3
Y51210016	中外新闻传播史	人文学院	36	2	2
Y51210031	新闻传播学研究方法	人文学院	36	2	2
Y51210032	新媒体研究	人文学院	36	2	2
Y51210033	新闻传播学理论基础	人文学院	36	2	2
Y51310006	文学文献和研究方法	人文学院	36	2	2
Y51310035	文艺学美学研究方法论	人文学院	36	2	2
Y51310037	古文献整理研究的理论和方法	人文学院	36	2	2
Y51310041	现代语言学理论	人文学院	36	2	2
Y51510013	唐诗研究	人文学院	36	2	2
Y51510027	中国学术思想史研究	人文学院	36	2	2
Y51510051	中国古代边疆政策研究	人文学院	36	2	2
Y51510052	西北民族史	人文学院	36	2	2
Y51510066	汉魏六朝赋研究	人文学院	36	2	2
Y51510067	古典戏曲理论研究	人文学院	36	2	2
Y51510068	文艺美学专题	人文学院	36	2	2
Y51510069	中国现当代作家与西方文学思潮	人文学院	36	2	2

续表

课程号	课程名	开课院系	总学时	学分	周学时
Y51510070	海外华人文学研究	人文学院	36	2	2
Y51510072	现代西方文论	人文学院	36	2	2
Y51510073	中国现当代名篇重读	人文学院	36	2	2
Y51510082	数字技术	人文学院	36	2	2
Y51510083	视觉传播:创意与表现	人文学院	36	2	2
Y51510096	先秦历史与文化专题研究	人文学院	36	2	2
Y51510098	胶东历史文化专题研究	人文学院	18	1	1
Y51510103	西方女权主义文论与中国女性文学批评	人文学院	36	2	2
Y51510104	文献检索利用	人文学院	36	2	2
Y51510106	传播工作坊	人文学院	18	1	1
Y51510107	全球传播与跨文化交流	人文学院	36	2	2
Y51510108	中国文学批评史专题	人文学院	36	2	2
Y51510109	《文心雕龙》研究	人文学院	36	2	2
Y51510111	中国古典文献学论著研读	人文学院	36	2	2
Y51610013	新闻学概论	人文学院	54	0	3
Y51610019	古代汉语	人文学院	18	0	1
Y51610020	中国现当代文学史	人文学院	18	0	1
Y51620003	中国古代文学史	人文学院	18	0	1
Y67210006	国际汉语课堂管理	人文学院	36	2	2
Y67211008	汉语语言要素教学(文字)	人文学院	18	1	1
Y67211010	汉语语言要素教学(语音)	人文学院	18	1	1
Y67421006	中华传统才艺(二)	人文学院	18	1	1
Y67510004	现代语言教育技术	人文学院	36	2	2
Y67521001	中外文化比较	人文学院	18	1	1
Y67110001	学术规范与论文写作	人文学院	18	1	1
Y67110002	信息检索与知识产权	人文学院	18	1	1
Y67210001	汉语作为第二语言教学	人文学院	36	2	2
Y67210003	中华文化与传播	人文学院	36	2	2
Y67210005	跨文化交际	人文学院	36	2	2
Y70210003	实践环节	生命科学学院	36	2	2
Y70210005	实践环节	生命科学学院	144	8	8
Y70511112	食品安全风险与评估	生命科学学院	36	2	2
Y70514010	基因工程原理	生命科学学院	36	2	2
Y70514022	生物制药工程	生命科学学院	36	2	2
Y70514023	生物制品制备与生产＊＊	生命科学学院	36	2	2

续表

课程号	课程名	开课院系	总学时	学分	周学时
Y70514024	现代发酵工程技术＊＊	生命科学学院	36	2	2
Y70514029	现代仪器分析	生命科学学院	36	2	2
Y70211414	生物工程专业英语	生命科学学院	18	1	1
Y70212001	高级生物化学	生命科学学院	54	3	3
Y70212010	食品科学与工程研究进展	生命科学学院	36	2	2
Y70413001	生命科学前沿及其进展	生命科学学院	36	2	2
Y70513006	海洋生化工程原理及应用	生命科学学院	36	2	2
Y70513026	专业实验技术	生命科学学院	36	2	2
Y70513031	生物工程过程开发与设计	生命科学学院	36	2	2
Y70514005	遗传育种学	生命科学学院	36	2	2
Y70514009	高级海洋生物学	生命科学学院	54	3	3
Y70514018	生化分离工程	生命科学学院	36	0	2
Y70514027	生物工程企业工程设计＊＊	生命科学学院	36	2	2
Y70514028	藻类生物技术＊	生命科学学院	36	2	2
Y70514031	生物资源开发与利用＊＊	生命科学学院	36	2	2
Y70514032	代谢工程与调控	生命科学学院	36	2	2
Y70612001	食品工艺学	生命科学学院	36	0	2
Y70613001	作物栽培与耕作学	生命科学学院	36	0	2
Y70613003	园艺植物育种学	生命科学学院	36	0	2
Y70712002	食品机械与设备	生命科学学院	36	0	2
Y70713002	生物化学	生命科学学院	36	0	2
Y70714001	细胞生物学	生命科学学院	36	0	2
Y70714002	微生物学	生命科学学院	36	0	2
Y70110003	传播与沟通	生命科学学院	36	2	2
Y70211106	食品标准与法规	生命科学学院	36	2	2
Y70211208	全产业链农产品生产安全控制技术	生命科学学院	36	2	2
Y70211232	农产品现代物流技术	生命科学学院	36	2	2
Y70214007	生物反应器工程	生命科学学院	36	2	2
Y70214008	现代海洋生化工程	生命科学学院	36	2	2
Y70214011	高等生物化学	生命科学学院	36	2	2
Y70511207	食品加工新技术研究进展	生命科学学院	36	2	2
Y70511208	食品质量安全检测新技术进展	生命科学学院	36	2	2
Y70110004	自然辩证法概论(在职)	生命科学学院	18	1	1
Y70211410	高等生化反应工程	生命科学学院	36	2	2
Y70211413	高级生物统计学	生命科学学院	36	2	2

续表

课程号	课程名	开课院系	总学时	学分	周学时
Y70212003	高级食品微生物学	生命科学学院	36	2	2
Y70212005	食品研究方法与数据处理	生命科学学院	36	2	2
Y70212008	食品专业英语	生命科学学院	36	2	2
Y70212009	高级生物化学	生命科学学院	36	2	2
Y70213003	现代分子生物学技术	生命科学学院	54	3	3
Y70213008	现代生物化学技术	生命科学学院	54	3	3
Y70213009	高级分子生物学	生命科学学院	54	3	3
Y70213010	海洋生化工程原理	生命科学学院	36	2	2
Y63610015	文献检索	数学与信息科学学院	9	0.5	0.5
Y63610016	Latex 排版系统	数学与信息科学学院	9	0.5	0.5
Y63210001	泛函分析 2	数学与信息科学学院	54	3	3
Y63210002	常微分方程定性理论	数学与信息科学学院	54	2	3
Y63310001	抽象代数 2	数学与信息科学学院	54	3	3
Y63310007	线性系统理论	数学与信息科学学院	54	3	3
Y63520024	自适应控制理论	数学与信息科学学院	54	3	3
Y63530007	矩阵半群论	数学与信息科学学院	54	3	3
Y63530011	有限差分方法	数学与信息科学学院	54	2	3
Y63530012	发展方程的有限元方法	数学与信息科学学院	54	2	3
Y63530014	非线性偏微分方程	数学与信息科学学院	36	2	2
Y63530015	微分方程的控制问题	数学与信息科学学院	36	2	2
Y63530017	反应扩散方程	数学与信息科学学院	36	2	2
Y63530026	随机控制理论	数学与信息科学学院	54	3	3
Y63610004	代数图论	数学与信息科学学院	54	2	3
Y63610009	群论	数学与信息科学学院	54	2	3
Y63610013	随机微分方程理论	数学与信息科学学院	36	2	2
Y15021001	高等流体力学	土木工程学院	36	2	2
Y15021002	现代水质检测技术	土木工程学院	36	2	2
Y15021003	数理统计	土木工程学院	36	2	2
Y15021004	高等运筹学	土木工程学院	36	2	2
Y15021005	管理经济学	土木工程学院	36	2	2
Y15021006	高等传热学	土木工程学院	36	2	2
Y15021007	水质处理理论与技术	土木工程学院	36	2	2
Y15021009	建筑设计(一)	土木工程学院	72	4	4
Y15031001	土木工程学科前沿	土木工程学院	18	1	1
Y15031002	现代预应力混凝土结构	土木工程学院	18	1	1

续表

课程号	课程名	开课院系	总学时	学分	周学时
Y15031003	钢－混凝土组合结构	土木工程学院	18	1	1
Y15031005	道路总体设计方法	土木工程学院	36	2	2
Y15031006	水资源综合利用理论与技术	土木工程学院	36	2	2
Y15031008	建设项目风险管理	土木工程学院	27	1.5	1.5
Y15031009	工程造价分析	土木工程学院	27	1.5	1.5
Y59021002	数值分析	土木工程学院	54	3	3
Y59031003	结构动力学	土木工程学院	36	2	2
Y59041001	Matlab 程序设计及应用	土木工程学院	36	2	2
Y59051023	环境岩土工程学	土木工程学院	36	2	2
Y59051031	实践环节	土木工程学院	18	1	1
Y59151009	实践环节	土木工程学院	36	2	2
Y59021001	弹塑性力学	土木工程学院	54	3	3
Y54021001	翻译学基础	外国语学院	54	3	3
Y54021002	语言与修辞	外国语学院	54	3	3
Y54131201	理论语言学讲座	外国语学院	36	2	2
Y54131202	二语习得	外国语学院	36	2	2
Y54131301	韩国现代文学	外国语学院	36	2	2
Y54131302	韩国文化研究	外国语学院	36	2	2
Y54131303	韩国语语言学研究	外国语学院	36	2	2
Y54151101	英国浪漫主义诗歌	外国语学院	36	2	2
Y54151102	英美现代主义文学	外国语学院	36	2	2
Y54151103	文学研究方法	外国语学院	36	2	2
Y54151104	20 世纪英国小说	外国语学院	36	2	2
Y54151203	对比语言学	外国语学院	36	2	2
Y54151209	跨文化交际理论与实践	外国语学院	36	2	2
Y54151210	文体学	外国语学院	36	2	2
Y54151302	韩国现代诗歌研究	外国语学院	36	2	2
Y54151304	中韩比较文学	外国语学院	36	2	2
Y54151306	现代文化批评方法	外国语学院	36	2	2
Y54151307	传媒与文化	外国语学院	36	2	2
Y54221103	英语口译理论与实践	外国语学院	36	2	2

续表

课程号	课程名	开课院系	总学时	学分	周学时
Y54221104	翻译概论	外国语学院	36	2	2
Y54221305	基础笔译	外国语学院	36	2	2
Y54231104	计算机辅助翻译	外国语学院	36	2	2
Y54231105	经贸翻译	外国语学院	36	2	2
Y54231308	文学文本翻译	外国语学院	36	2	2
Y54231309	文化产业术语翻译	外国语学院	36	2	2
Y54231310	文化遗产外宣翻译	外国语学院	36	2	2
Y54251130	专利翻译	外国语学院	36	2	2
Y54251324	影视术语翻译	外国语学院	36	2	2
Y54251327	计算机辅助翻译	外国语学院	36	2	2
Y54251328	新闻翻译实务	外国语学院	36	2	2
Y00122001	基础英语(专硕)	外国语学院	72	2	4
Y00121001	基础英语(学硕)	外国语学院	72	4	4
Y54120001	第二外国语(日语)	外国语学院	144	4	8
Y54120002	第二外国语(法语)	外国语学院	144	4	8
Y54220001	翻硕二外(日)	外国语学院	36	2	2
Y54220002	翻硕二外(法)	外国语学院	36	2	2
Y62021008	药学综合知识	药学院	72	4	4
Y62031003	药物分析选论	药学院	54	3	3
Y62031002	分子药理学	药学院	54	3	3
Y62031005	生物技术药物	药学院	54	3	3
Y69031008	临床药学	药学院	54	3	3
B62011001	第一外国语	药学院	72	4	4
B62011002	马克思主义与当代	药学院	36	2	2
B62021001	现代药剂学研究进展	药学院	54	3	3
B62031001	新型释药系统专论	药学院	54	3	3
B62041002	生物药剂学与药物动力学	药学院	36	2	2
B62051004	研发中心实验室(制剂、分析、药理、毒理)实践	药学院	72	4	4
B62051005	知识产权部实践	药学院	18	1	1
B62051006	注册部实践	药学院	18	1	1
Y62021002	高等药物化学	药学院	54	3	3

续表

课程号	课程名	开课院系	总学时	学分	周学时
Y62021004	药物制剂工艺与工程	药学院	36	2	2
Y62021007	专业外语	药学院	18	1	1
Y62031001	有机化合物光谱解析	药学院	54	3	3
Y62031004	药剂学选论	药学院	54	3	3
Y62031012	药品知识产权	药学院	36	2	2
Y62031013	药品生产质量管理工程	药学院	36	2	2
Y62031014	现代仪器分析与应用	药学院	36	2	2
Y62041002	组织病理学基础	药学院	36	2	2
Y62041003	体内药物分析	药学院	36	2	2
Y62041004	医学统计学	药学院	36	2	2
Y62041005	药品知识产权	药学院	36	2	2
Y62041018	药品生产质量管理工程	药学院	36	2	2
Y62041022	信息检索与知识产权	药学院	18	1	1
Y62042007	免疫学	药学院	36	2	2
Y62042010	药物治疗学	药学院	36	2	2
Y62042012	药代动力学	药学院	36	2	2
Y62042019	有机化合物光谱解析	药学院	54	3	3
Y62042020	药剂学选论	药学院	54	3	3
Y62042021	高等药物化学	药学院	54	3	3
Y62051001	学术训练、学术活动等	药学院	36	2	2
Y62051005	学术训练、学术活动以及专业实践等	药学院	144	8	8
Y62061001	药物化学	药学院	18	0	1
Y62061002	药理学	药学院	18	0	1
Y62061003	药物分析	药学院	18	0	1
Y69031007	天然药物化学选论	药学院	54	3	3
Y69031010	药物制剂工艺与工程	药学院	36	2	2
Y69031011	药事管理学	药学院	54	3	3
Y62011005	学术规范与论文写作	药学院	18	1	1
Y62011006	信息检索与知识产权	药学院	18	1	1

烟台大学2019年就业质量分析报告

目 录

一、毕业生基本情况

(一)毕业生规模

学校2019届毕业生共计6868人,涵盖博士研究生、硕士研究生、本科、专科4个学历层次,涉及106个专业,分布于20个院(系),来自山东、贵州、云南等全国30个省(直辖市、自治区)。

(二)毕业生结构

1.学历结构

2019届毕业生按学历层次统计,研究生526人(博士1人,硕士525人),占7.65%;本科6161人,占89.71%;专科181人,占2.64%。

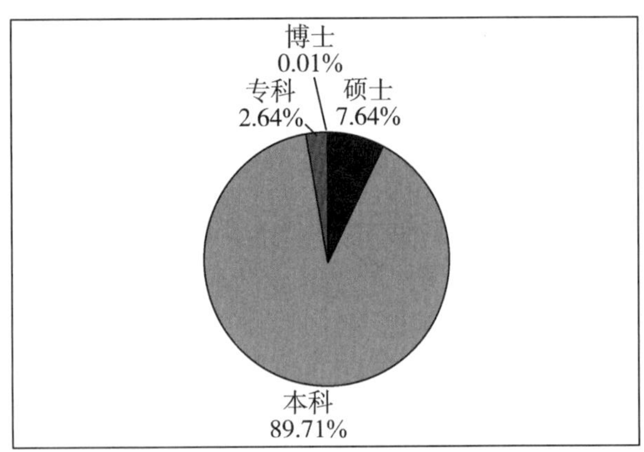

图 1　毕业生学历结构图

2. 学科门类分布

研究生涵盖法学、工学、农学、医学等 10 个学科门类，法学、工学生源人数较多，生源比例均超过 20%。各学科门类分布情况如下表所示：

表 1　研究生毕业生人数分学科门类统计表

序号	学科门类	生源人数	生源比例(%)
1	法学	127	24.14
2	工学	123	23.38
3	农学	86	16.35
4	医学	62	11.79
5	理学	59	11.22
6	文学	38	7.23
7	教育学	20	3.80
8	管理学	5	0.95
9	经济学	3	0.57
10	历史学	3	0.57

本科涵盖工学、文学、理学、管理学等 10 个学科门类，其中，工学生源人数较多。各学科门类分布情况如下表所示：

表 2　本科毕业生人数分学科门类统计表

序号	学科门类	生源人数	生源比例(%)
1	工学	3157	51.24
2	文学	675	10.96
3	理学	589	9.56
4	管理学	575	9.33
5	法学	264	4.29
6	经济学	258	4.19
7	艺术学	180	2.92
8	医学	176	2.86
9	农学	158	2.56
10	教育学	129	2.09

专科全部分布于财经商贸大类。

3. 专业分布

博士毕业生分布于药学专业。硕士毕业生分布于 48 个专业，人数最多的 4 个专业分别是药学、法律(非法学)、农村与区域发展、法律(法学)。与全省同专业生源人数相比，中国少数民族史、海洋科学、考古学及博物馆学 3 个专业是全省独有专业。法学专业的生源人数占全省同专业生源人数的 56.60%。

硕士毕业生各专业生源人数与全省对比如下表所示：

表 3　硕士毕业生各专业生源人数与全省对比

序号	专业名称	本校生源人数	占本校生源比%	占全省同专业生源比(%)
1	药学	61	11.62	49.19
2	法律(非法学)	45	8.57	15.36
3	农村与区域发展	42	8.00	28.19
4	法律(法学)	40	7.62	17.09
5	法学	30	5.71	56.60
6	食品加工与安全	26	4.95	30.95
7	汉语国际教育	20	3.81	22.47

续表

序号	专业名称	本校 生源人数	占本校 生源比%	占全省同专业 生源比（%）
8	机械工程	18	3.44	3.02
9	建筑与土木工程	18	3.44	4.60
10	化学	15	2.86	14.85
11	化学工程与技术	13	2.48	6.95
12	中国少数民族史	12	2.30	100.00
13	数学	11	2.10	24.44
14	计算机技术	11	2.10	4.28
15	土木工程	11	2.10	8.15
16	海洋科学	11	2.10	100.00
17	生物学	11	2.10	40.74
18	朝鲜语笔译	10	1.90	35.71
19	新闻与传播	10	1.90	28.57
20	电子与通信工程	8	1.52	4.49
21	园艺	8	1.52	9.76
22	中国语言文学	8	1.52	28.57
23	材料工程	6	1.14	1.86
24	物理学	6	1.14	7.89
25	材料科学与工程	5	0.95	2.36
26	工商管理	5	0.95	0.72
27	海洋生物学	5	0.95	13.51
28	化学工程	5	0.95	1.39
29	机械制造及其自动化	5	0.95	6.33
30	生物工程	5	0.95	2.11
31	生物化工	5	0.95	20.00
32	植物保护	4	0.76	5.56
33	农产品加工及贮藏工程	4	0.76	11.43
34	国民经济学	3	0.57	10.71
35	计算机科学与技术	3	0.57	1.97
36	轻工技术与工程	3	0.57	27.27
37	外国语言学及应用语言学	3	0.57	5.36
38	信号与信息处理	3	0.57	6.52
39	英语语言文学	3	0.57	4.92
40	环境科学	2	0.38	5.00
41	中国史	2	0.38	2.90

续表

序号	专业名称	本校生源人数	占本校生源比%	占全省同专业生源比(%)
42	亚非语言文学	2	0.38	12.50
43	作物	2	0.38	3.92
44	电子科学与技术	1	0.19	6.25
45	结构工程	1	0.19	2.63
46	考古学及博物馆学	1	0.19	100.00
47	日语笔译	1	0.19	11.11
48	英语笔译	1	0.19	0.40

本科毕业生分布于56个专业,人数最多的3个专业分别是国际经济与贸易、汉语言文学、机械设计制造及其自动化。与全省同专业生源人数比较,环境科学与工程、核工程与核技术2个专业是全省独有专业。海洋渔业科学与技术专业的生源人数占全省同专业生源人数的65%以上。本科毕业生各专业生源人数与全省对比如下表所示:

表4　本科毕业生各专业生源人数与全省对比

序号	专业名称	本校生源人数	占本校生源比%	占全省同专业生源比(%)
1	国际经济与贸易	258	4.19	5.55
2	汉语言文学	254	4.12	11.46
3	机械设计制造及其自动化	253	4.11	3.78
4	软件工程	233	3.78	4.94
5	化学工程与工艺	224	3.63	6.41
6	材料科学与工程	206	3.33	14.15
7	会计学	192	3.12	2.24
8	法学	192	3.12	3.32
9	工商管理	178	2.89	6.29
10	药学	176	2.86	10.70
11	环境科学与工程	169	2.74	100.00
12	车辆工程	168	2.73	8.84
13	土木工程	168	2.73	3.00
14	计算机科学与技术	165	2.67	2.06
15	应用化学	154	2.50	8.08
16	通信工程	131	2.13	4.59
17	运动训练	129	2.09	11.98
18	金属材料工程	127	2.06	25.81
19	英语	123	2.00	2.80
20	物联网工程	122	1.98	10.58

续表

序号	专业名称	本校生源人数	占本校生源比%	占全省同专业生源比(%)
21	航海技术	120	1.95	57.42
22	轮机工程	118	1.92	53.64
23	新闻学	93	1.51	9.46
24	统计学	89	1.44	11.54
25	应用物理学	88	1.43	12.27
26	能源与动力工程	85	1.38	5.58
27	测控技术与仪器	84	1.36	7.21
28	数学与应用数学	84	1.36	6.99
29	电子信息科学与技术	83	1.35	4.92
30	工程管理	83	1.35	3.07
31	食品质量与安全	83	1.35	6.46
32	汉语国际教育	83	1.35	13.90
33	高分子材料与工程	80	1.30	5.23
34	给排水科学与工程	80	1.30	14.08
35	海洋渔业科学与技术	80	1.30	69.57
36	自动化	79	1.28	2.64
37	食品科学与工程	78	1.27	5.55
38	市场营销	78	1.27	1.81
39	水产养殖学	78	1.27	23.01
40	生物工程	77	1.25	5.94
41	知识产权	72	1.17	31.44
42	建筑学	71	1.15	6.13
43	核工程与核技术	68	1.10	100.00
44	生物技术	68	1.10	4.55
45	生物科学	66	1.07	6.78
46	朝鲜语	64	1.04	6.68
47	日语	58	0.94	4.57
48	音乐学	47	0.76	8.79
49	制药工程	46	0.75	2.84
50	公共事业管理	44	0.71	2.88
51	环境设计	44	0.71	1.36
52	信息与计算科学	40	0.65	2.39
53	环保设备工程	39	0.63	40.21
54	视觉传达设计	34	0.55	1.04
55	音乐表演	33	0.54	4.04
56	舞蹈编导	22	0.36	17.60

专科毕业生分布于国际商务专业,占全省同专业生源人数的15.03%。

4. 院(系)分布

2019届毕业生分布于20个院(系),人数最多的是经济管理学院,共800人,占11.65%;其次是机电汽车工程学院,共528人;化学化工学院、海洋学院、计算机与控制工程学院人数也都超过490人。各院(系)毕业生分布情况如下表所示:

表5　毕业生人数分院(系)统计表

序号	院(系)名称	生源人数	生源比例(%)
1	经济管理学院	800	11.65
2	机电汽车工程学院	528	7.69
3	化学化工学院	494	7.19
4	海洋学院	492	7.16
5	计算机与控制工程学院	491	7.15
6	光电信息科学技术学院	442	6.43
7	生命科学学院	442	6.43
8	环境与材料工程学院	427	6.22
9	法学院	379	5.52
10	人文学院	368	5.35
11	土木工程学院	361	5.26
12	国际教育交流学院	284	4.14
13	药学院	284	4.14
14	外国语学院	265	3.86
15	数学与信息科学学院	224	3.26
16	核装备与核工程学院	195	2.84
17	建筑学院	149	2.17
18	体育学院	129	1.88
19	音乐舞蹈学院	102	1.49
20	马克思主义学院	12	0.17

5. 性别结构

毕业生按性别统计,男生3262人,占47.50%;女生3606人,占52.50%。男生所占比例低于女生5.00个百分点。毕业生男女比例为90:100。

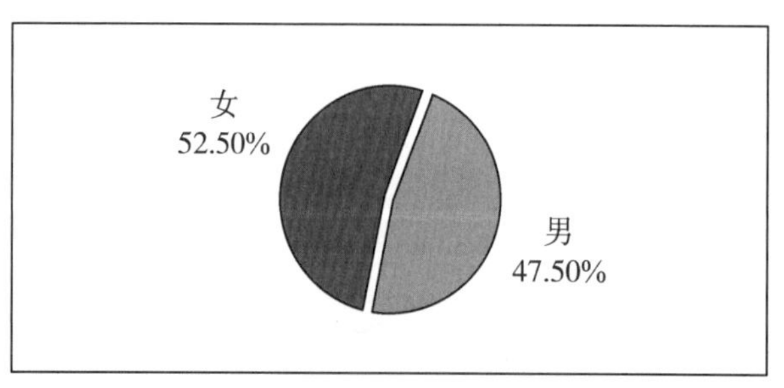

图2　毕业生性别结构图

6. 民族结构

从民族结构情况看,2019 届毕业生以汉族为主,共 6650 人,占 96.83%;少数民族共 215 人,包括回族、壮族、满族等 24 个民族。另有其他(包括中国未识别民族和外国血统中国籍人士)民族 3 人。

表 6　毕业生人数分民族统计表

序号	民族	生源人数	生源比例(%)
1	汉族	6650	96.83
2	回族	42	0.61
3	壮族	24	0.35
4	满族	22	0.32
5	苗族	21	0.31
6	蒙古族	15	0.22
7	彝族	15	0.22
8	白族	11	0.16
9	布依族	11	0.16
10	土家族	9	0.13
11	仡佬族	8	0.12
12	侗族	7	0.10
13	维吾尔族	7	0.10
14	瑶族	4	0.06
15	傣族	3	0.04
16	哈萨克族	3	0.04
17	黎族	3	0.04
18	藏族	2	0.03
19	朝鲜族	2	0.03
20	哈尼族	1	0.01
21	京族	1	0.01
22	拉祜族	1	0.01
23	傈僳族	1	0.01
24	纳西族	1	0.01
25	水族	1	0.01
26	其他	3	0.07

7. 生源地结构

按生源地统计,山东籍毕业生共 5289 人,占毕业生总数的 77.01%,其中潍坊市生源较多;省外毕业生共 1579 人,占毕业生总数的 22.99%。

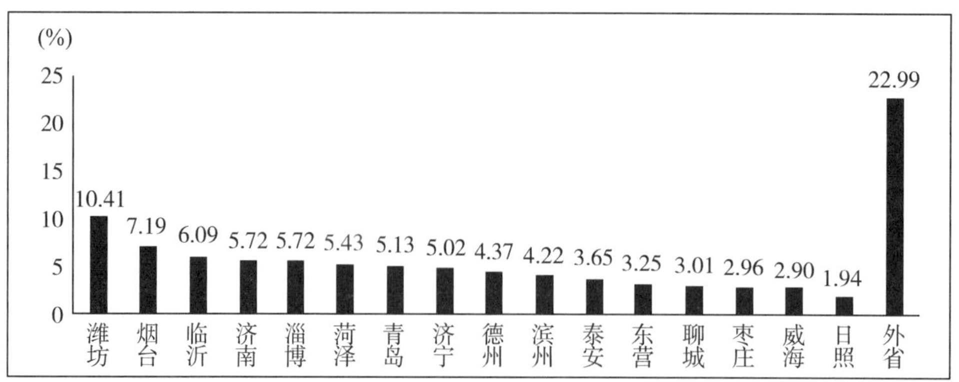

图3 毕业生生源地结构图

省外毕业生来自全国29个省(直辖市、自治区),其中,贵州籍毕业生相对较多。省外毕业生生源地分布如下表所示:

表7 省外毕业生人数分生源地统计表

序号	生源地	生源人数	生源比例(%)
1	贵州省	175	2.55
2	云南省	102	1.49
3	安徽省	101	1.47
4	山西省	99	1.44
5	江西省	94	1.37
6	广西壮族自治区	90	1.31
7	河南省	89	1.30
8	甘肃省	80	1.16
9	陕西省	64	0.93
10	新疆维吾尔自治区	57	0.83
11	河北省	56	0.82
12	湖北省	56	0.82
13	湖南省	56	0.82
14	江苏省	47	0.68
15	辽宁省	46	0.67
16	黑龙江省	46	0.67
17	四川省	43	0.62
18	浙江省	41	0.59
19	海南省	37	0.54
20	吉林省	34	0.50
21	内蒙古自治区	30	0.44
22	福建省	28	0.41
23	宁夏回族自治区	25	0.36

续表

序号	生源地	生源人数	生源比例(%)
24	重庆市	23	0.33
25	青海省	18	0.26
26	广东省	15	0.22
27	北京市	14	0.20
28	天津市	11	0.16
29	上海市	2	0.03

(三)毕业生就业率

截至报告期,2019 届毕业生共实现就业 6664 人,总体就业率为 97.03%。

1. 按学历统计

2019 届毕业生就业率分学历统计,博士就业率为 100%,硕士就业率为 89.14%,本科就业率为 97.87%,专科就业率为 91.16%。

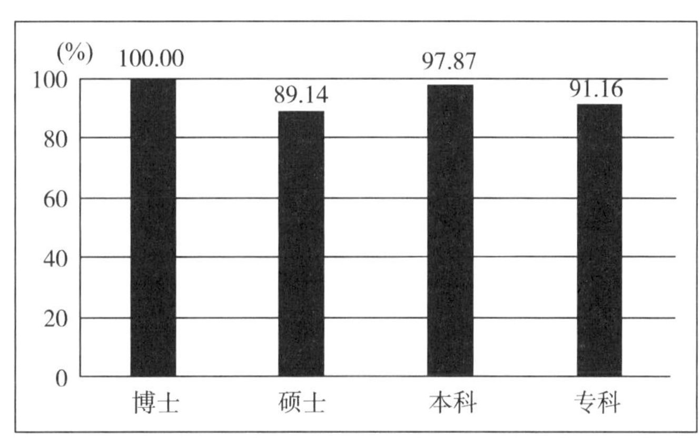

图 4　不同学历毕业生就业率对比图

2. 按学科门类统计

研究生各学科门类中,有 5 个学科就业率超过 90%,其中医学最高,就业率为 100%。各学科门类就业率如下表所示:

表 8　研究生毕业生就业率分学科门类统计表

序号	学科门类	生源人数	就业人数	就业率(%)
1	医学	62	62	100.00
2	工学	123	119	96.75
3	理学	59	56	94.92
4	文学	38	36	94.74
5	教育学	20	18	90.00
6	法学	127	103	81.10
7	管理学	5	4	80.00
8	农学	86	68	79.07
9	历史学	3	2	66.67
10	经济学	3	1	33.33

本科各学科门类就业率均超过95%，其中法学最高，就业率为100%。各学科门类就业率如下表所示：

表9　本科毕业生就业率分学科门类统计表

序号	学科门类	生源人数	就业人数	就业率(%)
1	法学	264	264	100.00
2	艺术学	180	179	99.44
3	教育学	129	128	99.22
4	经济学	258	255	98.84
5	工学	3157	3099	98.16
6	农学	158	155	98.10
7	管理学	575	561	97.57
8	文学	675	655	97.04
9	医学	176	170	96.59
10	理学	589	564	95.76

专科财经商贸大类实现就业165人，就业率为91.16%。

3.按专业统计

博士药学专业就业率为100%。硕士各专业中，有28个专业就业率为100%。

硕士各专业就业率如下表所示：

表10　硕士毕业生就业率分专业统计表

序号	专业名称	生源人数	就业人数	就业率(%)
1	材料工程	6	6	100.00
2	材料科学与工程	5	5	100.00
3	朝鲜语笔译	10	10	100.00
4	电子科学与技术	1	1	100.00
5	电子与通信工程	8	8	100.00
6	亚非语言文学	2	2	100.00
7	药学	61	61	100.00
8	外国语言学及应用语言学	3	3	100.00
9	中国少数民族史	12	12	100.00
10	中国语言文学	8	8	100.00
11	数学	11	11	100.00
12	海洋生物学	5	5	100.00
13	生物化工	5	5	100.00
14	化学	15	15	100.00
15	化学工程	5	5	100.00

续表

序号	专业名称	生源人数	就业人数	就业率(%)
16	化学工程与技术	13	13	100.00
17	环境科学	2	2	100.00
18	机械工程	18	18	100.00
19	机械制造及其自动化	5	5	100.00
20	计算机技术	11	11	100.00
21	计算机科学与技术	3	3	100.00
22	生物工程	5	5	100.00
23	作物	2	2	100.00
24	考古学及博物馆学	1	1	100.00
25	英语笔译	1	1	100.00
26	英语语言文学	3	3	100.00
27	轻工技术与工程	3	3	100.00
28	日语笔译	1	1	100.00
29	建筑与土木工程	18	17	94.44
30	食品加工与安全	26	24	92.31
31	海洋科学	11	10	90.91
32	土木工程	11	10	90.91
33	生物学	11	10	90.91
34	汉语国际教育	20	18	90.00
35	法学	30	26	86.67
36	物理学	6	5	83.33
37	法律(法学)	40	32	80.00
38	工商管理	5	4	80.00
39	新闻与传播	10	8	80.00
40	园艺	8	6	75.00
41	农产品加工及贮藏工程	4	3	75.00
42	植物保护	4	3	75.00
43	法律(非法学)	45	33	73.33
44	农村与区域发展	42	30	71.43
45	信号与信息处理	3	2	66.67
46	中国史	2	1	50.00
47	国民经济学	3	1	33.33
48	结构工程	1	0	0.00

本科各专业中,有19个专业就业率达100%。本科各专业就业率如下表所示:

表11　本科毕业生就业率分专业统计表

序号	专业名称	生源人数	就业人数	就业率(%)
1	日语	58	58	100.00
2	视觉传达设计	34	34	100.00
3	朝鲜语	64	64	100.00
4	音乐表演	33	33	100.00
5	英语	123	123	100.00
6	法学	192	192	100.00
7	高分子材料与工程	80	80	100.00
8	能源与动力工程	85	85	100.00
9	自动化	79	79	100.00
10	计算机科学与技术	165	165	100.00
11	公共事业管理	44	44	100.00
12	软件工程	233	233	100.00
13	海洋渔业科学与技术	80	80	100.00
14	音乐学	47	47	100.00
15	机械设计制造及其自动化	253	253	100.00
16	舞蹈编导	22	22	100.00
17	知识产权	72	72	100.00
18	化学工程与工艺	224	224	100.00
19	环保设备工程	39	39	100.00
20	会计学	192	191	99.48
21	环境科学与工程	169	168	99.41
22	应用化学	154	153	99.35
23	运动训练	129	128	99.22
24	工商管理	178	176	98.88
25	国际经济与贸易	258	255	98.84
26	测控技术与仪器	84	83	98.81
27	建筑学	71	70	98.59
28	生物科学	66	65	98.48
29	材料科学与工程	206	202	98.06
30	环境设计	44	43	97.73
31	土木工程	168	164	97.62
32	物联网工程	122	119	97.54
33	给排水科学与工程	80	78	97.50

续表

序号	专业名称	生源人数	就业人数	就业率(%)
34	航海技术	120	117	97.50
35	轮机工程	118	115	97.46
36	市场营销	78	76	97.44
37	生物工程	77	75	97.40
38	车辆工程	168	163	97.02
39	金属材料工程	127	123	96.85
40	药学	176	170	96.59
41	食品科学与工程	78	75	96.15
42	水产养殖学	78	75	96.15
43	新闻学	93	89	95.70
44	核工程与核技术	68	65	95.59
45	统计学	89	85	95.51
46	通信工程	131	125	95.42
47	汉语言文学	254	242	95.28
48	数学与应用数学	84	80	95.24
49	汉语国际教育	83	79	95.18
50	食品质量与安全	83	79	95.18
51	信息与计算科学	40	38	95.00
52	电子信息科学与技术	83	78	93.98
53	应用物理学	88	81	92.05
54	制药工程	46	42	91.30
55	生物技术	68	62	91.18
56	工程管理	83	74	89.16

专科国际商务专业实现就业 165 人,就业率为 91.16%。

4. 按院(系)统计

毕业生就业率分院(系)统计,所有院(系)的就业率都超过 92%,其中,马克思主义学院、外国语学院、音乐舞蹈学院、计算机与控制工程学院就业率最高,达 100%。各院(系)就业率如下表所示:

表 12 毕业生就业率分院(系)统计表

序号	院(系)名称	生源人数	就业人数	就业率(%)
1	马克思主义学院	12	12	100.00
2	外国语学院	265	265	100.00
3	音乐舞蹈学院	102	102	100.00
4	计算机与控制工程学院	491	491	100.00
5	化学化工学院	494	493	99.80

续表

序号	院(系)名称	生源人数	就业人数	就业率(%)
6	体育学院	129	128	99.22
7	机电汽车工程学院	528	522	98.86
8	环境与材料工程学院	427	422	98.83
9	建筑学院	149	147	98.66
10	海洋学院	492	482	97.97
11	经济管理学院	800	777	97.12
12	药学院	284	274	96.48
13	核装备与核工程学院	195	188	96.41
14	数学与信息科学学院	224	214	95.54
15	土木工程学院	361	343	95.01
16	人文学院	368	349	94.84
17	光电信息科学技术学院	442	419	94.80
18	生命科学学院	442	419	94.80
19	法学院	379	355	93.67
20	国际教育交流学院	284	262	92.25

5. 按性别统计

毕业生就业率分性别统计，男生就业率为 97.73%，女生就业率为 96.39%。男生就业率高于女生就业率 1.34 个百分点。

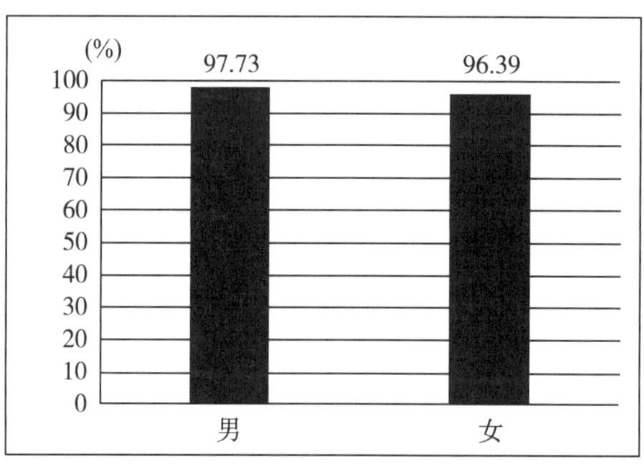

图 5　不同性别毕业生就业率对比图

(四)毕业生就业方式

2019 届毕业生就业方式包括升学、出国(境)、应征入伍、协议就业、劳动合同就业、自主创业、科研助理、基层项目就业、个体经营和其他录用形式就业多种方式。其中，协议就业 2233 人，占 32.51%；升学 1607 人，占 23.40%；劳动合同就业 1173 人，占 17.08%。毕业生就业方式如下表所示：

表 13　毕业生就业方式统计表

序号	就业方式	就业人数	就业率(%)
1	升学	1607	23.40
2	出国(境)	219	3.19
3	应征入伍	21	0.31
4	协议就业	2233	32.51
5	劳动合同就业	1173	17.08
6	自主创业	44	0.64
7	科研助理	5	0.07
8	基层项目就业	35	0.51
9	个体经营	76	1.11
10	其他录用形式就业	1251	18.21

不同学历毕业生就业方式对比如下表所示：

表 14　不同学历毕业生就业方式对比

就业方式	就业人数(人)				就业率(%)			
	博士	硕士	本科	专科	博士	硕士	本科	专科
升学	0	39	1533	35	0.00	7.43	24.88	19.34
出国(境)	0	11	122	86	0.00	2.10	1.98	47.51
应征入伍	0	0	18	3	0.00	0.00	0.29	1.66
协议就业	1	222	2007	3	100.00	42.29	32.58	1.66
劳动合同就业	0	127	1026	20	0.00	24.19	16.65	11.05
自主创业	0	1	42	1	0.00	0.19	0.68	0.55
科研助理	0	1	4	0	0.00	0.19	0.06	0.00
基层项目就业	0	2	33	0	0.00	0.38	0.54	0.00
个体经营	0	6	67	3	0.00	1.14	1.09	1.66
其他录用形式就业	0	59	1178	14	0.00	11.23	19.12	7.73

(五)毕业生升学、出国(境)、应征入伍情况

1. 升学情况

2019 届毕业生升学 1607 人,升学率为 23.40%。其中,硕士升学 39 人,升学率为 7.43%;本科升学 1533 人,升学率为 24.88%;专科升学 35 人,升学率为 19.34%。

从升学学校类型看,毕业生升入“双一流大学”903 人,占 56.19%,其中,一流大学建设高校 343 人,一流学科建设高校 560 人。从就读专业与升学专业看,跨专业升学 291 人,占 18.11%。

毕业生升学进入境内 304 所高校(含研究生培养单位)继续深造,主要去往烟台大学(211 人)、中国海洋大学(56 人)。

表 15　毕业生升学去往的升学单位 TOP10

序号	升学单位名称	升学人数	所占比例(%)
1	烟台大学	211	13.13
2	中国海洋大学	56	3.48
3	中国石油大学(华东)	47	2.92
4	北京科技大学	41	2.55
5	山东大学	34	2.12
6	北京工业大学	33	2.05
7	大连理工大学	31	1.93
8	东北大学	27	1.68
9	青岛大学	24	1.49
10	大连海事大学	21	1.31

2. 出国(境)情况

2019 届毕业生出国(境)219 人,出国(境)率为 3.19%。其中,硕士 11 人,本科 122 人,专科 86 人。

从出国(境)目的看,出国(境)留学 212 人,占 96.80%;出国(境)工作 7 人,占 3.20%。毕业生出国(境)去往全球 21 个国家(地区),主要去往英国(80 人)、韩国(64 人)。

表 16　出国(境)毕业生去往的国家(地区)TOP5

序号	国家(地区)	出国(境)人数	所占比例(%)
1	英国	80	36.53
2	韩国	64	29.22
3	澳大利亚	20	9.13
4	日本	16	7.31
5	美国	10	4.57

3. 应征入伍情况

学校 2019 届毕业生应征入伍 21 人,应征入伍率为 0.31%。其中,本科 18 人,专科 3 人。

(六)毕业生就业流向

说明:本部分已就业总人数,不包括升学、出国(境)和应征入伍人数。

已就业总人数 = 总体就业人数 - 升学人数 - 出国(境)人数 - 应征入伍人数

1. 留鲁就业情况

根据 2019 届毕业生的就业地区统计,山东省内就业 3767 人,占已就业总人数的 78.20%。其中,烟台接收人数最多,占 37.95%。出省就业共 1050 人,占 21.80%。毕业生就业地区流向如下图所示:

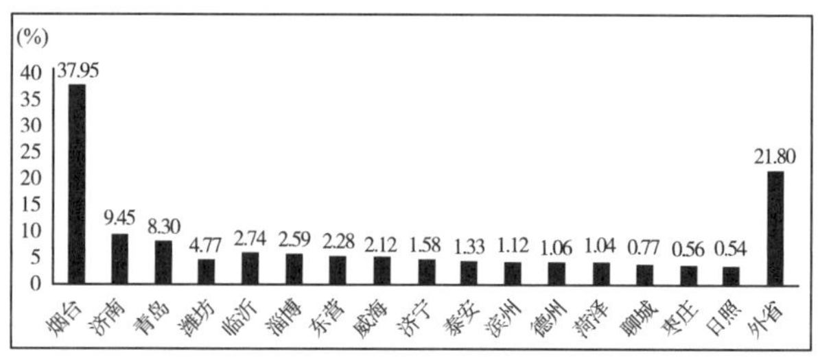

图 6　毕业生就业地区流向图

2. 中西部就业情况

学校主动对接国家经济社会发展的人才需要,鼓励毕业生到中西部地区和艰苦边远地区就业。截至报告期,共有 232 名 2019 届毕业生到西部地区就业,占已就业总人数的 4.82%,主要去向四川(51 人),贵州(35 人),新疆(33 人)。中部地区就业 114 人,占 2.37%,主要去向湖北(32 人),河南(26 人)。

表 17　毕业生就业地区分经济区域统计表

序号	经济区域	省(直辖市、自治区)	就业人数	所占比例(%)
1	东部地区	山东省	3767	78.20
2		北京市	263	5.46
3		广东省	99	2.06
4		上海市	98	2.03
5		江苏省	93	1.93
6		浙江省	44	0.91
7		天津市	31	0.64
8		河北省	23	0.48
9		海南省	17	0.35
10		福建省	13	0.27
11	中部地区	湖北省	32	0.66
12		河南省	26	0.54
13	中部地区	山西省	15	0.32
14		湖南省	14	0.29
15		江西省	14	0.29
16		安徽省	13	0.27
17	西部地区	四川省	51	1.06
18		贵州省	35	0.73
19		新疆维吾尔自治区	33	0.69
20		云南省	26	0.54
21		陕西省	26	0.54
22		广西壮族自治区	19	0.39
23		甘肃省	12	0.25
24		重庆市	11	0.23
25		西藏自治区	7	0.15
26		宁夏回族自治区	5	0.10
27		青海省	4	0.08
28		内蒙古自治区	3	0.06
29	东北地区	辽宁省	13	0.27
30		吉林省	5	0.10
31		黑龙江省	5	0.10

3. 就业单位性质流向

2019 届毕业生的就业单位性质流向显示，企业就业人数最多，其中，非国有企业占 63.88%，国有企业占 11.96%；机关占 3.03%，事业单位占 5.44%，其他（包括部队、基层、城镇社区等）占 15.69%。

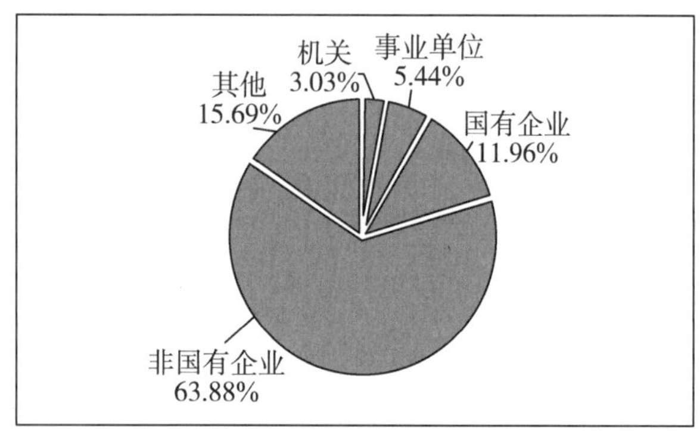

图 7　毕业生就业单位性质流向图

4. 就业行业流向

从 2019 届毕业生的就业行业流向看，制造业（19.89%），租赁和商务服务业（11.46%），信息传输、软件和信息技术服务业（10.53%），教育（10.34%）是毕业生流向最多的 4 个行业。毕业生就业行业流向如下图所示：

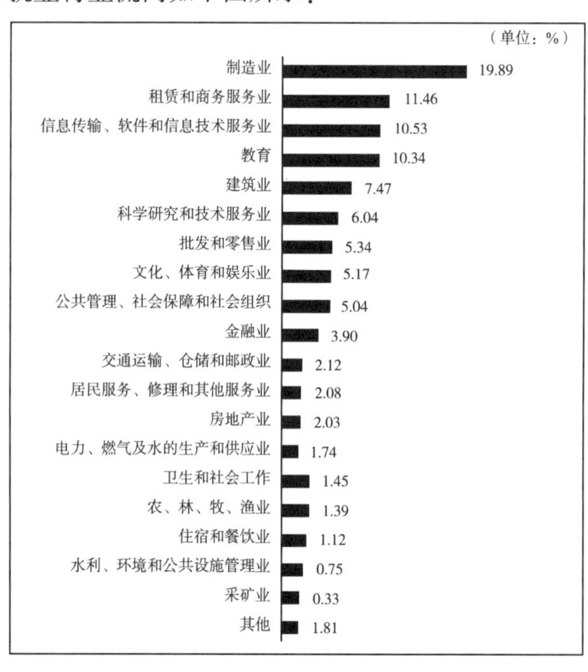

图 8　毕业生就业行业流向图

（注：其他，包括机关事业单位及部分行业划分不明确的单位）

5. 自主创业情况

学校 2019 届毕业生自主创业 44 人，自主创业率为 0.64%。其中，硕士自主创业 1 人，自主创业率为 0.19%；本科自主创业 42 人，自主创业率为 0.68%；专科自主创业 1 人，自主创业率为 0.55%。

从创业行业分布看，主要为批发和零售业，建筑业，信息传输、软件和信息技术服务业，文化、体育和娱乐业。从创业地区分布看，山东省内 41 人，主要去向烟台（19 人）；另有 3 人到省外创业，分别去向江苏、贵州、甘肃。

6. 基层就业情况

学校深入落实中央《关于进一步引导和鼓励高校毕业生到基层工作的意见》，积极引导毕业生到基层就业。

本校共有 35 名 2019 届毕业生到基层就业，基层项目就业率 0.51%，其中，硕士 2 人，本科 33 人。从基层项目类型看，参加国家基层项目 30 人，参加地方基层项目 5 人。从服务地区看，主要去向新疆（22 人）。

（七）毕业生特殊群体就业情况

1. 特困家庭毕业生就业情况

2019 届毕业生中，特困家庭毕业生共 92 人，截至报告期，有 90 人实现就业，特困家庭毕业生就业率为 97.83%。其中，协议就业占 40.22%，升学占 22.83%，劳动合同就业占 20.65%。特困家庭毕业生就业方式如下表所示：

表 18　特困家庭毕业生就业情况

序号	就业方式	就业人数	就业率(%)
1	升学	21	22.83
2	出国(境)	1	1.09
3	协议就业	37	40.22
4	劳动合同就业	19	20.65
5	自主创业	1	1.09
6	个体经营	2	2.17
7	其他录用形式就业	9	9.78

2. 优秀毕业生就业情况

2019 届毕业生中，共评选出 373 名优秀毕业生，截至报告期，有 369 人实现就业，优秀毕业生就业率为 98.93%。其中，升学占 46.92%，协议就业占 23.06%，劳动合同就业占 11.80%。优秀毕业

生就业方式如下表所示：

表19　优秀毕业生就业情况

序号	就业方式	就业人数	就业率(%)
1	升学	175	46.92
2	出国(境)	17	4.56
3	协议就业	86	23.06
4	劳动合同就业	44	11.80
5	科研助理	1	0.27
6	个体经营	3	0.80
7	其他录用形式就业	43	11.52

3.少数民族毕业生就业情况

2019届毕业生中，少数民族毕业生共215人，截至报告期，有206人实现就业，少数民族就业率为95.81%。其中，协议就业占25.12%，劳动合同就业占20.93%，升学占16.74%。少数民族毕业生就业情况如下表所示：

表20　少数民族毕业生就业情况

序号	就业方式	就业人数	就业率(%)
1	升学	36	16.74
2	出国(境)	8	3.72
3	应征入伍	1	0.47
4	协议就业	54	25.12
5	劳动合同就业	45	20.93
6	自主创业	2	0.93
7	基层项目就业	5	2.33
8	个体经营	3	1.40
9	其他录用形式就业	52	24.17

(八)未就业毕业生情况

截至统计日期，本校尚有204名2019届毕业生未就业。对未就业毕业生的当前状态进行统计，有就业意愿尚未就业毕业生138人(其中，4人正在参加就业见习，4人正在参加职业培训，130人正在求职)，34人自愿暂不就业，另有其他原因不就业毕业生32人。

表21　未就业毕业生情况

序号	未就业状态	人数	所占比例(%)
1	就业见习	4	1.96
2	职业培训	4	1.96
3	正在求职	130	63.73
4	自愿暂不就业	34	16.67
5	其他原因不就业	32	15.68

二、就业相关分析

(一)毕业生就业情况跟踪调查

毕业生对就业的满意度、人岗匹配度、职业发展满意度、薪资待遇和工作稳定度是反映毕业生就业质量的重要指标。对本校2019届毕业生进行就业情况跟踪调查，收回有效问卷2205份，占毕业生总数的32.11%。其中，研究生问卷138份，本科生问卷2000份，专科生问卷67份。参与调查毕业生中，男生974人，占调查总数的44.17%；女生1231人，占调查总数的55.83%。调查数据显示，毕业生对当前工作的总体满意度、人岗匹配度、职业发展满意度和工作稳定度都比较高。

1.就业满意度

对毕业生当前就业情况的满意度进行调查，68.19%的毕业生认为"很满意"，22.63%认为"满意"，9.03%认为"一般"，0.15%表示"不满意"。

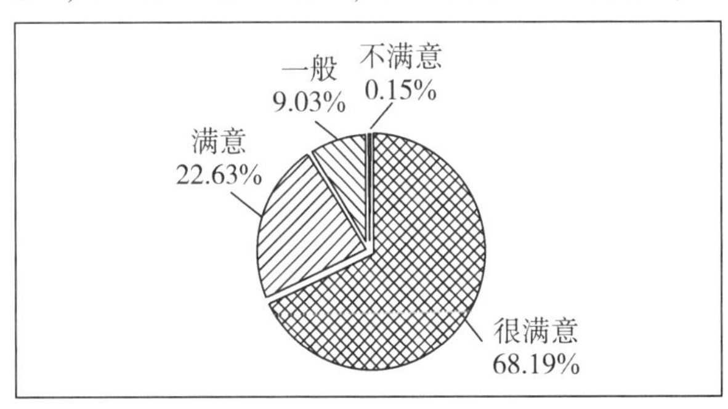

图9　毕业生对当前就业情况的满意度

根据不同学历毕业生对当前就业情况的满意度分析，研究生总体满意度较高。

表22　不同学历毕业生对当前就业情况的满意度

学历	很满意	满意	一般	不满意
专科生	56.52%	34.78%	8.70%	0.00%
本科生	68.46%	22.22%	8.99%	0.33%
研究生	67.54%	24.56%	7.02%	0.88%

对毕业生当前就业情况不满意的原因进行调查，结果显示，个人发展空间小是毕业生选择最多的原因，比例达60.00%。毕业生对当前工作不满意的原因如下图所示：

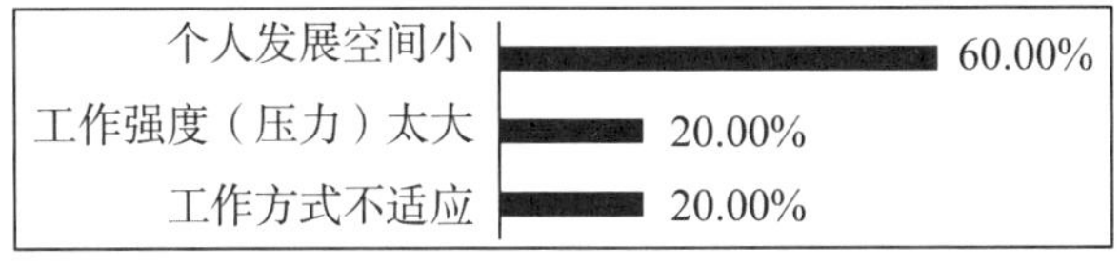

图10　毕业生对当前就业情况不满意的原因

2. 人岗匹配度

(1)毕业生当前工作的专业对口情况

调查数据显示,毕业生当前工作的专业相关率较高。其中,“很相关”占 53.53%,“相关”占 29.78%,“一般”占 9.63%,“不相关”占 7.06%。

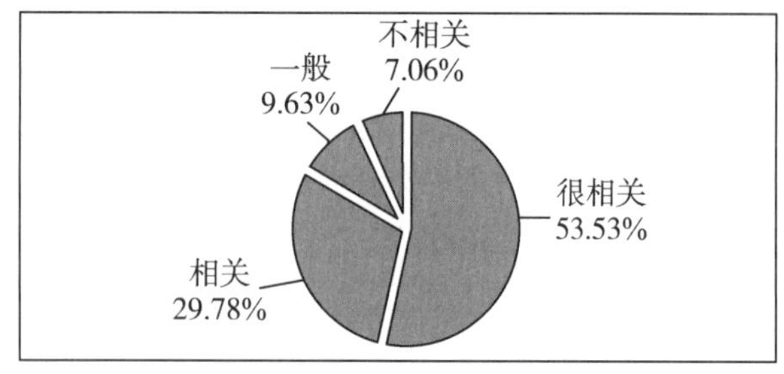

图 11　毕业生当前工作的专业对口情况

从不同学历毕业生当前工作的专业对口情况看,研究生不相关比例略高。

表 23　不同学历毕业生当前工作的专业对口情况

学历	很相关	相关	一般	不相关
专科生	39.13%	30.43%	21.74%	8.70%
本科生	55.07%	28.76%	9.88%	6.29%
研究生	39.82%	40.71%	4.43%	15.04%

对毕业生选择专业与工作不相关的原因进行调查,结果显示,“专业相关岗位机会少”和“个人兴趣”是毕业生选择最多的两个原因,比例分别为 19.79% 和 14.58%。毕业生选择专业与工作不相关的原因如下图所示:

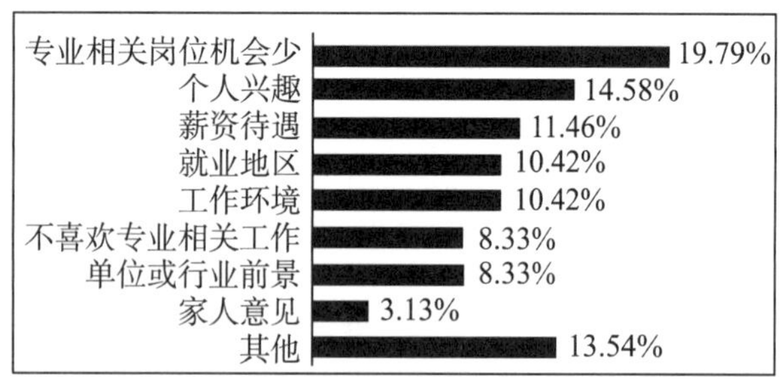

图 12　毕业生选择专业与工作不相关的原因

(2)毕业生当前工作与职业期待的吻合情况

对毕业生当前工作与职业期待的吻合情况进行调查,结果显示,“很吻合”占 54.81%,“基本吻合”占 39.24%,“不吻合”占 5.95%。

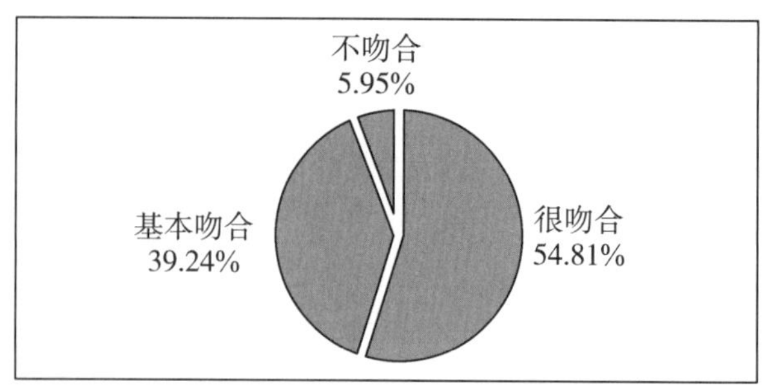

图 13　毕业生当前工作与职业期待的吻合度

3. 职业发展满意度

(1)工作成就感

调查数据显示,毕业生当前工作成就感的满意度较高。其中,68.19% 认为“很满意”,20.65% 认为“满意”;另有 10.64% 认为“一般”,“不满意”比例为 0.52%。

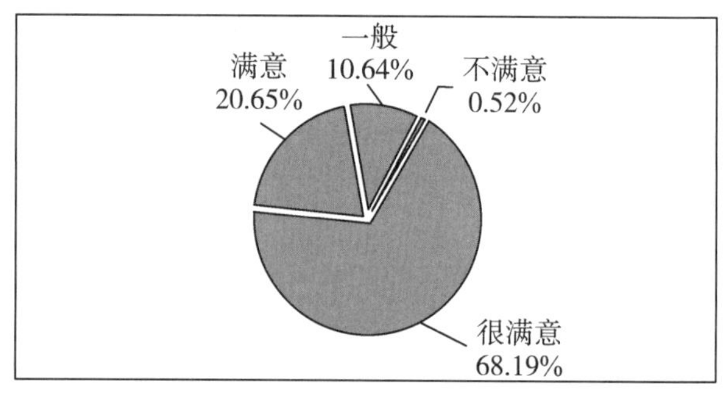

图 14　毕业生当前工作的成就感

(2)职业成长空间满意度

对毕业生当前工作的单位发展前景进行调查,数据显示,毕业生的总体满意度较高,其中,“很满意”占 67.16%,“满意”占 21.97%;另有 10.29% 认为“一般”,0.58% 认为“不满意”。

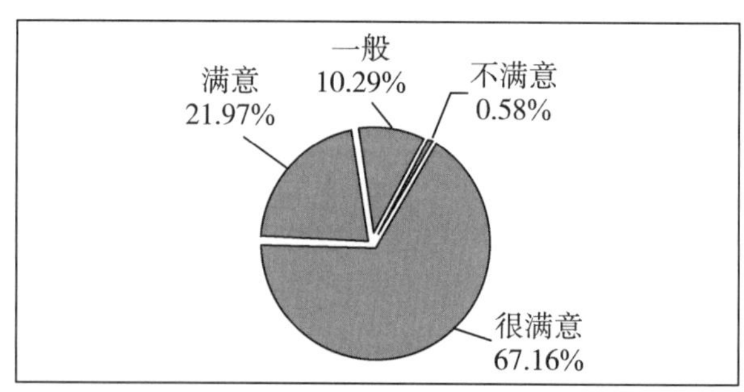

图 15　毕业生当前工作单位发展前景的满意度

对毕业生当前工作的晋升机会进行调查,数据显示,“很满意”占 66.64%;“满意”占 20.06%;“一般”占 12.05%;“不满意”占 1.25%。

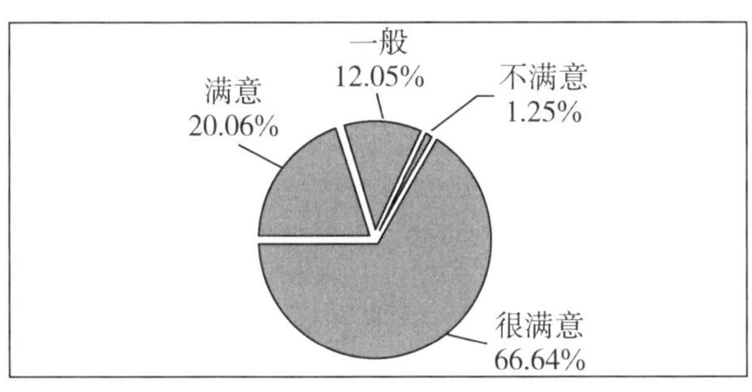

图 16 毕业生当前工作晋升机会的满意度

对毕业生当前工作的学习(培训)机会进行调查,数据显示,"很满意"占 67.89%;"满意"占 22.63%;"一般"占 8.82%;"不满意"占 0.66%。

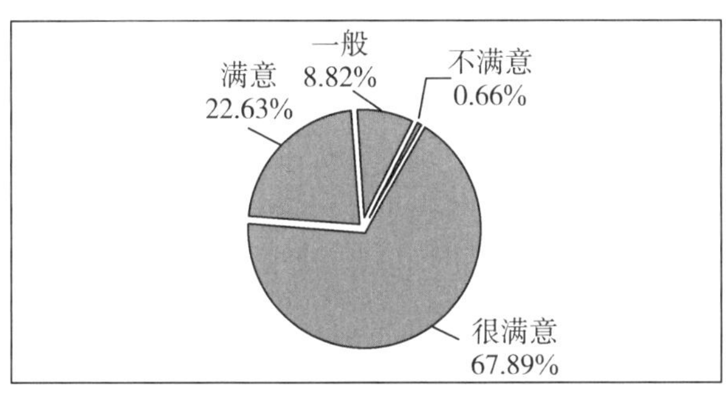

图 17 毕业生当前工作学习(培训)机会的满意度

(3)工作环境满意度

对毕业生当前工作的强度压力进行调查,数据显示,"很满意"占 66.57%;"满意"占 20.87%;"一般"占 11.31%;"不满意"占 1.25%。

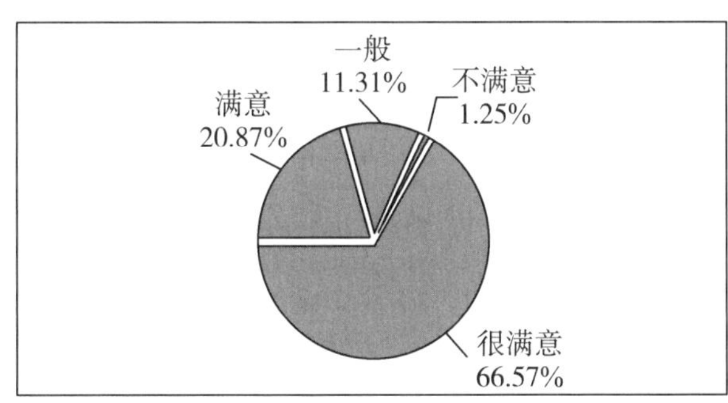

图 18 毕业生当前工作强度压力的满意度

对毕业生当前工作上下级关系的满意度调查数据显示,毕业生的总体满意度较高,其中,"很满意"占 68.26%,"满意"占 21.97%;"一般"占 9.33%,"不满意"占 0.44%。

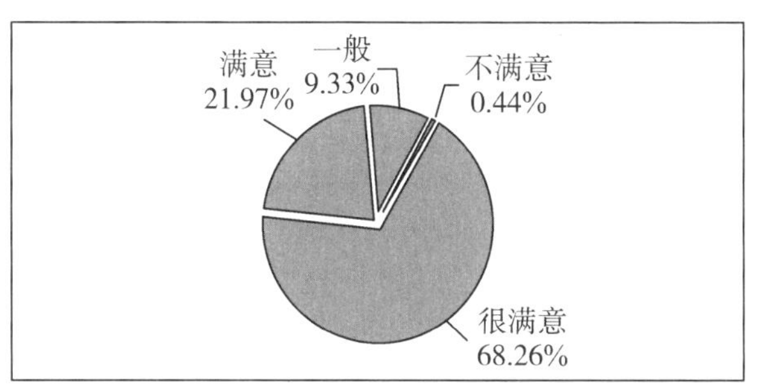

图 19 毕业生当前工作上下级关系的满意度

对毕业生当前工作的职业竞争公平程度进行调查,数据显示,"很满意"占 68.48%;"满意"占 22.56%;"一般"占 8.52%;"不满意"占 0.44%。

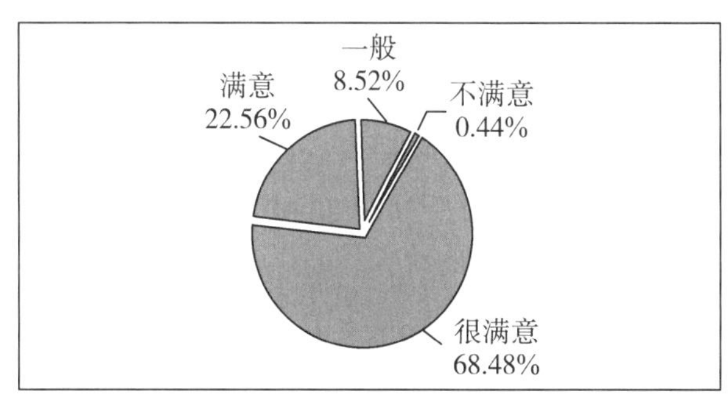

图 20 毕业生当前工作职业竞争公平程度的满意度

4. 薪资待遇情况

(1)毕业生当前工作的月收入情况

调查过程中,共有 1346 名毕业生晒出了当前工作的月收入(包含工资、奖金、提成等),其中最高 16000 元,最低 2000 元,平均月收入为 5214.96 元。从不同学历毕业生的月收入平均值看,专科生为 4308.70 元,本科生为 5153.09 元,研究生为 6061.95 元。

表 24 不同学历毕业生当前工作的月收入情况

学历	专科生	本科生	研究生
平均值(元)	4308.70	5153.09	6061.95

(2)毕业生当前工作的"五险一金"缴纳情况

调查结果显示,79.19% 的毕业生当前工作"五险一金"缴纳齐全,"有五险,无一金"占 16.32%,"五险不全"占 3.53%,"完全没有"占 0.96%。

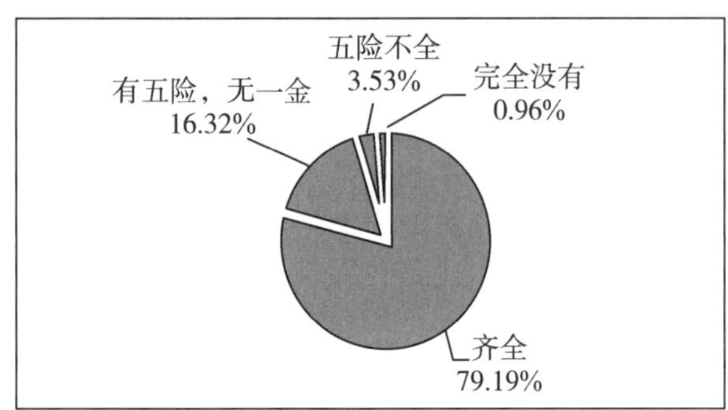

图 21　毕业生当前工作的"五险一金"缴纳情况

(3)劳动与薪酬匹配度

毕业生当前工作劳动与薪酬匹配度的调查数据显示，毕业生的总体满意度较高，其中，"很满意"占 72.37%，"满意"占 18.59%；另有 7.93% 认为"一般"，1.11% 表示"不满意"。

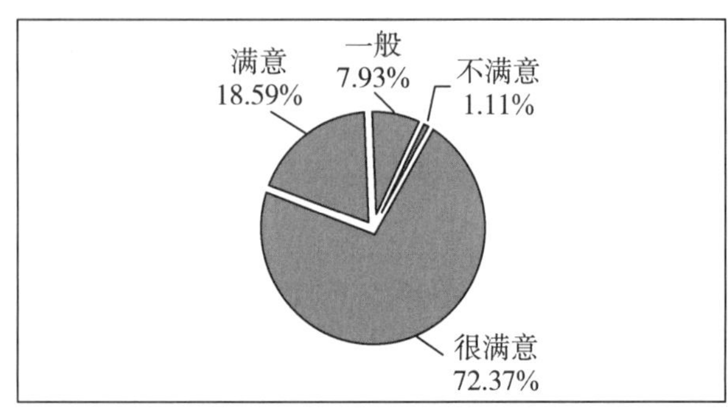

图 22　毕业生当前工作劳动与薪酬匹配度的满意度

5. 工作稳定度

(1)毕业生工作变动情况

对毕业生的工作变动情况进行调查，结果显示，76.94% 的毕业生一直未调换工作，就业稳定性较高；17.85% 的毕业生换过 1 次工作；3.67% 的毕业生换过 2 次工作；1.25% 的毕业生换过 3 次工作；另有 0.29% 的毕业生换过 3 次以上的工作。

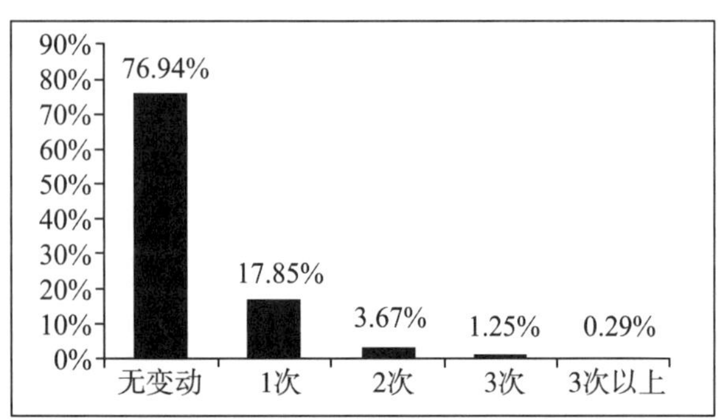

图 23　毕业生工作变动情况

从不同学历毕业生的工作变化情况看，研究生工作无变动比例略高。

表 25　不同学历毕业生的工作变动情况

学历	无变动	1 次	2 次	3 次	超过 3 次
专科生	73.91%	21.74%	4.35%	0.00%	0.00%
本科生	76.14%	18.30%	3.84%	1.39%	0.33%
研究生	85.97%	12.28%	1.75%	0.00%	0.00%

(2)毕业生获取单位录用机会的次数

对毕业生获取单位录用机会的次数调查数据显示，"1 次"最多，占 66.13%；其次是"2 - 3 次"，占 26.08%；另外，"3 - 5 次"占 5.95%，"5 次以上"占 1.84%。

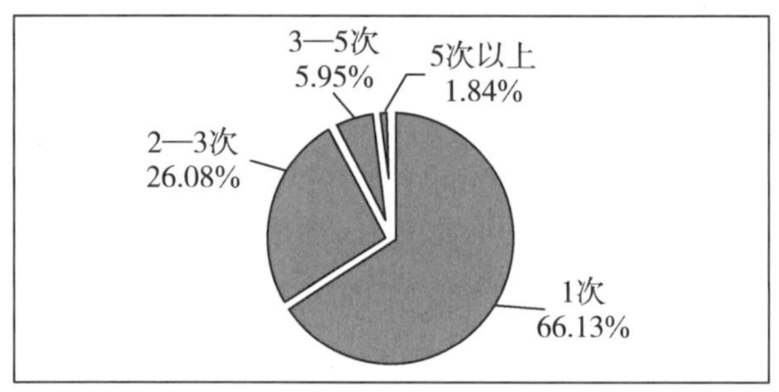

图 24　毕业生获取单位录用机会

6. 未就业毕业生情况分析

(1)未就业毕业生的目前打算

对未就业毕业生目前的打算进行调查，结果显示，"尽早落实就业单位"选择比例最高，达 27.07%；"准备公务员、事业单位等考试"、"准备升学考试"，选择比例都超过 15%。调查结果如下图所示：

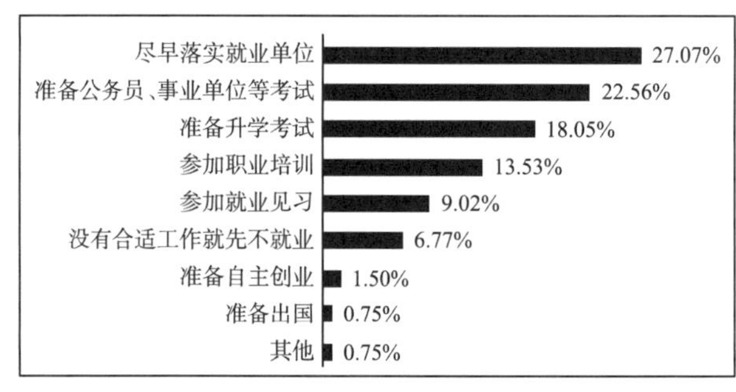

图 25　未就业毕业生的目前打算

(2)毕业生在未就业期间的经济来源

对毕业生在未就业期间的经济来源进行调查，结果显示，"父母支持"是首要经济来源，比例达

45.86%;其次是"兼职",比例为31.58%。调查结果如下图所示:

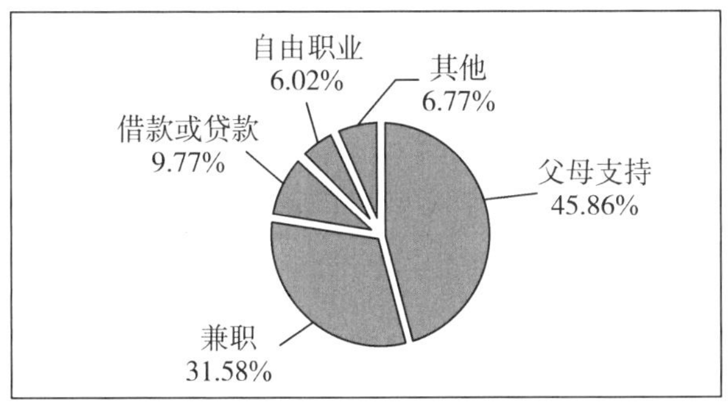

图26 毕业生在未就业期间的经济来源

(3)毕业生暂不就业的原因

对毕业生暂不就业的原因进行调查,"感到自己能力素质不够强,先'充电'"选择比例最高,达43.69%;其次是"对就业没有迫切性",比例为10.68%。调查结果如下图所示:

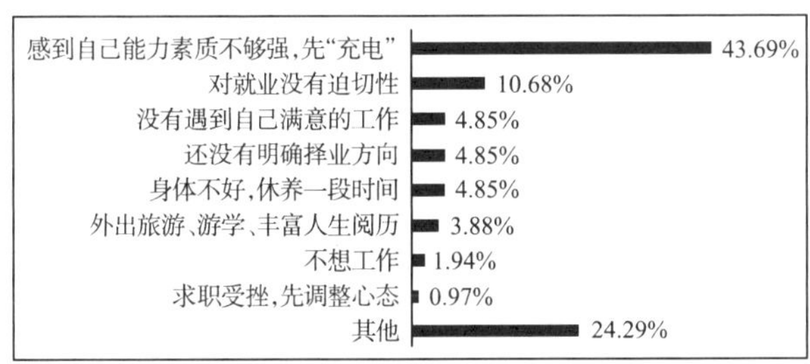

图27 毕业生暂不就业的原因

(4)暂不就业毕业生的父母态度

对暂不就业毕业生的父母态度进行调查,结果显示,"支持"占77.67%,"反对"占1.94%,"不支持不反对"占20.39%。

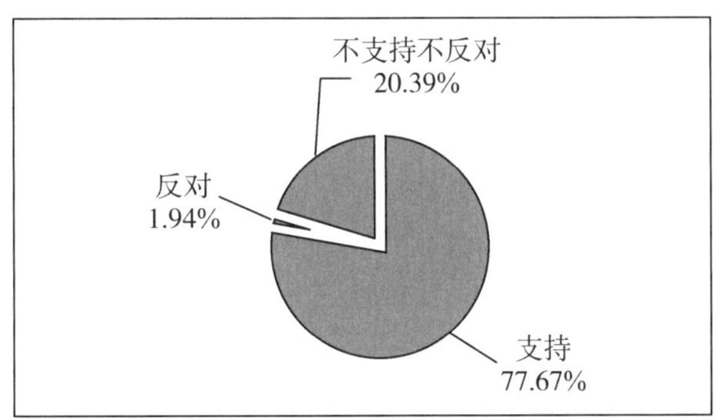

图28 暂不就业毕业生的父母态度

(5)暂不就业毕业生计划就业的时间

对暂不就业毕业生计划就业的时间进行调查,结果显示,"两年后"选择人数最多,比例达34.62%;其次是"半年内",占30.77%;另外,"一年内"占25.96%,"两年内"占8.65%。

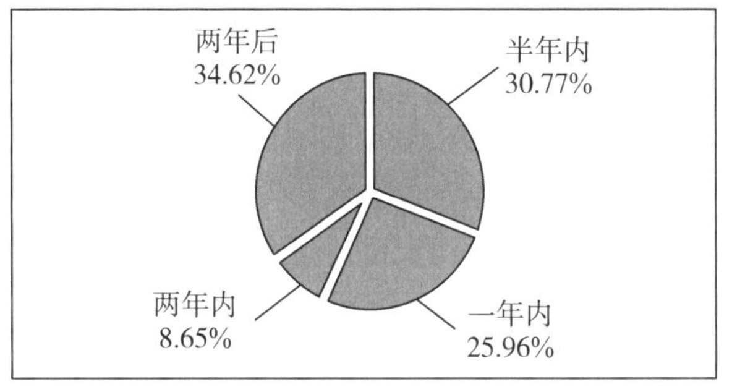

图29 暂不就业毕业生计划就业的时间

(二)用人单位满意度调查

用人单位对毕业生综合能力和工作胜任度的满意度情况,是衡量学校人才培养质量的重要标准,对学校改进人才培养方式具有积极的推动作用。对近五年签约本校毕业生的用人单位进行跟踪调查,结果显示,用人单位对本校毕业生的工作胜任度、专业水平、政治素养、职业发展潜力的满意度都较高。

1. 对毕业生工作胜任度的评价

调查数据显示,用人单位对本校毕业生工作胜任度的总体评价较高。其中,10.89%的用人单位评价"非常强",60.40%评价"较强",27.72%评价"一般",另有0.99%评价"较差"。

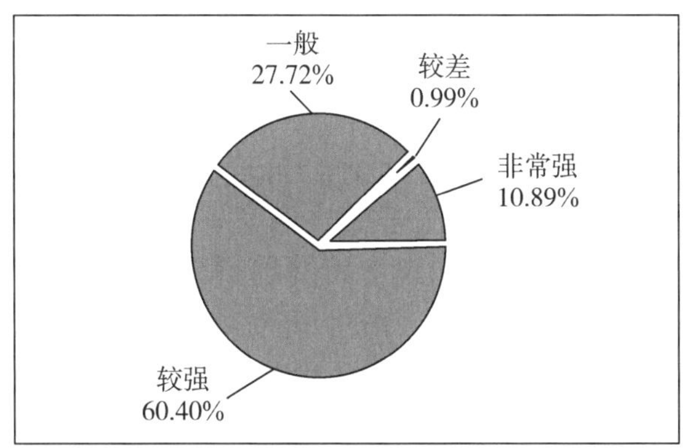

图30 用人单位对本校毕业生工作胜任度的总体评价

2. 毕业生在用人单位主要就职岗位情况

本校毕业生在用人单位主要就职岗位的调查数据显示,"基层工作人员"最多,占39.60%;其次是"技术骨干",占34.65%;另外,"后备干部"占18.81%;"中层管理人员"占3.96%,"其他"占2.98%。

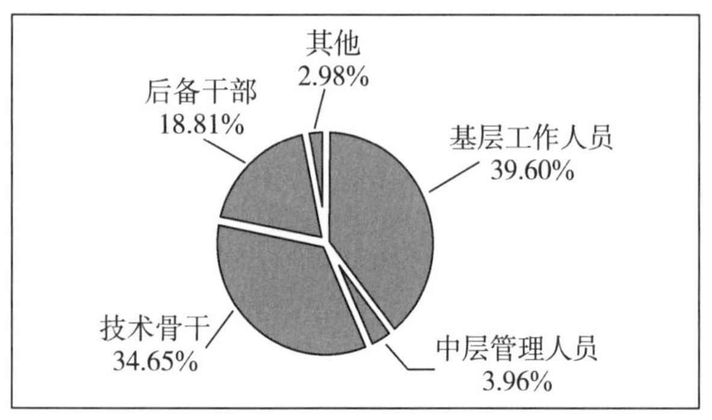

图31 本校毕业生在用人单位主要就职岗位情况

3. 对毕业生综合能力的评价

(1) 专业水平

用人单位对本校毕业生专业水平的评价结果显示,"很满意"占19.80%,"满意"占59.41%,"一般"占20.79%,"不满意"比例为0。

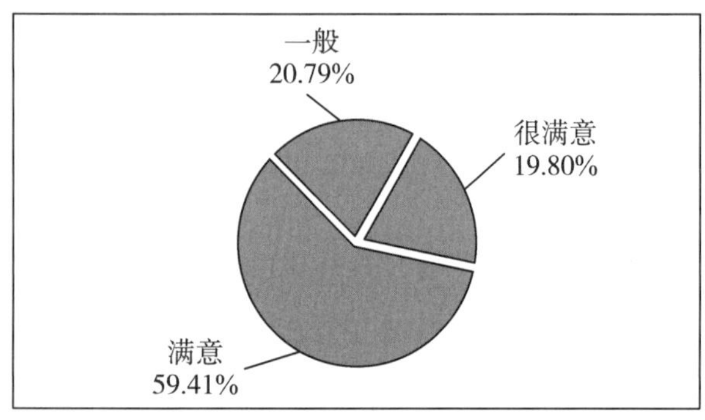

图32 用人单位对本校毕业生专业水平的评价

(2) 工作态度

用人单位对本校毕业生工作态度的评价结果显示,"很满意"占19.80%,"满意"占49.50%,"一般"占25.75%,"不满意"占4.95%。

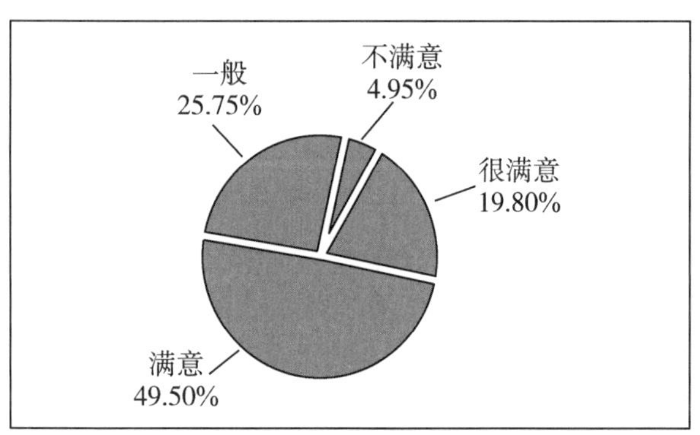

图33 用人单位对本校毕业生工作态度的评价

(3) 政治素养

用人单位对本校毕业生政治素养的评价结果显示,"很满意"占20.79%,"满意"占55.45%,"一般"占20.79%,"不满意"占2.97%。

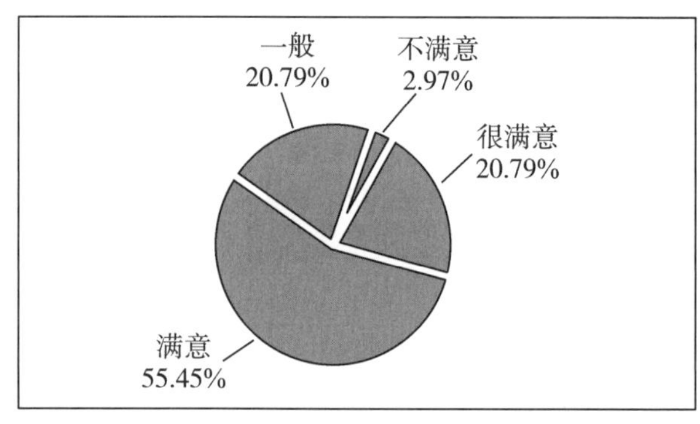

图34 用人单位对本校毕业生政治素养的评价

(4) 职业能力

用人单位对本校毕业生职业能力的评价结果显示,"很满意"占16.83%,"满意"占53.47%,"一般"占28.71%,"不满意"占0.99%。

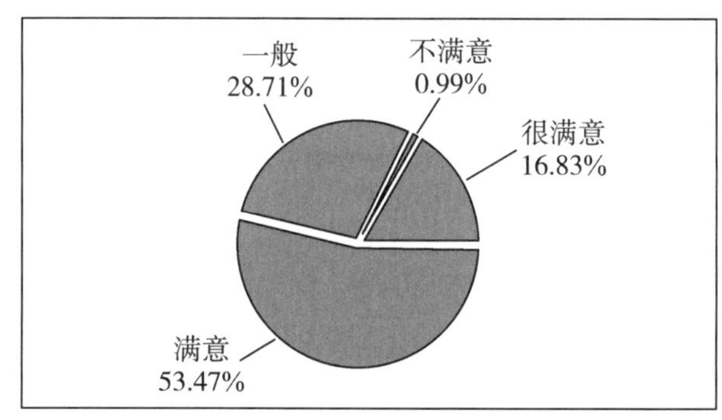

图35 用人单位对本校毕业生职业能力的评价

(5) 职业发展潜力

用人单位对本校毕业生职业发展潜力的评价结果显示,"很满意"占23.76%,"满意"占58.42%,"一般"占17.82%,"不满意"比例为0。

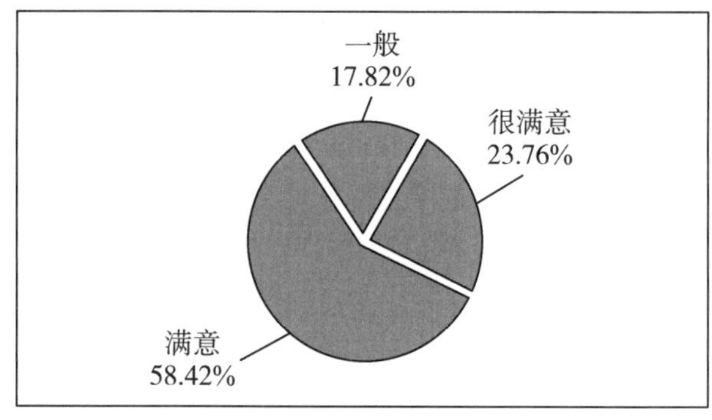

图36 用人单位对本校毕业生职业发展潜力的评价

(6) 创新能力

用人单位对本校毕业生创新能力的评价结果显示,"很满意"占18.81%,"满意"占51.49%,

“一般”占 26.73%，“不满意”占 2.97%。

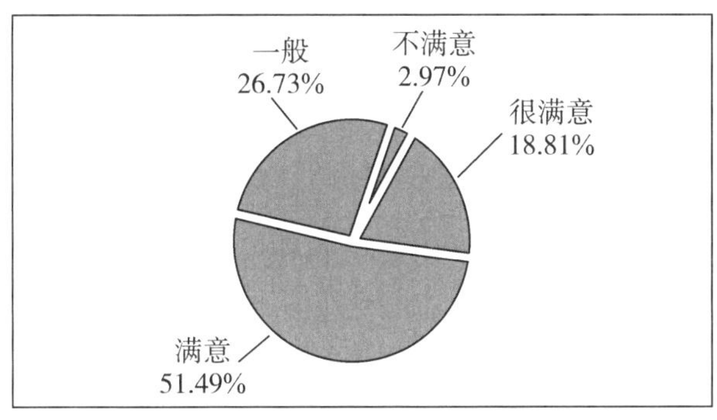

图 37 用人单位对本校毕业生创新能力的评价

(7)求职应聘能力

对本校毕业生应聘时存在的不足进行调查(本调查题为多选)，结果显示，“就业期望值过高”和“就业观念偏差”是用人单位对毕业生不满意的两个主要方面，选择比例分别为 55.45% 和 48.51%。调查结果如下图所示：

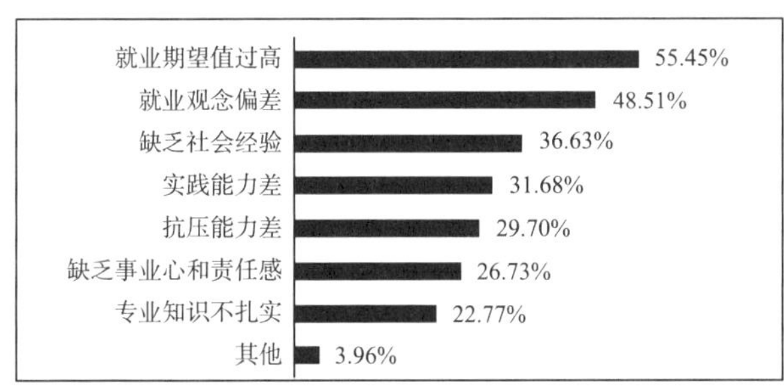

图 38 用人单位反馈本校毕业生应聘时存在的不足

(8)求职态度

对本校毕业生在求职过程中的态度进行调查，结果显示，“很积极”占 17.82%，“积极”占 41.58%，“一般”占 37.63%，“不积极”占 2.97%。

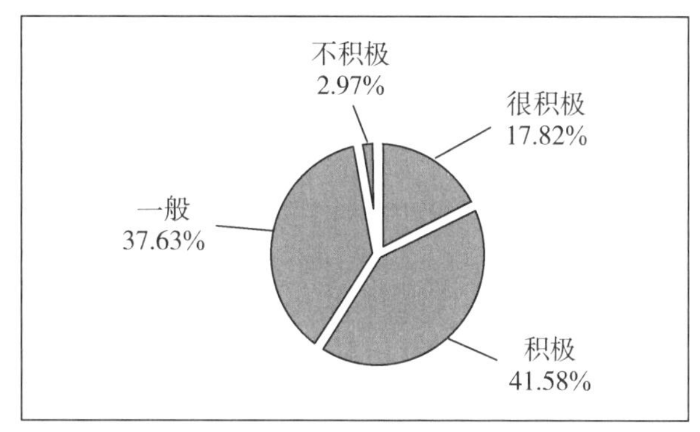

图 39 用人单位对本校毕业生求职态度的评价

(三)校园现场招聘活动开展情况

为了更好地为毕业生与用人单位搭建双向选择平台，促进毕业生多渠道就业，本校于 2019 年开展大型双选会 2 场，中、小型专场招聘会及企业宣讲会等累计 249 场。其间，共有 1696 家用人单位来本校招聘，发布岗位需求 5.85 万人；参会学生累计 37143 人次，其中有 6420 人与参会单位达成初步就业意向。

本校 2019 年校园招聘活动开展情况如下表所示：

表 26 本校 2019 年校园招聘活动开展情况

类别	场次	参会单位数	拟招聘人数	参会学生人次	达成意向数
大型双选会	2	600	30651	19000	3500
专场招聘会	14	861	20228	9633	1420
企业宣讲会	235	235	7620	8510	1500
合计	251	1696	58499	37143	6420

注：部分用人单位同时参加了大型双选会、专场招聘会和企业宣讲会。

三、发展趋势

(一)近五年毕业生规模变化趋势

从近五年本校毕业生总人数变化情况看，生源总量稳定在 7000 人左右。其中，2017 年生源最多，共 7427 人；2019 年生源最少，共 6868 人。

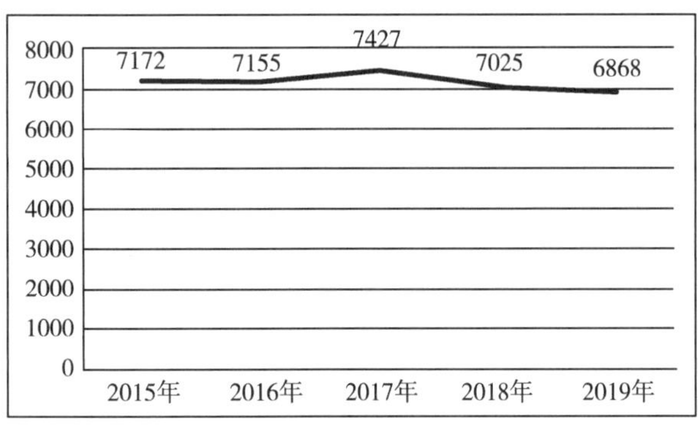

图 40　近五年本校毕业生总人数变化趋势图
（单位：人）

学校自 2017 年开始有第一届博士毕业生，生源总量较少；硕士毕业生 2019 年达到 525 人，较往年有较大幅度增长；本科生源数量保持在6000 人以上，略有下降趋势；专科生源数量较少，总量比较稳定。

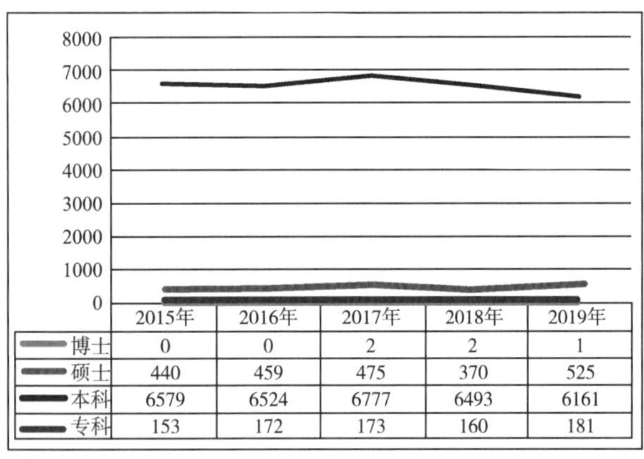

图41　本校各学历毕业生总人数近五年变化趋势图
（单位：人）

（二）近五年毕业生总体就业率变化趋势

本校近五年毕业生总体就业率变化情况，除 2016 年外，其他年度就业率均保持在 97% 左右。

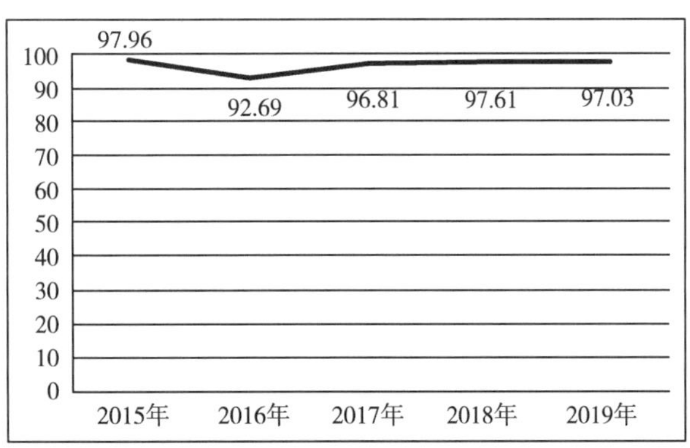

图 42　近五年本校毕业生总体就业率变化趋势
（单位：%）

从各学历毕业生近五年就业情况看，博士毕业生自 2017 年开始，就业率均达 100%；本科毕业生就业率除 2016 年，均保持在 97% 左右。各学历毕业生近五年就业率如下表所示：

表 27　不同学历毕业生近五年就业率（单位：%）

学历	2015 年	2016 年	2017 年	2018 年	2019 年
博士	–	–	100.00	100.00	100.00
硕士	96.59	89.76	93.47	96.49	89.14
本科	98.01	92.90	96.99	97.61	97.87
专科	100.00	92.44	98.84	100.00	91.16

（三）近五年毕业生升学率变化趋势

从近五年毕业生升学情况看，升学率总体呈上升趋势，近三年达 20% 以上。

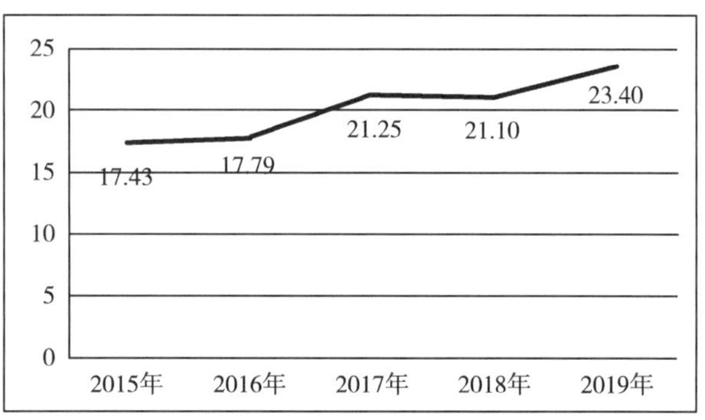

图 43　近五年本校毕业生升学率变化趋势
（单位：%）

从近五年升学情况看，各学历的升学率均呈上升趋势。其中，硕士升学率近三年保持在 7% 左右，本科升学率近三年均超过 20%；专科升学率近三年保持在 20% 左右。

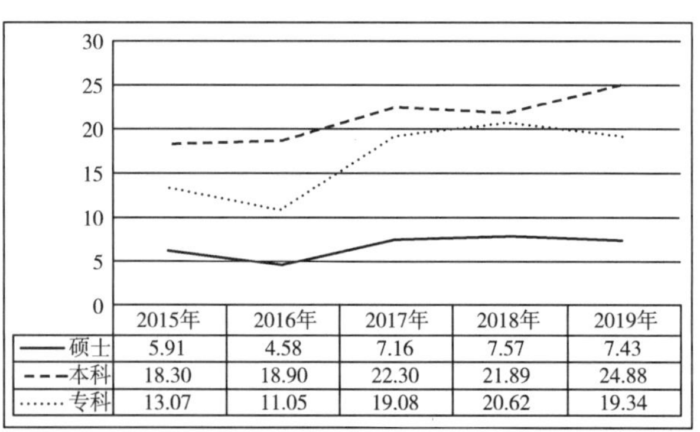

图 44　本校各学历毕业生升学率近五年变化趋势
（单位：%）

四、学校就业创业工作的主要举措

2019年,烟台大学以习近平新时代中国特色社会主义思想和党的十九大精神为指导,认真贯彻落实党中央、国务院和省委、省政府战略决策和部署要求,全面落实立德树人根本任务,结合新形势下对就业创业工作的新要求,始终把就业创业工作放在突出位置,抓紧抓实就业创业工作"一把手"工程,不断健全就业保障、就业指导、就业服务和就业帮扶四个体系,在稳定就业率的基础上,着力提升就业质量,努力实现毕业生更高质量和更充分就业。

(一)明确目标责任,完善考核管理,构建全方位就业保障体系

1. 明确分工责任,健全就业创业工作机制

继续强化"一把手"工程,形成学校就业创业工作领导小组负责顶层设计、毕业生就业工作指导中心统筹落实,各学院主要领导牵头、分管领导亲自抓、辅导员天天抓、专业教师积极参与的"分工明确、责任清楚、行动有力"的校、院两级就业工作体系。

2. 科学制定目标责任考核,激发工作活力

落实目标责任,对照上级主管部门的要求,按照《烟台大学学生工作考核指标体系》,结合各学院专业特点、就业市场需求,科学制定各学院初次就业率和总体就业率的考核指标,促进就业工作目标的顺利实现。毕业生就业工作指导中心具体负责学校就业市场建设、用人单位引进、校园招聘组织及就业日常管理等事宜。根据各学院专业特点、就业市场需求情况制定就业率指标,将就业工作的考核列入学生工作目标责任制考核当中。各学院的书记、院长为就业工作责任人,均成立以党政主要领导牵头、分管副书记、副院长主管、辅导员具体落实的学院就业工作小组,保证工作的层层落实,形成校、院两级就业工作协调发展、融合发展的局面。

3. 加强就业市场平台建设,提供多方位就业保障服务

继续加强"一体两翼"就业市场平台的信息化建设,以就业信息网为主体,同时,借助微信平台、QQ就业群等建立供需精准对接服务平台,做好招聘信息的发布和精准推送。进一步完善"以综合性市场为主体、行业性市场为主干、企业专场招聘会为补充"的就业市场体系。各学院也积极组建就业QQ群、微信群,保证了信息的传递到位。就业创业中心组建专门学生服务团队负责微信公众号及平台的维护管理,及时收集、整理、发布供需信息,做到定期维护、适时更新、即时统计;为体现"重心下移、化整为零、整合资源、院级联动"的工作理念,由学校牵头,发动专业相近、就业区域相近、就业资源可共享的不同学院联合召开中小型的行业类专场招聘会,使各学院在对外联系方面"动起来、走出去、请进来"。学校于2019年4月13日举办"汇聚名企,精准对接"烟台大学2019届毕业生人才精准对接专场招聘会,大会专门邀请了中国电建集团核电工程有限公司、上汽通用东岳汽车有限公司、烟台杰瑞石油服务集团股份有限公司、烟台泰和新材料股份有限公司、冰轮集团有限公司等230余家省内外知名用人单位参加,涵盖了高等院校、科研院所、互联网通信、教育科技、生物医药、能源制造、金融、房地产等诸多行业领域,共提供了1万余个就业岗位。为2019届毕业生累计举办大型双选会2场,行业类、地域类专场招聘会12场,提供就业岗位5.1万余个。举办各类企事业单位校级专场宣讲会230余场,累计提供就业岗位7620余个,达成就业意向1500余人。

(二)立足市场需求,构建一体化就业创业指导体系

1. 积极开展学生创新创业教育活动,提升学生创新创业能力

构建大学生创新创业新生态。以"三大国赛"和省创业大赛、省科技创新大赛为导向,精细打磨提升种子项目,争取获得更多更高奖项。推进"一院一赛"品牌项目建设,组织"一院一赛"项目成果展示,调整考核办法,实现"专创融合"工作提档升级。2019年,学校在各级主要双创比赛中收获显著。其中,在第十六届"挑战杯"全国大学生课外学术科技作品竞赛中,荣获国赛二等奖1项,三等奖2项,实现了在国赛获奖上的突破。在省赛环节,获得特等奖4项,一等奖4项,二等奖1项,三等奖3项,学校被评为优秀组织单位并荣获"优胜杯",实现了学校在"挑战杯"省赛中获奖数量和级别的历史性突破;在第五届中国"互联网+"大学生创新创业大赛中,荣获国赛铜奖3项、省赛金奖2项、银奖7项、铜奖3项,取得该项赛事最好成绩;学生项目荣获第六届山东省科技创新大赛二等奖3项、三等奖13项,累计获得奖金8.9万元,学校获得优秀组织奖;创业团队在各类比赛中获得省级以上奖励4

项。在省人社厅指导下，建设完成“双创中央教室”，开播“双创”公益直播课程6次，参与学生700多人次；组织2期国家、省公务员考试辅导班。山东教育电视台以“师生配成为大学生创业新模式”为题对烟台大学“师生共创学科交叉”大学生创新创业教育新模式进行了专题报道。

2. 补充完善双创师资力量，建设双创专兼职教师队伍

通过“外请内培”，打造职业化、专业化、专家化的就业创业指导队伍。探索“生涯课程”改革，提升课程的有效性、针对性。就业创业工作重心前移，加强对低年级学生职业素养和就业能力的培养，引导专业教师关心学生的学业规划、职业发展与就业创业，在专业课程教学中渗透就业与创业的理念与内容。引入校外资源，创新就业指导模式，在2018届毕业生成功实践的基础上，继续邀请校外就业创业导师进学校、进课堂为学生提供更有针对性、更接地气的就业创业指导。2019年，组织12名就业创业指导人员参加各类培训，大学生创业孵化基地新增创业团队12支，完成工商登记注册7家。

3. 开展“烟大学子名企行”活动，打通“零距离就业”通道

积极联系优质用人单位建立校外就业实习见习基地，利用假期组织应届毕业生赴用人单位参观、见习，零距离了解企业生产情况、工作环境、企业文化，增强职业认知，促进毕业生理性择业、积极就业。

4. 响应国家政策，积极引导毕业生面向基层就业

学校通过编印发放就业指导手册、微信平台发布、举办专题讲座等方式宣传国家、省、市各项就业政策，加强对大学生预征入伍、“三支一扶”“志愿服务西部计划”、大学生创业、基层就业等项目的宣传，使政策覆盖到每一名毕业生。2019届毕业生中，共有6名毕业生被录用为新疆、西藏基层公务员，27名毕业生选调到村任职，34名毕业生参加志愿服务西部计划、山东计划，21名毕业生参军入伍。毕业生中形成了积极响应国家号召、投身国家战略、奔赴基层建功立业的就业氛围，基层就业人数创历年新高。

（三）拓宽就业渠道，创新工作模式，构建网络化就业服务体系

1. 充分利用“互联网+就业”新模式，精准推送就业服务信息

完善毕业生求职意愿信息数据库和用人单位岗位需求信息库，根据毕业生自身条件、个性特点，利用手机等移动终端，为毕业生送政策、送指导、送信息，努力实现岗位信息与求职信息“无缝对接”。

2. 发挥校园招聘的主渠道作用，搭建企业和毕业生面对面平台

全力做好大型综合性毕业生供需见面会、行业类地域类专场招聘会、校园宣讲会、校园招聘日等校园招聘活动的组织工作。结合“双创教室”的建设，学校“校园招聘大厅”已改造完毕并投入试运行，各方面反映效果很好。

3. 转移工作重心，扎实推进“就业质量提升工程”

就业工作重心由就业数量向就业质量转移，扎实推进“就业质量提升工程”。整合就业资源、拓展就业平台，主动邀请优质企业来校招聘，帮助更多的学生到大中型企业，到世界500强、中国500强企业就业，到优质岗位上发展。做好公务员、选调生考试的培训辅导和大学生应征入伍宣传发动工作，提升毕业生的就业层次。

（四）定向摸排，分类帮扶，构建精准化就业帮扶体系

1. 建立帮扶台账

通过定向摸排准确掌握各类就业困难群体毕业生情况，建立帮扶台账，通过开展个性化辅导、推荐岗位信息、发放求职补贴等多种方式，帮助他们尽快实现就业。

2. 实施“一对一”精准帮扶

将建档立卡贫困家庭、城乡低保家庭、零就业家庭毕业生作为重点援助对象，指定专人具体负责，为他们提供专门的职业指导和心理咨询服务，优先向企业推荐，千方百计帮助他们实现就业。2019年，学校继续关注家庭经济困难毕业生群体的就业状况，一是加强政策宣传，确保每一位特困生了解政策，熟悉政策；二是提供必要的技能培训，为他们顺利就业增加一技之长；三是继续进行“一对一”帮扶，各学院领导与困难毕业生结对子，了解他们的实际情况，通过专门指导、补贴经费、对接企业岗位等措施，实现精准帮扶；四是在特困家庭毕业生中着重宣传“志愿服务西部计划”“三支一扶”计划、山东省2019年选调优秀高校毕业生到村任职和大学生预征入伍等基层就业优惠政策，鼓励他们

到基层施展才干。

3. 组织实施"离校未就业毕业生就业促进计划"

学校通过建立离校未就业毕业生工作群、通讯录等形式,持续为离校未就业毕业生提供优质就业指导和信息服务,确保"离校不离线、服务不间断"。

五、对教育教学的反馈

(一)毕业生对母校的反馈

本项调查希望毕业半年后的学生,从多方面反馈对母校教育教学、就业创业指导服务方面的信息以及最需要改进的地方,以此来提升母校的就业创业服务水平和教学质量水平。调查数据显示,毕业生对母校教育教学、就业创业指导服务的总体满意度都比较高,有 90.93% 的毕业生愿意推荐自己的母校。

1. 毕业生对母校教育教学的反馈

调查结果显示,毕业生对母校教育教学的满意度较高。其中,"很满意"占 77.51%,"满意"占 17.10%;另有 4.76% 认为"一般",0.63% 表示"不满意"。

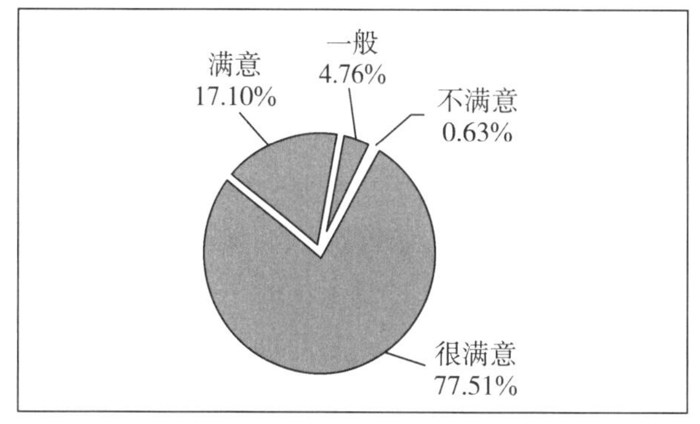

图 45 毕业生对母校教育教学的总体满意度

毕业生对母校教育教学工作的综合评价,如下表所示:

表 28 毕业生对母校教育教学工作的综合评价

评价项目	很满意	满意	一般	不满意
1. 专业课程设置	80.49%	15.33%	3.63%	0.55%
2. 辅修课程设置	76.10%	18.41%	5.03%	0.46%
3. 教学方式和方法	76.51%	17.73%	5.26%	0.50%
4. 任课老师专业水平	77.00%	17.96%	4.63%	0.41%
5. 实践教学内容	76.46%	17.55%	5.31%	0.68%

(1)毕业生在母校学习生活期间的收获

调查数据(本调查题为多选)显示,"扎实的专业知识和技能"是毕业生在母校学习生活期间的主要收获,选择比例为 61.41%,其次是"良好的心理素质和品德修养"和"良好的择业平台",选择比例均超过了 30%。调查结果如下图所示:

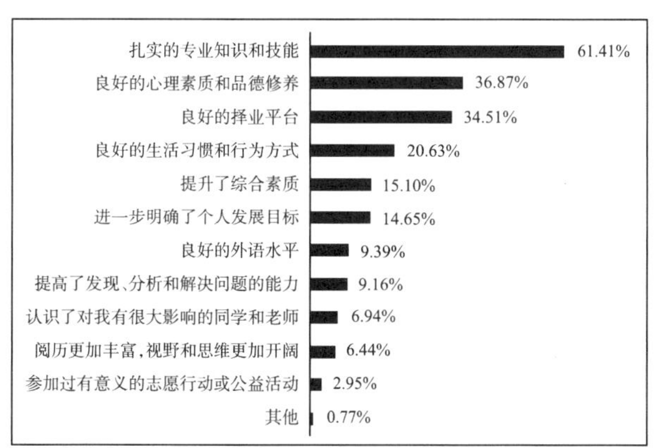

图 46 毕业生在母校学习生活期间的收获

(2)毕业生对母校教育教学改革发展的建议

调查数据(本调查题为多选)显示,"知识传授要结合实际,与市场需求对接""强化专业实践教学,培养动手能力"和"加强专业基础知识教学,拓宽知识面"是毕业生对母校教育教学改革发展的三项主要建议,选择比例分别为 55.69%、38.19% 和 30.34%。调查结果如下图所示:

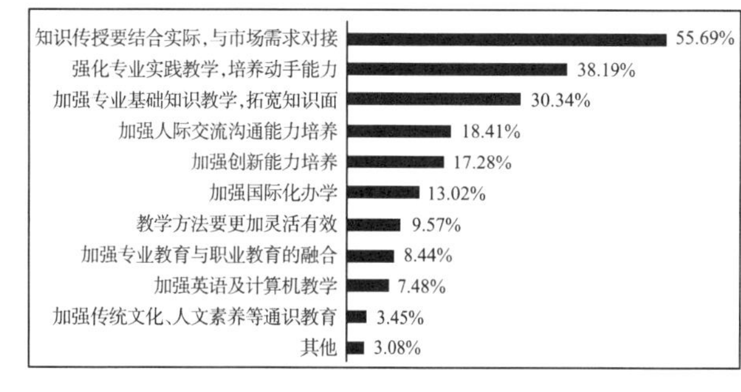

图 47 毕业生对母校教育教学改革发展的建议

2. 毕业生对母校就业指导工作的反馈

调查结果显示,毕业生对母校就业指导服务的总体满意度较高。其中,“很满意”占68.75%,“满意”占22.72%;另有8.03%认为“一般”,“不满意”比例为0.50%。

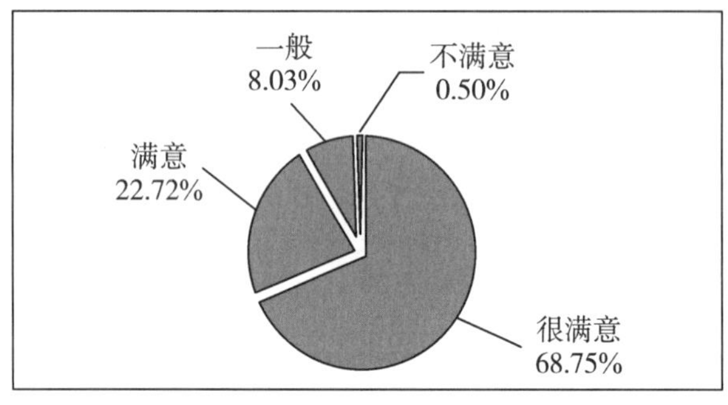

图48　毕业生对母校就业指导服务的满意度

(1)毕业生第一份成功就业的招聘信息来源途径

对毕业生第一份成功就业的招聘信息来源途径进行调查,结果显示,“学校发布或提供招聘信息”选择人数最多,比例达47.71%。调查结果如下图所示:

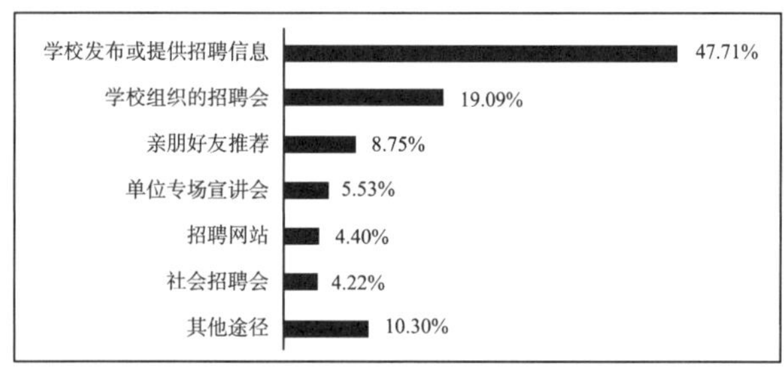

图49　毕业生第一份成功就业的招聘信息来源途径

(2)影响毕业生求职择业的因素

调查数据(本调查题为多选)显示,“薪资收入”是影响毕业生求职择业的主要因素,选择比例为62.81%,其次是“个人发展空间”和“就业地区”,选择比例分别为45.90%和33.61%。调查结果如下图所示:

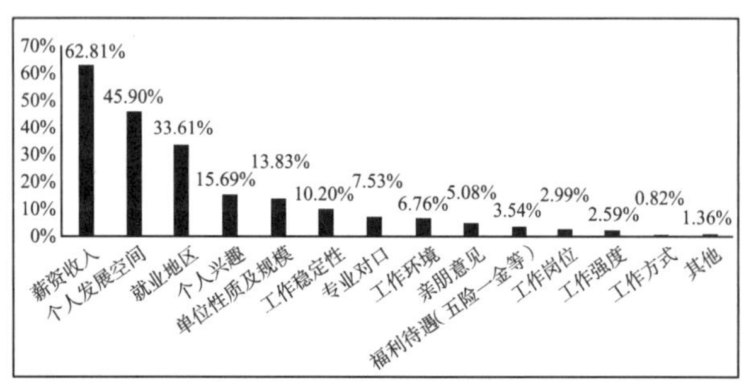

图50　影响毕业生求职择业的因素

(3)未就业毕业生在求职方面希望得到的帮助

调查数据(本调查题为多选)显示,“就业岗位信息”“职业指导”和“政策咨询”是未就业毕业生在求职方面最希望获取的三项服务,选择比例分别为45.11%、43.61%和38.35%。调查结果如下图所示:

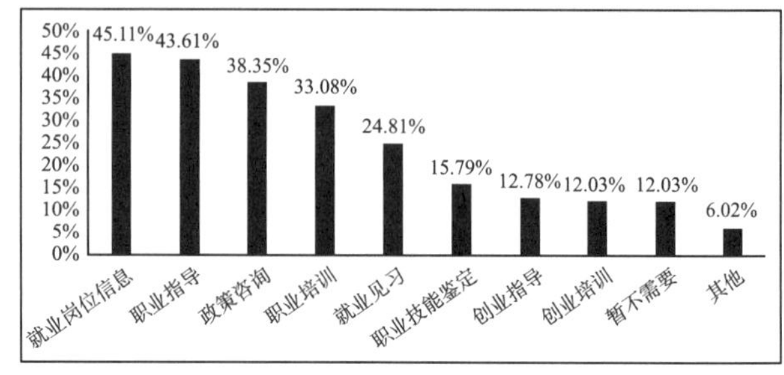

图51　未就业毕业生在求职方面希望得到的帮助

3. 毕业生对母校创业教育的反馈

调查数据显示,毕业生对母校创业教育的总体满意度较高。其中,“很满意”占67.39%,“满意”占23.08%;另有8.71%认为“一般”,0.82%表示“不满意”。

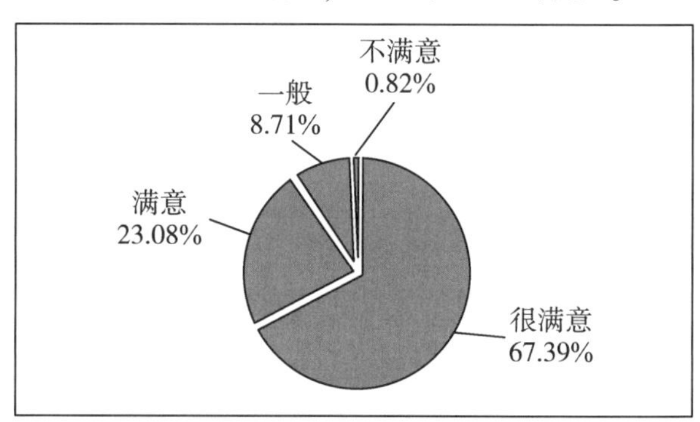

图52　毕业生对母校创业教育的满意度

(1)毕业生准备创业的动机

调查结果显示,“响应国家号召”是毕业生准备创业的最主要动机,选择比例达22.22%;其次是“创造财富”,比例为19.44%。毕业生准备创业的动机调查情况如下图所示:

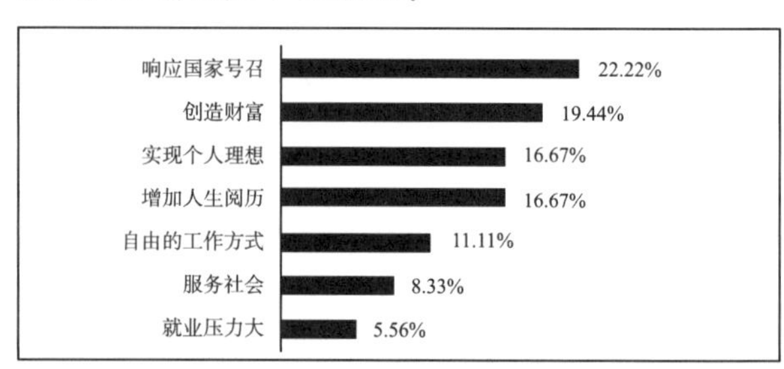

图53　毕业生准备创业的动机

(2)毕业生创业困难的原因

调查数据显示,毕业生认为“缺乏有效创业指

导”是造成自己创业困难的最主要原因,比例为25.00%,其次是“缺乏创业场地”“缺乏创业实训”和“缺乏资金”,选择比例均超过了13%。调查结果如下图所示:

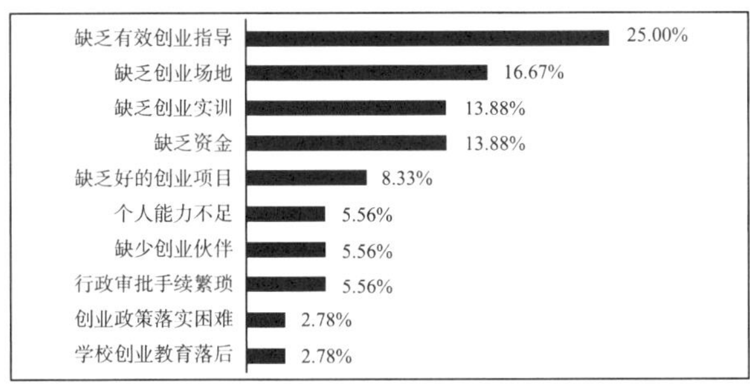

图 54　毕业生创业困难的原因

(3)自主创业毕业生希望获取的服务

调查数据(本调查题为多选)显示,“创业项目”是自主创业毕业生最希望获取的服务,选择比例为36.11%,其次是“创业扶持资金”“创业过程跟踪指导”和“创业实训”,选择比例均超过了30%。调查结果如下图所示:

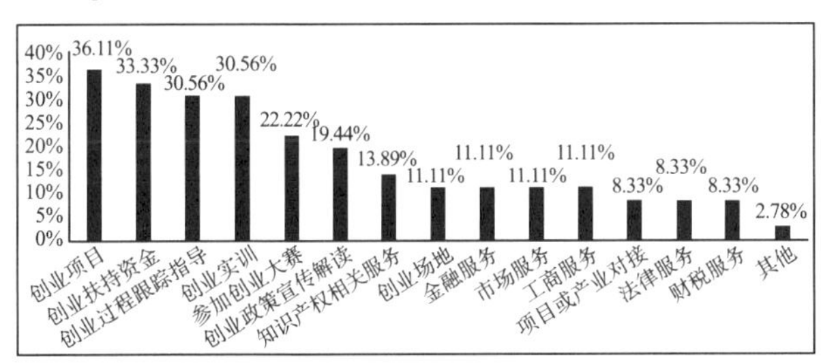

图 55　自主创业毕业生希望获取的服务

(二)用人单位对学校就业工作和服务的反馈

本项调查,希望用人单位从多方面反馈对本校就业工作和服务的满意度情况,以及专业课程设置与用人需求匹配情况,以便本校进一步提升就业服务水平,推动教育教学创新与改革。

1.用人单位对本校就业指导工作和服务的满意度

调查数据显示,用人单位对本校就业指导工作和服务的总体满意度较高。其中,“很满意”占21.78%,“满意”占66.34%;另外,认为“一般”的比例为11.88%,“不满意”比例为0。

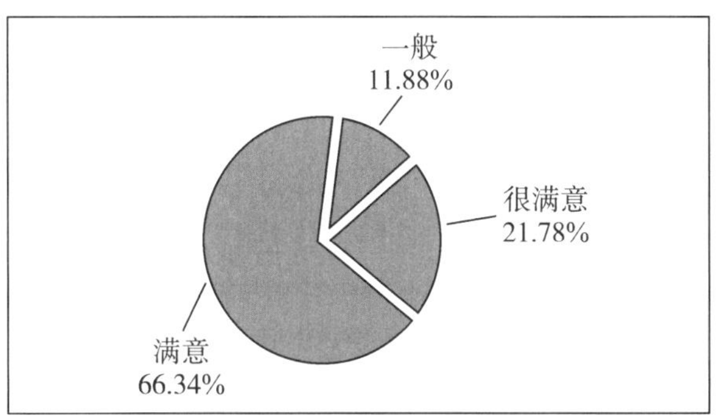

图 56　用人单位对本校就业指导工作和服务的满意度

用人单位对本校各项就业服务工作的评价如下表所示:

表 29　用人单位对本校各项就业服务工作的评价

评价项目	很满意	满意	一般	不满意
1.招聘信息发布	30.69%	62.38%	6.93%	0.00%
2.校园招聘会组织	24.75%	66.34%	8.91%	0.00%
3.毕业生推荐	20.79%	49.50%	27.73%	1.98%
4.实习活动组织	19.80%	45.54%	34.66%	0.00%
5.就业手续办理	24.75%	58.42%	15.85%	0.99%
6.人才培养合作	20.79%	59.41%	18.81%	0.99%

2.本校专业课程设置与企业用人需求的匹配情况

对本校专业课程设置与企业用人需求的匹配情况的调查数据显示,9.90%的用人单位表示“很匹配”;认为“基本匹配”的占70.30%;认为“一般”的占17.82%;认为“不匹配”的占1.98%。

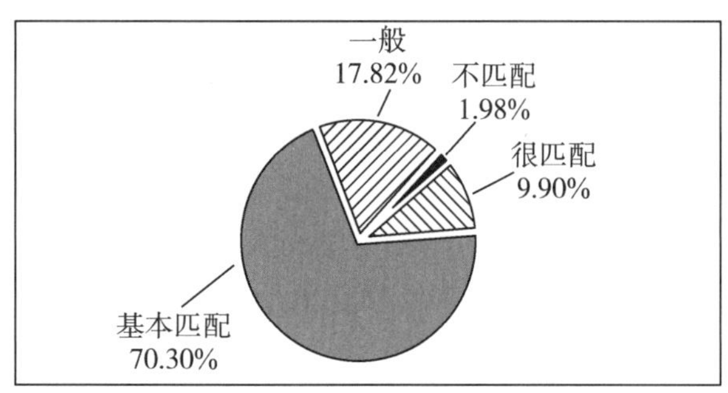

图 57 本校专业课程设置与企业用人需求的匹配情况

3. 用人单位招录本校毕业生的动因

调查数据显示,"综合素质较高"和"专业基础知识扎实"是用人单位招录本校毕业生的两个主要动因,选择比例分别为 36.63% 和 28.71% 。调查结果如下图所示:

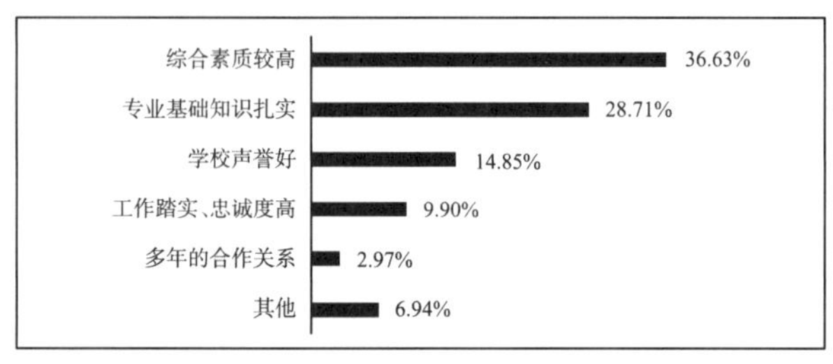

图 58 用人单位招录本校毕业生的动因

(三)毕业生就业对学校教育教学的反馈

1. 注重人才培养质量,增强学生的就业竞争力

为进一步深化教学综合改革、创新人才培养模式、提高人才培养质量,构建更加科学完善、符合学生发展需要、适应国家经济社会发展需求、体现内涵式发展、富有特色的应用型本科人才培养体系,培养具有社会责任感、创新精神和实践能力的"高素质、强能力"的高级应用型人才,学校修订了本科专业人才培养方案。2015 版人才培养方案,以培养"面向经济社会发展需要,培养知识、能力、素质协调发展,基础扎实、知识面宽、实践能力强、综合素质高,具有社会责任感、创新精神、国际视野和职业素质的高级应用型人才"为目标,以全面发展、整体优化、个性发展、协同培养为原则,以学生为本,紧贴地方经济社会发展,优化课程体系、更新教学内容,注重各教学环节的科学性、系统性、综合性和连续性,将素质拓展、创新创业教育贯穿于教学全过程。坚持因材施教,积极探索学分制下弹性学习制度和个性化人才培养方案,积极探索多元化人才培养模式,着力培养学生的学习能力、动手能力、创新创业能力、科学素养和思想道德修养,不断增强学生的社会责任感、创新精神和实践能力,构建符合学校办学定位和发展目标的高级应用型人才培养体系。

新版人才培养方案实施初见成效。烟台大学学生在全国大学生课外学术科技作品竞赛、国际(美国)大学生数学建模竞赛、全国大学生电子设计大赛、山东省"互联网 +"大学生创新创业大赛、山东省物联网创造力大赛等竞赛中频获佳绩。不少参赛学生就职于杰瑞集团、歌尔股份、豪迈集团等知名企业。

2. 紧跟国家政策,推进创新创业教育,输送应用型人才

学校在已有"以卓越计划为抓手、产学研用相结合的应用型人才培养模式创新实验区""面向国际化的英美法教育人才培养模式创新实验区""复合型药学人才培养模式创新实验区""水产养殖类创新创业型人才培养模式创新实验区""'产学结合'食品类应用型人才培养模式创新实验区"等 5 个人才培养模式创新实验区进行立项研究的基础上,进一步探索适应应用型人才培养需求的新的人才培养模式,深化"协同培养",广泛开展校内、校际、校企、校所的合作培养,共赢互利,取得了良好的效果。同时,学校大力开展了创新创业教育。在新版人才培养方案中,增设了"生涯规划与就业创业指导"课程。学校建立专兼结合的"双师型"创新创业师资队伍,该师资队伍包括持有"双证"的教师、具有企业实践背景的教师、专门经过社会实践培训的教师、专门外聘的实践教师,还包括以经济管理专业教师、学生工作队伍、辅导员为主体的创业导师,还有由企业技术及管理人员、知名企业家、校友、工商税务等人士组成的校外创新创业导师。学校还为学生搭建了全方位的平台,多个专业构建了"实验室 + 实践基地 + 竞赛"的知行合一的教学平台,对学生创新精神和知识综合运用能力的培养发挥了显著的效用。此外,自 2011 年以来,学校还先后加入了教育部"卓越工程师教育培养计划""卓越法律人才教育培养计划",以此大力推动学校的创新创业教育工作。关注社会需求,推进教学改革,建立完善的融知识学习与人格培育于一体的人

才培养体系，实现招生、培养、就业的良性互动。积极探索创新各类拔尖人才培养模式，把提高人才培养质量作为就业根本要素，努力打造学生的核心就业竞争力。

3. 充分考虑社会需求，做到招生与就业联动

学校将就业率、就业质量状况作为制订招生计划的重要参考依据之一，通过市场需求的杠杆保证优秀生源得到合理配置，以就业促招生，以招生带动就业，形成良性循环，提升学校人才培养的综合竞争力。学校分析不同地区、不同行业对各专业毕业生的需求差异，以此为参考调整地区专业招生计划，为毕业生回生源地就业奠定基础。学校详细分析近三年来的学校就业质量报告及各专业招生志愿满足情况，根据数据分析，以各专业最近三年的志愿满足率及就业率为依据，科学合理编制本年度分省分专业招生计划。2018 年，学校减少运动训练专业招生计划，停止公共事业管理专业招生，新增投资学和休闲体育两个本科招生专业。2019 年，顺应山东省新旧动能转换、发展新兴产业的战略需求，学校新增生物制药和智能科学与技术两个本科专业，暂停生物技术专业招生。

附：图表目录

表目录

图目录

关于本报告

为全面系统反映本校毕业生就业工作实际,完善就业状况反馈机制,及时回应社会关注、接受社会监督,建立健全高校毕业生就业工作评价体系,根据教育部《关于编制发布高校毕业生就业质量年度报告的通知》(教学厅函[2013]25 号)和《关于改革完善高校毕业生就业统计工作的通知》(教学司函〔2019〕106 号)要求,编制本报告。

高校毕业生就业质量是高等学校教育教学和人才培养质量的重要反映。本校自 2014 年起,面向社会公开发布毕业生就业质量年度报告,作为招生计划安排、学科专业调整、教育教学改革等方面的重要参考。学校领导高度重视报告的编制工作,组织有关力量,委托第三方调查机构(山东信总计算机软件开发有限公司)全面收集加工整理本校毕业生的就业信息资源,力求全面、客观、真实地反映毕业生就业状况。由于毕业生就业方式的多样性和毕业生离校后流动性增强,给就业跟踪工作带来一定的难度,报告中难免会出现一些偏差,敬请谅解。

数据来源

本报告所用数据,主要来源于“山东高校毕业生就业信息网”“山东高校毕业生离校未就业实名管理服务系统”和“山东高校毕业生就业跟踪调查问卷系统”。报告引用的数据范围包括但不限于:本校近五年毕业生的就业数据、本校 2019 届离校未就业毕业生的实名跟踪记录、本校 2019 届毕业生的就业跟踪调查数据。

指标解释

1. 毕业生就业方式

协议就业:就业管理工作中,把毕业生以签订就业协议方式实现就业的行为称为协议就业。普通高等学校毕业生和用人单位在正式确立劳动人事关系前,经双向选择,在规定期限内确立就业关系、明确双方权利和义务,并通过各省市高校毕业生就业信息网(俗称“网签”)或通过纸介质签署《全国普通高等学校毕业生就业协议书》(俗称“三方协议”)。该协议书是用人单位确认毕业生相关信息是否真实以及接收毕业生的重要凭据，也是高校和就业管理机构进行毕业生就业管理、编制就业方案以及毕业生办理就业落户手续等有关事项的重要依据。

劳动合同就业：在就业管理工作中，把以签订劳动合同方式实现就业的行为称为劳动合同就业。普通高等学校毕业生和用人单位正式确立劳动人事关系，明确双方权利和义务，并签署正式的劳动合同书。

自主创业：是指高校毕业生主要依靠自己的资本、资源、信息、技术、经验以及其他因素自己创办实业（办理工商局注册登记手续），解决就业问题。

升学：升学包括“专升本”（专科毕业生升本科）和“考研”（本科生考取硕士研究生以及硕士研究生考取博士研究生），以及博士毕业生进入博士后科研流动站或科研工作站继续深造。

出国（境）：包括出国（境）工作和出国（境）学习。

应征入伍：普通高等学校毕业生响应国家号召参军入伍。

基层项目就业：指毕业生参加大学生志愿服务西部计划项目、“三支一扶”（支教、支农、支医和扶贫）项目、社区服务计划、选聘优秀毕业生到村任职等就业主管部门认可的基层项目。（包括社区岗位就业方式）

个体经营：是指高校毕业生主要依靠自己的资本、资源、信息、技术、经验以及其他因素自行开展经营活动，解决就业问题，但未进行工商注册登记的就业方式。

科研助理：是指毕业生以科研助理身份参与科研项目研究以实现就业的。

其他录用形式就业：是指毕业生以临时工、派遣工、兼职工、自由职业以及其他方式实现就业，具有非全日制、临时性和弹性工作等特点。

2. 就业率计算公式

协议就业率＝签订就业协议人数/毕业生总人数×100%

劳动合同就业率＝签订劳动合同人数/毕业生总人数×100%

自主创业率＝自主创业人数/毕业生总人数×100%

升学率＝升学人数/毕业生总人数×100%

出国（境）率＝出国（境）人数/毕业生总人数×100%

应征入伍率＝应征入伍人数/毕业生总人数×100%

基层项目就业率＝参加基层项目人数/毕业生总人数×100%

个体经营率＝个体经营人数/毕业生总人数×100%

科研助理比例＝科研助理人数/毕业生总人数×100%

其他录用形式就业率＝其他录用形式就业人数/毕业生总人数×100%

3. 总体就业率及其计算公式

按照教育部的规定，在计算毕业生的总体就业率时，总体就业人数是协议就业、劳动合同就业、自主创业、升学、出国（境）、应征入伍、基层项目就业、个体经营、科研助理、其他录用形式就业的人数之和。

总体就业率＝总体就业人数/毕业生总人数×100%

4. 报告期

本报告数据期为 2019 年 12 月 31 日，统计对象为本校 2019 届毕业生。

其他说明

1. 全国经济区域划分说明

为科学反映我国不同区域的社会经济发展状况，为党中央、国务院制定区域发展政策提供依据，根据《中共中央、国务院关于促进中部地区崛起的若干意见》《国务院发布关于西部大开发若干政策措施的实施意见》以及党的十六大报告的精神，参考国家统计局关于全国经济区域的划分方法，将我国的经济区域划分为东部、中部、西部和东北四大地区。

东部包括：北京、天津、河北、上海、江苏、浙江、福建、山东、广东和海南。

中部包括：山西、安徽、江西、河南、湖北和湖南。

西部包括：内蒙古、广西、重庆、四川、贵州、云南、西藏、陕西、甘肃、青海、宁夏和新疆。

东北包括：辽宁、吉林和黑龙江。

2. 毕业生学历说明

本报告中的专科毕业生，包括普通专科毕业生和高职类毕业生。